ESSAI
SUR
L'HISTOIRE DES COMICES DE ROME, *DES ETATS-GENERAUX DE LA FRANCE,* ET DU PARLEMENT D'ANGLETERRE.

TOME PREMIER.

PAR M. ***.

Si je puis vous servir, qu'importe qui je sois?
TANCREDE

A PHILADELPHIE,
Et se trouve à PARIS,
Chez MALADAN, Libraire, rue des Noyers N°. 33.

1789.

AVIS

DE L'ÉDITEUR.

CET ouvrage était achevé ; on comptait y travailler encore long-temps pour le rendre plus digne du public. Les circonſtances qui devaient accélérer la convocation des Etats-généraux, & les faire tenir au mois de Janvier 1789, ont forcé d'en hâter la publication.

Perſuadé qu'en des temps difficiles, tout citoyen doit à ſa patrie le tribut de ce qu'il peut ou de ce qu'il ſait, l'auteur a cru remplir un devoir ſacré en diſant d'auſteres verités qui peuvent affliger, mais qui ne doivent offenſer perſonne. Il importe de connaître les fautes des temps qui nous ont précédés, afin de n'en point faire de ſemblables. Depuis que cet ouvrage est sorti de ses mains, il s'est élevé des discussions, & il s'est passé des évènemens, relatifs aux Etats-généraux, & qui sont pourtant étrangers au but que l'auteur s'est proposé dans ce livre. Fait sans esprit de parti, il n'est propre à aucun parti. Ce n'est point un *factum*, c'est une histoire. Elle ne convient qu'à l'homme sage qui ne cherche que la vérité, qui ne desire que le bonheur public, & qui ne mêle à cette recherche ni intérêt particulier, ni passion, ni faction. Elle peut servir sur-tout à comparer les siecles & les mœurs.

ESSAI

Sur l'hiſtoire des Comices de Rome, des Etats-Généraux de la France, & du Parlement d'Angleterre.

Quid verum atque decens, curo & rogo, & omnis in hoc ſum

HORAT. Epiſt. I.

PREMIERE PARTIE.

Des Comices de Rome.

AVANT-PROPOS.

NUL homme ne peut gouverner ſeul. Il y a des temps où les conſeils dont les rois s'entourent, ne ſuffiſent plus ; il faut alors conſulter la volonté générale de tous les membres qui compoſent l'Etat.

Ainſi tous les peuples ont eu des aſſemblées nationales. Dans les ſociétés naiſſantes,

& qui ſont peu nombreuſes, on convoque tous les individus; on connaît la volonté générale, on agit d'après ce qu'elle ordonne.

Dès que la ſociété augmente, les difficultés ſe multiplient, les intérêts ſe croiſent, les factions ſe forment : on compte les voix, le grand nombre n'indique plus que la volonté d'un partie, & nullement la volonté de tous.

Dans chaque Etat les légiſlateurs ont inventé des formes différentes pour parer à ce grand, à ce terrible inconvénient qui déchire l'aſſemblée, qui ſoumet la volonté générale à la volonté du parti le plus nombreux, ou le plus puiſſant.

Les petits Etats ont eu les plus grands légiſlateurs; les ſeuls du moins qui ſoient célèbres. Ce n'eſt guère en effet que dans les petites républiques qu'on peut eſſayer de mettre en pratique les règles d'une théorie purement morale. Les grands Etats ſont des machines trop compliquées, où les frottemens ont trop de puiſſance pour qu'elles s'accordent avec la préciſion du calcul mathématique. Cependant, ſi elles étaient contraires à tout principe, elles ne marcheraient point; ou le mouvement qu'on leur imprimerait par force, ne servirait qu'à briser leurs ressorts & à les détruire absolument.

Je ne rechercherai point ici quel législateur eut le plus de sagesse : si *Lycurgue* l'emporte sur *Solon*, si *Zaleucus* vaut mieux que *Carondas*, si la république des Samnites eut des mœurs plus austères que celle de Sparte ; ces questions ont été agitées cent fois, & n'en sont pas plus décidées. Je me propose d'examiner les assemblées générales des trois nations qui ont fait le plus de grandes choses, qui ont acquis le plus de célébrité, soit dans les armes, soit dans la politique, soit dans la navigation, soit dans les sciences ou les beaux-arts : des trois nations qui ont eu les plus grandes capitales de l'Europe, des trois nations où la population a été la plus nombreuse, & qui n'ont pas été les moins fécondes en grands hommes.

En examinant la constitution de ces trois Etats, nous aurons d'abord l'avantage de raisonner sur des faits & non sur de vaines hypothèses, ou sur des systêmes imposans dans la théorie, impossibles dans l'exécution. Nous ne verrons que des établissemens propres à de grandes nations : nous trouverons chez un peuple ce qui aura manqué à l'autre. Nous apprendrons quelles loix sont essentielles; comment, avec des formes différentes, on parvient au même but; & du tableau général de ces trois nations il résultera quelques idées saines sur la constitution la plus convenable à un grand peuple; quelques principes sûrs, qui auront d'autant plus de poids qu'ils auront déjà été mis en usage, & que la pratique en aura déjà fait connaître les effets.

Sous ce rapport, les trois parties de cet ouvrage, loin d'être étrangères l'une à l'autre, formeront un ensemble, où l'on trouvera tout ce qui convient à un grand peuple, tout ce que les législateurs ont imaginé pour faire d'une collection d'hommes, ou d'une association de provinces, un seul & même peuple, pour donner à tous un intérêt commun, pour modérer les passions, ou pour les employer à l'utilité publique. Nous verrons pourquoi les uns ont réussi, pourquoi les autres ont échoué; ce qu'on peut leur emprunter, ce qu'on doit créer, ce qu'il faut éviter. Les peuples limitrophes diffèrent plus par les loix que par le climat: la nature est la même dans tous les siècles;

mais les gouvernemens ne sont pas les mêmes dans tous les temps, & les peuples changent avec eux.

Les hommes en général ne sont rien que ce que leur situation leur permet ou les oblige d'être. Il n'y a que quelques hommes rares qui, par la force de leur ame, sachent se maintenir contre la force de leur situation ; comme il n'y a qu'un petit nombre d'hommes de génie qui sachent s'élever, par les lumières de leur raison, au-dessus des idées de leur siècle.

La plus grande partie du genre humain, chez les anciens & même chez nous, est demeurée jusqu'au douzième & treizième siècle avilie & courbée sous le joug de la servitude. Elle n'eut aucune espèce de part à tous les événemens politiques qui se passèrent dans ce long espace de temps. Ainsi les fautes qui se commirent, ne lui doivent point être imputées.

Je dis la plus grande partie du genre humain, car il y avait dans le territoire de Lacédémone trente mille *Ilotes*, & plus encore de *Méséniens* & d'*Argiens*, esclave de dix mille *Spartiates*. Athènes avait vin mille citoyens, & comptait quatre cents mill esclaves (1). L'inégalité fut encore plus grande chez les Romains, sur-tout dans les derniers siècles de la république. La disproportion entre les hommes libres & les serfs, s'accrut infiniment davantage sous l'anarchie qu'on appellait gouvernement féodal.

Le genre humain, pris en général, a donc plus de liberté & plus de bonheur dans les nations modernes, où la servitude est abolie, qu'il n'en avait chez les anciens où le caprice d'un particulier tourmentait à son gré une multitude sans réclamation.

C'est la première réflexion qu'il faut faire pour entendre l'histoire ancienne, & même la moderne.

La seconde, c'est que ces hommes libres, accoutumés à régir en tyrans des esclaves, ne voulaient point de roi.

La troisième, c'est que toute république chez les anciens commença par des hommes rassemblés dans les murs d'une ville. *Lycurgue* trouva les Lacédémoniens réunis dans Sparte. *Thésee* forma dans Athènes une seule cité des principaux habitans des

Chronique des marbres [illegible]

(1) *Athenée*, liv. VI. *Plutarque*, *in Pericle*. *Platon*, *in Critia*.

douze cantons de l'Attique, & ce fut alors que le gouvernement populaire s'y établit. Celui de Rome commença par des brigands & des esclaves réfugiés entre sept collines faciles à défendre. Ils y bâtirent un fort d'où ils firent des incursions sur leurs voisins, & bientôt ils cultivèrent la terre autour de ce fort.

De Rome sous ses rois.

LES rois de Rome n'étaient que des chefs élus pour courir au pillage. On a nié leur existence, parce que le nom du premier, *Romulus*, est grec & signifie *le fort*; que celui du second, *Numa*, signifie *la loi*. Autant vaudrait nier l'histoire de nos rois, parce que le premier de la troisième race a un nom latin qui signifie *la tête*, & que d'autres ont été appellés le *mutin*, le *victorieux*, le *saint* & le *sage*. Les Romains n'avaient point de nom de baptême. Otez ce nom à nos rois, ils ne sont plus connus, comme ceux de Rome, que par des surnoms relatifs à leurs mœurs.

Rome fut appellée la *forte*, c'est-à-dire, le *fort*, la *citadelle*, par les colonies grecques établies au midi de l'Italie, & c'eſt par ces colonies que les Romains ont appris leur propre hiſtoire, car les fondateurs de cette ville ne ſavaient pas lire; c'eſt pourquoi les ſurnoms de leurs premiers rois nous ſont parvenus en grec. Les ſurnoms des ſuivans ont été latins. *Hoſtilius*, l'ennemi; *Servius*, l'eſclave; *Priſcus*, l'ancien.

Les premières aſſemblées de ces brigands ſe tinrent ſans difficulté. Tous réunis, ils votaient tous enſemble. La volonté générale était connue. Bientôt le chef qui les conduiſait dans leurs incurſions eut un parti nombreux, ce parti eut une volonté qui ne fut plus la volonté générale, qui la combattit, qui l'emporta ſur elle. Ce fut celui du plus grand nombre; ce ne fut point du tout celui du peuple entier. Le ſénat eut auſſi ſon parti & ſa volonté, & quand il voulut faire dominer ſon parti ſur celui du roi, il envoya *Romulus* au ciel.

La principale faction anéantie par la perte de ſon chef, la volonté générale pouvait ſe reproduire. Les partiſans publics ou ſecrets d'un chef qui n'exiſtait plus, redevenus ſimples citoyens, pouvaient n'avoir plus d'autre volonté que le bien public & concourir à former *la volonté générale.*

On peut croire que la sagesse de *Numa* consista sur-tout à retrouver cette volonté déjà égarée, à s'y conformer & à la diriger quelquefois par une prétendue intervention des dieux, comme ont fait tous les législateurs de l'antiquité. *Numa* règle le culte.

Il régla le culte. *Servius* qui, né dans la captivité, usurpa le trône, forma cette étonnante constitution qui rendit Rome la maîtresse du monde. *Servius* forme la constitution.

Jusqu'alors tout Romain avait opiné dans l'assemblée du peuple, & sa voix avait été comptée. Chacun contribuait aux frais de la guerre & aux dépenses de l'Etat. Chacun payait une imposition égale. Cette égalité devenait de jour en jour plus intolérable pour ceux qui avaient peu de biens, ou que les malheurs de la guerre en avaient dépouillés.

Rome, ville guerrière, avait d'abord subsisté de pillage. Quand ses citoyens eurent fait des esclaves, & qu'ils défrichèrent leurs collines, les maîtres des esclaves ou logèrent dans le fort, à l'abri des incursions des Veyens, des Fidenates, des

Latins, ou campèrent ſous les murs, pour protéger leurs eſclaves qui labouraient la terre.

Eſclavage droit de vie & de mort.

Libres des ſoins domeſtiques & du travail qu'exigent les arts, ils purent vaquer ſans ceſſe aux affaires de l'Etat, & paſſer les jours entiers dans la place publique. C'était le fruit de l'eſclavage. Rouſſeau l'avoue dans le contrat ſocial (1), mais il l'avoue à regret. *La liberté ne ſe maintient*, dit-il, *qu'à l'appui de la ſervitude. On ne peut conſerver ſa liberté qu'aux depens de celle d'autrui: le citoyen ne peut être parfaitement libre, que l'eſclave ne ſoit extrêmement eſclave.* Il devait dire plus, il devait ajouter qu'il était indiſpenſable que les trois

Contrat ſocial, l. III, chap. 15

(1) Je citerai ſouvent cet excellent ouvrage, le plus clair, le plus méthodique, le meilleur qu'on ait fait ſur la conſtitution politique des Etats. Quiconque veut être inſtruit, doit le lire & le méditer. Perſonne n'a jamais mieux poſé l'ordre naturel de la ſociete. Perſonne n'en a mieux expoſé les principes & connu la métaphyſique. Mais l'auteur de cet ouvrage, livré à des ſyſtêmes, a plié quelquefois les faits a ſes opinions. Je le contredirai quelquefois ſur les faits & ſur les conſéquences qu'il en tire, rarement ſur les principes.

quarts des habitans du territoire fussent plongés dans cette servitude odieuse. Tel était le sort des habitans de l'Attique, de la Laconie, de l'Italie, de la Sicile, de ces contrées si célèbres par l'éclat de leur liberté.

Le citoyen de Rome avait le droit de vie & de mort sur ses esclaves, sur ses enfans, & en certains cas, sur sa femme qu'il pouvait toujours répudier, sans alléguer aucune raison.

Les citoyens de Sparte & d'Athènes étaient moins despotes dans leurs maisons, quoiqu'ils le fussent beaucoup.

On parle cependant de pauvres. Des auteurs qui ont écrit dans des temps où Rome se livrait au luxe le plus effréné qu'il y ait eu jamais, ont vanté la pauvreté des premiers Romains. C'était une pauvreté relative, & non pas absolue. Nulle part le dénuement de toute espèce de biens, ne fut une raison pour être considéré, pas même à Sparte, où *Lycurgue* avait partagé les terres, par portions égales, entre tous les citoyens, & avait fait de chacun d'eux un propriétaire assez riche pour passer sa vie sans travail, à se promener dans la place publique, à disputer sur ses droits, à les maintenir contre toute usurpation.

A Rome, *Cincinnatus* cultivait ses propres champs, il avait des esclaves, il avait eu des richesses; il fut ruiné par l'arrogance de son fils, & par les amendes qu'il paya pour lui.

Servius divise les Romains en classes, en centuries & en tribus.

Les Romains sont divisés en classes, en centuries, & en tribus.

LYCURGUE avait établi, par ses loix, une égalité de richesses entre tous les citoyens de Sparte. *Servius* établit au contraire, à Rome, l'inégalité des biens par ses loix.

Il divisa les citoyens de Rome en six classes, chaque classe en compagnie de cent hommes: c'était une division militaire. Il mit dans la première classe les plus riches & les mieux armés; il gradua les autres selon l'ordre de leurs richesses, jusqu'à la dernière, où il mit tous ceux qui avaient le moins de bien, *Minor census*. *Tite-Live* ne dit point qu'ils fussent sans biens, sans propriété, comme l'ont dit des auteurs inexacts.

Toutes ces classes comprenaient cent quatre-vingt-neuf centuries ; ou dix-huit mille neuf cents hommes en âge de combattre ; & si, dans le dénombrement qui suivit, on compta quatre-vingts mille hommes, comme le dit *Fabius Pictor*, il faut qu'il y ait eu déjà plus de quatre esclaves pour un citoyen.

Le mot de *centurie* qui désignait alors le nombre de cent, ne signifia plus, dans la suite, qu'une subdivision de classe ; parce que les citoyens, en se multipliant, ne multiplièrent ni les classes, ni les centuries : du moins, ils ne les multiplièrent pas dans une proportion arithmétique.

Ce qu'il importe de remarquer, c'est qu'il y eut quatre-vingts centuries dans la première classe, dans celle des plus riches, & qu'il n'y en avait qu'une dans la dernière. Le nombre des plus riches était donc de huit mille, & celui des plus pauvres de cent. C'est-à-dire, que le nombre des pauvres était à celui des riches comme un est à quatre-vingts. C'est précisément l'inverse des nations modernes. Mais la multitude était esclave. Le nom de citoyen était tout, celui d'homme n'était rien.

Cette division était relative aux richesses : *Servius* en fit une autre relative au territoire.

Rome, dès sa naissance, avait été partagée entre les brigands rassemblés par *Romulus* ; les Sabins, sujets de *Tatius*, & les Lucères, suivans d'un *Lucumon* qui s'était établi à Rome. De ces trois corps vint le nom de tribus. Ces tribus survécurent à leurs chefs : & ce fut dans la dernière qu'on incorpora les peuples vaincus & les étrangers auxquels on accordait les droits de citoyen. Elle l'emporta bientôt en nombre sur les deux autres.

Servius répara cette inégalité en partageant ces trois races en trente tribus, dont les quatre principales, les quatre plus anciennes, occupèrent quatre collines qu'il entoura d'un mur. Il se logea au milieu d'elles, sur le mont Esquilin. Les vingt-six autres habitèrent hors des murs, mais la plupart fort près du rempart. Le territoire était très-borné. C'est ce qui fit la force de ce peuple : pressé comme une armée autour d'un fort, il fut toujours facile à rassembler, & toujours prêt à se défendre.

Le danger menaçait sans cesse. *Servius* assigna, à ceux qui demeuraient à la campagne, des lieux de refuge, où ils devaient ſe retirer en cas d'incurſion ; & *Denys d'Halicarnaſſe* nous dit qu'ils y paſſaient la nuit.

Il diſtribua le territoire entre ſes tribus. Tout citoyen eut des terres & des eſclaves. C'était deux ou trois arpens : c'était autant d'eſclaves. Ceux qui en eurent davantage, furent nommés *Locuples* (1) tenant beaucoup de place. Il y avait déjà une grande inégalité de richeſſes. Ce qui eſt très-important à remarquer, c'eſt que, par cette diſpoſition, ce fut le régime de la ville que *Servius* étendit aux campagnes ; de ſorte que le peuple romain, tant celui des champs que celui de l'intérieur des murs, ne forma qu'une ville, qu'une police, qu'une cité.

De l'inégalité des conditions.

OUTRE cette grande diviſion qui partageait le genre humain en deux claſſes, dont l'une avait tout, & dont l'autre n'avait rien, pas même la liberté, il y avait d'autres

---

(1) *Hinc & locupletes diſcebant, loci, hoc eſt, agri plenos. Pline*, liv. XVIII, chap. 3.

divisions : les esclaves étaient égaux entre eux ; les hommes libres se partageaient en citoyens & en étrangers ; c'est-à-dire, en hommes qui avaient tous les droits de cité, & en hommes qui, nés dans les mêmes murs, étaient étrangers à tous ces droits, ne pouvaient parvenir à aucun rang dans la ville, à aucun grade dans les armées. Cet état se trouve dans toutes les républiques anciennes ou modernes, sous cent noms différens. C'est l'état des nobles de terres-fermes à Venise, des natifs de Genève, &c.

Ordres : Il y en avait trois de citoyens, & deux autres

Les citoyens se distinguaient, à Rome, en patriciens, en chevaliers, en plébéiens. Ces trois ordres formaient seuls la république. Les étrangers & les esclaves n'y avaient aucune part. Le commerce & les arts occupaient les étrangers ; l'agriculture & les fonctions serviles, les esclaves. Ces deux derniers ordres l'emportaient de beaucoup, par leur nombre, sur les trois ordres des citoyens. Ces distinctions étaient héréditaires. L'esclave pouvait être affranchi & devenir plébéien ; l'étranger pouvait le devenir aussi ; mais le chevalier, le plébéien, ne pouvaient jamais devenir patriciens.

L'inégalité

L'inégalité des conditions ne provenait pas des richeſſes, mais de l'ordre des rangs établis par la loi.

Du genre des richeſſes.

LES biens des premiers Romains ne furent que le fruit du pillage. *Monteſquieu* définit très-bien Rome naiſſante, quand il la compare *aux villes de la Crimée, faites pour renfermer le butin, les beſtiaux & les fruits de la campagne.* *Grandeur & décadence des Romains, chap 1.*

Chaque citoyen ſe battait, pillait & s'armait à ſes frais. Les chefs de ces expéditions, qui prirent habilement le nom de pères, de patriciens, eurent la plus grande part au butin; ils ſe firent donner plus de troupeaux, de captifs & d'arpens de terre, dans le voiſinage de Rome. Ils devinrent agricoles, & demeurèrent citoyens. La ville ſeule était leur patrie; ſon enceinte était ſacrée; les délibérations de la place publique, les exercices du champ de Mars, les jeux du cirque, la nomination des magiſtrats, le barreau, les ſacrifices, tout les y rappellait ſans ceſſe; tout les forçait d'y réſider. Enfin, le ſort, la fortune du peuple

Le pillage & la récolte, ſeules richeſſes des premiers Romains.

romain, étaient attachés aux murs du capitole.

Le pillage leur avait tout donné, tout, jusqu'au sol qu'ils cultivèrent, & jusqu'aux femmes, dont ils eurent des enfans. L'agriculture leur procura une fortune plus solide. La république ne comptait peut-être pas, sous *Servius*, cinq à six lieues en carré. Le plus riche patricien n'avait que quelques arpens. Sa terre, sa cabane ses esclaves, ses bestiaux, sa récolte, ne valaient qu'environ cinq mille de nos livres tournois.

Cette propriété ne permet ni le faste ni le luxe.

Une telle propriété ne permettait ni faste ni luxe. On ne connaissait ni les arts, ni le commerce, ni même le numéraire. Le butin & la récolte, voilà tout ce qui composait le bien & l'espérance des Romains.

Une grande partie du butin passait dans le trésor public. Des champs, souvent ravagés par les ennemis, ne fournissaient pas une récolte abondante. Le sol même est peu fertile; mais le Romain est sobre. La chaleur du climat ne lui permet ni les viandes, ni le vin, ni les liqueurs fermentées, ni les vêtemens épais, ni les logemens bien clos.

Il eſt riche de peu, quand les peuples ſeptentrionaux ſont pauvres avec beaucoup. Toute dépenſe eſt luxe & apparat dans le midi, tout eſt beſoin & conſommation pour l'homme du nord.

Rome, devenue agricole, ne reſſembla plus à une ville tartare. Ses citoyens reſſemblèrent, en un point, aux bourgeois de nos petites villes, habitans dans leurs murs, & vivant du revenu de leurs terres, que des payſans cultivent : ces payſans étaient eſclaves.

Les Spartiates mépriſaient les Ilotes ; les Romains ſe firent ſouvent un plaiſir de partager les travaux champêtres. Ces travaux étaient un plaiſir dans un climat auſſi doux, & ſous un ciel auſſi ſerein. Ils accordèrent, à leurs eſclaves, la fête des ſaturnales ; ils permirent aux affranchis de s'incorporer dans les tribus urbaines.

La victoire & l'uſage de dépouiller les vaincus, de les réduire à l'eſclavage, augmenta toujours les richeſſes des tribus rurales. Les patriciens devinrent *Locuples*. Leurs biens furent de vaſtes campagnes, priſes ſur les ennemis ; & comme l'Italie n'était pas alors très-peuplée, ils eurent souvent de grandes terres en friches, où paissaient leurs troupeaux.

Les impôts se levant sur les biens, les patriciens se firent inscrire dans les tribus rurales, & résidèrent presque toujours à Rome, où les devoirs de sénateurs, les magistratures, le desir de diriger les assemblées publiques qui se tenaient plusieurs fois la semaine, la nécessité de défendre leurs cliens, le barreau, le champ de Mars, les arrêtaient sans cesse. Ils en aimèrent, ils en vantèrent davantage les plaisirs de la campagne.

Toutes les richesses des Romains ne provinrent donc, pendant long-temps, que du pillage & de l'agriculture. Les richesses territoriales sont les seules qu'on transmette à ses descendans; toutes les autres s'évaporent, pour ainsi dire, en moins de quatre générations.

Les tribus rurales s'enrichissent, & les urbaines s'appauvrissent.

Ainsi les patriciens & les tribus rurales augmentèrent leurs richesses, en étendant leurs domaines dans les pays conquis. L'agrandissement de Rome y contribua encore, en donnant un nouveau prix à leurs denrées. Les tribus purement urbaines, éprouvèrent un sort tout contraire; elles vendirent leurs champs pour bâtir des maisons, à mesure que Rome ſe peupla ; elles devinrent pauvres, elles voulurent partager les terres conquiſes, les pâturages incultes ; elles demandèrent des loix agraires. Elles n'en purent obtenir. Les riches prédominaient dans l'aſſemblée du peuple.

De la manière de prendre les voix.

Manière de compter les voix.

SERVIUS, après avoir diviſé les Romains en ſix claſſes, établit l'uſage de compter les voix, en prenant d'abord celles des dix-huit centuries des chevaliers ; c'était celles du ſecond ordre de l'Etat ; enſuite on prenait celles des quatre-vingts centuries de la première claſſe, qui comprenait l'ordre des patriciens & les plus riches des plébéiens. Lorſque ces quatre-vingt-dix-huit centuries opinaient à peu près unanimement, on n'interrogeait pas ſeulement les quatre-vingt-onze autres.

Si elles différaient de ſentimens, on interrogeait la ſeconde claſſe, puis la troiſième, juſqu'à ce que le nombre des centuries acceptantes ou refuſantes, l'emportât ſur le nombre des centuries qui reſtaient à interroger. En ſorte que la dernière n'était preſque jamais conſultée. Les moins riches, ou les pauvres qui la composèrent par la ſuite, n'eurent plus qu'un droit illuſoire ou même dériſoire. (1)

Avec une telle forme on ne pouvait plus connaître la *volonte génerale*, on ne connaiſſait que la volonté des premiers corps de l'Etat. *Servius* avait conjecturé qu'avec cette forme il y aurait moins de factions, moins de tumultes inſtantanés. Les riches tenans à de plus grands intérêts, ont plus de conſtance dans leurs réſolutions; ils ne ſont pas ſi facilement les jouets d'un orateur; l'intérêt du moment les ſubjugue moins; on a beſoin, pour les entraîner, de plus puiſſans reſſorts : mais l'influence du roi, celle du ſénat, les paſſions des grands ont plus de force ſur eux que ſur le ſimple peuple.

(1) Dans la ſuite, pour parer à cet inconvénient, on tira au ſort la tribu qui devait opiner la première. Ce qui pouvait quelquefois faire commencer par la dernière, & rétablir l'égalité entre les centuries.

De trois inſtitutions particulières aux Romains.

Cette manière de prendre les voix par centuries, ne s'établit pas ſans difficulté. *Servius* y contraignit les citoyens par la priſon & même par la mort. Les rois de Rome agirent preſque toujours militairement, mais jamais ils n'osèrent ôter au peuple le droit de voter. *Tite Live.*

Servius impoſa des tributs aux cinq premières claſſes & aux chevaliers, il gradua ces tributs ſelon l'ordre des claſſes. La plus riche paya le plus, mais il exempta la dernière de toute impoſition, & même du ſervice militaire.

Tributs payés par les riches : les pauvres en sont exempts.

C'était, en effet, aux poſſeſſeurs du territoire à défendre le territoire, & aux poſſeſſeurs des richeſſes à payer des taxes proportionnelles, pour ſoutenir les honneurs, les magiſtratures, les prérogatives, les propriétés dont ils jouiſſaient.

Ceux qui n'avaient ni territoire, ni dignités, ni prééminence, n'avaient rien à défendre, ni rien à conſerver. Ils s'acquittaient de tout envers un Etat qui ne leur accordait qu'un domicile, en lui donnant des enfans. Ce qui les fit appeller *Prolétaires*, qui paie de sa race.

Nul réglement ne fut plus juste ni plus noble; nul ne préserva plus le fisc de tyrannie, de vexations & des bassesses dont il se souilla par-tout ailleurs. Nul réglement n'apprit mieux aux riches & aux premiers ordres de l'Etat, l'emploi qu'ils devaient faire de leur temps & de leurs richesses.

Le cens de la république se fait tous les cinq ans

Ce même *Servius* ordonna que le cens, c'est-à-dire le dénombrement du peuple & des biens, se fît tous les cinq ans. Depuis, le sénat eut toujours sous les yeux le tableau exact de toutes les forces de l'Etat. Dans les calamités, il connut ses ressources; dans la prospérité, il ne prodigua pas ses richesses. Toujours ses moyens furent proportionnés à ses fins, & je ne crains pas d'affirmer que le sénat n'entreprit jamais une guerre que le succès n'en fût calculé d'avance. C'est ce qui fit qu'aucune défaite ne l'abbattit & ne le força à demander la paix. C'est ce qui lui donna, pendant huit cents années, une suite de succès dont il n'y a point d'autre exemple, & ce qui rangea sous sa domination tous les peuples policés qu'il connut.

Une troisième institution, non moins remarquable & non moins particulière aux Romains, fut celle du patronage. Elle naquit des circonstances, sous le premier roi de Rome. Les chefs des troupes, sénateurs & patriciens, ne se contentèrent pas de mener le peuple piller les campagnes d'Albe, de Fidène ou de Cures, ils se firent les protecteurs de leurs soldats. Un républicain eût pu regarder comme un affront d'avoir un protecteur. Ces brigands, rassemblés au hasard sous un roi, & dont plusieurs avaient été esclaves, furent flattés d'avoir des patrons dans leurs chefs. Ainsi les familles plébéiennes se rangèrent toutes sous la clientelle ou le patronage des familles patriciennes. Clientelle.

Le patronage fit un grand bien, en ce qu'il chargea les grands de la défense des petits, en ce qu'il les força d'étudier les loix, de plaider, de vivre occupés, & non pas oisifs. Il fit un grand mal, en ce qu'il augmenta l'influence du sénat, en ce qu'il donna plus de facilité pour former des factions; & ce fut peut-être une des raisons qui engagèrent *Servius* à diviser le peuple en ſix claſſes & en cent-quatre-vingt-neuf centuries.

Les habitans de Rome & de ſon territoire étaient donc partagés en cinq ordres : les eſclaves, les étrangers, les plébéiens, les chevaliers & les patriciens. Le dernier des plébéiens avait donc deux ordres de gens au-deſſous de lui. Il était juge ſouverain dans ſa famille, ayant, ſur elle & ſur ſes domeſtiques, droit de vie & de mort. De-là cette fierté, cette gravité, cette dureté, qui fit le caractère des Romains, & qui leur donna l'air auſtère, au milieu de leurs concubines & de leurs gitons.

Néceſſité du mérite.

Toujours dans la place publique, toujours ſous les yeux du peuple, élu par lui, connu de chacun, ſur-tout de ſes cliens, tout patricien, propriétaire par ſa naiſſance, guerrier par état, orateur par obligation, paſſait l'été dans les camps, l'hiver au barreau ; ne pouvait prétendre à aucune dignité, qu'il n'eût ſervi dix ans dans l'infanterie, ou ſeize ans dans la cavalerie ; ne parvenait aux grandes places qu'après avoir occupé les inférieures ; n'obtenait aucune magiſtrature qu'il ne l'eût emporté ſur vingt

Polybe.

concurrens, en la difputant devant ceux qui l'avaient vu combattre, & entendu plaider.

Tant d'épreuves déployaient toutes fes facultés. Brave dans les périls, intelligent dans les affaires, avide de captiver l'opinion publique, inftruit à la refpecter, amoureux de la gloire; toutes fes paffions avaient un caractère de grandeur. Les acclamations du peuple; fon fuffrage, objets de tous fes travaux, étaient fon efpoir & fa récompenfe.

Un tel peuple ne pouvait avoir long-temps des rois, à moins que ces rois ne fuffent des héros ou des fages.

Le peuple choififfait fes rois : le fénat confirmait leur élection. Il y eut plufieurs interrègnes. Ces interrègnes furent vraifemblablement plus longs que *Tite-Live* ne le dit; il eft difficile que fept rois élus aient régné deux cents quarante ans. Les règnes, dans les états héréditaires, où les minorités les prolongent, ne font que de vingt à vingt-deux ans. Ce calcul ne donne que cent-cinquante-quatre ans pour les fept rois de Rome. (1) Interrègnes.

---

(1) Les fept derniers rois de la France, dont deux, *Louis XIV* & *Louis XV*, ont eu des règnes,

De ces ſept rois, quatre furent des héros; *Numa* fut un ſage; *Servius* fut l'un & l'autre. Le ſeptième acquit le trône, par un double adultère, un double empoiſonnement, & un parricide; il perdit la royauté par un viol que ſon fils ſe permit. La royauté fut abolie à Rome.

De Rome ſous ſes conſuls.

DÈS que Rome eût chaſſé ſes rois, la force publique parut s'augmenter. Chaque citoyen déploya plus d'énergie.

Sous ſes rois même, la puiſſance légiſlative, la véritable ſouveraineté, avait appartenu au peuple. Le gouvernement, ou la puiſſance exécutive, avait été partagée entre le ſénat & le roi.

Le ſénat avait eu l'adminiſtration de l'Etat; le roi, le commandement des troupes & le département de la juſtice. Il combattait à la tête des armées; il jugeait ſur ſon tribunal.

Sénat.

---

dont la durée eſt preſque ſans exemple, n'ont occupé le trône tous que pendant deux cents quinze ans.

Alors la nature des biens, l'autorité des chefs de famille, l'ignorance des arts & du commerce, rendaient les affaires très-rares.

L'élection des consuls.

L'abolition de la royauté ne produisit d'autre changement, que de faire élire, au peuple, deux consuls au lieu d'un monarque, & de les élire tous les ans au lieu d'attendre leur mort. L'un fut chargé de présider l'armée, l'autre de présider à la ville. *Tite-Live* avoue que ces premiers consuls jouissaient d'une autorité semblable à celle des rois. *Livre II.*

Le sénat avait été originairement composé de cent hommes, choisis dans l'ordre des patriciens. *Tarquin* l'ancien y avoit ajouté cent plébéiens; les deux premiers consuls y placèrent cent chevaliers. Mais ces plébéiens, ces chevaliers, furent d'abord incorporés dans l'ordre des patriciens. Depuis l'expulsion des rois, les consuls choisirent les sénateurs.

Le peuple voulut que de leurs jugemens on appellât au sien, comme on en avoit appellé de celui des rois. Ainsi le peuple nommait ses magistrats, les forçait à lui rendre compte de leur gestion, & réformait ou confirmait leurs jugemens. Il exerçait toujours la ſouveraineté, & quelquefois la magiſtrature.

Les patriciens prétendaient que toutes les charges de la république, le commandement des armées, & les grandes prêtriſes, ne pouvaient être conferés qu'à eux ſeuls. Les plebéiens voulurent bien les en croire quelque temps; & pendant les dangers d'une république naiſſante, ils ſe contentèrent du droit de les nommer & de les juger.

Premières victoires des Romains.

Tarquin développa vainement, pour rentrer dans Rome, toutes les reſſources d'un génie fécond. *Porſenna* crut vainement qu'il écraſerait les Romains ſous le faix de ſa puiſſance : tous deux furent vaincus, & réduits à reſpecter Rome. Les petites républiques voiſines furent battues toutes les fois qu'elles osèrent l'inſulter. Quelques villes furent priſes, leur territoire vendu, leurs habitans réduits à l'eſclavage. Peu éprouvèrent ce ſort; les Romains n'avaient point de machines de guerre, & ne ſavaient pas faire un ſiége; mais Rome dépouilla toujours les vaincus d'une portion de leur territoire. Elle en vendait une partie au profit du fiſc du tréſor de la république,

& elle diſtribuait le reſte à des prolétaires, qui alors devenaient propriétaires & payaient un cens à la patrie. C'eſt ce qui entretint long-temps une ſorte d'égalité, & ce qui empêcha la pauvreté de dévorer les plébéiens.

Ces victoires élevèrent le courage du peuple; ſa puiſſance devint plus contentieuſe. Le ſénat devint plus jaloux de ſes droits. Un incident produiſit une nouvelle magiſtrature.

De la dictature.

DE jeunes ſabins voulurent enlever, de Rome, quelques filles de joie; car, malgré ſes mœurs, ſi vantées, Rome en avait beaucoup. Ces jeunes Romains défendirent leurs courtiſannes. Ce différent produiſit une nouvelle guerre, & fit créer le premier dictateur, huit ans après l'expulſion des Tarquins.

An de Rome 253

Pourquoi le premier dictateur eſt élu.

Le ſénat, preſſé entre le peuple qui lui réſiſtait, & la ligue de pluſieurs villes ennemies qui le menaçaient, conçut très-bien qu'en ce double danger, il devait reſſerrer le gouvernement, afin d'en augmenter la force, & en confier toute l'autorité à un ſeul homme, afin qu'elle fût plus active. Il nomma un dictateur.

Mais, de peur que ce pouvoir ne dégénérât en monarchie, il lui fixa un terme; le temps, ſur lequel l'homme n'a aucun pouvoir, que le deſpotiſme ne peut intimider, ni corrompre, amenait, dans le court eſpace de ſix mois, la diſſolution de cette autorité terrible. Le dictateur rentrait dans l'ordre des citoyens. Il n'avait aucun compte à rendre; mais il reſtait en butte aux vengeances des familles, s'il en avait offenſé, aux reproches du public, s'il les avait encourus. Ainſi, par cela ſeul qu'elle avait un terme très-court, cette autorité toute-puiſſante, pour rétablir l'ordre, ne pouvait précipiter l'Etat dans aucun danger.

Droits du dictateur.

Le dictateur avait le droit d'enfreindre toutes les loix, de punir de mort tout citoyen qu'il croyait coupable ou turbulent, de faire la guerre ou la paix; mais il ne pouvait promulguer aucune loi.

Il avait ſeul toute l'autorité du prince ou du gouvernement; mais il n'avait pas la puiſſance légiſlative. La ſouveraineté demeurait

demeurait toujours toute entière dans le peuple.

Oppreſſions.

Si les riches euſſent été modérés, ſi le ſénat eût été juſte, ſi la vertu avait eu autant d'empire à Rome qu'on l'a prétendu, Rome n'aurait eu beſoin d'aucune autre magiſtrature. Rome poſſédait tout ce qui eſt néceſſaire pour vaincre & pour gouverner. Mais, ſept années après que ce premier dictateur eût été élu pour la défenſe de quelques courtiſannes, on fut obligé d'en élire un autre, au ſujet d'un genre d'oppreſſion qui, je crois, ne fut connu qu'à Rome, ou qui, du moins, y fut plus cruel que par-tout ailleurs.

Les débiteurs y devenaient eſclaves de leurs créanciers. Cet eſclavage ne les acquittait pas; & lorſque le créancier ſuppoſait que les enfans, les amis, ou les parens de ſon débiteur étaient aſſez riches pour acquitter ſa dette, il lui faiſait ſouffrir toutes les cruautés qu'il imaginait. Il le tenait chargé de fers dans un cachot; il le faiſait rudement flageller par ſes autres eſclaves, qui

Les débiteurs ſont eſclaves.

fe réjouiſſaient d'avoir, de temps en temps, quelque citoyen à fuſtiger.

Un vieux guerrier, déchiré ſous le fouet, s'enfuit de chez ſon créancier, & ſe préſenta, tout ſanglant, au peuple; il compta comment les intérêts exorbitans & accumulés, d'une ſomme aſſez modique, le mettaient dans l'impoſſibilité de s'acquitter, & le livraient à la barbarie d'un homme impitoyable. Le peuple ſe ſouleva. Le ſénat, compoſé preſque tout entier de créanciers auſſi durs, prit parti contre le peuple. La ſédition dura long-temps; en vain les conſuls voulurent mener le peuple à la guerre, pour le détourner de la juſtice qu'il demandait. Le peuple refuſa de s'enrôler. Les conſuls

An de Rome 260.

nommèrent un dictateur qui procura, par la victoire & par le pillage, quelques ſoulagemens à ceux qui craignaient de ne pas pouvoir payer leurs dettes; mais le ſort des débiteurs ne fut pas adouci.

Tite-Live, liv. II.

Le ſénat prétendait que ces révoltes provenaient de l'oiſiveté du peuple; ce qu'il n'aurait pu dire s'il avait été compoſé de pauvres ouvriers, ou de pauvres agriculteurs.

Une autre preuve que les plébéiens pouvaient subsister sans un travail journalier, comme je l'ai dit, c'est que le peuple, lassé de tant de vexations, abandonna Rome, & se retira sur le mont sacré, où il demeura plusieurs jours.

Le peuple peut, par-tout, se passer de la noblesse, qui, nulle part, ne peut se passer de lui. Le sénat courut après les plébéiens. L'objet de la querelle fut oublié; au lieu de régler le sort des débiteurs, on régla qu'il y aurait deux tribuns à la tête du peuple, comme il y avait deux consuls à la tête du sénat. Ce fut encore une nouvelle magistrature.

Du tribunat.

LA puissance du tribunat, considérée en elle-même, est essentielle au corps politique. C'est elle qui doit corriger le vice radical qui détruit toute constitution. Etablissement du tribunat, l'an de Rome 262.

La puissance législative, apanage du peuple, est presque toujours usurpée par la puissance exécutive, apanage du prince ou du gouvernement.

Toute puissance s'affaiblit en s'étendant, même la législative

Quand le corps politique est composé d'un petit nombre d'hommes, chacun met une grande importance à sa voix, qui en est la centième ou la millième partie. Mais quand elle n'est plus qu'une cent millième ou une cinq cent millième partie de ce corps, elle devient si faible, si minime, qu'elle est presque nulle. . . . . .

Chaque individu anihilé, pour ainsi dire, comme partie du législateur, reste pourtant tout entier exposé, comme sujet, au pouvoir exécutif. . . .

A Rome, ce pouvoir étendu dans le sénat, & partagé entre les deux consuls, pouvait être resserré tout-à-coup par l'élection d'un Dictateur. Le sénat aurait bientôt envahi la souveraineté, si le peuple n'avait pas su la défendre, en la mettant sous la garde de deux magistrats. . . . .

Droits des tribuns. Les tribuns n'eurent d'abord d'autre autorité que celle d'arrêter le mouvement trop rapide du pouvoir exécutif. Leur opposition fut plus rapide encore ; ils n'avaient qu'à dire *veto*, je m'oppose, & le mouvement s'arrêtait. . .

Par cette institution, les sujets, membres devenus trop faibles d'un législateur trop nombreux, furent défendus contre les entreprises d'un gouvernement qui pouvant, quand il le voulait, se resserrer jusqu'à l'unité, était maître de déployer une force funeste à chaque citoyen, & redoutable à l'ensemble du corps politique. Car la puissance exécutive, entraînée par les affaires, tend perpétuellement à changer la démocratie en aristocratie, l'aristocratie en oligarchie, l'oligarchie en monarchie, la monarchie en arbitraire, & la loi en caprice. La puissance tribunitienne est faite pour s'opposer à ce mouvement, pour maintenir l'état où il se trouve, & pour le ramener, s'il est possible, à son institution primitive.

Le tribunat établi, la constitution de la république eut toutes ses parties. Elle fut entière, & aussi parfaite que le peut être une institution humaine.

Pourquoi les plébéiens seuls doivent avoir le tribunat.

Les seuls plébéiens parvenaient au tribunal. C'est en effet au peuple qu'il importe de conserver la constitution : l'intérêt des grands est de l'envahir.

Le reste de l'histoire romaine n'offre plus que le jeu des différentes parties de cette constitution. Machine étonnante qui résista toujours à toutes les attaques extérieures qu'elle éprouva, & qui ne se détruisit que par le frottement de ses propres rouages.

Ambition des tribuns, diverses manières d'assembler les comices.

Les tribuns, dont l'office aurait dû se borner à servir de régulateurs à cette machine, & à modérer ses mouvemens, ne voulurent pas se contenter d'un emploi qui ne demandait qu'une extrême sagesse ; ils voulurent être une puissance active.

Le peuple devient juge, au lieu de se contenter d'être législateur.

Non contens de défendre les plébéiens, ils citèrent les patriciens, les sénateurs, les personnages consulaires au tribunal du peuple. Le peuple descendit du rang de législateur à celui de magistrat. Il jugea, il condamna, & malheureusement il fut juge & partie, ce qui est presque toujours inévitable à un peuple. Ce mal est très-grand, sans doute; mais quand un peuple veut conserver le pouvoir législatif, il faut quelquefois qu'il exerce l'exécutif.

L'activité des tribuns augmenta les dissentions. On se battit quelquefois à coups de poing, dans les comices, car personne n'eut jamais l'audace, ni l'insolence d'y porter une épée.

Cependant, les passions se fesant entendre des deux parts bien plus que la raison, les tribuns furent insultés & vengés. Bientôt ils eurent des victimes.

Coriolan fut banni. *Cæson*, fils de *Cincinnatus*, s'enfuit & s'exila de Rome, pour échapper au jugement du peuple ; son père fut ruiné, en payant pour son fils des cautions, & une amende de trois mille as.

Les citoyens de Rome étaient toujours partagés en six classes, selon l'ordre de leur fortune. Le nombre des centuries fut porté de cent-quatre-vingt-neuf à cent-quatre-vingt-treize. Mais la dernière classe ne composa jamais qu'une seule centurie, quoique le peuple se fût beaucoup multiplié, & que cette dernière classe fût devenue, à elle seule, presque aussi nombreuse que les autres.

Dans les grands comices du champ de Mars, on prenait toujours les voix par centuries, & on cessait toujours de compter, quand la première moitié des centuries avait formé un avis.

On avait bien ainsi les voix du plus

grand nombre des centuries, celles des plus riches & des plus distingués des patriciens, des chevaliers & des plébéiens; mais toutes ces voix ne formaient plus le vœu du plus grand nombre des citoyens, on ne reconnaissait pas la volonté générale.

Cependant, par une sagesse qu'on ne trouve guère que dans un peuple assemblé, & qui n'est pas aussi rare qu'on croit chez le peuple, les Romains préférèrent toujours à toute autre cette manière de prendre les voix.

Diverses manières d'assembler le peuple.

Je dis à toute autre, car il y avait une ancienne manière d'assembler le peuple par curies, où l'on comptait les voix de toute l'assemblée indistinctement, & où, par conséquent, les pauvres, les prolétaires, les *capite censi*, plus pauvres encore, les gens les moins instruits, les moins propres à parvenir aux grands emplois, prédominaient, & l'emportaient sur les plus riches & les plus sages..

Mais on n'avait inscrit dans les trente curies, ancienne division de *Romulus*, que les familles primitives de Rome. Tous ceux qui étaient inscrits dans les tribus rurales n'aſſiſtaient point à ces comices : ainſi ils ne repréſentaient pas la totalité des citoyens.

Les tribuns imaginèrent une autre manière de prendre les voix, ce fut d'aſſembler le peuple par tribus, au lieu de l'aſſembler par claſſes & par centuries. Mais ils interdirent l'entrée de ces comices aux ſénateurs, parce que ces comices étaient toujours tenus pour s'oppoſer à leurs projets ou à leurs prétentions.

Ainſi, de quelque manière que les comices s'aſſemblaſſent, par centuries, par curies ou par tribus, jamais on n'y compta les voix de tous les citoyens. Dans la première manière, on rejetait celle des prolétaires ; dans la ſeconde, on n'admettait pas les tribus rurales ; dans la troiſième, on excluait les principaux membres de l'état.

Il était très-aiſé de remédier à ce mal, cependant on ne le fit point. Le ſénat & le peuple étant dans un état de guerre perpétuelle, on s'occupa, des deux parts, bien plus à être puiſſant qu'à être juſte.

Ces diviſions rendaient le peuple plus belliqueux. Il demandait toujours au ſénat le partage des terres conquiſes, des terres que le fiſc s'était réſervées, & des terres vagues dont les patriciens s'emparaient souvent sans titre, pour y faire paître quelques bestiaux. Le sénat ne voulait point de partage général, mais il envoyait fréquemment des colonies de prolétaires dans les pays vaincus.

Ces prolétaires dépouillaient les habitans d'une partie de leur territoire, ils le cultivaient ou ils le défrichaient, ils y formaient une garnison qui tenait toute la contrée dans la dépendance. Ils gardaient tous les droits de citoyens romains; & trop éloignés de Rome pour assister à ses comices, ils ne faisaient aucun usage de leur droit d'y voter. Ils n'imaginèrent jamais d'y envoyer des députés. De sorte que, quand il y eut des colonies romaines dans toute l'Italie, & hors de l'Italie, tous leurs citoyens furent régis par la volonté des habitans de Rome & des campagnes voisines.

Service rendu par les tribuns.

Les tribuns demandent & obtiennent un code.

LES tribuns réformèrent plusieurs abus; quarante ans après leur institution, ils demandèrent un corps de loix.

Le sénat ne nomma point un législateur, il ne rédigea pas de vieilles coutumes. Il mit dans cette entreprise une majesté d'autant plus digne de lui, qu'il écarta tout ce qui tenait aux préjugés de la naissance, & à l'orgueil national. Il envoya trois hommes consulaires chez les peuples les plus éclairés pour y chercher les loix qu'ils jugeraient les meilleures. Ce fut un grec, *Hermodore*, exilé d'Ephèse sa patrie, & réfugié à Rome, qui traduisit ces loix du grec en latin, & qui en expliqua le sens & l'esprit aux décemvirs. Les Romains lui élevèrent une statue.

Au lieu d'imiter les villes grecques, & de remettre toute l'autorité entre les mains d'un seul homme, le peuple romain jugea qu'au moment de faire des loix, il devait fortifier sa puissance législative en affaiblissant la puissance exécutive. Il abolit le consulat, & il partagea l'autorité entre dix sénateurs en créant des décemvirs.

Le peuple donne sa sanction aux loix.

Lorsqu'ils eurent achevé la rédaction des loix, les décemvirs firent graver leur code sur douze tables, & le placèrent sous les yeux du peuple dans la place publique. Lorsque chacun en eut pris connaissance, les comices par centuries, lui donnèrent la sanction la plus sacrée, celle de l'aveu de la nation entière. Le peuple fut ainsi son propre législateur, il usa du plus beau droit de la souveraineté, qu'il conserva intacte.

Quand les décemvirs voulurent ensuite abuser de leur autorité, ils furent réprimés & punis.

Ce fut en ne dédaignant jamais ni les loix, ni les mœurs, ni les coutumes étrangères, en adoptant toujours les usages qu'ils trouvèrent préférables aux leurs, que les Romains devinrent les maîtres & les législateurs du monde.

La loi des douze tables réglait le sort des particuliers, & ne fixait ni la constitution politique, ni les droits des différens ordres de l'Etat. Elle laissait subsister tous les abus qui fesaient des patriciens & des plébéiens, deux peuples ennemis.

Les tribuns unissent les divers ordres des citoyens par des mariages.

Les tribuns se chargèrent de détruire ces abus, ils attaquèrent d'abord le plus odieux, ils obligèrent les patriciens à souffrir que les plébéiens s'alliassent à eux par des mariages. Alors ces deux ordres ne formèrent plus qu'un seul peuple. Ces alliances ſont le lien le plus ſûr & le plus doux qui puiſſe unir tous les ordres d'un Etat. L'orgueil ſeul peut les interdire : mais l'orgueil n'eſt pas une raiſon. Les patriciens n'en purent alléguer aucune, tout accoutumés qu'ils étaient à contredire les tribuns. Ils prétendirent que les auſpices ne pouvaient être pris par les plébéiens. Le peuple ſe moqua de leur piété. Les comices paſsèrent une loi qui autoriſait ces mariages.

Les tribuns font donner les magiſtratures aux plébéiens.

Les tribuns demandèrent enſuite que les plébéiens euſſent le droit de parvenir aux grandes magiſtratures, à ces places où les talens & les vertus ſont plus néceſſaires que les aïeux. Ils l'obtinrent, non ſans peine & ſans diſpute ; mais ſatisfait de poſſéder ce droit, le peuple dédaigna de l'exercer. Il eut la ſageſſe de ſentir qu'il n'y avait encore aucun plébéien en état de remplir dignement ces grandes places ; & quoiqu'il ſe préſentât toujours pluſieurs plébéiens pour les demander, les comices ne nommèrent pendant long-temps que des patriciens pour conſuls, & même pour tribuns militaires.

De la censure.

An de Rome 310.

TOUTES ces querelles dans les comices, toutes ces guerres que Rome livrait sans cesse à ses voisins, sur-tout l'institution des tribuns militaires substitués aux consuls, firent négliger le cens pendant quelques années.

Il importait trop à la république pour qu'il tombât en désuétude.

Institution des censeurs.

Le sénat créa deux magistrats particuliers, qu'il chargea de faire le dénombrement des biens & des personnes. Il leur donna aussi le droit de choisir les sénateurs, & de les prendre indifféremment dans les trois ordres des patriciens, des chevaliers ou des plébéiens. Mais il ne voulut confier ces places qu'à des patriciens. Les fonctions de la censure étant bornées à ce dénombrement, parurent d'abord assez peu considérables pour que le peuple n'aspirât point à les partager.

Office des censeurs.

Les censeurs avaient sous eux des greffiers qui tenaient un registre exact du nombre des citoyens, de la fortune de chacun d'eux, de la quantité des esclaves & des affranchis.

La revision de tous ces détails se fesait tous les cinq ans; chaque citoyen apportait aux censeurs une déclaration de tout ce qu'il possédait, sous peine de voir confisquer la chose ou l'esclave qu'il n'aurait pas déclaré; &, dans certains cas, sous peine de mort. Les censeurs comparaient cette déclaration avec celle qu'on avait inscrite sur les derniers registres.

Si un homme avait perdu le bien nécessaire pour être dans une des premières classes, ils l'inscrivaient dans une classe inférieure. Si un autre avait augmenté sa fortune, ils le plaçaient dans une classe plus élevée, ils le créaient chevalier ou sénateur.

Ensuite ils passaient, pour ainsi dire, tout le peuple en revue. Assis dans le champ de Mars, sur leurs chaises curules, ils appellaient d'abord les sénateurs. S'ils en omettaient un, ils en disaient le motif. Le sénateur omis ne pouvait plus entrer dans le sénat. Après eux les chevaliers se présentaient, chacun avec le cheval qu'il tenait de la république. Si les censeurs en dégradaient un, l'huiſſier ſaiſiſſait la bride de ſon cheval, & l'emmenait auſſi-tôt.

Le cenſeur appellait enſuite les ſimples citoyens, tant ceux des tribus urbaines, que ceux des tribus rurales. Il devait apporter un ſoin particulier à empêcher qu'aucun étranger ne ſe fît inſcrire parmi les citoyens.

On ne connaiſſait point le papier. Tous ces détails ſe traçaient ſur des regiſtres de toile. *Tite-Live* & *Polybe* nous apprennent que, dans toutes les provinces, il y avait des regiſtres ſemblables.

Les cenſeurs, inſtruits de la fortune de chacun, avaient le droit de prélever les impôts, & d'en faire la répartition.

Tout citoyen jugeait s'il était impoſé proportionnellement à l'état de ſes biens : & comme je ne vois pas de plaintes occaſionnées par les impôts, il faut qu'ils n'aient pas été purement arbitraires.

La cenſure, ſous les rois & pendant le premier ſiècle de la république, ſe borna uniquement à faire le dénombrement & à répartir les impoſitions. C'eſt ce qui lui permit de s'établir ; c'eſt ce qui fit qu'un ſénateur omis n'était pas déshonoré, qu'il pouvait

pouvait être pris pour juge dans beaucoup d'affaires.

Chez un peuple agricole, les revers de fortune sont peu fréquens. Il est rare qu'on perde sa terre sans inconduite. Ainsi l'opinion s'établit à la longue, qu'un homme dégradé par le censeur, faute de biens, l'était faute de conduite. Cette opinion engagea insensiblement les censeurs à s'ériger en juges des mœurs. Ils en abusèrent quelquefois; mais ils auraient eux mêmes anéanti leur propre autorité, s'ils n'en avaient pas usé avec sagesse.

La nécessité d'agir en public, prévint la fréquence des abus. On ne fait guère une injustice devant un peuple assemblé.

Les effets de la censure ne consistèrent pas à rendre les Romains vertueux dans le sens que nous donnons à ce mot, quand nous le restreignons aux vertus morales & passives. On ne dégrada aucun sénateur pour avoir eu des concubines, ou une table trop somptueuse. L'histoire nous montre une foule d'excès monstrueux, commis par des patriciens qui ne furent pas punis par les censeurs.

La censure les rendit vertueux, en ce

qu'elle obligea chacun d'eux à ne pas déteriorer ſa fortune. Attention qui amène toujours des vertus à ſa ſuite, telles que l'ordre, la modération, l'économie, la vigilance, la ſurveillance ſur ſoi & ſur tout ce qui compoſe ſon domeſtique. Celui qui manquait à ces vertus ſe dégradait lui-même; le cenſeur ne feſait qu'en inſtruire le public; il rempliſſait les devoirs de ſa place.

La cenſure inſtruit ſans ceſſe le ſénat & le peuple des forces de la république.

Le grand bien que produiſit la cenſure, fut d'inſtruire perpétuellement le ſénat des forces réelles de la république; de lui faire connaître ſi, dans le court eſpace de cinq ans, l'Etat avait fructifié ou dépéri; de l'avertir auſſi-tôt que la population, ou les richeſſes d'une ville ou d'une province venaient à diminuer. De ſorte que le mal étant nouveau, on pouvait facilement le connaître & le guérir.

On nous parle communément de la cenſure comme d'un établiſſement de pédans, ou de moines, qui épient les ſottiſes qu'un homme fait dans un coin, pour le forcer à s'en confeſſer, & pour le punir. On nous cite, avec emphaſe, pour louer les cenſeurs, deux ou trois actions, qui ſont des sables, ou des vengeances, ou des abus passagers ; on oublie son véritable usage. Elle s'occupait, par essence, des richesses, &, par extension, des vertus. C'est l'ordre qu'elle établit, la connaissance des forces de l'Etat dont elle forma toujours le tableau ; c'est son exactitude, qui furent la véritable cause de cette grandeur étonnante où Rome s'éleva.

Elle fit un autre bien qu'il ne faut pas oublier : elle maintint l'ordre des grades dans la magistrature.

Nous avons déjà observé que nul ne pouvait prétendre à aucune place qu'il n'eût servi dix ans dans l'infanterie, ou seize dans la cavalerie. Ces guerriers étudiaient sous leurs tentes, & dans l'intervalle des campagnes ; ils exerçaient, à Rome, la profession d'avocat. Un brave & jeune militaire, qui suit le barreau pour parvenir aux grandes magistratures, au commandement des armées, au gouvernement de l'Etat, sous les regards d'un peuple qui l'élira ou qui le rejettera, ne fait point de son éloquence un métier ; ne se charge pas, sans scrupule, des causes les plus mauvaises ou les plus scandaleuses ; ne calomnie pas, sans pudeur, sa partie

Polybe.

Epreuves, devoir, conduite du citoyen qui voulait parvenir aux grandes charges de la république.

adverſe ; n'injurie pas, ſans motif, des citoyens dont les ſuffrages lui ſeront avantageux ou nuiſibles. Il craint de donner mauvaiſe opinion de lui-même, il devient le premier juge de ſes cliens ; ce qui diminue beaucoup le nombre des procès : il ne s'applique qu'à donner une grande idée de ſa capacité, de ſa connaiſſance des loix ; il veut, ſur-tout, faire bien préſumer de ſon équité.

Ce candidat guerrier & juriſconſulte, devenait, ou édile ou queſteur, par le ſuffrage des comices. Choiſi ſur l'opinion qu'il avait inſpirée, il craignait encore de la perdre. Edile, il veillait à la police, aux édifices publics, aux embelliſſemens de Rome ; queſteur, il avait la garde des deniers publics, dépoſés dans le temple de Saturne, le ſoin de recevoir les impôts, les tributs, le prix du butin, celui des terres conquiſes & vendues ; ou il était chargé de la ſolde des troupes, & des diverſes dépenſes de l'Etat. Quelque fût ſa fonction, il fallait qu'il s'en acquittât, ou qu'il parût s'en acquitter avec une intégrité qui engageât le peuple à lui confier des intérêts encore plus grands. Elu préteur, il préſidait le tribunal qui jugeait les affaires des citoyens, ou celui qui réglait les affaires de ce peuple nombreux, qui, sous le nom d'étrangers, exerçait, à Rome, les arts, le commerce, les manufactures, & qui ne possédait ni le droit, ni le titre de citoyen.

Il présidait, mais toujours en présence de ce peuple qui l'avait élu, & dont il avait encore besoin de captiver les suffrages; il ne pouvait se permettre ni délai, ni inattention, ni jugemens hasardés. Toutes ces places, comme l'a très-bien observé l'auteur du contrat social, étaient, pour lui, un état d'épreuve, ainsi qu'elles devraient l'être partout.

Ces places remplies à la satisfaction des citoyens, il pouvait pretendre au consulat: s'il s'en montrait indigne, il rentrait dans la foule des sénateurs; consul, son intérêt l'engageait encore à se montrer juste, afin de commander, dans les provinces, d'obtenir, de nouveau, le consulat, de devenir censeur, ou quelquefois dictateur; car ces deux dernières places n'étaient jamais données qu'à des hommes consulaires.

Le corps politique étoit un ordre naturel.

Ainsi tout étoit bien ; du moins toutes les parties du corps politique se trouvaient placées dans leur ordre naturel.

La puissance souveraine & législative appartenait au peuple, la puissance exécutive à des magistrats éprouvés, parvenus de grade en grade, & toujours choisis par le peuple. Ce gouvernement, partagé entre plusieurs, & pouvant se resserrer entre les mains d'un seul, trouvait, dans la puissance tribuniticnne, un contrepoids qui maintenait l'équilibre entre toutes les parties.

L'œil du public voyait tout, éclairait tout, animait tout.

La constitution se forme & se perfectionne avec une extrême promptitude.

Remarquez que la dictature, le tribunat, la censure, la rédaction du code, la fraternité établie entre tous les ordres de l'Etat, par les mariages contractés entre les patriciens & les plébéiens, par l'égalité des droits & des prétentions, furent l'ouvrage de moins d'un siècle ; que l'Etat fut *posé sur sa base*, comme dit l'auteur du contrat social, & que le corps politique eut toute la perfection dont il était susceptible soixante & dix ans après l'expulsion des Tarquins.

Les comices n'avaient pas cessé de perfectionner la conſtitution. Le nombre des citoyens augmentait ſans ceſſe, celui des étrangers s'accroiſſait en proportion. Rome était déjà la plus grande ville de l'Italie.

PREMIERS EFFETS DE CETTE CONSTITUTION.

Elle forme des hommes d'Etat.

LE premier effet de cette conſtitution, fut que jamais un homme inepte ne ſe préſenta pour demander une place.

Au lieu d'intrigues obſcures & baſſes, on eut des brigues éclatantes & fières. On plaît aux rois en flattant leurs vices, on plaît au peuple en reprenant fortement ſes défauts. On s'élève ſouvent à la cour par des artifices honteux; on n'obtient jamais l'eſtime publique, que par des actes mémorables.

Dans les comices du champ de Mars, les voix ſe prenant par centuries, la claſſe la plus riche était la première; on ſentit à Rome, plus vivement qu'ailleurs, la néceſſité d'avoir des richeſſes; ce ſentiment produiſit la rapacité, le goût de l'uſure,

& ces vexations tyranniques, reprochées ſi juſtement aux patriciens. Il força tout homme de la dernière claſſe, à commencer par acquérir du bien, afin de paſſer dans un autre, & de faire compter ſon ſuffrage. Comme on ne put long-temps augmenter ſa fortune que par la guerre, la guerre devint la paſſion dominante.

Les dépenſes publiques ne ruinent, ni l'Etat, ni le peuple.

Les dépenſes de l'Etat ſe feſant[1] par les riches, par ceux qui poſſédaient les dignités, par ceux qui avaient le plus à perdre dans les calamités publiques, & le plus d'avantages à retirer de la proſpérité de l'Etat, elles ſe firent toujours promptement & facilement.

Le peuple ne fut point vexé, quand il fallut conſtruire, ſous les Tarquins, ces égouts ſi vaſtes, ſi bien exécutés, qu'ils firent l'admiration de Rome, dans le temps même de ſa ſplendeur. Ouvrages indiſpenſables dans une ville ſituée entre ſept collines, où les eaux, en ſe raſſemblant, rendaient le terrein fangeux & mal-ſain.

Il ne fut point vexé toutes les fois qu'il fallut fortifier Rome par de nouveaux remparts, ou édifier de nouveaux temples aux dieux. Des Grecs conduiſirent les travaux, des esclaves les exécutèrent. La dépense fut presque nulle.

Les troupes coûtaient fort peu. Chacun s'arma & se nourrit long-temps à ses frais. Quand on soudoya les armées, la solde fut modique; & le soldat n'étant pas un prolétaire, un *capite censu*, avait toujours, par lui-même, de quoi subsister. Les captifs se vendaient; leur prix & le butin se partageaient entre le fisc, le général & les soldats. La victoire fesait la fortune de l'Etat & des particuliers. La défaite pouvait les précipiter dans l'esclavage. Les honneurs du triomphe animaient encore leur valeur.

Je doute beaucoup que les édiles, les préteurs, les consuls, le souverain pontife, le roi des sacrifices, reçussent des honoraires quand ils étaient en place, & des pensions quand ils n'y étaient plus. *Montesquieu* assure, dans son Esprit des loix (1), que *les magistrats de Rome ne tiraient jamais d'appointemens de leurs magistratures, que les principaux de la république étaient taxés comme les autres, qu'ils l'étaient même plus*,

(1) Liv. V, chap. 8.

& que quelquefois ils le furent seuls; ainsi la dépense publique était tres-bornée.

La dépense domestique se montait à peu de chose. Les esclaves allaient presque nus. Tout citoyen portait une robe de laine blanche. Les chevaliers bordaient cette robe d'une bande de pourpre assez étroite, les sénateurs d'une bande plus large. Ceux qui aspiraient aux charges faisaient lustrer leur robe, afin que la blancheur en fût plus éclatante.

Les rangs étant distingués par de petites variétés dans les habits, on ne connut ni les modes, ni le luxe des vêtemens. L'anneau d'acier que portait le plébéien, l'anneau d'or des chevaliers, étaient moins des objets de luxe, que des marques distinctives de leur qualité.

Cette simplicité, jointe à une extrême sobriété, donna aux Romains l'aspect d'un peuple vertueux; quoique la chaleur du climat leur inspirât des mœurs voluptueuses, que la distinction des centuries leur donnât l'amour des richesses, & les débats du champ de Mars, une ambition sans bornes.

Toutes les grandes places étaient annuelles ; toutes imposaient l'obligation de les bien remplir, afin d'en obtenir d'autres. Les états de la vie civile n'étant pas partagés, le même homme devenant tour-à-tour militaire, magistrat, financier, pontife, l'esprit s'exerçait en tout genre, & s'étendait au lieu de se rétrécir.

L'esprit, exercé en tout genre, source de l'étendue & de l'activité.

Peu d'hommes obtinrent deux fois le consulat. Mais ces hommes éprouvés, ne passaient point, en sortant de ces grandes places, dans une retraite oisive, obscure & inutile. Ils servaient en qualité de proconsuls, ou ils siégeaient dans le sénat, & ils y portaient toutes les lumières qu'ils avaient acquises dans une grande administration. Ils formèrent le génie du sénat. Génie actif & calme, grand dans ses projets, simple dans leur exécution, persévérant dans toutes ses entreprises, & qui ne se livra jamais à de folles espérances ni à de fausses terreurs. Aucun conseil d'Etat ne compta plus de grands hommes parmi ses membres, aucun ne fit jamais autant de grandes choses & n'acquit une pareille célébrité.

SECONDS EFFETS

DE CETTE CONSTITUTION.

Rome est invincible dans les revers.

Les divisions intestines n'affaiblissent point Rome.

IL résulta sur-tout de l'étonnant ensemble qui formait la constitution de la république, que les commotions intérieures n'affaiblirent point ses forces, qu'elles ne l'empêchèrent point d'agir extérieurement; que tout ennemi qui s'avança sur le territoire de Rome fut repoussé; que tout ennemi qui l'attendit sur le sien, fut subjugué.

Les succès de Rome sont dus à ces principes.

Les conquêtes de Rome furent moins l'effet de ses armes que de son régime; les défaites les plus terribles ne purent l'abattre.

Défaite des Gaulois.

Quand les Gaulois, cinquante ans après l'établissement de la censure, gagnèrent la fameuse bataille de l'Allia, & brûlèrent la ville même de Rome, la république ne périt point. Les Romains nommèrent *Camille* pour leur dictateur, dans la petite ville d'Ardée, une de leurs colonies, où

Camille venait de se réfugier, afin d'éviter le jugement du peuple qu'il avait offensé en s'opposant à la loi agraire.

Les Gaulois furent exterminés. Rome rebâtie devint plus florissante. Le sénat forma le grand projet de fermer l'Italie aux barbares du nord, qui l'avaient déjà ravagée plusieurs fois, avant la fondation de la république; & il exécuta ce projet, quoique Rome ne possédât encore qu'une très-petite portion de l'Italie.

An de Rome 363.

Il ne l'avait pas encore toute conquise, lorsqu'environ cent-soixante ans après cette invasion, le sénat fut informé qu'une multitude de Gaulois avait passé les Alpes & menaçait d'envahir l'Italie. Il consulta les regiſtres de toiles, tant ceux de Rome que ceux de ses colonies & de ses alliés. Il trouva sept cents soixante mille hommes armés & exercés aux manœuvres militaires; car tout homme libre était guerrier : il leur commanda d'être prêts à marcher au premier ordre, mais il ne les employa pas tous. On ignorait si les Gaulois arriveraient par l'orient ou par l'occident de l'Apennin, en côtoyant la mer Adriatique ou la mer de Tirène. Le sénat envoie le consul

528.

Belle conduite du sénat. Preuve que ses conquêtes furent le fruit d'une sage conduite, encore plus que de son courage.

Emilius Papus avec une armée, garder la route qui borde l'Adriatique, & il envoie un préteur, avec une autre armée, dans l'Etrurie, pour fermer le passage de l'occident. Une troisième armée, composée de montagnards de l'Apennin, garde le nord de l'Italie, & les défilés des montagnes. Enfin, il ordonne au consul *Caius Attilius* de revenir de la Sardaigne avec ses troupes. Ces quatre armées étaient composées de cent-soixante-sept mille hommes. Une cinquième armée de cinquante-trois mille hommes attendait sous les murs de Rome, & se tenait prête à tout événement.

Les Gaulois n'avaient pas encore mis le pied sur le territoire de Rome, que, par ces sages dispositions, leur défaite était infaillible.

Le consul *Emilius* apprend qu'ils ont pris leur route au travers de l'Etrurie; il quitte les rives de l'Adriatique pour se joindre au préteur. Il trouve son armée vaincue, mais non dispersée; il la réunit à la sienne. Les Gaulois reculent devant lui; ils rencontrent l'autre consul qui avait débarqué à Pise, & qui les cherchait sur la route de Rome. Les Gaulois, enfermés entre deux armées consulaires, furent entièrement défaits : leurs rois périrent, l'Italie fut sauvée.

Mais si, par quelqu'événement, impossible à prévoir, les Gaulois eussent défait successivement ces cinq armées, & massacré les deux cents vingt mille combattans dont elles étaient formées, le sénat avait encore plus de cinq cents mille hommes à leur opposer. Avec un tel ordre on est invincible. La prise de la capitale n'est qu'un accident facile à réparer.

Depuis cette défaite, dans le cours de sept ou huit cents années, toutes les fois que les Barbares se présentèrent pour entrer en Italie, les Romains leur en fermèrent exactement les passages. *Tite-Live* nous apprend que le sénat fit défendre par ses ambassadeurs, aux chefs des Gaulois, de souffrir que leurs hordes entrassent dans l'Italie, & que ces chefs respectèrent ces ordres.

Pyrrhus, appellé par les Tarentins, gagna vainement deux grandes batailles sur les Romains, & les effraya par ses éléphans, animaux inconnus en Italie : tout ce qu'il put faire avec sa valeur & tout l'art de la Grèce, ce fut de se maintenir contre eux pendant deux années. Rome apprit de lui à dresser

An de Rome 473.

Rome se défend contre *Pyrrhus*.

un camp, elle en devint plus habile & plus redoutable.

Elle résiste aux talens d'*Annibal*; elle a neuf armées en activité, à la fois.

Annibal, qui souleva contre elle les peuples du midi, du couchant & du nord, qui forma un projet si audacieux, qu'à Rome on refusa long-temps de le croire, *Annibal* qui gagna si rapidement les batailles du *Tessin*, de *Trebie*, de *Trasimene*, qui eut le génie de subsister, pendant quinze années, en Italie, au milieu de toutes les forces de Rome, ne parvint pas à mettre la république en un danger réel. Il eût pris Rome, qu'il ne l'eût pas plus détruite que les Gaulois.

La perte de la bataille de Cannes effraya beaucoup le peuple de Rome; mais on voit, par la conduite du sénat, qu'il n'eut aucune véritable crainte; qu'il connoissait toutes ses ressources, qu'il n'ignorait pas que si *Annibal* se vantait de lui avoir tué deux cents mille soldats, & de lui en avoir pris cinquante mille, Rome, ses colonies & ses alliés, en avaient encore cinq cents mille, puisque, dix ans auparavant, ils en avaient compté sept cents mille, tous prêts à combattre les Gaulois. Le sénat avait sept ou huit armées en activité;

activité : une qui fermait le nord de l'Italie aux Barbares ; une qui ſuivait par-tout *Annibal* ; une en Sicile qui prenait Syracuſe & enlevait cette île aux Carthaginois ; une autre qui ſoumettait la Sardaigne ; une cinquième en Eſpagne, qui, après avoir éprouvé les plus grandes défaites, & perdu les deux *Scipions* ſes généraux, triompha de tous les rois eſpagnols, ſous un troiſième *Scipion* ; une ſixième en Afrique, qui forçait les rois alliés de Carthage, à ſéparer leurs intérêts des ſiens ; une huitième ſur ſes flottes qui demeurèrent maîtreſſes de la mer ; & non-ſeulement le ſénat ne rappella jamais, en Italie, une ſeule de ſes armées, mais encore il en envoya une neuvième en Ætolie, attaquer *Philippe*, roi de Macédoine, qui avait tenté de donner quelques ſecours à *Annibal*.

Le ſénat, malgré le nombre des batailles qu'il perdit en Italie, en Eſpagne, en Lombardie, manqua ſi peu de reſſources, qu'il recruta, & qu'il pourvut toujours abondamment ſes armées & ſes flottes, qu'il refuſa de racheter les priſonniers, dont la garde embarraſſait *Annibal*, & dont la rançon lui eût été beaucoup plus néceſſaire. Il eſt vrai que le nombre des citoyens étant beaucoup diminué par tant de pertes, le sénat arma les esclaves, & six mille hommes détenus dans les prisons, soit pour leurs dettes, soit pour leurs crimes. Il vainquit; & de ses esclaves vainqueurs, il recruta le nombre de ses citoyens.

Dans des périls aussi pressans, où les moindres délais sont des pertes réelles, le sénat, sans l'ordre établi par les censeurs, sans la connaissance la plus précise des forces de la république, eût manqué de ressources, ou n'eût pu les trouver au moment où elles étaient les plus nécessaires, il eût agi avec incertitude; ses démarches se seraient contredites & contrariées; la terreur aurait égaré les esprits; les armées mal pourvues n'auraient pu se maintenir; l'Etat aurait péri, ou aurait fait une paix honteuse après l'avoir mendiée long-temps.

Les comices prévinrent tous ces maux, en ne nommant presque jamais aux grandes places que de grands hommes. Ce ne fut point l'effet du hasard, ce fut le résultat de la constitution politique.

TROISIEMES EFFETS

DE CETTE CONSTITUTION.

Rome subjugue toutes les nations policees, dompte ou contient tous les barbares.

PENDANT cette seconde guerre punique, si féconde en grands événemens, & si meurtrière, qu'il y périt plus de rois, de consuls, de généraux, de commandans en chef, qu'il n'en a péri, je crois, dans aucune autre guerre, depuis ce temps-là jusqu'à nos jours : pendant qu'*Annibal*, glorieux de tant de victoires, errait encore en Italie, *Marcellus* prit Syracuse, & subjugua la Sicile; *Scipion*, l'Espagne & la Numidie, dont le roi *Syrhax*, qu'il fit prisonnier, fut conduit en triomphe à Rome, devant son char.

Marcellus conquiert la Sicile, & *Scipion*, la Numidie.

An de Rome 540.

550.

Bientôt après cette guerre, son frère *Scipion*, sous lequel il servit en qualité de lieutenant, vainqueur d'*Antiochus* & de la Syrie, traîna en triomphe, aux yeux des Romains, trente-deux généraux ou gou-

563.

Son frere *Scipion* prend la Syrie.

verneurs de provinces, pris à ce roi ; les Romains étonnés le surnommèrent l'Asiatique, comme ils avaient surnommé son frère l'Africain. Le sénat, qui avait défendu aux Barbares du Nord d'entrer en Italie, défendit aux rois de l'Asie de passer en Europe ; & il mit, pour ainsi dire, tout le Midi de cette partie du monde, sous le bouclier de la république.

585 ou 586. *Anicius* conquiert l'Illyrie. *Lucius Anicius* conquit l'Illirie, & conduisit à Rome, en triomphe, le roi *Gentius* avec sa femme, ses enfans, son frère & toute sa cour.

586. *Paul Emile*, la Macedoine. *Paul Emile* envahit l'Epire & la Macédoine. A son retour, à Rome, il fit marcher, devant son char, cinquante mille prisonniers, & leur roi *Persee*, & sa femme, & ses deux fils, & sa fille, & ses ministres, & tous les grands de son empire, gardant entr'eux, dans cette cérémonie si triste & si pompeuse, l'ordre des rangs qu'ils avaient occupés à la cour de ce monarque.

606. Un troisième *Scipion* prend Carthage. Le fils de *Paul Emile*, surnommé le Macédonique, adopté par le fils de *Scipion* l'africain, fut ce fameux *Scipion* qui détruisit & Carthage & Numance.

Mumius dissipa la ligue des Achéens, démolit Corinthe, & acheva de soumettre la Grèce à l'aigle romaine. 607 *Mumius* prend Corinthe.

Un petit-fils de *Paul Emile*, *Fabius Maximus*, adopté dans la famille de ce *Fabius Cunctator*, qui avait sauvé la république de la fureur d'*Annibal*, *Fabius Maximus* combattit les Barbares au nord de l'Italie, 634. défit les Allobroges, pénétra dans les Gaules, & traîna dans Rome, à son char, des rois, ou plutôt des chefs de l'un & de l'autre de ces peuples. *Fabius Maximus* dompte les Allobroges

Marius acheva la conquête de la Numidie, & fit voir aux Romains, *Jugurtha* & ses fils, chargés de fers. *Marius* prend *Jugurtha*.

Au milieu de tant de succès, le sénat, fidèle à ses principes, arrêta encore les Cimbres, les Teutons, les Barbares du Nord, qui voulaient pénétrer en Italie. Une armée leur en ferma les passages, sous la conduite de *Catulus*, & les força de prendre leur route vers les Gaules. Une autre armée romaine les y suivit. Cinq consuls furent battus 65 successivement par ces Barbares; mais l'Espagne leur fut fermée par *Marcus Fulvius*. Bientôt après ils furent exterminés, en deux grandes batailles, par les armes de *Marius*. *Marius* défait les Cimbres & les Teutons.

Par tout où ils portèrent leurs pas, ils trouvèrent les Romains. Ils cédèrent, non à leur fortune, dont ils triomphèrent cinq fois, mais à leur prévoyance, à leur sagesse, à l'inébranlable fermeté de leur génie.

689. *Pompée* défait *Mithridate* & envahit ses Etats

L'Arménie, le Pont, la Cappadoce, tous les vastes Etats de ce *Mithridate*, qui se défendit, pendant quarante années, contre les plus grands capitaines de Rome, tombèrent enfin sous les talens du jeune *Pompée*, qui, bientôt après, réduisit la Syrie en province romaine, & soumit la Judée.

César soumet la Gaule & l'Angleterre & l'Egypte, &c.

Cesar, son gendre & son rival, brisa le joug que les Germains avaient imposé aux Gaulois, écarta d'eux celui que les Helvétiens leur préparaient, & leur imposa celui de Rome. Il imposa ce joug aux Anglais; &, après avoir vaincu *Pompee*, il fut vaincre
707. *Plotomee*, en Egypte; *Pharnace*, en Asie,
708. sur les bords de l'Euxin, & *Juba* dans la Mauritanie; *Juba* qui se tua comme *Mithridate*, pour ne pas orner le triomphe d'un vainqueur.

Ces conquêtes, fruits de deux cents années de guerre & de victoires, ne furent pas comme celles d'*Alexandre*, d'*Omar*, de *Charlemagne*, de *Gengis*, de *Ta*-

merlan, l'effet paſſager du courage d'un grand homme, placé dans quelques circonſtances heureuſes; elles furent l'ouvrage d'une ſucceſſion de grands hommes, ſucceſſion telle qu'on n'en vit jamais ailleurs de ſemblable. C'était le réſultat néceſſaire de l'éducation, de la conſtitution, de l'ordre permanent qui régnait dans la république, & du génie du ſénat. De ce ſénat, où les vainqueurs de tant d'Etats apportaient en tributs leurs connaiſſances des hommes, des lieux, des peuples, des mœurs, des coutumes, des affaires, de la guerre & de la politique; où ils délibéraient enſemble & de ce qu'ils avaient fait, & de ce qu'il fallait faire, pour aſſervir de nouvelles nations.

Ces conquêtes ne ceſſerent pas par accident, par épuiſement, par impoſſibilité d'en faire d'autres; mais par la réſolution du ſénat, par le conſeil que lui donna *Auguſte*, de ceſſer d'étendre un empire qui n'avait plus que des déſerts & des ſauvages à conquérir. Rome ne ceſſe pas de conquérir, par impuiſſance, mais par principe.

La Perſe était, en effet, le ſeul empire qui pût tenter Rome; car elle ne connaiſſait guère l'Inde & la Chine que de nom; & la Perſe, ſéparée par des déſerts de ſable, ravagée par les Parthes, devait paraître peu importante aux maîtres des plus belles contrées de l'Europe, de l'Aſie & de l'Afrique.

QUATRIEMES EFFETS

DE CETTE CONSTITUTION.

Rome ſupérieure par ſes loix & par ſa littérature.

Si Rome n'eût fait que des conquêtes, elle eût pu prétendre à l'emporter ſur les Tartares, ſur les Arabes, ſur les Perſes, qui ont ſoumis par leurs armes autant de contrées qu'elle; mais elle ſerait inférieure à la Grèce, à la ville d'Athènes, à nos nations modernes, jadis faibles provinces de ſon vaſte empire: elle ſerait ſans mérite aux yeux du ſage; on ne l'offrirait pas en exemple aux peuples qui veulent s'inſtruire.

Mais Rome, qui fut aſſez ſage pour former ſon premier code de l'aſſemblage des meilleures loix qu'elle ait trouvées dans la Grèce & dans les colonies grecques, établies au midi de l'Italie, eut encore la sageſſe de former ſes codes ſubſéquens des réflexions les plus profondes des préteurs, & des plus grands juriſconſultes, énoncées avec une conciſion & une clarté, qui fait de la plupart des loix des maximes admirables.

Rome n'aſſervit pas les peuples conquis à ſuivre ſes loix, elle ſouffrit qu'ils conſervaſſent leurs loix, leurs coutumes, leurs gouvernemens municipaux; mais elle les vit inſenſiblement abandonner leurs loix pour adopter les ſiennes.

Long temps après la deſtruction de la république, *Juſtinien* fit rédiger le corps du droit romain: & cet ouvrage, qui n'eſt pas ſans défaut, qui manque d'une bonne méthode, eſt pourtant le corps de droit le plus complet, le mieux rédigé, le mieux écrit qu'il y ait encore; le ſeul, peut-être, où la loi ſoit énoncée avec une telle ſageſſe, qu'elle porte avec elle l'eſprit dans lequel on la doit entendre, qu'elle éclaircit le doute, & qu'elle prévient les objections. Les loix des modernes ſont des ordres dont ſouvent on ne voit pas les raiſons, ou dont les cauſes ſont développées dans de verbeux préambules. Celles des Romains ſont des ré-

Code de *Juſtinien* rédigé par *Tribonien.*

flexions profondes, dont le motif se fait sentir presque toujours à un lecteur attentif. C'est le meilleur modèle du style dans lequel on doit inscrire les loix ; & c'est de tous les styles le plus difficile. Chaque phrase doit être claire, concise, contenant une idée complète, & tellement présentée, qu'elle satisfasse l'esprit du lecteur & la conscience du juge.

Rome donnait le nom de *Prudens* (1) à ses jurisconsultes, pour les faire ressouvenir que toutes leurs paroles devaient être dictées par la prudence.

Le code de *Justinien* fut long-temps égaré dans les siècles de barbarie qui succédèrent aux beaux siècles de Rome. La raison semblait s'être éclipsée avec lui. Enfin, on en retrouva un exemplaire dans Amalfi, & cet exemplaire est le premier livre qui ait commencé à parler à la raison des peuples modernes, il est le premier appui qu'elle ait trouvé pour se relever du fond de l'abyme où la superstition, la servitude, la féodalité, l'ignorance, l'avaient précipitée.

Si l'on ne trouve point dans le corps du

(1) *Prudentes.*

droit romain les noms des *Scipions*, des *Catons*, des *Cicérons*, on y retrouve les noms des disciples élevés a l'école qu'ils avaient formée. Car, si la justice est, en effet, comme on la définit dans les instituts, *la volonté constante & perpétuelle de rendre à chacun ce qui lui appartient*, les rédacteurs de ce code n'y ont pas manqué en formant cet ouvrage, puisqu'ils nous ont transmis le nom de ceux à qui sont dus la plupart de ces loix.

L'esprit de simplicité, de clarté, d'exactitude, de vérité, de concision, qui présida aux premières loix de Rome, semble s'être propagé de siècle en siècle, & avoir passé des premiers *Prudens*, aux *Ulpiens*, aux *Papiniens*, & enfin aux jurisconsultes choisis par *Tribonien*, pour rédiger cet ouvrage.

C'est cet esprit qui le rend encore le manuel de tous les jurisconsultes de l'Europe, qui en fait encore la loi de plusieurs peuples; c'est cet esprit qui l'a fait surnommer *la raison écrite*. Surnom qui lui demeurera jusqu'à ce qu'un recueil de décisions plus sages le lui vienne enlever. Mais quel est le corps de jurisconsultes qu'on puisse comparer aux *Prudens* de Rome ?

Les héros de Rome cultivent tous les lettres.

Ces guerriers qui vainquirent le monde, & qui en furent les législateurs, ne négligèrent jamais de cultiver leur esprit. Les plus braves des hommes en furent aussi les plus éloquens. Si Rome ignora long-temps les beaux-arts, si elle confondit long-temps l'artiste & l'artisan, jamais elle ne méconnut l'avantage des lettres. *Plaute*, *Terence*, *Caton*, *Cicéron*, *Saluste*, *Lucrece*, écrivirent du temps de la république. *Scipion* l'africain était le plus grand orateur de son temps; son esprit, & celui de *Lélius*, son ami, avaient assez de culture pour qu'on les soupçonnât d'avoir travaillé aux ouvrages de *Térence*, qui, né en Afrique, amené à Rome, livré long-temps à l'esclavage, affranchi pour son mérite, ne semblait pas devoir parler la langue latine avec tant d'élégance.

Tous les vainqueurs du monde étaient jurisconsultes, orateurs & gens de lettres. Le fils de *Scipion* l'africain composa une histoire de la Grèce, dont *Cicéron* parle avec éloge. *Scipion Emile*, le destructeur de Carthage, fut l'ami de *Polybe*; *Caton* composa un livre des origines; *Cesar*, fameux par ses commentaires comme par ses armes, était poète, il avait fait des tragédies; *Auguste* & *Antoine* firent des vers, & même des épigrammes, l'un contre l'autre, en se disputant, par le glaive, l'empire de la terre.

Des esprits ainsi cultivés, ainsi exercés dans tous les genres, ainsi préparés aux armes, aux lettres, aux affaires, ont-ils dû leurs succès au hasard, aux vains caprices d'une fortune aveugle? Ils ont disparu de la terre; leur empire est détruit; cependant leur code est la base de notre législation; les écrits de leurs auteurs sont la base de nos études. Rome domine encore en Europe; elle préside à nos loix, elle préside à notre education, elle préside à nos arts; de quelque côté que nous portions nos regards, partout nous trouvons Rome encore.

CINQUIEMES EFFETS
DE CETTE CONSTITUTION.

Rome défriche les contrées du Nord, elle y bâtit des villes, elle en instruit les peuples.

De toutes les nations policées, Rome fut, sans contredit, la plus terrible dans la guerre. Ses guerriers, semblables au feu, détruisaient tout dès qu'on lui résistait; mais le pays soumis, Rome, avec plus de célérité encore, réparait tous les maux qu'elle avait faits.

Rome rebâtit les villes qu'elle a détruites.

Jamais elle ne détruisit une ville un peu importante, sans la rebâtir. Corinthe, Carthage, Jérusalem, furent détruites de fond en comble, leurs richesses furent transportées à Rome; &, bientôt après, par les soins du sénat, *Corinthe, Carthage* & *Jérusalem* se relevèrent plus somptueuses, & abondèrent de plus de richesses.

Elle érige par-tout des monumens.

Par-tout où elle étendit sa domination; elle érigea de vastes monumens, elle laissa des traces de sa grandeur; nous en trouvons par-tout; & ses grands édifices nous frappent d'admiration jusque dans leurs débris.

Elle unit, par des canaux & des chemins, toutes les provinces de son empire. Elle ne craignit point d'entreprendre, & elle acheva une route qui allait du détroit de Calais au bosphore de Thrace, où Constantinople est bâtie aujourd'hui, & de ce bosphore à Antioche, & aux confins de la Perse.

Ces étonnans ouvrages, qui la distinguent si fort des nations conquérantes, n'étaient point une vaine décoration, & n'auraient pu exister sans des soins plus importans.

Rome étendit ses conquêtes sur deux sortes de peuples; ceux du Midi & de l'Orient étaient des peuples policés, qui l'emportaient sur elle en richesses, en population, en sciences; elle apprit d'eux la législation, l'art de bien camper, de construire des flottes, de bâtir des palais, des temples, des théâtres, des cirques, des obélisques; de cultiver tous les arts, de jouir de tous les biens que la nature prodigue a l'homme industrieux. Mais les peuples du Nord étaient des barbares, ignorant tout, errant sous des forêts, vivant de la chair ou du lait de leurs troupeaux, des espèces d'animaux féroces, qui sans cesse occupés à se battre, ne savaient pas même combattre.

Ces sauvages avaient descendu plusieurs fois en Italie, sous cent noms différens; ils l'avaient ravagée avant la fondation de Rome; ils empechaient les peuples de se policer. Rome les combattit long-temps, les vainquit, établit des colonies nombreuses dans leurs territoires, cultiva leur sol l'épée sur la charrue, & le bouclier au bras. Elle leur apprit, malgré eux, l'art d'ensemencer la terre, elle poussa ses conquêtes, ses instructions, ses défrichemens, du Tibre à l'Eridan, de l'Eridan au Danube & au Rhin.

Elle fonde des colonies & défriche une grande partie de l'Europe.

Elle défendit aux Germains de passer ces deux derniers fleuves. Elle s'avança jusqu'au bord de l'Elbe, toujours défrichant la terre, fondant des colonies, bâtissant des villes, contenant les barbares, leur enseignant à labourer, leur imposant des tributs de bleds, pour les contraindre à vivre en agriculteurs & à cesser leurs brigandages.

Arles, Lyon, Strasbourg, Aix-la-Chapelle, presque toutes les villes du Rhône, du Rhin, du Mein, du Danube, ont été fondées ſondées par ſes colonies. Les vignes qui ſont au bord de ces trois fleuves, ont été plantées par ſes ſoldats, & données enſuite aux habitans de ces cantons, pour qu'ils en recueilliſſent le fruit & le vin, & qu'ils s'accoutumaſſent à les cultiver.

Rome avait défendu l'Italie des Gaulois, les Gaules des Germains; elle défendit auſſi la Grèce des incurſions des Barbares. Cinquante ans après la mort d'*Alexandre le grand*, une foule de Gaulois, de Baſtarnes, de Thraces, de Dalmates, de Pannoniens, s'étaient jetés ſur la Macedoine, l'avaient ravagée & traverſée ſans réſiſtance. & avaient voulu piller le temple de Delphes, que l'athénien *Callipe* défendit contre eux, en les déſeſant au paſſage des Thermopiles; &, depuis ce jour, ils inquiétèrent toujours la Grèce, juſqu'au moment où les conſuls de Rome vinrent enchaîner les rois de ces contrées, & en repouſſer les Barbares.

Ce projet, d'interdire le midi aux Barbares, avait été ſi bien formé par le ſénat, qu'il défendit au conſul, *C. Caſſius*, de paſſer de la Gaule Ciſalpine dans la Macédoine, de peur qu'il n'enſeignât aux Barbares, de nouvelles routes pour entrer dans l'Italie ou dans la Grèce.

Elle met tout le midi de l'Europe à l'abri des incursions des Barbares.

Enfin, Rome ayant étendu ses conquêtes du Pont-Euxin à l'océan Germanique, elle posta des légions, elle éleva des murailles, elle forma une ligne de défense, qui s'étendait des embouchures du Danube à celles du Rhin, afin que le midi fût fermé aux incursions de ces brigands septentrionaux, qui, incapables de tout travail, ne cherchaient qu'à recueillir où ils n'avaient point semé, & dont les mains stériles versaient par-tout, sur leur passage, la famine, la destruction & la mort.

Voilà ce qu'a fait Rome, Rome dont les conquêtes furent le moindre mérite, Rome qui expia, par ses loix, par ses instructions, par le soin qu'elle prit de cultiver & de peupler la terre, le sang qu'elle répandit, & les pleurs qu'elle fit couler.

An de Rome 387 avant J. C.

Ce beau projet, d'écarter les Barbares, formé par le sénat, presqu'à la naissance de la république, fut constamment suivi, & réussit pendant près de huit cents années, & il ne fut pas renversé par la valeur des peuples septentrionaux, mais par l'imprudente permission que *Valens* accorda

L'an de J. C. 376.

aux Visigoths, de passer le Danube & d'habiter sur les terres de l'Empire. Il semblait qu'il fût de la destinée des Romains, de n'avoir à craindre qu'eux-mêmes.

Fautes, abus, imprévoyances.

PLUS on réfléchit sur cette foule de grands hommes, que les comices placérent à la tête de la république ; à la fréquence des assemblées du peuple ; à la facilité d'élire un dictateur, pour reformer les abus ; à la puissance des tribuns, pour les empêcher de naître ; au droit qu'avaient les censeurs de connaître les délits publics & particuliers, de les publier & de les réprimer ; plus on s'étonne qu'une telle république ait fini, & sur-tout qu'elle ait fini en moins de cinq cents années.

Mais il faut considérer que, dans cette grande révolution, l'Etat ne périt point, qu'il ne perdit pas une province, qu'il ne fut ni subjugué, ni divisé, qu'il ne fit que changer de régime, & qu'il n'en changea qu'à une époque où il ne pouvait plus garder, sans périr, celui qui l'avait élevé.

Quelque soit la constitution du corps politique, il n'y a que la paix qui la conserve. A Rome, les comices & le barreau respiraient la guerre, aussi-bien que les camps. Si celui qui avait subjugué une province, rentrait en triomphe dans Rome, celui qui avait bien parlé dans les comices, ou au sénat, ou au tribunal du préteur, était ramené chez lui, en triomphe, par ses cliens & par le peuple.

Tous l matins, les cliens se rendaient chez leurs patrons; ils y trouvaient un déjeûner tout prêt. Dans les commencemens de la république, ce n'était qu'une simple corbeille, chargée de fruits; quand les patrons eurent des provinces dans leurs clientelles, ils donnèrent un festin; lorsque les cliens furent devenus trop nombreux, les patrons leur donnèrent, en argent, leur part du festin. Ce repas, cet argent, & les distributions de bled & d'huile que le sénat, & depuis, les empereurs, fesaient, tous les jours, aux pauvres citoyens, expliquent comment les *prolétaires* & les *capite censi* pouvaient subsister sans cultiver les arts mécaniques. Cette subsistance suffisait dans un climat doux; qui invite à la sobriété, & qui dispense presque de se vêtir & de se loger.

Mais cet usage asservissait les cliens à leur patron; ils le suivaient, avec ses esclaves & ses affranchis, jusqu'aux portes du sénat; ils s'y attendaient, ils lui formaient une escorte, propre à soutenir ses prétentions dans les comices, comme ses ordres dans les combats.

Toutes ces institutions développaient tellement les passions, qu'aujourd'hui même encore, on ne lit point cette histoire sans se passionner.

Plus la constitution du corps politique était propre à enflammer l'ambition, à inspirer à la jeunesse, l'amour des combats, des dissentions, des conquêtes, plus elle devait imprimer, aux cœurs naturellement ambitieux, le desir de dominer dans Rome, & d'asservir la république.

Un peuple roi, est un souverain qu'on flatte, qu'on trompe & qu'on détrône comme un autre, quelquefois même plus aisément.

Le sénat trompa le peuple romain quand il l'engagea à multiplier ses tribuns. Le peuple ne vit pas le piége, il crut que plus

Le sénat trompe le peuple.

il aurait de défenseurs, mieux il serait déferdu. Ce fut le contraire. La puissance des tribuns s'affaiblit en se divisant. Le sénat les opposa les uns aux autres. Leurs avis contradictoires ne furent plus un *veto* respectable.

Les tribuns alliés aux patriciens ont d'autres intérêts que ceux des plébéiens.

Les tribuns, choisis parmi les plus riches, ou les plus notables des plébéiens, dans des familles alliées aux patriciens & aux sénateurs, eurent bientôt plus d'intérêt à complaire au sénat, qu'à servir le peuple. Ainsi cette puissance qui devait rendre la république une pure démocratie, qui donna force de loi aux plébiscites, & qui força le sénat d'obéir à des loix auxquelles il n'avait aucune part, cette puissance n'empêcha pas la république de dégénérer en aristocratie.

La prospérité de l'Etat multiplia les inconvéniens. Rome fut, de toutes les républiques de la terre, la moins avare de son droit de citoyen. Elle le donna, dans ses murs, à tout étranger qui ne cultiva ni les arts, ni le commerce; elle l'accorda, hors de ses murs, à des peuples entiers.

Cette générosité contribua encore à ses succès. On desira ce nom, & le desir de l'obtenir tint dans la soumission les esprits les plus ambitieux. Elle le refusa courage usement à ceux de ses alliés qui le lui demandèrent les armes à la main. On ne put donc y prétendre qu'en la servant.

Toutes les villes qui le reçurent, n'obtinrent pas le droit de voter dans ses comices, mais beaucoup trop l'obtinrent.

Le nombre des citoyens inscrits dans les trente-cinq tribus urbaines ou rurales s'étant prodigieusement multiplié, les censeurs purent difficilement dénombrer cette multitude immense. Ils firent une grande faute, dont ils ne prévirent pas les conséquences, lorsqu'après la guerre de Macédoine, ils consentirent que les citoyens de Rome ne payassent plus d'impôts, & que ce fardeau léger, quand il est porté par tous, ne pesât plus que sur ceux qui ne jouissaient pas du titre de citoyen.

Les censeurs se relâchent de leurs devoirs.

Alors, au lieu de l'ordre juste & naturel qui fesait supporter les charges à ceux qui jouissaient des avantages, on eut un ordre inverse de la justice & de la raison, qui fit porter les charges de l'Etat à ceux qui n'en retiraient aucun dédommagement.

L'ordre juste & naturel du gouvernement s'altère & devient semblable à celui des autres nations.

Alors les préteurs, les questeurs, les chevaliers, qui tenaient à ferme tous les revenus de la république, & tous les autres agens du fisc, se permirent des rapines & des vexations qu'ils n'auraient jamais osé commettre envers les citoyens ; & les citoyens, qui ne craignaient pas que de tels abus rejaillissent sur eux, les virent avec indifférence.

Les citoyens étant exempts de toute imposition, les censeurs n'eurent plus le même intérêt à faire le dénombrement des biens. Dénombrement que l'amas des richesses mobiliaires accumulées dans Rome, rendait aussi difficile qu'il avait été facile, quand il ne s'agissait que de connaître des biens territoriaux.

Long-temps avant que ces richesses eussent adouci, ou, comme on dit ordinairement, corrompu les mœurs des Romains, les censeurs avaient étrangement usé de leur pouvoir.

Faute des censeurs.

Presque tous les traits que l'histoire en rapporte, sont des abus ou des vengeances. Le dictateur *Mamercus Amilius*, ayant réduit la durée de la censure à dix-huit mois, fut dégradé par la vengeance des censeurs. Non-seulement ils l'ôtent de sa tribu, mais ils le condamnent à payer un impôt que ne payaient pas les citoyens de Rome ; & ils grèvent ses biens d'une imposition huit fois plus forte qu'ils ne devaient l'être. Le peuple indigné voulut punir les censeurs; *Mamercus* intercéda pour eux.

Les censeurs, comme le dit *Tite-Live*, s'accordaient rarement, & la diversité de leurs avis rendaient leur magistrature moins terrible. *M. Livius* & *Claudius Nero* se détestaient; ils étaient tous deux de l'ordre des chevaliers: ils se dégradèrent réciproquement, & chacun fit ôter à l'autre le cheval qu'il tenait de la république. *Tite-Live, liv. IV, ch. 24.* *Tite-Live, liv. XXIX.*

Livius donna un exemple de vengeance unique dans l'histoire du monde; il dégrada trente-quatre des tribus de Rome, & les condamna à l'amende, en disant qu'elles étaient coupables de l'avoir condamné quelques années auparavant, quoiqu'il fût innocent, ou qu'elles l'étaient de l'avoir élu depuis pour consul & pour censeur, quoiqu'il fût criminel.

Quelques années après, *M. Porcius Caton*, si fameux sous ce nom de censeur, osa dégrader le sénateur *Manilius*, pour avoir, disait-il, donné un baiser à sa propre femme, devant sa fille, quoiqu'à Rome chacun baisât ses parentes sur la bouche, en quelque lieu qu'il les rencontrât.

Il faut bien que ces traits, si vantés dans

les livres, aient affaibli dans l'usage l'autorité de la censure, car les *Marius*, les *Sylla*, les *Catilina*, les *Saluste*, les *César*, les *Antoine*, qui eurent une jeunesse si dépravée, ne furent pas dégradés par les censeurs dont la fermeté eût sauvé la république, s'ils eussent fait leur devoir.

Les censeurs pouvaient bien punir quelques particuliers; mais l'Etat avait besoin, non pas d'une réforme, comme le disaient les partisans des anciennes mœurs, mais d'un nouveau régime. Cependant il était difficile de se persuader que celui qui avait produit tant de gloire, n'allait plus produire que des crimes.

La puissance des généraux devient trop forte. Celle des patrons le devient aussi.

Le sénat voyait la puissance des généraux devenir trop forte, celle des proconsuls & des préteurs leur procurer des richesses immenses; la clientelle ranger des villes, des provinces, des royaumes, sous la protection de simples citoyens, & leur donner l'éclat de la royauté; il ne prévit pas les dissentions qui devaient en résulter, où il ne fit rien pour les prévenir.

Il voyait les comices devenir tumultueux, la volonté générale s'égarer & se perdre entre les factions des chefs; il voyait trois à quatre cents mille citoyens, & quelquefois davantage, couvrir le champ de Mars & grimper jusque sur le faîte des maisons, pour donner leurs voix à des propositions qu'ils n'avaient pas entendues, & opiner d'après la volonté de leurs chefs, plus que selon la voix de leur conscience. Le sénat permit alors que, dans les comices, les citoyens, au lieu d'approuver ou de rejeter de vive voix, inscrivissent en secret leur avis sur des tablettes.

Il crut confondre les factieux, & que les opinans suivraient leurs propres lumières avec plus de liberté; ils suivirent seulement leur passion ou leur intérêt, sans avoir à rougir. *Cicéron* attribue à ce changement la perte de la république : & je crois, avec lui, que ce n'est pas ce changement-là qu'il fallait faire.

Plus les citoyens se multipliaient, plus leur puissance législative s'affaiblissait, & moins la puissance exécutive du sénat & des magistrats en imposait à une si grande multitude.

Chacun étant absolument nul comme législateur, & demeurant exposé à tout comme sujet, s'en trouva plus enclin à s'attacher ou à son patron, ou aux généraux que la victoire rendait plus puissans & plus célèbres.

D'ailleurs le peuple, qui a toujours la conviction intime de son ignorance, surtout dans les grands Etats où les affaires se compliquent, où les événemens se passent à de grandes distances, est enclin à se persuader que l'homme qui se propose pour le conduire, en sait plus que lui. Il se passionne pour d'anciennes familles, dont les rejetons sont quelquefois sans mérite, où il se laisse éblouir par des promesses qu'on lui fait avec audace.

On abusait si facilement ce peuple trop nombreux pour avoir des yeux & des oreilles, que je trouve dans une lettre d'*Atticus* à *Cicéron* un projet formé par des intrigans, pour persuader à ce peuple qu'il avait érigé en loi une proposition qu'on ne lui avait pas faite.

Dans cette position, le peuple n'approuvait plus, ou ne rejetait plus une affaire, parce qu'il la trouvait bonne ou mauvaise, mais parce qu'elle lui était proposée par tel ou tel homme.

Quand le chef d'une faction craignait de ne pas l'emporter dans les comices, il fesait venir à Rome des milliers d'Italiens, ou même il fesait arriver d'au-delà des mers, des gens qui jouissaient du droit de citoyens, & qui tout-à-fait ignorans des coutumes de Rome, des usages des comices, des intérêts de la république, & peut-être même du langage de ceux qui haranguaient, ne connaissaient que le chef qui les avait fait venir, & votaient pour lui, quelque crime qu'il proposât.

Un autre mal encore, c'est que la plus nombreuse partie des habitans de Rome, de son territoire & de toute l'Italie, n'avait pas le droit de citoyen; ils portaient seuls alors tout le fardeau des impositions, & tous les dégoûts que l'orgueil des Romains, depuis les consuls jusqu'aux *capite censi*, ne manquait pas de leur prodiguer. Il leur était assez indifférent qu'une faction l'emportât sur l'autre; & peut-être se rejouissaient-ils en secret que ces usurpateurs de tous les droits de l'humanité, fussent ainsi divisés, & qu'ils s'égorgeassent entr'eux.

Si tous les citoyens eussent péri jusqu'au dernier, Rome n'en eût pas moins été une grande ville très-peuplée; à peu près comme si tous les nobles de Venise, ou de Pologne, venaient à périr, Venise & Varsovie ne seraient pas des villes désertes.

Souvent les chefs des factions promettaient à ces hommes, dénués de tous droits, de leur procurer tous ceux dont jouissaient les citoyens romains; & vraisemblablement ils en tiraient de l'argent pour prix de leurs promesses.

Il eût fallu peut-être alors abolir la clientelle, afin de rendre les chefs moins puissans, le peuple moins dépendant des patrons factieux; augmenter l'autorité du sénat, en diminuant, dans les provinces, celles des proconsuls & des préteurs, sur-tout celle des empereurs sur les armées; abréger le temps des commandemens qu'on prolongea au contraire; épurer enfin les comices, soit en bannissant, de leurs assemblées, les citoyens adoptifs, à qui Rome était inconnue, soit en devenant plus sévère dans le choix de ceux qu'on inscrivait dans les principales tribus, dans les premières des centuries; soit enfin en donnant le droit de citoyen à toutes les villes incorporées à la république; en n'admettant, dans les comices, que les députés de ces villes, & en formant, de ces députés, une nouvelle tribu, &

de nouvelles centuries, toutes composées d'hommes d'élite, qu'on aurait pu opposer à la tourbe des tribus urbaines.

Au lieu de ces changemens qui auraient pu réprimer l'ambition, raffermir le sénat, & régénerer la puissance législative du peuple, on garda l'ancien régime qui enflammait l'ambition, & qui, dans la position où l'on se trouvait, tendait à relâcher toutes les puissances, hors celles des généraux.

L'étendue des conquêtes, la nécessité de contenir, en Italie, les alliés, &, dans les murs même de Rome, les habitans qu'on y appellait étrangers, celle de tenir, sous le joug, la multitude immense des esclaves, qui s'étaient révoltés plusieurs fois, obligerent à multiplier les troupes. Au lieu de n'enrôler que des citoyens riches, ou du moins aisés, on enrôla les prolétaires, & *Marius* enrôla jusqu'aux *capite censi*. Autre renversement de l'ordre naturel.

Ainsi cette autre partie, d'un ordre juste & naturel, qui avait confié la défense de l'Etat à ceux qui avaient des propriétés à conserver, se trouva renversée à son tour. On établit un ordre inverse de la raison, qui confiait la défense de l'Etat à des infortunés, qui, n'ayant rien à conserver, avaient un grand intérêt à tout piller, & on les fit commander par des ambitieux, dont l'intérêt était d'envahir l'Etat.

Alors s'élevèrent les *Marius*, les *Sylla*, les *Catilina*, les *Pompées*, les *Crassus*, les *Lepide*, les *Césars*. Alors les vainqueurs de l'Orient & de l'Occident méprisèrent les ordres du sénat; ils rentrèrent, dans Rome, avec leurs armées; ils dépossédèrent les propriétaires de l'Italie, & donnèrent leurs possessions, pour récompense, à leurs légions de *capite censi*. Ils proscrivirent la tête des sénateurs, qui ayant, dans leur clientelle, des villes, des provinces, des Etats entiers, étaient moins des citoyens, que de véritables rois, assez puissans pour lever des armées contre eux; & tandis que le nom de Rome fesait trembler la Perse, retenait les Barbares du nord, au-delà du Danube & du Rhin, contraignait, dans le midi, les Numides au repos, dominait de la Tamise à l'Euphrate, de l'Euxin à la mer Atlantique, & de l'Elbe aux cataractes du Nil; Rome, baignée dans le sang, & déchirant ses entrailles, écrasée sous le faix de sa grandeur, ne pouvant plus contenir ses fils, qu'elle avait accoutumés aux tumés aux meurtres & au pillage, fut enfin conquise par les conquérans qu'elle avait formés, & passa dans les fers d'un de ses propres enfans.

De Rome sous les empereurs.

LE premier qui conquit Rome, n'osa pas la garder. *Sylla*, après être entré le premier dans Rome avec son armée, après avoir donné le premier l'exemple des proscriptions, & forcé le sénat à le nommer dictateur perpétuel, abdiqua cette autorité terrible, vécut en particulier, & mourut tranquille.

Loin de changer la dictature en royauté, *Sylla* ne songea qu'à réformer la république; toutes ses institutions tendaient à ce but. Il ne vit pas assez qu'il fallait un nouveau régime pour une situation nouvelle. *Sylla* se rend maître de Rome.

Le second qui osa s'emparer de cette capitale du monde, *César* vit bien qu'il fallait changer de systéme. Il voulut étre roi; il fut assassiné au milieu du sénat comme *Romulus*, & envoyé au ciel comme lui. *César* l'envahit ensuite.

Le troisième, cet *Octave Cépias*, qui fut d'abord si cruel, & qui mérita, dans *Octave Cépias* s'en empare.

la suite, les surnoms d'*Auguste* & de père de la patrie, délibéra long-temps s'il garderait sa puissance; &, par sa modération, il accoutuma le peuple à son joug, en lui laissant toute l'apparence de la liberté, & presque toutes les formes républicaines.

Il refusa la dictature; il se fit donner, à perpétuité, le tribunat & le commandement des troupes. Empereur & Tribun, il se trouva chef du peuple & de l'armée. Il laissa le peuple nommer des magistrats, & le sénat jouir de ses droits; il se réserva, comme empereur, la garde des provinces frontières, où résidaient les légions; il laissa le sénat nommer des préteurs à toutes celles de l'intérieur où il n'y avait point de troupes; il mit des soldats en garnison près de Rome, pour prévenir les tumultes populaires dans cette ville, & les séditions en Italie.

Tout était bien alors: & peut-être, pour rendre ce bonheur éternel, ne fallait-il que le fixer par une loi, qui eût donné au sénat le droit d'élire l'empereur, & qui l'eût astreint à ne le choisir que parmi ces hommes éprouvés, à qui le peuple avait confié les plus grandes magistratures. Mais ni le peuple, ni le sénat, tout en sentant le besoin d'un chef suprême, ne voulurent jamais convenir de ce besoin ; ils tombèrent au pouvoir de l'armée, & l'armée les força à respecter le chef, l'empereur qu'elle se donnait elle-même.

La plus grande faute qui se commit alors, fut de réunir la puissance tribunitienne à la puissance impériale, qui venait d'usurper le pouvoir législatif & le pouvoir exécutif.

Cette réunion n'était bonne que pour envahir. Dès que les empereurs furent affermis, ils auraient dû, même pour leur intérêt, confier la puissance tribunitienne à quelques magistrats particuliers & plébéiens, qui pouvant être intimidés ou gagnés, auraient moins servi à les gêner qu'à les éclairer, ou à quelque corps de magistrature plébéienne; car nous avons déjà observé que cette puissance conservatrice ne peut être exercée que par des plébéiens. Ce corps de magistrature, moins facile à effrayer ou à corrompre, eût empêché bien des démarches hasardées, dont le résultat perdit plusieurs empereurs, & eût contenu sur-tout les *Sejans*, les flatteurs de tous les vices impériaux, & ces hommes ambitieux qui, pour se maintenir en place quelques jours de plus, combinaient leurs projets à la hâte, les exécutaient avec précipitation, & qui, eussent-ils été honnêtes gens, emportés par le torrent des affaires, manquaient toujours du temps nécessaire pour méditer sur le bonheur public.

Plus le gouvernement se resserre, plus il devient actif, plus il a besoin d'un régulateur. La démocratie pourrait s'en passer; l'aristocratie en a besoin; il est indispensable à la monarchie. Il serait encore plus nécessaire au despotisme, si le despotisme était un gouvernement; mais le despotisme est comme le feu, il ne chauffe pas, il brûle.

L'empire romain subsisterait peut-être encore, si la puissance tribunitienne eût modéré la marche trop rapide de la puissance impériale; elle eût empêché que l'empire ne tombât dans les mains de sa soldatesque.

Rome est gouvernée comme Alger.

Montesquieu & *Voltaire* ont observé l'un & l'autre, que l'empire romain, après ses premiers empereurs, fut gouverné comme Alger, par une milice qui nommait & qui déposait ses chefs. Cette remarque est juste. J'ajouterai que l'armée alors se trouva dans un ordre inverſe à celui qu'elle doit avoir dans la conſtitution du corps politique.

Dans l'ordre naturel, les ſoldats ſont les ſujets du ſouverain, & ils en ſont les ſujets les plus honorables, parce qu'ils en ſont les plus aſſujettis; parce que tous les autres corps ayant le droit d'examen & de remontrances, le corps militaire eſt le ſeul qui doive, au premier ſigne du ſouverain, quitter ſon pays, ſa famille, & tous les objets de ſes affections, pour courir s'expoſer aux fatigues, aux dangers & à la mort.

Comme les fonctions des guerriers ſont de défendre l'Etat, & de conſerver aux citoyens leurs propriétés; comme les périls qu'ils bravent ſans ceſſe, rendent ineſtimable le prix de leurs ſervices, c'eſt moins avec de l'or qu'il faut les payer, qu'avec des diſtinctions & des honneurs.

C'eſt cet ordre naturel qui ſubſiſtait dans la république: il fut tellement renverſé ſous les empereurs, que, de ſujets, les ſoldats devinrent les maîtres du prince qui ſe diſait le ſouverain; qu'au lieu de lauriers, de couronnes civiques & murales, de ſurnoms, de colliers & de triomphes, ils exigèrent une forte paye, ils extorquèrent des dons fréquens; & qu'enfin, au lieu de conserver les biens du citoyen, ils forcèrent les empereurs à les grever excessivement.

Les excès furent tels, que ces mêmes contrées, qui avaient pu fournir à l'entretien des cours & des armées des rois de la Macédoine, du Pont, de la Cappadoce, de la Syrie, de la Judée, de l'Egypte, de la Numidie, des Espagnes & des Gaules, à toutes les dépenses des républiques de Rome, de Carthage, d'Athènes, de Sparte, de Corinthe, de Thèbes, & de vingt autres Etats, qui tous avaient subsisté ensemble, ne purent suffire à entretenir la seule cour de Constantinople, & des troupes bien moins nombreuses que ne l'avaient été celles de tous ces Etats.

Je dis la cour de Constantinople, car ce ne fut qu'après la translation de la cour impériale chez les Thraces, que l'empire fut absolument malheureux, & que l'Etat entier tomba dans une décadence totale, dont aucun effort ne put le relever. Le règne de *Julien* prouva même combien il était facile de tout rétablir. S'il eût vécu quelques années, s'il eût ramené la cour à Rome, comme le paganisme sur le trône, l'empire eût pu facilement reprendre son ancienne splendeur.

Mais avant cette translation, si le sénat, qui avait toujours disputé au peuple sa souveraineté, voulut la disputer aux empereurs; s'il fut maltraité & humilié; si *Caligula* menaça de faire son cheval consul, comme *Charles XII* menaça le sénat de Stockholm, de lui envoyer sa botte pour le gouverner; si les grandes familles furent abaissées, l'empire ne fut pas malheureux; & il y eut beaucoup d'empereurs très-sages, sous lesquels Rome, le sénat, les provinces jouirent du sort le plus fortuné.

Les citoyens perdirent même plusieurs de ces droits odieux, qui révoltaient l'humanité; le sage *Adrien* leur ôta le droit de vie & de mort sur leurs esclaves, & le droit de les tenir enfermés dans ces cachots, qu'on appellait *ergastules;* il voulut que les magistrats fussent juges entre l'esclave & le maître irrité.

Les comices se tenaient toujours, avec moins de tumulte, mais non pas sans gloire & sans effet. Quoique le peuple ne fît plus de loix, quoiqu'il fût un souverain détrôné, il était encore nécessaire d'être estimé de ce peuple, dont on briguait encore les suffrages.

Peu de nations eurent autant de souverains instruits & sages que l'empire romain.

On eut aussi besoin de briguer ceux de l'armée, quand elle disposa de l'empire, & l'armée ne fit pas toujours des choix indignes. On connaît assez les fautes & les crimes, commis par ces maîtres du monde; je ne les répéterai point; je ferai une remarque moins commune; j'observerai qu'il y eut une foule d'empereurs distingués par leur sagesse & par leurs talens; j'observerai que depuis *Jules-César* jusqu'à *Julien*, surnommé le philosophe, qui fut le dernier des païens, sur quarante-quatre ou quarante-six empereurs, on en compte dix-sept qui se distinguèrent par leur esprit & leurs productions littéraires.

Si on compte les sages, on trouvera *Auguste*, *Vespasien*, *Titus*, *Nerva*, *Trajan*, *Adrien*, *Antonin*, *Marc-Aurèle*, *Pertinax*, *Decius*, *Aurélien*, *Probus*, *Tacite*, *Dioclétien*, *Julien*.

Je ne crois pas que, parmi les nations modernes, il y en ait une seule qui, depuis sa fondation, compte dix-sept souverains distingués par la supériorité de leur esprit, & par des ouvrages de littérature;

je doute même qu'il y en ait beaucoup qui, dans l'espace de trois siècles, ait fourni autant de souverains assez éminens en sagesse, pour qu'on puisse les comparer aux quinze Césars que je viens de nommer.

Conclusion.

De tous les grands Etats, Rome est peut-être celui qui, pendant plusieurs siècles, s'est le moins écarté des principes d'une saine théorie.

Il eut de l'unité dans ses vues, de la simplicité dans ses moyens, &, ce qui est plus rare encore, le corps politique, l'Etat y fut placé sur sa véritable base.

Le gouvernement a de l'unité dans ses vues, et de la simplicité dans ses moyens.

Il eut de l'unité, puisque tout s'y rapportait à un but unique, à la guerre, à la conquête.

Il eut de la simplicité dans ses moyens, qui tous se rapportaient à un seul, celui de bien choisir ses chefs.

L'Etat y était sur sa base. Le peuple y fut législateur. Le sénat y fut prince, c'est-à-dire, chargé de la puissance exécutive.

L'Etat est sur sa base.

Cette puissance peut se considérer comme

divisée en trois parties : l'ordre civil, l'ordre militaire, & la simple police.

Le militaire, destiné à n'agir que contre l'ennemi, fut par-tout astreint à une obéissance passive, & soumis à la volonté arbitraire d'un chef, ayant droit de vie & de mort.

La police, chargée de prévenir les crimes, a souvent besoin d'une exécution prompte, mais moins rigoureuse ; elle se borne à réprimer & à emprisonner.

La puissance civile, dont l'objet est *la volonté constante & perpétuelle de rendre à chacun ce qui lui est du*, a, au contraire, des formes, des délais, des lenteurs; il faut qu'elle ait toujours le temps de connaître le vrai, & qu'elle accorde, à chacun, le temps de se pourvoir de preuves, & de les lui administrer.

La police doit l'avertir & lui amener les accusés; le militaire doit lui prêter main-forte. L'un & l'autre ne sont que ses agens. Elle est la première des trois, celle à qui les deux autres doivent ressortir, celle qui doit tout surveiller. Cette gradation ne fut bien observée qu'à Rome, où l'armée n'avait, pour chefs, que des magiſtrats, où l'on diſait, *cedant arma togæ.*

Ainſi le corps de la magiſtrature, ou du gouvernement, ou du prince, ſe compoſait d'abord d'édiles & de queſteurs; puis du préteur des citoyens, & du préteur des étrangers; puis des conſuls qui préſidaient la ville, le ſénat & l'armée; puis des cenſeurs; puis, en quelques occaſions, du dictateur qui terminait cette pyramide, ſans écraſer le peuple légiſlateur qui en était la baſe.

Cette magiſtrature avait un complément dans la puiſſance tribunitienne, eſpèce de régulateur qui devait ſervir ſur-tout à l'empêcher de trop peſer ſur ſa baſe, à en tenir toutes les parties dans un juſte rapport, & à retarder la force du courant, qui entraîne, ſans ceſſe, la puiſſance exécutive.

Toutes les places étaient annuelles; le tribunal des préteurs changeait, avec eux, tous les ans, & dans ce tribunal, nul n'était juge d'aucune affaire, qu'il n'agréât également aux deux parties. Les conſuls jugeaient les affaires criminelles; mais on appellait au peuple de leur jugement. Ainſi il y avait une magiſtrature & point de corps de

Cicero pro Cluentio.

magistrats, point de légistes de profession, point de place inamovible, pas même celle de sénateur, qu'on pouvait perdre, en un moment, à la volonté du censeur. Toute place n'était qu'un état d'épreuve.

La religion y était soumise à la magistrature.

La religion était soumise aux magistrats & aux généraux, tellement qu'un augure ayant voulu empêcher le consul *Claudius Pulcher*, de donner un combat naval, en alléguant que les poulets sacrés avaient refusé le grain, *Claudius* lui repartit : *s'ils ne veulent point manger, qu'ils boivent* ; & il les fit jeter à la mer. Mais aussi, quand les soldats demandaient une bataille, que les consuls ne jugeaient pas à propos de donner, les augures n'étaient point favorables. A cet égard, tout était dans l'ordre.

Si l'on joint à ces observations, celles que nous avons déjà faites : que les subsides étaient payés par les riches & les gens aisés ; que les prolétaires & les *capite censi* étaient exempts d'impôts ; que l'Etat n'était défendu que par ceux qui avaient des propriétés à conserver ; que les soldats étaient les sujets les plus soumis, les mieux disciplinés, & commandés par des magistrats militaires, qu'ils avaient choisis dans les comices, en qualité de citoyens ; on sera forcé d'avouer que toute la constitution de l'Etat suivait l'ordre naturel, & se trouvait fondée en raison. Le souverain fesait des loix, & ne gouvernait pas. Le gouvernement ne fesait pas des loix, il les observait, & les fesait observer : les citoyens obéissaient séparément, comme sujets, & collectivement ils fesaient des actes de souveraineté, en donnant la sanction aux loix, en confiant leur gouvernement aux plus dignes. Le peuple & l'armée n'étaient soumis qu'à des hommes d'élite. La jeunesse sentait la nécessité d'acquérir l'estime publique ; chaque individu développait tous les talens qu'il avait reçus de la nature ; chaque homme, pour ainsi dire, était en pleine valeur ; chaque talent était mis à sa place : l'Etat était fort de la force de tous les citoyens.

Ce gouvernement eût été parfait, & peut-être indestructible, s'il n'avait pas eu, dans son sein, une multitude innombrable de gens qui, sous le nom d'esclaves & d'étrangers, ne formaient point partie du corps politique, l'emportaient, en nombre, sur celui des citoyens, ne participaient à aucun

Principale cause de sa destruction.

des avantages de l'Etat, en ſupportaient le faix, étaient humiliés ſans ceſſe, par l'orgueil des citoyens, & s'intéreſſaient plus à les voir opprimer, qu'à les voir vaincre. C'eſt le vice qui perd toutes les républiques.

Fin de la première Partie.

ESSAI

Sur l'hiſtoire des Comices de Rome, des Etats-Généraux de la France, & du Parlement d'Angleterre.

SECONDE PARTIE.

Des Etats-généraux de la France.

LIVRE PREMIER.

Des aſſemblées chez les Francs ſous les deux premières races.

AVANT-PROPOS.

Après le grand ſpectacle que les Romains donnèrent au monde, on ne vit longtemps que des combats de barbares, des nations errantes, des peuples ſans autre légiſlation qu'une anarchie militaire.

La barrière romaine une fois franchie, *Valens* voulut en vain arrêter les Goths, il mourut en les combattant, première victime de la permiſſion qu'il leur avait donnée de paſſer le Danube.

La Grèce, l'Italie, les Gaules, les Eſpagnes, redevinrent en proie à ces incurſions dont Rome les avait garanties pendant tant de ſiècles; depuis la mort de *Valens*, juſqu'à nos jours, l'Italie a été en bute aux invaſions des peuples du nord.

Dix peu, les barbares ſe jettent ſur l'empire romain, & ne ſubſiſtent pas long temps.

En moins de quatre ſiècles on vit s'élever & diſparaître de la terre, les Viſigoths, les Oſtrogoths, les Gépides, les Hérules, les Huns, les Alains, les Suèves, les Vandales, les Bourguignons & les Lombards. Ces peuples, ſans conſtitution politique, ſemblables à ces nuées de ſauterelles qui ſe jettent quelquefois ſur la Syrie, dévaſtèrent les contrées où ils parurent, & périrent aux premières tempêtes qui s'élevèrent.

Tous ces barbares étaient des peuples ſeptentrionaux; les Huns & les Alains venaient de la Tartarie & du nord de l'Aſie; les Goths & les Vandales des bords de la mer Baltique; les autres ſortaient des bois de la Germanie.

Il

Il semble que les peuples du Nord aient une tendance naturelle à se précipiter sur ceux du Midi. Dans ces derniers temps, *Gustave Adolphe* est venu jusqu'au bord du Rhin, *Charles XII*, jusqu'au bord du Pruth, *Frédéric-le-grand* a envahi la Silésie, & est descendu jusque sous les murs d'Olmutz. Je ne connais que les anciens Romains qui se soient opposés efficacement à ces incursions. Aujourd'hui tous les rois du Midi sont originaires de quelques contrées plus septentrionales.

Des nations qui se partagèrent les provinces de l'empire romain, il n'en subsiste plus qu'une; c'est la nation française. Elle est la seule qui touche sans intermédiaire à cet empire, la seule des nations existantes dont les premiers rois aient été au service des empereurs. (1)

Des peuples barbares qui attaquèrent l'empire, les Francs seuls subsistent encore.

Ce n'est pas que dans son origine elle eût une meilleure constitution que les autres, mais elle se fixa dans des contrées plus sep-

(1) *Mellobaudes* & *Richemer*, rois des Francs, ou plutôt chefs de quelques hordes des Francs, furent capitaines de la garde impériale de *Gratien*. *Am. Marcel*. *l.* *XXXI*, & *Grégoire de Tours*, *l.* *II.*

tentrionales; elle vainquit les Bourguignons, les Visigoths, les Lombards, tous plus méridionaux qu'elle.

Supériorité des peuples de l'Occident.

Si cette observation peut avoir quelque utilité pour les politiques du Midi, en voici une autre qui n'en aura pas moins. Les Grecs & les Romains préférèrent toujours les soldats de l'Occident à ceux de l'Orient; & les successeurs d'*Alexandre*, les Carthaginois, les Romains firent un grand usage des soldats de la Gaule. *Montesquieu* a remarqué, en traitant de la grandeur & de la décadence des Romains, que les chefs qui eurent à leur solde les légions de l'Occident, vainquirent toujours ceux qui eurent celles de l'Orient.

Grandeur & decadence des Romains, ch 16.

Cette marche naturelle, parce qu'elle est fondée sur des qualités physiques, a été quelquefois contrariée; une fois par la vertu belliqueuse des Romains, vertu, fille de leur excellente constitution; une seconde fois par le fanatisme des Arabes, qui, remontant du Midi au Nord, & allant de l'Orient à l'Occident, trouvèrent enfin au bord de la Loire, le terme de leurs courses & de leurs conquêtes.

La constitution politique peut & doit

donc réparer le vice du climat, augmenter les vertus naturelles, & prévenir, avant tout, les dangers auxquels l'Etat eſt expoſé par ſa ſituation. Cependant il n'y a preſqu'aucun peuple qui ait une conſtitution; ils n'ont, pour la plupart, que des uſages qui varient, & des réglemens qui ſe contrediſent.

Des Barbares qui dévaſtèrent l'empire romain, & en particulier des Francs.

Les nations barbares qui ſe jetèrent ſur l'empire, étaient toutes des nations errantes & nomades. Elles voyageaient raſſemblées, elles abhorraient les villes, & elles en détruiſirent une quantité prodigieuſe. Elles brûlèrent ſur-tout les hameaux & les villages qui n'offraient aucune réſiſtance. Elles ne voulaient que des pâturages. C'était un gain pour elles que d'arracher les vignes, de renverſer les villes, de couvrir le pays d'herbages, comme les peuples agricoles le couvrent de fruits & de moiſſons. Ravages des Nomades.

Ces Barbares ſemblaient vouloir rendre à la nature ſauvage tout ce que les Romains avaient conquis sur elle, tous les pays où ils avaient fait germer l'agriculture & les arts.

Les Alains, les Suèves, les Vandales, ne firent que traverser les Gaules en les ravageant. Bientôt d'autres nations nomades s'y jetèrent, & y restèrent incertaines si elles y fixeraient leur demeure, ou si elles passeraient dans d'autres contrées.

Les dégâts furent tels, que, pour les peindre, un auteur contemporain, dont le nom s'est perdu, mais dont l'ouvrage s'est conservé, nous dit que, si l'Océan s'était renversé sur les Gaules, il n'y aurait pas produit plus de ravage.

Ils ne se fixent que malgré eux.

Ne voulant ni remonter vers le Nord, ni retourner vers l'Orient, ces nations errantes, arrêtées par l'Océan & par la Méditerranée, furent enfin obligées de s'établir dans l'Italie, dans l'Espagne & dans les Gaules.

Le christianisme avait perdu l'empire; il avait sur-tout contribué à éteindre l'esprit militaire. Les évêques, dans ces temps d'une calamité horrible, sauvèrent plus de villes que les guerriers. Ils donnèrent quelquefois jusqu'aux vases de leurs églises pour obtenir la paix, ou pour racheter quelques captifs.

Les captives, plus aimables, plus induſtrieuſes que les femmes des Barbares, convertirent les vainqueurs, ou du moins elles en obtinrent la permiſſion de faire baptiſer les enfans qu'elles en eurent.

Ces Nomades, qui déteſtaient les villes, ne s'établirent pas dans les villes. Leurs troupeaux étaient leurs richeſſes; ils en confiaient la garde à leurs eſclaves; ils feſaient, de la guerre & de la chaſſe, leur principale occupation.

Quand ils s'arrétaient dans un pays, ils ne croyaient jamais y ſéjourner long-temps. Les Viſigoths demeurèrent ſucceſſivement dans la Grèce, dans l'Italie, dans le Midi de la Gaule, enfin dans l'Eſpagne, d'où ils revinrent dans la Gaule.

Les Bourguignons traversèrent la Germanie avant d'amener leurs troupeaux ſur les bords de la Saone & du Rhône. Les francs habitèrent différens cantons de la Germanie; ils demeurèrent long-temps entre le Rhin, l'Eſcaut & la Meuſe; ils errèrent enſuite entre la Somme & la Seine; ils paſsèrent au bord de la Loire. Ils ſe propoſaient vraiſemblablement de deſcendre davantage vers le

Midi, lorſqu'ils furent arrêtés par les Bourguignons & par les Viſigoths.

Il y eut alors deux peuples très-différens dans les Gaules.

Il y eut donc alors, dans les Gaules, deux ſortes de peuples: l'un composé des anciens habitans, des Gaulois qu'on appellait Romains, peuple agriculteur, attaché au ſol, comme les plantes qu'il cultivait; l'autre, composée des nouveaux habitans, Francs, Bourguignons, Viſigoths & autres Barbares, peuples nomades, ne tenant pas plus au ſol que les troupeaux dont ils prenaient ſoin, & que les animaux qu'il pourſuivaient dans leurs chaſſes.

Les Nomades, vainqueurs des agricoles, n'eurent pas l'idée de les empêcher de cultiver la terre: ils ne pensèrent point à s'approprier uniquement, & à partager entr'eux ce ſol que peut-être ils quitteraient le lendemain, ce ſol qu'ils ne ſavaient ni ne voulaient labourer. Mais chacun d'eux ſe crut le maître de faire paître ſes troupeaux par-tout où il voudrait, de pourſuivre le gibier par-tout où il en trouverait, de poſer ſon charriot, ſa tente ou ſa caſe, habitation de ſa famille, par-tout où il lui plairait.

Quand la nation ſe fixait pour quelque

temps dans un pays, chacun plaçait sa demeure où il voulait, sans s'inquiéter si le lieu qu'il marquait pour la résidence de sa famille, de ses troupeaux, de sa chasse, avait ou n'avait pas de propriétaire : à peu près comme une armée qui campe en pays ennemi.

Il en résulta que ces Nomades eurent par le fait, la *super-propriété* des terres, dont les Gaulois avaient eu la propriété toute entière sous les sages loix des Romains.

Voilà pourquoi dès la première race nous trouvons des droits de chasse tout établis, droits inconnus aux Romains & aux Grecs ; chez qui, n'y ayant qu'un seul peuple, qu'une seule maniére de vivre, on n'imagina jamais de donner deux maîtres à une terre, l'un pour la cultiver, l'autre pour la ravager.

Quand les circonstances forcèrent les Visigoths, les Bourguignons, les Francs à fixer absolument leur demeure dans la Gaule, on mit un peu d'ordre dans cette manière de posséder les terres à deux. Chaque barbare s'appropria le droit de chasse & de pacage, & même il s'arrogea le droit d'imposer des tributs aux différens cultivateurs, antiques propriétaires des cantons

Partage des terres.

dans lesquels il prétendait poursuivre son gibier & mener paître ses troupeaux.

On trouve dans les loix du roi *Gondebaud*, ou *Gombaud*, que les Bourguignons partagèrent avec les Gaulois les terres des pays où ils se fixèrent, de manière que les Bourguignons prirent pour eux les deux tiers des terres & le tiers des esclaves.

Montesquieu observe avec raison, dans *l'Esprit des loix* (1), que les Bourguignons chasseurs & nomades devaient préférer les landes & les forêts aux terres cultivées, ce qui adoucit le sort du Gaulois. Il pouvait ajouter que les Gaules avant ce partage avaient été si horriblement dévastées, que plus de la moitié ou des deux tiers des terres y étaient en friches.

Les Bourguignons prétendaient descendre de quelques légions romaines, oubliées au fond des forêts de la Germanie; ils avaient moins de grossièreté & un peu plus d'industrie que les autres barbares; ils firent un réglement pour borner leurs propres usurpations.

Les Francs n'en firent point; chacun

(1) Liv. XXX, chap. 8 & 9.

chassa & mena paître ses troupeaux de bœufs, & sur-tout de porcs dont ils fesaient leur principale nourriture, sur les terres des Gaulois : & s'ils firent quelques réglemens, ce ne fut que pour prévenir les querelles entr'eux.

Dans ce nouvel ordre de choses, le pasteur fut le *super-propriétaire* de l'agriculteur; le gardeur de bœufs & de cochons fut le seigneur du laboureur.

De-là vinrent ces noms, érigés depuis en titre si honorables : *Sénéchal*, gardeur de bœufs; *Maréchal*, gardeur de chevaux, *Connétable* de *comes stabuli*, compagnon d'écurie. Toute origine est petite; je n'en connais point qui puisse satisfaire l'orgueil. Origine de quelques titres.

Cette *super-propriété* donnée par le fait & non par des loix que ces Barbares, qui ne savaient pas lire, ne pouvaient pas avoir; cette *super-propriété* n'était pas le gouvernement féodal, mais elle donna naissance à toutes les idées, sur lesquelles il fut fondé. C'est pourquoi plusieurs de ces coutumes & de ces idées se retrouvent dans l'Inde, où souvent les Tartares nomades ont usurpé la *super-propriété* des terres de l'Indien cultivateur.

Des Francs sous les premiers rois de la première race.

Voyages des Nomades.

TOUT peuple nomade, forcé d'occuper un vaste territoire pour faire paître ses troupeaux, se rassemble cependant aisément ; & quand il change de lieu, il marche en corps ; les guerriers vont ensemble, afin de protéger les troupeaux, que les esclaves conduisent, que les femmes & les enfans accompagnent sur des charriots, sur des chevaux, ou sur des chameaux, selon le climat. Le jour où commence la marche est un jour de fête.

Les hordes tartares se réunissent en automne pour aller passer l'hiver dans des contrées méridionales, & au printemps pour aller passer leur été vers le Nord.

Chaque horde des Francs se réunissait aussi dans ces deux saisons. Chacune sous un chef, que les moines chroniqueurs de ces temps de dégradation ont nommé *Roitelets*, *Reguli*. Nous ne savons rien que par ces moines, qui savaient eux-mêmes très-peu de chose, qui observaient très-mal ce qu'ils voyaient, & qui n'entraient point dans ces assemblées, toutes composées alors de païens.

Nous pouvons conjecturer, par l'histoire de *Clovis*, que si ces hordes se réunissaient quelquefois pour faire de grandes incursions, elles refusaient quelquefois de se réunir, & que chacune était à peu près indépendante de l'autre. *Clovis* n'omit aucun crime pour réunir toutes les hordes à sa horde.

Les Nomades, choisissaient leurs chefs dans une seule famille.

Grégoire de Tours nous dit (1) que *Clovis* appréhendait que les Francs n'élussent un autre chef. Il paraît en effet que chaque horde des Francs élisait le sien, & qu'on prenait ces chefs dans une même famille. C'était une coutume commune à presque toutes les nations barbares. Les Visigoths prenaient les leurs dans la famille des *Amali*; les Bavarois, dans celle des *Agilolfingiens*; les Francs, dans celles de *Merovingiens*. *Clovis* pouvait avoir quelque intérêt à tuer les chefs des hordes pour les réunir à la sienne; cependant, quand il commit ces meurtres après sa conquête des Gaules, les Francs mêmes n'auraient pu le déposséder;

(1) Liv. II.

il avait trop de Gaulois à ſon ſervice. Il paraît auſſi que tous les fils d'un chef étaient pris pour *reguli*, pour *roitelets* par des familles qui formaient de nouvelles hordes, & que ſouvent une horde ſe réuniſſait à celle qui avait tué ſon chef. En effet, toutes celles dont *Clovis* aſſaſſina les *roitelets* ſe ſoumirent à lui, au lieu de les venger en ſe liguant contre lui. A ſa mort, ſon bâtard & ſes trois fils légitimes devinrent *roitelets*.

L'hiſtoire nous montre ſouvent *Clovis* à la tête de ſes armées, compoſées de Francs & de Gaulois; jamais elle ne le fait voir préſidant une aſſemblée nationale.

Ignorance où l'on eſt ſur la forme de leur aſſemblée.

Si dans le ſilence des auteurs contemporains, qui ne me diſent rien de ces aſſemblées, ſi ce n'eſt qu'elles ſe tenaient au mois de mars, je conſulte les auteurs modernes: les uns me diſent que ces aſſemblées étaient des Etats-généraux, d'autres que c'était le parlement.

Mais ce ne pouvait être les Etats-généraux, car il n'y avait pas alors différens Etats chez les Francs. Ce n'était pas non plus un parlement, ſi par ce terme nous entendons une aſſemblée qui s'occupe du maintien des loix. Car alors il n'y avait pas de loix, il n'y avait que des usages. Ces mots mêmes de parlemens, & d'Etats-généraux, n'étaient pas inventés.

Pour ne pas confondre les idées, je m'en tiendrai au mot générique d'assemblée.

Pour discerner quelques vérités parmi le silence des contemporains & les systêmes des modernes, je jugerai de ces assemblées par la situation des peuples & par ce qui en résulta. Juger par les faits, est la manière la plus sûre pour ne se pas tromper.

Nous avons vu ce qu'ont produit les comices : des héros, des orateurs, des hommes éclairés & invincibles, de grands hommes, qui à peine avaient arrosé une terre du sang des vaincus, qu'ils y faisaient naître les moissons, les loix, les arts, les cités les plus riches.

Qu'ont produit les assemblées de Mars? des crimes, uniquement des crimes, une grande variété de crimes, mais toujours des crimes : plus de quarante rois ou fils de rois, plusieurs reines périrent par le fer, par la corde, par le poison; une multitude innombrable de généraux, de gouverneurs de provinces furent assassinés, brûlés, appliqués à la torture ou décapités sans forme, ſans que jamais la prétendue aſſemblée nationale ait mis un frein à ce long cours d'aſſaſſinats, ſans que jamais aucun fugitif en ait appellé à cette aſſemblée, comme chez les Romains les opprimés feſaient leur appel au peuple.

Les premiers rois des Francs commettent autant de crimes que les plus méchans des empereurs de Rome

Je ne ſais ſi les rois étaient deſpotes ; mais je ſais que les deſpotes de l'Aſie, & les *Caligula*, les *Nérons*, les *Domitiens*, dont l'eſprit était aliéné, n'ont pas commis plus de meurtres, de maſſacres, d'aſſaſſinats, d'empoiſonnemens, de viols, d'inceſtes, de parjures, de perfidies, que les fils, les petits-fils & les arrière-petits-fils de *Clovis*.

Je crains, en vérité, de calomnier la nation entière, en attribuant quelque puiſſance à ſon aſſemblée. Je vois toujours les Francs, ſemblables à leurs troupeaux, mugir fréquemment ſans objets, & le front armé de cornes menaçantes, obéir à l'aiguillon ou ſe laiſſer égorger, ſans ſavoir pourquoi ils obéiſſent, ſans s'informer de quel droit on leur commande, & ſans avoir la plus faible idée d'une conſtitution politique. Ce ſont plutôt des barbares qui s'attroupent, qu'un peuple qui s'aſſemble.

Tous les modernes[1] qui, au lieu d'établir les droits des peuples sur la nature & sur la raison, ont voulu les fonder sur d'anciens usages, citent avec emphase le soldat qui brisa le vase redemandé par *Clovis* au nom d'un évêque; mais ils passent tous sous silence la moitié du récit de *Grégoire de Tours* : *Ceux*, dit-il, *des Francs dont l'esprit était le plus sain*, *ILLI QUORUM ERAT MENS SANIOR*[2], répondirent au roi, *tout ce qui est ici vous appartient*, *& nous-mêmes nous sommes assujettis à votre autorité*. *OMNIA, GLORIOSE REX, QUÆ CERNIMUS TUA SUNT ET NOS IPSI TUO SUMUS DOMINIO SUBJUGATI.* Ensuite il ajoute, qu'un homme dont l'esprit était *léger*, *envieux & faible*, *LEVIS*, *INVIDUS AC FACILIS*, frappa le vase d'un coup de hache.

Ce fait, s'il était vrai, loin d'établir la liberté des Francs, prouverait que chez eux les gens sages se croyaient dans la dépendance absolue du roi, & qu'il n'y avait que les fous qui contestassent son autorité.

Le moine *Grégoire*, évêque de Tours, n'inséra ce conte, comme tant d'autres, dans son histoire, que pour persuader aux petits-fils de *Clovis*, que leur grand-père avait un profond respect pour les évêques.

Ce n'est ni sur de pareils contes, ni sur l'autorité des pareils auteurs, que se fondent les droits des nations : c'est sur la nature de l'homme, c'est sur les besoins qu'il a, que ses droits & ses devoirs s'établissent : c'est sur le calcul de ses forces & de ses passions, que les gouvernemens se modifient : c'est sur les lumières de sa raison, que la constitution politique & se règle & s'épure.

Pourquoi les Francs, avec les vices des premiers Romains, en différèrent si fort.

Les Romains, sous leurs premiers rois, étaient aussi ignorans, aussi brigands, aussi guerriers, aussi avides de butin que les Francs sous *Clovis*. Les rois des Romains se permirent des meurtres, des viols, des incestes comme les fils & les petits-fils de *Clovis* : l'un & l'autre peuple avait des esclaves, l'un & l'autre formait des assemblées ; pourquoi donc les résultats en furent-ils si différens? c'est c'est qu'avec les mêmes vices la position de ces deux peuples n'était pas la même.

Parallèles des Francs et des Romains.

Les Romains devinrent agriculteurs, les Francs demeurèrent nomades & chasseurs. Les premiers s'assemblèrent toujours dans la même ville sans armes, & s'assemblèrent fréquemment : les autres ne s'assemblèrent qu'une ou deux fois par an, en plein champ, en armes, & jamais dans le même lieu. Les Romains consacrèrent le lieu de leur assemblée, regardèrent comme un sacrilege l'idée de le quitter, comme un opprobre le malheur d'en être chassé : les Francs, accoutumés à errer, se regardèrent long-temps comme étrangers dans la Gaule ; & long-temps incertains s'ils ne la quitteraient pas, ils n'eurent jamais un lieu fixe pour s'assembler ; les Romains, craignant de perdre leur ville, eurent besoin de chefs habiles, ils choisirent indifféremment pour rois des Sabins, des Toscans ou des Romains ; ils n'eurent d'égard qu'au mérite ; les Francs ne craignant pas de manquer de pâturages, n'ayant besoin de chefs que pour errer, prirent toujours leurs rois dans la même famille, ne connurent d'autre mérite que la bravoure, & n'eurent ni des *Numa*, ni des *Servius*.

Les Romains se resserrèrent le plus qu'ils purent autour de leurs murailles pour les défendre & pour y tenir leurs comices. Ils occupèrent en très-grand nombre un très-petit territoire pendant plusieurs siècles. Les Francs s'étendirent le plus qu'ils purent dans les campagnes pour y chasser & y parquer.

Ils occupèrent en très-petit nombre un vaste territoire, presque dès leur entrée dans les Gaules.

Les comices établirent un gouvernement municipal, & ne confièrent les grands emplois, le commandement même des armées, qu'à des magistrats.

Les assemblées des Francs n'élurent que des chefs militaires, & laissèrent ces chefs s'emparer des fonctions de la magistrature.

Chez les Romains où il n'y avait que de petits propriétaires, le rapprochement des citoyens les forçant à se connaître, à se juger réciproquement, à se communiquer leurs idées, la puissance des chefs ne put y dégénérer en despotisme. Chez les Francs, la distance des habitations empêchant les hommes de se connaître personnellement, de se priser les uns les autres, de se communiquer leurs craintes, la puiſſance des grands propriétaires s'accrut toujours aux dépens de la puiſſance publique qui s'anéantit bientôt.

Les premiers chefs des Romains, chargés de défendre la ville, les citoyens, le ſol cultivé par les tribus urbaines, & par les tribus rurales, prirent le titre de rois de Rome. Les chefs des Barbares, chargés de conduire uniquement des hordes errantes, & non de défendre le territoire, & les habitans de ce territoire où ils n'étaient que paſſagers, ne ſe dirent pas rois des Gaules, rois du pays, mais ſeulement rois des Bourguignons, ou des Viſigoths, ou des Vandales, ou des Francs, ſelon la horde qu'ils commandaient. Aucun ne ſe dit roi d'aucun pays; tous, quand ils voulurent y avoir quelques droits, briguèrent des dignités romaines, pluſieurs eurent celle de patrice, *Clovis* obtint celle de conſul.

Chez les Romains, le culte dépendait du ſénat. Les grandes prêtriſes étaient occupées par des magiſtrats qui, élus dans les comices par tribus, ne feſaient point un corps ſéparé des autres citoyens: chez les Francs, convertis au chriſtianiſme, les eccléſiaſtiques non-ſeulement ne dépendaient pas du prince, mais ils étaient d'une nation différente, aſſervie, humiliée & ſecrètement ennemie, ils firent néceſſairement un corps ſéparé, un état dans l'Etat.

Les Romains, voiſins des colonies grecques établies ſur les rivages de l'Italie, apprirent dès leur origine à eſtimer ce qui était bon; ils firent gloire d'adopter les coutumes qui valaient mieux que les leurs. Les Francs, entourés de Barbares, n'eſtimèrent que leurs propres coutumes. Les eccléſiaſtiques chrétiens qui les convertirent, très ignorans eux mêmes, ne leur donnèrent que de très-fauſſes notions des ſciences, & leur firent croire que toute l'inſtruction ne conſiſtait que dans des formules & des queſtions théologiques. Science qui, n'étant bonne à rien, inſpira aux Francs un profond mépris pour toutes les ſciences. Chez les Barbares Viſigoths, Bourguignons, ou Francs, tout emploi qui demanda un homme qui ſût lire, était exercé par un Gaulois, & dédaigné par les Barbares.

Les Gaulois leur rendaient mépris pour mépris, cédaient à leurs forces, & ſe réfugiaient en foule dans des monaſtères, ce qui accroissait encore la dégradation générale, sans que, de part ni d'autre, on fît la moindre chose pour améliorer la situation présente.

Les Romains formèrent toujours un trésor public; les Francs & les autres Barbares, errans au milieu des peuples agricoles, s'accoutumèrent à les vexer par des impositions, non pas en exigeant d'eux des tributs pour l'Etat, ou pour le roi, mais chacun pour soi, comme *super-propriétaires* de ces terres où ils chassaient & parquaient. Ce fut une grande raison pour s'y fixer, & ce fut encore dans la suite un des principes du gouvernement féodal.

Les rois vivaient comme les autres Francs, du revenu de leurs domaines particuliers. Chaque Franc fesait présent au roi de quelques pièces de bétail, au jour de l'assemblée; ils le suivaient à la guerre, ils s'armaient & combattaient à leurs frais, ne recevaient ni solde, ni gages, ni appointemens, ni honoraires.

Le Romain agriculteur & sobre consommait peu, trois ou quatre arpens suffisaient à lui, à sa famille, à ses esclaves; le Franc, pasteur & chasseur, consommait beaucoup,

& ne possédait jamais assez de terrein. Le premier recueillait les productions du sol, l'autre les gaspillait en herbe, pour avoir du gibier. Les mœurs des Romains devinrent celles d'un homme qui amasse pour vivre avec splendeur, les Francs eurent celles d'un prodigue qui dissipe pour se désennuyer.

Ces mœurs & les guerres continuelles que se livrèrent les fils & les petits-fils de *Clovis*, remplirent les Gaules de brigands. Les Francs furent obligés de se cantonner, de vivre non plus sur un charriot, ou dans une case, mais entre des murs.

Ils ne s'enfermèrent pas dans une ville comme les tribus des Romains, des Sabins, des Lucères, entre sept collines; comme les habitans des douze cantons de l'Attique, rassemblés par *Thesée* dans Athènes; comme les propriétaires de la Laconie, réunis par *Lycurgue* dans Sparte; comme les fugitifs de Tyr dans Carthage; comme les colons de Phocée dans Marseille; enfin, comme tous les peuples qui, chez les anciens, voulurent avoir une constitution politique. Ils se cantonnèrent dispersés chacun dans des lieux forts.

C'eſt de cette différence de ſituation, que provient la grande différence qu'il y a des peuples anciens aux peuples modernes, c'eſt là ce qui leur inſpira un génie preſque tout oppoſé. Au lieu de citoyens on eut des ſeigneurs de châteaux.

Changement dans les mœurs.

La nation ſe fixe

LA néceſſité de ſe cantonner entre des murs, la facilité de vexer les agricoles par des tributs, ôta l'idée de changer de lieu. La nation qui avant *Clovis* était errante, qui ſous ſon règne & peut-être ſous celui de ſes fils était incertaine ſi elle reſterait dans les Gaules, perdit entièrement ſous ſes petits-fils toute idée de tranſlation.

Le ſoin des troupeaux fut remis aux eſclaves, celui de l'agriculture fut laiſſé aux Gaulois, les Francs ne furent plus que chaſſeurs & guerriers.

Ces chaſſeurs oiſifs, ou perdant leurs jours à pourſuivre des bêtes, n'eurent pas plus d'occaſion de s'inſtruire que les ſauvages du Canada. Ils étaient trop éloignés pour ſe communiquer leurs idées, & trop près pour n'etre pas ennemis l'un de l'autre pour ne ſe pas diſputer des cantons de chaſſe.

Cette nouvelle ſituation produiſit de nouvelles mœurs & de nouvelles idées.

Docilité des premiers Francs.

Nul peuple ne parut plus docile que les Francs ſous *Clovis*, & ſous ſes fils ; leurs rois ſe ſouillent de ſang & de ſtupre, aſſaſſinent leurs parens, mettent les grands à la torture, les font périr de cent manières atroces, & l'aſſemblée du mois de mars ne prend connaiſſance d'aucun de ces faits.

Plus on étudie l'hiſtoire, plus on ſe perſuade qu'il n'y eut jamais d'aſſemblée générale; que ſeulement chaque roi des Francs aſſemblait ſes guerriers, ſa horde au printemps : & cette aſſemblée, ſi indifférente à cet amas énorme de crimes, ne paraît plus qu'un conſeil militaire. L'ardeur belliqueuſe y étincelle, mais on n'y voit nulle trace de cette dignité qui caractériſe une nation aſſemblée.

Je ne trouve en effet que trois conteſtations avec les rois. Une ſous *Thierri*, une ſous *Théodebert*, & la troiſième ſous *Theodebald*, tous trois chefs des Francs Ripuaires en Auſtraſie : & dans ces trois conteſtations, il ne s'agiſſait que de forcer le roi à entreprendre une guerre dont il ne se souciait pas ; à peu près comme les Turcs contraignent quelquefois leur empereur à faire la guerre malgré lui.

On est aussi embarrassé de savoir si cette assemblée avait la puissance législative, que les Francs l'auraient été de répondre à cette question si on la leur avait proposée. Ces termes & cette idée leur étaient également inconnus. Ils avaient déposé plusieurs rois, & obéi à des tyrans sans s'informer du droit. La force & l'audace régissaient tout.

Les historiens avouent que l'assemblée des Francs cessa de se tenir régulièrement sous les petits-fils de *Clovis*. Cependant, ce fut sous ses petits-fils qu'on commença à voir quelquefois des seigneurs faire quelque résistance aux rois.

Il ne faut pas oublier qu'il y avait toujours deux peuples qui différaient en tout, l'un vêtu de peaux, l'autre d'étoffes ; l'un chasseur & dispersé, mais prompt à se rassembler, l'autre agricole & ramassé autour des clochers. D[illegible] des p[illegible] de la G[illegible]e.

L'un se confiant dans sa force, & suivant avec enthousiasme des chefs qui le menaient au pillage, l'autre honteux de sa faiblesse, n'espérant qu'en ses évêques, & se laissant vexer presque sans résistance.

Les plus courageux des Gaulois embrassèrent la loi des Francs, les recrutèrent & se confondirent facilement avec eux. Car tous ces Barbares ne prirent aucune précaution pour empêcher ce mélange; & ils n'adoptèrent pas les étrangers avec cérémonies, comme les Romains & les autres républicains, qui attachant une grande importance à être ou à ne pas être membre de leur corps politique, se rendent difficiles sur le choix de ceux qu'ils admettent au nombre de leurs concitoyens.

Les Gaulois, qui ne voulurent pas changer leurs mœurs, se contentèrent de pouvoir parvenir aux honneurs ecclésiastiques. Ces honneurs étaient devenus une espèce de magistrature, depuis les invasions des Barbares. Les évêques jouissaient d'un grand crédit & d'une sorte de puissance. Les rois des Francs furent souvent obligés de les ménager, & quelquefois de les gagner, dans les guerres qu'ils se livrèrent les uns aux autres.

Vaines recherches sur la constitution de l'Etat chez les Francs.

Quelques recherches qu'aient faites l'abbé *Dubos*, *Montesquieu*, l'abbé *de Mably* & plusieurs autres, il est impossible de voir chez les Francs une constitution politique. Ils paraissent, quand on les examine sans esprit de parti, n'avoir eu qu'une constitution militaire, assez bonne pour l'attaque, très-défectueuse pour la défense : ils paraissent n'avoir formé au printemps que des conseils de guerre plus ou moins tumultueux : mais on voit très-bien, sans même faire aucune recherche, que le corps ecclésiastique, formé du temps des Romains, avait une véritable constitution, formait un état dans l'Etat, qu'il tenait des assemblées générales & diocésaines, qu'il avait ses chefs, son code, ses revenus, ses récompenses & ses châtimens.

Je vois tous les rois francs, & même des femmes, *Brunehaut*, *Fredegonde*, assassiner ou faire mourir dans les tortures, leurs parens, leurs enfans, les grands de la nation & les gens du peuple, sans forme & sans scrupule ; mais quand il faut juger un évêque, on assemble des évêques, ils jugent leurs confrères, ils réclament, ils protègent les simples clercs.

Dans le fameux procès de *Prétextat*, évêque de Rou n, le roi *Chilperic* se porta pour accusateur, plaida & sollicita contre lui les évêques assemblés ; il craignit de perdre sa cause, & n'obtint ni de le faire périr, ni de le faire flétrir. On ne lui accorda que sa déposition.

Frédegonde passait pour avoir fait assassiner le roi d'Austrasie, plusieurs fils de son mari, vingt seigneurs du royaume, & enfin son mari même, sans que l'assemblée des Francs lui eût fait un reproche, sans qu'on lui eût ôté la garde & la tutelle de son fils, dont la naissance était si suspecte, qu'elle fut obligée de jurer à *Gontran*, roi de Bourgogne, & de faire jurer par trois évêques & trois cents notables, qu'elle avait eu cet enfant de son mari, & non d'un autre : mais quand on l'accusa d'avoir assassiné l'évêque de Rouen, ce même *Pretextat*, rétabli depuis la mort de son mari, elle se hâta de se justifier.

Il n'est donc pas douteux, que le corps ecclésiastique n'eut une constitution & n'eut plus d'immunités & de liberté que les Francs eux-mêmes. On pouvait déjà dire, comme on l'a dit depuis, que la robe défendait quelquefois mieux qu'une cuirasse. C'est aussi le seul corps qui ait conservé presque tous ses anciens priviléges.

De la loi salique, de son établissement & de son inobservation.

On nous dit que la loi salique a été faite du temps de *Pharamond*, corrigée du temps de *Clovis*, & rectifiée sous *Théodebert*.

Doute sur les rédacteurs de la loi salique.

Ces Barbares ne savaient ni lire, ni écrire dans leur propre langue, qui n'avait pas même de caractère; à quoi leur aurait servi un code? Ils ignoraient le latin, *Clovis* ne le savait pas; plusieurs de ses fils l'ignoraient. *Childebert*, son troisième fils, est le premier roi des Francs qui ait appris cette langue. Comment donc cette loi aurait-elle été écrite en latin du temps de *Pharamond* & corrigée du temps de *Clovis*, toujours pour des gens qui ne pouvaient ni la lire, ni l'entendre?

Elle commence par un faux, par attester qu'elle a été rédigée par quatre hommes; on les nomme, & ces quatre noms sont ceux de quatre villages; c'est à peu près comme si l'on disait que le recueil des ordonnances de nos rois a été rédigé en arabe par quatre notables, Chaillot, Paſſy, Vaugirard & Montmartre.

Il eſt curieux de voir la peine que ſe donnent les érudits pour concilier ces bévues. Il reſterait à dire, que ces quatre hommes étaient quatre ſeigneurs qui portaient des noms de terre, ou quatre payſans qui avaient pris le nom de leurs villages. Mais cet uſage de vanité pour les uns, de baſſeſſe pour les autres, n'exiſtait pas encore.

On y trouve des loix conformes au chriſtianiſme; & dans le temps où l'on ſuppoſe que cette loi a été rédigée, aucun eccléſiaſtique chrétien n'était admis dans cette aſſemblée toute païenne. Auſſi convient-on généralement que ces loix y ont été inſérées long temps après.

Quand on connaît bien l'hiſtoire de ces temps de crimes & de fraudes, on eſt tenté de croire que les loix ſaliques, bavaroiſes, allemandes, ont été recueillies au haſard par des moines, à qui il importait de connaître ces coutumes, ne fût-ce que pour confeſſer ces Barbares, & pour juger ces nouveaux chrétiens, qui ſouvent les prenaient pour arbitres dans leurs querelles.

Nous avons une fi prodigieufe quantité de faux actes de tous genres, de fauffes chartres attribuées à des rois & fabriquées par des moines qui, feuls fachant lire & écrire, avaient befoin de ces actes, que je ne ferais pas furpris qu'ils euffent fuppofé ces préambules, où l'on prend le nom de quatre bourgades pour des noms d'hommes, & où l'on affure que ces loix ont été rédigées folemnellement en préfence des rois.

Quoi qu'il en foit ce code exifte, & il offre le tableau fidèle des mœurs des anciens Francs.

Loix faliques ou loix de la horde des Francs qu'on appelait Saliens.

La première loi de ce code traite du vol des cochons, les fuivantes concernent celui des veaux, des vaches, des taureaux, des brebis, des chèvres, des chiens. C'eft abfolument un code de bouviers, conforme aux occupations des Nomades. Ce qu'on y trouve enfuite fur le vol des fruits, ne fut imaginé que depuis leur établiffement dans les Gaules, & leur mélange avec un peuple agricole.

On y trouve tous les crimes que nous connaiffons, & quelques autres que nous ne connaiffons pas : comme celui de couper les mamelles des femmes, de mutiler des hommes dans différentes parties de leur corps. Tous ceux de la lubricité y sont détaillés avec un soin qui prouve que ces Barbares étaient aussi impudiques que féroces.

Tous les crimes y sont expiés à prix d'argent. Ce code n'est qu'une taxe pour acheter des absolutions. Taxe qui devait inspirer aux jeunes gens le desir d'acquérir des richesses, afin de pouvoir se livrer sans réserve à toutes leurs passions.

Cette loi ne suppose jamais qu'un homme libre soit pauvre, & n'ait pas de quoi payer les amendes qu'elle impose, & qui sont quelquefois assez fortes. Elle n'admet le défaut d'argent que pour les esclaves, & elle punit leurs crimes, tantôt par la bastonnade, tantôt par la perte de la virilité (*castretur*).

Dans les forêts de la Germanie, où l'on ne pouvait emprisonner personne, où tout coupable pouvait fuir, où plusieurs coupables pouvaient se réunir & combattre la horde, ou tuer le chef de la horde, il avait fallu composer avec le criminel, & prévenir les vengeances en forçant l'offensé à recevoir un dédommagement de l'offenseur, la famille de l'homme assassiné à en accepter un de l'auteur du meurtre. Ce dédommagement

gement consistait en quelques pièces de bétail. Cet usage était fondé en raison. Il cessa de l'être lorsque les Francs établis dans les Gaules y furent sédentaires. Les rédacteurs de ce code, au lieu de bétail, demandèrent de l'argent, parce que les Francs en avaient pillé, & que leurs chefs, leurs roitelets en desiraient. On leur donna une petite part des amendes.

J'ignore toujours quels étaient ces rédacteurs, si c'était les *roitelets*, les moines, les évêques, ou l'assemblée générale.

Inutilité de ces loix.

Mais ce qui m'étonne, & ce qui semble confirmer que ce code est plutôt une compilation de moines, qu'un acte national ou royal, c'est que jamais les rois ne se conforment à cette loi. Ils font mourir par le fer, par la corde, par le feu, par les tortures, quiconque leur paraît coupable. Jamais personne ne réclame la loi; jamais l'assemblée des Francs ne les oblige à s'y conformer : & cependant l'assemblée du clergé, composée de Gaulois, de vaincus, de gens désarmés, réclame toujours les canons des conciles, oblige toujours ces mêmes rois à céder à des loix qu'ils n'ont point faites, qui leur sont étrangères, ils maintiennent leurs immunités & leur liberté. *Prétextat* évêque de Rouen, *Bertrand* évêque de Bordeaux, *Grégoire* évêque de Tours, sont jugés par leurs pairs, par des évêques qui les déclarent innocens; & les plus grands seigneurs, des reines, des fils de rois, sont mis à mort sans forme, sans qu'on objecte la loi, sans qu'on offre l'amende, la compensation qu'elle exige. A quoi donc leur servait l'assemblée générale?

Je vois souvent des généraux d'armée s'enfuir dans des églises pour éviter la mort: particulièrement dans l'église de Saint-Martin de Tours; ils y restent quelquefois très-long-temps, quelques-uns même y furent assassinés malgré la sainteté du lieu, comme le duc *Berulfe*, & jamais aucun d'eux ne forme appel à l'assemblée de la nation.

Lorsque *Gontran* voulut punir quatre généraux qui avaient pillé son propre pays au lieu de combattre les Visigots, ils s'enfuirent dans une église de *Saint-Symphorien*, & n'en sortirent que quand le roi leur eut nommé des évêques pour juges. Ce n'est ni la loi salique, ni l'assemblée qu'ils réclament.

Grégoire de Tours, livre VIII, ch. 30.

Chaque peuple, nous dit-on, était jugé selon sa loi. Les Gaulois, par les loix romaines; les Bourguignons, par la loi Gombète, les Francs, par la loi salique; mais tous ces peuples sont confondus également à la cour des rois, & l'on voit des comtes, des ducs, des généraux gaulois ou bourguignons commander les armées des Francs ou défendre leurs villes & leurs provinces. Tous ont part aux mêmes honneurs, ou sont traités avec les mêmes rigueurs.

Les seigneurs d'Austrasie se montrent seulement plus impatiens du joug, & sont peut-être aussi les plus maltraités.

Ce désordre prouve que les Francs, dans leurs assemblées, n'usaient pas du droit de se défendre, du droit de former leur législation, & de la maintenir : mais il ne prouve pas qu'ils n'avaient point ce droit. Un homme ou un peuple peut être vaincu & enchaîné; mais il a toujours le droit de se défendre & celui d'être libre. Il n'exerce pas son droit, mais il l'a. L'ignorance des Francs, la grossièreté de leurs mœurs, leur présomption, leurs passions, étaient les obstacles qui s'opposaient à leur liberté. Ce sont encore ces mêmes obstacles qui retiennent presque tous les peuples du monde dans l'asservissement.

Des Francs, & de leurs assemblées sous les derniers & les avant-derniers descendans de Clovis.

Changement dans les mœurs.

Les unions licites, & les unions illégitimes, confondaient toutes les races. Les Barbares & leurs enfans s'attachaient moins au sol dont ils méprisaient la culture, qu'à leurs habitations qu'ils avaient rendues faciles à défendre par quelques fortifications, & lucratives par des contributions & des amendes.

C'était une nouvelle situation; elle amena des mœurs nouvelles. Ces grands propriétaires ou *super-propriétaires*, une fois fixés dans un lieu, voulurent résister aux rois, & commander aux faibles habitans des lieux qu'ils regardaient comme leur domaine; c'est-à-dire, comme asservis à leur domination.

Les ravages des Barbares avaient tellement dévasté les Gaules, que *Grégoire* de Tours se plaint qu'on fesait souvent plusieurs lieues, sans trouver une maison, un animal, ni même un arbre.

Toute l'Europe était dans le même état. Les conquêtes sont faciles dans les déserts, c'est ce qui explique pourquoi les Francs firent si facilement des incursions en Germanie & en Italie.

Moins les terres étaient peuplées; plus l'agriculture devenait rare; mais elle avait aussi moins de gens à nourrir. On trouvait plus de lieux qui appartenaient au premier occupant. Moins il y avait d'hommes, de gibier, de culture, plus il fallait envahir de territoire pour avoir quelque revenu, plus chaque puissant voulait usurper celui de son voisin, & plus il abandonnait facilement des landes & des terres incultes à des moines qui desiraient de les défricher.

Les rois donnent des terres à condition qu'on les serve dans leurs guerres

Les rois, pour s'attacher les grands propriétaires, leur donnèrent des terres, seules richesses qu'il y eut alors, à condition qu'ils combattraient pour eux; & ils reprirent ces terres d'abord à volonté. Mais ils ne pouvaient dépouiller un homme de sa terre patrimoniale, que par violence.

Ces terres données à condition de faire le service militaire, ressemblaient à la fois à ces concessions faites par les empereurs romains, aux mêmes conditions, & qu'ils appellaient *bénéfices*; & à celles que fesait l'église à condition de faire le service divin, concession qu'elle appellait & qu'elle appelle encore *bénéfice*.

Ces bénéfices militaires, que tous les rois barbares donnèrent à l'instar des empereurs, qu'ils imitaient tant qu'ils pouvaient, fut en partie l'origine de la vassalité. Le gouvernement féodal n'était pas formé, mais il commençait à jeter des racines.

Ainsi ces guerriers, jadis simples chasseurs, devenus propriétaires d'un lieu fort, *super-propriétaires* des agricoles, attachés aux rois par des bénéfices & par les fonctions de ducs, de comtes, de marquis; noms empruntés des Romains, noms qui n'étaient pas alors de vains titres, mais qui désignaient des emplois militaires, tels que ceux de gouverneurs de province, de ville ou de frontières: ces guerriers jouèrent sur la fin de la première race, un rôle très-différent de celui qu'ils avaient joué sous les fils & les petits-fils de *Clovis*.

Changemens introduits par les évêques.

Les évêques s'étaient déjà immiscés dans toutes les affaires. Ils avaient recueilli adroitement l'argent des peuples, & l'or que les grands prodiguaient après l'avoir pillé. Plusieurs rois de la première race s'en plaignaient. Ils eurent bientôt d'autres plaintes à former. Les évêques donnèrent un aspect tout différent aux assemblées. Ils commencèrent à y introduire une idée des formes & un air de décence, en les rapprochant, autant qu'ils purent, de la forme de leurs conciles.

Changemens introduits par les maires.

Certainement il se fit une grande révolution sous *Clotaire II*. Ce fils de *Frédegonde*, ne put exterminer *Brunehaut* & toute sa race, qu'en promettant au maire d'Austrasie de ne le jamais destituer. A cette condition, ce maire trahit sa reine & lui livra son pays. Les maires de Neustrie & de Bourgogne demandèrent & obtinrent la même grace. C'est ce qui a fait dire à *Montesquieu*, qu'à cette époque les maires du roi devinrent ceux de la nation. Cette expression, cette grande idée n'était guère dans l'esprit de ces temps d'ignorance ; aucun auteur contemporain ne l'emploie, & l'histoire ne les représente pas comme les agens de la nation. En effet, qu'aurait-elle gagné à se donner un autre roi sous le nom de maire ? Ce ne pouvait être la *volonté générale*, ce ne pouvait être que celle de la faction des maires. Mais jamais assemblée ne porta une telle loi.

Les évêques étaient inamovibles, les maires voulurent l'être; les ducs, les comtes, les marquis prétendirent aussi à le devenir.

Il semble qu'alors il y ait eu trois peuples réunis sous un roi, & divisés chacun sous un maire; savoir : les Austrasiens, les Neustriens, les Bourguignons : noms qui montrent que déjà les Gaulois & les Francs se confondaient ensemble; qu'on commençait à prendre le nom de son pays, plutôt que celui de sa horde.

Dès que les assemblées se composèrent d'évêques & de seigneurs, elles essayèrent d'empêcher les rois de commettre des crimes & de se conduire au gré de leurs caprices.

Concile de Paris, 615. *præceptions* ou lettres d'iniquité défendues.

Le concile de Paris en 615, composé de prélats, de ducs & de comtes, engage les rois & leurs agens à ne plus donner de *præceptions*. Ces *præceptions* étaient des lettres d'iniquité, données au nom du roi, & qui autorisaient ceux qui les recevaient à commettre des actes de violence, soit à envahir des successions, soit à enlever des filles, ſoit à les marier malgré leurs parens. Le concile n'oſe pas les interdire entièrement. Il demande ſeulement que le roi n'en donne pas indifféremment dans tous les cas.

Il demande auſſi qu'à l'avenir perſonne, ni l'eſclave, ni l'homme libre, *neque ingenuus, neque ſervus*, ne puiſſe être mis à mort ſans avoir été entendu.

Mais cette aſſemblée, compoſée d'hommes très-ignorans, n'ayant pas ſongé à fixer le temps ni le lieu de ſa convocation, comme les Romains l'avaient fait, ne produiſit aucun bien. Elle ne conçut pas que, pour empêcher les abus dont elle ſe plaignait, il fallait au moins que dans l'intervalle d'une aſſemblée à l'autre, il y eût quelqu'autorité qui pût veiller au maintien de la loi, ou plutôt qu'elle devait y veiller elle-même s'aſſemblant fréquemment, & dans un lieu qui lui fût commode à elle, & non aux chefs qui voulaient la dominer. Mais perſonne, n'ayant alors l'idée d'une conſtitution politique, ne connaiſſait ni les puiſſances qui la compoſent, ni l'utilité du *veto*, ni la néceſſité du tribunat; de ce régulateur qui doit maintenir en équilibre toutes les parties de la machine politique. L'assemblée finie, tout rentrait dans le désordre, la loi demeurait oubliée au fond des cloîtres, entre les mains des ecclésiastiques, qui seuls savaient lire & qui seuls l'avaient fait écrire.

Assemblée de Bonneuil, 617. L'assemblée de Bonneuil-sur-Marne, si célèbre pour avoir refusé à *Clotaire* de destituer *Garnier*, maire de Bourgogne, n'était pas une assemblée générale des Francs ou des Bourguignons. Il y avait des seigneurs de ces deux peuples, & beaucoup d'évêques tous gaulois.

Bien loin que les Francs cherchassent à faire un Etat, une seule nation, ils n'avaient pas même l'idée de cette unité. Les Austrasiens parmi lesquels se trouvaient confondus les Francs Ripuaires, voulurent absolument avoir un roi particulier, & ils forcèrent *Clotaire* à leur donner un de ses fils.

Assassinats. Ces restrictions, mises au hasard, à la puissance du roi, n'empêchèrent pas *Clotaire* de faire assassiner le fils de *Garnier*, & un autre seigneur appellé *Boson*.

Usurpations. A peine *Clotaire II* est-il mort, que son fils *Dagobert*, roi d'Austrasie, s'empare de tous ses Etats en dépouillant son frère

Aribert. Il ordonne à trois ſeigneurs d'en maſſacrer un autre appellé *Brunulfe*, qui avait oſé lui parler pour ſon frère ; & ces trois ſeigneurs le tuent ſans difficulté.

On ne voit pas trop que ces aſſemblées, ces *placita*, ces conciles, euſſent quelque influence légale ſur les rois. Mais on voit très-bien que les maires du palais, rendus inamovibles, devenaient tout-puiſſans, que leur parti dominait par-tout.

Les fils des maires prétendirent que cette charge était héréditaire. A la mort de *Pepin-le-vieux*, maire d'Auſtraſie, *Grimoald* ſon fils s'empara de ſa place. *Othon* la lui diſputa par les armes, pendant trois ans. *Sigebert III*, qui portait alors le nom de roi d'Auſtraſie, n'était qu'un enfant, il ne pouvait juger entre les deux maires : ce ne fut pas une aſſemblée, ce fut un duc des Allemands qui décida la queſtion en aſſaſſinant *Othon*. Quinze ou dix-huit ans après, *Sigebert* mourut. *Grimoald* dépoſa le fils de ce roi, & couronna le ſien, en diſant que *Sigebert* l'avait adopté.

Si c'eſt une élection, pourquoi alléguait-il ce prétexte qui ne pouvait que lui nuire en feſant conteſter ſon droit ? Si ce n'eſt pas une élection, comment l'assemblée souffre t-elle qu'on chasse le sang de *Clovis*, des Mérovingiens, de cette famille qui avait seule le pouvoir de fournir des rois aux Francs ? Si c'est une usurpation, tout s'explique. Il est évident que la nation n'avait nulle puissance, que les assemblées n'étaient que des factions, sans aucun principe légal.

Clovis II, roi de Neustrie, défendit les droits de sa famille ; il fit prisonnier *Grimoald* & son fils. Les historiens qui nous ont transmis ces faits, accoutumés à voir chacun céder au plus fort, sans que jamais on allègue des droits, ou des loix, ne daignent pas seulement nous informer de ce que devinrent ces deux usurpateurs ; mais ils nous apprennent que *Clovis*, maître de l'Austrasie, ne la rendit pas à son neveu, il la garda pour lui.

Quand il mourut, le maire *Erchinoald*, au lieu de suivre l'usage en partageant l'Etat aux trois fils de ce monarque, n'en fait couronner qu'un. Les Austrasiens, qui voulaient toujours faire un royaume séparé, obligent ce maire à leur donner pour roi le second fils de *Clovis*, & ils oublient le malheureux fils de *Sigebert*. Le troisième fils de *Clovis* reste aussi oublié dans un cloître.

Après ce règne, sous la fin de cette race, les ducs, les comtes, les évêques, les *Optimates*, comme disent les historiens & les actes du temps, forment assez fréquemment, non pas une assemblée, mais des assemblées, des partis, des factions. Quelques seigneurs dans une minorité assassinent l'évêque *Sigebrand*, qui avait la confiance de la reine *Batilde*, & ils contraignent cette reine à s'enfermer dans un cloître.

Le maire *Ebrouin* défend aux *Optimates* de se rendre sans ordre auprès de leur roi; *Saint-Léger*, évêque d'Autun, assemble quelques *Optimates*, arme le roi d'Austrasie contre son frère le roi de Neustrie.

Saint-Léger veut empêcher, par une loi, que les enfans, à la mort de leurs peres, ne s'emparent de leurs emplois.

Ce *Saint-Léger*, vainqueur d'*Ebrouin*, occupant la place de maire du palais, fit une ordonnance mémorable, il défendit aux enfans de succéder à leurs pères dans les grands emplois.

Les ducs, les comtes, les marquis, c'est-à-dire les gouverneurs des provinces, des villes & des frontières, par un sentiment très-naturel, mais opposé à toute constitution politique, transmettaient leurs gouvernemens à leurs fils comme une hérédité,

& les fils s'y maintenaient par force, malgré les maires, qui eux-mêmes s'étaient rendus inamovibles, malgré les rois.

La loi que fit *Saint-Léger* eût été certainement le vœu de la nation, si elle avait été portée par une assemblée véritablement nationale. L'auteur du Contrat social enseigne à distinguer parfaitement la *volonté générale*, de la volonté du plus fort parti, quand il dit que la *volonté générale* tend toujours à l'égalité des droits; & *que les volontés particulières*, soit d'hommes, soit de corps, tendent toujours à des préférences, à des priviléges.

On peut apprécier, d'après cette règle, toutes les assemblées qui se tinrent sous la fin de la première race.

Les emplois deviennent héréditaires malgré la loi.

Malgré la loi de *Saint-Léger*, les dignités, c'est-à-dire les emplois, devinrent héréditaires. Tout grand propriétaire, ou *superpropriétaire*, s'empara, dans ses domaines, de tous les droits de la souveraineté qu'il put prendre : comme le droit de juger, de condamner à mort, d'imposer des taxes, de lever des troupes, de faire la paix & la guerre. Il n'y eut plus d'unité dans le gouvernement, par conséquent plus d'Etat. Le royaume fut déchiré par une multitude de petites puissances, de petits chefs presque indépendans, ayant à leur tête deux *super-chefs ;* l'un sous le nom de maire, qui avait peu d'autorité ; l'autre sous le nom de roi, qui n'en avait presqu'aucune.

Nous avons vu combien les comices avaient développé les talens des Romains, avec quelle célérité ils avaient éclairé les esprits, & amené l'égalité des droits entre les citoyens.

Les comices de Rome & les assemblées des Francs ne produisent pas les mêmes effets.

Chez les Francs, c'est tout le contraire : aucun talent ne se montre ; les crimes n'ont aucun frein ; l'ignorance augmente de siècle en siècle ; l'autorité des rois s'anéantit, sans que la liberté de la nation augmente ; l'égalité primitive se perd ; la servitude s'étend sans cesse, & par les oppressions des seigneurs, & par l'usage de réduire les captifs à l'esclavage, & par celui d'enlever & de rendre esclaves les habitans des pays qu'on ravage.

L'Etat, qui dans les bois de la Germanie semblait avoir été une espèce de démocratie militaire, qui sous *Clovis* fut une monarchie fort arbitraire, qui sous ses fils se partagea entre plusieurs monarchies tout aussi arbitraires, devint à la fin de cette race, non pas une ariſtocratie, mais une oligarchie, dont les membres épars ſur le territoire, & cantonnés dans des forts, ne s'aſſemblaient que par factions & ne ſe feſaient obéir que par le glaive.

En employant ces termes, je ne prétends parler que du fait, & non pas du droit. Il y á beaucoup de monarchies arbitraires en Aſie & ailleurs; aucune ne le fut jamais par la loi. Il y a beaucoup d'ordonnances de princes, leſquelles donnent tout aux princes. Mais ce fait ne détruit pas cette queſtion de droit : *Peut-on ſe donner quelque choſe à ſoi-même? peut-on faire ſoi-même une loi en ſa propre faveur?*

Quand pluſieurs hommes, en état de nature, s'aſſemblent pour former un nouveau corps politique, ils ne ſe donnent rien à eux-mêmes : ils renoncent au contraire, par le pacte ſocial qui les lie enſemble, à une partie de leur indépendance pour ſe ſecourir mutuellement.

C'eſt un ſacrifice, un don que chaque particulier fait de ſes droits au tout pour en être protégé : mais aucun ne ſe donne rien à ſoi-même. Ce pacte eſt le type de tous les autres, ſur-tout des loix. Il implique qu'on qu'on ſe donne à ſoi-même. Agir ainſi, c'eſt prendre.

Des Francs ſous les premiers princes de la ſeconde race.

La ſouveraineté étant ainſi diviſée entre une multitude de ſeigneurs, qui ne connaiſſaient plus l'autorité du roi & qui conteſtaient celle du maire, l'Etat ſe trouva au *maximum* de ſa faibleſſe. Les Francs depuis long-temps ne feſaient plus de conquêtes, ils ne purent réſiſter dès qu'on les attaqua.

Pepin d'Heriſtal s'empare de la puiſſance des deſcendans de Clovis & les tient priſonniers.

Pepin d'Heriſtal, maire d'Auſtraſie, battit le maire de Neuſtrie, enferma le roi dans le château de Momaque, & força tous les ſeigneurs de Neuſtrie, de Bourgogne & d'Auſtraſie à lui obéir. A la mort d'un roi il en nommait un autre, tenait rarement des aſſemblées, qui, ſi elles euſſent été libres, auraient été moins tranquilles, il y préſentait des rois qu'on mépriſait trop pour qu'ils lui paruſſent dangereux. Ce mépris lui épargna la néceſſité de s'en défaire.

Il réuniſſait la fermeté à la modération: ſon gouvernement fut ſage, ſi on le compare à celui de ſes prédéceſſeurs. Les Francs furent plus heureux, ou plutôt ils furent moins malheureux ſous ſon adminiſtration que ſous celle d'aucun des princes de la race Mérovingienne. Cette ſageſſe contribua beaucoup à ſes ſuccès.

Charles Martel, ſon fils, en fit autant.

Il mourut. Un de ſes fils battit ſi bien tous ceux qui lui diſputèrent l'autorité qu'il en fut ſurnommé *Martel*.

Mais tandis qu'il battait les ſeigneurs du nord de la Gaule, les Arabes battaient ceux du midi. *Martel* qui, avec ſes Auſtraſiens, avait défait les Neuſtriens & les Bourguignons un peu moins ſeptentrionaux, défit avec une armée compoſée de ces trois nations, ce peuple méridional qui graviſſait vers le Nord. Il ſauva de leur joug la Gaule & le chriſtianiſme.

Il poſſédait le génie & la ſageſſe de ſon père. Son père avait tenu peu d'aſſemblées, il n'en tint point. On ceſſa même de convoquer des conciles, tant le goût de ces aſſemblées, juſqu'alors funeſtes ou inutiles, avait paſſé de mode, ſous la domination de deux princes ſages, ou du moins plus ſages que les rois qui les avaient précédés.

Charles Martel introduiſit deux nouveaux

usages : l'un de se faire prêter serment de fidélité par ceux auxquels il conférait des bénéfices ; car n'étant pas roi, il avait besoin d'un tel serment. Les bénéficiers prirent alors le titre de vassaux, domestiques, vraisemblablement parce que tous les officiers domestiques de *Charles* étaient bénéficiers.

Du Cange au mot VASSUS.

L'autre usage qu'il introduisit fut de donner les bénéfices ecclésiastiques à des militaires, à des seigneurs, à des femmes. Cet usage concourut beaucoup à rendre le clergé guerrier, à engager les évêques à se considérer comme des seigneurs, & à conduire à l'armée les troupes de leurs diocèses ou de leurs abbayes.

Charles devint tellement le maître, qu'à la mort de *Thierri IV*, il cessa de donner le titre de roi à aucun prince de la famille des Mérovingiens ; & sans prendre ce nom qui lui était inutile, sans verser le sang royal, il laissa cette famille se confondre insensiblement avec les autres, & tomber dans un entier oubli. Il gouverna sans aucun titre l'Etat, qu'il avait sauvé par sa valeur, & soumis par ses talens.

Charles Martel partage le royaume à ses trois fils.

Il se crut si bien le souverain, qu'en mourant il assembla dans sa maison de campagne à Verberie, près de Compiègne, quelques évêques & quelques chefs de son parti, que *Frédegaire* appelle ses *optimates*, (*concilio optimatum suorum.*) Et, selon leur avis, il partagea toutes les possessions des Francs à ses trois fils, donnant à *Carloman*, son aîné, l'Austrasie, province qui depuis long-temps fesait la loi aux autres; à son second, *Pepin le-bref*, la Neustrasie avec la Bourgogne; & à son troisième, *Grifon*, né d'un second lit, un Etat si petit que l'histoire ne lui donne pas de nom. On ne pouvait disposer de tant de peuples & de ducs avec moins de cérémonie.

Si l'on avait eu alors l'idée d'une législation, *d'une assemblee nationale*, d'une constitution politique, jamais *Charles Martel* n'eût cru que quelques seigneurs, dans une maison de plaisance, eussent eu le droit de disposer de la monarchie. Mais il le crut, parce que cette assemblée ressemblait à toutes celles qu'on avait tenues depuis la cessation des assemblées du mois de mars; c'est à dire, depuis que les Francs nomades étaient devenus seigneurs de châteaux.

Cont Fred. part. III.

Des assemblées sous Pepin-le-Bref.

LES deux fils aînés de *Charles Martel* commencèrent par dépouiller leur frère *Grifon* & par l'enfermer dans un cloître, ils mirent sa mère, veuve de leur père, dans un autre. Querelles des fils de *Pepin.*

Ils défirent le duc d'Aquitaine que leur père avait battu autrefois, ils le forcèrent à leur rendre hommage, & intimidèrent par sa défaite tous les autres seigneurs.

Cependant, moins affermis que leur père, & se craignant peut-être l'un l'autre, ils cherchèrent d'autres appuis que leurs armes. *Pepin* choisit un homme dans la famille des Mérovingiens ; & comme s'il en avait eu le droit, il le couronna, mais il ne le fit roi que de nom; il garda toute l'autorité, il obligea les seigneurs de Neustrie & de Bourgogne à reconnaître ce fantôme. *Carloman* son frère, duc d'Austrasie, ne voulut pas l'avouer pour son roi; mais presqu'en même temps il convoqua un synode, on ne sait où, & un concile à *Leptines* ; on n'en avait pas tenu depuis plus de cinquante ans. 742 ou 743.

Dans les actes de l'un & de l'autre il s'exprime en maître, *optimatum meorum*, mes optimates, *meo regno*, mon royaume, dit-il, & dans ce concile il flatte le clergé, il propose aux seigneurs de restituer ce qu'ils ont usurpé sous son père : & l'on ne restitue rien.

Pepin flattait aussi le clergé, mais le résultat de leur respect pour lui fut fort différent. *Carloman* abdiqua sa puissance, & alla se faire moine dans un monastère en Italie. *Pepin*, auquel il recommanda sa femme & ses enfans, ne manqua pas de les mettre dans un cloître, ensuite il s'arrangea pour mettre aussi parmi des moines ce *Childeric III*, qu'il avait fait sortir d'un couvent pour en faire un fantôme couronné.

Pepin se fait donner, par le pape, le titre de roi.

Sentant bien qu'il ne pouvait se donner à lui-même le titre de roi, & voulant paraître ne le pas usurper, il se le fait donner par le pape, & se fait oindre dans Soissons avec le plus grand appareil, par un aventurier anglais, qui de moine devenu évêque, avait pris le nom romain de *Bonifacius*, & converti beaucoup de Germains avec des soldats.

L'abbé de *Mably* dit que la nation conſulta le pape, le père *le Comte* dit que le pape aurait fait une injuſtice en donnant à *Pepin* cette couronne qui ne lui appartenait pas.

Le pape fit cette injuſtice : mais la nation conſulta-t-elle le pape? Je n'en connais aucune preuve. L'abbé de *Mably* ne cite aucun paſſage pour prouver cette aſſertion.

Si la nation eût conſulté le pape, elle eût agi en corps, bientôt elle eût connu ſes droits, & la déciſion du pape lui eut peu importé. Ce fut tout le contraire.

La ſouveraineté était démembrée, chacun en avait uſurpé ce qu'il avait pu. Les ducs d'Aquitaine, de Gaſcogne, de Bretagne, de Friſe, de Bavière, ſe regardaient comme ſouverains chez eux, prêtaient hommage à *Pepin* comme au plus puiſſant, & ſe feſaient prêter hommage par leurs vaſſaux, qui à leur tour uſurpaient dans leurs châtels tous les droits de la ſouveraineté auxquels ils pouvaient atteindre.

Le clergé ſeul ſavait lire, & jouiſſait comme ſeigneurs & comme prêtres d'une double autorité. Plus les temps ſont malheureux, plus les eccléſiaſtiques ſont puiſſans. Le peuple ſe livre d'autant plus à la ſuperſtition, qu'il eſt plus opprimé & plus ſouffrant : ſans juſtice & ſans ſecours ſur la terre, il s'adreſſe au ciel; ſa piété comme celle des matelots, à peu près nulle dans la proſpérité, ne ſe développe que pendant l'orage, s'accroît avec le danger, & redouble quand le naufrage paraît infaillible.

Pepin, dont le clergé aſſurait que le père était damné, chercha à complaire au clergé, & ſe croyait ſi peu roi par le conſentement de la nation, qu'il ſe feſait couronner à chaque grande fête.

Influence du clergé.

Il me paraît que le clergé fit beaucoup plus qu'on ne croit ſous ſon règne; & ſur-tout qu'il domina dans toutes les aſſemblées. Celle de Verberie eſt célebre. On y régla bien plus les péchés que les affaires : on y impoſa des peines contre l'adultère, l'inceſte, le concubinage & autres délits, qui ſont plus du reſſort des tribunaux ou des conciles, que de celui d'une aſſemblée nationale. Or, dans ces réglemens ſont tous ces objets tellement confondus, que dans ces derniers temps, lorſqu'on a recueilli nos antiquités, les légiſtes ont placé ces actes parmi les capitulaires de nos rois, & les auteurs eccléſiaſtiques, parmi les canons des conciles. Les contemporains n'auraient ſu dans quel claſſe les ranger. Mais il eſt facile d'y reconnaître l'ouvrage du clergé. *Pepin* en le flattant, eſpérait de ſoumettre mieux les ſeigneurs : car la guerre n'engendre que la guerre ; l'ordre s'introduit par la règle & non par l'épée. La règle alors n'était connue que du corps eccléſiaſtique.

Le pape *Etienne III*, vient à Paris.

Quand le pape *Etienne III*, opprimé par les rois lombards, vint chercher du ſecours à Paris, *Pepin* ne manqua pas de ſe faire oindre de nouveau par ce pontife, lui, ſa femme & ſes deux fils. Ce pape les déclara tous trois rois des Francs & patrices de Rome. Il exhorta les ſeigneurs à leur être fidèles, & déclara excommunié quiconque à l'avenir élirait un roi dans une autre race.

Une nation éclairée & libre, qui aurait joui de la ſouveraineté, n'eût pas ſouffert que le pape limitât ainſi ſes droits. Il s'agiſſait donc de faire croire à des ignorans, que le clergé, & ſur-tout le pape, pouvait faire des rois, & que *Pepin* était légitimement roi.

Or, toutes les places eccléſiaſtiques étaient électives. Elles étaient les ſeules qui le fussent. Il eût été étrange que ces seigneurs qui avaient rendu toutes leurs places héréditaires, & même la mairie, eussent voulu que la royauté seule ne le fût pas.

Il eût été plus étrange que *Pepin*, qui sous le nom de maire jouissait d'une toute-puissance héréditaire, l'eût échangée contre une royauté qui ne l'eût point été. Il unit au contraire la royauté à la mairie, parce que les enfans des rois avaient toujours succédé à leur pere.

Mais alors les ecclésiastiques avaient la prépondérance dans les assemblées : ils en formaient certainement les avis, comme ils les ont formés jusqu'à nos jours, dans presque toutes les assemblées où ils ont été admis.

Ils savaient seuls écrire, ils rédigeaient seuls les actes des assemblées. Ils y portèrent leur esprit. On ne put les contrarier, puisqu'on ne pouvait lire ce qu'ils écrivaient. Ils se donnèrent à eux-mêmes le premier rang, en inscrivant toujours le nom des évêques avant celui des *optimates*; on ne s'en apperçut pas.

Ils y portèrent, avec leur esprit, beaucoup d'expressions & de formules qui leur étaient particulières. Vous y voyez toujours la forme des actes des conciles, toujours les ſimples péchés confondus avec les délits & les occupant au milieu des affaires. Ils plièrent tellement les aſſemblées à leurs uſages, qu'ils donnèrent à leurs règlemens non le titre de loix, mais celui de *capitulaires*, qui ne convient qu'à des actes faits dans des chapitres de moines.

Ce ne fut pas un mal. Le clergé avait plus de lumières, & la gravité de ſes fonctions lui impoſait un peu plus de décence, que les ſeigneurs n'en mettaient dans leur conduite; quoi qu'à dire vrai, les uns & les autres en euſſent alors fort peu. *Pepin* ſe ſervit efficacement du clergé pour s'affermir.

Charles Martel avait négligé les aſſemblées; *Pepin* les multiplia beaucoup, ſoit pour complaire au clergé, ſoit qu'il penſât que pour maintenir la paix entre tant de ſeigneurs diviſés entr'eux, il fallait les réunir ſouvent & leur apprendre à ſe connaître & à ſe reſpecter. Il ne pouvait les appeller à ſa cour, car il n'y avait pas alors de cour; mais il les appella dans ſon camp, & il les ramena dans cette Italie où leurs pères avaient commis tant d'inutiles ravages ſous la race des Mérovingiens.

Il tomba malade en combattant le duc d'Aquitaine qui ne pouvait endurer le titre de ſon vaſſal.

Pepin fait élire ſes fils.

La fréquence des aſſemblées les rendit plus importantes. L'auteur des annales de Metz, dit que *Pepin* appella près de lui ſes *optimates, les ducs & comtes des Français, les évêques & les prêtres : & que par le conſentement des principaux & par le droit paternel, il diviſa le royaume également entre ſes deux fils Charles & Carloman.* (1)

Eginard dit dans ſes annales, que ces deux princes furent créés rois par le conſentement de tous les Français. *Conſenſu omnium Francorum reges creati :* & il dit dans ſon hiſtoire de *Charlemagne*, que les Français ayant formé une aſſemblée générale, *Franci facto ſolemniter generali conventu ambos ſibi reges conſtituunt*, ces deux princes furent faits rois.

---

(1) *Omnes optimates ſuos duces & comites Francorum epiſcopos quoque ac ſacerdotes ad ſe venire præcipit. Ibique una cum conſenſu procerum ſuorum æquali ſorte inter duos filios Karolum & Karlomannum regnum Francorum, paterno jure diviſit.* Annal. *Metenſ.* Ann. 768.

Ces expressions sont précises & formelles. Ils sont créés rois, ils le sont *par le consentement de tous les Francais*, ils le sont *dans une assemblee générale*. Cette assemblée est composée des *optimates*, c'est-à-dire *des ducs, des comtes françois, des évêques & des prêtres*.

Ces passages ont été écrits par des auteurs contemporains, par *Eginard*, qui passa sa vie avec *Charlemagne* dont il était le secrétaire : ils ont été écrits dans un temps où les Francs, les Bourguignons, les Visigoths, les Gaulois, les Frisons, les Allemands, les Bavarois, réunis sous un roi, avaient chacun leurs loix, leurs mœurs, leur manière de se vêtir, leurs usages particuliers, & ne voulaient pas se confondre les uns avec les autres. Les Gascons, les Aquitains, les Bretons, chacun sous leurs ducs, prétendaient faire aussi des nations particulières. C'était dix peuples différens : c'est à peu près ainsi que les Grecs, les Egyptiens, les Syriens, les Arméniens, les Juifs, les Moldaves, & vingt autres peuples, sont soumis aux Turcs, sans suivre leurs loix, leurs mœurs, leurs coutumes, sans porter le même vêtement; c'est ainsi qu'ils habitent dans Conſtantinople ſans avoir rien de commun avec eux, ni entr'eux, ſans vouloir ſe meler ou ſe confondre enſemble, ſans former une nation, & par conſéquent ſans avoir de liberté. Or, des dix peuples contenus dans les Gaules, il n'y a que le peuple franc qui s'aſſemble & qui crée les rois qui doivent régner ſur lui & ſur les neuf autres qu'il a vaincus. Le peuple franc ſemble avoir repris le droit dont il avait joui dans les aſſemblées du mois de mars avant *Clovis*. Mais il était trop ignorant pour connaître ſon droit.

L'auteur des annales de Metz en détaillant ceux qui compoſaient l'aſſemblée, ſépare les ducs & les comtes français, des évêques & des prêtres. En effet, les évêques & les prêtres étaient des Gaulois & non pas des Francs. C'eſt pourquoi il ne les nomme qu'après les ducs & les comtes, quoique lui-même il fût un prêtre; & l'ordre dans lequel il les place, doit faire augurer qu'on ne donnait pas encore le premier rang au clergé.

Il n'y avait dans toute l'étendue des Gaules que cent-onze évêques, ſous dix-ſept métropolitains. Les ducs étaient moins nombreux, je crois, que les métropolitains; les comtes pouvaient l'être un peu plus que les évêques. Mais si l'on se borne aux seuls Français, ils l'étaient infiniment moins. Tous les ecclésiastiques attachés aux ducs & aux comtes qui n'étaient pas Français, n'entraient point dans ces assemblées, de sorte que la plus générale ne pouvait être composée que d'un petit nombre de personnes.

C'est pourquoi ces assemblées se tenaient facilement, & se convoquaient indifféremment dans un lieu ou dans un autre. C'est pourquoi en décidant peut-être de tout, elles n'en imposaient ni aux peuples, ni aux rois, ni aux écrivains, qui tous ont paru y attacher peu d'importance, puisque les historiens ne sont entrés dans aucun détail sur la manière dont elles se formaient, sur les gens qui possédaient le privilége d'y entrer, sur les droits qu'elle avait, sur les débats qui ont dû s'y élever, si elle jouissait de quelque liberté.

L'abbé de *Mably* se plaint sans cesse dans ses *observations* de la légèreté des Français, de leur indifférence à se rendre dans leurs assemblées: s'ils en eussent retiré de grands avantages, ils n'eussent pas eu cette indifférence.

Plus une assemblée se rapproche par le nombre de ses membres, du nombre des habitans du territoire, plus elle est considérée, plus elle s'en éloigne, moins elle est attachante. Si le nombre en diffère excessivement, ce n'est plus, sous un grand nom, qu'un simple conseil. Ce conseil peut être le maître, le souverain, le despote; mais il n'est plus la chose publique.

Des assemblées sous Charlemagne.

Ce prince avait du goût pour les grandes assemblées; il aimait à représenter, il savait se montrer au milieu des peuples, comme au milieu des soldats. Il connaissait son ascendant, & se sentait né pour dominer par-tout.

Capitul. de 769. Il ne négligea aucune occasion de réunir la foule autour de lui. Il ordonna que les assemblées se tinssent régulièrement deux fois par an; une fois au printemps, une autre fois en automne, & il exigea que chacun s'y rendît exactement.

Mais

Mais comme elles ne ſe tenaient pas dans un lieu fixe, que ſes guerres continuelles l'obligèrent d'en convoquer dans ſon camp, & quelquefois au fond de la Saxe; qu'on voyageait alors très-difficilement, il était preſqu'impoſſible qu'on y vînt de toutes les parties de la Gaule; ces longs & fréquens voyages auraient coûté beaucoup au roi, ou au peuple; ni l'un ni l'autre n'avaient aſſez de numéraire pour les payer.

Monteſquieu prétend que ſous *Charlemagne* les aſſemblées n'étaient compoſées que des *optimates* & des évêques. L'abbé de *Mably*, d'après un capitulaire qui ordonne aux comtes d'amener chacun douze ſcabins, croit que le tiers-état y aſſiſtait auſſi, & il ne doute pas que ces ſcabins ne fuſſent des députés choiſis par les hommes libres de toutes les provinces.

Opinion de *Monteſquieu* & de *Mably* ſur les aſſemblées convoquées par *Charlemagne*

Malheureuſement l'opinion de *Monteſquieu* eſt bien plus conforme aux mœurs, aux événemens, aux préjugés du huitième ſiècle, que celle de l'abbé de *Mably* qui cherchait par-tout des formes républicaines. Toutes les coutumes, du temps de *Charlemagne*, tendaient fortement à détruire l'égalité entre les hommes; l'échelle féodale ſe formait ; il n'y avait plus d'égalité même entre les nobles ; il n'était plus permis d'être libre, ſans être vaſſal. Les habitans des villes, ſoumis à des comtes, ne fesaient plus un corps. Les ſcabins pouvaient ſervir d'aſſeſſeurs aux comtes, mais ne pouvaient guère voter contre leur opinion.

Si le tiers-état, pour me ſervir d'une expreſſion non-ſeulement inuſitée alors, mais qui eût été inintelligible au ſiècle de *Charlemagne*, ſi le tiers-état, dis-je, eût aſſiſté avec quelque liberté dans ces aſſemblées, il y eût joué un grand rôle. Déjà les *optimates* & les évêques formaient deux partis oppoſés & jaloux l'un de l'autre, chaque parti eût cherché à ſe fortifier, en attirant à ſoi le tiers-état. Il eût acquis alors une conſidération, dont *Charlemagne* eût ſenti l'avantage, & qui ſe ſerait accrue ſous les faibles deſcendans de ce prince. Or, c'eſt ce qui n'arriva point. Ainſi, malgré l'ordre donné une fois aux comtes d'amener des ſcabins, il faut en revenir à l'opinion de *Monteſquieu*.

Cependant il paraît avéré par les capitulaires, que *Charlemagne* ne croyait pas qu'on dût gouverner les hommes ſans les consulter, & qu'il assemblait tous ceux que ses loix pouvaient intéresser.

Les peuples de l'Europe n'étaient pas ce qu'ils sont aujourd'hui. Point de commerce, point de richesses numéraires, point de sciences, point de beaux-arts. Les simples particuliers ne pouvaient se distinguer par leurs talens, par leur savoir, par des connaissances qui missent en quelque sorte les grands dans la dépendance de l'homme industrieux, & qui, dans l'opinion publique, élevassent l'homme de génie au-dessus du grand sans capacité.

Le peuple n'était pas alors ce qu'il est aujourd'hui.

Les habitans des villes n'étaient que des artisans grossiers, ceux de la campagne que des paysans presqu'abrutis.

Quiconque voulait échapper à ces travaux pénibles se fesait moine, ou prêtre, ou brigand. Ce dernier parti conduisait quelquefois à devenir seigneur, comme le premier à devenir évêque. La plupart des seigneurs ne savaient pas écrire; il est fort douteux que *Charlemagne* le sût. La plupart des prêtres ne pouvaient pas lire l'oraison dominicale. Nous avons des capitulaires qui ordonnent qu'on n'en reçoive point qui ne soient assez instruits pour la lire, &

Capit. 789, *art.* 68.

ils ne furent point obſervés. Les Juifs & quelques Arméniens, qu'on appellait Syriens, feſaient tout le commerce dont on ne pouvait ſe paſſer ; & ils étaient en horreur.

Comment avec ces hommes ignorans & groſſiers aurait-on formé un tiers-état ? comment auraient-ils oſé différer d'opinion avec leurs ſeigneurs & leurs évêques contre leſquels ils étaient ſans défenſe ?

Charlemagne ſans doute aurait voulu former un tiers-état ; c'eſt-à-dire, éclairer ſa nation. Il travailla toute ſa vie à répandre des lumières ; mais n'en trouvant que dans le clergé, il crut auſſi que toute la ſcience était compriſe dans la théologie, & il propoſa des études que le peuple ne put goûter, & que les grands continuèrent à mépriſer comme inutiles.

Charlemagne était le ſeigneur-ſuzerain de tous ces ſeigneurs qui avaient des vaſſaux & des arrière-vaſſaux. Le peuple partagé entre tous ces ſeigneurs, ces vaſſaux, ces vavaſſeurs, ces vavaſſins, ne vivait pas ſous la dépendance immédiate du roi. Il y avait ſouvent trois ou quatre ſeigneurs entre le monarque & le ſimple propriétaire. L'uſage obligeait ce propriétaire de faire sa guerre au roi, quand son seigneur le voulait. Comment donc le peuple aurait-il fait corps, & formé une volonté?

Les impôts ne se payaient pas au roi. Chaque seigneur taxait les villes de ses domaines. Le roi vivait du revenu des fiens. Nous avons des capitulaires où *Charlemagne* ordonne de vendre les denrées de ses terres.

Les seigneurs lui fesaient des dons le jour de l'assemblée. Ces dons n'étaient pas un tribut fixe. Ils lui fournissaient à lui & à sa suite, des vivres, des voitures, des chevaux dans ses voyages. C'est ce qui engagea long-temps les rois à voyager. C'était un impôt très-onéreux & qui entraînait beaucoup de gaspillage.

Le peuple ne payant pas des impôts au roi, n'avait pas un très-grand intérêt à se trouver dans des assemblées, où l'on ne taxait pas les impositions qu'il payait aux seigneurs.

Les affaires d'Etat devaient être peu compliquées. Le devoir des seigneurs consistait à prêter hommage au roi, à lui garder sa foi promise, & à le servir à la guerre. Ces seigneurs en exigeaient autant de leurs vassaux. Les capitulaires ordonnent que chaçun ſoit fidèle à ſon ſeigneur, à moins qu'il n'en ait reçu des coups de bâton, ou qu'il ne l'ait trouvé couché avec ſa femme.

La guerre ne coûtait rien au roi: chacun combattait à ſes frais. Les ſeigneurs ſe rendaient au camp avec leurs vaſſaux. Ceux qui poſſédaient de trop petits territoires, pour fournir aux frais de la guerre, s'aſſociaient deux enſemble. L'un partait, l'autre reſtait & le défrayait. Ceux qui étaient moins riches encore s'aſſociaient quatre ou cinq pour entretenir un ſoldat. Ces milices marchaient ſous leur ſeigneur. Ainſi on pratiquait le principe des anciens Romains, de faire défendre le territoire par les poſſeſſeurs du territoire.

Cap. de 807, art. 2.

Remarquons en paſſant, qu'il fallait poſſéder trois manoirs, c'eſt-à-dire, trente-ſix arpens pour être ſoldat. Celui qui n'en poſſédait que vingt-quatre, s'aſſociait avec celui qui n'en avait que douze, pour fournir un ſoldat. Dans les premiers ſiècles de la république romaine, il ſuffiſait d'avoir trois arpens. Les *locuples* n'en poſſédaient pas trente-ſix. Le ſol de Rome était pourtant bien moins fertile que celui de la Gaule : mais le romain vivait plus ſobrement, ne chassait point, cultivait mieux, & ces petits propriétaires de possessions contiguës, surent se défendre des ennemis étrangers & des tyrans domestiques. Les Francs épars sur un sol mal peuplé & mal cultivé, ne surent se défendre ni des uns ni des autres.

De quoi pouvaient donc s'occuper ces assemblées générales ? ni les impôts, ni la milice, n'étaient de leur ressort, mais de celui de ces seigneurs. Les places de ces seigneurs commandant les troupes & rendant la justice, n'étaient ni à leur nomination, ni à celle du roi, elles étaient héréditaires. Le roi ni l'assemblée ne nommait les évêques. On les élisait dans des assemblées de chapitre ou de diocèse.

Le peuple avait donc peu d'intérêt à ce qui se passait dans ces assemblées; mais il importait aux comtes, & sur-tout aux évêques, de participer à l'élection du roi, auxquels ils prêtaient hommage, qu'ils suivaient à la guerre, & qui jugeait entre eux dans leurs disputes territoriales.

On ne peut douter en lisant les capitulaires de *Charlemagne*, qu'ils ne soient l'ouvrage du clergé. On y voit sans cesse des règlemens ecclésiastiques & monastiques : (Le clergé eut une grande part à la composition des capitulaires.)

toujours des péchés mis au rang des crimes, des défenses d'entrer dans l'église quand on aura été inceſtueux ou adultère. Le civil & le militaire y ſont confondus avec le ſacré, & en font peut-être la moindre partie.

On y voit que les querelles des évêques, des abbés, des ſeigneurs, occupèrent beaucoup *Charlemagne*, & on n'y trouve point de débats populaires, point de querelles entre les ſeigneurs & le ſimple peuple. Ce qui ne prouve pas en faveur de la liberté publique.

Diverſité des aſſemblées. *Charlemagne* tint en Saxe des diètes avec les Saxons, des aſſemblées à Pavie avec les Lombards, qu'on ne peut pas plus regarder comme *des aſſemblées nationales*, que celle qu'il tint à Rome pour juger le pape *Léon III*. Il en tint de militaires, comme celle de Paderborn; il en tint d'eccléſiaſtiques comme le concile de Francfort; mais il y eut toujours dans toutes un mélange d'évêques & de ſeigneurs.

Dans les autres aſſemblées qu'il convoqua, tantôt dans ſon camp, tantôt dans ſes maiſons de campagne, tantôt dans ſon palais d'Aix-la-Chapelle, n'admettait-il que des

Francs, ou les composait-il de tous les *optimates* des différentes nations, qui lui étaient soumises? Comment ignorerait-on ces choses, si les Francs avaient formé de véritables assemblées nationales?

Les peuples qui jouissent de quelque liberté, sont très-jaloux du droit d'entrer dans leurs comices. S'y introduire sans titre, fut chez quelques-uns d'eux un crime digne de mort. Les peuples soumis à des rois ne sont pas si scrupuleux. Les premiers défendent leur propre volonté, qu'ils ne veulent pas qu'on usurpe, les autres cèdent à celle de leur prince.

Je crois qu'aucune de ces questions n'avait été agitée. Les Francs, les Bourguignons, les Bretons, les Aquitains, les Gascons, les Allemands, les Bavarois, les Saxons, & même les Lombards qui se regardaient comme des peuples très-différens, qui formaient quelquefois dans leurs pays des assemblées de seigneurs & d'évêques, se confondaient ensemble dans le palais de *Charlemagne*, comme sous ses drapeaux, & formaient indistinctement une assemblée générale plutôt qu'une assemblée nationale.

On voit qu'il aimait à réunir ces hommes étrangers les uns aux autres, & à leur donner des festins où chacun paraissait avec l'habit de son pays. Cette diversité le flattait en montrant le grand nombre de peuples différens sur lesquels son empire s'étendait. Mais cette diversité même était l'opposé de cette unité, de cette conformité de mœurs, de loix, d'usages nécessaires pour constituer une nation.

Synode d'Ingelheim, ann. 789.

Quand il fit pendre *Lupus* duc des Gascons, quand il fit décapiter *Rotgaud* duc de Frioul, dont le crime était d'être fidèle au roi détrôné des Lombards, il ne convoqua point d'assemblée, ce fut un jugement militaire.

Certainement ce ne fut pas dans une assemblée du peuple qu'il institua la loi Veimique, ce tribunal invisible & inquisitorial qui, sur de simples soupçons, commandait des assassinats, & dont l'établissement fut un des plus grands crimes qu'un roi puisse commettre à l'égard d'une nation.

Quand il voulut perdre son cousin germain, *Tassillon* duc de Bavière, il convoqua un synode, *synodum*; c'est le terme qu'emploie l'auteur des annales des Francs. Il

Ann. 789.

n'entre dans aucun détail ſur cette aſſemblée. *Eginard* en parle auſſi ſuccintement. Tous deux ſe contentent de dire que ce prince fut condamné à mort. Mais l'auteur des annales Loïſeliennes nous dit que les Francs, les Bavarois, les Lombards, les Saxons, & ceux des autres provinces qui ſe trouvèrent à ce ſynode, condamnèrent ce duc unanimement.

Voilà bien une aſſemblée royale, convoquée comme il a plu au monarque, mais ce n'eſt celle d'aucune nation ; & c'eſt pourquoi vraiſemblablement l'auteur des annales des Francs, & le ſecrétaire de *Charlemagne*, en parlent en ſi peu de mots.

Daniel dit que tous les vaſſaux de l'empire français furent appellés dans cette aſſemblée. Il eſt ſûr qu'ils n'y vinrent pas tous. *Velli* dit que ce fut un parlement où *Charlemagne* manda tous les ſeigneurs de France, de Lombardie, de Saxe & de Bavière : mais ce mot de parlement ne fut employé pour la première fois que du temps des croiſades, & aucun parlement ne fut composé comme cette aſſemblée. Un auteur plus moderne dit que *Taſſillon* fut jugé par ſes pairs, & il ſe trompe. Les Bavarois qui condamnèrent leur propre duc n'étaient point ses pairs. Le duc de Bavière n'avait alors de pairs que les ducs de Benevent, de Gascogne & de Bretagne, qui tous trois étaient souverains héréditaires, comme lui, & ayant prêté comme lui foi & hommage à *Charlemagne*. Aucun des trois ne vint à cette assemblée, & s'ils y fussent venus avec liberté, ils ne l'auraient pas jugé digne de mort.

Les Bavarois haïssaient peut-être leur duc. Mais certainement les Lombards soumis depuis peu, les Saxons assujettis avec désespoir, ne condamnèrent *Tassillon* que parce qu'ils n'étaient pas libres de le prendre pour leur chef, & de combattre avec lui ce roi qui les enchaînait tous. La politique de *Charlemagne* ne les appella donc à ce synode d'Ingelheim, que pour les rendre témoins de la condamnation de ce duc, & que pour les forcer à condamner eux-mêmes leurs propres sentimens dans la personne de ce prince infortuné dont la perte était assurée.

Tout nous montre que la volonté du roi, & non la *volonté générale*, domina dans ce synode : ce n'est pas là un peuple libre.

qui vote à son gré & dont la volonté fasse loi.

Je ne sais même jusqu'à quel point il faut ajouter foi aux ridicules chroniqueurs de ce temps-là, qui ne mettant d'intérêt à rien, ne décrivent jamais les faits dans leur plénitude ; ne font que des notes, & semblent souvent employer au hasard des mots mal définis. Si l'on en croit un moine, auteur de ces temps d'ignorance, *Charlemagne*, ému de compassion, *obtint des fidèles de Dieu*, & *des siens propres* (1), c'est-à-dire, des évêques & des seigneurs, que *Tassillon* ne serait pas mis à mort. Ainsi ce conquérant n'aurait pas eu le droit de faire grace, il aurait été réduit à *obtenir* de l'assemblée la grace de son cousin ; & cette grace consista à l'enfermer dans un cloître pour sa vie, à enfermer pour toujours dans d'autres monastères sa femme & ses fils qui ne l'avaient point offensé. Car ces asyles de la piété servaient déjà de maisons de force, quoique rien ne soit plus opposé à l'esprit

(1) *Rex misericordiâ motus, eo quod consanguineus esset, obtinuit ab ipsis Dei & suis fidelibus ut non moreretur.* Ann. Meten. ann. 788.

de leur institution, & à celui du christianisme.

Un mélange de seigneurs & d'ecclésiastiques formait ces assemblées.

Quoique *Charlemagne* dominât les assemblées par son génie, il ne les accablait jamais par sa puissance. Il leur laissait l'apparence de la liberté. *Hincmar* nous dit, dans son Traité du palais, que ce prince n'assistait pas à toutes les séances, qu'il n'y venait que pour décider entre les parties, quand les contestations étaient trop animées. Mais pourquoi ce roi décidait-il ? pourquoi n'était-ce pas la pluralité des voix, la volonté générale ?

Il me semble qu'*Hincmar* ne parle jamais que du clergé & des nobles. Ils s'assemblaient séparément, en plein air si le temps était beau, & dans des salles ou des tentes si le temps n'était pas serein.

L'un & l'autre ordre des seigneurs, dit-il, *se divisait en deux. Les évêques, les abbés, & les clercs les plus élevés en dignité s'assemblaient sans aucun mélange des laïcs. Les comtes & les princes étaient aussi séparés du reste de la multitude.* (1)

(1) *Quæ utraque tamen seniorum susceptacula sic in duobus divisa erant, ut primò omnes episcopi, abbates*

L'un & l'autre ordre, *utraque ſuſceptacula* ſe diviſait en deux, *in duobus diviſa erant.* Cela ne fait que deux ordres diviſés en deux claſſes : ou bureaux, comme on dirait aujourd'hui, les chefs du clergé étaient ſéparés des ſimples clercs, & les chefs de la nobleſſe, de la multitude des nobles, de leurs vaſſaux. S'il y avait eu un troiſième ordre, *Hincmar* l'aurait exprimé. On n'a jamais parlé d'un troiſième ordre, en diſant la multitude. Ce paſſage ſur lequel ſe fonde l'abbé de *Mably*, eſt préciſément celui qui me ſert à prouver ſon erreur.

Ce n'eſt pas que le peuple n'eût ſes droits, mais il n'en jouiſſait pas ; on les avait uſurpés, quoiqu'ils lui appartinſſent. Ils ſont impreſcriptibles : & quand on l'en dépouillait, on employait des formules qui prouvaient ſa poſſeſſion. A peu près comme ſous la première race, les maires agiſſaient au nom des rois qu'ils avaient détrônés.

---

vel hujuſmodi honorificentiores clerici, abſque ullâ laïcorum commixtione congregarentur. Similiter comites vel hujuſmodi principes ſibimet honorificabiliter à cætera multitudine primo mane ſegregarentur. Hinc. de Ord. Pol. ch. XXXV.

Testament de *Charlemagne.*

Charlemagne fit son testament & le lut à Thionville en présence de ses trois fils & de la plus solemnelle assemblée, mais il ne la consulte ni sur ce testament, ni sur le partage qu'il fait de son vaste empire. Il dispose en maître de tous ses Etats, il les partage à ses trois fils, & s'en réserve l'administration; jusque-là il n'est pas question du peuple, ni de la nation; il s'en souvient pourtant, & il dit: *que si l'un de ses trois fils vient à mourir & laisse un fils que le peuple veuille élire pour son roi, afin qu'il succede à son pere dans l'hérédité du royaume, il veut que ses oncles y consentent; & qu'ils lui permettent de succéder à son père dans la partie du royaume qui lui avait appartenu.*

On a dit que par ce passage, *Charlemagne* reconnaissait les droits du peuple, & avouait que la couronne était élective. Il y a bien d'autres remarques à faire. Non-seulement il s'ensuivrait que la couronne des Francs serait élective, mais que toutes celles qu'il met sur la tête de ses trois fils le seraient aussi : celle de Lombardie & de Bavière, jadis héréditaires, & qu'il donne à *Pepin*, deviennent électives; celle de l'Aquitaine, qu'il qu'il donne à *Louis* le devient aussi, quoiqu'elle eût été jusqu'alors héréditaire dans la maison de ses ducs; celles d'Austrasie, de Neustrie, de Bourgogne, de Frise, d'Allemagne, de Saxe, qu'il donne toutes à *Charles* son fils aîné, subissent toutes cette même loi : mais quelle précaution prend-il pour que ces peuples forment un seul corps, & n'aient qu'une volonté dans le cas où *Charles* aurait laissé un fils ou plusieurs fils ?

Quand il aurait reconnu tous les droits du *peuple*, il resterait encore à définir ce qu'il entendait par ce mot, si sévèrement circonscrit dans les républiques, & si vague dans les monarchies. Du sens qu'avait alors le mot de *populus*.

Le peuple, *populus* en latin, ne désigne pas tous les habitans du pays ou de la ville, il désigne seulement la totalité des citoyens grands ou petits, les consuls, le sénat, tout l'ensemble du corps politique. Otez-en tous les gens constitués en dignité, tous les patriciens, ce n'est plus *populus*, c'est *plebs*.

Le mot de peuple est vague en français : tantôt il désigne la nation entière, tantôt seulement tout ce qui n'est pas noble; quelquefois il ne désigne que les moindres des roturiers. Ainsi ce mot s'est avili, & jusqu'au plus petit particulier, personne ne veut être peuple.

Dans quel sens ce mot est-il employé dans les capitulaires ? Ne désigne-t-il pas la totalité de l'assemblée, tous les évêques, tous les *optimates*, sans distinction ? S'il désignait un autre ordre, n'aurait-on pas dit les évêques, les comtes & le peuple ? expression qui ne s'y trouve jamais.

Quelques années après avoir fait ce testament, *Charlemagne* perdit deux de ses fils. Il convoqua une nouvelle assemblée, où il donna, non-seulement tous ses Etats à son fils unique *Louis ;* mais il lui fit prendre la couronne impériale, sur l'autel, sans permettre qu'un prêtre le couronnât.

Si l'on en croit l'auteur de la Chronique Moissiac, il n'y avait dans cette assemblée, où il donna le nom d'empereur à son fils, que les ducs, les comtes & les évêques des Francs. Il semble que, pour disposer de l'empire, il fallait, ou rassembler les grands de tous ses différens Etats, ou du moins avoir l'aveu des Italiens. Pour plus de contradiction, il donne au roi d'Aquitaine ce titre, qui ſemble appartenir ſpécialement à Rome, & il laiſſe le royaume d'Italie à ſon petit-fils *Bernard* fils de *Pepin ;* quoiqu'il fût aiſé de prévoir que ces deux princes ſe battraient bientôt pour ce titre.

Malgré le génie de *Charlemagne*, malgré la fermeté avec laquelle il ſut contenir toutes les parties de ſon vaſte empire, & dominer toutes les aſſemblées, de quelque genre qu'elles fuſſent, il ne fonda pourtant pas un édifice ſolide. En diviſant ſes Etats il les affaiblit; mais quelle main pouvait, après lui, contenir tant de peuples, qui ſe regardaient comme des nations, non-ſeulement différentes, mais même ennemies? Il ne tenta jamais de les réunir par un intérêt commun, par des droits ſemblables, par des loix uniformes, par des mariages politiques, par des aſſemblées générales, fréquentes, fixées dans une ville qui eût ſervi de capitale, de point de ralliement, à ces peuples divers; & qui, conſacrée par l'uſage, par des cérémonies, par le dépôt des loix, par celui des regiſtres, par des honneurs, par un tribunal, dont les divers membres choiſis dans les divers tribunaux de ſes vaſtes provinces, euſſent jugé par appel, toutes les causes mémorables de l'empire; peut être même par de grands spectacles, comme les jeux olympiques ou comme les tournois, fût devenue une métropole essentielle, un lieu sacré, nécessaire & chéri de tous, en quelque sorte une patrie commune, ainsi que Rome le devint pour tous les peuples qui jouissaient du droit de cité. S'il ne lia pas ainsi tous ces peuples, ce n'est pas son génie qu'il en faut accuser, c'est l'ignorance & l'insouciance de son siècle, où l'on n'aimait que la guerre, où on la fesait mal, & où l'on négligeait tout le reste.

Des assemblées, & de leurs effets sous les descendans de Charlemagne.

QUELLES qu'aient été les assemblées sous le règne de *Charlemagne*, elles n'arrêtèrent pas la dégradation de l'esprit humain qui s'accroissait sans cesse : & c'est une forte raison de croire que le peuple n'y était pas admis. Car, s'il eût eu quelqu'influence, n'ayant ni châteaux ni églises, il eût cultivé son intelligence qui était son seul bien.

Les nobles ne cultivaient que la chasse &

les armes, afin d'asservir tous les habitans du sol : le clergé ne s'occupait qu'à éteindre toutes les lumières de l'esprit, afin de mettre à ses genoux les nobles & les rois mêmes, avec leurs vassaux & leurs serfs.

Vous ne voyez plus qu'eux dans l'histoire. Il est très-important de considérer le caractère que prirent alors ces assemblées, ainsi déchirées en deux bandes. Ces deux factions n'étant plus contenues par la puissante main de *Charlemagne*, dont l'ascendant surmontait toutes les difficultés, s'abandonnèrent à leur tendance naturelle; & les événemens que nous allons voir, furent le résultat nécessaire d'une assemblée composée sur des principes aussi vicieux.

On ne voit plus que des nobles & des ecclésiastiques dans l'histoire.

De ces deux factions, l'une avait quelques lumières, du moins ceux qui la composaient savaient lire & même écrire; l'autre ne savait pas signer son nom, & n'avait pour règle de conduite que des préjugés.

Tous les évêques avaient été moines; l'esprit monastique, esprit étroit & dur, qui érige en crime des minuties; qui punit avec férocité, & qui substitue à la morale qu'il néglige, des momeries auxquelles il attache une grande importance, l'esprit monastique dominait dans toutes les assemblées : il s'y mélangeait avec celui de la noblesse, qui se compose de la licence des camps & de la servitude des cours. Ce contraste bizarre détruisit tout principe, & donna aux peuples modernes ces mœurs contradictoires, qui les font paraître sans caractère, quand tous les peuples antiques en ont un si bien dessiné.

Le clergé n'était point admis en corps dans les comices de Rome, quoique chaque pontife y fut reçu comme citoyen, dans sa classe & dans sa tribu Les patriciens & les plébéiens étaient aussi confondus dans les centuries; & quoiqu'ils fissent par-tout ailleurs deux ordres, ils ne formaient pas deux corps dans les comices. L'assemblée n'était pas déchirée, elle n'était qu'une : elle n'avait qu'une volonté.

Le clergé & la noblesse ne se confondirent jamais dans les assemblées des Francs; ils opinèrent séparément; ils formèrent toujours deux volontés; ils furent deux peuples différens, opposés de génie & d'intérêt, comme de fonctions & d'habits.

De-là vinrent tous les malheurs de l'Etat, tous les faux principes qui s'établirent; l'oppression du peuple, la destruction de l'autorité royale, le défaut de puiſſance publique, l'anarchie, l'établiſſement des droits les plus ridicules, la multiplicité des ſuperſtitions les plus groſſières, l'impoſſibilité de remédier à aucun mal, par l'impoſſibilité d'avoir une volonté unique.

Il s'éleva, entre ces deux ordres, une guerre tantôt ſourde & tantôt déclarée. Elle fut ſi vive, que *Monteſquieu* nous aſſure que le clergé perdit au moins trois fois ſes poſeſſions, par la violence des ſeigneurs, & qu'il les recouvra trois fois au moins, par ſon aſtuce.

Eſprit des Loix, l. 31, chap. 10.

Ces aſſemblées ſe tenaient fréquemment : voici ce qu'elles firent.

Aſſemblée d'Aix-la-Chapelle, 818.

A peine *Charlemagne* eſt-il mort, que *Louis*, ſon fils & ſon ſucceſſeur au trône des Francs & à l'empire, convoque une grande aſſemblée à Aix-la-Chapelle, & y conduit ſon neveu *Bernard*, roi d'Italie, qu'il a fait priſonnier. L'aſſemblée, compoſée d'évêques & de ſeigneurs, au lieu d'en appeller à l'évangile, aux capitulaires, au teſtament de *Charlemagne* & de ſe faire médiatrice entre ces deux rois, condamne *Bernard* à mort. *Louis-le-faible*, qu'on ſurnomma le bonnaire, lui fait grace de la vie, & se borne à lui faire crever les yeux, mais avec tant de précaution qu'il en meurt. On traite avec la même indulgence tous les partisans de ce prince.

Charlemagne n'avait pas privé de la vue son cousin *Tassillon*, mais *Charlemagne* n'était pas gouverné par des moines.

Deux moines, *Adelar*, abbé de Corbie, & *Vala*, son frère, inspirent des remords à *Louis*, & ils l'avilissent par des pénitences ridicules, qui n'adoucissent pas le sort de son peuple, mais qui augmentent l'ascendant du clergé.

Assemblée d'Attigny, 822

Ils l'engagent à comparaître dans l'assemblée d'Attigny, à se revétir d'un cilice, en présence des évêques & des seigneurs, de ses trois fils & de ses trois frères, bâtards de *Charlemagne*, qu'il avait forcés à se faire moines. Il leur demande pardon de les avoir mis dans un froc; il s'accuse d'avoir déposé des évêques, d'avoir été sans pitié pour son neveu qui implorait sa clémence, & qui s'était remis lui-même entre ses mains.

Louis livré aux moines, confessé en public, augmente beaucoup le pouvoir du clergé,

Cependant il desirait, comme son père, qu'il n'allât point à la guerre. Les évêques y vont malgré lui : ils unissent l'épée à l'encensoir; ils se croient en droit de tuer ceux qu'ils confessent, & auxquels ils ouvrent ou ferment le ciel à leur gré.

Les trois fils que *Louis-le-faible* avait eus d'une première femme & auxquels il avait partagé ses Etats, se révoltent pour l'empêcher de donner quelques terres à un quatrième fils qu'il avait eu d'une seconde femme. L'abbé *Vala*, les évêques, & presque tous les ecclésiastiques, prennent parti pour ces fils dénaturés. Ils déclarent le trône vacant; ils déposent solemnellement le roi dans une grande assemblée qu'ils tiennent à Soissons. Assemblée de Soissons, 883. Ils l'obligent à se mettre à genoux sur un cilice; le soumettent à la pénitence canonique; lui font lire une prétendue liste des crimes qu'il a commis, & que ses ennemis ont composée; on lui ôte son épée & son habit; on le revêt d'un sac; on l'enferme dans une cellule du couvent de Saint-Médard, & l'on enferme sa femme, l'impératrice *Judith*, dans un autre couvent. Ainsi les monastères, après avoir servi à emprisonner tant de ſujets, ſervent à empriſonner le monarque.

Ce crime inoui de trois fils détrônant leur père, de peur qu'un de leur frère n'eût un peu de bien, n'avait pas eu d'exemple dans la première race, toute perverſe qu'elle était.

L'indignation publique éclata, tout aſſervi & tout ſuperſtitieux qu'était le peuple. Le fameux *Agobard*, archevêque de Lyon, l'homme le moins mal inſtruit de ſon temps, compoſa une apologie des enfans de *Louis* : comme ſi de tels crimes pouvaient ſe juſtifier.

Le peuple eût donc ſauvé ſon roi, s'il eût entré dans ces aſſemblées s'il y eût opiné, s'il eut fait corps. *Charlemagne* n'était mort que depuis dix-neuf ans : & il eſt impoſſible qu'en ſi peu d'années on eût dépoſſédé tout un peuple d'un pareil droit; nous aurions au moins ſes réclamations, il reſterait quelque trace d'une pareille révolution.

Dès que *Louis-le-faible* eût fini ſon règne, ſes trois fils & ſon petit-fils ſe firent la guerre.

Charles qui régnait ſur la France, *Louis*

qui avait la *Germanie*, se liguent contre *Lothaire*, leur frere aîné & leur empereur; ne pouvant le prendre, ils le font déposer en cérémonie dans Aix-la-Chapelle, par des seigneurs & des évêques, qui le déclarent déchu de ses droits comme adultère, meurtrier, incendiaire, parjure, envers ses frères, & autrefois rebelle envers son père. Assemblée d'Aix-la-Chapelle, 843.

Ce décret porté, le clergé demande à *Charles* & à *Louis* s'ils se gouverneront mieux que leur frère; ils en font le serment: « *recevez donc son royaume*, » répondent les évêques: « *gouvernez-le selon les loix* « *de Dieu, nous vous y exhortons & nous* » *vous le recommandons.* » (*Hortamus & præcipimus. Nithard, liv. IV.*)

Ainsi tous ces rois soumettaient leur couronne à des évêques, & avilissaient leur dignité pour se dépouiller les uns les autres; & déjà les Normands accouraient du fond du Nord pour les punir. Les Sarrasins ravageaient le midi des Gaules.

Cependant, *Charles le-chauve*, plus embarrassé avec sa noblesse & son clergé, qu'avec ses ennemis & ses frères, convoqua, à Epernay, une grande assemblée pour concilier les évêques & les seigneurs qui se disputaient un sol inculte & ravagé, avec un acharnement qui étouffait toute pudeur.

Assemblée d'Epernay, 846. Les évêques présentent à l'assemblée les décrets du concile de Meaux, qui ordonnait de restituer au clergé les terres qu'on lui avait enlevées. Les seigneurs répondent que ces canons ne sont point pour eux des loix, & qu'ils garderont ces terres. La dispute s'échauffe ; les seigneurs prient le roi de chasser les évêques, & le roi les force à sortir de l'assemblée ; mais privés de ceux qui savaient écrire, ces seigneurs ne rédigent aucune loi ; ils se contentent de choisir dans les actes du concile de Meaux quelques canons dont ils font un capitulaire ; & par une tournure d'esprit digne de ces temps-là, presque tous ces canons ne conviennent qu'au clergé.

Assemblée de Metz, en 847. L'année suivante, les trois frères, *Lothaire* empereur, *Louis* roi de Germanie, & *Charles-le-chauve* roi de France, le plus jeune de tous, s'assemblent à Merzen, & font enfin une loi qui règle l'ordre de la succession ; elle ordonne que les enfans mâles succèdent à leur père, & qu'ils divisent le royaume entr'eux ; de manière que chacun ait pour ſa part, la portion que ſon père lui en aurait aſſignée.

Par cette loi, la couronne qui ſemblait élective ſemble devenir héréditaire. L'aſſemblée ne s'y oppoſe point, ne réclame point le conſentement du peuple, que le capitulaire de *Charlemagne* avait ordonné de prendre. Mais la nobleſſe exige que tout homme libre puiſſe choiſir pour ſon ſeigneur l'homme qu'il voudra, ſoit le roi, ſoit un autre (1) ; c'eſt-à-dire, que les ſeigneurs ne veulent plus que l'homme libre puiſſe leur alléguer qu'il a le roi pour ſeigneur, quand ils voudront le forcer à devenir leur vaſſal.

Ils obligent encore le roi à diſpenſer ſes vaſſaux de le ſuivre à la guerre, & de permettre à chacun de ſuivre ſon ſeigneur. (art. V.)

Ainſi le roi eſt auſſi maltraité par ſa nobleſſe que par ſon clergé ; la puiſſance ſouveraine ſe diviſe & s'anéantit ; chaque ſeigneur ne ſonge qu'à ſe faire des vaſſaux, qu'à ſe former une petite ſouveraineté, dans laquelle il opprime tous les habitans du territoire, en ſe rangeant lui-même ſous

---

(1) Capitul. 847. *Adnuntiatio Karoli*, art. II.

la protection d'un plus puissant; & c'est seulement alors que le gouvernement féodal achève de se former.

Dans cette extrémité il eût été heureux que le roi eût pu en appeller au peuple, & trouver en lui un secours contre les nobles & contre le clergé. Mais le peuple attaché à la glèbe & les genoux pliés devant l'autel, ne pouvait plus soutenir un trône qui s'écroulait sous les deux puissances qui l'écrasaient lui-même.

Charles-le-chauve se crut heureux, lorsque deux années après cette assemblée de Merzen, il fit prisonnier son neveu *Charles*, dont tout le crime était de défendre son frère *Pepin*, roi d'Aquitaine. *Charles-le-chauve* le conduit à Chartres, & dans une assem-

Assemblée de Chartres, 849.

blée d'évêques & de seigneurs, il le fait condamner, au mépris de la loi rédigée à Merzen sur l'hérédité du trône; l'assemblée offre à ce prince le choix d'être mis à mort ou de se faire moine. Il choisit le froc. Les évêques coupent ses cheveux, versent de l'huile sur sa tonsure, & lui font signer, ou plutôt ils lui font mettre son signe (*signum*) au bas d'un acte, par lequel il déclare que librement, sans violence, de sa pleine &

entière volonté, il a pris l'habit monaſtique.

Louis, roi de Germanie, qui avait auſſi concouru au capitulaire fait à Merzen, ſe brouille avec *Charles-le-chauve*, envahit ſes Etats, aſſemble des évêques & des ſeigneurs dans le palais d'Attigny, & ne manque pas de leur faire dépoſer ſon frère, *Charles-le-chauve*, comme ils avaient dépoſé ſon père *Louis-le-faible*, & ſon frère aîné l'empereur *Lothaire*. Aſſemblée d'Attigny, 858.

Charles-le-chauve ne ſe laiſſa pas prendre; il s'enfuit, heureux d'éviter le ſort de *Taſſillon*, de *Bernard* & de *Charles*.

Louis-le-germanique, qui ſe croyait maître des Etats de ſon frère, éprouva tant de difficultés de la part du clergé & de la nobleſſe, qu'il ne ſongea plus qu'à trouver un prétexte pour retourner en Germanie.

Après ſa retraite, *Charles-le-chauve* ſe rétablit, s'humilie devant le clergé, pour qu'il lui rende ſon titre de roi: & quelque temps après il parvient à faire priſonnier ſon neveu *Pepin*, ce roi d'Aquitaine qu'il avait tant d'envie de détrôner.

L'aſſemblée de Piſte condamne *Pepin* à mort; car ces évêques & ces nobles ne doutent point, après tant d'exemples, qu'ils Concile de Piſte, 864.

n'aient droit de vie & de mort ſur les rois détrônés.

Charles-le-chauve ſe contente de l'envelopper d'un froc & de l'enfermer dans le château de Senlis. Ses enfans pris avec lui ſont obligés de ſe faire moines. Ce qui éteignit encore une branche des Carlovingiens.

Cinquante années s'étaient à peine écoulées depuis la mort de *Charlemagne*, & déjà ſix de ſes deſcendans avaient été dépoſés ou cloîtrés. Triſte effet de l'exemple qu'il leur avait donné en dépouillant *Taſſillon* & en le mettant dans un cloître!

Nous venons de voir le père dépoſé par ſes fils; les frères ſe détrônant mutuellement; les neveux condamnés à mort & enfermés par leurs oncles, toujours avec l'aide de la nobleſſe & du clergé. *Charles-le-chauve* donna l'exemple d'une rigueur plus rare. Il traîna devant l'aſſemblée de Senlis, *Carloman*, un de ſes fils qu'il avait fait diacre, vraiſemblablement malgré lui, & qui s'était révolté deux fois, crime très-commun alors, & dont tous les enfans des rois lui avaient donné l'exemple. L'aſſemblée le condamne

Aſſemblée de Senlis, 873.

à

à mort ſelon l'uſage; la clémence paternelle voulut qu'il eût le temps de faire pénitence; & pour qu'il n'y manquât pas, elle ordonna de lui crever les yeux, & elle le fit enfermer pour le reſte de ſes jours dans le monaſtère de Corbie.

Le clergé dominait dans les aſſemblées & gouvernait toutes les familles; la foi était vive, la perſuaſion générale, & cependant les mœurs devenaient de jour en jour plus dépravées. La fille de l'empereur *Lothaire* (1), celle de ſon fils *Louis* (2), celle du roi de France *Charles-le-chauve* (3), & celle du pape *Adrien* ſe firent enlever par leurs amans. Celle du pape le fut par le fils d'un cardinal. Car ce pape & ce cardinal étaient mariés (4); la femme du pape favoriſa le raviſſeur de ſa fille. On prétend que, conformément aux canons, elle

(1) *Ermengarde*, enlevée par *Giſlebert*, comte des Manſuariens

(2) *Ermengarde*, comme ſa grand'mère, enlevée par *Boſon*.

(3) *Judith*, enlevée par *Baudoin*, comte de Flandre.

(4) La femme d'*Adrien* s'appellait *Stéphanie*. Sa fille fut enlevée par *Eleuthère*, fils de ce cardinal *Arſénius* qui avait excommunié *Lothaire* & *Valrade*.

ne vivait plus avec ſon mari depuis qu'il était entré dans les ordres.

Le clergé s'étant érigé en juge de tout ce qui concernait le mariage & le concubinage, il y avait peu d'aſſemblées qui ne retentît des clameurs de maris abandonnés, de femmes répudiées, de filles quittées par leurs raviſſeurs, de prêtres condamnés pour s'être mariés, d'abbés qui accuſaient leurs moines de vivre avec des concubines, & quelquefois de bien d'autres débauches.

Tous les conciles défendaient la fornication & l'adultère, & toutes ces aſſemblées ſouffrent que des ſeigneurs érigent en droit l'adultère, & établiſſent, ſur les filles prêtes à ſe marier, le fameux droit de cuiſſage, ou plutôt de *culage* (1), car c'eſt ainſi qu'ils

(1) En latin, *culagium* : en français, *culage* & *couillage*, termes de droit; tels qu'on les trouve dans le gloſſaire du Droit français de *Laurière*. C'était le droit que les ſeigneurs s'étaient attribués, *ut domini præfective in ſuo territorio ſponſarum omnium virginitatem prælibarent* : afin qu'ils goûtaſſent les premiers la virginité de toutes les filles à marier dans leur territoire. Ce droit, quoique fort agréable, ne laiſſant pourtant pas que d'être embarraſſant pour les vieux ſeigneurs, pour les vieux prélats, &

l'appellaient. Mille droits aussi honteux & non moins oppressifs s'établissent de toutes

quelquefois même pour les jeunes, quand le pays était passablement peuplé, ils imaginèrent de donner aux maris la licence de racheter le droit de culage; mais comme l'argent était rare, les seigneurs n'en exigèrent pas, ils se contentèrent d'une pièce de bétail ou d'un sac de bled, ou de quelques pots de vin, selon ce que le pays fournissait; nul ne pouvait coucher avec sa femme qu'il n'eût payé ce droit: le seigneur mettait seulement alors une jambe & cuisse nue dans le lit de la mariée. Des filles nobles furent soumises à ce droit, comme nous l'apprenons par ce texte: *quæcunque mulier fuerit, sive nobilis, sive serva, sive mercenaria, marcheta sua erit una juvenca*: toute femme, quelle qu'elle soit, noble, serve ou mercenaire, paiera pour son droit de marquette une jeune vache. Car le nom de *marquette* s'introduisit quand ce droit, *habere carnalem sponsæ cognitionem*, ce droit d'*avoir la connaissance charnelle de la mariée*, se changea en une contribution de bétail ou d'argent. Voyez *Laurière* au mot *culage*; *du Cange*, *Glossarium*, au mot *culagium* & au mot *marcheta*.

On trouve dans l'Histoire d'Ecosse, par *Buchanan*, que ce droit fut introduit dans ce royaume par un tyran qu'il appelle *Evenus*, & changé en contribution de bétail par *Malcom III*, qui régnait en 1057. Ces faits, très-incertains, prouvent seulement que ces droits s'établirent sous les fils & les

parts, & achèvent de prouver qu'il n'y avait que des évêques, des seigneurs de châteaux, & pas un citoyen, pas un homme du peuple dans des assemblées, qui toléraient de tels opprobres.

Assemblée d'Aix-la-Chapelle, 860.

Lothaire, roi de Lorraine, petit-fils de *Louis-le-faible*, & arrière-petit-fils de *Charlemagne*, s'étant dégoûté de sa femme *Teutberge* & voulant épouser *Valrade*, convoque, à Aix-la-Chapelle, une grande assemblée de tous les évêques & de tous les seigneurs de ses Etats. Il force, après plusieurs années de persécution, leur reine, son épouse, à comparaître devant eux, & à leur remettre une déclaration par laquelle elle se reconnaît non-seulement coupable d'inceste avec son propre frère, l'abbé *Hucbert*, qui était marié, mais encore elle y atteste qu'elle a commis avec lui des actes de fornication contraires à la nature ; & elle y certifie qu'elle fait tous ces aveux volontairement & sans y être contrainte en aucune manière.

---

petits-fils de *Charlemagne* ; car, sous son règne & par ses capitulaires, coucher avec la fille ou la femme de son vassal, était un crime qui fesait perdre les droits qu'on avait sur lui.

Sur cet aveu ſi libre & ſi vraiſemblable, cette aſſemblée, qui n'eſt pas le divan, eſclave d'un deſpote, mais qui était dirigée par les deux archevêques de Cologne & de Trèves, condamne cette malheureuſe reine à être enfermée pour toujours dans un cloître.

Les tyrans de l'antiquité n'exigeaient point de tels aveux de leurs malheureuſes victimes : aucun d'eux n'imagina le droit de *culage*, il ne fut connu que des ſeuls chrétiens.

Après la confuſion qui ſuivit la mort de *Charles-le-chauve*, il y eut encore pluſieurs rois détrônés dans des aſſemblées d'évêques, d'abbés & de ſeigneurs. Celle de Mentale Aſſemblée de Mentale, 879.
érigea la Provence en royaume, & en élut pour roi ce *Boſon* qui avait enlevé la fille de l'empereur *Louis*, quoiqu'il ne fût pas de la race de *Charlemagne*. *Hugues*, fils de *Lothaire* & de *Valrade*, iſſu du ſang des Carlovingiens, eſt mis dans un cloître, & tonſuré par *Reginon*, abbé de Prum, qui nous dit froidement dans ſes annales : « c'eſt 885.
» moi qui lui coupai les cheveux. »

L'empereur *Charles-le-gros*, roi de Aſſemblée de Tribur, 888.
France, fut dépoſé dans la grande aſſemblée de Tribur. *Charles-le-ſimple* le fut deux

fois, d'abord dans un camp près de Soiſſons, enſuite dans la ville de Laon, où *Hervé*, archevêque de Reims, ſacra *Robert*, duc de France, & lui donna le titre de roi, quoiqu'il ne deſcendît pas de *Charlemagne*.

Onze rois dépoſés ſous la ſeconde race.

Depuis *Taſſillon* juſqu'à *Charles-le-ſimple* il y eut au moins onze rois ou deux princes ſouverains de dépoſés, dont la plupart furent cloîtrés, & dont quelques-uns eurent les yeux crevés; & ces onze rois éprouvèrent ces malheurs en moins de cent-trente années; leurs femmes & leurs enfans furent mis dans des monaſtères.

C'eſt pourtant au milieu de ce pillage des droits de la ſouveraineté, & de cette uſurpation de ceux du peuple, que le concile de Piſte fit cette phraſe devenue célèbre, depuis qu'on s'occupe un peu des droits de l'humanité: « *Puiſque la loi eſt faite par » le conſentement du peuple & s'établit par » celui du roi, &c.* » Mais, je le demande à tout homme raiſonnable, ſi le mot *populus* eût déſigné un autre ordre que ceux du clergé & des ſeigneurs, eût-on manqué de le ſpécifier? n'eût-on pas dit: puiſque la loi eſt faite par le conſentement du clergé, de la nobleſſe & du peuple? Ce n'eſt pas par omiſſion que l'auteur de ce capitulaire ne parle pas ainſi ; c'eſt parce qu'alors le mot de *populus* ne déſignait que la réunion de ces deux ordres, & n'était équivoque pour perſonne.

Il eſt vrai qu'alors le mot de noble ne voulait dire qu'*inſigne*, *remarquable*, *notable*, qu'on donnait ce nom à tout poſſeſſeur de terre, & qu'on ne diſtinguait pas la nobleſſe d'extraction. Tout propriétaire, ſur-tout d'une grande terre, paſſait pour noble : celui qui n'avait point de propriété vivait dans le ſervage ; celui qui ne poſſédait qu'une petite propriété en était bientôt dépouillé : & ces grands propriétaires n'auraient pas ſouffert qu'un ordre d'hommes qu'ils auraient regardés comme leurs inférieurs, leur eût conteſté quelque droit.

Et comment l'homme dont la fille, ou celui dont la femme venait de ſubir le droit de *culage*, aurait-il porté une loi, ou voté ſimplement contre l'avis du ſeigneur auquel il n'avait pu refuſer les prémices de ſa femme ou de ſa fille ?

On frémit quand on penſe que de telles mœurs ont pu s'établir ; on cherche comment les peuples tombent dans cet état d'aviliſſement : on interroge les ſcrutateurs du cœur humain, & l'on trouve avec eux que nos vices ſont la ſource de nos maux.

Origine de l'aſſerviſſement, ſelon *Tacite* & *J. J. Rouſſeau*.

Tacite a remarqué le premier que les hommes couraient au devant de l'eſclavage, dans l'eſpoir d'opprimer à leur tour. L'auteur du Contrat ſocial a développé cette idée : « *Il y a peu d'hommes*, dit il, *d'un* » *cœur aſſez ſain pour ſavoir aimer la* » *liberté*, *tous veulent commander ; à ce* » *prix*, *nul ne craint d'obéir.* »

Germe de la féodalité.

Voilà le premier germe de la féodalité. C'eſt ce ſentiment compoſé d'orgueil & de baſſeſſe qui produiſit cet arbre empoiſonné; cet arbre que *Monteſquieu* appelle un chêne, mais qui n'était qu'un cyprès, ou plutôt un mancanillier qui faiſait périr tout ce qui ſe mettait ſous ſon ombre. C'eſt ce ſentiment trop naturel que les légiſlateurs des républiques ont cherché à réprimer comme un vice honteux, & que les fondateurs des monarchies ont laiſſé ſe développer dans toute ſa force, comme la baſe la plus ſure de l'autorité royale.

Mais s'il la fonde, il la détruit quelquefois; les grands propriétaires, après s'etre fait des vaſſaux des petits, & des ſerfs de tout le reste, ne voulurent plus obéir au monarque ; ils le réduisirent à se faire un parti parmi sa noblesse & son clergé ; ils le déposèrent, ils envahirent ses domaines. Ils ne souffrirent pas même qu'il fût *primus inter pares*, le premier entre ses égaux. Eux-mêmes ils ne furent point égaux entr'eux.

Les assemblées déposent des rois sans acquérir la liberté.

Ainsi la destinée des assemblées de la seconde race fut de condamner toujours des têtes couronnées, de déposer des rois, sans acquérir la liberté, sans s'occuper d'elle, & sans la connaître.

Loin que ces attentats contre les rois servissent à former un corps politique, ils dissolvaient la nation, & laissaient le royaume sans aucune espèce de défense ; il eût été envahi, si toute l'Europe n'eût pas été aussi mal gouvernée.

Les Normands entrèrent toujours quand ils le voulurent par l'embouchure de tous les fleuves ; ils en ravagèrent tous les bords, ils firent un désert de toutes les côtes. *Rolon* s'établit dans la Neustrie malgré *Charles le-simple*, malgré tous les seigneurs français, & il força ce roi à lui donner sa fille en mariage. La Neustrie était tellement dévaſtée, qu'elle ne produiſait plus ni arbre, ni moiſſon ; on n'y trouvait pas une ville, pas une maiſon (1) ; *Rolon* exigea qu'en lui cédant cette province, on lui en donnât une autre à piller, juſqu'à ce que la Neuſtrie fût aſſez cultivée pour nourrir ſes Normands ; & on lui donna la Bretagne.

Ces indignes deſcendans de *Charlemagne* & de *Charles Martel*, perdirent enfin leurs domaines, & furent chaſſés d'un trône qu'ils ſe diſputaient avec autant de fureur & avec bien moins de talens, que les ſucceſſeurs d'*Auguſte* ne ſe diſputèrent l'empire romain.

Comparaiſon des crimes de la première & de la ſeconde race.

Sous la première race les enfans de *Clovis* s'étaient aſſaſſinés & empoiſonnés avec la férocité des Barbares. Sous la ſeconde race l'eſprit monaſtique mêla ſon hypocriſie à cette férocité ; les vainqueurs firent condamner à mort les vaincus en cérémonie, feignirent de leur pardonner, leur crevèrent les yeux & les enfermèrent dans des cloîtres.

Si l'on ajoute aux onze princes dépoſés dont nous avons parlé, les fils de *Pepin*

(1) *Wilhelm. Gemetic. vel Dudo.*

d'Heristal, les fils de *Charles Martel*, les enfans du frère de *Pepin-le-bref*, les fils de *Carloman* frère de *Charlemagne*, le fils aîné de cet empereur enfermé dans un cloître pour avoir conspiré contre son père, & les enfans de *Pepin* roi d'Aquitaine ; on trouvera qu'il périt sous le froc ; plus de princes du sang royal des *Pepins*, qu'il n'en périt par le glaive du sang royal de *Clovis*. Il ne suffit pas d'être roi pour être heureux, pour vivre avec sécurité ; il importe surtout d'avoir une nation soumise à des loix sages, une nation connaissant la justice, & dont toutes les institutions soient fondées en raison autant que le comporte la nature humaine.

Or toutes les institutions, tous les usages, toutes les assemblées étaient alors inverses de la raison ; elles tendaient à dévaster la terre, à la laisser en friche, à établir le célibat au-dessus du mariage, l'ignorance au-dessus de l'instruction, à rendre vile l'espèce humaine, en soumettant le grand nombre à la servitude, & en excitant le petit nombre à la tyrannie ; elles tendaient à empêcher le corps politique de se former, à tenir le royaume sans défense, à le réduire à la plus extrême faiblesse ; à dégrader tellement la raison, que son avilissement n'échappa point aux yeux qui voulurent l'appercevoir ; & que, dès le règne de *Louis-le-faible*, lorsqu'elle n'était pas encore aussi détériorée qu'elle le fut depuis, *Agobar*, archevêque de Lyon, avouait dans ses lettres, que « *le monde était tombé, à force de malheurs, dans une telle stupidité, qu'on persuadait aux chrétiens des absurdités si grossières, qu'on ne ferait jamais parvenu à les faire croire aux païens, tout dépourvus qu'ils étaient de la connaissance de Dieu.* »

Fin du Livre premier.

Des Etats-généraux de la France.

LIVRE II.

Des Etats tenus depuis les premiers Capets jusqu'au règne de Charles VIII.

Commencement de la troisième race.

DANS la dégradation & dans la dévastation générale qui désolait la France, il s'élevait une famille qui joignait au courage qui fait avancer, un esprit d'ordre sans lequel rien ne se conserve.

Son origine est obscure comme celle de toutes les grandes familles. Le soin des premiers qui parviennent, est communément de faire oublier d'où ils sortent, & après plusieurs siècles de gloire, les historiens & les généalogistes se fatiguent en vain à chercher une source qu'on s'est appliqué

Origine des *Capets*; elle est inconnue.

à leur dérober, & qu'on a célé à tous les yeux.

Leurs premiers exploits.

Cette famille se distingua d'abord en servant *Pepin*, ce malheureux roi d'Aquitaine qui fut revêtu d'un froc & enfermé au château de Senlis. Elle s'attacha ensuite aux rois de France, & fonda sa grandeur en combattant les Normands.

Robert-le-fort devint, par un mariage, comte de Paris. Après lui, ses deux fils, *Eudes* & *Robert*, sauvèrent cette ville assiégée par les Normands, qui venaient de brûler toutes les villes de la Neustrie & de la Picardie.

La délivrance de Paris fut le premier droit de cette famille au trône, comme la victoire de *Charles Martel*, qui sauva la France du joug des Arabes, avait été le premier titre des Carlovingiens à la couronne.

Ces titres se confondirent dans les enfans de *Robert*, qui s'allia au sang de *Charles Martel* en épousant la fille du comte de Vermandois issu de ce *Bernard* roi d'Italie, à qui *Louis-le-débonnaire* avait fait crever les yeux.

Ainsi le salut du peuple arraché au joug des Arabes & des Normands, fut l'origine des droits de cette nouvelle race, droits plus ſacrés & plus inviolables que le droit de conquête contre lequel la liberté naturelle réclame toujours; mais que peut-on oppoſer aux droits acquis par des bienfaits?

Dans les guerres civiles où l'incapacité des derniers Carlovingiens entraînait la nation, *Eudes* & *Robert* ſon frère, & *Arnoul* fils d'*Eudes*, furent ſucceſſivement élus pour rois par leur parti, & dès-lors il y eut deux familles royales qui n'avaient pas la même origine.

Hugues-le-blanc, fils de *Robert*, dédaigna la couronne & rétablit pour un moment le ſang de *Charlemagne*, que ſon fils *Hugues Capet* précipita du trône pour jamais.

Un mariage avait fait *Robert-le-fort* comte de Paris; un mariage avait allié ſon fils *Robert* au ſang des rois; *Hugues-le-blanc* s'allia ſucceſſivement à trois monarques; il épouſa en première noce la fille du roi de France; en ſeconde, celle du roi d'Angleterre; en troiſième, celle de l'empereur d'Allemagne: c'eſt un fait unique dans l'hiſtoire du monde. (1) Leurs alliances.

---

(1) Ces trois femmes ſont *Rothilde*, ſœur de

Jamais famille dans la ſuite ne connut mieux l'art de contracter des mariages avantageux. Elle a plus acquis peut-être par le lit nuptial que par les champs de batailles, où elle triompha tant de fois.

Monteſquieu a obſervé le premier que la couronne avait été unie par les Carlovingiens à la plus grande charge du royaume, & qu'elle fut unie par les *Capets* au plus grand fief. Cette réunion lui rendit quelque éclat, & lui procura un peu de puiſſance.

Les Normands établis en Neuſtrie firent ce que les Français n'avaient pu faire, ils fermèrent la Seine aux Barbares du Nord. Ils ſecoururent la race de *Capet* contre l'ambition des Français mêmes. Car les ſeigneurs accoutumés à dépouiller les rois de leurs domaines, tentèrent, pendant

---

Louis-le bègue & fille de *Charles-le-chauve* : *Ethilde* fille d'*Edouard I*, dit *l'ancien*, roi d'Angleterre : *Hedvige*, fille de *Henri l'oiſeleur.* Cependant, comme *Charles-le-chauve* mourut en 877, il eſt difficile que *Hugues-le-blanc*, qui mourut en 955, quatre-vingts ans après, ait épouſé une de ſes filles, d'autant plus que *Hugues-le-blanc* ne mourut pas vieux : je crois que cette princeſſe était petite-fille de *Charles-le-chauve*.

plusieurs

plusieurs générations de dépouiller les enfans des *Capets*.

Les assemblées toujours les mêmes vices.

Les assemblées, toujours composées d'évêques & de seigneurs, conservaient toujours les mêmes vices. Les chroniqueurs n'y voyant rien de national, & l'art d'écrire devenant moins connu de jour en jour, ils nous ont laissé dans une entière ignorance de ce qui s'y passa. Nous voyons seulement qu'elles ne se tenaient ni à des époques fixes, ni avec des formes régulières; que les seigneurs n'étaient pas obligés de s'y rendre ou de s'y faire représenter; que les circonstances & le caprice semblaient y régler les choses les plus importantes; que les vexations des seigneurs augmentaient sans cesse, qu'ils croyaient fermement avoir le droit de vexer les habitans des villes & des campagnes, qu'ils imaginèrent les taxes les plus onéreuses, & les droits les plus ridicules. La nation entière garrotée dans tous ses membres, écrasée sous le joug, livrée à tous les affronts, languissait abattue sur une terre en friche, en proie à quelques centaines de tyrans, qui détruisant en elle toute force & toute industrie, se nourrissaient de son sang, & insultaient à ses pleurs.

Ces tyrans vivaient perpétuellement en guerre les uns contre les autres : ils combattaient le roi sans scrupule. Le roi avait si peu de puissance, qu'un simple seigneur de Montlhery lui livrait bataille & menaçait de le détrôner. La couronne toujours vacillante n'eût pas demeuré dans la famille des *Capets*, sans la précaution que prirent les rois de faire élire leurs fils aînés de leur vivant.

Malheur du genre humain dans ces temps de barbarie.

Ce qui peut étonner, c'est que le genre humain n'ait pas péri, entièrement affaissé sous toutes les maladies qui le tourmentaient. La servitude de la glèbe, les guerres particulières, les vexations des seigneurs, les débauches les plus honteuses, les assassinats journaliers, la superstition du peuple, la rapacité des moines qui lui enlevaient le peu de substance que les seigneurs lui laissaient; le fanatisme enfin, qui alluma pour la prèmière fois ses bûchers sous le règne de *Robert*, crime affreux & nouveau que n'avaient commis ni les Merovingiens, ni les Carlovingiens, & qui ne fut que trop fréquent sous les deux premières branches de la famille des Capetiens. La dégradation de l'esprit humain était à son comble.

Enfin des débris de l'ancienne Rome, sortit une étincelle qui apporta un peu de lumière & qui guida les premiers pas de la raison dans cette nuit obscure. On retrouva au onzième siècle, et non pas au douzième, comme on le dit communément, on retrouva en Italie dans la petite ville d'Amalfi, un exemplaire des instituts de *Justinien* (1). C'était le premier ouvrage qui, depuis l'établissement des Barbares, parlât à la raison. On se hâta de le copier & de l'enseigner en Italie. Il se fit si bien entendre, que dès la fin de ce siècle, en 1060, on rédigea par écrit la coutume de Barcelone, dont les comtes se regardaient encore comme vassaux de la France. On n'en connaît aucune qui ait été plus anciennement rédigée. Des les premières années du siècle suivant, les

Découverte des instituts de Justinien.

(1) Ce sont les bénédictins qui nous ont appris dans leur Histoire littéraire que ce code a été trouvé environ un siecle plutôt qu'on ne le croit : & ils nous en ont donné une preuve assez forte, en citant des moines qui l'ont expliqué long-temps avant la prise d'Amalfi en 1137, epoque ou l'on prétend qu'il fut trouvé.

croiſés écrivirent les aſſiſes de Jéruſalem ; il ſemble que la découverte de cet ouvrage des Romains, ait fait ſentir la néceſſité d'avoir des lòix écrites.

Des moines italiens apportèrent bientôt à Paris des copies de ce livre, à Paris, dont l'école, que depuis on nomma l'univerſité, avait déjà de la réputation, non qu'elle fût bonne, mais elle était la moins mauvaiſe de l'Europe.

La ſuperſtition fit faire beaucoup de voyages à Jéruſalem ; & ces voyages répandirent auſſi quelque inſtruction. L'oiſiveté, l'amour des femmes, le goût des combats, engendrèrent les tournois ; & ces tournois, en rapprochant plus ſouvent les ſeigneurs, commencèrent à leur inſpirer un peu de politeſſe & de généroſité.

Premier germe de la proſpérité publique.

Enfin la fortune, qui ſe joue du deſtin des Etats, comme de celui des particuliers, prit un enfant trouvé, un enfant expoſé, on ne ſait par qui, dans l'égliſe de Saint-Denis, & recueilli par la charité des moines ; elle en fit le camarade d'enfance, l'ami, le compagnon du fils du roi de France, élevé dans ce même monaſtère : & c'eſt cet enfant qui ſema les premiers germes de la proſpérité publique.

Il vit, il ſentit ce qu'aucun grand ſeigneur ne pouvait appercevoir; car, pour bien diſcerner les objets, pour les bien connaître, il faut être placé dans une poſition qui permette de les voir tels qu'ils ſont.

Il ne pouvait douter qu'il ne fût né dans la ſervitude, ou qu'il ne fût le bâtard d'un moine: il n'ignorait pas que les jeunes filles qui voulaient dérober la connaiſſance de leur groſſeſſe, & celle de leur accouchement, en expoſaient les fruits dans les égliſes; il ſavait encore que les ſerfs, lorſqu'ils voulaient arracher un de leurs enfans à l'eſclavage qui les écraſait, le confiaient ainſi au haſard & à la charité des religieux: enfin, il ne pouvait ſe diſſimuler que, quelque fût ſa naiſſance, il eût vécu dans le ſervage, ſi ces moines ne l'avaient mis ſous l'abri de leurs toits ſacrés.

Cet enfant, ſi connu ſous le nom de *Suger*, s'occupa, auſſi-tôt que l'amitié de *Louis-le-gros* lui eût donné quelqu'influence dans les affaires, à ſoulager le malheur des infortunés dont le ſort eût été le ſien, s'il n'eût pas été abandonné en naiſſant.

Suger affranchit les habitans de quelques villes vers l'an 1108.

Il affranchit les habitans de quelques villes ; il fit sentir aux deux rois sous lesquels il administra les affaires, qu'ils retireraient plus de service d'un peuple libre, que de malheureux esclaves. Il rédigea cette opinion en système de gouvernement.

Les rois étaient trop pauvres pour restituer à l'humanité ses droits en pur don. Ils les vendirent, & les habitans des villes craignirent moins de s'en voir dépouiller, puisqu'ils avaient le titre de leur acquisition.

Ces premiers affranchissemens se firent sous *Louis le gros*, & sur-tout sous *Louis-le-jeune*, à qui son mariage avec l'héritière du comté de Poitou, & des duchés de Guienne & de Gascogne, avait donné sur tous les seigneurs du royaume une prépondérance qu'il ne perdit pas tout-à-fait par son divorce & par la perte de ces provinces, qu'il restitua à sa femme. Cette princesse les porta dans la maison d'Anjou, & les livra à un jeune prince qui monta bientôt après sur le trône d'Angleterre.

Les seigneurs s'opposent à la liberté du peuple.

Les seigneurs s'opposèrent long-temps à la liberté des peuples (1). Ils prétendaient

(1) *An ancien french autor calls them a neu and*

qu'ils ſeraient ruinés, s'ils renonçaient au droit de les vexer & de les taxer au gré de tous leurs caprices. Mais alors les croiſades étaient dans toutes leurs forces. Les dépenſes qu'elles exigeaient, contraignirent beaucoup de ſeigneurs à imiter les rois. Cette aurore de liberté produiſit ſon effet ordinaire. Elle releva les eſprits abattus, elle ranima l'induſtrie, & bannit l'extrême misère.

Les croiſades firent ſortir beaucoup d'argent du fond des cloîtres, où il reſtait enſeveli plus encore que dans les châteaux. Ce numéraire excita au travail ce peuple qui commençait à s'affranchir. Dès ce moment la nation parut ſortie de l'engourdiſſement apathique dans lequel elle avait été plongée juſqu'alors.

Les aſſemblées compoſées des évêques, des abbés & des hauts barons, commencèrent à prendre le nom de *parlement*, *parliamentum*, lieu où l'on parle; & ce nom

---

wicked device, to procure liberty to ſlaves, and encourage them in shaking of the domination of the Maſters. *Hume*, tome II, page 120, appendix II. (Cet ancien auteur eſt *Guibertus*, *de vitâ ſuâ*, *lib. III*, *cap.* 7.

ressemble beaucoup à un nom dérisoire, à un sobriquet; on en donnait alors à tout le monde. Les assemblées, les actes publics rejetèrent long-temps ce nom que des auteurs monastiques employèrent plus de cent ans avant qu'il se glissât dans aucune chartre.

On ne traitait, dans ces parlemens, que de la paix & de la guerre. On n'y jugeait que les causes des hauts barons & celles qui concernaient la propriété des fiefs. Souvent, malgré la décision de ce parlement, les seigneurs en appellaient à leur épée et se battaient avec acharnement.

Tout seigneur s'attribuait le droit de justice dans son châtel; mais les grands propriétaires voulaient qu'on appellât de ces justices à leur tribunal, & les rois, quand ils pouvaient, fesaient appeller de toutes ces justices à la leur. Mais tous les hauts barons s'y opposaient. La souveraineté alors n'était pas une, elle était encore morcelée de toutes parts.

Saint Louis appelle quelques bourgeois dans les assemblées.

Louis IX ou *saint Louis*, qui respectant les droits de l'humanité, réprima tour-à-tour les seigneurs, les évêques & ses propres frères; *saint Louis* commença à donner quelque considération aux bourgeois nouvellement affranchis.

Nicole Gilles assure qu'il y eut quelques députés des villes dans un parlement que *saint Louis* assembla en 1241.

Mais de quelles villes venaient ces députés ? Quel rôle jouèrent-ils dans ces parlemens ? C'est ce qu'on ignore. *Voltaire* dont l'esprit, toujours juste, réunissait les connaissances les plus vastes à la capacité la plus étendue, *Voltaire* croit que ces députés ne pouvaient être que ceux des villes soumises au roi ; que les seigneurs n'eussent pas souffert qu'il en vînt des villes qui leur appartenaient en propre. Cette remarque n'est que trop conforme aux mœurs de ce siècle.

Philippe-le-bel établit les Etats-généraux.

Philippe-le-bel, dont l'esprit était novateur, fit de plus grands changemens. Il établit les parlemens de *Paris*, de *Toulouse*, les grands jours de *Troyes*, & il forma les *Etats-généraux*.

Ces noms différens montrent des intentions & des institutions différentes.

Le nom de parlement était encore très-nouveau, comme nous l'avons déjà remarqué. Aucun auteur ne le donne aux assemblées des évêques & des barons, avant le règne de

Louis-le-jeune. Les gestes de ce prince sont le premier livre où l'on trouve ce nom : on y qualifie de ce titre la grande assemblée qu'il tint à Vezelai, où il prit la croix, en 1146, des mains de cet ambitieux *Bernard*, dont on a fait un saint. Ce nom ne se trouve dans aucun acte public, avant le règne de *saint-Louis*, qui s'en servit dans ses ordonnances, publiées environ cent ans après.

Philippe-le-bel l'employa pour désigner une assemblée de barons & d'évêques, qui devaient s'assembler à Paris deux fois l'an, à Pâques & à la Toussaints, pour rendre la justice. A l'une & l'autre session, le roi nommait les évêques & les barons qui devaient composer le nouveau tribunal. Comme ces évêques & ces barons étaient également ignorans, des clercs ecclésiastiques & des clercs laïques, c'est-à-dire des clercs qui avaient fréquenté les écoles, préparaient les affaires, en fesaient le rapport à ces juges titrés, incapables de savoir si on leur rendait un compte exact, & qui jugeaient les affaires comme ils les entendaient.

Les Etats-généraux eurent un objet plus important.

Première assemblée des Etats-généraux, cause pour laquelle ils furent convoqués.

CET abrutissement de l'esprit humain, qui, selon la remarque d'*Agobar*, donnait la facilité de persuader aux chrétiens ce qu'on n'aurait jamais pu faire croire aux païens, donna aux papes la hardiesse d'excommunier & de déposer les souverains.

Déjà, parmi les descendans de *Hugues Capet*, les rois *Robert*, *Philippe Ier*, *Louis le-gros*, *Philippe-Auguste*, avaient été excommuniés par les papes. *Boniface VIII* crut qu'il pouvait se déclarer le maître du temporel, puisqu'on ne lui contestait pas le spirituel. Il envoya à Paris *Jacques des Normands*, archidiacre de Narbonne, sommer *Philippe-le-bel* de reconnaître *qu'il tenait du pape la souveraineté de la couronne de France.*

Il avait même écrit à ce roi ces paroles mémorables : « *Sachez que vous nous êtes* » *soumis dans le temporel comme dans le* » *spirituel, & que nous tenons pour héré-* » *tiques tous ceux qui pensent differem-*

» *ment.* » Le roi lui avait répondu : « *Que » votre tres-grande fatuité sache que, pour » le temporel, nous ne sommes soumis à » personne, & que nous tenons pour des » faquins & pour des fous, ceux qui pensent » autrement ;* » & il avait fait conduire, hors du royaume, l'archidiacre *Jacques des Normands.*

Le pape convoqua un concile à Rome ; le roi convoqua à Paris son clergé, sa noblesse, & les députés des villes de son royaume. Il prit le parti ferme & sage de faire condamner le pape par la nation même.

Etats-généraux tenus à Paris, le 10 avril 1302.

Ces trois ordres s'assemblèrent dans la cathédrale de Paris ; le roi y présida, siégeant sur son trône. Son frère, le comte d'Evreux, était auprès de lui ; son cousin, le comte d'Artois ; les ducs de Bourgogne, de Bretagne, de Lorraine ; les comtes de Hainault, de Hollande, de Luxembourg, de Saint-Pol, de Dieux, de la Marche, de Bologne, de Nevers, y assistèrent, avec quelques évêques dont on ignore les noms. Les députés des villes occupaient un des côtés de l'église.

Pierre Flotte, garde des sceaux ou chancelier, y parla pour le roi : il se plaignit, dans un discours véhément, des vexations du pape, qui prétendait que « *le roi devait » tenir sa couronne à foi & hommage de la » majesté papale.* » Ce discours fit jeter par l'assemblée de cris d'indignation contre le pape. On protesta tumultueusement qu'on ne reconnaissait que le roi pour seigneur du temporel.

Avis de la noblesse.

Ce ne fut pas le frère du roi, *Louis* comte d'Evreux, ce fut son cousin le comte d'Artois qui porta la parole pour la noblesse, qui assura le roi que tous les gentilshommes sacrifieraient leur vie & leur fortune pour la liberté du royaume ; qu'aucun d'eux ne reconnaissait que le roi pour seigneur du temporel.

Du clergé.

Le clergé n'était pas de cet avis. Il essaya d'excuser le pape. Il demanda la permission d'aller au concile convoqué à Rome. Le roi & les barons lui refusèrent cette permission, & le pressèrent de s'expliquer. Il répondit enfin, que plusieurs évêques & abbés, possédant des duchés, des comtés & des baronnies, ne pouvaient se dispenser de servir le roi, & qu'ils le serviraient tous, même ceux que ces titres n'y obligeaient pas.

Des députés des villes.

Les députés des villes ayant moins de ménagement à garder, s'expliquèrent plus fran-

Requête présentée par ces députés.

chement, & d'une manière plus conforme à la haine que *Philippe* portait à *Boniface VIII.* Ils le prièrent, par une requête que nous avons encore en langage du temps, de garder la souveraine franchise de son royaume, dans lequel il ne devait reconnaître, pour le temporel, aucun autre souverain que Dieu. Ils ajoutaient que le pape avait commis un *péché mortel*, en lui mandant, par sa bulle, qu'il était souverain temporel du roi.... que, quand *Israel* voulut avoir un roi, Dieu ne lui donna pas le grand-prêtre *Samuel*, mais *Saul* dont la stature etait si grande, qu'il s'élevait de toute la tête au dessus du peuple..... que *Jesus-Christ* qui fut *souverain prêtre*, n'eut pourtant pas le temporel; qu'*Herode* qui était roi, ne lui obéissait en rien. « *C'est grande abomination*, disaient-ils, » *d'ouir que ce Boniface entende mallement, comme b..gre, cette parole d'espiritualité: ce que tu lieras en terre sera lie au ciel, comme si cela signifiait que Dieu emprisonne dans le ciel, ceux que le pape met en prison sur la terre.* (1) »

(1) Cette requête se trouve dans les *Acta inter Bonifacium VIII & Benedictum XI, PP. & Philippum*

C'était la première fois que les députés du peuple se trouvaient admis dans une telle assemblée, avec ceux de la noblesse & du clergé. On suivit l'ancienne forme. Les assemblées, jusqu'alors, avaient été composées de deux ordres; on ne fit qu'en ajouter un troisième. Chaque ordre parla par l'organe d'un seul de ses membres. Chaque ordre eut sa volonté particulière. Le moins nombreux eut autant de poids que le plus nombreux. On ne prit aucune précaution pour connaître la volonté générale.

Dans cette circonstance, il était impossible qu'elle ne s'accordât pas avec celle du roi, & que tous les Français, hors les ecclésiastiques, ne fussent d'accord pour soutenir l'indépendance du royaume. Ainsi la forme, dans ce moment, importait peu. Mais une fois adoptée, on l'employa toujours.

Les comices de Rome se divisaient en cent-quatre-vingt-neuf centuries. Mais ces centuries n'étaient pas des ordres qui eussent

---

pulchrum regem christianissimum, dans le *Traite des droits & des libertes de l'eglise gallicane*, tome III, page 108, édition de 1731, & dans le *Tresor des chartres*, registre CXXIX, fol. 114.

des droits, des prétentions, des intérêts différens; au contraire, tous les ordres se confondaient dans les centuries. Le patricien, l'augure, y opinaient comme citoyens, & non comme patricien, comme prêtre. Les petits intérets, l'esprit de corps, s'anéantissaient dans la généralité. Obligés de diviser la multitude, pour avoir plus d'ordre, & pour prendre plus promptement les voix, les législateurs de Rome avaient senti qu'il fallait multiplier les centuries, pour se rapprocher de l'égalité, & ne pas former des corps ennemis ou jaloux l'un de l'autre.

Mais chez les Francs, les assemblées s'étaient formees par une suite de circonstances, sans que jamais elles eussent eu un législateur, sans que jamais personne en eût combiné les formes & médité les résultats. Les divisions qui régnaient entre le clergé & la noblesse, depuis l'admission du clergé dans l'assemblée des Francs, en avaient fait deux corps ennemis: & depuis l'admission du tiers état, sous *Philippe-le bel*, on eut toujours trois corps, trois partis opposés, trois états différens, & jamais une volonté générale.

En effet, ce roi n'envoya point à Rome

la

la décision de l'assemblée, comme la volonté de la nation, comme un acte national, chacun des trois ordres écrivit au pape, & réfuta, comme il put, ses prétentions.

Requête de *Nogaret*, le 12 mars 1302.

Cette assemblée, dont le résultat, s'il eût été considéré comme le vœu de la nation, aurait décidé la question, terminé la querelle, & rendu aussi vaine que ridicule la demande du pape, ne termina rien. Deux jours après, *Guillaume de Nogaret*, dont le grand-père avait été brûlé comme hérétique, présenta une requête au roi, en présence de toute la noblesse & de plusieurs évêques assemblés au louvre; il assure, dans cette requête, qu'il peut prouver que *Boniface VIII* n'est devenu pape que par une fourberie; qu'il est hérétique, simoniaque, & tellement absorbé dans le vice, qu'il est incorrigible.

Boniface VIII donne la France à *Albert d'Autriche.*

Cette querelle s'envenimant de plus en plus, *Boniface*, qui ne regardait point les lettres particulières de chacun des trois états, comme un décret du peuple, comme la volonté des comices de la nation française, ne s'en prit qu'au roi; il l'excommunia, & donna le royaume de France à *Albert d'Autriche*, qui ne jugea pas à propos d'accepter un présent dont il était si difficile de se rendre maître.

Etats-généraux à Paris, le 13 juin 1303.

Le roi convoqua de nouveau les Etats-généraux. Cette assemblée se tint au louvre. Le comte d'Evreux, *Louis*, frère du roi, y assista. Son cousin, le comte d'Artois, avait été tué quelques mois auparavant, à une bataille. *Gui*, comte de Saint-Pol, *Jean*, comte de Dreux, s'y rendirent. *Guillaume du Plessis* ou de *Plasian*, assura l'assemblée que la république chrétienne courait le plus grand danger, sous un chef aussi criminel que *Boniface VIII*, & proposa au roi d'assembler un concile.

Le clergé sort de l'assemblée.

Le clergé se retira, ne voulant pas même prendre part à une assemblée, où l'on délibérait contre le pape.

Les deux autres ordres demeurèrent, & furent de l'avis de *Guillaume de Plasian*. Ils en appellèrent au futur concile ; comme si la liberté des couronnes était du ressort des conciles ; comme si les décisions d'une assemblée nationale avaient besoin d'être confirmées par une assemblée ecclésiastique ; mais, ni le peuple, ni la noblesse, ni le roi, n'avaient de justes idées de la liberté, & ne connaissaient pas les droits d'une nation assemblée.

Requête de *Plasian*.

Ce *Guillaume de Plasian* présenta le lendemain, au roi, une requête contre le pape, requete beaucoup plus incivile que celle de *Nogaret*. Il se propose, dit-il, de démontrer que *Boniface* a commis tous les crimes, qu'il nie l'immortalité de l'ame & la présence réelle, qu'il est sorcier, qu'il méprise les cardinaux, qu'il traite les moines d'hypocrites, qu'il révèle les confessions, qu'il prétend qu'il vaut mieux étre chien que Français, qu'il ne regarde ni la fornication ni l'onanisme, comme des péchés, qu'il est concubinaire, qu'il est sodomite, qu'il a eu deux bâtards de sa propre nièce, quoiqu'elle soit religieuse. Tous ces crimes sont si avérés, dit-il, qu'il n'y a qu'une voix à cet égard. (1)

Ainsi la plus grande cause qui pût être portée & qui fût jamais portée devant les Etats-généraux, fut plaidée par des invec-

(1) On peut voir tous ces actes à la fin de l'*Histoire du different entre le pape Boniface VIII & Philippe le-bel*, par *Dupuy*. On peut consulter aussi *l'Histoire des demêles de Boniface VIII, &c. avec Philippe le-bel*, par *Adrien Baillet*.

tives, par des calomnies, par des raisonnemens ridicules, sans qu'on ait jamais traité la question, jamais allégué ni la liberté naturelle, ni le droit politique, ni le droit des nations. On n'avait aucune idée de la dignité de l'homme, ni de celle des peuples.

Calomnies nombreuses.

Je ne crois pas qu'il y ait eu un règne en France où l'on ait fait un usage plus fréquent de la calomnie, que sous celui de *Philippe-le-bel*. Mais, tandis qu'il s'avilissait en se fesant présenter de semblables requêtes, il agissait d'une manière plus digne du roi de France, en fesant arrêter le pape, au sein même de l'Italie, par ce *Nogaret*, qui avait à venger son grand-père.

Le pape fut délivré par les Italiens. Sa mort termina bientôt une querelle indigne d'un roi & d'un pape, & qui n'eût jamais pu prendre naissance chez un peuple qui eût eu des loix, des lumières, ou quelques idées justes.

Tous les événemens de ce règne prouvent qu'on ne connaissait alors ni la modération, ni les bienséances, ni les rapports naturels que les hommes & les choses ont entr'eux.

Après avoir calomnié le pape, *Philippe-*

le-bel calomnia les juifs, les chassa de son royaume & pilla leurs biens. Car souvent la calomnie est une arme dont on se sert pour commettre ou pour préparer de plus grands crimes.

Il calomnia ensuite les templiers; leur richesse & leur orgueil leur avaient attiré la haine & l'envie. *Philippe-le-bel* convoqua à Tours une grande assemblée qu'on appelle Etats-généraux. On en a fort peu de connaissance. Il paraît que l'extinction de l'ordre y fut résolue ; & il est très-vraisemblable qu'il était nécessaire d'abolir un ordre qui étendait sans cesse ses possessions dans toutes les provinces du royaume, & qui y devenait trop puissant. Mais il n'est point vraisemblable que l'assemblée soupçonnât la manière dont le roi voulait procéder contre les chevaliers.

Etats tenus à Tours, en 1312.

Supplice des templiers.

Ce ne fut, en effet, qu'après cette assemblée, que le roi alla à Poitiers, conférer avec le pape *Clément V*, & qu'il livra ces infortunés à la barbarie de son propre confesseur *Guillaume*, moine dominicain, inquisiteur pour la foi, & à celle de ce *Nogaret*, qui avait si violemment calomnié & si hardiment enlevé le pape *Boniface VIII*. *Nogaret* aurait dû se souvenir que son grand-père avait été brûlé par des inquisiteurs. Mais, soit qu'il craignît lui-même d'être jeté au feu, s'il ne se montrait pas fanatique, soit qu'il voulût complaire aveuglément au roi, il conduisit toute cette intrigue: on accusa tous ces chevaliers des actions les plus honteuses & les plus contradictoires. On condamna, on brula vifs le grand-maître *Jacques Molay*, & plus de cent-vingt autres chevaliers, qui tous protestèrent, en mourant, qu'ils étaient innocens des crimes qu'on leur imputait, & qu'on avait écrit une autre déposition que celle qu'ils avaient faite. Les biens de l'ordre furent confisqués.

Les trois brus du roi accusées, d'adultere sa femme soupçonnee de plus grands crimes.

Les trois brus de ce roi furent accusées juridiquement d'adultère, toutes les trois à la fois, par leurs maris, & sa femme *Jeanne*, reine de Navarre, était soupçonnée de coucher fréquemment avec les plus beaux écoliers de l'université, & de les faire jeter ensuite du haut de ses fenêtres dans la Seine, de peur qu'ils ne s'en vantassent C'est une des plus noires calomnies qu'on ait inventée contre une reine; mais, comme je l'ai déjà dit, jamais on ne calomnia plus que sous ce règne.

Philippe-le-bel fit de la fausse monnaie, & ce n'est point une calomnie. C'était ignorance : il crut qu'il suffisait de la volonté du prince pour imprimer une valeur à une pièce de monnaie ; & ne sachant pas pourquoi un morceau de métal devenait représentatif d'une denrée, il crut que ce n'était qu'une convention arbitraire, qu'on pouvait changer. (1)

Cette erreur acheva de jeter le désordre dans ses finances, & il fut obligé d'assembler les Etats-généraux, pour avoir de l'argent. Ce fut, dit-on, *Enguerrand de Marigny* qui lui en donna le conseil.

---

(1) *Philippe de Valois*, quarante ans après, n'était pas plus instruit que *Philippe-le-bel*, puisqu'il dit dans une ordonnance, où il réclame comme un droit régalien & appartenant à lui seul le droit de battre monnaie, qu'il a lui seul le droit de faire monnayer « *telles monnoies & leur donner tel cours pour tel prix* » *comme il nous plaît & bon nous semble.* » Le 16 janvier 1346, le roi *Jean* en dit autant ; préface de *Secousse*, tome III des Ordonnances, page 101. Les rois, pour ne pas souffrir de ces variations, fesaient payer les taxes aux marcs, sans s'embarrasser de la valeur des monnaies, & sans se douter qu'en agissant ainsi ils décriaient leurs propres monnaies.

Obſervons, avant de parler de ces Etats-généraux, tenus en 1313 ou 1314, que tout l'ordre des templiers, que les plus grands ſeigneurs, tels que *Jacques Molay*, ſe laiſsèrent brûler, ſans en appeller à l'aſſemblée nationale, ſans que la nobleſſe réclamât le jugement des Etats, ni du parlement, ni de ſes pairs, & que, pour avoir quelqu'argent, le roi eſt obligé d'aſſembler les trois ordres. Cet exemple, & pluſieurs autres, ſemblent prouver que les hommes appoitent plus de ſoins à conſerver leur fortune que leur vie.

Je ferai encore d'autres remarques, avant de parler de ces Etats. Je rechercherai pourquoi ce beſoin d'avoir des métaux ſe fit ſentir ſi vivement ſous *Philippe-le-bel*, & devint, depuis ſon règne, l'objet le plus important peut-être de l'adminiſtration publique, lorſque, juſqu'à cette époque, il ſemble en avoir été l'objet le moins intéreſſant.

Des différens effets de la richesse territoriale, & de la richesse numéraire.

AVANT de lire ce chapitre, je prie mon lecteur de se rappeller les mœurs du règne de *Philippe-le-bel*, & les crimes des deux premières races. L'intolérance religieuse semblait s'être étendue jusqu'aux actions purement civiles. En se livrant à toutes ses passions, on ne savait rien pardonner. On se battait en duel, pour les causes les plus légères ; on se fesait la guerre de châteaux à châteaux, sous le moindre prétexte ; &, dans l'intervalle des combats, le vol, le viol, le rapt & la séduction, occupaient les loisirs de ces héros.

L'expulsion des juifs, le procès fait aux templiers, les accusations d'adultères portées contre les trois belles-filles du roi, les soupçons d'adultère & d'assassinats, élevés contre la reine, ces calomnies, ces crimes, ces supplices, ces guerres particulières, n'étaient que le résultat de la position dans laquelle se trouvaient toutes les nations de l'Europe; car les mœurs étaient, à peu près par-tout, les mêmes.

Les seigneurs, tenant les peuples des campagnes dans la servitude, & celui des villes dans une dépendance qui en approchait beaucoup, avaient des passions très exaltées.

Si on est effrayé, quand on voit la manière dont ils se combattaient journellement, & dont les vainqueurs traitaient les vaincus, on est encore plus épouvanté quand on voit ce qu'ils imaginèrent pour s'emparer de tous les biens de la terre, & pour mettre la substance même du peuple dans leurs mains.

Droits des seigneurs.

On ne pouvait moudre son bled qu'à leur moulin, cuire son pain qu'à leur four, vendre ses denrées que quand ils avaient vendu les leurs; les introduire dans une ville sans en payer l'entrée, les exposer dans un marché sans acquitter un droit, labourer sa terre sans payer la taille, se marier sans leur présenter sa fiancée, & leur laisser prendre avec elle le droit de culage. Par-tout où le seigneur allait, il fallait lui fournir un logement, des meubles, des vivres, des chevaux, des voitures: & ses gens, pour qu'il fût servi promptement, mettaient tout au pillage. Si un homme mourait sans enfans, le ſeigneur s'emparait de ſes effets, ce qui ſervit de prétexte pour piller le bien des évêques, à leur mort. C'eſt ce que nous apprennent les actes des conciles qui tous s'élèvent contre cet uſage.

C'eſt ce qui autoriſa le clergé à déclarer damné, tout homme qui mourait ſans faire un teſtament, ſans rien léguer à l'égliſe.

Outre ces injuſtices journalieres, les ſeigneurs impoſaient des taxes arbitraires quand ils le voulaient, & ordonnaient des travaux, par corvée, quand il leur plaiſait. Ainſi tout le numéraire de ces ſeigneuries, où perſonne n'oſait déployer la moindre induſtrie, allait s'engloutir dans les châteaux, d'où il ne ſortait guère que quand il était enlevé par des guerriers, ou par ces voleurs appellés Brabançons, qui pillaient fréquemment les châtellenies & les égliſes, & qui dépenſaient promptement, en profuſions, ce qu'ils avaient gagné par le brigandage. L'argent n'avait preſque point alors d'autre manière de circuler.

Le peuple n'avait aucun dédommagement de ces vexations : ni ſa liberté, ni ſa vie, ni ſa propriété, n'étaient défendues par ces ſeigneurs qui lui avaient tout ravi; qui ne lui permettaient pas même de faire apprendre à lire à ses enfans; qui, maîtres de la terre, se prétendaient maîtres des hommes, comme des animaux qui l'habitaient.

Les terres appartenaient à peu de familles.

Il est vrai que les terres étaient alors partagées entre un petit nombre de familles, & qu'elles restaient toujours dans ces mêmes familles. C'était une richesse stagnante à laquelle le peuple ne pouvait avoir aucune part, & on ne connaissait pas d'autres richesses.

Cette stagnation est l'état naturel des richesses territoriales. Le père transmet ses terres à son fils, à son petit-fils, à ses descendans, soit qu'ils aient de l'intelligence, ou qu'ils soient ineptes. On ne les perd que par la guerre; on ne les accroît que par des victoires, ou par des mariages. Toute l'industrie d'un peuple purement propriétaire, s'il en était, se bornerait à défendre son domaine, à piller ses voisins & à marier avantageusement son fils.

Les cadets sont déshérités.

Je dis son fils, car ces propriétaires n'ayant d'autres richesses qu'une terre & un château, déshéritèrent bientôt les cadets, leurs donnèrent un cheval, une cuirasse, un morion, une lance, & les envoyèrent chercher fortune. C'eſt ce qui produiſit la chevalerie errante, les aventures étranges & les conquêtes preſqu'incroyables des onzième & douzième ſiècles.

On fut obligé de déshériter les cadets, pour empêcher les guerres atroces que les frères ſe livraient entr'eux, toutes les fois qu'ils avaient une terre à partager. Ils ſe battaient, ils s'aſſaſſinaient pour un pré, pour un puits, pour un moulin, pour une maſure, avec une férocité qui fait frémir, & qui augmentait encore la dureté avec laquelle ils dépouillaient le peuple de tout ce qu'il pouvait avoir.

Les peuples de l'Europe ſe trouvaient alors à peu près dans la même ſituation où les Grecs, les Siciliens & les habitans de l'Italie avaient été dans les temps héroïques, lorſque les *Cercyon*, les *Sinnis*, les *Procruſtes* & autres tyrans, opprimaient du haut d'une citadelle les habitans des campagnes & quelquefois ceux des villes : lorſque les *Hercules*, les *Théſées*, coururent les défier & les punir, préciſément comme nos chevaliers errans combattaient, & feſaient juſtice de temps en temps de quelques châtelains pervers.

Chaque chose a, par sa nature, des propriétés particulières qui amènent des vertus & des vices. Les petits propriétaires agricoles sont les plus simples, & peut-être les plus vertueux des hommes. Les propriétaires armés, possesseurs de châteaux forts, sont tout autre chose; ils réduisent à la servitude de la glèbe, tous les habitans du pays : l'histoire entière de l'Europe le certifie; la Pologne, la Russie, & plusieurs autres contrées en font encore un témoignage subsistant.

Premiere utilité du numeraire.

Je crois que cet état dure, chez un peuple, tant qu'il n'y a pas assez de numéraire pour qu'il en circule une masse considérable.

Du moins je vois que tous ces tyrans, habitans des cavernes, des rochers, des lieux forts, des châteaux, disparurent de la Grèce, de la Sicile, de l'Italie, de la France, de l'Angleterre, à mesure que ces contrées s'enrichirent.

Les Gaules riches, sous la domination des Romains, avaient été ruinées par l'introduction des Barbares; à cette époque le numéraire disparut de l'Occident. Ceux qui purent s'enfuir en emportèrent beaucoup dans l'Italie & dans l'Orient. Ceux qui ne purent fuir, enfouirent le peu qu'ils possédaient. Chaque église forma un trésor de tout l'or & l'argent qu'elle put recueillir. Chaque roi, chaque seigneur, sous la première & la seconde race, eut aussi son trésor. A chaque révolution qu'on prévoyait, on enterrait son or. Le numéraire diminua de jour en jour, jusques aux croisades qui, comme nous l'avons déjà observé, firent sortir des châteaux & des églises, presque toute la masse de numéraire qui n'y servait à rien : & quoiqu'il en sortît beaucoup du royaume, quoiqu'il en passât beaucoup dans l'Orient, du moins ce qui resta se trouva dans des mains industrieuses, qui surent lui donner un peu de valeur, en payant des travaux utiles.

Ce fut peut-être même à ce premier mouvement du numéraire que les habitans des villes durent la faculté d'acheter leur affranchissement.

Ce premier changement en amena d'autres: on avait été sous le régime de la force & de l'esclavage, on passa sous celui de la liberté & des loix; *saint Louis* établit quatre grands bailliages, & donna un code sous le nom d'établissement.

Ce nouveau régime provenait de la nouvelle position dans laquelle le peuple se trouvait, des richesses qu'il acquérait.

Différence des richesses numéraires, & des richesses territoriales.

Pour bien faire connaître cette situation, je suppose, qu'à la place d'un de ces propriétaires de châteaux, qui s'étaient emparé de tous les biens, & qui avaient réduit le peuple à la servitude de la glèbe, on mette un homme qui ne possède qu'un numéraire considérable, & voyons ce qui arrivera.

Son numéraire ne pouvant le nourrir, il se hâtera d'en échanger une partie pour ses alimens, une autre pour ses vêtemens, une troisième pour l'entretien de sa famille. Comme ces choses se consomment, il sera obligé chaque jour de faire de nouveaux échanges. Il n'opprime ni n'asservit, on traite d'égal à égal avec lui.

Bientôt ses richesses seront en d'autres mains, il ne possédera plus rien, si par quelque genre d'industrie, il ne sait pas réparer le vide que chaque jour apporte à son numéraire. Cette industrie ne peut être la violence, car l'or ne se garde pas comme un château. Les gardes qu'on lui donnerait en consommeraient toujours quelques parties, ne fût-ce que pour leur solde. Son possesseur

possesseur veut des loix, il a besoin que la règle & l'ordre s'introduisent. Le seigneur n'avait besoin que de ses armes.

A sa mort, ses enfans partagent également son numéraire, tandis que le fils aîné du seigneur envahit tout le domaine de son père, & fait à ses cadets la part la plus faible qu'il peut, & quelquefois il ne leur en fait aucune.

Si ses héritiers sont ineptes, ou sans conduite, leur fortune est bientôt dissipée de cent façons différentes, & ses petits enfans sont dans la misère. L'ineptie ou la débauche du seigneur, dans un pays sans numéraire, ne l'empêche pas de conserver son château, & de le défendre contre des ennemis.

Les terres sont des richesses massives & stagnantes, le numéraire est au contraire une espèce de fluide qui tend perpétuellement à changer de place, & à prendre son niveau.

Un domaine, un château, est une masse qu'il faut enlever toute entière pour s'en emparer. La plus grande richesse numéraire, peut au contraire s'acquérir ou se perdre, pour ainsi dire, goutte à goutte. Ainsi ce genre de richesse, pour le conserver, comme pour l'obtenir, demande des vertus, telles que la vigilance, la prudence, l'économie, la modération, lorsque les richesses territoriales ne demandaient que de la bravoure. Il éveille les talens, les arts, le commerce & l'industrie, lorsque la puissance seigneuriale les étouffait, & n'enfantait que la servitude & la tyrannie.

Nous avons vu que sous le régime numéraire, les frères peuvent partager également l'héritage de leur père, & que sous le régime territorial, il fut indispensable de donner tout à l'aîné, pour prévenir les guerres de familles.

Autre utilité du numéraire.

Or, cette égalité & cette paix que le numéraire apporte entre les frères, il l'apporte à la longue, parmi tous les habitans d'un pays. La richesse numéraire passe entre toutes les mains, le négociant est aussi riche que le seigneur, & l'engage à vendre ses terres, dont la guerre seule pouvait le dépouiller auparavant: les terres deviennent une propriété moins stagnante, elles augmentent de prix, & on cesse d'en faire don à des moines. On s'apperçoit qu'une petite terre mise en valeur, vaut mieux qu'une grande mal cultivée ; le goût des immenſes poſſeſſions diminue, le nombre des propriétaires augmente ; le pays devient plus riche : le peuple, qui ne connaiſſait autrefois que ſon ſeigneur, qui n'eſtimait que lui, qui ne ſervait que lui, développe ſon intelligence, n'accorde ſon eſtime qu'à ceux qui la méritent par des talens ſupérieurs, & veut vendre, comme ſa propriété, ſon travail : travail qu'autrefois on exigeait de lui à coups de bâton.

La naiſſance, qui dans les temps féodaux, avait été un avantage très-réel, parce qu'elle livrait ſans peine au fils, au petit-fils d'un ſeigneur & à leurs deſcendans, un peuple accoutumé à ſervir ſous leurs ancêtres, le devient beaucoup moins, & finit preſque par n'être qu'un avantage honorifique, parce que l'homme le mieux né trouve ſans ceſſe des gens qui le ſurpaſſent ou qui l'égalent en eſprit, en ſavoir, en talens, & ſur-tout en richeſſes ; & parce que la ſociété ayant ſans ceſſe beſoin du plus habile ou du plus riche, & nullement du plus illuſtre, il voit donner la préférence ſur lui, dans toutes les choſes importantes, comme dans l'opinion publique, à l'homme qui lui eſt ſupérieur en talent; & il eſt réduit à cabaler obſcurément contre le mérite, ou à travailler pour en avoir autant que l'homme obſcur. Le régime de la force diminue de jour en jour ; on paſſe ſous celui des loix, des talens, de la raiſon & de l'induſtrie.

Toutes les nations où il n'y a point de numéraire ſont dans une ſorte de ſtupeur; toutes celles où il y en a beaucoup qui circule, ſont en pleine activité.

Les richeſſes numéraires amènent auſſi des vices. Mais ce ſont les excès de la liberté, les caprices de la fortune, les abus de l'induſtrie, l'intempérance d'une forte ſanté ; & ces vices n'approchent pas de ceux qu'apportent la ſervitude d'un peuple ſans propriété, ſans commerce, ſans induſtrie, livré à tous les affronts que veulent lui faire des maîtres armés qui le traitent comme des bêtes de ſomme, & qui le ménagent beaucoup moins.

Comparez les villes de la Hollande & les campagnes de l'Angleterre, avec celles de la Pologne & de la Ruſſie, avec celles de toutes les contrées où il y a encore des ſerfs, & vous aurez un faible tableau de la différence de ces deux situations. Encore les serfs sont-ils par-tout aujourd'hui moins maltraités, moins avilis, que dans les temps où la féodalité régnait dans toute l'Europe. Le seigneur le plus dur n'ose pas se permettre aujourd'hui avec ses serfs ou avec leurs filles & leurs femmes, ce que le plus modéré se permettait autrefois sans scrupule.

Ce changement de situation qui ne commença guère pour nous que sous le règne de *Philippe I*, & qui n'eut guère d'effets sensibles que sous *Philippe-le-bel*, amena une contradiction de plus dans nos mœurs, où nous en avons déjà tant remarqué. Car tous les principes de la féodalité avaient été imaginés pour un peuple sans numéraire, & ne convenaient que dans une telle situation. La noblesse voulut conserver ses antiques mœurs, traiter le peuple de la même manière, le faire travailler par corvées, ne payer aucun subside à l'Etat, garder elle-même par les armes ses terres & ses châteaux, préférer en tout le glaive à la loi. Le peuple s'efforça au contraire de courir au-devant de ces mœurs nouvelles, auxquelles il devait sa liberté, le développement

Le besoin du numéraire ne commença guere que sous *Philippe I.*

de ses facultés, la petite propriété qu'il possédait déjà & qu'il voulait accroître. Il desirait des loix, il consentait à payer des impôts au monarque qui défendrait ses biens & qui le garantirait de l'oppression des nobles. Le clergé, comme les nobles, ne voulait rien payer à l'Etat; & satisfait de ce privilége, il voyait peut-être avec indifférence le peuple devenir plus industrieux, persuadé que dans quelques mains que fussent les richesses, elles finiraient toujours par lui revenir.

Quand je prête ces idées à ces trois ordres, je n'ignore pas que ces idées étaient très-confuses, comme le sont presque toutes celles qu'on doit à sa situation, & dont on ne se doute souvent pas. Si ces idées eussent été développées, elles eussent eu des effets plus prompts.

Cette contradiction dans les mœurs, dont nous ressentons encore quelques effets, en eut de très-funestes pendant cinq cents ans. C'est elle qui produisit cette haine que la noblesse eut toujours pour la liberté du peuple, pour son industrie, pour ses richesses, qui tendaient à détruire ce que l'inégalité des conditions avait eu jusqu'alors d'avilisſant, de tyrannique & d'odieux. C'eſt elle qui produit encore la plupart des préjugés qui nous aſſiégent, & cette foule de mauvais raiſonnemens qu'on retrouve dans preſque tous les livres, où l'on combat cette eſpèce d'inſtinct, qui porte les nations à courir après les richeſſes numéraires.

L'inſtinct qui devine ce que la raiſon ne voit pas encore, l'inſtinct a fait ſentir au peuple que les richeſſes numéraires ſont les ſeules qui lui appartiennent, les ſeules auxquelles il puiſſe atteindre par ſon induſtrie, tandis que les richeſſes territoriales, ne ſortent que difficilement du petit nombre de familles qui les poſsèdent, qui ſe les tranſmettent par des ſubſtitutions, par des retraits lignagers, & qui, par les mariages des héritiers, & l'expulſion des cadets, tendent toujours à les réunir dans le moins de mains poſſibles.

Lorſque ces deux genres de richeſſes ſe trouvent dans une grande nation, comme la France, ou l'Angleterre, il y a beaucoup de gens qui les poſsèdent toutes deux, qui ſont à la fois ſeigneurs d'un château & maîtres d'un gros capital, & il y a quelques hommes qui ont les vices qu'inſpirent ces deux ſortes de poſſeſſions : c'eſt-à-dire, qui veulent tout aſſervir comme grands propriétaires, & qui ſe livrent à toutes les fantaiſies que procure la mobilité du numéraire. Mais ces vices ſont rares ; les profuſions du capitaliſte tournent toujours au profit de la généralité & à l'égalité des fortunes, lorſque l'ambition, l'avarice & les vertus mêmes du propriétaire tendent toutes à augmenter l'inégalité des biens, à étendre ſa domination, & à ramener la ſervitude.

Ce ſont ces vérités ſenties par inſtinct, qui ont toujours empêché les peuples de prêter l'oreille à la voix des moraliſtes qui ont déclamé contre les richeſſes ; ce ſont ces vérités qui ont toujours engagé les hommes d'Etat les plus vertueux à favoriſer le commerce & l'induſtrie, malgré quelques abus frappans, & à en croire plutôt l'inſtinct général que les déclamations des auteurs, malgré le deſir, ou plutôt par le deſir qu'ils avaient de rendre les peuples plus éclairés, plus ſages, plus heureux, plus ſoumis au frein des loix & aux conſeils de la raiſon.

Situation du peuple sous Philippe-le-bel ; Etats-généraux de 1314.

CHEZ un peuple où il n'y a point de numéraire, les services dont l'Etat a besoin se font en nature : c'est-à-dire, que si l'Etat est menacé d'une guerre, les habitans du pays prennent les armes, se pourvoient de vivres, de chevaux, de charriots ou de bateaux, pour les transports : que si le roi ou ses agens, ou les princes, ou les pontifes, font quelques voyages, on leur fournit par-tout des vivres, des logemens, des voitures : que s'il faut fortifier une ville, on dispense les travaux entre les citadins qui élèvent eux-mêmes les murs ; chacun paie de sa personne, de son travail, de ses denrées. Ceux qui n'ont rien sont bientôt esclaves de ceux qui ont des terres ; mais les travaux se font mal & avec lenteur, ils ne s'obtiennent que par violence. On ne fait que ce qui est indispensable. C'est l'état où furent toutes les nations de l'Europe jusqu'aux croisades.

Quand il y a du numéraire en mouvement, quiconque en a se dispense, en payant, des travaux perſonnels. Les impôts ſervent au prince à payer les denrées du propriétaire, & les ſervices du pauvre. Le pauvre trouve dans les travaux publics une reſſource qui ſoulage ſa misère & qui l'arrache à l'eſclavage. Tout ſe fait mieux & plus promptement, & ſans contrainte. On ne ſe contente plus de ce qui eſt indiſpenſable, on veut jouir.

Mais ce changement n'eſt pas ſubit. Les anciennes mœurs, les établiſſemens antérieurs, les préjugés, les habitudes s'y oppoſent; cette contradiction produit un mal-aiſe, & même une fermentation, qui nuit d'autant plus, qu'il y a un plus grand nombre d'intérêts oppoſés d'une part, & beaucoup plus de moyens de réſiſtance de l'autre.

C'eſt la poſition où la France ſe trouva ſous *Philippe-le bel.* Il y avait peu d'argent, & il était mal réparti. Toutes les coutumes, toutes les inſtitutions concouraient à le faire retourner & à le laiſſer s'entaſſer dans les châte aux & dans les égliſes, au lieu de le faire circuler dans des mains productives.

Ainſi la circulation était faible & difficile, le commerce était peu connu : les juifs le faiſaient preſque ſeuls. Le grand nombre d'ordonnances que *Philippe-le-bel* rendit contre l'uſure prouve qu'elle était très-commune; & que les juifs n'étaient que les agens des ſeigneurs & des évêques. Car dans toute nation qui mépriſe le commerce, la nobleſſe eſt ſujette à imiter les anciens ſénateurs de Rome, en feſant ainſi valoir ſon argent.

Le beſoin du numéraire devient plus preſſant.

Mais le peu de mouvement que l'affranchiſſement des villes, l'amélioration de l'agriculture, la correſpondance avec l'Orient, la navigation de la Méditerranée, avaient imprimé au numéraire, rendait plus urgente la néceſſité d'en avoir. Il fallait payer beaucoup de choſes dont on ſe paſſait autrefois, ou qu'on obtenait par violence.

Les rois commençaient à ſoudoyer des troupes, au lieu de faire marcher des payſans mal armés qui combattaient mal & qui dévaſtaient les campagnes. Mais comme les villes fourniſſaient encore des milices à leurs frais, & que les ſeigneurs & leurs vaſſaux ſe rendaient encore à l'armée, à leurs propres dépens, on ſouffrait les inconvéniens des deux régimes. Celui de payer des impôts, & celui de faire le ſervice en perſonne.

De-là ce malaise général, & les querelles qui le suivirent; de-là les troubles de ce règne & des règnes suivans. On criait contre les impôts dont on ne pouvait plus se passer. L'ignorance empêchait le peuple de voir que ces impôts assuraient sa liberté & sa propriété; la terreur qu'inspirait cette ignorance & l'opposition des nobles & du clergé, empêchait de les prélever avec équité, de les répartir avec égalité, & de les administrer avec sagesse.

Ordonnances du louvre, tome I.

Nous avons des ordonnances de *Philippe-le-bel*, où il enjoint de lever des impôts le plus secrètement qu'il se pourra, & de n'en pas lever dans les terres des barons qui ne voudront pas absolument le permettre.

La solde des troupes augmentait la circulation : la boussole, qu'on inventa sous ce règne, donna plus d'activité au commerce. Les lettres de change que les juifs imaginèrent, quand *Philippe-le bel* les chassa de son royaume, afin de s'emparer de leurs biens, concoururent encore à augmenter la circulation. Elles prouvèrent que l'or est un bien qui échappe plus facilement aux mains des ravisseurs, que les richesses foncières, & qu'il exige des rois, même les plus avares, des ménagemens dont ils se dispensent à l'égard des propriétaires des terres.

Les villes commencèrent alors à s'enrichir, le tiers-état à se former, à devenir une classe intermédiaire entre les seigneurs & les paysans. Mais cette marche progressive était sans cesse arrêtée par les préjugés de la noblesse, qui s'opposait aux priviléges que la roture pouvait acquérir; par les préjugés du clergé, qui regardait tous les gains comme illégitimes, tous les intérêts comme des usures; par la sottise des bourgeois, qui croyaient devoir adopter leurs opinions, au lieu de les combattre. On rampait, au lieu de marcher; cependant on fesait toujours quelques pas.

Je vois par quelques chartres, que, quand les rois affranchissaient une ville, ils renonçaient à y lever arbitrairement des impositions, & se réservaient seulement certains droits. Par exemple, *Louis-le-gros*, en établissant la coutume de Laon, se réserve le droit de loger, une fois ou deux par an dans cette ville; & il stipule que, s'il n'y vient pas, la ville sera obligée de lui donner vingt livres.

Sans cette renonciation au droit de les

taxer arbitrairement, les peuples n'auraient eu qu'un affranchissement illusoire.

Le besoin d'argent, les fréquens voyages des rois, le mépris qu'on avait alors pour l'humanité, engageaient souvent les rois & leurs ministres, & toute leur suite, à manquer aux chartres d'affranchissement. Les villes defendirent quelquefois leurs chartres par les armes. *Philippe le-bel*, qui avait indisposé tous les esprits, en fesant de la fausse monnaie, & en mettant des taxes inattendues, éprouva beaucoup de révoltes.

Le célebre & malheureux *Enguerrand de Marigny* lui conseilla d'assembler les Etats-généraux, afin de réparer le désordre causé par l'altération des monnaies, & afin d'obtenir, du consentement du peuple, un argent dont il avait besoin, & qui lui coûtait trop à lever par la force des armes.

Etats-généraux tenus à Paris, au mois d'octobre 1314

Ce fut à Paris, dans la grand'salle du palais, que se tinrent ces Etats. La noblesse & le clergé y envoyèrent des députés. Il n'y eut que huit villes de l'île de France, en comptant Paris, & huit du Languedoc, qui nommerent des députés pour ces Etats. En Champagne, il n'y eut que cinq villes; en Guienne, quatre; en Normandie, quatre; en Picardie, trois; & dans l'Orléanais, deux qui en envoyèrent. Je ne vois qu'une ville du Poitou, une de l'Auvergne, une du Berry, une du Nivernois, une du Limousin, une de l'Aunis, une de la Saintonge, une de la Touraine, une de la Flandre, une de l'Artois, dont les députés assistent à ces Etats. En tout, il n'y eut que quarante-quatre villes de France qui eurent des représentans dans ces Etats (1); la plupart n'en élurent que deux, quelques

---

(1) *Veez-cy*, l'accort qui fut fait par les gens des bonnes villes, qui furent mandées pour le fait des monnaies, l'an treize cent quatorze. C'est a savoir, des villes qui s'ensuivent, & est a savoir que de chascune de ces villes vindrent deux ou trois souffisantes personnes. *Ordonnances du louvre*, tome I.

Compiegne.	Tours.	Troye.
Meaux.	Laon.	Nevers.
Montdidier.	Soissons.	Dieppe.
Beauvais.	Senlis	Auch.
Pontoise.	Tournay.	Nimes.
Toulouse.	Reims.	Albi.
Cahors.	Arras.	Poitiers.
Montauban.	Amiens.	Moissac.
Limoges.	Saint-Quentin.	Bourges.
Narbonne.	Chartres.	Figeac.
La Rochelle.	Noyon.	Clermont en Auvergne.
Saint-Jean-d'Angeli.	Caen.	
	Orleans.	Beziers.
Chalons.	Bayeux.	Carcassonne.
Sens.	Rouen.	Montpellier.

unes en nommèrent trois, par conſéquent, leur nombre ſe monta environ à cent; c'eſt bien peu pour un ſi grand territoire: mais pourquoi n'y eût-il que quarante quatre villes qui jouirent de ce droit? le roi en avait un bien plus grand nombre dans ſes domaines. Lyon, qu'il avait réuni à la couronne, n'y envoya pas, quoiqu'elle fût déjà une ville célèbre & plus riche que Paris. Montpellier qui en envoya, appartenait alors au roi d'Arragon, & ne fut réunie à la couronne de France, que long temps après.

Il n'en vint ni de la Bourgogne, ni de la Bretagne, ni de la Provence, ni des autres contrées qui, feſant partie du royaume, avaient des ſeigneurs puiſſans qui s'en regardaient comme les ſouverains, ſous la ſuzeraineté du roi.

Ces Etats, appellés généraux, ne l'étaient point; ce n'était pas ceux du royaume, mais ceux des contrées dont le roi était ſeigneur. Et à cet égard même ils n'étaient pas généraux.

Grande chronique de Saint-Denis. Le roi y préſida monté ſur une eſpèce de théâtre avec les députés des nobles & du clergé. Ceux des villes étaient au pied de ce théâtre.

Enguerrand

Enguerrand de Marigny leur représenta les besoins de l'Etat. *Etienne Barbet*, au nom de la ville de Paris, accorda six deniers pour livre d'impositions; les députés des villes de Normandie & de Picardie s'y opposèrent fortement. On ne nous dit point qu'il y ait eu une volonté, une résolution générale. On fit plusieurs règlemens pour avoir de bonne monnaie.

Ces Etats se tinrent au mois d'octobre; le roi mourut au mois de novembre, on n'exécuta rien de ce qu'on y avait arrêté: car, sous aucune des trois races, aucune assemblée ne prit la moindre précaution pour faire exécuter ce qu'elle avait résolu.

De deux grandes assemblées, concernant la succession au trône.

DEPUIS la fondation de la monarchie, il y avait toujours eu de grandes assemblées, dans toutes les affaires extraordinaires; mais ni le temps, ni le lieu de ces assemblées, ni la qualité, ni le nombre de ceux qui devaient y assister, ni le genre des affaires, qu'on devait y traiter, ni la liberté dont les opinions devaient jouir, ni le temps de la durée de l'assemblée, ni sa forme, ni sa puiſſance, ni le reſpect dû à ſes déciſions, ni le moyen de faire exécuter ſes réſolutions, n'avaient été preſcrits par aucune loi.

Lorſqu'on eût admis une fois les députés des villes, dans cette aſſemblée, on ne crut pas qu'il fût néceſſaire de les y admettre toujours, on ne ſoupçonna pas que leur abſence pût rendre l'aſſemblée illégale.

Première queſtion ſur l'hérédité du trone.

A la mort de *Louis le Hutin*, il s'éleva une nouvelle queſtion ſur l'hérédité de la couronne.

Les rois de la première race n'avaient guère été que les généraux des armées; ainſi aucune femme n'avait pu prétendre à ce rang. Aucune n'avait ſuccédé à ſon père, quoique pluſieurs rois n'euſſent laiſſé que des filles.

La couronne avait certainement été élective dans la famille des Carlovingiens, au moins ſous la fin de cette ſeconde race; & jamais nulle part, quand on choiſit un chef, on n'élit une femme.

La précaution que prirent tous les premiers rois de la troiſième race, de faire élire leur fils aîné de leur vivant, démontre qu'ils doutaient au moins du droit de leurs enfans. Si cette précaution fut obmiſe depuis *Philippe-Auguste*, c'est une preuve qu'elle n'était plus nécessaire, & qu'on pensait alors que la couronne suivait la loi des grands fiefs ; c'est-à-dire, qu'elle était héréditaire.

Mais les femmes héritaient de tous les grands fiefs ; c'était une femme qui avait porté le duché de Normandie, & la couronne d'Angleterre dans la maison d'Anjou. C'était une femme qui avait porté successivement le duché de Guienne & le comté de Poitou dans la maison de France & dans celle des comtes d'Anjou rois d'Angleterre. C'était une femme qui avait porté tous les biens de la maison de Toulouse à nos rois. C'était par une femme que la Provence avait passé dans une branche de la famille royale : c'était par une femme que les biens de la maison de Bourbon avaient passé dans une autre branche de cette même famille.

Il s'agissait donc de savoir si la couronne ayant tant acquis par des mariages, ne devait pas suivre en tout la loi des fiefs & appartenir par héritage à une femme. La couronne d'Angleterre, celles de Navarre, d'Espagne, de Portugal, de Naples, suivaient la loi des fiefs, & la plupart de ces couronnes appartenaient alors par des mariages à des princes français ou originaires de la France.

Le Portugal appartenait par une femme à un prince issu de la maison de Bourgogne.

Le royaume de Navarre & le comté de Champagne avaient été apportés à *Philippe-le-bel* par sa femme : & on rendait la Navarre à sa petite-fille *Jeanne*, fille unique de *Louis le Hutin*.

Il s'agissait de savoir si cette princesse devait hériter de la couronne de France, comme de la couronne de Navarre. Les barons furent entr'eux d'avis différens. Si cette princesse avait en sa faveur la coutume des grands fiefs, on alléguait quelques exemples de fiefs enlevés par des cousins à des filles, avec la même justice que les aînés usurpaient sans contestations l'héritage des cadets. *Jeanne* était une enfant qui n'avait ni amant ni mari pour défendre ses droits.

Spicileg. tome III, page 72.

Philippe son oncle, sans mettre les siens en question, se rendit à Reims avec des troupes, en fit fermer les portes, & se fit sacrer avec toutes les précautions nécessaires pour soutenir un siége.

Son propre frère, *Charles-le-bel*, lui

contestait son droit, & prenait contre lui le parti de sa nièce.

Philippe, dès qu'il fut sacré, revint à Paris, & tint une grande assemblée des prélats & des seigneurs de son parti, des principaux bourgeois de cette ville, & des membres de l'université, qui ne pouvaient pas avoir un autre avis que celui du prince qui les convoquait. Tous jurèrent de lui obéir, à lui & à son fils, enfant encore au maillot; car *Philippe* n'avait lui même que vingt-trois ans. *Il fut décide que les femmes ne succèdent point à la couronne de France* : & les historiens ont dit depuis que ce fut une loi fondamentale. Mais cette assemblée était-elle légale, générale & bien convoquée?

Assemblée tenue à Paris en 1317.

Elle exclue les femmes du trône.

Comment quelques bourgeois de Paris, quelques professeurs de l'université, quand les autres villes n'envoient point de députés à une assemblée, deviennent ils membres du corps législatif? Comment ce corps est-il formé, quand le frère de celui qui prétend à la couronne, quand l'oncle & le tuteur de celle qui réclame la couronne, quand plusieurs pairs & plusieurs évêques sont absens, quand les députés de la noblesse & ceux du clergé n'ont été, ni admis, ni convoqués? On ne fit alors aucune de ces questions. Il est même vraisemblable qu'elles ne se présentèrent point à l'esprit de ceux qui s'assemblèrent.

Philippe ayant chassé du trône la fille de son frere ses propres filles en furent exclues. Son frere *Charles-le-bel* lui succéda en raison de cette loi, faite à Paris très-irrégulièrement.

Charles-le-bel ne laissa qu'une fille, qui fut à son tour exclue du trône en vertu de cette même décision. Sa femme était enceinte; & il s'éleva une question bien plus étrange.

Seconde question sur l'hérédité du trône.

Deux princes, l'un *Philippe de Valois*, fils du duc *Charles de Valois*, & petit-fils du roi *Philippe-le-hardi*; l'autre, *Edouard III*, roi d'Angleterre, fils d'*Isabelle de France*, fille de *Philippe-le bel*, fils de *Philippe-le-hardi*, briguèrent la régence du royaume, & demandèrent la couronne dans le cas où la reine accoucherait d'une fille.

Edouard avouait que sa mère n'avait aucun droit au trône; mais il disait que si la loi excluait les femmes, elle n'excluait pas leurs enfans mâles, & qu'à ce titre il était le plus proche parent des derniers rois. Cette assertion vraie, à l'égard de *Philippe de Valois*, ne l'était pas à l'égard d'un autre *Philippe*, né de *Jeanne* duchesse de Bourgogne, fille de *Philippe-le-long*; & des autres enfans qui pourraient naître de cette même princesse, & de sa sœur *Marguerite*, femme de *Louis*, comte de Flandres, & de sa cousine *Jeanne*, fille de *Louis le Hutin* & femme de *Philippe*, comte d'Evreux (1), qui, toutes deux, eurent en effet des fils qui auraient apporté en naissant des droits supérieurs à ceux d'*Edouard*, si la proximité des mâles issus des femmes avait été admise comme un titre légitime pour succéder au trône.

Philippe de Valois avait trente-quatre ans, *Edouard* n'en avait que quinze. *Philippe* était en France, *Edouard* en Angleterre. *Philippe* s'empara de la régence. On tint cependant une grande assemblée pour décider entre ces deux prétendans. La grande chronique de Saint-Denis ne parle que des

Assemblée tenue à Paris en 1328.

Elle exclue du trône les enfans des filles des rois de France.

(1) Ce *Philippe*, comte d'Evreux, était fils de *Louis*, cinquième fils de *Philippe-le-hardi*; il épousa *Jeanne*, fille de *Louis Hutin*, & il en eut *Charles-le mauvais*, qui descendait ainsi des rois de France par son père & par sa mère.

barons & des nobles, & de quelques docteurs qu'ils admirent pour les consulter sur les anciennes coutumes. Ni ces chroniques, ni le continuateur de l'histoire de *Guillaume de Nangis*, ne disent point qu'on y ait admis les députés des villes.

Jean de Montreuil, qui écrivit sous le règne de *Charles V* & de *Charles VI*, & tous les historiens qui l'ont suivi, assurent que cette question fut décidée par les trois Etats; mais comme aucun d'eux ne nomme les villes qui envoyèrent des députés, & que les auteurs contemporains n'en parlent pas, il est très-douteux qu'ils aient été assemblés.

Il paraît que les deux plus grandes questions, qui concernent l'hérédité du trône, ont été décidées par des assemblées très-nombreuses, mais non pas générales; par des assemblées composées plus selon la volonté du prince qui les convoquait, que selon des formes propres à caractériser la liberté des suffrages & le choix volontaire des opinions.

La raison qui détermina les esprits, selon le continuateur de *Nangis*, c'est que « *la* » *mère d'Edouard, n'ayant aucun droit,*

» *elle n'en pouvait transmettre aucun à son*
» *fils.* »

Ainsi cette grande cause, qui intéressait le sort d'nne grande nation, fut jugée par un moyen d'avocat, comme s'il eût été question d'une chaumière, d'un héritage, entre particuliers.

On oublia, ainsi qu'on les avait oubliés en jugeant la cause de l'indépendance de la couronne, contre les prétentions du pape, les droits des peuples, la volonté nationale, la différence qu'il y a entre la couronne & un patrimoine.

On hérite de son père en raison de l'ordre établi par la nature, qui substitue les enfans au père.

On hérite de la couronne en raison de l'ordre établi par le corps politique, dont le roi est le chef; car la nature ne fait pas les rois : c'est la constitution politique qui les crée. Elle les a créés pour sa conservation; elle les a rendus héréditaires, non pas par-tout, mais seulement dans les pays où l'on a préféré les inconvéniens de cette hérédité, aux troubles qu'occasionnent la vacance du trône & les factions qui veulent en disposer. Par-tout où la couronne a été héréditaire, on a préféré le frère cadet à sa sœur aînée; s'il y a quelques raisons pour en priver les femmes, lorsque tant de grands exemples nous prouvent qu'elles règnent, au moins aussi habilement & aussi glorieusement que les hommes; c'est qu'en se mariant, elles peuvent porter la couronne à un étranger; c'est qu'elles placent successivement sur le trône de nouvelles familles; & que, si elles se marient dans la nation même, il y a, au bout de quelques générations, plusieurs familles qui ont eu des rois pour ancêtres : ce qui produit, dans les temps difficiles, une confusion de droits qui peut amener une guerre civile.

Mais ces grandes considérations ne se fesaient point sentir alors. Je ne connais aucun ouvrage du temps où l'on ait allégué rien de pareil, & les auteurs modernes, les mémoires de l'académie des belles-lettres, en discutant ce grand procès, ne citent aucun ouvrage de ce temps-là, où l'on ait approfondi cette grande cause & pesé ces grands intérêts.

Quelle qu'ait été l'assemblée qui jugea entre *Edouard* & *Philippe*, sa décision eut l'aveu de toute la nation, les grands ne ſe diviſèrent point. La nobleſſe & le peuple ſoutinrent avec un zèle égal la cauſe de *Philippe*, & ce zèle ne ſe démentit pas dans tout le cours d'une guerre longue, difficile, & malheureuſement célèbre par de grandes défaites; mais une nation qui ne veut point être conquiſe, peut-elle jamais l'être?

Des Etats-généraux ſous les trois premiers Valois.

Il eſt vraiſemblable qu'il ſe tint quelques aſſemblées d'Etats, ſoit généraux, ſoit particuliers, ſous le règne de *Philippe de Valois*, mais nous n'en avons aucune connaiſſance. *Etats ſous Philippe de Valois.*

Les crimes de quelques factieux, l'égarement du peuple de Paris, ont rendu célèbres ceux qui ſe tinrent ſous le roi *Jean*.

Ce roi, fils de *Philippe de Valois*, & *Charles* roi de Navarre, petit-fils, par ſa mère, de *Louis le Hutin*, donnèrent à la France le ſignal des crimes, & ce ſignal ne fut que trop entendu.

Jean commença ſon règne par faire arrêter & par faire décapiter, ſans forme de procès, Etats ſous le roi Jean.

le connétable *Raoul*, comte d'Eu & de Guines. On prétendit qu'il ne l'avait fait mourir que pour complaire à ſon favori, *Charles de la Cerda*, auquel il donna la place de connétable. Ainſi, on le crut faible & féroce.

Les hiſtoriens aſſurent tous, que ce meurtre détourna de lui le cœur de ſes ſujets. C'était, en effet, le ſeul fruit qu'il en devait attendre.

Etats tenus à Paris, le 16 février 1350.

Il aſſembla à Paris les Etats-généraux de toute la France, deux ou trois mois après ce meurtre. On ne doit pas ſe préſenter à ſon peuple, les mains teintes de ſang. Il demanda en vain de l'argent pour ſoutenir la guerre qu'il feſait alors aux Anglais; il ne trouva point les eſprits diſpoſés à lui en accorder.

Nous n'avons pas beaucoup de détails ſur ces Etats. On voit ſeulement, par les ordonnances qui en réſultèrent, qu'il ne s'y prit aucune réſolution générale. Les députés de chaque province, ne s'y conſidérèrent point comme partie d'un ſeul & même peuple, mais comme membres d'une province iſolée, qui n'a rien de commun avec les autres. Ainſi ces Etats ne forment point une volonté unique, ne ſuivent point une marche uniforme, ne mettent point un impôt commun. Les députés de chaque province traitent ſéparément avec le roi; les députés du Languedoc offrent, pour un an, cinquante mille livres; ceux des bailliages du Vermandois & de la Picardie, ceux des villes de la Normandie aſſurent qu'ils n'ont aucun pouvoir de leurs commettans pour accorder des impôts, & n'en accordent point.

Outre ces diviſions, il y avait celles de la nobleſſe & du clergé; mais les nobles & les eccléſiaſtiques de chaque province s'isolent auſſi. La nobleſſe de Normandie refuſe, comme le tiers-état, d'octroyer des ſubſides; mais le clergé normand promet de payer ceux que le roi demande.

Ainſi la confuſion règne dans ces Etats: chaque ordre ſe diviſe & s'affaiblit; l'aſſemblée n'a ni force, ni volonté, ni conſidération. Le roi envoie des commiſſaires dans les provinces & dans les bailliages, pour traiter avec les communes & les Etats particuliers des villes & des provinces. Il obtient de quelques-uns une impoſition de ſix deniers & de quelques autres, une de quatre deniers pour livre; impositions qu'il n'a pu obtenir des *Etats-généraux*; mais tous ces impôts ne sont accordés que pour un an.

La France était alors divisée, en quelque sorte, entre deux peuples dont les mœurs, les opinions & la langue différaient à beaucoup d'égards. Les peuples qui habitaient au nord de la Loire, s'appellaient la langue, d'Oyl & ceux qui résidaient au midi, la langue d'Oc.

Les Etats de ces deux peuples s'assemblaient ordinairement chacun dans leurs pays : les Etats de 1350, sont les seuls où ils se soient tenus, en même temps, à Paris, sous le règne du roi *Jean* : & l'on croit qu'ils se tinrent séparément, comme étrangers l'un à l'autre.

Etats tenus dans les provinces, 1351, 1352, 1353, 1354.

Pendant les quatre années suivantes, on ne tint que des assemblées d'Etats particuliers dans les provinces.

Toujours, tous ces Etats n'accordent des subsides que pour un an. La noblesse & le clergé accordaient & payaient aussi les subsides qu'ils s'imposaient eux-mêmes, & qui n'étaient pas toujours tels que ceux du tiers-état. Chaque assemblée, chaque ordre fesait ses conditions avec le roi. Le roi accordait toujours leurs demandes, ou plutôt il promettait de les accorder; & jamais les Etats, affaiblis par leur manière de traiter séparément, ne prennent la moindre précaution pour qu'on exécute les promesses du roi. Toujours le roi ordonnait aux commissaires qu'il envoyait, dans les provinces, de présider les Etats particuliers, de réformer les abus, & de réprimer les injustices & les vexations commises par ses officiers, & ces commissaires ne les réformaient pas.

Dans ces Etats particuliers, chaque ordre s'assemblait à part, délibérait à part, traitait à part. Ils s'assemblaient quelquefois à des jours différens. C'est ce qui fait que jamais ces assemblées ne prirent, ni le même esprit, ni même un esprit quelconque.

Charles roi de Navarre, surnommé le mauvais, à cause de ses vices, fait surprendre & assassiner dans son lit le connétable *de la Cerda*, revêtu des dépouilles du connétable *Raoul*. Il ne rougit point d'avouer ce meurtre. Le roi *Jean* ne rougit point d'assurer qu'il le lui pardonne, quoiqu'il en conserve le plus violent dépit.

Froissa d, chap. 1,4, ann. 1354.

Etats-généraux à Paris, le 2 déc. 1355.

Il assemble à Paris les Etats-généraux de la langue d'Oyl. Il en fait l'ouverture dans la grand'salle du palais. *Pierre la Forêt*, archevêque de Rouen & chancelier de France, demande, au nom du roi, des secours qui puissent le mettre en état de se défendre contre ce meme *Edouard III*, qui avait disputé la couronne à son père. En vain il avait, à l'exemple de son père & de *Philippe-le-bel*, fabriqué de la fausse monnaie : il n'avait réussi qu'à mécontenter son peuple, & qu'à nuire à ses propres finances.

Jean de Craon, archevéque de Reims, porta la parole pour le clergé; *Gauthier de Brienne*, pour la noblesse; *Etienne Marcel*, prévôt des marchands de Paris, pour le tiers-état. Ils demandèrent la permission de délibérer entr'eux, pour trouver les moyens les plus prompts d'obtenir l'argent dont il avait besoin.

Le lendemain, ils commencèrent leurs délibérations, & ils firent ce règlement qu'on peut regarder comme le premier, par lequel on ait jamais tenté de donner une constitution aux Etats. Ils décidèrent que rien de ce qu'on proposerait dans les Etats n'aurait n'aurait de validité, que quand les trois ordres l'accepteraient ; & que la voix de deux ordres n'entraînerait, & n'obligerait pas celle du troisième.

Chaque ordre ayant des préjugés, des droits & des intérêts différens, il pouvait être difficile de rien conclure avec cette forme ; mais du moins c'était une forme, & c'était peut-être la seule convenable à une assemblée divisée en trois corps : elle empêchait que deux ne se réunissent pour en opprimer un ; elle exigeait une volonté commune ; elle pouvait donner de la force aux décisions de l'assemblée, & de la considération aux trois ordres.

Ce règlement porté, l'assemblée prit une résolution grande & salutaire ; ce fut de lever un corps de trente mille hommes d'armes, c'est-à-dire, de quatre-vingt mille combattans, & un impôt de cinq millions par an, pour les entretenir. Ces cinq millions valaient plus de quatre-vingt millions, valeur de ce jour (1788) ; ces quatre-vingt mille hommes, en se joignant aux milices du royaume, devaient infailliblement donner la victoire à la France.

On mit un impôt sur le sel, & un autre

de huit ſous pour livre ſur tout ce qui ſe vendrait ; impôt que toutes perſonnes, ſans excepter le roi lui-même, devaient également payer ; mais, pour empêcher les exactions d'une part, & de l'autre la diſſipation des deniers, les Etats voulurent choiſir les prépoſés à la levée de ces impôts.

Ces impôts n'étaient accordés, ſelon l'uſage, que pour un an. Les Etats devaient ſe raſſembler, à pareil jour, l'année ſuivante. Juſque-là, tout était bien : il ne manquait aux Etats qu'un peu plus d'inſtruction ſur la nature des impoſitions, ſur la manière la moins onéreuſe de les prélever, ſur les reſſources du royaume, ſur le genre de commerce qu'il feſait, ou qu'il pouvait faire.

Ordonnance du roi *Jean*.

Le roi approuva la délibération des Etats, s'engagea à ne fabriquer que de la bonne monnaie, à ne plus ſouffrir que ſes officiers, ſes capitaines, ſes garniſons, priſſent partout, ſans rien payer, tant pour lui que pour la reine, pour ſes enfans, pour les princes, & pour tout ce qui concernait ſon ſervice, des bleds, des vins, des vivres, des chevaux, des voitures, des meubles ; & il était juſte que, puiſqu'il levait des impôts en argent, il n'exigeât plus qu'on les payât en nature; il promit même de ne plus convoquer l'arrière-ban, sans une extrême nécessité, ce qui dérivait des mêmes principes. Puisque la noblesse payait des impôts, elle ne devait pas être forcée de faire, sans solde, un service personnel.

Il ordonna de détruire toutes les garennes, & même les siennes, comme tenant trop de terres en friche, & comme nuisant trop aux terres ensemencées. En effet, cet impôt, en faveur des lapins, est d'autant plus onéreux, qu'il n'est d'aucune utilité à l'Etat.

Les députés se rassemblèrent à Paris, au premier de mars, comme on en était convenu. La Normandie, la Picardie, n'en envoyèrent point. Les impôts n'avaient pas suffi; plusieurs provinces n'avaient pas voulu les payer. On ne regardait pas comme une loi la décision des Etats-généraux. Les députés qui se trouvent à Paris, quoique sûrs d'être désavoués par les bailliages qui n'avaient pas de représentans dans cette assemblée, établissent une capitation pour remplir le *deficit* : & on oublie toujours de faire une loi qui oblige d'envoyer exactement des députés, & qui oblige d'obéir aux déci-

Assemblée au premier mars 1356, à Paris.

ſions des Etats-généraux. Toutes ces aſſemblées ſe tiennent, à grands frais, & ne servent à rien.

Le roi *Jean* arrête lui-même *Charles*, roi de Navarre.

Ces députés n'étaient pas encore ſéparés, que le roi *Jean* engage ſon fils aîné *Charles*, dauphin & duc de Normandie, à inviter à dîner à Rouen, le roi de Navarre, *Charles*, ſi juſtement ſurnommé *le mauvais :* ce roi étoit gendre du roi de France, fils de la fille de *Louis le Hutin*, & de *Philippe*, comte de la ville d'Evreux en Normandie. Il réſidait en cette ville. Il ſe rend, ſans ſoupçon, à Rouen, avec pluſieurs ſeigneurs de ſa ſuite. Comme ils ſont à table avec le dauphin, le roi *Jean*, qu'on croyait à Paris, entre ſubitement, avec des troupes, dans la ſalle du feſtin, arrête lui-meme le roi de Navarre, fait enchaîner les ſeigneurs de ſa ſuite, ſe met à table, à leur place, avec ſon fils; & dès qu'il a dîné, il fait décapiter, en ſa préſence, preſque tous ces priſonniers, puis il confine le roi de Navarre dans un château fort.

Cet acte de vengeance, exercé ſans forme, & raſſemblant tous les caractères de la trahiſon & de l'hoſpitalité violée, aurait paru injuſte, quand même il eût été avéré que tous ces seigneurs méritaient la mort. On peut juger de l'effet qu'il produisit, des partisans qu'il donna au roi de Navarre, de la terreur qu'inspira un roi qui se conduisait ainsi, de l'effervescence qui s'éleva dans tous les esprits. On se croyait au temps de la première race.

Les parens & les amis du roi de Navarre & des seigneurs décapités, appellèrent, à leur secours, les Anglais, contre un roi qu'ils traitaient d'assassin. Les Anglais entrèrent en Normandie; le fameux *prince noir* fit une incursion dans le Poitou; le roi qui voulut l'arrêter, perdit la bataille de Poitiers, fut fait prisonnier, & emmené à Londres.

Etats-généraux convoqués par le dauphin.

Charles son fils, dauphin & duc de Normandie, qui avait invité & livré le roi de Navarre, avait élevé, contre lui, par cette action, de fâcheux préjugés, qui lui fermaient les cœurs; il n'avait que dix-neuf ans; il prit le titre de lieutenant-général du royaume; il se rendit à Paris, & convoqua les Etats-généraux de la langue d'Oyl.

Etats de Paris, 15 oct. 1356.

Tous ces Etats-généraux commençaient par une messe, adressée au Saint-Esprit. Il paraît que tous les ecclésiastiques & tous lès nobles avaient le droit d'y aſſiſter, & même de s'y faire repréſenter, s'ils ne pouvaient s'y rendre. Ainſi, parmi les évêques & les archevêques, on trouve les procureurs des évêques abſens. On y trouve des abbés mitrés, & des abbés qui ne l'étaient pas, & des procureurs des abbés abſens; des doyens, des archidiacres & des procureurs de chapitres. La plupart de ces procureurs étaient profeſſeurs en théologie ou en droit.

Parmi les nobles il y avait des princes du ſang (1), des ducs, des comtes, des barons, des ſeigneurs & des chevaliers. Le duc d'Orléans, MM. de Bretagne, d'Alençon, d'Etampes, de Saint-Pol, de Rouſſi, y aſſiſtaient.

Le tiers-état était compoſé de quatre cents députés des villes, & dans ces députés, il y avait deux profeſſeurs en théologie.

---

(1) Les princes du ſang ſont appellés dans le manuſcrit, noſſeigneurs des fleurs de lis.

M. *de Bretagne*, ou *de Bretagne*. parla pour tous les nobles.

Ces deux manuſcrits ſont à la bibliotheque du roi, dans les manuſcrits de Brienne, cote 276. On ne ſait d'où ils ont été tirés. *Dupuy* en a donné une copie, où il a fait quelques corrections.

Il y avait en tout huit cents députés; ainsi ceux du tiers-état étaient aussi nombreux que ceux des deux autres ordres, ce qui est très-remarquable, parce que cela ne fut pas toujours ainsi.

Le dauphin fit l'ouverture des Etats dans la grand'salle du palais. *Pierre Flotte*, archevêque de Rouen & chancelier de France, les harangua, & demanda de nouveaux subsides, pour défendre l'Etat, pendant captivité du roi.

Les trois ordres demandèrent quelque temps pour délibérer. *Jean de Craon*, archevêque de Reims parla pour le clergé; *Philippe*, duc d'Orléans, frère du roi, pour la noblesse; & *Etienne Marcel*, prévôt des marchands, pour le tiers-état. Le clergé & le tiers état avaient toujours, à leur tête, les mêmes personnes; mais ils n'avaient plus le même esprit : la noblesse avait, à la sienne, un prince du sang.

Les Etats s'assemblèrent le lendemain dans l'église des cordeliers; car ils n'avaient pas de demeure fixe, même dans la ville où ils se tenaient le plus souvent. Chaque ordre ne manqua pas de s'assembler à part, afin d'avoir le moins d'union possible, & par conséquent très-peu de force & très-peu de considération. Ils choisirent, pour expédier les affaires plus promptement, quatre-vingts députés, qu'ils appellèrent les élus.

Chronique de saint Denis, le procès verbal n'en parle pas.

Le dauphin envoya des personnes de son conseil pour assister à leur délibération. On refusa de travailler devant elles, & elles ne revinrent plus.

Après qu'ils eurent travaillé pendant quinze jours, le dauphin se rendit aux cordeliers, avec six personnes. L'archevêque de Reims lui parla au nom des Etats. Le procès-verbal que nous avons de ces Etats, ou plutôt les extraits, que nous avons de ce procès-verbal, se contentent de dire que cet archeveque fit part au dauphin de quelques-uns des objets arrêtés par les Etats, & qu'il lui demanda la délivrance du roi de Navarre.

Les chroniques de Saint-Denis & l'historien *Froissard* prétendent que cet archevêque pria le dauphin de destituer de leurs offices *Pierre de la Forêt*, chancelier; *Simon de Bussi*, premier président; *Robert de Lorry*, chevalier; *Nicolas Braque*, maître-d'hôtel du roi; & qu'on fît le procès à *Jean Poil-*

villain, premier préſident de la cour des monnaies ; à *Enguerrand du Petit Cellier*, tréſorier de France, & à *Jean Chauveau*, tréſorier des guerres. Ils demandaient qu'ils fuſſent jugés par des commiſſaires choiſis par les Etats ; ils proteſtaient qu'ils ſe ſoumettaient à perdre leurs biens, & à être tenus pour déshonorés & pour gens infames, ſi ces officiers n'étaient pas déclarés coupables, ſur les preuves qu'ils fourniraient de leurs malverſations.

Les Etats voulaient auſſi donner, au dauphin, un conſeil composé de douze prélats, de douze chevaliers & de douze bourgeois, à leur choix.

Ils offraient d'entretenir, pour un an, les trente mille hommes d'armes (1) promis par les derniers Etats, de lever, pour leur entretien, trois vingtièmes ſur tous les revenus de la nobleſſe & du clergé (2), & de faire payer au tiers-état (3) l'entretien d'un

(1) Chaque homme d'armes, ſelon le manuſcrit de *Dupuy*, devait recevoir, par jour, un demi écu, bonne monnaie.

(2) Il y a dans le manuſcrit, un dixième & demi.

(3) Le manuſcrit dit : *les gens des bonnes villes, châteaux & plat pays*.

homme d'armes par cent feux. Le tiers-état était imposé autrement que la noblesse & le clergé, parce que ses biens ne consistant pas en propriétés territoriales, il n'était pas facile d'en prélever les vingtièmes.

Les Etats demandaient encore la réforme des monnaies. Les députés se plaignent que le peuple est opprimé par toutes sortes de vexations, dixièmes, trentièmes, gabelles, emprunts, enlèvemens de bleds, de vins, de chevaux, de chariots, qu'on lui prend sans payer, & qui ne servent qu'à enrichir les gouverneurs & les officiers : que de plus, les refontes & affaiblissemens de la monnaie ont appauvri tout le monde, sans que les bénéfices faits par ces manœuvres soient revenus au roi. Tout au contraire, ils sont demeurés entre les mains des gouverneurs, seigneurs & autres officiers, ce qui est notoire à tous.

Ils ajoutent que le royaume a été régi si mal par les gouverneurs de la cour, qu'on ne pouvait avoir ni justice, ni réponse d'eux, qu'ils ont fait mourir les plus honnetes gens; & si fort mécontenté les esprits, que ceux qui venaient vers eux, Français dans le cœur, s'en retournaient

Anglais, & ont livré leurs châteaux à ces ennemis de la France.

Le dauphin répondit qu'il délibérerait avec son conseil sur les propositions qu'ils lui fesaient. Ce conseil, tout composé de ces mêmes officiers dont les Etats demandaient la destitution, fut d'avis qu'il fallait congédier ces Etats, sans leur faire aucune réponse. Procès-verbal.

Cet avis adopté, il fallut l'exécuter avec art. On répandit le bruit que le dauphin agréait la proposition des Etats, & allait rendre une ordonnance conforme à leurs demandes.

Il se rendit au palais, où les Etats s'étaient assemblés; mais il n'y entra pas. Il leur envoya l'ordre de lui députer neuf personnes qu'il nomma, trois évêques, trois nobles & trois bourgeois. Il chargea ces neuf députés de dire aux Etats qu'il avait reçu des nouvelles de son père, & qu'il ne voulait rien conclure sans son avis; que son oncle, l'empereur *Charles IV*, venait d'arriver à Metz, & qu'il partait incessamment, pour le consulter.

Le lendemain, il mande quelques députés

au louvre; il leur ordonne de se retirer, chacun dans leurs provinces, & de commander aux autres, de sa part, de prendre le même parti, qu'il les rappellera, quand il en aura besoin.

Le 4 novembre 1350.

L'assemblée déconcertée, se sépare en effet, sans prendre aucune résolution. Elle devient le jouet & la risée du conseil d'un jeune prince de dix-neuf ans.

Etats de la langue d'*Oc*, tenus à Toulouse en 1356.

Les Etats de la langue d'Oc assemblés à Toulouse se conduisirent, non-seulement avec plus de décence, mais même avec une noblesse digne d'une assemblée nationale. Les vices du roi *Jean* étaient moins connus dans les provinces du midi, que dans celles du nord, & le roi de Navarre n'y avait pas, comme à Paris, des partisans avides d'y semer le trouble.

Ces Etats convoqués & présidés par le duc d'Armagnac, lieutenant du roi dans tous les pays de la langue d'Oc, ordonnèrent de lever des subsides qui pussent fournir à l'entretien de cinq mille hommes d'armes, de mille archers à cheval, & de deux mille fantassins. Ils défendirent que ni homme, ni femme, ne portât or ou argent, ou fourrure, ou habit magnifique, & qu'aucun menétrier, aucun jongleur ne jouât des instrumens, tant que le roi serait captif.

Le dauphin, persuadé qu'il n'y avait aucun esprit général qui animât le royaume, fesait tenir des Etats particuliers dans toutes les provinces, & leur demandait des secours; la plupart lui en accordèrent: il en demanda plusieurs fois à la ville de Paris, & *Marcel* lui répondit toujours qu'il fallait assembler les Etats-généraux.

Il fallut en effet convoquer encore, trois mois après leur séparation, ces Etats-généraux qu'on avait congédiés sans forme & sans égards. Etats-généraux, le 5 fev 1356 ou 1357, à Paris.

Le dauphin en fit l'ouverture dans la chambre du parlement: ses deux frères, les comtes d'Anjou & de Poitiers, y assistèrent.

Robert le-Coq, évêque de Laon, y parla au nom du clergé; *Jean de Péquigny*, gouverneur de l'Artois, au nom de la noblesse; & *Marcel*, prévôt des marchands, au nom du tiers-état. Tous les trois étaient du parti du roi de Navarre, qui, du fond de sa prison, soufflait dans Paris le feu de la révolte. Ce parti domina dans les Etats. Le manuscrit dit, que Robert-le-Coq [illegible] du [illegible] du parlement.

Le dauphin fut obligé de destituer de

leurs offices, le chancelier, le premier président, les cinq autres personnes dont ces derniers Etats avaient demandé le renvoi, & quinze autres officiers qui déplaisaient à ceux qui voulaient troubler le royaume; il fut même obligé de suspendre, de leurs fonctions, le parlement et la chambre des comptes. Les Etats élurent, au dauphin, un conseil de trente-six personnes, douze évêques, douze nobles & douze bourgeois.

Ces trente-six conseillers érigent en parlement seize magistrats qui leur étaient dévoués; ils leur donnent les titres de conseillers & de présidens. Ils pensaient apparemment qu'il suffisait de ce petit nombre de juges, pour expédier toutes les affaires.

Les Etats promettaient toujours trente mille hommes d'armes, & un subside, pour subvenir à leur entretien; & quand ils se séparèrent, ils s'engagèrent à se rassembler à Pâques.

Ces Etats, donnant un conseil au dauphin, levant des gens d'armes, imposant des subsides, anéantissant & recréant des tribunaux, se regardaient, sans doute, comme le corps législatif en qui résidait la souveraineté.

Mais ce corps n'était pas complet ; plusieurs villes de la langue d'Oyl n'y avaient pas envoyé de députés ; ceux de la langue d'Oc n'y avaient pas meme été appellés. Ainsi ces états étaient appelés *generaux*, & ne l'étaient pas.

Ces Etats, assemblés dans Paris, ne pouvaient donc pas se regarder comme le corps législatif. Mais les ambitieux se disputent le pouvoir, & n'agitent jamais ces questions de droit, dont ils laissent les savans s'amuser, & qu'ils forcent les jurisconsultes à décider en leur faveur.

Le conseil du dauphin se divisa bientôt : les douze prélats & les douze chevaliers se brouillèrent avec les douze bourgeois. On ne put lever le subside : la noblesse & le clergé ne voulurent point le payer. Le peuple s'indigna contre ces deux ordres, qui lui fesaient porter tout le faix des dépenses. *Marcel* & les commis, chargés de lever les impôts, vexèrent le peuple, & pillerent presque tout l'argent qu'il donna.

Le dauphin fit crier, dans Paris, une défense aux Etats de se rassembler à Pâques. Le peuple se souleva : le dauphin leva sa défense, & convoqua les Etats ; mais il quitta Paris, &, six semaines après, il fut obligé d'y revenir, & de se remettre, pour ainsi dire, entre les mains de *Marcel*.

Le roi de Navarre est délivré, & vient à Paris.

Jean de Péquigny enlève de sa prison le roi de Navarre, lui rend la liberté, & se hâte de revenir dans la capitale. Ce roi vient à Paris, respirant la vengeance. La moitié des députés des provinces s'enfuit à son approche. L'évèque de Paris, *Jean de Péquigny*, le prévôt *Marcel* & les échevins courent au-devant de lui. Le dauphin est obligé de lui donner un passe-port & de le recevoir.

Charles-le-mauvais invite le peuple de Paris à s'assembler dans un pré voisin de l'abbaye Saint-Germain : il harangue ce peuple & le dauphin, réduit à assister à cette harangue : il dit qu'il a au trône de France des droits incontestables, & qui valent mieux que ceux de tous les prétendans à cette couronne. Ainsi, malgré la décision qui rejette les enfans mâles, issus des femmes, ce fils de *Jeanne* de France, fille de *Louis-le-Hutin*, aspire à monter au trône, & croit donner, à ses partisans, un titre pour porter le trouble dans le royaume.

Ensuite, il oblige le dauphin de faire ouvrir

ouvrir les priſons. Le dauphin publie une ordonnance, dans laquelle il déclare, qu'en conſidération du roi de Navarre, *qui l'en a prié*, il ordonne, au prévôt de Paris, de relâcher les voleurs, les faux-monnayeurs, les aſſaſſins, les empoiſonneurs, ceux qui ſont coupables de rapt, de viol, de ſorcellerie ; & c'eſt le roi de Navarre, lui-même, qui donne la liſte de tous ces crimes. Il gagne ainſi la plus vile populace ; mais le dauphin a, pour lui, tous les honnêtes gens.

Après avoir ſemé & fomenté les troubles de Paris, ſans avoir pu s'en rendre le maître, *Charles le-mauvais* court eſſayer de faire ſoulever la Normandie, en détachant du gibet les corps des ſeigneurs que le roi *Jean* y avait fait attacher, & il les fait enterrer avec cérémonie, comme des martyrs immolés par la vengeance du roi.

Etats en décembre & en fev 1357, à Paris.

Robert-le-Coq, *Jean de Péquigny* & *Marcel*, tiennent, dans Paris, aux cordeliers, des aſſemblées qu'ils décorent du nom d'*Etats généraux ;* mais où peu de députés des provinces, peu d'eccléſiaſtiques & peu de gentilshommes daignent ſe rendre. Ces prétendus Etats ſont très-tumultueux ; ils ordonnent, à leur tour, de faire de la monnaie à un titre très-bas. C'était une des fautes qu'ils avaient le plus reprochées au roi & au dauphin. Ils ordonnent de lever un demi-dixième sur les biens eccléſiaſtiques. Ils veulent que les habitans des villes fourniſſent un homme d'armes par ſoixante-cinq feux, & ceux des campagnes par cent feux.

Ces Etats condamnent à mort le prévôt de Soiſſons, appellé *Chippe :* ils croient donc avoir le droit de diſpoſer des biens, de la liberté, de la vie des particuliers, de la conſtitution des tribunaux, du conſeil du dauphin, des monnaies, des ſubſides, des gens d'armes, de toutes les parties du royaume.

On peut demander cependant ſi cette aſſemblée incomplète & irreguliere, avait quelque caractère légal & national qui pût ſervir à juſtifier tant de prétentions. Ces Etats prétendus, car je ne puis les regarder comme ceux de la France, ces Etats s'aſſemblèrent pluſieurs fois dans le cours de cette année 1357. Les chroniques de ſaint Denis prétendent qu'il n'y vint pas un noble. Les lettres du dauphin atteſtent qu'il y avait des prélats & des barons; les chroniques ſe trompent.

Jean de Pequigny était noble, & n'était pas le seul.

Plusieurs villes refusent le subside ordonné par ces Etats, & se battent contre les commissaires de ces Etats.

Ces Etats n'étaient point encore séparés, lorsque *Marcel*, suivi d'une troupe de factieux armés & couverts de ces chapeaux rouges & bleus, marque de leur parti, monte dans l'appartement du dauphin, & fait assassiner, sous les yeux de ce prince, le seigneur de Conflans, maréchal de Champagne, & *Robert de Clermont*, maréchal de Normandie. Tous ceux qui se trouvaient avec le dauphin, craignant le même sort, prennent la fuite, & le laissent seul au milieu de ces factieux. Il demande la vie à *Marcel*. *Marcel* lui donne son chapeau, pour le mettre à couvert de la fureur de ces brigands qu'il conduisait. Le dauphin voit précipiter, du haut de l'escalier, le corps de ces malheureux ; il les voit traîner sur le pavé. Spectacle horrible ! attentat exécrable ! Mais si, au lieu d'être commis par le chef insensé d'une populace aveugle, il eût été dirigé, comme ceux de la seconde race, par des ecclésiastiques ; le dauphin, après la mort de ces deux Assassinat, 11 fevrier 1357.

ſeigneurs & la diſperſion des autres, eût été mis ſous un cilice & enfermé dans un cloître. La populace eſt plus bruyante & bien moins dangereuſe.

Marcel fit approuver ſon crime par cette populace aſſemblée dans la grève. On approuvait en lui, ce qui avait paru odieux dans le roi *Jean;* mais, malgré ces acclamations, *Marcel*, par ces crimes, jetait au fond des cœurs une haine ſecrète, dont il fut la victime : car tout ce qu'il y avait, dans Paris, de bourgeois honnêtes, ne pouvait être du parti d'un meurtrier qui s'était fait le chef de tous les ſcélérats échappés des priſons.

Il était ſi peu ſûr de l'aveu du peuple, qu'à peine la populace l'a-t-elle approuvé; que, porté par elle, il remonte au louvre : il force le dauphin à ſigner qu'il approuve la mort de ces deux ſeigneurs; &, en même temps, il le force à lui accorder ſa grace, à lui pardonner ces meurtres qu'il vient de commettre.

Les partiſans de *Marcel* & du roi de Navarre, aſſemblent, aux Auguſtins, les députés des villes, qu'on peut trouver dans Paris. *Regnaut de Corbie* leur rend compte de ces assassinats ; leur dit que le prévôt des marchands avait commis ces meurtres pour le bien & le profit du royaume, & il les force à les approuver. Ainsi ces Etats, eux-mêmes, sont le jouet de la faction de *Marcel*.

Manuscrit. B. R.

Le roi *Jean*, le roi *Charles de Navarre*, *Marcel*, sont tous des assassins ; le peuple de Paris les députés des villes, approuvent des meurtres ; & tous se déshonorent.

Mais ce n'est point les Etats qu'il en faut accuser. Ces factieux n'étaient point les Etats. Ils n'avaient point reçu de telles instructions de leurs commettans. La nation n'était ni représentée, ni consultée.

Les provinces tenaient des Etats particuliers : ceux de Champagne assurèrent le dauphin qu'ils n'enverraient plus de députés aux Etats-généraux. Le meurtre de leur maréchal dévoua la Champagne aux intérêts du dauphin. Les violences commises à Paris lui attachèrent les provinces. C'est la preuve que ces prétendus Etats, tenus par *Marcel*, n'étaient point ceux de la nation.

Le dauphin indiqua Compiègne pour le lieu où devaient se tenir les Etats-généraux de la langue d'Oyl. Ils s'assemblèrent, mais

Etats tenus au mois de mai 1358, à Compiègne.

ils ne furent pas complets : Paris n'y envoya point de députés. Le clergé de trente-quatre diocèses n'y vint point. Dix-huit bailliages refusèrent d'y envoyer des représentans : par conséquent, ils furent peu nombreux. Cependant ils ordonnèrent de lever des subsides dans Paris : & le dauphin ordonna au prévôt des marchands, de faire élire des gens pour lever ce subside.

Les Etats de la langue d'Oc affectaient toujours une conduite contraire à celle de la langue d'Oyl; ils étaient aussi tranquilles que les premiers étaient tumultueux; ils ordonnaient de lever de l'argent pour payer la rançon du roi. Le comte de Poitiers, frère du dauphin, les présidait : une partie s'assemblait à Toulouse, une autre à Beziers. Ils montraient de la bonne volonté; mais aucun plan ne se suivait.

Marcel est assassiné le 31 juillet 1358.

Enfin, *Marcel* fut assassiné; ses partisans furent mis en prison. Le parti du roi de Navarre se dissipa. Le dauphin rentra dans Paris, & il y indiqua une nouvelle assemblée des Etats de la langue d'Oyl.

Etats tenus à Paris en juin 1359.

Ces Etats furènt tranquilles : ils délibérèrent sur un des plus grands objets qu'on pût soumettre à leur décision. Ils examinèrent le traité propoſé par les Anglais, pour la délivrance du roi *Jean*, & ils le rejetèrent. Ils aimaient mieux laiſſer le roi dans une captivité qui lui faiſait peu de mal, que de céder aux Anglais une moitié du royaume, & de leur donner en outre quatre millions d'écus d'or, qui leur auraient ſervi à conquérir l'autre moitié de la France.

La nobleſſe promit de ſervir un mois à ſes dépens, & de payer les mêmes ſubſides que les habitans des villes. Le clergé promit auſſi d'en payer de ſemblables.

La ſeule ville de Paris fournit ſix cents hommes d'armes, quatre cents archers & mille hommes de pied, couverts de corſelets compoſés de lames de fer. On appellait cette armure brigantine, & ceux qui la portaient avaient le nom de brigands. Leurs mœurs firent dans la ſuite donner ce nom à tous les malfaiteurs.

Il vint, à cette aſſemblée, peu de députés des provinces, parce que les chemins étaient infeſtés par les Anglais, par les Navarrois & par les garniſons françaiſes, qui ne pillaient pas moins que les ennemis. La plupart de ces députés aſſurèrent que, les campagnes ayant été horriblement dévaſtées, par les

Chron. ſt. Denis, folio 167.

payſans révoltés & par les gens de guerre, les villes qu'ils repréſentaient ne pouvaient rien payer.

Ces Etats ne ſervirent qu'à montrer la néceſſité de continuer la guerre contre les Anglais.

Malgré la détreſſe où ſe trouva la France, malgré les pertes qu'elle avait faites, par les armes de ſes ennemis, par les ſéditions des villes, les révoltes des payſans, les dévaſtations de tout genre, elle ne put cependant être ſubjuguée : en vain *Edouard* fit une nouvelle incurſion, traverſa la Picardie & la Champagne, aſſiégea Reims, dans l'eſpoir de s'y faire couronner roi de France : en vain, forcé d'en lever le ſiége, il courut ſe préſenter aux portes de Paris; il ne put, ni conquérir le royaume, ni envahir une province, ni s'emparer d'une place forte. Les Français étaient une famille diviſée où les frères ſe battaient quelquefois, mais qui ne voulait pas être aſſujettie à un étranger.

Marcel avait été tué, au moment où il allait ouvrir les portes de Paris à *Charles-le-mauvais*. On ne voulait pas plus ſe ſoumettre au roi de Navarre qu'au roi d'Angleterre.

Enfin la sagesse du dauphin, sa majorité, le titre de régent du royaume, qu'il prit dès qu'il fut majeur; l'estime que son caractère inspira, l'autorité que lui donna cette estime, lui firent trouver des ressources plus efficaces que celles de ces Etats qu'il se garda bien de rassembler, tant qu'il craignit des troubles. Il en tint seulement de particuliers dans les provinces.

Le roi *Jean*, à son retour d'Angleterre, tint, dit-on, dans Amiens une assemblée des Etats généraux. Elle n'est guère connue que par des réglemens assez sages, qui défendent aux seigneurs de vexer les marchands, & de se faire la guerre entr'eux, au moins jusqu'à ce que la paix fut faite avec les Anglais. Etats tenus à Amiens en 1363

Lorsque son fils *Charles V*, qui mérita le surnom de *sage*, fut parvenu au trône, il ne se hâta point d'assembler des Etats. Ce ne fut qu'après plusieurs années d'un regne heureux, & lorsque sa sagesse avait déjà réparé plusieurs des pertes de l'Etat, qu'il en convoqua de nouveaux, dans Paris. Ce fut un triomphe pour lui : ses succès avaient disposé tous les cœurs à le servir & à suivre ses volontés.

Des Etats-généraux tenus à Paris en 1369.

Le cardinal de Beauvais chancelier, exposa à l'assemblée les motifs que le roi avait de se plaindre du roi d'Angleterre. C'était toujours ce même *Edouard III*, qui avait disputé la couronne à *Philippe de Valois* son grand-père, & qui, depuis quarante ans, ne cessait de troubler ou de dévaster la France. Il leur rendit compte des appels interjetés, par les seigneurs de la Guienne, au tribunal du roi leur suzerain, contre les jugemens rendus par le prince de Galles, duc de Guienne. C'était ce fameux *prince noir*, qui avait pris le roi *Jean*. Enfin il leur dit que le roi avait ajourné ce prince à comparaître à son tribunal : & sur tous ces faits, il demanda l'avis des Etats.

Leur avis fut une approbation générale, un éloge de son administration, une déclaration de guerre, une résolution unanime de payer tous les impôts nécessaires pour la soutenir avec vigueur.

On mit quatre livres, par feu, dans les villes; trente sous, par feu, dans les campagnes : on taxa les vins, selon leurs qualités; on affecta, à l'entretien de la maison du roi & de celle de la reine, la gabelle du sel & un impôt de douze deniers, ou d'un sou pour livre.

Il fallait que la gabelle & le sou pour livre, rapportassent bien peu alors. Cette proportion peut faire juger de combien la consommation & l'activité du commerce s'est augmentée depuis ce règne.

Malgré ces éloges & ce succès, je ne crois point que ce roi ait jamais rassemblé les Etats-généraux, quoique sur la fin de son règne, il ait assez multiplié les impôts, par les manœuvres de son ministre, *Jean de la Grange*, cardinal & évêque d'Amiens. Ce roi fit renaître la France ; il porta la fameuse loi qui déclare les rois majeurs à l'âge de quatorze ans commencés, quoiqu'aucune loi ne puisse empêcher qu'à cet âge, la plupart des hommes ne soit des enfans. Mais ni lui, ni la nation ne promulgua de loi, pour donner une constitution aux Etats-généraux, quoiqu'ils en eussent un besoin essentiel, quoique leur constitution, leur essence, leur être, soient & doivent être une conséquence, un effet de la loi, & non pas d'une coutume aveugle, comme ils l'ont toujours été, au défaut de loi. Mais il n'était pas même possible alors de tenter de réunir tant d'intérêts opposés, & tant de prétentions contradictoires. A peine de nos jours oserait-on le proposer.

Des Etats-généraux sous le règne de Charles VI.

LE jour même où *Charles VI* monta sur le trône, le royaume qui florissait la veille, dans la paix & dans l'abondance, se trouva dans la misère, dans l'oppression, & dans le trouble.

Brigandage. *Louis*, duc d'Anjou, régent du royaume, adopté depuis six mois, par *Jeanne* reine de Naples, qui l'appellait à son secours, commence par voler le trésor que *Charles V* son frère avait amassé, & deposé dans une des salles du palais. Ce duc, ses deux frères, *Jean*, duc de Berri, & *Philippe-le-hardi*, duc de Bourgogne; son cousin le duc de *Bourbon*, tous quatre, oncles du roi, se disputent l'autorité. Ils rassemblent autour de Paris, des gens de guerre, qu'ils ne paient point, qui pillent tous les villages, qui enlèvent les vivres qu'on apporte à Paris. Les paysans désespérés s'enfuient dans cette capitale, qu'ils effraient du récit de leurs maux; & ils ſe mêlent à la populace, dont ils échauffent les eſprits.

Des exacteurs tentent d'arracher de l'argent aux Pariſiens, pour en donner un peu aux ſoldats. Les Pariſiens répondent que le feu roi a promis d'abolir pluſieurs impôts, & non d'en mettre de nouveaux. Ils s'ameutent, le régent leur parle, il les flatte, il les trompe.

La ville était entourée de gens de guerre, & l'on n'en fait point entrer dans Paris : il eſt évident, qu'on a peur qu'ils ne ſe joignent aux habitans, pour forcer la cour à les payer. On aime mieux leur abandonner la campagne.

Pour réprimer la haine & la diviſion qui régnaient entre les quatre ducs, on couronne le roi, & même on le déclare émancipé. Il avait alors douze ans & neuf ou dix mois. Il devait, ſelon la loi de *Charles V*, être majeur à quatorze ans; mais la nature ne ſe conforma, ni à l'ordre de ce roi, ni au décret qui émancipait ce prince.

Le duc d'Anjou apprend qu'outre le tréſor qu'il a volé, *Charles V* en avait un autre à Melun : il fait venir *Philippe de Savoiſy*, chambellan & confident de ce roi; il lui demande où est ce trésor. *Savoisy* refuse de l'indiquer; le duc fait entrer le bourreau; & le secret arraché, il court s'emparer de cet argent. Ces deux trésors étaient en barres d'argent, & valaient vingt-sept millions de ces temps-là, environ trois cents millions du nôtre. Il les destine à son expédition d'Italie, qu'il ne se hâte pas d'entreprendre: il aime mieux régir & piller la France.

Les crimes des princes avaient occasionné des révoltes dans plusieurs villes: il y en avait eu en Picardie, avant l'émeute de Paris.

Etats de 1350, à Paris.

On assembla, dans cette capitale, les Etats de la langue d'Oyl: ces Etats obligent le régent à supprimer les droits qu'on appelait *les aides*; à publier une ordonnance qui rende à la nation, les franchises, les immunités, les priviléges, les libertés dont elle jouissait sous *Philippe-le-bel*; mais on ne stipule pas quelles sont ces immunités, ces libertés. Le roi déclare que, ni lui, ni ses successeurs, ne pourront contrevenir à cette ordonnance.

Si l'on eût regardé, comme des loix,

les décisions des Etats-géneraux, le peuple eût été exempt de nouveaux impôts, & le royaume eût été paisible. Si les Etats-généraux avaient eu quelque puissance active, ils auraient forcé le duc d'Anjou à rendre l'argent qu'il avait pris, & l'on n'en eut pas manqué.

Mais à peine cette ordonnance est rendue, qu'on la viole : loin de la respecter, comme une loi fondamentale, le peuple, lui-même, y contrevient : les Etats-provinciaux du Ponthieu, du Boulonnais, de l'Artois, du comté de Saint Pol, accordent ces mêmes *aides*, si fort en horreur à la nation. Les Etats-généraux de la langue d'Oc consentent à les payer. Ainsi ce peuple devait être nécessairement opprimé.

Eh! comment ne l'aurait-il point été? ses assemblées générales & provinciales étaient toujours composées de trois ordres, mus par des intérêts tous différens ; & toute sa noblesse formée de seigneurs de châteaux, antiques oppresseurs des villes & des campagnes ; inconnus les uns aux autres ; opposes d'intéret, souvent ennemis pour des droits de chasse, pour des préséances, pour des titres, pour des prétentions de pure vanité. Ces seigneurs ne connaissant d'autres sciences que le blason, foulant aux pieds les droits du peuple, affectant de mépriser le nom d'homme, pour exalter celui de gentilhomme ; voulant posséder toutes les richesses, sans les mériter par aucun travail; divisés en factions, même dans chaque province; se révoltant contre les rois, sans vouloir être libres; ils détestaient jusqu'au nom de loi, qu'ils regardaient comme un frein que le faible voulait imposer au puissant: ils ne connaissaient de justice que le droit de l'épée, ne cédaient qu'à la force; & s'ils sentaient le besoin d'un chef, ils se ralliaient au titre le plus éminent, sans s'attacher jamais au mérite personnel, s'il était dénué de rang.

Que pouvaient faire les Etats généraux? que pouvaient faire ceux des provinces? sur-tout quand il y avait à la tête de la nóblesse quatre princes du sang qui se mettaient au-dessus des loix, qui, appuyés chacun par une foule de gentilshommes, se regardaient comme supérieurs aux Etats-généraux, en appellaient à leur épée, en toute circonstance, & livraient les campagnes

pagnes à la déprédation des gens de guerre, pour forcer les villes à leur abandonner leurs richeſſes. Il n'y avait que la main puiſſante d'un monarque qui fut aſſez forte pour les contenir ; mais alors le monarque était un enfant.

Cependant, comme une grande aſſemblée a une maſſe qui la rend moins mobile qu'une petite, il y eut toujours un peu plus de réſiſtance dans les Etats-généraux, que dans ceux des provinces.

Ainſi dans une nouvelle aſſemblée des Etats-généraux tenus en 1382, le peu de députés des villes qui s'y trouvèrent ne voulurent pas engager leurs commettans à payer de nouveaux impôts : & les députés de Sens, qui promirent que cette ville en paierait, furent déſavoués par elle. Etats de Paris, 1382.

Le Languedoc que nous avo[illegible], ſous le règne du roi *Jean* & au commencement de ce règne, ſe diſtinguer par ſon empreſſement à payer les ſubſides, le Languedoc fut ſi mal gouverné, qu'il ſe révolta. Les princes étaient ſi décriés, qu'il ne voulut pas du duc de Berry, pour ſon gouverneur. Il y eut par-tout des ſéditions, parce qu'on était opprimé par-tout & gouverné nulle part.

Le peuple de Paris condamné à mort par le conseil des princes, 1382.

Enfin les crimes des princes s'élevèrent au point de faire condamner à mort tout le peuple de Paris, par un roi enfant, dont ils diſpoſaient, & de prendre, pour prétexte d'une telle atrocité, une révolte qui n'avait été ni entrepriſe, ni méditée; les derniers troubles commis moins par les habitans de cette ville, que par les gens des provinces, qui étaient venus y chercher un aſyle contre le pillage des ſoldats que les princes ne payaient point, étaient appaiſés : le roi avait accordé une amniſtie à tous les coupables.

Le peuple de Paris était très-mécontent des princes; mais excepté les gentilshommes & les vagabonds qui pillaient & violaient, à l'abri de leur nom & de leur livrée, quel homme, dans le royaume, n'était pas indigné contre eux? Commettre des crimes & être reſpecté, eſt un problême que beaucoup de princes ont cherché, mais qu'aucun d'eux n'a pu réſoudre encore.

Ils firent condamner à mort tout le peuple de Paris, aſſemblé dans la cour du palais en préſence du roi, aſſis ſur ſon trône; ils feignirent de demander ſa grace; ils feignirent de la lui accorder, à condition qu'il donnerait plus de la moitié de ses biens : &, malgré ce pillage, le plus exécrable de tous ceux dont parle l'histoire, on pend, on noie, pendant la nuit, plusieurs centaines de bourgeois. On traîne au supplice le sage & vertueux *Jean Desmarets*, avocat-général, vieillard de près de quatre-vingts ans, connu pour s'être opposé à toutes les séditions, loin de les avoir fomentées. L'indignation qu'on éprouve, en lisant de tels faits, peut faire juger de celle qu'éprouvèrent les témoins de ces massacres, les fils, les frères, les parens, les amis des malheureuses victimes qui périrent, dans ce jour de sang.

Et l'on s'étonne que, lorsqu'à ces factions, succédèrent les factions d'Orléans, d'Armagnac, de Bourgogne, qui ajoutèrent de nouveaux crimes à ces crimes, la France ait passé, presque en totalité, sous le joug des Anglais ! Ce qui doit étonner, c'est que la révolution ne se soit pas faite entièrement ; mais *Henri V* n'avait pas dans l'ame la générosité nécessaire à un conquérant, pour captiver ceux qu'il subjugue. Factions, complices des Anglais.

Il voulut tyranniser, & il rappella aux

Français que, s'ils avaient eu à se plaindre, c'était de leurs princes, & non pas de leur roi, qui, privé de son intelligence, n'avait eu, ni le pouvoir, ni la volonté de les opprimer. Tous les cœurs revinrent au fils de ce monarque infortuné. Les Anglais perdirent la France, & ils éprouvèrent, une seconde fois, qu'on ne peut conquérir une grande nation, lorsqu'elle est déterminée à ne se point laisser vaincre. Les Français se trouvèrent, pour la seconde fois, des frères qui se réconcilièrent, aux dépens d'avides étrangers, qui avaient cru pouvoir usurper les biens d'une famille désunie.

L'autorité du roi n'est pas affaiblie par tant de troubles.

Il résulta de ce sentiment un effet auquel on ne pouvait guère s'attendre, c'est que les révoltes, les séditions, les horribles dévastations commises par tous les princes, par les ducs d'Anjou, d'Orléans, de Bourgogne, par le brigandage des gens de guerre, par celui des paysans révoltés, par la populace des villes, & même, par toutes les prétentions des assemblées légales ou illégales que tinrent tous les partis, ne portèrent pas la plus légère atteinte à l'autorité royale.

Ces tempêtes passées, elle ne s'en trouva

que plus forte : & inſtruite, par les dangers qu'elle avait courus, elle n'en fut que plus habile à ſe maintenir. Elle ſeule fit des progrès : le clergé, la nobleſſe, le peuple, conſidérés comme corps politiques, n'en firent aucun : ils ſentaient tous qu'incapables de ſe conduire, ils avaient beſoin d'un roi qui les contînt, & qui les dirigeât tous également vers un but commun.

De deux aſſemblées tenues ſous le règne de Charles VI.

DANS l'horrible déprédation, & dans la honteuſe dépravation qui régnèrent en tout genre, pendant le malheureux règne de *Charles VI*, on tint deux aſſemblées, que quelques hiſtoriens décorent du nom d'Etats-généraux.

L'une fut convoquée au nom de ce roi, par l'autorité du duc de Bourgogne *Jean-ſans-peur*, l'aſſaſſin de *Louis* duc d'Orléans, frère du roi. Le duc de Bourgogne ne voulait que ſaiſir le bien de quelques financiers, & obtenir une apparence de droit pour extorquer de l'argent à un peuple vexé par tous les partis. Pluſieurs princes se rendirent à Paris pour assister à cette assemblée. Les deux princes, fils du duc assassiné, n'y vinrent point, comme on peut bien le présumer. La guerre civile, la guerre avec l'Angleterre, la dévastation, la misère, les factions, empêchèrent que les Etats ne fussent duement convoqués, & duement assemblés.

Etats tenus à Paris en 1412.

Ils se tinrent cependant à Paris. Un moine de l'ordre des carmes, *Eustache de Pavilly*, composa une satyre sanglante contre tous les officiers de la couronne, contre tous les financiers, contre tous ceux que le duc de Bourgogne voulait destituer ou dépouiller, & il la termina par un éloge exageré du mérite & des services de ce duc.

Un maître ès-arts en fit la lecture en pleine assemblée, & l'on emprisonna quelques financiers.

Certes, quand les comices de Rome s'assemblaient, ce n'était pas à des hommes obscurs enrichis par les fausses spéculations du senat, qu'elles demandaient compte de leur gestion dans les finances. C'était aux chefs de la république, aux consuls, aux proconsuls, aux Scipions qu'elles fesaient rendre compte de leur conduite & de leurs motifs : & ces chefs contenus, tout demeurait dans l'ordre.

Mais cette assemblée esclave d'un duc qui feignait de servir un monarque en démence, n'ose pas demander compte à ce duc de ses ravages, de ses déprédations, de ses assassinats. Elle met sa gloire à lui sacrifier un malheureux partisan appellé *Des-Essarts*, engraissé des profits que lui occasionnaient les fautes du ministère & l'inconduite des princes.

Mais, comment les gens de finance se seraient-ils abstenus du pillage, quand les plus grands seigneurs leur en donnaient l'exemple, quand tout le monde pillait autour d'eux ?

L'autre assemblée est celle que tint à Paris, le roi d'Angleterre *Henri V*, lorsqu'ayant épousé la princesse *Catherine*, fille de *Charles VI*, il se regardait comme successeur de ce monarque ; il donna à cette assemblée le nom d'Etats-généraux pour tâcher d'en imposer aux Français. Aucun prince de la maison de France n'y assista, excepté *Philippe-le-bon*, duc de Bourgogne, qui demandait vengeance au roi d'Angle- [illegible] tenus [illegible] terre de la mort de son père *Jean-sans-peur*, assassiné à son tour. Les princes d'Angleterre prirent séance au-dessus de lui. C'est ce qui montre combien la conduite de *Henri V* était peu politique. Il humiliait ce duc, son plus ferme appui, dans ses projets d'asservir le royaume; il choquait le peuple en lui demandant de nouveaux impôts, que cette assemblée pouvait consentir, mais qu'elle ne pouvait lui faire payer. Il imposa silence à ceux qui voulurent lui faire des représentations, il aliéna tous les cœurs. Nous ne parlons de ces assemblées que pour ne les pas omettre. Ce ne sont pas là des Etats-généraux; ce ne sont que des assemblées de parti.

Des Etats-généraux sous le règne de Charles VII.

Pertes de la noblesse.

CHARLES VII n'avait ni frère ni oncle. Neuf mille gentilshommes avaient péri en 1415, à la bataille d'Azincourt. Il en périt davantage dans ce nombre infini de combats qui se livrèrent, depuis ce jour, jusqu'à la réduction de Paris, en 1436, &

juſqu'à celle de Bordeaux, en 1452, dans le cours de trente-ſept années. Ces gentils-hommes étaient le ſoutien des princes & des hauts barons ; leur deſtruction affermit néceſſairement l'autorité royale. C'eſt ce qui était déjà arrivé du temps des croiſades.

Charles VII abolit toutes les tailles particulières dont on ſurchargeait les peuples, & il en établit une générale, dont il affecta la recette au paiement des gens de guerre, afin qu'ils ne pillaſſent plus le payſan. Il les contint ſous une diſcipline ſévère. Il fit écrire les coutumes de pluſieurs provinces, afin qu'on pût juger leurs habitans, ſelon les loix ou les uſages de leurs pays, & cependant il n'aſſembla les Etats-généraux qu'une ſeule fois, dans tout le cours de ſon règne.

Etats-généraux tenus à Orléans en 1439.

Il les convoqua à Orléans, quoiqu'il eût recouvré Paris, depuis près de trois ans. Il leur demanda s'il continuerait la guerre contre les Anglais, ou s'il ferait, avec eux, une paix qui laiſſât repoſer la France, après trente-neuf années de misère & de ſouffrances ; car elles duraient depuis la mort de *Charles V*. Les avis ſe partagèrent. Le roi, preſſé par les événemens, congédia les Etats, & leur permit de ſe raſſembler, quelque temps après, dans la ville de Bourges. Les députés de plusieurs villes s'y rendirent; mais le roi n'arrivant pas, ils se séparerent sans rien faire.

Cependant ces Etats sont une époque mémorable dans notre histoire : ils avaient exposé au roi leurs doléances, c'est-à-dire, les sujets de plaintes qu'ils avaient à former contre ses ministres, ses guerriers & ses cours de justice.

Préface du tome XIII des ordonnances du louvre, pages 28 & 6[illegible].

Charles VII en profita, pour publier la célèbre ordonnance qui jeta les fondemens de la police dans tout le royaume, & qui, la première, mit un frein à la rapine des gens de guerre, en les soumettant, comme les autres sujets, à l'autorité des magistrats. Jusqu'alors ils n'avaient été soumis qu'à leurs chefs, & ces chefs aimaient mieux mettre à profit leur brigandage, que de les contenir sous une discipline qui ne leur apportait aucun bénéfice.

Qu'on juge des malheurs du royaume, en lisant, dans cette ordonnance, que le roi défend, comme un crime de lèse-majesté, de lever des compagnies sans son aveu; qu'il interdit aux capitaines de piller les églises, de voler les gentilshommes, les marchands, les paysans, soit sur les grands chemins, soit dans leurs propres maisons; aux soldats, de couper les bois, d'arracher les vignes, de démolir les maisons, pour se chauffer avec leur charpente; qu'il y déclare que ceux qui tueront les gens de guerre, lorsqu'ils commettront de tels attentats, ne seront point recherchés par la justice; qu'il défend aux seigneurs de châteaux, de mettre à contribution les marchands & les voyageurs; d'imposer des taxes à leurs vassaux, au gré de leur caprice, soit en bled, soit en vin, soit en argent; soit par des tailles particulières.

Il s'engagea, pour réprimer ces abus, à choisir un nombre fixe de capitaines sages & expérimentés, & à tenir une milice toujours subsistante; mais, pour subvenir à l'entretien de ces troupes, il établit une taille perpétuelle : cette taille, qui assurait des défenseurs au peuple, lui coûtait beaucoup moins que les tailles particulières qu'il avait payées jusqu'alors à ces seigneurs qui le vexaient.

Si ces réglemens furent faits dans les Etats-généraux, ils durent être acceptés par le tiers-état; mais ils durent offenser les grands & la nobleſſe, & peut-être furent-ils la cauſe de pluſieurs révoltes que *Charles VII* éprouva depuis.

Cette ordonnance, qui démontre dans quelle barbarie on était encore plongé, fait trop ſentir qu'il etait impoſſible alors aux Etats-généraux, aux rois, aux hommes les plus ſages, de s'occuper des principes conſtitutifs d'une bonne légiſlation. Il fallait ſe défendre de malheurs plus preſſans. On ne fait point un plan d'architecture pour rectifier les défauts de ſa maiſon quand le feu la conſume, il faut d'abord l'éteindre. Il n'y avait encore aucune intelligence entre les ſeigneurs, entre les villes, entre les ordres; il régnait entre toutes les provinces une anarchie déſaſtreuſe. Chercher des principes dans ces jours de crimes & de calamités, oſer alléguer ces temps de férocité, pour nous ſervir d'exemples, c'eſt une erreur, ou une ignorance bien profonde.

Philippe de Comines accuſe *Charles VII* d'avoir, le premier, mis des tailles, à ſon plaiſir, ſans le conſentement des Etats. Le ſavant *Fontanieu* & le préſident *Hainaut*, penſent que ce roi obtint des Etats, le droit d'impoſer des tailles, en échange du

Livre VI, chap. 7.

droit de hausser le prix des monnaies : je ne crois point du tout à cet accord. Les rois avaient souvent mis des tailles & d'autres impôts, sans le consentement des Etats, que la guerre avec les Anglais & les troubles intérieurs ne permettaient pas toujours d'assembler.

Trois ans après la tenue de ces Etats d'Orléans, plusieurs princes s'étant ligués contre *Charles VII*, ils lui envoyèrent un long mémoire contenant leurs griefs.

Monstrelet nous a transmis la réponse que le roi leur fit ; réponse dans laquelle il les assure qu'il a le droit d'*asseoir les impositions, & qu'il n'est nul besoin d'assembler les trois Etats pour hausser les tailles : que la depense de tant de députés est une surcharge pour le peuple.*

Il ne dit point qu'il tint ce droit des Etats-généraux tenus à Orléans; &, si ces Etats le lui eussent accordé trois ans auparavant, les princes auraient-ils pu lui reprocher d'en user?

Nous verrons, dans la suite, que jamais les Etats-généraux n'ont cru qu'ils avaient cédé aux rois le droit de les imposer; & que jamais roi n'a allégué aux Etats que ce droit lui eût été accordé, ni par ces Etats tenus à Orléans, ni par aucune autre assemblée.

Tous les événemens indiquent au contraire que les peuples ont toujours regardé ce droit comme imprescriptible. Et comment en effet les droits d'un peuple pourraient-ils se prescrire? Dispersé, il n'en peut faire usage; mais au moment où il s'assemble, il les recouvre tous. Cette incertitude dans les faits, cette confusion dans les idées, ne proviennent que de l'incroyable négligence des Etats, qui n'avaient point d'archives, qui ne tenaient pas seulement un registre où ils pussent retrouver leurs propres résolutions.

Charles VII ne convoqua plus les Etats-généraux. La victoire, une sage administration, le bon ordre dans ses finances, le mirent en état de se passer des discussions & des plaintes des Etats.

Louis XI, son fils, né avec une ame despotique, affecta d'être populaire; mais ce ne fut que pour détruire ces grands seigneurs si long-temps redoutables aux rois. Il est triste que l'histoire regarde son règne comme une des époques où le royaume devint floriſſant. Il eſt ſûr qu'il rompit plusieurs des entraves qui empêchaient la nation de faire des progrès; mais d'autres circonſtances y contribuèrent auſſi.

Inventions qui font faire des progrès à l'esprit humain.

Au milieu des horribles calamités qui dévaſtèrent la France, depuis le règne de *Philippe de Valois*, juſqu'au temps où *Charles VII* eût recouvré Paris & chaſſé les Anglais, on trouva, ou l'on apporta, de l'Orient, trois inventions qui devaient, à la longue, changer le ſort du genre humain, en Europe, & qui peut-être un jour le changeront dans tout le globe.

Ces inventions étaient la bouſſole, deſtinée à nous ouvrir l'Océan, à rapprocher tous les peuples du monde, à donner les richeſſes à l'homme induſtrieux. La poudre à canon qui devait changer l'art des combats, en une ſcience profonde, & faire préférer l'officier habile à l'officier robuſte; & l'imprimerie qui devait éclairer tous les eſprits, détruire peu à peu les préjugés, mettre les hommes à leur véritable place, dans l'opinion publique, & faire priſer chaque choſe, ſelon ſon utilité réelle.

Ces trois inventions élevèrent beaucoup le caractère des peuples de notre Occident;

elles abaissèrent la romanesque institution de la chevalerie, qui avait exalté encore la fierté des seigneurs, sans apporter, au peuple, aucun soulagement réel. Elles apprirent aux hommes à se priser ce qu'ils valaient, en rendant plus sensible la diversité ou l'inégalité des dons que la nature fait à chacun d'eux, en opposant la supériorité des talens à la supériorité des rangs. Les hommes se trouvèrent ainsi replacés dans un ordre plus naturel.

Mais ce changement ne fut point subit : on ne conçut pas d'abord toute l'utilité de ces inventions ; il fallut plusieurs siècles pour les perfectionner, pour les rendre d'un usage facile, & par conséquent, pour en faire sentir toute l'importance.

Des Etats-généraux sous le règne de Louis XI.

LOUIS XI protégea toutes les inventions utiles, & particulièrement l'imprimerie. Il ne convoqua, qu'une seule fois, les Etats-généraux.

Il choisit la ville de Tours, où je crois qu'on n'en avait pas encore vu. il les tint

dans

dans le palais archiépiſcopal. Il aſſembla les députés des villes (1). Elles envoyèrent chacune un homme d'égliſe, & deux laics.

---

(1) Voici le nom des villes qui envoyerent chacune trois députés :

Paris.	Tullede.	Langres.
* Rouen.	* Cahors.	Evreux.
Bordeaux.	Périgueux.	Le Puy.
* Toulouſe.	Saint-Lo.	* Clermont-en-Auvergne.
Lyon.	Falaiſe.	* Nevers.
* Poitiers.	Vire.	* Meaux.
* La Rochelle.	Carenten.	* Nimes.
* Bourges.	Valogne.	* Senlis.
* Limoges.	* Saint-Jean-d'Angeli.	Saintes.
* Montpellier.	Blois.	Angoulême.
* Chalons.	Saumur.	Saint-Flour.
* Sens.	Milhous.	* Soiſſons.
* Chartres.	* Tournay.	Agen.
Le Mans.	Rennes.	Condom.
* Noyon.	Troyes.	* Compiegne.
* Carcaſſonne.	* Orleans.	* Dieppe.
* Beziers.	Angers.	Montferrand.
Bayonne.	* Tours.	Saint-Pourçain.
Rhodez.	* Narbonne.	Brioulde.
* Alby	* Beauvais.	Iſſouldain.
Mende.	* Laon.	Niort
Acqs.		

Les villes marquées d'une aſterique ſont celles qui avaient eu des députés aux Etats aſſemblés en

Si, de ces deux laïcs, l'un était noble & l'autre roturier, le nombre des députés de chaque ordre était égal, ce qui ſemble être l'eſprit de l'inſtitution.

États-généraux de Tours en 1468. Il ſoumit, à leur jugement, une des plus grandes queſtions politiques qui puiſſe être agitée dans une monarchie. La conduite qu'avait tenue & que tenait encore la ſeconde maiſon de Bourgogne, iſſue de *Philippe-le hardi*, fils du roi *Jean*, & frère de *Charles-le-ſage*, venait de jeter un grand jour ſur cette queſtion. C'était de ſavoir quel apanage devait avoir un fils de France, un frère du roi.

Le frère de *Louis XI*, appellé *Charles*, avait le gouvernement de la Normandie, & il eût deſiré d'en avoir la ſouveraineté en apanage, comme *Philippe-le-hardi* & ſes deſcendans avaient eu celle de la Bourgogne.

1314. Voici le nom des villes qui, en ayant envoyé en 1314, n'en envoyerent pas en 1439 :

Montdidier.	Caen.	Saint-Quentin.
Amiens.	Figeac.	Arras.
Moiſſac.	Montauban.	Auch.
Pontoiſe.	Bayeux.	

Philippe, dit le bon, duc de Bourgogne, & son fils, *Charles-le-téméraire*, *François II*, duc de Bretagne, & tous ceux qui, peu d'années auparavant, avaient fait, contre *Louis XI*, cette guerre civile, qu'ils appellaient *la guerre du bien public*, desiraient, plus que ce prince encore, que la Normandie redevînt ce qu'elle avait été sous ses anciens ducs, une pairie capable de balancer le pouvoir du monarque.

Le chancelier, *Guillaume Juvénal des Ursins*, fit l'ouverture des Etats, par un discours où il exhorta les députés de la nation à rétablir la paix intérieure, à décider si l'on devait céder aux prétentions du frère du roi, & séparer la Normandie du reste de l'Etat. Il observe, dans ce discours, que la Normandie payait le quart des impositions du royaume.

Le royaume ne comprenait alors, ni la Provence, ni la Franche-Comté, ni la Bourgogne, ni l'Artois, ni l'Alsace, ni la Bretagne, ni la Flandre: Calais appartenait encore à l'Angleterre.

Louis XI se retira aussi-tôt que le chancelier eût fini son discours, afin de paraître laiſſer la liberté aux ſuffrages que ſa préſence pouvait gêner.

Le chancelier s'était contenté d'obſerver qu'il ſerait impoſſible de ſubvenir aux beſoins de l'Etat, ſi on en ſéparait une province qui payait le quart des revenus du royaume.

On pouvait lui répondre que les rois s'étaient paſſés, pendant pluſieurs ſiècles, de la Normandie, & qu'en général, chaque province doit payer ſes dépenſes. Cette conſidération majeure ne détermina point les Etats; mais ils ſentirent que, donner la Normandie en apanage à un prince, que ſes liaiſons, avec le roi d'Angleterre, les ducs de Bretagne & de Bourgogne, rendraient bientôt indépendant; ce ſerait donner un nouvel aliment à l'inquiétude naturelle à la nobleſſe, & un appui à tous les mécontens, ce qui replongerait bientôt le royaume dans toutes les horreurs d'où *Charles VII* l'avait à peine retiré. Ils déclarèrent, d'un commun accord, que la Normandie reſterait irrévocablement unie à la couronne, & que l'apanage des princes ne conſiſterait dorénavant qu'en une ſimple terre de douze mille livres de rente (un peu plus de cent mille livres, valeur de ce jour) avec le titre de duché ou de comté, tel que cet apanage avait été réglé par une juste loi de *Charles-le-sage*.

Ces Etats doivent être très mémorables. Ils furent pris pour juges entre le roi & son frère: ils jugèrent, & firent de leur jugement une loi.

On voit, en suivant attentivement l'histoire des Etats, que, quand il s'agissait des droits du peuple, tout ce qui était puissant se divisait, & contestait à la nation les droits qu'elle réclamait; mais que, dans les démêlés qui s'élevaient entre les enfans des rois, ils invoquaient le jugement de la nation. Cependant, pour qu'elle jugeât & qu'elle fît entr'eux des loix qui réglassent leurs droits, il était nécessaire qu'elle eût un droit supérieur & antérieur. Les prendre pour juges, c'était reconnaître ce droit.

Sous la seconde race, où les enfans des rois se disputèrent perpétuellement l'autorité, les nobles & le clergé s'assemblèrent & jugèrent toujours entr'eux. Sous la troisième race, où les enfans des rois se disputèrent moins le trône, les assemblées furent moins fréquentes & beaucoup moins puissantes.

Cependant, sous cette troisième race, les Etats-généraux avaient été pris pour juges entre le roi *Philippe-le-bel* & le pape *Boniface VIII:* entre *Philippe le-long* & sa nièce *Jeanne*, reine de Navarre : entre *Philippe de Valois* & le roi d'Angleterre *Edouard III.* Quoique les assemblées tenues sous ces deux derniers rois aient été très-irrégulières, comme nous l'avons déjà remarqué, elles n'en portèrent pas moins des décisions que la nation avoua ; & si tous les auteurs leur ont donné le nom d'Etats-généraux, c'est qu'en effet elles jugèrent des questions qui n'auraient dû être soumises qu'à l'examen des seuls Etats généraux.

Ces assemblées, qui jugeaient entre les rois & leurs frères, & qui réglaient leurs apanages, ne savaient pas défendre leurs propres droits, parce qu'à cet égard, chaque ordre avait des priviléges qui les divisaient, & qui leur fesaient perdre toute leur force & toute leur activité.

Louis XI fut plus généreux, envers son frère, que les Etats-généraux : après l'avoir obligé à renoncer à la Normandie, il lui donna la Guienne. Mais, bientôt après, ce roi fut accufé publiquement & juridiquement, par le manifefte du duc de Bourgogne, & par des procédures faites en Guienne, d'avoir empoifonné fon frère.

Ces Etats font de 1468. *Philippe de Comines* dit que *Louis XI* tint les trois Etats à Tours, *ès mois de mars & d'avril, quatre cent feptante, ce que jamais n'avait fait ni ne fit depuis.* Il ajoute qu'il n'y appella que gens nommés, & qu'*il penfait bien qui ne contrediraient point à fon vouloir; il y avait plufieurs gens de juftice, tant du parlement que d'ailleurs.* Une telle affemblée n'était qu'une convocation de notables; cependant *Comines*, l'homme le plus éclairé de fon temps, l'appelle affemblée des trois Etats, parce qu'il y avait des eccléfiaftiques, des nobles & des roturiers; c'eft encore une preuve qu'alors perfonne n'avait aucune idée de ce qui conftitue une affemblée nationale; que l'on cherchait plutôt à confulter des gens des trois Etats, qu'à confulter la nation, & qu'à connaître la volonté générale.

J'ignore pourquoi *Comines* ne parle pas de la grande affemblée de 1468, à moins qu'il ne l'ait pas regardée comme une affemblée des Etats-généraux.

Louis XI affermit l'autorité royale, il réunit à la couronne le comté de Provence & le duché de Bourgogne ; il fit fleurir le royaume, en brifant encore quelques-uns des liens qui garrotaient l'induftrie du peuple ; mais le bien qu'il fit, il le fit à la manière des tyrans. Il mérita la haine publique, même en fefant le bien public. Les cachots, les chaînes, les gibets dont il entourait le trône, n'infpiraient que l'horreur, & fefaient mourir la reconnaiffance dans l'ame de ceux mêmes auxquels fa tyrannie était utile. Son caractère nuifit à fes talens. Avec moins de vices il aurait trouvé moins d'obftacles.

Quand il mourut, fon fils, *Charles VIII*, n'avait que treize ans & deux mois ; majeur par la loi de *Charles V*, il était loin de l'être par celle de la nature. *Louis XI* laiffa le gouvernement à fa fille aînée, madame *Anne de Beaujeu*, femme de *Pierre de Bourbon*, jeune princeffe de vingt trois ans, que la nature avait douée d'une ame capable d'adminiftrer un Etat, dans des temps difficiles.

Fin du Livre fecond.

Des Etats-généraux de la France.

LIVRE III.

Depuis le règne de Charles VIII, jusqu'au règne de Henri III.

Des Etats-généraux sous Charles VIII. Les députés des campagnes y sont admis.

En vain le testament de *Louis XI* remettait le gouvernement de l'Etat à sa fille : chaque prince voulut l'avoir.

Sa veuve, *Charlotte de Savoie*, le réclama en qualité de reine mère : elle s'appuyait de l'exemple de *Blanche*, mère de *saint Louis*, régente du royaume, pendant la minorité de son fil ; & elle soutenait que sa propre fille, *Anne de Beaujeu*, ne devait pas l'emporter sur elle.

Louis duc d'Orléans, premier prince du ſang, petit-fils du frère de *Charles VI*, aſſaſſiné par le duc de Bourgogne, jeune homme de vingt-trois ans, livré au jeu & aux femmes, n'ayant jamais voulu cultiver ſon eſprit, mais s'étant rendu très-habile dans tous les exercices du corps, prétendait qu'en qualité de premier prince du ſang, le gouvernement lui était dû.

Le duc d'Angoulême, iſſu de la branche d'Orléans; le duc d'Alençon, deſcendant de *Pierre*, comte d'Alençon, cinquième fils de *ſaint Louis*, appuyaient, l'un & l'autre, les prétentions de ce prince, & n'en formaient point.

Le duc *Jean de Bourbon*, qui deſcendait de *Robert*, ſixième fils de *ſaint Louis*, en forma. Il avait ſoixante ans; & quoique la goutte le contraignît à demeurer au lit plus de la moitié de l'année, il prétendit qu'on devait lui remettre le gouvernement plutôt qu'au duc d'Orléans, qui, trop voiſin du trône, avait trop d'intérêt à la mort du roi, pour qu'on lui en confiât la perſonne. Il devait, diſait-il, l'emporter ſur ſon frère, le ſire *de Beaujeu*, qui était plus jeune que lui, & par conſéquent ſur ſa femme, madame *Anne de Beaujeu*, quoiqu'elle fût la fille du roi. La loi qui excluait les femmes du trône, devait les exclure de la régence; & cette loi était postérieure à la minorité de *saint Louis*.

La reine mère *Charlotte de Savoie* mourut pendant ces contestations. *Madame* eut bientôt l'art d'écarter son beau-frère, le duc de Bourbon, & de réunir son parti au sien, en donnant à ce prince l'épée de connétable, qu'il desirait avec d'autant plus de passion, que sa maladie le rendait incapable d'en faire usage.

La dispute ne fut plus qu'entre Madame & le duc d'Orléans. Tous deux aussi jeunes l'un que l'autre, l'ambition, la fougue de l'âge, la rivalité des sexes, les animaient encore. Le duc demanda l'assemblée des Etats-généraux; Madame consentit à leur convocation ; & voilà toute la nation en mouvement, non pour l'intérêt de l'Etat, mais pour la rivalité d'un jeune homme & d'une jeune femme, qui veulent gouverner un enfant, & qui auraient eu besoin eux-mêmes d'être gouvernés.

Il y a deux remarques très-importantes à faire sur ces Etats, qui ne doivent pas

Etats-généraux tenus à Tours en 1484.

être moins mémorables que ceux de 1468. La première, c'est qu'ils furent convoqués pour décider des intérêts du premier prince & de la première princesse du sang ; & qu'ils sont encore un exemple que les enfans des rois reconnaissaient la nation assemblée pour leur juge.

Les députés des campagnes admis pour la première fois.

La seconde, c'est que *Louis XI*, & tous les rois ses prédécesseurs, n'avaient convoqué que les députés des villes murées ; que la dame *de Beaujeu* convoqua les députés des bailliages & des sénéchaussées, & qu'elle admit pour la première fois, dans ces assemblées, les députés des campagnes.

Ainsi ces Etats sont une grande époque. Ils sont les premiers qui eurent le caractere d'Etats-généraux. Ce changement ne souffrit, à ce qu'il paraît, aucune difficulté.

Cependant ils furent si peu nombreux, qu'on peut croire que toutes les sénéchaussées & les bailliages n'envoyèrent point de députés ; que par conséquent ces Etats ne furent point effectivement généraux, quoiqu'ils en eussent le caractère.

Dans le temps où l'on n'y admettait que les seuls députés des villes, sous le roi *Jean*, lorsque les Anglais possédaient la

Guienne & la Normandie, lorſque la Bourgogne & la Provence ne feſaient point partie du royaume, les députés de la ſeule langue d'Oyl ſe rendirent à Paris au nombre de huit cents, dans leſquels on en comptait quatre cents du tiers-état ; & lorſque ces provinces lui ſont réunies, lorſque les députés des deux langues ſont convoqués à Tours, par la dame *de Beaujeu*, lorſqu'elle y appelle les députés des campagnes avec ceux des villes, les trois ordres réunis ne fourniſſent que trois cents députés. Ces faits inconcevables auraient bien beſoin d'être expliqués. Mais les hiſtoriens contemporains, tout en vantant les Etats-généraux, ne nous inſtruiſent ni de leur forme, ni de leurs droits. La dame *de Beaujeu* avait-elle négligé de convoquer les députés de toutes les villes & de toutes les ſénéchauſſées ? ou la plupart des villes, des bailliages, des ſénéchauſſées, avaient-ils négligé de répondre à la convocation, & d'envoyer des députés aux Etats ? C'eſt ce qu'on ignore.

En comparant les anciennes pièces qui nous reſtent, concernant les Etats généraux, telles que les lettres de convocation, les procès-verbaux & autres, il paraît évident que les princes, les pairs, les évêques, les abbés, les seigneurs & les barons, y assistaient autrefois personnellement, chacun pour soi; que le roi les convoquait nommément, & que ceux qui ne pouvaient pas y venir, avaient le droit de s'y faire représenter. C'est ce qui semble prouvé par ces mots, *& autres qui comparurent par procureurs :* mots qu'on trouve souvent après la liste des évêques & des seigneurs assistans aux Etats.

Le reste du clergé, la simple noblesse, n'y venaient que par députés, avec les représentans des bonnes villes.

La dame *de Beaujeu*, au lieu de convoquer les gens des bonnes villes, convoqua les habitans des bailliages. La campagne eut ainsi ses députés; mais, dès-lors & depuis, les princes, le haut clergé, la haute noblesse, ne comparurent plus dans les Etats chacun pour soi; ils ne s'y montrèrent qu'à la suite du roi, ou ils n'y vinrent que comme députés de leur ordre.

Ce changement paraît d'autant plus étrange, qu'il fut sans réclamation, si ce n'est de la part des évêques, encore leur réclamation fut-elle faible & tardive.

C'eſt une nouvelle preuve de l'aſſertion de l'abbé *de Mably*, qui nous dit que, déjà du temps de *Charlemagne*, les Français négligeaient de ſe rendre dans les aſſemblées publiques. On voit auſſi, par quelques écrits échappés au temps, que les peuples regrettaient les dépenſes que ces aſſemblées occaſionnaient ; dépenſes qui peut-être ſervaient de prétexte à quelques vexations.

Cette pareſſe, chez un peuple actif ; ces regrets, chez un peuple prodigue, qui aime à briller & à ſe raſſembler partout ailleurs, ne ſont-ils pas des témoignages du peu de fruit qu'il retirait de la tenue des Etats, auſſi bien que des dégoûts que chaque ordre y recevait des deux autres ?

Ouverture des Etats le 14[illegible] [illegible] 3 à Tours.

Quoi qu'il en ſoit, les Etats-généraux de tout le royaume, tant ceux de la langue d'Oyl, que ceux de la langue d'Oc, furent convoqués à Tours, & ſe tinrent dans une ſalle de l'évêché.

La vanité, qui fait commettre tant de fautes, a tant de part dans les aſſemblées des grands, & les fureurs qu'elle leur inſpire, troublent ſi ſouvent nos nations iſſues de barbares, qu'elle rend les plus petites choſes importantes, & qu'elle effacerait le ridicule de l'étiquette & des disputes de préséances, si ce ridicule pouvait être effacé.

Ainsi, nous ferons ici ce que les historiens du peuple roi, qui régna sur trois parties du monde, n'ont point fait quand ils ont traité de ces grandes assemblées où siégeaient les dominateurs de la terre, ces consuls, ces sénateurs, dont les affranchis étaient plus puissans que ne le sont aujourd'hui les rois de France & les empereurs des Germains : nous parlerons de l'arrangement des places & de la disposition des fauteuils.

Position des siéges.

Journal de Jean Masselin. Il est manuscrit & écrit en latin.

On posa le trône sur une espèce de théâtre peu élevé. A six pieds à droite, au-devant de ce trône, on mit un fauteuil pour le connétable : à six pieds à gauche, on en plaça un autre, un peu plus bas, pour le chancelier. Derrière le fauteuil du connétable, était un banc pour les cardinaux de Lyon & de Tours, pour les six pairs ecclésiastiques & le prince de Vendôme ; derrière celui du chancelier, mais un peu plus près du trône, il y en avait un pour les ducs d'Orléans & d'Alençon, les comtes d'Angoulême, de *Beaujeu* & de Bresse. Les intervalles de ce parquet supé-

rieur

rieur étaient destinés aux premiers seigneurs de la cour.

Dans le parquet inférieur, au bas de cette espèce de théâtre préparé pour le roi, le connétable, le chancelier, les princes, les cardinaux, on avait arrangé des bancs en forme d'amphithéâtre; les premiers pour les barons, les chevaliers & les conseillers du roi; les autres pour les députés des trois ordres. Devant ces gradins, entre des barrières, se placèrent les secrétaires d'Etat.

Appel des députés.

Les députés furent appellés dans cet ordre: d'abord ceux de Paris, capitale du royaume, & déjà la ville qui rapportait le plus à la couronne. On appella ensuite ceux des six pairies laïques: d'abord ceux de Bourgogne, comme la plus ancienne; puis ceux des duchés de Normandie & de Guienne, ceux des comtés de Champagne, de Toulouse & de Flandre; enfin on appella les députés des sénéchaussées & des bailliages, dans l'ordre de leur réunion à la couronne. Cette réunion qui les constituait enfans de l'Etat, était une sorte de droit de naissance, où la primogéniture devait avoir les honneurs du pas.

Discours du chancelier.

Tout le monde ayant pris place, le chancelier *Guillaume de Rochefort* prononça un long discours assez vague, où il parla des Grecs, des Romains, des conquêtes des Gaulois, & de la gloire que les Français avaient acquise dans les croisades. Il finit par demander que l'assemblée instruisît le roi de tous les abus, & lui formât un conseil qui pût l'aider à maintenir la paix, & à faire fleurir le commerce & les arts.

De ces deux propositions, il n'y en avait qu'une qui intéressât la cour ; car elle connaissait les abus, aussi bien que les députés des trois ordres.

Deux jours après cette séance, les députés s'assemblèrent ; ils nommèrent pour présisident de leur assemblée, *Jean de Villiers de Groslaye*, évêque de Lombès, abbé de Saint-Denis, & premier député de la ville de Paris : ils élurent aussi deux secrétaires, *Jacques de Croisinar*, & *Jean de Rains*. Mais, se trouvant trop nombreux pour travailler ensemble, ils se divisèrent en six bureaux, qu'ils appellèrent nations. Chacune travailla dans une salle particulière,

Division des bureaux.

& toutes ſe raſſemblaient quelquefois pour délibérer enſemble.

Ils employèrent tout le mois de janvier à compoſer la liſte des abus. Les princes ne s'occupaient point de ce travail, & n'aſſiſtaient point à ces aſſemblées ; mais ils intriguaient, pour s'y faire des partiſans. Conduite des princes.

Les princes croient quelquefois éblouir les peuples, par une généroſité apparente. *Pierre de Luxembourg*, évêque du Mans, exhorta l'aſſemblée des Etats au nom des ducs d'Orléans & d'Alençon, des comtes d'Angoulême, de Dunois & de Foix, à retrancher les penſions & les gratifications accordées par la cour : il aſſura l'aſſemblée que ces princes ſacrifieraient volontiers leurs propres penſions, pour le ſoulagement du peuple : qu'ils ne devaient pas craindre de chaſſer tous les membres du conſeil engraiſſés de rapine, parce que les princes prenaient les Etats ſous leur *ſauve-garde*, & que les princes étaient aſſez puiſſans, pour faire exécuter les règlemens de l'aſſemblée.

Ainſi les princes ſe ſéparent de l'aſſemblée de la nation ; ils ſe regardent comme des êtres à part : ils prennent l'aſſemblée des trois ordres ſous leur protection. Cet évêque qui, membre du premier ordre, ne rougit point d'avilir l'aſſemblée, en lui apprenant que les princes la protègent, en lui feſant ſentir ſon impuiſſance, ſon abaiſſement, ſa nullité, cet étrange oubli des bienſéances, montrent aſſez le vice des Etats-généraux, l'ignorance dans laquelle on était plongé, ſur la conſtitution de toute aſſemblée nationale, l'eſprit de baſſeſſe & d'oppreſſion qui régnait alors; & prouvent trop que les princes ne regardaient la diviſion des trois ordres que comme des degrés qu'ils voulaient fouler aux pieds, pour ſe battre en tumulte autour du trône.

Toutes les démarches étaient tellement contradictoires & ſi peu réfléchies, que ces princes, par une inconſéquence dont ils ne s'appercevaient pas, ſollicitaient les Etats-généraux de faire un acte qui ne peut émaner que de la puiſſance légiſlative ou de l'exécutive, en ſupprimant les penſions, & en chaſſant du conſeil les membres qui ne leur paraîtraient pas dignes d'y être, & que par le même meſſage, ils les aſſuraient de leur protection, comme s'ils avaient été ſans puiſſance.

Ces Etats eux-mêmes ſavaient ſi peu ce

que c'eſt que de repréſenter une nation, qu'ils donnaient le nom de nation à leurs bureaux. Ils ne connaiſſaient point eux-mêmes leur dignité: ou, pour dire le vrai, aucune de ces idées métaphyſiques; de peuple, de nation, de conſtitution, n'était encore développée. On employait ces mots, comme tant d'autres, ſans les avoir définis, ſans en connaître bien le ſens & la force.

Les Etats firent remercier les princes: mais ils ne ſe trompèrent point ſur leurs motifs, & ils n'en furent pas plus diſpoſés à les ſervir.

Tandis que les princes affectaient de les protéger, des ducs & des ſeigneurs les traitaient en ſouverains, & leur adreſſaient des requêtes, contre l'injuſtice des miniſtres, & la tyrannie du feu roi. Requêtes préſentées aux Etats.

Le ſeigneur de Croï, ſupplia les Etats de lui faire rendre ſes terres, dont il devait être remis en poſſeſſion, en exécution du traité d'Arras. *Charles d'Armagnac* leur demanda juſtice des tourmens qu'il avait ſoufferts, & des ordres iniques qui lui avaient enlevé ſes biens. Les enfans du duc de Nemours, iſſus des rois par leur mère, & trop malades, pour ſe préſenter eux-mêmes, firent demander par un avocat, vengeance de la mort de leur père, & la restitution des biens dont on les avait dépouillés. Les députés du duc de Lorraine arrivèrent, presqu'en qualité d'ambassadeurs, & se plaignirent, à l'assemblée au nom de leur maître, que le roi lui retint la succession du roi *René d'Anjou*, son aïeul. C'était prendre les Etats-généraux pour arbitres entre lui & le roi. Ce duc n'était pas un sujet de *Charles VIII*, un membre de la monarchie.

L'assemblée ne refusa aucune de ces requêtes : elle promit de s'en occuper, dès qu'elle aurait réglé les affaires générales.

Dans la position contradictoire où se trouvaient les Etats-généraux, les opinions se partagèrent; quelques députés prétendaient que l'assemblée avait le droit d'établir tel gouvernement qu'il lui semblerait bon; d'autres prétendaient que les princes avaient des droits qu'elle devait respecter. Chaque député craignait de se faire des ennemis puissans.

Discours du seigneur de la Roche.

Philippe Pot, seigneur de la Roche, député de la noblesse de Bourgogne, eut assez de hardiesse, pour faire aux Etats une harangue énergique, où il leur attribua la toute-puiſſance. Il les aſſura que les Etats-généraux avaient toujours eu le droit de régler toutes les affaires, & de décider toutes les grandes queſtions : qu'originairement, les Français avaient élu leurs rois, & leur avaient conféré la ſouveraine puiſſance; que les Etats-généraux avaient jugé entre *Edouard* & *Philippe de Valois*; que, pendant la captivité du roi *Jean*, ils avaient confié l'adminiſtration du royaume à ſon fils *Charles-le-ſage*, malgré ſa grande jeuneſſe; qu'enſuite, ils lui en avaient donné la régence : qu'enfin, ſous l'adminiſtration de *Charles VI*, c'était encore les Etats-généraux qui avaient réglé l'adminiſtration.

Toutes ces aſſertions n'étaient pas avérées, les Etats-généraux n'ayant jamais eu l'eſprit d'ordre & l'autorité néceſſaire pour faire obſerver leurs déciſions; ces temps vantés par le ſeigneur de *la Roche* avaient été les temps les plus déſaſtreux de la monarchie; & jamais les princes ne s'étaient diſputé le gouvernement avec plus de fureur que dans ce ſiècle où il prétendait que les Etats-généraux en avaient diſpoſé.

Le but du ſeigneur de *la Roche*, & de

presque tous les députés, était de chasser du conseil les anciens ministres, & d'y substituer vingt-quatre conseillers tirés des Etats. C'était le but que les Etats de 13,6 avaient eu, en forçant le dauphin, *Charles-le-sage*, à se défaire de tous ses officiers, & à recevoir douze prélats, douze nobles, douze bourgeois, pour conseillers. Comme on est presque toujours mécontent ou envieux des gens en place, la première réforme qui se présente à l'esprit, c'est de les chasser, & la seconde, c'est de se mettre à leur place, soi, ou les siens.

Les députés des trois ordres ayant eu la mal adresse de se diviser en six bureaux ou nations très-inégales, dont les intérêts étaient tous différens, ils ne purent jamais se concilier sur le choix de ces vingt-quatre conseillers.

Le temps pressait : le jour était indiqué où le roi & les princes devaient venir entendre la lecture des cahiers, c'est-à-dire, le récit des abus, les moyens imaginés pour y remédier, & sur-tout la forme que les députés desiraient qu'on donnât au conseil.

On fit, à la hâte, un arrété secret, où l'on résolut de demander que monsieur &

madame *de Beaujeu continuassent d'avoir le soin, la garde & le gouvernement de la personne du roi.*

Le roi vient à l'assemblée.

Cependant le jour prescrit arrive, le roi revient à Tours. Le chancelier, pour toute harangue, dit aux députés : *Commencez quand vous voudrez.* *Jean Reli*, chanoine & député de Paris, consomme un temps précieux à prononcer un long discours, aussi inutile qu'ennuyeux. On poursuit, pendant trois heures entières, la lecture de ces cahiers beaucoup trop prolixes, écrits sans énergie & sans intérêt ; & l'assemblée se sépare, sans que la lecture en soit achevée, sans même qu'on soit parvenu à l'article qui concernait le conseil, le seul qui intéressât les princes & les grands.

Les Etats sont joués.

Les Etats devaient se rassembler le lendemain, mais tous les partis les jouent. A peine les députés sont-ils réunis, qu'un messager du duc d'Orléans se présente, & leur dit, que ce prince s'étant déclaré leur ami & leur protecteur, il aurait dû compter sur leur attachement, & qu'il avait été bien surpris, en apprenant qu'ils voulaient le dépouiller des prérogatives de son rang, & assigner *la garde* & *le gouvernement* de la personne du roi à monsieur & madame *de Beaujeu ;* qu'ils feraient bien de n'en point parler : que, s'ils croyaient indiſpenſable d'en faire mention, ils devaient ſe contenter de dire, qu'*ils ſouhaitaient que monſieur & madame de Beaujeu demeuraſſent auprès du roi.*

Les députés répondent qu'ils obéiront à ſes ordres. Le meſſager du duc eſt à peine parti, qu'il en arrive un autre de la part de monſieur & de madame *de Beaujeu.* Il vient, dit-il, leur témoigner toute la reconnaiſſance qu'ont le prince & la princeſſe de la manière dont ils veulent s'exprimer à leur égard : mais il les prient de ſupprimer ce qui concerne la garde & le gouvernement de la perſonne du roi, & de dire ſimplement : *monſieur & madame de Beaujeu demeureront auprès du roi comme ils y ont toujours été, & comme le feu roi l'a ordonné par ſon teſtament.*

Il eſt évident que les princes les jouent, qu'ils ſe ſoucient fort peu de leurs déciſions, que le duc d'Orléans ne veut pas que leur manière de s'exprimer donne plus de poids au parti de madame *de Beaujeu*, & que cette princeſſe ne croit pas avoir beſoin de leur avis, pour gouverner le roi, ſon frère.

Les députés attendaient le roi : un troisième messager arrive, & parle tout bas au chancelier qui se lève, & leur dit : le roi, instruit que vous n'êtes pas d'accord, remet à demain *à vous donner audience*.

L'assemblée n'ayant aucune force active, pouvait se regarder comme dissoute, ou du moins comme nulle ; ce n'était pas sa volonté qui allait influer sur les affaires.

Les députés des six nations se rassemblèrent le lendemain, & firent enfin un arrêté qui réglait la composition du conseil, mais d'une manière beaucoup trop subtile, pour qu'il ne fût pas l'ouvrage de madame *de Beaujeu*.

Tous d'accord par cette influence dont la plupart ne se doutaient pas, le roi revint présider l'assemblée. Tous les princes s'y trouvèrent. *Jean Reli* reprit son ennuyeuse harangue. On continua la lecture des cahiers. Les princes l'écoutèrent avec indifférence, & presque avec un mépris marqué ; mais leur attention devint vive, & l'inquiétude se peignit sur tous leurs visages, au moment où le lecteur annonça l'article *du conseil que le roi doit avoir autour de lui*. Le roi revient à l'assemblée.

Cet article disait, que le roi ayant l'âge & la capacité de gouverner, il régirait toutes les affaires, expédierait toutes les lettres, aurait toute l'autorité, & présiderait son conseil le plus souvent qu'il pourrait.

Qu'en son absence, le conseil serait présidé par le duc *d'Orléans ;* qu'en l'absence de ce duc, il le serait par le connétable duc *de Bourbon*, & à son défaut, par le sire *de Beaujeu.*

Que les autres princes pourraient assister au conseil, quand ils le voudraient.

Qu'il serait bon d'élire douze conseillers choisis dans les six divisions des Etats, pour être oints au conseil.

Que l'intérêt public était attaché à la vie du roi, & le roi ayant été jusqu'alors bien élevé & bien conduit, il était à desirer qu'il y eût toujours, auprès de sa personne, des gens sages, vertueux & d'une bonne réputation.

Ces mots vagues annonçaient moins le vœu des Etats en faveur de madame *de Beaujeu*, que la dépendance cruelle dans laquelle ils se trouvaient, dépendance qui ne leur laissait pas la liberté de s'exprimer avec franchise.

Cependant, cet arrêté rendait madame *de Beaujeu* toute-puissante. L'autorité demeurait entièrement dans les mains du roi qu'elle gouvernait; en lui fesant préfider le confeil, elle ôtait au duc d'*Orléans* la difpofition des affaires. Il était donc inutile à ce duc d'y affifter. Elle prévoyait bien que le connétable, trop accablé par la goutte, ne pourrait prefque jamais s'y rendre ; & qu'ainfi fon mari, le fire *de Beaujeu*, le préfiderait prefque toujours ; que le duc d'Alençon & le duc d'Angoulême, plus près du trône que lui, dans l'ordre des rangs, s'abftiendraient d'y paraître, afin de n'être pas préfidé par ce prince. Il n'aurait donc point de contradicteur. Car, qui ofe contredire un prince quand il eft dans le confeil ?

Ces cahiers lus, les députés mirent un genou en terre, & ils attendirent, dans cette attitude, la réponfe du roi. Ces génuflexions tenaient aux anciens ufages de la féodalité qui n'était pas encore tout-à-fait abolie. Le chancelier prit l'avis des princes, qui fe rangèrent autour du connétable, que les douleurs de la goutte attachaient à fon fauteuil.

Le chancelier s'adreffant enfuite à l'affemblée, dit que le roi était content, qu'il adoptait la forme donnée à fon confeil, qu'il y placerait douze confeillers choifis dans les députés, & qu'il prendrait parmi eux des perſonnes éclairées pour diſcuter leurs cahiers, avec ſon conſeil.

Charles, comte l'Auvergne, demande juſtice aux Etats.

Le chancelier n'avait pas encore achevé ſon diſcours, que *Charles d'Armagnac* entra, & qu'il fit ſon appel, à la nation aſſemblée, des jugemens portés par le feu roi, contre lui & contre ſon père; il ſe jeta à genoux, & fondit en larmes. Son avocat, qui l'accompagnait, plaida ſa cauſe, & raconta avec quelles cruautés le comte *Dammartin*, préſent dans cette aſſemblée, avait ravagé le pays d'Armagnac, & pillé ſes villes; avec quelle férocité & quelle perfidie *Monfaucon* & *Ruffec de Balzac*, auſſi préſens, étaient entrés, ſur la foi d'une trève, dans la place de Lectoure, & avaient fait égorger par un de leurs ſatellites, appellé *Gorgius*, le comte d'Armagnac dans les bras de ſon épouſe, au milieu de toutes les femmes de ſa cour. Aux cris de ces femmes, d'autres ſatellites accourant, s'étaient jetés ſur elles, leur avaient arraché, avec violence, les colliers, les bagues, les bracelets, les bijoux dont elles étaient parées. La comteſſe d'Armagnac, évanouie d'horreur, & couverte du ſang de ſon époux, avait été enlevée, tranſportée & enfermée au château de Buzet. Arrivée dans cette forteresse, trois autres brigands, *Bretenoux*, *Guernardon* & *Olivier le Roux*, dont le premier était présent, la forcèrent d'avaler un breuvage qui devait faire périr l'enfant qu'elle portait dans son sein; elle le boit, l'enfant meurt, elle avorte, & bientôt elle expire.

Cependant, *Charles d'Armagnac*, prosterné aux genoux de cette assemblée, & lui demandant justice de tant de cruautés, résidait alors dans ses terres; il ignorait l'assassinat de son frere, l'empoisonnement de sa belle-sœur, la mort anticipée de son neveu. Des soldats survinrent & l'enlevèrent. On le chargea de chaînes: on l'appliqua à la question, on le traduisit au parlement de Paris. Bientôt on craignit que ce tribunal ne lui rendît la liberté, on l'enleva des prisons de la conciergerie: on le mena à la bastille. Le gouverneur *Philippe l'Huillier*, présent aussi à cette assemblée, le jeta dans un cachot profond, creusé sous les fossés pleins d'eau, qui entourent ce château. L'eau filtrant au travers des voûtes, dégoûtait sur sa tête & sur son grabat: s'il voulait marcher, il enfonçait dans la fange: ses habits tombaient en lambeaux, & on lui refusait du linge & des vêtemens. *L'Huillier* venait le voir quelquefois, & à chaque visite, il lui fesait arracher quelques dents, ou il le fesait honteusement & cruellement flageller, à la manière des enfans. Il passa quatorze années entières, livré à ce barbare, dans les horreurs de cette prison. La solitude, l'humidité, les douleurs, l'inquiétude, la crainte, avaient tellement affaibli sa raison, qu'incapable de parler, prosterné devant l'assemblée, ce n'était que par ses larmes qu'il pouvait se faire entendre, & attester la vérité de tou ce que son défenseur révélait au roi, aux princes, à la nation entière, devant les auteurs mêmes de tant d'iniquités.

Dammartin, Ruffec, Bretenoux, l'Huillier, pendant ce discours, frémissaient de fureur, jetaient quelquefois des regards foudroyans sur l'orateur, & quelquefois affectaient de rire, pour le déconcerter.

Cette dénonciation publique était une grande occasion offerte aux princes, au clergé, à la noblesse, au tiers-état, enfin au corps de la nation, de s'ériger en juges des grands crimes commis par l'autorité royale; c'était une grande occasion de les réprimer à jamais,

&

& d'y soustraire leurs personnes & celles de leurs descendans. L'intérêt & le danger étaient communs à tous les ordres. Ils le sentent tous; mais n'ayant point d'union entr'eux, ne sachant jamais ce qu'ils doivent faire, dans une circonstance imprévue, manquant de méthode, pour se conduire, ils laissèrent échapper de leurs mains cette grande occasion.

Le roi promit justice. *Dammartin* allégua les ordres de *Louis XI.* Il osa dire qu'on n'avait pu déployer trop de rigueur contre le comte d'*Armagnac*, rebelle & séditieux. *D'Albret* & *Lescun*, attachés autrefois à ce comte, s'écrièrent qu'il en avait menti. Tous trois fondirent aussi-tôt, l'un sur l'autre, l'épée à la main, malgré la présence du roi & de l'assemblée des trois ordres. On se jeta entr'eux : on les sépara.

Les Etats laissèrent prendre à cette affaire le cours des procès ordinaires; & ils prouvèrent, par-là, à tous ceux qui leur avaient présenté des requêtes, qu'il n'était d'aucune utilité d'en appeller à leur assemblée. En effet, *Charles d'Armagnac* plaida, éprouva des injustices, & finit par être enfermé, sous prétexte d'incapacité, par l'avarice de ſes parens, comme il l'avait été par le caprice d'un tyran, ſous un autre prétexte.

Que les Etats-généraux convoqués par la dame *de Beaujeu* & par le duc *d'Orléans*, pour juger entr'eux, en aient été les jouets, c'eſt un fait qui ne doit point étonner. Séduire ſon juge quand on eſt femme, le corrompre quand on eſt riche, l'intimider quand on eſt puiſſant, c'eſt moins une contradiction dans la conduite qu'un effet ordinaire des paſſions humaines. L'autorité du juge eſt jouée, mais ſon droit n'en eſt pas moins reconnu.

Le roi demande des ſubſides.

S'il ne ſe fût agi, dans cette aſſemblée, que de former le conſeil & de connaître les abus, elle aurait pu ſe ſéparer; mais ces demandes faites par l'adminiſtration, avec tant de faſte, n'étaient guère qu'un prétexte. Ce qui lui importait, c'etait d'engager les Etats à lui donner beaucoup d'argent.

La néceſſité d'en obtenir devenait plus urgente, à meſure que la puiſſance royale augmentait. Le roi ſe trouvait chargé de beaucoup de dépenſes que les ſeigneurs feſaient autrefois. Plus il réuniſſait de provinces à ſon domaine, plus le ſervice perſonnel devenait difficile; plus il était indiſpensable de lui substituer des impôts, pour soudoyer des troupes, pour payer les frais des justices royales, qui se multipliaient aussi; pour faire faire, à prix d'argent, toutes les autres dépenses qu'on ne pouvait plus exiger d'un peuple qui n'était plus serf; & pour payer les dépenses du roi, qui n'enlevait plus par-tout, sur son passage, les vivres, les chevaux, les voitures, les meubles, dont il avait besoin.

" Le recouvrement des impôts se fesait avec d'autant plus de difficulté, qu'on n'avait encore aucune connaissance sur la manière de les établir, de les répartir & de les prélever. Que le clergé & la noblesse, possédant toutes les grandes terres du royaume, prétendaient n'être asservis à aucun impôt : & que le peuple regardait comme une injustice de payer, à lui seul, toutes les dépenses de l'Etat, quand il était évidemment l'ordre le moins riche, & quand il n'avait ni places, ni honneurs, ni dignités, ni dédommagement, ni presqu'aucun moyen de se défendre contre les vexations d'une noblesse armée, mal soumise au roi, rebelle à tous les tribunaux, accoutumée à la licence des camps, à l'orgueil des cours, & toujours encline à traiter même les gens les plus riches du tiers-état, comme des ſerfs échappés à la glèbe.

Diſputes au ſujet des impoſitions.

On avait joué les trois ordres, au ſujet de la formation du conſeil : on eſpéra de les jouer encore, au ſujet de l'établiſſement des impôts.

La dame *de Beaujeu* ne mit point douze députés des trois ordres dans le conſeil, quoiqu'on l'eût promis au nom du roi. Le chancelier manda nommément ſeize députés, pour faire, avec le conſeil, l'examen des cahiers.

Les Etats, ſurpris qu'on ne leur eût pas laiſſé le choix de ces députés, qui devaient défendre leurs cahiers, & dont les uns, officiers ou penſionnés du roi, leur étaient ſuſpects, prirent le parti ferme & ſage, de déclarer au chancelier, que les ſeize députés qu'il mandait, n'étant pas de leur choix, ils ne pouvaient être leurs repréſentans.

Ce déſaveu embarraſſant le conſeil, le chancelier *de Rochefort* vint dire aux Etats dans un diſcours, moitié faible, moitié deſpotique, que le *roi était maître de faire examiner leur cahier, dans ſon conſeil, sans y appeller aucun d'eux*; mais que le roi, ne voulant pas user de ses droits, à la rigueur, leur permettait d'ajouter aux seize personnes qu'il avait nommées, six députés à leur choix, un de chaque nation.

Les Etats ne doutant pas que cette proposition ne fût illusoire, & que la voix de leurs six députés ne fût toujours étouffée par celle des seize, répondirent qu'ils ne voulaient, ni blâmer, ni autoriser le choix fait par le conseil, mais qu'ils ne mêleraient point leurs députés à ceux qui avaient été appelés.

Les seize ne voulant pas encourir la haine publique, se récusèrent eux-mêmes, & revinrent à Tours se réunir aux Etats-généraux.

Le chancelier & les princes, auxquels il fallait de l'argent, furent obligés de traiter avec l'assemblée entière. Le connétable fit un tableau des forces nécessaires, pour défendre le royaume, & demanda que les états entretinssent deux mille cinq cents lances & six mille hommes d'infanterie.

Après que les trois ordres eurent délibéré, *Jean Masselin*, official de Rouen, & l'orateur des Etats, représenta, aux

Les Etats demandent à connaître la totalité des dépenses.

princes, qu'il ne suffisait pas d'avoir une idée des forces militaires; qu'on ne parviendrait pas à soulager le peuple, sans connaître la totalité des dépenses, tant celles de la maison du roi, que les gages des officiers de justice & de finances, & surtout les pensions; que la recette devant toujours précéder la dépense, ils demandaient qu'on leur remît des rôles exacts du produit des domaines, de celui des aides & des gabelles, sans y comprendre la taille, impôt contre lequel les Etats s'étaient déclarés.

Cette demande ne souffrit aucune difficulté: dès le lendemain, on remit aux Etats des comptes de recettes & de dépenses, avec une liste de toutes les personnes qui touchaient des pensions; mais on n'y mit pas la valeur de ces pensions, ni la somme totale à laquelle elles se montaient. On aurait dû faire tout le contraire; la somme importait plus à connaître, que les noms de ceux à qui on en payait; on crut apparemment que les neuf cents personnes inscrites dans cette liste méritaient toutes d'en avoir, mais on pensa que les Etats n'approuveraient pas qu'on leur en eût donné d'aussi fortes.

Les trois ordres prétendirent que ces comptes étaient faux, qu'on y exagérait la dépenſe & qu'on y diminuait la recette. Ils réſolurent, dans leur colère, de n'accorder au roi qu'une ſomme pareille à celle qu'on levait, ſous *Charles VII*, quoique le royaume eût payé, ſous *Louis XI*, cinq fois davantage.

Les trois ordres accuſent les comptes d'être faux.

Ils voulaient même que cette ſomme fût répartie également ſur toutes les provinces du royaume, quoique le royaume ſe fût beaucoup agrandi; ce qui eût été équivalent à une diminution d'impôt. Ils prétendirent que *Charles VII* n'avait eu que douze cents lances; & que ce nombre ſuffiſait encore; qu'il fallait retrancher les dépenſes de la maiſon du roi; qu'il était ridicule que la maiſon de ce prince, encore enfant, coûtât trois fois plus que celle de *Charles VII*; qu'il fallait rayer plus de la moitié des noms écrits ſur la liſte des penſions. Ils pouvaient ajouter que les princes avaient offert de remettre celles qu'ils touchaient, lorſqu'il s'agiſſait de former le conſeil: & ils le firent indirectement, en ſuppliant le roi de ſupprimer, pour un temps, toutes ſes largeſſes.

Cette proposition causa une vive colère aux princes qui, n'ayant plus d'intérêt à flatter les Etats, ne voulaient plus qu'on retranchât, ni leurs pensions, ni celles des gens qui étaient à leur service.

Proposition du chancelier.

Le chancelier revint aux Etats, & déclara, sans détour, qu'il fallait que les provinces soumises autrefois à *Charles VII*, payassent quinze cents mille livres; que la cour prendrait des arrangemens avec les autres provinces : que vu les changemens arrivés aux monnaies, la somme offerte par les Etats était fort inférieure à celle qu'on avait payée, sous *Charles VII*.

Les Etats la rejettent.

Les Etats rejetèrent sa proposition, sans détour; on négocia, on disputa, on en vint même aux injures. Le conseil prétendait qu'on pouvait imposer les quinze cents mille livres, sans l'aveu des Etats; mais les Etats le niaient; en effet, pourquoi les assembler, si leur consentement n'était pas nécessaire.

Ils accordent des subsides.

Enfin ils consentirent à donner quinze cents mille livres; mais non pas comme on les demandait. Ils accordèrent qu'on en leverait douze cents mille, comme sous *Charles VII*; mais ils supprimèrent le nom de taille devenu odieux, & ils lui substituèrent celui de dons & d'octrois. Ces douze cents mille livres ne devaient être payées que pendant deux ans, *& non davantage*. Les trois cents mille livres qu'ils accordèrent de plus, ne devaient être payées qu'une ſeule fois; non à titre de revenus, mais comme un don, pour l'avénement du roi à la couronne, & pour ſubvenir aux frais de ſon ſacre.

Ils le prièrent d'aſſembler les Etats, dans deux ans; d'indiquer, dès ce jour, le temps & le lieu où ils ſe tiendraient, & de déclarer qu'à l'avenir, on ne pourra lever aucun impôt, ſans convoquer les Etats, & ſans obtenir leur conſentement, *ſelon les priviléges & les libertés du royaume*.

Ces articles convenus, le ſire *de Beaujeu* annonça que le roi ſe rendrait le lendemain à l'aſſemblée, car on voulait ſe hâter de la congédier : cependant il n'y vint pas. On prétexta qu'un orage avait empêché ce jeune prince de venir, du château du Pleſſis-lès-Tours, à la ville où ſe tenait l'aſſemblée, lorſqu'il n'avait pas empêché que le vieux connétable, dévoré de la goutte, ne s'y rendît. Il eſt vraiſemblable qu'on ne ſe ſouciait pas que le roi entendît le diſ-

Diſcours de *Jean Maſſe-lin*, unique orateur des Etats.

cours de *Jean Masselin*; l'homme de son temps qui parlait avec le plus d'énergie & de véracité. C'était en effet au roi seul qu'il se proposait d'adresser tout ce qu'il avait à dire. Son absence inattendue le surprit, mais ne le déconcerta pas. Il prévint l'assemblée que son discours étant fait pour le roi, il le regardait comme présent, & qu'il allait lui adresser la parole; mais les vérités qu'il disait perdaient leur poids, en tombant dans l'oreille endurcie de vieux courtisans, livrés à leur intérêt & à l'esprit de parti. Plus elles étaient frappantes, plus ils s'applaudissaient de les avoir écartées de l'oreille du roi; & tout l'effet qu'elles produisirent, ce fut d'attirer des ennemis à l'orateur.

La séance finie, le chancelier dit aux trois ordres de nommer des députés pour l'examen des cahiers. Quelques heures après, il revient, & leur dit que, pour expédier plus d'affaires, on formera trois bureaux: le premier pour la répartition des impôts, le second pour les affaires du clergé, le troisième pour l'administration de la justice: que, dans le premier bureau, on n'admettra que quatre députés; que tous les évêques auront droit d'entrer dans le ſecond ; & qu'il ſuffira de trois députés pour le troiſième.

Les Etats virent bien encore qu'on ne cherchait qu'à les jouer, & que ſept députés ne pourraient réſiſter aux princes, au chancelier, à tous les gens du conſeil. Ils en élurent un beaucoup plus grand nombre.

Dans ces trois bureaux, il y eut beaucoup de clameurs & d'oppoſitions, même entre les députés. On prit le parti de ne faire aucune réponſe à l'article qui concernait le clergé.

Le chancelier écrivit en marge des articles qui concernaient la juſtice, la nobleſſe, le commerce ou les finances, comme dans une capitulation militaire, *accordé* ou *refuſé*, *on y pourvoira*, *on rendra de nouveaux arrêts*, &c.

Ces cahiers, lus devant le roi, ſont curieux à conſulter, par la connaiſſance qu'ils donnent de l'état malheureux du peuple, & des violences qu'on oſait ſe permettre avec lui. On y trouve pluſieurs exactions qu'on exerce encore de nos jours, & d'autres dont on n'a plus d'idées.

Le tiers-état se plaint d'abord de l'argent que la cour de Rome enlève à la nation. *Il y a cent & un évêchés*, dit-il, *dans ce royaume, dont il n'y a pas un qui n'ait vaqué depuis la mort de Charles VII., & qui, l'un portant l'autre, n'ait vuidé plus de six mille ducats; c'est six cents mille ducats. Les abbayes & prieurés conventuels sont plus de trois mille, à cinq cents ducats, l'un portant l'autre, par mutation; ce sont sommes merveilleuses & innombrables. Les indulgences, décimes, dispenses & autres voyages en cour de Rome, enlèvent grande quantité d'or & d'argent.*

Recueil général des Etats tenus en France. page 86.

p. 87.

p. 88. *Il y a toujours gens d'armes, allant & venant, vivant sur le pauvre peuple...... Il faut que le pauvre laboureur paye & soudoye ceux qui le battent, qui le délogent de sa maison, qui le font coucher à terre, qui lui ôtent la substance, & les gages cependant sont baillés aux gens d'armes pour défendre le peuple & le préserver... L'homme de guerre ne se contente pas des biens qu'il trouve dans l'hôtel du laboureur, ains le contraint, à gros coups de bâton, à aller quérir du vin en la ville, du pain blanc, poisson, épicerie....; qui eût jamais pensé*

p. 89.

voir ainsi traiter ce pauvre peuple, jadis nommé Français, maintenant de pire condition que le serf? . . . p. 90.

On se plaint beaucoup, dans ces cahiers, de l'augmentation des tailles, on les appelle des *charges mortelles & pestiférées:* elles l'étaient véritablement par les rigueurs avec lesquelles on les prélevait. *On fait*, disent les Etats, *en les levant, grandes pilleries & roberies, abus & injustices toutes notoires;* entr'autres, *quand les particuliers d'une paroisse ont payé leur cotte & assiette, on les emprisonne, pour les forcer à payer ce que leurs voisins doivent, & même plus qu'ils ne doivent. De-là s'en sont ensuits plusieurs grands & piteux inconvéniens. Les uns s'en sont fuis & retirés en Angleterre, en Bretagne & ailleurs, & les autres sont morts de faim, en grand & innumérable nombre, & d'autres, par désespoir, ont tué femme & enfans, & eux-mêmes, voyant qu'ils n'avaient pas de quoi vivre. Ailleurs, plusieurs hommes, femmes & enfans, par faute de bêtes, sont contraints à labourer la charrue au col; d'autres labouraient de nuit, par crainte qu'ils ne fussent de jour pris, & appréhendés pour lesdites tailles;*

p. 90. p. 91.

par quoi partie des terres sont demeurées à labourer, & le tout, parce qu'ils étaient soumis à la volonté de ceux qui voulaient s'enrichir de la substance du peuple, sans le consentement & délibération des trois Etats. Ce sont les propres termes du cahier lu au roi, devant tous les princes, dans l'assemblée des Etats, tels qu'on peut les voir à la page 91 du Recueil général des Etats, par *Toussaints Quinet. Qu'il plaise*, ajoute-t-il, p. 93. page 93, *à messeigneurs, qui prennent les pensions, se contenter du revenu de leurs seigneuries, sans prendre aucune pension, ne deniers extraordinaires, au moins si aucunes en ont, qu'elles soient raisonnables, modérées & supportables, aux afflictions & misères du pauvre peuple; car icelles pensions ne se prennent pas sur le domaine du roi, aussi ne pourrait-il y fournir, mais se prennent toutes sur le tiers-état, & n'y a si pauvre laboureur qui ne contribue à payer lesdites pensions. Donc est advenu souvent que le pauvre laboureur est mort de faim, lui & ses enfans, car la substance de laquelle ils devaient vivre était prise pour lesdites pensions, & n'est point à douter qu'au paiement d'icelles pensions, il y a telle pièce de monnaie, qui est partie de la bourse d'un laboureur dont les enfans mendient aux portes de ceux qui ont lesdites pensions, & souvent les chiens sont nourris du pain, acheté des deniers du pauvre labourant, dont il devait vivre.* Si je n'avais pas ce passage sous les yeux, j'aurais peine à croire qu'il ait été écrit à la fin du quatorzième siècle: que dirait-on de plus énergique aujourd'hui, si l'on avait à peindre une pareille misère? mais nos paysans, tout à plaindre qu'ils sont, ne sont pas réduits à un pareil désespoir.

p. [illegible]

Enfin, après avoir décrit les vexations que le peuple éprouve, les Etats demandent au roi, *que les gens d'armes gardent les ordonnances; & que, s'ils font griefs au peuple, ils soient punis par les juges ordinaires....; souvent*, ajoutent-ils, *les offices de judicature ont eté pourvus de gens non-experts, qui ont acheté icelles offices....; quant aux offices extraordinaires, il semble aux Etats qu'ils sont à la grande charge du peuple, car multiplication d'offices est augmentation de gages....; & combien que les cours des parlemens soient & doivent* p. 108. *être la lumière de toutes les autres cours subalternes.... ; toutefois se plaignent qu'ils ne peuvent, sinon à grande peine & difficulté, & à grands frais & mises, avoir expedition de justice esdites cours de parlement... Il semble auxdits trois Etats que toutes bêtes destinées au labour, dont vivent & viennent les alimens des trois Etats, ensemble les instrumens & outils necessaires audit labourage, ne se doivent engager ni prendre par exécution quelconque, soit pour les deniers du roi, des seigneurs directs ou utiles, des marchands ou autres quelconques, supposé même que les laboureurs le voulussent & y consentissent.* Demande sage que les Etats n'obtinrent pas, quoique le chancelier, qui n'avait rien répondu à toutes leurs plaintes, ait écrit en marge, *le roi est content que cet article soit observé.* Ces mots ne suffisaient pas, & n'empêchèrent pas en effet que l'on ne continuât à saisir & les animaux & les instrumens du labourage. En marge de cet autre article, *il semble aux Etats qu'il doit être défendu aux chambriers, panetiers, bouteillers, barbiers, maréchaux & autres, qui dient avoir droit du roi, de prendre certains droits sur le peuple qui est à la foule des sujets dudit royaume:* le chancelier

chancelier écrivit : *le roi fera surseoir ces exécutions jusqu'à ce qu'il soit plus amplement informé.* Cependant il ne devait pas ignorer que ces droits étaient un abus que ces gens avaient substitué au droit de prendre des vivres, des bois & des meubles. ce qui leur avait été interdit par l'ordonnance du roi *Jean*; mais on était bien loinde renoncer alors à aucune manière de vexer le peuple.

Ce fut sur-tout dans le troisième bureau, où l'on traitait de la répartition des impôts, que s'élevèrent les plus grandes clameurs, & qu'il y eut les plus grandes divisions, soit entre les députes & les gens du conseil, soit entre les députés des diverses provinces, soit entre ceux des différens districts d'une même province. Chacun se plaignait qu'on imposait trop son pays, sa ville ou son village; chacun soutenait que les pays, les villes ou les villages voisins, étaient moins imposés en proportion de leurs revenus.

Répartition des impôts.

Il semble qu'on répartit, au hasard, les impositions sur des présomptions vagues. Les guerres avec les Anglais, les guerres avec les ducs de Bourgogne, les guerres civiles, les guerres particulières, la défiance que la tyrannie de *Louis XI* avait jetée dans les cœurs, n'avaient pas permis de faire un seul des travaux nécessaires pour connaître les richesses du royaume : & s'il eût été possible de les connaître, les prétentions du clergé, celles de la noblesse, celles mêmes des bourgeois qui avaient des charges & des exemptions, auraient empêché qu'on ne pût avoir aucune idée juste, aucun principe certain, sur la manière d'imposer une grande nation.

L'esprit du temps consistait à soutenir son droit sans s'inquiéter de la justice. On était bien loin de soupçonner les principes de l'économie politique ; on n'avait pas encore assez médité sur cet objet, pour concevoir que, les dépenses de l'État étant un besoin renaissant chaque année, il fallait qu'elles fussent assignées sur des revenus aussi renaissans chaque année : que par conséquent, ce n'était point les hommes qui devaient être taxés ; mais le produit des terres qui se renouvelle tous les ans, comme les besoins de l'Etat, & qui renaît tous les ans avec plus d'égalité que les produits du commerce ou de l'industrie ; car la nature travaille toujours, & en tout, avec une sorte d'uniformité, comme on peut le voir, en comparant, tous les ans, le nombre des naissſances, celui des enfans mâles & femelles, qu'elle donne toujours en quantité, à peu près égales, quand de grands accidens ne dérangent point ſa marche; les travaux des hommes n'ont jamais cette égalité & cette conſtance. L'agriculture ſeule eſt productrice: le commerce change ſes productions de place, & l'induſtrie de forme; mais ni l'un ni l'autre ne produit rien. Les richeſſes que l'un ou l'autre procure à quelques hommes actifs, ſont trop mobiles, trop paſſagères, trop faciles à s'évanouir, pour qu'un adminiſtrateur ſage, même en les feſant concourir à l'accroiſſement des revenus nationaux, aſſigne, ſur des baſes auſſi précaires, les principales dépenſes d'un grand Etat.

On n'avait pas fait ces réflexions; on n'avait pas même ſoupçonné que l'unique moyen d'engager les rois & les miniſtres à veiller ſur les progrès de l'agriculture, à protéger, par préférence, les cultivateurs, à écarter les ennemis & les brigands du milieu des campagnes, c'était de leur donner une part des productions de la terre: que ſi, au contraire, on aſſignait les dépenſes publiques, principalement ſur les entrées des villes, ſur les douanes, ſur les bénéfices du commerce

& de l'induſtrie, ſur les objets ſuperficiels du luxe, on tournerait toute l'attention des adminiſtrateurs vers ces objets; qu'ils préféreraient les villes aux campagnes, qu'ils apporteraient tous leurs ſoins à faire fleurir le commerce, les arts, les manufactures, le luxe; & que même alors, quand ils s'appercevraient que la faveur accordée à ces objets, nuirait à la proſpérité des campagnes, ils les favoriſeraient toujours, comme plus productifs pour le fiſc.

L'eſprit du temps, le goût des droits particuliers, l'idée qu'il était honteux de laiſſer porter atteinte à ſes droits, avait empêché de ſentir que, tout homme ayant un égal beſoin des loix qui mettent ſa perſonne & ſes biens à l'abri des injures & des ſpoliations, tout homme doit payer à l'Etat un tribut proportionné au beſoin qu'il a d'en être protégé : que l'homme, dénué de tout, étant celui qui a le moins à perdre, eſt le ſeul qui puiſſe être exempt d'en payer, ainſi qu'il l'était, dans l'ancienne Rome, & que nous l'avons déjà remarqué pluſieurs fois.

Au lieu de ſuivre ces principes qui ſont dans l'ordre de la nature & conformes au rapport que les choſes ont entr'elles, on ſuivait un ordre inverſe, établi par la féodalité, & nullement par la réflexion.

Les riches propriétaires, les princes, les nobles, le clergé, les magiſtrats, qui poſſédaient toutes les grandes terres du royaume, les bourgeois les plus aiſés, munis de petites charges qui donnaient de grandes exemptions, prétendaient tous au droit de jouir de tous les avantages de la ſociété & du gouvernement, ſans contribuer aux frais qu'ils exigent.

Ils voulaient que la taille, impôt principal, fût perſonnelle, & non pas réelle; c'eſt-à-dire, qu'elle fût levée ſur les perſonnes, & non pas ſur la terre, afin que toute terre, dès qu'elle appartiendrait à un noble, à un eccléſiaſtique, ou à quelque privilegié, ſe trouvât auſſi-tôt affranchie de toute impoſition. Ils rejetaient ainſi le fardeau des charges publiques ſur les plus pauvres, ſur ceux qui n'avaient, pour tout bien, que de la force, de l'induſtrie, ou quelque petite propriété ſans privilége.

Dans ce défaut de principes, les débats furent très-vifs : on diviſait la maſſe générale des impôts entre les provinces. Enſuite, les députés de chaque province répartiſſaient, entre ses districts, la somme qui lui avait été imposée. Ceux de chaque district en fesaient la répartition par village, puis, par homme, en exemptant les privilégiés, & en imposant, plus ou moins, selon la richesse que l'on présumait aux provinces, aux villes, aux bourgs, aux personnes. On ne pouvait rien faire de moins injuste, avec cette méthode; mais, avec des principes plus réfléchis, on aurait cherché quelle part de son revenu chaque homme doit à l'Etat, pour avoir le droit d'y vivre avec sécurité.

Il semble qu'à cet égard, les Etats de 1356 avaient eu des idées plus justes. Ils avaient ordonné que tout ecclésiastique & tout noble payât trois vingtièmes. En effet, un vingtième ou deux ne sont pas une somme trop forte, pour vivre à l'abri de tout dommage. Trois vingtièmes ne sont pas une somme exhorbitante, quand il s'agit de repousser ou de prévenir les invasions d'un ennemi dangereux. Cette somme égale pour le riche & le pauvre serait légère à tous, & acquittée, avec scrupule, dans un grand état agricole; elle suffirait vraisemblablement aux dépenses de l'Etat. Dans cette hypothèse, tout homme probe s'impose lui-même, fournit la preuve de ſon exactitude au collecteur de l'impôt, & n'a, ni diſpute à eſſuyer, ni impoſſibilité de s'acquitter.

Parmi les querelles que produiſit la répartition des impôts, la plus ridicule, & celle qui jette, peut être, le plus de jour ſur l'eſprit de corps qui régnait dans ces aſſemblées, au lieu de l'eſprit public, eſt celle qui s'éleva entre les députés des trois ordres, au ſujet de la taxe qu'on devait prélever, pour payer les dépenſes qu'ils avaient faites eux-mêmes, pendant les ſoixante & un jours qu'avaient duré les Etats-généraux.

Le clergé & la nobleſſe veulent faire payer leurs propres dépenſes au tiers-état.

Le clergé & la nobleſſe voulaient que le tiers-état payât toutes les dépenſes de tous les ordres. Le tiers-état voulait que chaque ordre payât les ſiennes. Il réclamait la juſtice : le clergé & la nobleſſe réclamaient leurs prétendus droits. On ne prenait jamais les voix de l'aſſemblée ; car, ſi on les eût comptées, il n'y aurait point eu de débats. Le nombre des députés de chaque ordre était à peu près égal. Chaque bailliage, chaque ſénéchauſſée, avait envoyé trois députés, un de chaque ordre ; & dans les députés des deux premiers, on comptait pluſieurs hommes juſtes qui auraient voté en faveur de l'équité. Plusieurs évêques pensaient comme le tiers-état. Celui de Poitiers avait établi une taxe sur le clergé de son diocèse, pour subvenir aux frais de sa députation.

Plaidoyer d'un avocat pour le tiers-état.

Au lieu de se juger eux-mêmes, l'affaire fut plaidée devant le conseil; un avocat plaida pour le tiers-état; il remontra que tous les Français étaient frères: qu'ils devaient s'aider, & non pas s'opprimer mutuellement: que les deputés du clergé & ceux de la noblesse assistaient aux Etats, pour les intérêts de leur ordre: que ces deux ordres possédaient presque toutes les richesses; & ne portaient point, comme le peuple, tout le faix des impôts: que la partie la plus opulente de la nation rougirait de se mettre aux gages de la partie la plus pauvre; & il cita les sages évêques qui pensaient comme lui.

Plaidoyer de *Philippe de Poitiers* pour la noblesse.

Philippe de Poitiers, député de la noblesse de Champagne, lui répartit avec plus de véhémence que de raison; mais il dit, dans son discours impétueux, plusieurs choses dignes de remarque. Il nous apprend que le clergé rédigea les cahiers du tiers-état (1);

(1) Ceci doit s'entendre des cahiers particuliers du tiers-état, d'après lesquels on formait le cahier

ce qui prouve à quel point alors l'ignorance était grande chez les laïcs. Il ose dire, devant le conseil, que ce sont les députés de la noblesse qui ont concilié au peuple la bienveillance des princes, comme si un peuple assemblé avait besoin de protecteur, & n'était pas recommandable par lui-même. Il convient que le clergé & la noblesse recouvreraient mal leurs propres revenus, si le peuple n'avait un peu d'aisance : il semble ne vouloir laisser de biens au tiers-état que ce qu'il lui en faut, pour que les deux autres ordres ne soient pas ruinés. Il ajoute que les avocats & les gens de loi s'enrichissent par la misère publique : ce qui est vrai par-tout; qu'ils font une classe particulière qui ne contribue pas aux charges de l'Etat, car ils ont tous des charges qui leur donnent des exemptions : ce qui était vrai alors.

Il soutient que les fonctions du clergé se bornent à prier, à instruire & à veiller à la doctrine. Il est évident que ses prières n'empêchaient pas le peuple de commettre des crimes, & le royaume d'être excessive-

---

général des trois ordres : car alors on n'en présentait qu'un au roi, & on lui en fesait la lecture.

ment malheureux; que s'il enseignait, c'était des choses de l'autre monde, tandis qu'il laissait le peuple & les nobles fort ignorans sur celles de celui-ci, quoiqu'il en eût lui-même une très-grande connaissance; que sa manière de veiller à la doctrine ne prévenait pas les disputes sur le dogme, qu'il y avait des hérétiques, & que la plupart étaient sortis du sein même du clergé.

Enfin, il prétend que les fonctions de la noblesse consistent à défendre le royaume, (fonction dont elle s'était souvent très-mal acquittée & dont elle ne s'était jamais acquittée seule). Il dit que les fonctions du peuple se réduisaient à payer les impôts, & à faire vivre les deux autres ordres des fruits de son propre travail. Il est clair, par ces paroles, que le peuple pouvait se passer des deux autres ordres, qui ne pouvaient se passer de lui. Car il pouvait avoir des armes, comme les anciens Romains, comme les Suisses, comme cent autres peuples, & défendre lui-même ses foyers. On n'avait jamais livré une bataille, qu'il ne s'y fût trouvé dix fois plus de roturiers que de nobles, même sous le règne de *Charlemagne*. De tous les temps, dans toutes les armées,

« ſont toujours les ſimples ſoldats qui ſupportent les plus rudes fatigues, qui courent les plus grands dangers, qui ſont les moins récompenſés, les moins bien nourris, les moins bien ſoignés, dans leurs bleſſures, comme dans leur vieilleſſe prématurée. Ils ont péri en plus grand nombre que les nobles, pour la défenſe de l'Etat, avec moins de motifs & moins d'intérêts pour y concourir. Si, depuis qu'on payait des impôts, ils étaient ſoudoyés, la nobleſſe l'était auſſi. Ils avaient combattu, comme elle autrefois, à leurs frais. Enfin, quelque ſoit le langage de l'orgueil, Dieu n'a point créé de gentils-hommes; il n'a créé que des ſauvages & des payſans. Cette claſſe qu'on voulait alors avilir, eſt la mère, la nourrice, la pépinière de toutes les autres. Il n'y a point de grande famille qui n'en ſoit ſortie, qui ne doive y rentrer, par la ſuite des ſiècles, & qui n'en ait été régénérée, d'une manière ou d'une autre.

Jugement du chancelier.

C'eſt ce qu'aurait pu répondre l'avocat du tiers-état, ſi le chancelier ne lui eût impoſé ſilence. Il déclara que le clergé & la nobleſſe avaient le bon droit de leur côté; mais, comme il ne le penſait point, il ajouta que cette ſomme, qu'ils voulaient faire payer au tiers-état, ſe montant à cinquante mille livres, elle écraſerait le peuple, & qu'ils devaient, par humanité, au moins pour cette fois, partager cette dépenſe avec lui. Ainſi, en ménageant les préjugés des deux premiers ordres, il décidait & intercédait pour le tiers-état.

Depuis le règne de *Louis-le-gros* & l'adminiſtration de l'abbé *Suger*, les rois & leur conſeil ont travaillé, ſans ceſſe, à traiter tous leurs ſujets en frères, ſans confondre les rangs; à relever le peuple écraſé, à engager, par leur exemple, à l'affranchir de toute ſervitude, à le ſoulager, à partager le fardeau des impoſitions. C'eſt ce qui a ſi fortement attaché le peuple à ſes rois; & ſi, à cet égard, l'intérêt du monarque s'eſt trouvé conforme à celui du peuple, c'eſt que leurs intérêts, quand ils ſeront bien entendus, des deux parts, ne ſe trouveront jamais oppoſés.

Remarquons que cette ſomme de cinquante mille livres, monnaie du temps, équivaut à une ſomme de 235,294 livres du nôtre; en ſuppoſant le marc à cinquante livres. Cette ſomme diviſée entre trois cents députés, ferait, pour chacun d'eux, un peu plus de 784 livres; & en répartissant cette dernière somme sur les soixante & un jours que dura cette assemblée, on trouvera que chacun d'eux aurait eu un peu plus de douze livres à dépenser par jour, si chacun d'eux avait partagé également; mais on alloua toujours, pour leur dépense, une somme plus forte aux députés du clergé & de la noblesse, qu'à ceux du tiers-état; ce qui augmentait encore l'injustice de faire payer toutes les dépenses des trois ordres à celui qui dépensait le moins.

Ces discussions ne terminèrent point les Etats. Les députés se rassemblèrent, pour chercher les moyens propres à lever les impôts, de la manière qu'ils les avaient établis. Tous desiraient que leur province eût des Etats particuliers, comme le Languedoc en avait toujours eu depuis les Romains; comme la Normandie en avait depuis le temps de ses anciens ducs. Ces deux provinces, en se réunissant à la monarchie, avaient conservé le droit d'assembler leurs Etats.

La dame *de Beaujeu* & le chancelier ne voulurent point laisser à ces projets, le temps de se consolider. Le roi vint inopi- Le roi congédie l'assemblée.

nément à l'assemblée, & il la congédia, sous prétexte que sa santé l'obligeait à se rendre au château d'Amboise, pour y respirer l'air natal.

Les députés ne s'occupèrent plus qu'à solliciter, en particulier, quelque grace, chacun en faveur de sa province, & ils se séparèrent peu de jours après.

Déclaration de Charles VIII, manuscrite à la suite du journal de Masselin

Le duché de Bourgogne avait aussi des Etats particuliers. Ils ne crurent point devoir se soumettre à la volonté des Etats-généraux : leurs députés, *en pleine assemblée de ces Etats, y dissentirent.*

Le conseil déclara la Bourgogne, exempte de ces impositions, selon son privilége.

Ainsi, les provinces ne se croyaient point engagées par la décision des Etats-généraux. A force de droits particuliers ; il n'y avait point de droits nationaux, point de nation, point de corps politique.

Cette grande assemblée ne fut d'aucune utilité par elle-même, & ne produisit aucun effet sur le gouvernement. La dame *de Beaujeu* en resta la maîtresse, comme elle l'était auparavant, comme *Louis XI* l'avait ordonné : le conseil reçut la forme qu'elle voulut. Les requêtes présentées aux Etats revinrent au conſeil qu'elle dirigeait. Les ſujets reſtèrent expoſés à toutes les fureurs du pouvoir arbitraire. Les princes & les grands ſeigneurs ne furent point contenus : le duc d'Orléans, les comtes d'Angoulême & de Dunois, au lieu de ſacrifier leurs penſions, en reçurent de nouvelles ; ils s'en ſervirent, pour lever des troupes, & pour combattre la dame *de Beaujeu*.

En vain les Etats avaient manifeſté le vœu de ſe raſſembler dans deux ans, & n'avaient établi les impôts que pour un ſeul : on ne les convoqua point ; on leva des impôts, contre leur gré.

Charles VIII, épouſa l'héritière de Bretagne, & courut conquérir le royaume de Naples, empruntant de l'argent, & levant des impôts, ſans aſſembler les Etats. Cette conquête donna naiſſance à nos guerres avec l'Italie ; elles ſuccédèrent aux guerres que nous avions eues avec les Anglais, comme celles-ci avaient ſuccédé aux croiſades ; car il ſemble qu'il faille toujours aux hommes, un motif permanent de querelles & de combats.

Des Etats-généraux sous Louis XII.

CE duc d'Orléans qui avait demandé les Etats-généraux, pour déposséder la dame *de Beaujeu*, succéda à *Charles VIII*. Il fut, comme Titus, un excellent roi, après avoir été un assez mauvais prince.

Etats tenus à Tours, le 10 mai 1500.

Il n'assembla les Etats-généraux qu'une seule fois ; & ce ne fut pas pour leur demander de l'argent : ce fut pour se faire dégager de la parole qu'il avait donnée de marier à *Charles de Luxembourg*, depuis l'empereur *Charles-Quint*, sa fille aînée, madame *Claude*, à qui le duché de Bretagne devait revenir, après la mort de la reine sa mère, veuve de *Charles VIII*, & remariée à *Louis XII*, en secondes noces. C'est encore un exemple, une preuve que les rois dans leurs démêlés reconnaissaient la nation pour juge de leurs intérêts, & des siens memes.

Les Etats prièrent le roi de donner sa fille à *François* duc d'Angoulême, qui devait lui succéder, dans le cas où il n'aurait point d'enfant mâle. Le duc d'Angoulême avait quinze ans; l'épouse qu'on lui accordait, en avait à peine quatre. Le roi parut céder

céder au vœu de toute la nation, & ne cédait qu'à un intérêt politique. Mais enfin la forme qu'il employait était une reconnaissance des droits de la nation.

Le président *Henaut*, en parlant de cette assemblée, fait une observation trop importante, pour être omise. *La séance de ces Etats est remarquable*, dit-il; *le roi y avait, à sa droite, le cardinal d'Amboise, le cardinal de Narbonne, le chancelier, & plusieurs prélats : de l'autre côté, monsieur le duc de Valois, les princes du sang, & seigneurs & barons, le premier président du parlement, & plusieurs conseillers. CE FUT DANS CETTE ASSEMBLÉE, QUE LES ETATS DU ROYAUME EURENT LEUR AUDIENCE. Par où il paraît que les personnes accompagnant le roi, sont distinguées des Etats-généraux.* Cette observation n'est malheureusement que trop vraie; un lecteur attentif a déjà pu observer que, dans les Etats précédens, le roi, les cardinaux, les princes, le connétable, le chancelier, n'opinèrent point, & ne votèrent point avec les Etats. Il les écoutèrent : ils approuvèrent certains articles; ils en rejetèrent d'autres. Ce n'etait pas une assemblée nationale qui délibérât en corps, qui formait, de la pluralité des voix, une volonté générale & un arrêté unique : c'était un roi qui écoutait, entouré de ses grands officiers, les plaintes & les desirs des différens ordres de l'Etat, pour y avoir tel égard qu'il lui plairait. Si les princes & les pairs avaient fait le premier ordre, & avaient été une partie essentielle des Etats-généraux, ces Etats auraient pris un tout autre caractère, & auraient eu une toute autre importance.

Ce furent ces Etats qui décernèrent à *Louis XII* le titre de père du peuple.

Les Etats-généraux ne s'assemblèrent, ni pendant la captivité de *François Ier*, ni après son retour. Il se contenta de faire décider, par des assemblées de notables, qu'il n'avait pas le droit de céder à l'Espagne aucune des provinces de France, & que les sermens qu'il avait faits, dans la captivité, ne pouvaient être obligatoires.

Henri II ne convoqua point les Etats-généraux; mais lorsque les disputes de religion, le désordre des finances, la faiblesse du gouvernement, l'audace des *Guises*, le mécontentement des princes, eurent disposé tous les esprits à la révolte, sous le règne de ses fils, on crut qu'on devait les convoquer. Les uns se flattaient d'appaiser les esprits, en rapprochant tous les ordres; mais les autres, plus habiles, ne voyaient, dans cette grande assemblée, qu'un moyen facile de répandre leurs propres passions, dans toutes les parties du royaume, & d'élever, en secret, une autorité nouvelle qui ne pouvait s'étendre qu'au milieu des troubles.

Dans un ouvrage manuscrit intitulé *Extrait du registre secret de la cour des aides*, je trouve qu'il y eut, le dimanche 2 janvier 1557, c'est-à-dire 1558, sous le règne de Henri II, une assemblée des trois ordres, à laquelle le registre donne le nom d'*assemblée des Etats*. Les présidens de plusieurs cours du parlement y furent appellés, & le président de *Saint-André*, qui y parla, pour tous les gens de justice, un genou en terre, fit entendre que les gens du parlement n'avaient point entré dans les Etats généraux, parce qu'il appartenait au parlement *de confirmer ce qui avait eté fait par les Etats.* Mais je ne trouve pas ce qu'on lui répondit. Le président de *Saint-André* ne

Assemblée tenue à Paris sous *Henri II*, le 2 janvier 1558.

Quelques auteurs la qualifient à tort du nom d'Etats-généraux.

jugea pas ſans doute à propos de conſigner cette réponſe dans ſes mémoires.

Des Etats-généraux ſous François II & ſous Charles IX.

FRANÇOIS II convoqua les Etats. Les députés étaient à peine arrivés à Orléans, que le roi mourut. Ils crurent que leur commiſſion expirait avec ſon règne. On eut quelque peine à les retenir. On leur dit, que ſi la perſonne du roi eſt mortelle, ſon autorité ne l'eſt point; qu'elle paſſe intacte & toute entière à ſon ſucceſſeur.

Catherine de Médicis prend le gouvernement.

Ce ſucceſſeur, *Charles IX*, n'avait pas dix ans. Il déféra l'autorité à ſa mère, qui s'en empara, ſans prendre le titre de régente, qu'*Antoine de Bourbon*, roi de Navarre & premier prince du ſang, lui aurait diſputé.

François, duc de Guiſe, tout-puiſſant ſous *François II*, avait voulu empêcher que les Etats provinciaux ne nommaſſent aucun proteſtant pour leurs députés aux Etats-généraux. La plupart des ſénéchauſſées s'étaient conformées aux deſirs de *Guiſe*; mais quelques-unes avaient choiſi des proteſtans, pour les repréſenter.

Dans les lettres adreſſées aux bailliages & aux ſénéchauſſées, pour la convocation des Etats, on avait ſtipulé que leurs députés ne prendraient connaiſſance, ni de la formation du conſeil, ni des affaires de la religion.

Le prince de *Condé*, regardé comme chef ſecret de la conjuration d'Amboiſe, formée contre les *Guiſes*, & que les *Guiſes* diſaient tramée contre le roi, avait été arrêté, jugé; & quelques heures avant la mort de *François II*, on l'avait condamné à être décapité. La mort de ce roi lui rendit la liberté; mais il ne voulut pas ſe préſenter aux Etats généraux, qu'il n'eût été pleinement juſtifié.

Ouverture des Etats, le 13 décembre 1560, à Orléans.

Quoique la reine n'eût pas le titre de régente, elle prit place dans l'aſſemblée des Etats: elle ſe mit à gauche du roi, ſon fils, ſur un ſiége auſſi élevé que le ſien. A côté d'elle, ſur un ſiége plus bas, ſe plaça madame *Marguerite de Valois*, ſœur du roi, & depuis femme de *Henri IV*. Enſuite la ducheſſe douairière de Ferrare, *Renée*, fille de *Louis XII*.

A droite du roi, mais ſur un ſiége plus bas, était *Monſieur*, qui depuis fut *Henri III*. *Antoine de Bourbon*, roi de Navarre, ſe mit à ſon côté. Aſſis aux pieds du roi, ſur les degrés du trone, *François*, *duc de Guiſe*, tenait le bâton de grand-maître.

A droite, vis-à-vis les pieds du roi de Navarre, le connétable, *Anne de Montmorenci*, aſſis ſur une eſcabelle, avait l'épée nue à la main. Le chancelier, *Michel de l'Hôpital*, était aſſis à gauche, devant les pieds de la ducheſſe de Ferrare.

Devant le connétable & le chancelier, deux huiſſiers, tenant leur maſſe, étaient à genoux.

A main droite, au-deſſus du roi de Navarre, inclinant vers le connétable, ſe placèrent les cardinaux de *Tournon*, de *Lorraine*, de *Bourbon*, de *Châtillon* & de *Guiſe*. Vis-à-vis, à gauche, les princes du ſang ſe rangèrent dans cet ordre: le comte, Dauphin d'Auvergne, fils du duc de Montpenſier; le prince de la Roche-ſur-Yon, & le marquis de Beau-Préau ſon fils. Au même rang, & ſur le même banc, s'aſſirent le duc d'Aumale, prince de Joinville, fils aîné du duc de *Guiſe*, & le marquis d'*Elbeuf*, qui, deſcendus de la maiſon de France, par les femmes, n'étaient pas regardés comme princes du ſang.

Dans la partie inférieure de la ſalle, les

députés du clergé prirent la droite, ceux de la nobleſſe, la gauche, & ceux du tiers-état occupèrent entr'eux le milieu de la ſalle. Des hérauts d'armes fermaient l'enceinte, & ſéparaient les députés d'une foule de ſpectateurs.

Tous les députés ſe mirent à genoux, la tête nue: le chancelier parla au roi: un huiſſier cria que tout le monde s'aſſoie & ſe couvre.

Cérémonial français.

Le célèbre chancelier, *Michel de l'Hôpital*, ouvrit l'aſſemblée par un diſcours que les circonſtances rendaient difficile à faire. Il fallait ménager tant d'eſprits ſuperbes, & leur dire cependant des vérités propres à les contenir ou à les concilier. Il aſſura l'aſſemblée que tous les princes & les grands étaient affectionnés au roi & à la reine. Plus cette affection paraiſſait problématique, plus ſans doute il croyait néceſſaire de la faire enviſager comme inaltérable. Il crut auſſi néceſſaire de définir l'aſſemblée des Etats-généraux; car aucune loi ne ſtatuant ſon pouvoir, ſes droits, ſa forme, ſon eſſence, chacun s'en formait des idées différentes. C'eſt, dit-il, l'aſſemblée de la nation entière, par ſes repréſentans. Quand

Harangue du chancelier.

Cette harangue ſe trouve dans l'Hiſtoire de France, de la Popelinière, édit. in-folio, tome I, livre VII, f. 225.

le souverain tient les Etats, il communique avec ses sujets, il prend leur avis, & il écoute leurs plaintes, pour y appliquer des remèdes. Autrefois, ajoute-t-il, on les appellait parlemens; mais, depuis que ce nom a été donné *a un certain nombre de juges établis par le roi*, *LES AUDIENCES PUBLIQUES ET GÉNÉRALES*, *que le roi s'est réservées*, *ont pris le nom d'Etats*. Ainsi, selon lui, les Etats-généraux ne sont point *les comices de la nation*, mais *l'audience* que le roi lui accorde. Il assure que les rois présidèrent toujours ces assemblées, excepté quand *Edouard*, & *Philippe de Valois*, demandèrent la couronne; car ni l'un ni l'autre ne pouvait présider l'assemblée qui devait la donner à l'un d'eux. Or, cette assemblée, qui jugea entre les deux rois, quelle qu'elle ait été, n'était pas une audience qu'elle en recevait; au contraire, c'était elle qui la leur donnait.

Folio 225, au revers, premieres lignes.

Le chancelier s'éleva fortement ensuite contre ceux qui prétendaient que la majesté royale s'avilissait, en convoquant les Etats, en conférant avec les sujets. Il affirma que les rois ne peuvent connaître la vérité, que par la voix des Etats-généraux. Il dit que les derniers Etats-généraux furent tenus par *Charles VIII :* que *Louis XII* ne les assembla point ; que ce roi, plein d'amour pour son peuple, craignant de le surcharger d'impôts, trouva toujours son peuple pret à lui donner de l'argent, sans qu'il fût nécessaire de convoquer les Etats. Il ne regardait donc point, comme une assemblée des Etats-généraux, celle que tint ce roi, pour ôter sa fille à *Charles de Luxembourg*, & pour la donner à *François Ier*.

Le chancelier essaya ensuite de rejeter les semences des troubles que les partis des grands & la différence des sectes répandaient de toutes parts, sur la foule des gens de guerre que la paix rendait inutiles, & plongeait dans le désœuvrement. Il assure que, depuis la mort de *Henri II*, le gouvernement n'a attaqué personne, dans son honneur & dans ses biens : cependant, le procès intenté au prince de *Condé*, la liberté qu'on lui avait rendue, immédiatement après le décès de *François II*, les plaintes qu'il formait, semblaient démentir l'assertion du chancelier. Il poursuivit son discours : il dit à *Charles IX*, qu'un roi ne doit, ni envier les provinces de ses voisins, ni usurper le bien de ses sujets, par des impôts : que leurs biens sont partie de l'empire, mais ne sont pas sa propriété. Il exhorta le clergé à se contenter des dignités de l'église, & des immenses richesses qu'il tenait de la munificence des rois, & de la piété des fidèles, à être charitable, à ne pas vendre les sacremens, à ne pas trafiquer des choses saintes, à se rappeller qu'il rendra compte de sa conduite.

Il fit observer à la noblesse, qu'elle possédait toutes les grandes dignités du royaume, les charges de connétable, de grand-maître, de maréchal de France, de gouverneur de province, de sénéchal, de bailli : qu'elle était exempte de la taille, & de presque toutes les impositions, quoiqu'elles fussent nécessaires au soutien de l'Etat; que, par ses justices, elle disposait de la vie & des biens des sujets du roi; qu'elle est associée à la royauté : que cependant elle se souvienne de ce que dit *Platon*, *qu'il n'y a ni roi, ni prince qui ne descende d'un esclave, & que beaucoup d'esclaves ont eu des rois, pour aïeux.*

Adressant ensuite la parole au tiers état, il se servit d'une comparaison d'autant plus étrange, qu'il l'employait, devant la reine, & devant les dames de France. *L'Etat eſt comme notre corps*, dit-il, *où il y a des membres plus honnêtes, les uns que les autres; & les moins honnêtes ſont les plus néceſſaires. Ainſi les hommes, qui ne ſont point nobles, ſont plus utiles que les nobles.* Le tiers-état, ajouta-t-il, a, pour ſon partage, *l'agriculture*, la plus noble des profeſſions, *le commerce* qui procure des richeſſes & une conſidération perſonnelle. En outre, la porte lui eſt ouverte, pour parvenir à toutes les dignités : il n'y a perſonne qui ne puiſſe, par ſes talens, parvenir à l'épiſcopat, aux premières magiſtratures, à la nobleſſe, & aux autres honneurs. Fol o 227.

Michel de l'Hôpital, fils d'un médecin, & devenu chancelier, était lui-même la preuve de ce qu'il avançait.

Aucun parlement de province ne prétendait alors à n'être compoſé que de nobles, comme quelques uns l'ont prétendu depuis, au mépris de la loi qui déclare que leurs charges donnent la nobleſſe, ce qui ne pourrait pas être, s'il fallait être noble, pour les poſſéder. On n'avait point alors fait de règlemens, pour n'admettre, dans les armées, que des nobles au grade d'officier. Si cependant le tiers-état eût pu parvenir aux dignités, sans éprouver des obstacles presque insurmontables, son sort eût été préférable à celui de la noblesse : & je crois bien que, pour un homme sage, il l'est, à beaucoup d'égards : ne fût-ce que par la liberté qu'il lui laisse de choisir la profession qui lui convient; de vivre avec ses égaux; de déployer l'industrie qu'il reçut de la nature : d'accroître ses biens, ou de s'arracher à l'infortune par l'exercice de ses talens, sans être réduit, comme un pauvre gentilhomme, à mendier du service dans les armées, à s'attacher à un grand, ou à faire faire un mauvais mariage à une riche héritière.

Dans le temps où vivait le chancelier de *l'Hôpital*, l'orgueil de la noblesse, surtout de celle qui, destituée de fortune, n'avait ni dignité, ni éducation, la rendait insupportable, & fomentait, sans cesse, des querelles & des duels, entr'elle & la roture.

La reine & le chancelier, en assemblant les Etats, voulaient appaiser les disputes de religion, & remédier au désordre des finances. En traitant de ces deux articles, le chancelier observa que la religion chrétienne, en ne prêchant que la douceur, l'humilité & la charité, a pourtant été la plus cruelle, la plus impitoyable, & celle dont les ministres ont eu le plus d'orgueil.

Dans le tableau qu'il fait des finances, on trouve tous les maux dont on se plaint de nos jours; des rentes constituées qui excèdent les revenus des domaines; des arrérages non payés depuis plusieurs années, des emprunts à des intérêts exorbitans. Il assure que le roi a résolu d'acquitter les dettes de ses prédécesseurs, & qu'il est déterminé à réformer tout ce qu'il pourra retrancher du faste de sa cour, sans nuire à l'ordre public; il convient que ces réductions ne suffiront pas pour remplir le *deficit*. Enfin, il promet que le roi fera remettre, aux députés des trois ordres, un relevé exact des recettes & des dépenses.

Après ce discours, le chancelier qui voulait réunir les esprits, indiqua, à chaque ordre, pour le lieu de son assemblée particulière, un couvent différent. Il assigna au clergé celui des cordeliers, à la noblesse, celui des jacobins ; & au tiers-état, celui des carmes.

Cette séparation, exigée vraisemblablement par des causes locales, augmenta encore les dissentions qui régnaient entre les trois ordres. Il était d'usage que les Etats élussent un orateur, & ne fissent qu'un seul cahier.

Le cardinal *de Lorraine* desirait singulièrement de porter la parole, au nom de tout l'Etat ; & il se vit, avec joie, élire par le clergé : mais, quand il apprit que la noblesse avait élu, pour son orateur, le baron *de Rochefort* (*Jacques de Silly*) au refus du roi de Navarre ; que le tiers état avait choisi, pour le sien, un avocat en parlement, appellé *Jean de Lange* ; quand il sut que, malgré son rang & ses talens, la noblesse & le tiers-état voulaient avoir un orateur particulier, il refusa d'être celui du clergé, & il fit donner cette place à un frère *Jean Quintin*, docteur de la faculté de Paris.

Division des ordres en provinces & [illegible]

Chaque ordre, pour travailler, se partagea en différens bureaux. Le clergé se subdivisa par provinces. Chaque suffragant rédigeait le cahier de son diocèse ; chaque métropolitain formait, de ces cahiers de diocèſes, celui de ſa province; & des cahiers des provinces, on feſait enſuite un cahier général pour tout l'ordre du clergé.

La nobleſſe ſe ſubdiviſa par duchés & par gouvernemens : elle devait rédiger ſon cahier d'après les cahiers particuliers des ſénéchauſſées, des bailliages, des prévôtés; mais les diſputes de religion empêchèrent les nobles de s'accorder entr'eux. Ils ſe ſéparèrent en trois partis oppoſés, qui préſentèrent chacun leur cahier.

Les députés du tiers-état ſe ſubdiviſèrent comme les deux autres ordres : il y eut des querelles parmi eux comme parmi les députés de la nobleſſe. Ils ne firent qu'un cahier; mais pluſieurs proteſtèrent contre différens articles de ce cahier, & ils écrivirent leurs oppoſitions au bas de ces articles.

Manuſcrit de la bibliothèque du roi.

Vol de Lancelot, n° 53.

Ces querelles, ces oppoſitions, ces différens cahiers, tous également reçus par le roi, ne ſemblaient-ils pas juſtifier ce que le chancelier avait avancé, *que les Etats généraux n'étaient qu'une audience que le roi accordait à ſa nation?* Eſt-ce ainſi qu'ils euſſent procédé, s'ils ſe fuſſent regardés comme une aſſemblée nationale? non, ſans doute : ils euſſent mis en délibération chaque article qui partageait les esprits ; ils eussent opiné ensuite ; enfin, ils eussent voté, c'est-à-dire, compté les voix ; & de la pluralité des suffrages, ils auraient formé une volonté générale, que l'orateur aurait été chargé d'appuyer, ou même de faire exécuter. C'est ainsi qu'on agissait dans les comices de Rome, & qu'on agit chez tous les peuples qui ont des assemblées nationales, & qui n'ont point fait la faute de se diviser en plusieurs ordres.

Au milieu de ces dissentions qui avilissaient les Etats-généraux, qui leur fesaient perdre leur force & leur crédit, ils affectaient de grandes prétentions : ils soutenaient qu'ils avaient le droit de former le conseil de régence ; mais *Catherine* les joua avec moins d'adresse & plus d'audace que la dame *de Beaujeu*

Elle avait eu l'art d'engager le prince de *Condé* & le duc de *Guise* à se réconcilier, & celui de faire signer au roi de Navarre, premier prince du sang, une renonciation à la régence. Elle regla le conseil à son gré, en y plaçant les princes, selon l'ordre de leur proximité au trône ; les cardinaux, selon la date de leur promotion ; & les grands officiers, selon celle de leur réception.

Le

Le chancelier & l'évêque d'Orléans (*Morvilliers*) portèrent une copie de ce règlement aux Etats. Le clergé, dirigé par les cardinaux de *Guise* & de *Lorraine*, approuva cette formation du conseil. La noblesse, mue par des intérêts contraires, se divisa : une partie protesta contre cette innovation; présenta plusieurs requêtes à la reine, réclama le droit de la nation; cita, pour exemples, la minorité de *saint Louis*, la vacance du trône, pendant la grossesse de la reine, veuve de *Charles-le-Bel*; les temps de la démence de *Charles VI* & de la minorité de *Charles VIII*, où les Etats, assurait-elle, avaient réglé le conseil. On ne l'écouta point. Ces requêtes de la noblesse n'étant appuyées, ni du clergé, ni du tiers-état, ne furent point regardées comme des actes nationaux, mais comme les actes particuliers d'un corps naturellement inquiet; & on n'y eût aucun égard.

Au contraire, un arrêt du conseil, de ce conseil qu'elle désapprouvait, fut rendu, le 20 décembre, huit jours après l'ouverture des Etats, & leur enjoignit de présenter leurs cahiers, en toute diligence. C'était leur défendre de s'occuper d'autre chose.

On se hâtait tellement de les congédier, que dix jours après cet arrêt du conseil, le roi vint présider l'assemblée. Il fut harangué par les orateurs des trois Etats, dans un ordre inverse de leur rang.

Le premier janvier 1561

Discours de l'orateur du tiers-état.

Jean de Lange, orateur du tiers-état, parla le premier; c'est celui dont le discours fut le plus estimé. Et comme la noblesse affectait, en toute occasion, d'abaisser le tiers-état, au lieu de s'unir à lui, pour avoir de la consistance, l'orateur crut devoir lui témoigner, publiquement, le peu d'utilité dont elle était: il dit au roi, avec fermeté, que tous les ordres & que le roi même ne subsistaient que par le tiers-état, le plus nécessaire de tous; que le tiers-état avait par conséquent le droit de se mêler des affaires d'un royaume qui n'existerait pas sans lui.

Manuscrit, folio 114, au revers.

Il montra que les troubles provenaient moins des disputes de religion, que de la dépravation des mœurs, de l'orgueil des grands, de l'oppression du peuple; que le clergé avait pour vices principaux, une ignorance absolue, une avarice sordide, un faste scandaleux : que les évêques & les curés, incapables de prêcher & d'instruire, chargeaient de ce soin des moines mendians,

Manuscrit, folio 122, au revers.

qui débitaient le même sermon en tout lieu, & à toutes sortes de personnes, sans s'inquiéter s'il leur convenait ou non : que les ecclésiastiques employaient les aumônes à leurs usages particuliers & en objets profanes : que la vénalité des charges déshonorait la magistrature; que l'or tenait lieu de science, d'esprit & de vertu; que les grands biens & les grands priviléges de la noblesse, lui avaient été concédés, à condition de défendre l'Etat; & que, loin de s'acquitter de ce devoir, elle souffrait que la défense de l'Etat fût confiée à des troupes étrangères qui foulaient le peuple. *Fol. 123 & 124, & suiv.*

Le baron *de Rochefort*, qui parla pour la noblesse, voyant que le tiers-état la traitait d'inutile, crut devoir l'exalter : il vanta son origine; & ne sachant absolument d'où elle venait, il assura qu'elle dérivait de Dieu, ainsi que la royauté; comme si tout le genre humain n'était pas son ouvrage : il dit que le soleil & la lune représentaient le roi & la noblesse. Le chancelier *de l'Hôpital* ayant remarqué, avec *Platon*, qu'il n'y avait point de roi qui ne descendît d'un esclave, le baron *de Rochefort* dit que les sages avaient tout confondu, qu'ils avaient eu tort de

Discours de l'orateur de la noblesse.

Histoire de France, de la Place, fol. 230. Il rapporte ces harangues toutes entières.

prétendre que la nobleſſe s'acquérait par des vertus, par des magiſtratures & par des ſervices militaires; qu'il n'y avait de vraie nobleſſe que celle qu'on tenait de ſes aïeux. Il oubliait, comme chrétien, que nous deſcendons tous d'un premier homme; &, comme raiſonneur, que nous provenons tous de pâtres & de ſauvages : que la même origine nous eſt commune, & que la même fin nous attend tous. Ces prétentions qui peignent l'eſprit du temps, l'aigreur qui régnait dans les aſſemblées des Etats, nous font voir que l'orgueil était encore bien groſſier. Ce qui ne l'était pas moins, c'eſt la prière qu'il fit au roi de dépouiller le clergé de ſes biens & de ſes juſtices, qui lui avaient été donnés, diſait-il, par l'indiſcrète piété des nobles. Il demandait que le roi rendît aux nobles ces juſtices. Il maltraitait le clergé, après avoir invectivé le tiers-état : il voulait que la nobleſſe envahît tout. Il ſemblait ignorer que, s'il y a un droit inhérent à la ſouveraineté, c'eſt celui de rendre la juſtice, & de diſpoſer, en feſant exécuter les loix, de la vie & des biens des ſujets de l'Etat. Il s'éleva contre la vénalité des charges, qui, diſait-il, ne mettait en place que des hommes ignorans & vicieux; contre les ſuppôts de la juſtice dont le nombre croiſſait de jour en jour : &, comme le chancelier avait dit que tout homme né dans le tiers-état pouvait parvenir aux premières places de la magiſtrature, il pria le roi de ne les donner qu'à des gentilshommes. Il affectait de contrarier en tout la ſageſſe de *Michel de l'Hôpital*. Il voulait abſolument que tout appartînt à la nobleſſe. *Folio 232.*

Jean Quintin, l'orateur du clergé, fit un diſcours fanatique, dans lequel il demanda au roi un concile; & il invectiva les novateurs, dans les termes les plus injurieux. Il cita, pour exemples, toutes les barbaries des juifs, tous les crimes, tous les ordres ſanguinaires, qu'on trouve dans les écrits des prophètes, afin d'engager le roi à employer, contre ſes ſujets hérétiques, le fer & le feu; à leur interdire, & le commerce, & les profeſſions publiques, & preſque tous les moyens de ſubſiſter. Il prétendait que tous ces troubles ne provenaient que depuis 1516, temps où les rois s'étaient emparés de la nomination aux évêchés & aux abbayes. L'eſprit de parti lui feſait diſſimuler que, plus de trois cents ans auparavant, toute la

Diſcours de l'orateur du clergé.

France avait été troublée par l'horrible guerre que *Simon de Montfort* avait faite aux Albigeois & aux comtes de Toulouse ; que, long temps auparavant, les chrétiens s'étaient combattus mutuellement, pour des dogmes qu'ils ne concevaient pas.

Comme une partie de la noblesse avait embrassé le sentiment des novateurs, *Jean Quintin* la traita, avec un zèle si véhément, que l'ordre de la noblesse s'en tint offensé, & qu'elle présenta une requête à la reine contre la harangue de l'orateur du clergé. Le fameux amiral *Gaspard de Coligny* prétendit qu'il avait été personnellement désigné & insulté, sous le nom de *Gainas*. Le clergé prit la défense de orateur, & menaça de demander justice l'orateur de la noblesse, qui ne l'avait pas ménagé. Les deux premiers ordres de l'Etat furent publiquement ennemis l'un de l'autre. Le tiers-état, moins divisé, fut moins tumultueux. La reine imposa silence aux deux partis.

Ces discours fastidieux, même dans des extraits, & surchargés de citations inutiles, qui ne montrent qu'une fausse érudition, & qui en détruisent tout l'effet, sont pourtant nécessaires à connaître. On y retrouve les passions qui animaient les trois ordres ; on y voit le vice de la constitution : on y découvre pourquoi nos Etats-généraux ne produisirent jamais rien de grand, ni de véritablement utile.

Chaque ordre s'occupe à injurier les deux autres, à se glorifier soi-même ; à les abaisser, plutôt qu'à s'élever. L'esprit de corps étouffe, sans cesse, l'esprit public. Le clergé, oubliant l'humilité chrétienne, prend le premier rang ; & négligeant la charité, traite d'ennemi de Dieu, & veut qu'on livre au supplice, comme hérétique, quiconque ne se soumet pas en aveugle à ses décrets. La noblesse, inquiète, envie tout, veut dépouiller le clergé de ses biens & de ses justices, le tiers-état des fiefs, des honneurs de la robe, & des honneurs municipaux ; elle regrette les temps où elle le tenait attaché à la glèbe, sans réfléchir que ses aïeux y ont été attachés eux-mêmes. Elle ne veut payer aucun impôt ; elle en rejette le fardeau sur le tiers-état, aussi-bien que le clergé. Le tiers-état, pressé entre ces deux ordres, leur reproche leur inutilité, leur orgueil, leur avarice, leur luxe, leur envie, & jusqu'au pain qu'il fabrique pour les nourrir. Tous trois plaident leur cause, devant le roi qui ne les écoute, que pour affermir son autorité sur leurs divisions. Plus ils se dégradent, par ces ridicules querelles, filles honteuses de la vanité, plus le sceptre acquiert de poids, & plus le trône s'élève.

Le premier fruit qu'ils en retirèrent, fut le mépris public. La nation, selon son génie léger & moqueur, au lieu de partager leurs petites passions, se moqua d'eux tous. On chansonna les trois orateurs : on plaisanta de leur prolixité, de leurs citations perpétuelles, de leurs faux principes; & on fit, contre eux, une foule d'épigrammes, & de couplets satiriques, que nous avons encore.

Examen des cahiers

Tandis que le peuple les chansonnait, le chancelier procédait à l'examen des cahiers, toujours écrits à mi-marge. Il laisse la plupart des articles sans réponse : il écrit, en marge des autres, tantôt un mot, *accordé*, *rejeté*; tantôt une phrase : *on y pourvoira*, *on s'en tiendra aux anciens arrêts*, *on s'en rapportera à la coutume du pays*, *&c.* Ce n'est pas ainsi que les consuls ou le ſénat répondaient aux demandes du peuple romain, qu'ils rejetèrent pourtant plus d'une fois.

Si l'on jette un coup-d'œil ſur ces cahiers, on n'y trouvera ni la dignité d'un peuple qui parle à ſon roi, ni des vues profondes, ni des idées juſtes ſur le bonheur de l'Etat; c'eſt par-tout l'expreſſion d'un vaſſal qui prie un ſeigneur de château, qui lui adreſſe ſes *doléances*, comme on diſait alors.

Dans ſon cahier, le clergé ſupplie le roi de lui rendre ſes libertés, ſes priviléges, ſes franchiſes; de ne pas ſouffrir qu'aucune ſecte nouvelle s'établiſſe dans ſon royaume. Il demande qu'un homme accuſé du crime d'héréſie ne puiſſe en appeller comme d'abus, à un tribunal laïc, & que ſon affaire ſoit renvoyée aux juges eccléſiaſtiques, à qui ſeuls il appartient d'en connaître.

Cahier du clergé.

[illegible] art 5 & 6 du cahier du clergé, [illegible] de 146 art.

art. 27.

Que le roi prenne les catholiques & les eccléſiaſtiques ſous ſa protection. Le chancelier, qui ſeul était tolérant dans ces jours de fanatiſme, écrivit au bas de cet article: *Le roi tiendra, comme il a toujours fait, ſes ſujets ſous ſa protection & ſa ſauvegarde.*

art. 30.

Le clergé ſe plaignait lui-même du mau-

vais choix des pasteurs dont l'église gallicane
art. 37 & 38. était composée ; il demandait l'abolition des
annates, le rétablissement des élections. Il
se plaint d'être soumis à des taxes, *comme
s'il était le tiers-état.* Il réclame les immu-
nités dont il jouissait, dit-il, *même chez les
art. 68. païens.* Il accuse les agens du fisc, de lever
plusieurs fois, chaque année, des dîmes sur
les curés, de saisir leurs meubles quand ils
ne peuvent payer, & de les jeter en prison;
ce qui réduit les prêtres à mendier dans les
art. 87. rues. Il accuse les gens de guerre, qu'on
loge chez les curés, de les piller, de les
maltraiter, de les forcer à fuir de leur
art. 80 maison. Il prie le roi de ne plus souffrir
que les agens de son fisc, ou de ses justices,
enlèvent au laboureur sa charrue, au noble
ses armes, au prêtre ses livres & ses orne-
mens sacerdotaux.

art. 54 Toujours jaloux de présider à l'instruc-
tion publique, & de diriger les esprits, il
supplie le roi qu'on ne puisse enseigner dans
aucun collége, sans la permission de l'évêque
diocésain.

art. 120. Il demande sur-tout que les tailles restent
personnelles, & ne deviennent point réelles;
parce qu'en y soumettant la terre, au lieu

des personnes, on les fesait payer au noble & à l'ecclésiastique.

Il proposait, pour acquitter les dettes de l'Etat, de réduire les gages & les pensions; de supprimer les offices de tous genres, offices si multipliés, que, si on l'en croit, ils absorbaient le tiers des revenus du royaume. Enfin, il voulait qu'on retranchât toutes les dépenses d'ostentation. *art. 138.* *art 141.*

Il prétend que les trois ordres ont porté plus de charges depuis quarante-six ans, qu'ils n'en avaient supporté dans le cours des deux siècles précédens; ce qui n'est ni vrai, ni vraisemblable, ni possible. Il demande qu'on ne lève pas plus d'impôts que du temps de *Louis XII*, quoique tous les rapports eussent changé; mais on n'était pas assez instruit pour connaître ces rapports, & apprécier ces changemens. *art 127, fol 210.*

Dans son cahier, le clergé fait un article de la noblesse & du tiers-état. Dans ce dernier, il demande que les nobles & les gens du tiers-état portent des habits différens. On prenait toujours alors les insinuations de la vanité pour de grandes vues politiques.

Cahiers de la nobleſſe.

La nobleſſe, diviſée en trois partis, préſenta au roi trois cahiers différens. Elle y demandait des Etats provinciaux tous les cinq ans, & des Etats-généraux tous les dix ans. Elle voulait que dans les intervalles de ces aſſemblées, il y eût une commiſſion des Etats qui fût permanente. Elle ſe plaignait des officiers des eaux & forêts qui portaient atteinte à ſes droits de chaſſe; & dans l'un de ſes cahiers, elle en demandait la ſuppreſſion. Elle demandait auſſi qu'il fut défendu de chaſſer à tout homme qui n'eſt pas noble. Le clergé, dans ſon cahier, s'était plaint au contraire du dégât que la nobleſſe faſait dans ſes chaſſes, ſur-tout avant les moiſſons.

Manuſcrit, folio 294, au revers.

folio 295.

folio 401.

La nobleſſe ſe plaignait, comme le clergé, des entrepriſes que les juſtices royales feſaient ſans ceſſe ſur ſes juſtices particulières; mais, comment pouvait-elle eſpérer que les rois ne chercheraient pas à recouvrer cette principale branche de la ſouveraineté?

Beaucoup de nobles deſiraient qu'il n'y eût dans le royaume qu'*une foi, une loi, & un roi;* adage peu réfléchi, eſpèce de jeu de mots, devenu proverbe à cauſe de la conſonnance des ſyllabes. Le chancelier n'avait pas dédaigné de s'en ſervir dans ſon diſcours. Cet adage était d'autant plus ridicule alors, qu'une moitié du royaume ſuivait pour loi le droit romain, & l'autre cent coutumes toutes différentes; qu'on ne pouvait y établir une légiſlation uniforme; que chaque famille du royaume était diviſée ſur la croyance, même la famille royale, dans laquelle le roi de Navarre, le prince de *Condé*, la ducheſſe de *Ferrare*, profeſſaient la religion réformée; & qu'enfin on devait s'appercevoir qu'on n'aurait la paix, qu'en admettant la tolérance des opinions religieuſes. Sans doute il ne fallait qu'un roi; mais alors une partie de la nobleſſe voulait qu'on donnât la régence au roi de Navarre.

Elle demanda pluſieurs choſes vaines, *folio 297, au revers.*
comme une ordonnance qui déclarât tout roturier incapable de poſſéder un fief. Cette loi, réclamée par la vanité, aurait été bientôt abrogée par l'avarice; car elle eût fait baiſſer conſidérablement le prix de cette ſorte de terres. Elle pria auſſi vainement, qu'aucun homme ne pût tenir, à la fois, plus d'un bénéfice, ou plus d'un office; car il n'y en avait pas aſſez dans le royaume pour

tous les gentilshommes. Elle conjura le roi avec aussi peu de succès, qu'il fût défendu à tout homme, non noble d'extraction, de
fol. 181. prendre le titre de noble ou d'écuyer, & de donner à sa femme celui de *demoiselle*.

fol 321. Elle se plaignit justement qu'on négligeât trop l'éducation des jeunes gens. Elle demanda des écoles gratuites, dont les frais seraient pris sur les biens du clergé; ce qui n'était pas juste, car il n'avait pas d'enfans : des hôpitaux, pour les pauvres infirmes, & des atteliers de charité, pour les pauvres valides, & dont les fonds seraient fournis par les ordres religieux; ce qui était assez juste, puisqu'ils recueillaient les aumônes : l'abolition d'un grand nombre de fêtes, qui empêchaient les ouvriers de gagner leur vie & celle de leur famille; l'anéantissement de tout le corps des procureurs, puisqu'il suffisait d'un avocat, pour défendre une cause; l'établissement d'une commission perpétuelle de défenseurs & de conservateurs des loix, dont la fonction serait d'extraire tout ce qu'il y a de bon, dans les anciennes, pour en former un seul code, qui fût raisonnable : la suppression des receveurs des tailles & des autres impôts, puisqu'ils pouvaient être prélevés par les officiers des hôtels-de-ville, qui les feraient passer, sans frais, dans les mains du roi.

La noblesse, comme le clergé, demanda d'être maintenue, dans ses priviléges, surtout dans l'exemption des droits, péages, *fol 402.* dîmages, contributions, emprunts; tant pour eux, que pour le transport de leurs vins, de leurs bestiaux, de leurs fruits; soit qu'ils provinssent de leurs terres, soit qu'ils les eussent achetés, pour leur usage. Elle demanda, comme le clergé, une loi somptuaire, pour le tiers-état, sous prétexte que l'argent passait en pays étranger. *fol 405.* Elle demanda aussi qu'il fût défendu aux non nobles, d'avoir des garennes, colombiers, volières, moulins ou pressoirs.

Elle demanda, en traitant de la justice, *fol 413. art. 8* qu'aucun président ou conseiller ne se mêlât des affaires des grands seigneurs, & autres seigneurs, soit directement ou indirectement: & qu'en toute cause ou procès qui concerneront les présidens, les conseillers, ou leurs femmes & leurs enfans, de quelque manière que cette cause soit dévolue à la cour, elle ſoit renvoyée pour être jugée à une autre cour.

fol 425, au revers, art. 2 Que dorénavant il y ait quatre gentilshommes de robe courte, portant épée, dans chaque cour ſouveraine, d'autant que ces cours étant composées du tiers & commun état, les priviléges des gentilshommes n'y ſont maintenus. Il y avait un ſi grand nombre de ces priviléges injuſtes, oppreſſifs, odieux, indécens même, comme celui de culage, contre lequel les parlemens rendirent des arrêts, qu'il était néceſſaire que les cours ſouveraines ne les maintinſſent pas. Si ces cours euſſent été formées de nobles, la nation n'eût jamais ſorti de ſa barbarie. Elle y retombera, ſi jamais ces cours en ſont toutes composées; mais il eſt juſte qu'elles le ſoient des trois ordres, pourvu que tous les hommes y ſoient égaux, comme ils doivent l'être, devant la loi.

Enfin la nobleſſe demanda que, dans un procès entrepris ſur la conſultation d'un avocat, & perdu par jugement de la cour, fol 420, au revers. l'avocat fût condamné, pour avoir mal conſeillé, à payer une partie des frais. Elle n'obtint aucune de ces demandes. On ne ſupprima pas même les procureurs.

Le

Le tiers-état n'ayant pas des priviléges à réclamer, s'occupa un peu plus de l'utilité publique. Il ne lui manquait que d'être plus instruit. Il pria d'abord le roi d'assembler un concile dans un lieu sûr, où tout homme eût le droit & la liberté de discuter ses opinions. J'ignore comment on imaginait que de nouvelles disputes religieuses ameneraient la paix & l'uniformité de croyance, lorsque seize siècles de disputes & de guerres religieuses, lorsque les massacres des Albigeois & ceux des Vaudois, les supplices du feu, les recherches odieuses de l'inquisition, l'inutilité de tant de conciles & de tant de synodes, démontraient, jusqu'à l'évidence, qu'aucun de ces moyens ne pouvait suffire; que si l'homme souffrait que les loix missent un frein à ses actions, il ne souffrait pas qu'aucun pouvoir lui ravît la liberté de penser; & qu'il n'y avait eu de temps paisibles, que ceux où la tolérance avait été admise. Cahier du tiers-état art. 7, fol. 438.

Le tiers-état demandait, comme le clergé, que les évêques, les abbés, les curés fussent élus, & il convenait, avec lui, que les pourvus de bénéfices étaient d'une incapacité notoire. Il desirait qu'au- art. 10, fol. 439, au revers.

art. 37, fol 452. au revers. cun novice ne s'enfermât, dans un cloître, avant l'âge de la raison ; que les hommes ne fissent pas de vœux, avant trente ans, & les filles avant vingt-cinq : que personne ne put être marié ailleurs qu'à sa paroisse,
art 40, fol 453 afin que les enfans ne se mariassent pas, à l'insu de leurs parens, & que personne ne pût épouser deux femmes : qu'aucun ecclé-
art 48, fol 456. siastique ne possédât deux bénéfices : que toutes les fêtes fussent remises aux dimanches : que tous les prêtres qui auraient des
art 50 & 51, fol 457 concubines & des bâtards, fussent jugés par les tribunaux laïques, & non par l'officialité qui laisse toujours ces désordres
art. 54, fol 458. impunis : qu'on abolît les confrairies qui ne sont que des rendez-vous d'ivrognes : qu'il y eût, dans toutes les universités, une chaire de morale & de droit politique :
art. 79, fol 468. que les seigneurs ne vexassent plus les laboureurs, soit en les enlevant à la culture des terres, pour les contraindre à faire des chariages, des aides, des journées, c'est-à-dire des travaux, par corvées, sans
art 80, fol 468, au rev. aucun salaire ; soit en leur imposant des contributions de pailles, ou de grains, sous le vain prétexte de les préserver du logement des gens de guerre, & en les

fesant battre, & en pillant leurs chaumières, quand ils refusaient ces contributions : qu'on empêchât les seigneurs d'etablir des fours, des pressoirs, des moulins bannaux, & d'y établir des droits toujours plus forts. Ces plaintes du tiers-état sont la preuve que ces bannalités n'ont pas été établies, à la sollicitation des peuples, & pour leur utilité, comme les seigneurs le prétendent aujourd'hui, mais bien à leur détriment, & pour les contraindre, par famine, à donner leur argent; précisément par la même raison que le sénat de Gênes, tout composé de nobles, ne souffre dans la ville qu'une seule boulangerie, dont il vend le pain très cher, & qu'il peut fermer, si le peuple murmure. Il desirait encore qu'on obligeât les seigneurs, qui percevaient des péages, d'entretenir les ponts : qu'on leur interdît de ravager les moissons & les vignes; sous prétexte qu'ils y avaient droit de chasse, & qu'ils ne manquaient pas d'y chasser *avec compagnie d'hommes, de chiens, de chevaux & d'oiseaux* : qu'on défendît aux nobles de contraindre, par lettre de cachet, les peres, mères & parens des filles riches, à marier leurs filles, contre leur gré, ou de les

art. 81, fol. 468 & 469.

art. 84, fol. 470.

Lettres sur l'Italie.

art 92, fol. 473.

art 98, fol. 475, au r.v.

faire enlever & enfermer, jusqu'à ce qu'elles fussent contraintes, elles mêmes, à se marier, contre leur propre volonté, & contre celle de leur famille.

Il est remarquable que, dans son cahier, le tiers-état attribue *toutes les oppressions* art. 203, 204 & 205, folio 478. *& tous les torts* qu'il endure de la noblesse, à la mauvaise éducation qu'elle reçoit, dans les provinces, *d'ou s'ensuit que sa malice & sa mauvaise façon de vivre s'accroît, avec l'âge.* C'est pourquoi elle conjure le roi, les princes, les grands seigneurs, d'augmenter le nombre de leurs pages. On avait donc remarqué que la fréquentation de la cour & des camps adoucissait les mœurs, plus qu'elle ne les corrompait. Il est sûr qu'elle ôtait au moins à l'orgueil de la basse noblesse, cette rusticité que donne l'ignorance à un pauvre gentilhomme qui n'a point sorti de sa province.

Le tiers-état revient encore ensuite aux art 121 fol 484, au rev. gens de guerre, & se plaint d'être pillé & traité, par eux, de manière que l'ennemi ne leur ferait pas plus de mal : il se plaint aussi que les valets, les veneurs & autres domestiques du roi & des princes vivent, art 123, fol. 485. dans les villages, à discrétion, pillant &

gâtant tout, battant les gens, & ne payant rien : qu'on force les gens de la campagne à faire des charrois, pour la cour, qu'on prend de force, pour elle, & les vins & les bleds. *art. 124 & 125.*

Le tiers-état s'élève, aussi fortement que les deux autres ordres, contre la vénalité des charges : il prétend que l'argent obtenu par la vente des offices, coûte plus cher au roi, que s'il l'eût emprunté à trente pour cent d'intérêt. *art 158, fol. 492.*

Il conjure le roi de donner, lui-même, des audiences publiques, plusieurs fois la semaine, comme les rois ses prédécesseurs : de réduire le nombre des officiers de justice; de sorte qu'il n'y en ait pas plus, que du temps de *Louis XII*. Il jugeait très-bien que ces officiers qui, malheureusement, ne vivent que de la substance des infortunés, multiplient souvent les procès & les mauvaises affaires, que le nombre en doit être restreint à celui qui est indispensable : mais, plus le commerce & la richesse augmentaient, plus on voulait contenir les nobles & les gens de guerre, plus il était nécessaire d'augmenter le nombre des gens de justice, afin que, par-tout, le malfaiteur *art. 121, fol. 488 & 489. art. 143.*

trouvât un magiſtrat prêt à le réprimer.

Le tiers-état dit, en propres termes, que *la diſtribution de la juſtice, appartient par*
art. 164, fol. 505. *droit divin, au ſouverain magiſtrat, & que c'eſt abuſer que de la rendre patrimoniale.* Ainſi le tiers-état ſe déclarait contre ces juſtices particulières, ſi chères aux ſeigneurs; il voulait réunir toutes les parties de la ſouveraineté, que la nobleſſe & le clergé ont toujours cherché à déſunir & à morceler.

Le tiers-état fut non moins juſte, lorſqu'il
art. 184, fol. 514. dit que, ſelon la loi de Dieu, le fils ne doit pas porter le péché de ſon père, & qu'il ſupplie le roi d'ôter toutes les confiſcations, & de les réſerver, pour le crime de lèſe-majeſté.

Cette demande du tiers-état mérite qu'on s'y arrête. Confiſquer les biens d'une famille, ſous prétexte que ſon chef a mérité la mort, c'eſt donner, ſoi même, l'exemple du brigandage qu'on punit; c'eſt réduire à la mendicité; c'eſt forcer à vivre en vagabonds, ces enfans innocens du crime de leur père: c'eſt expoſer les princes avares à chercher des coupables, parmi les gens riches, ce qui arriva, dit-on, à quelques empereurs romains, & au roi de France, *Philippe-le-bel*, quand il févit avec tant de fureur contre les templiers : c'eft enfin expofer les juges à la tentation de condamner à mort un accufé, lorfqu'ils pourront obtenir, pour récompenfe, une partie de fes biens : & malheureufement toutes les commiffions nommées par les rois, pour juger les procès des grands, n'ont pas été exemptes de femblables foupçons. Le fage *Adrien* avait défendu, aux magiftrats, de confifquer les biens, & d'enlever aux enfans des coupables, qu'ils condamnaient, le patrimoine de leur père. Les peuples modernes, iffus de barbares chez lefquels tous les crimes s'expiaient, à prix d'argent, furent toujours très-avides de confifcations : elles ne fe fefaient pas au profit du fouverain, mais au profit des feigneurs, dans la mouvance defquels fe trouvaient les biens du coupable. Quand les domaines du roi fe furent fort étendus, il s'éleva un crime nouveau, que nous apprenons, par la réponfe que fit le chancelier à cet article du cahier des Etats. Dès qu'on intentait un procès criminel à un homme opulent, d'avides courtifans priaient le roi de leur faire un don de fes biens; & ils les obtenaient long - temps avant que le procès fût jugé, avant qu'on pût savoir si l'accusé était coupable ou innocent. Par cette conduite, ces courtisans s'exposaient, sans rougir, au soupçon de solliciter contre l'accusé ou même à celui, de lui avoir suscité le procès qu'on lui intentait.

Le chancelier, le sage *l'Hôpital*, qui n'ignorait pas que les confiscations ne sont d'aucune utilité, qu'elles ne servent qu'à multiplier les crimes & les soupçons, n'ose pourtant pas les interdire; il se contente d'écrire en marge : *on ne donnera pas les confiscations, avant le jugement des procès.* Voilà tout ce qu'il croit pouvoir, & le tiers-état n'a pas même assez de crédit pour obtenir une chose aussi juste.

Art. 219, fol. 529. Il n'obtint pas non plus que le magistrat fût obligé de nommer, à tout homme déchargé d'accusation, le dénonciateur, sur la déposition duquel il avait été arrêté, quoique cette demande ne soit pas moins juste.

Art. 234 Il demanda aussi que les bourgeois des villes pussent élire leurs officiers municipaux; Art. 257. que le roi fît des loix somptuaires, qui proscrivissent le luxe des habits & des ameublemens : qu'il fît fermer les lieux de prostitution, & ceux où l'on se livrait à toutes sortes de jeux : qu'il supprimât une partie de ses dépenses : qu'il retranchât les pensions : qu'il fît rendre compte aux financiers qui ont fait des fortunes trop rapides : qu'il fît lever la taille avec moins de rigueur. On voit que cet impôt était toujours odieux. Le tiers-état fait un tableau affreux des maux produits par la dureté de ceux qui levaient la taille : les uns, dit-il, ont quitté le royaume ; les autres sont morts de faim ; d'autres se sont tués de désespoir : plusieurs ont péri en prison, sans y recevoir d'alimens : leurs femmes & leurs enfans mendient ou se prostituent, pour vivre : ailleurs, les paysans, faute de bétail, s'attèlent à la charrue. Je rapporte ces paroles, qui ne sont point des déclamations d'oisifs, comme on en entend, tous les jours, afin qu'elles servent à comparer les siècles.

art. 259.

art 282, fol. 255 & 256.

Cet impôt de la taille était d'autant plus funeste, qu'on rendait les habitans des campagnes solidaires les uns pour les autres : qu'après avoir dépouillé, de tout, le pauvre incapable de payer, on exigeait que son voisin, qui avait acquitté sa part des impo-

art. 283.

ſitions, payât celle de ce malheureux, ce qui le ruinait, à ſon tour; tandis que tout homme un peu riche trouvait facilement le moyen de ſe ſouſtraire à l'impôt, en achetant un office. Le tiers-état ſupplia le roi qu'aucun taillable ne fût contraint à payer pour un autre : que très-peu d'offices donnaſſent l'exemption de cet impôt : que
art. 202, fol. 562. les eccléſiaſtiques non nobles payaſſent la taille : car toutes ces exemptions, dit-il, retombent toujours ſur le pauvre.

On voit, par ces cahiers, que les principes de commerce étaient peu connus; mais que le tiers-état avait, à cet égard, des idées plus juſtes que le conſeil. Par exemple, il prie le roi de révoquer les
art. 318. exemptions des droits accordées aux marchands étrangers, ou d'obtenir, chez les nations étrangères, ces mêmes exemptions, pour les marchands français : de ſupprimer les droits d'entrée, dans les villes, ou d'y aſſujettir tous les habitans, attendu que ce
art. 320. ſont toujours les plus riches qui obtiennent le droit de s'en affranchir.

On avait alors peu d'induſtrie, & l'on trouvait plus facile d'avoir des loix prohibitives, que de bonnes inſtitutions, propres à développer les talens : ainsi, le tiers-état demande que le roi interdise, à tout étranger, *art. 330, fol. 576, au rev.* de faire la banque en France ; & ce qui est plus sévère encore, que tout banqueroutier, *art 332, fol. 575* regnicole ou étranger, soit puni de mort. Il se plaint que le goût du luxe fait passer l'argent en Italie, d'où l'on *art. 338.* tire des broderies, des gants parfumés, des odeurs. Il desire que le roi défende toutes ces choses, sous peine d'une amende de cinq cents livres : qu'il y ait uniformité de poids & de mesure, dans tout le royaume. *art 340.* La noblesse l'avait aussi demandé dans ses cahiers.

Une licence effrénée avait toujours régné dans les mœurs : le tiers-état, non-content de demander la clôture des lieux de prostitution, demanda au roi que l'homme & *[illegible], fol. 247, au rev.* la femme coupable d'adultère fussent punis de mort. Et c'est sous la régence de *Catherine de Médicis*, sous le règne de *Charles IX*, du temps des *Guises*, lorsqu'il n'y avait pas un homme à la cour qui n'en fût coupable, pas une femme qui n'en fût soupçonnée, que ce vœu fut porté par le tiers-état! Les chrétiens ont souvent décerné la peine de mort contre ce péché, que les autres religions ne punissent guère que par le divorce, & contre lequel l'évangile ne prononce aucune peine ; au contraire, le législateur des chrétiens sauva une femme adultère, prete à être condamnée. Il confondit, non pas ses accusateurs, mais ses juges, & il la renvoya chez elle, en lui disant : *va & tâche de ne plus pécher* (1) : comme s'il eût voulu nous indiquer qu'une simple réprimande, & la honte qui la suit, étaient des peines suffisantes pour un délit aussi minime en lui-même, & dont il est aussi difficile de se défendre au milieu des séductions qui assiègent le jeune âge ; mais il semble que les magistrats & le clergé chrétien, se fassent un jeu de ne se conformer jamais à la clémence de ce livre, dont ils se targuent sans cesse, & dont ils violent, sans cesse, & l'esprit & les termes.

art. 353. fol. 586. Enfin, le tiers-état conjura le roi d'assembler les Etats-généraux tous les cinq ans : il attribue tous les maux qu'on éprouvait à la rareté de ces assemblées. On voit, par cet article, que le vœu de tous les

(1) Il lui dit : *nec ego te condemnabo. Vade & jam amplius noli peccare.* Evang. *Joan.* chap. VIII, v. 2.

Etats-généraux a toujours été de se rassembler fréquemment, & que jamais ce vœu n'a été exaucé.

Ils n'ignoraient pas qu'on avait toujours tiré assez peu de fruit de leur convocation; mais ils sentaient bien qu'en s'assemblant plus fréquemment, ils se seraient instruits & formés aux affaires; qu'ils auraient acquis plus de consistance & plus d'influence: que leur utilité eût été plus grande. Ils jouissaient alors de si peu de liberté, qu'ils n'osèrent s'expliquer franchement dans leur cahier, ni sur le conseil, ni sur la régence; & que ne voulant pas renoncer au droit d'en parler, ils s'énoncèrent d'une manière confuse, qui ne manifestait que leur défaut de liberté.

Mais ce n'était pas de leurs doléances dont on avait besoin. Le chancelier & le conseil connaissait, comme eux, tous les maux & tous les abus dont ils se plaignaient. C'était de l'argent qu'on voulait, & ils ne parlaient que de réformes, qu'on eût fort bien pu faire, sans les assembler, si on les avait réellement desirées.

Catherine de Médicis, pendant qu'ils composaient leurs cahiers, affecta de supprimer, avec faſte, la vénerie, une partie de la maiſon du roi, une partie des penſions, & le quart même des gages; enſuite, elle demanda des ſecours aux Etats.

Elle leur fit remettre l'état des finances.

Les dettes ſe montaient à 43,483,000 l.

Les revenus tout compris, à 12,259,125 l.

Les charges & les dépenſes, à 12,260,829 l,

De ſorte que les dépenſes excédaient les revenus indépendamment des dettes. Les économies propoſées ne ſe montaient pas tout à-fait à deux millions.

Les Etats refuſent de donner des ſubſides.

Les députés des trois ordres répondirent qu'ils n'avaient pas droit de voter à cet égard: qu'ils devaient aller demander une nouvelle autoriſation à leurs commettans.

Le chancelier accepta leur propoſition, & il les congédia, en leur indiquant les nouveaux impôts que le clergé, la nobleſſe & le tiers-état, feraient obligés de ſupporter; en leur diſant que le roi raſſemblerait les Etats-généraux, non pas par bailliages: qu'il fallait épargner les frais de ces grandes aſſemblées; qu'il ſuffiſait que chaque grand gouvernement envoyât trois députés, un de chaque ordre. Ils devaient ſe rendre au mois de mai à Melun.

C'était donc encore une nouvelle forme qu'on proposait, une nouvelle réduction de ces députés qui, du temps de *Charles VI*, avaient été au nombre de huit cents, & qui, aux derniers Etats, n'avaient pas été de quatre cents.

Etats, dits généraux tenus à Pontoise & composés de treize nobles & de treize roturiers, 1561.

En conséquence, quelques mois après, on rassembla, à Pontoise, vingt-six députés de la noblesse & du tiers-état, qui, sous le nom d'*Etats-géneraux*, essayèrent de faire payer, au clergé, les dettes du roi, & consentirent à plusieurs impôts.

Ordonnance d'Orleans.

Au milieu du désordre, où *Catherine de Médicis*, les *Guises*, les *Condés*, les *Colignis*, les guerres de religion, précipitaient la France, *Michel de l'Hôpital* profita du respect qu'inspirait le nom des Etats-généraux, pour faire la célèbre ordonnance (1)

---

(1) Cette ordonnance fut enregistrée au parlement: & c'est la premiere ordonnance qui, rédigée sur le vœu des Etats, & avec le consentement du roi, ait eté apportee à ce tribunal. Voici ce que dit le savant M. *Garnier*, dans la nouvelle Histoire de France, édition in-12, tome XXIX, page 288.

« Jusqu'alors les demandes de la nation, approu-
» vées & consenties par le roi, avaient paru porter
» un caractere assez auguste, pour n'avoir pas besoin

d'Orléans. C'est le seul bien qui en soit résulté. La sagesse de *l'Hopital* y eut plus de part que la volonté des Etats. Ces loix ne concernaient que les particuliers, n'avaient de

---

» d'être soumises aux formalités de l'enregistre-
» ment. On ne peut donc assigner d'autre cause, à
» cette innovation, que le changement survenu dans
» la forme des Etats. En effet, à l'exception d'un
» certain nombre d'articles, sur lequel les trois
» ordres s'étaient trouvés d'accord, les demandes
» éparses, dans les différens cahiers, n'étaient point
» le vœu de la nation; mais les demandes parti-
» culieres d'un ordre, ou même d'une portion de
» cet ordre, contre lesquelles les autres ordres
» avaient réclamé aussi-tôt qu'elles étaient venues à
» leurs connaissances. Car le clergé avait protesté
» contre plusieurs articles des cahiers des deux autres
» ordres : le tiers-état s'était porté opposant a plu-
» sieurs demandes de la noblesse, & la noblesse
» demandait la réformation de quelques points ac-
» cordés au tiers-etat, ce qui ôtait nécessairement
» à toutes ces demandes une partie de leurs poids,
» & les faisait presque rentrer dans la classe des
» requêtes ordinaires. Le chancelier avait donc cru
» que, pour suppléer à ce vice radical, il n'avait
» point d'autre parti à prendre, que de soumettre
» sa nouvelle ordonnance aux formes reçues, pour
» la publication des loix ordinaires. » Ce passage
de M. l'abbé *Garnier* confirme ce que nous avons

force

force que dans les tribunaux, & n'empêchèrent pas la guerre civile d'éclater de toutes parts; les désordres, les meurtres, la licence, les débauches les plus honteuses, de régner au milieu des familles & des guerriers qui s'armaient pour la cause de Dieu. On disputait, comme le disent les auteurs du temps, sur la manière de prier Dieu, dans les rues, dans les cabarets, chez des filles de joie, & jusque dans le lit nuptial.

On mettait de l'importance à dogmatiser, au lieu d'en mettre à régler sa conduite. L'excès du zèle servait d'excuse à la licence. L'on prêtoit, à Dieu, ses passions, & l'on se persuadait facilement qu'il pardonnait tout à ceux qu'il aimait.

---

dit, qu'il n'y avait point de volonté générale dans les Etats, & que la division, qui régnait entre les trois ordres, leur fesait perdre, sans cesse, quelque partie de leur liberté.

Fin du Tome premier.

TABLE
DES CHAPITRES
ET
DES SOMMAIRES MARGINAUX
DU TOME PREMIER.

PREMIERE PARTIE.
Des comices de Rome.

SECONDE PARTIE.

Des Etats-généraux de la France.

LIVRE PREMIER.

Des assemblées chez les Francs sous les deux premieres races.

Des Etats-généraux de la France.

LIVRE II.

Des Etats tenus depuis les premiers Capets jusqu'au regne de Charles VIII.

Des Etats-généraux de la France.

LIVRE III.

Depuis le règne de Charles VIII, jusqu'au regne de Henri III.

Fin de la Table du Tome premi

ERRATA

DU TOME PREMIER.

Pages. lignes.

27, 9, objets, *lisez*, objet.

28, derniere, entre tous, *lisez*, entre eux tous.

42, 21, service rendu, *lisez*, services rendus.

74, 4, inscrire, *lisez*, écrire.

126, 20, sans objets, *lisez*, sans objet.

153, 20, s'assemblant, *lisez*, en se tenant.

168, 23, sont tous ces objets, *lisez*, tous ces objets sont.

190, 9, parties, *lisez*, partis.

203, 16, *hortamus*, lisez, *hortamur.*

214, 7, onze rois ou deux princes, *lisez*, onze rois ou princes.

231, 16, sortie, *lisez*, sortir.

263, 18, heritiers, *lisez*, heritières.

280, 24, opinions, *lisez*, opinans.

308, 18, que porte par elle il remonte au louvre, *lisez*, il remonte au louvre porte par elle.

332, 25, *Hainaut*, lisez, *Henault.*

364, 13, oints, *lisez*, joints.

366, a la note marginale, comte *d'Auvergne*, lisez, *d'Armagnac.*

406, 20, *Beau-preau*, lisez, *Beaupreau.*

434, 2, de la raison, *lisez*, de raison.

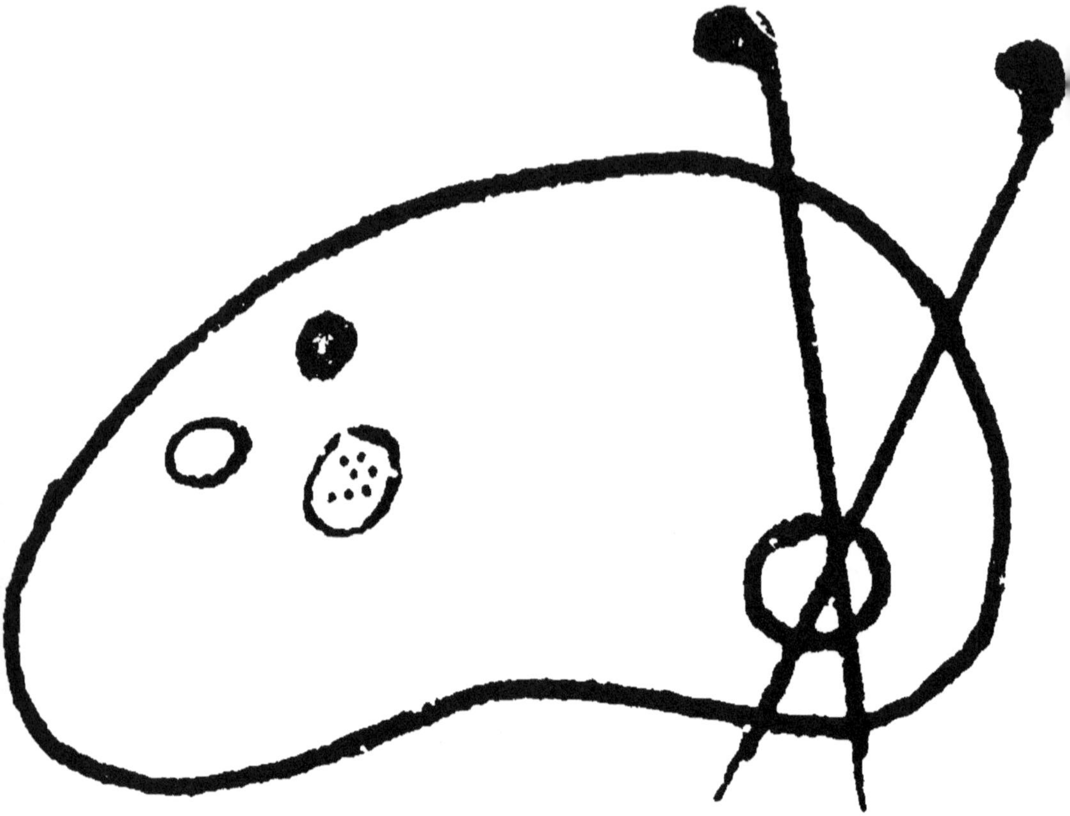

Couvertures supérieure et inférieure en couleur

ESSAI

SUR

L'HISTOIRE DES COMICES

DE ROME,

DES ETATS-GENERAUX

DE LA FRANCE,

ET DU PARLEMENT

D'ANGLETERRE.

ESSAI

SUR

L'HISTOIRE DES COMICES DE ROME, *DES ETATS-GENERAUX DE LA FRANCE,* ET DU PARLEMENT D'ANGLETERRE.

TOME SECOND.

PAR M. ***.

Si je puis vous ſervir, qu'importe qui je ſois?
TANCREDE.

A PHILADELPHIE;
Et ſe trouve a PARIS,
Chez MARADAN, Libraire, rue des Noyers, N°. 33.

1789.

ESSAI

Sur l'hiſtoire des Comices de Rome, ſur les Etats-Généraux de la France, & ſur le Parlement d'Angleterre.

Des Etats-généraux de la France.

LIVRE IV.

Des Etats-généraux ſous Henri III.

Les Etats ne ſe raſſemblèrent pas au bout de cinq ans, comme ils l'avaient demandé ; mais lorſque les fureurs de tous les partis eurent été portées au point que la cour imagina qu'elle devait & qu'elle pouvait égorger tous les calviniſtes, en une nuit, lorſque les parens des morts, échappés eux-mêmes avec peine au carnage, reprirent les armes, & se battirent, avec la double fureur de gens qui avaient à se défendre d'ennemis acharnés, & à se venger, eux & leurs familles, de la plus odieuse des trahisons; lorsque seize ans de carnage, de meurtres, d'incendies, eurent répandu le ravage, dans toutes les parties du royaume, on recourut à ces Etats qu'on avait négligés : on essaya d'appaiser, en leur nom, un feu que la puissance royale, & le sang de tant de victimes n'avaient pu parvenir à éteindre.

Etats-généraux, tenus à Blois en 1576.

On convoqua ces Etats, quatre ans après le massacre de la Saint-Barthelemi. On ne pouvait choisir aucune ville, en France, qui n'eût été teinte du sang des Français, versé par les ordres de *Charles IX*, & qui ne rappellât les crimes de la cour. On choisit celle de Blois, non loin d'Orléans, où le prince de *Condé* avait été arrêté & condamné à mort, seize ans auparavant; & plus près encore de celle d'Amboise, où les *Guises* avaient tiré une vengeance si terrible de la conjuration qu'on avait faite contr'eux.

Catherine passait pour coupable de tous les crimes : on accusait la famille royale d'inceste, & de dépravations plus honteuses. Tous les genres de débauches régnaient à la cour. Le roi *Henri III*, livré à des goûts désavoués par la nature, s'avilissait encore en établissant des confrairies, & en assistant à des processions, revêtu de l'habit ridicule d'un pénitent.

Le roi de Navarre, qui depuis fut *Henri IV*, le prince de *Condé*, le même que les *Guises* avaient fait condamner à mort, *Henri de Montmorency*, fils du connétable, & qu'on appellait le maréchal *d'Anville*, étaient, dans les provinces méridionales, à la tête des huguenots & des catholiques unis avec eux ; car beaucoup de catholiques suivaient le parti de ces chefs.

Dès qu'ils entendirent parler de la convocation des Etats-généraux, ils protestèrent contre une assemblée où l'on n'admettrait pas les protestans ; & ils refusèrent de s'y rendre, quand ils en reçurent l'ordre.

Le roi de Navarre & le prince de *Condé* protestent contre les Etats-généraux.

Depuis la Saint-Barthelemi, *Catherine*, avait été forcée d'accorder aux protestans, un édit de tolérance, qu'on appellait de pacification, parce qu'on en espérait la paix; mais le roi n'avait pas assez d'autorité, pour faire exécuter cet édit. Les *Guises* lui opposaient une association de catholiques, qu'ils appellaient la sainte ligue. Les associés juraient & signaient un formulaire par lequel ils s'engageaient à sacrifier leur vie, pour maintenir la religion catholique, & c'étaient les *Guises*, qui se fesaient les soutiens de la religion.

Les *Guises* étaient alors fort jeunes. Le duc de *Guise*, surnommé *le balafré*, & qui, depuis, joua un si grand rôle, n'avait que vingt-six ans. Ses frères, le cardinal de *Guise*, & le duc de *Mayenne*, la duchesse de *Montpensier* leur sœur, étaient plus jeunes encore; mais ils héritaient de la célébrité de leur père, *François* duc de
en 1583. *Guise*, assassiné au siége d'Orléans, par *Poltrot de Meré*, & de celle de leur oncle le cardinal de *Lorraine*, mort, pour avoir
en 1574. assisté, pieds nus, à la ridicule procession des flagellans, deux ans auparavant.

Le jeune duc de *Guise*, s'était déjà distingué, par les meurtres qu'il avait commis, le jour de la Saint-Barthelemi. Tous les ligueurs le regardaient comme leur chef. Le roi était un peu plus jeune que lui ; il n'avait pas encore vingt-cinq ans. Les jeunes gens dominaient à la cour ; & c'eſt ce qui doit un peu excuſer l'horrible dépravation dont elle donnait l'exemple.

Au milieu de ce mélange monſtrueux de meurtres, de débauche, de dévotion, de révolte & d'obéiſſance, qu'on voyait dans le royaume, les Etats-provinciaux choiſiſſaient les députés qu'ils devaient envoyer à Blois.

Henri III, pour ſe faire bien venir des Etats-généraux, réformait ſa maiſon & ſes finances, car preſque toutes les aſſemblées des Etats-généraux ont été précédées de réformes apparentes, ou réelles.

Quand il arriva à Blois, la plupart des députés ne s'y étaient pas encore rendus, & le bruit courait que les Etats ne ſe tiendraient point. Le roi dépêcha des couriers, dans les provinces, pour accélérer le départ de leurs députés ; & il ordonna à ceux qui ſe trouvaient à Blois de s'aſſembler, en attendant les autres.

Procession faite le 20 novembre, jour de la Saint André, 1576.

Dès qu'ils furent arrivés, le roi ordonna des jeûnes & des prières, pendant trois jours. Il fit une procession solemnelle, où se trouvèrent plus de vingt prélats, archevêques ou évêques, & tous les députés des trois ordres. Le roi fléchissait les genoux aux autels, entouré des compagnons de ses débauches, & des complices de ses crimes. Sa mère, plus coupable que lui; sa femme, qu'il dédaignait; son frère, non moins débauché; les princes, les seigneurs de sa cour, les mains teintes du sang des citoyens, & méditant des meurtres & des adultères, accompagnaient ses pas, dans cette cérémonie pieuse, dérisoire pour le peuple, qu'elle scandalisait encore; & qui eût été insultante pour Dieu, si le modérateur de toute chose pouvait s'offenser de la démence de ses propres créatures.

Ouverture des Etats, le 6 déc. 1576.

Quelques jours après, le jeudi 6 décembre, ils entendirent la messe, dans l'église de Saint-Sauveur, & implorèrent les lumières du Saint-Esprit. On fit ensuite l'ouverture des Etats; & l'on va juger quel esprit les inspira.

Appel des députés.

L'assemblée se tint au château de Blois: un héraut appella, par une des fenêtres qui donnent ſur la cour, les députés de chaque province, dans l'ordre qui ſuit; un autre héraut les reçut, à la porte du château, & deux autres les conduiſirent dans la ſalle d'aſſemblée.

On appella & on plaça d'abord les députés de la ville, prévôté & vicomté de Paris; enſuite les délégués des trois Etats de Bourgogne, première pairie; puis ceux du duché de Normandie, ceux du duché de Guienne, & du duché de Bretagne; ceux des comtés de Champagne, de Toulouſe, & du Languedoc. Il faut bien entrer dans de ſemblables détails, tout rebutans qu'ils ſont, puiſque toutes les nations iſſues de Barbares y attachent une ſi grande importance; puiſque toutes les aſſemblées, ſoit de princes, ſoit de députés des trois ordres, ont été troublées, pour des querelles de préſéances; puiſqu'on a toujours négligé les affaires publiques, pour de telles futilités, & que le ſang humain a coulé tant de fois en Europe, pour décider, ou pour rendre incertains, de pareils droits.

Souvent les députés des villes ſe diſputèrent, avant cette aſſemblée, pour leurs priviléges; & il fallut toute l'autorité du roi, pour terminer ces vaines questions. Ce qui est plus digne de remarque, c'est qu'il y eut, dans cette assemblée, cent-quatre députés de l'église, dans lesquels on comptait quatre archevêques, dix sept évêques, & deux chefs d'ordres monastiques; soixante & douze de la noblesse; & cent-cinquante du tiers-état. Il survint, depuis, d'autres députés de la noblesse; mais le nombre des députés des trois ordres ne se monta pas à quatre cents, quand ils furent tous réunis. C'était bien peu, s'il s'agissait de faire des loix, ou de discuter les intérets de la nation: c'était beaucoup trop, s'il ne s'agissait que d'une simple audience.

Nombre des députés.

Arrangemens des places.

Une espèce de théâtre occupait le fond de la salle; le roi, quand les députés furent entrés, se plaça, au milieu de ce théâtre, sur son trône. Sa mère & son frère assis à sa droite, sa femme à sa gauche. Il y avait plus bas deux bancs, à droite du trône; l'un, pour les princes du sang; l'autre, pour les ducs & pairs. A gauche, vis-à-vis, étaient les cardinaux & les pairs ecclésiastiques. Ils avaient eu la droite dans les autres assemblées des Etats. Le cardinal *de Bourbon* se mit à droite, comme prince du ſang : il préféra cette place à celle de cardinal : & cette préférence eſt notable, dans nos mœurs.

Au bout du tapis de pied du roi, le chancelier était aſſis, ſur un tabouret couvert d'un velours violet, ſemé de fleurs de lis.

Au pied du théâtre, ou de l'échafaud, comme on dit plus communément, était une table, pour les quatre ſecrétaires d'Etat; puis deux bancs, l'un pour meſſieurs du conſeil privé de robe-longue, l'autre pour meſſieurs les chevaliers de l'ordre de robe-courte.

Les députés de l'égliſe étaient à droite : ceux de la nobleſſe à gauche : les députés du tiers-état ſéparés & aſſis; moitié derrière ceux du clergé, & moitié derrière ceux de la nobleſſe. C'était un ordre nouveau : dans les derniers Etats, ils avaient été placés tous enſemble, au milieu de la ſalle; & il paraît que cette innovation ne leur plaiſait pas, puiſque quelques jours avant cette aſſemblée, ils prièrent le roi de leur donner une audience honorable *à part*, & de ne les pas placer derrière le clergé & derrière la nobleſſe.

Le 3 d c.

Hiſt. de la Popelinière, l. 1. 42

On avait posté, derrière le roi, au-delà de la barrière, la compagnie des deux cents gentilshommes, tenant leurs haches d'armes à bec de corbin. Les dames de la cour & quelques gentilshommes étaient dans une galerie élevée au-dessus du théâtre : le peuple se tenait derriere des barrières, à l'autre bout de la salle ; mais tous ceux qui étaient dans les galeries, ou au-delà des barrières, n'étaient que spectateurs, & ne fesaient point partie de l'assemblée.

A l'arrivée du roi, toute l'assemblée se leva, & le reçut tête nue ; les députés du tiers-Etat mirent un genou en terre, & y restèrent jusqu'à ce que le roi & les reines ayant pris place, le roi ordonnât de s'asseoir.

Histoire de France, de la Popelinière, liv. 43

Henri III parla le premier : il fit une harangue assez longue (1). Le président *de Thou* nous apprend qu'elle était de la composition de *Jean Morvilliers*, *garde des sceaux*.

Discours du roi.

Il n'ignorait pas, dit-il, qu'on s'en prenait toujours au roi, des malheurs

---

(1) Ce discours du roi se trouve aussi dans le Recueil général des Etats de *Toussaints Quinet*, ainsi que les autres harangues prononcées dans ces Etats. Elles ont aussi été imprimées séparément.

de l'Etat : mais ces malheurs avaient commencé, loisque son frère & lui-même étaient trop jeunes encore, pour les prévenir. On ne pouvait les leur attribuer. Il s'efforça de justifier la conduite de sa mère, & celle qu'il avait tenue lui-meme, depuis sa majorité; mais il employa toujours des termes vagues, évitant de spécifier aucun fait. En déplorant les calamités publiques, il ne parla pas des deux religions : il ne proféra pas le mot de protestant. Il demanda que les Etats l'aidassent à extirper les abus, les racines & les semences des divisions : il ajouta qu'il savait bien qu'un jour il rendrait compte à Dieu de sa conduite, qu'il voulait paraître, devant lui, avec une conscience pure; & qu'afin de n'avoir rien à se reprocher, *il ferait garder inviolablement les ordonnances qui seraient faites par lui, dans cette assemblée; & qu'il ne souffrirait pas qu'on osât y contrevenir.*

Le chancelier *Birague* prit ensuite la parole, & s'excusa de manquer d'éloquence, sur son âge plus que septuagénaire. Il observa qu'on divisait les Etats en trois ordres, quoiqu'on dût les diviser en quatre ou cinq ; que l'expression des *trois Etats*

Discours du chancelier.

Recueil général des Etat.

était nouvelle, quoique l'ufage des affemblées fût ancien.

En effet, du temps où les Francs fondèrent la monarchie, il n'y avait qu'un ordre d'hommes : des pâtres guerriers : quand le clergé gaulois eût l'art de s'agréger aux Francs, il y eut deux ordres, les guerriers & les eccléfiaftiques que la jaloufie fépara toujours : les efclaves ne fe comptaient pas. Lorfque les habitans des villes eûrent obtenu le droit de communes, ils formèrent un tiers-état, qu'on admit toujours, dans les affemblées, depuis *Philippe-le-bel*. Mais, depuis ce roi, la plupart des habitans de la campagne avaient recouvré leur liberté, & les gens de robe avaient formé un corps mitoyen entre la nobleffe qui les rejetait, & la bourgeoifie avec laquelle ils ne voulaient pas fe confondre: ce qui fefait cinq ordres de gens, bien diftincts, bien différens, par l'éducation, par les mœurs, par les opinions, par les préjugés, par les intérêts : & on aurait pu & peut-être dû les admettre tous cinq dans les Etats; car, lorfqu'on a fait la faute d'avoir des ordres, il ne refte plus qu'à les multiplier, afin que l'intérêt de chacun s'affaibliſſant par le nombre, l'eſprit de corps devienne moins prédominant, & ſe rapproche davantage de l'eſprit public.

L'archevêque de Lyon parla pour le clergé; *Rochefort*, pour la nobleſſe; *l'Huillier*, prévôt de Paris, pour le tiers-état. Ils ne firent que de ſimples remerciemens. L'aſſemblée ſe ſépara.

Chaque ordre rédigea ſes cahiers, & tint ſes aſſemblées dans des lieux différens. Le clergé, dans l'égliſe de Saint-Sauveur, les nobles, au château; le tiers-état, à la maiſon de ville.

Leur premier ſoin, dès le lendemain, fut de décider que chaque ordre enverrait douze députés, pour aſſiſter à l'examen que le chancelier & le conſeil feraient de leurs cahiers: ces cahiers n'étaient pas encore rédigés. Conduite des Etats, le 7 décembre *Journal de Bodin.*

Six jours après, ils prièrent le roi par une requête, d'accorder ce que les trois ordres lui demanderaient unanimement. Le roi leur répondit qu'il ne pouvait pas leur faire une telle promeſſe, ne ſachant pas ce qu'ils pourraient lui demander. le 13 Déc.

Le roi, dit le préſident *de Thou*, croyait qu'il ſerait le maître des Etats; mais, par *Liv.* 63

cette propoſition, il s'apperçut de l'influence de la ligue.

Le roi, au lieu de la réprimer, voulut en être le chef; & il ſigna, lui-même, le formulaire de cette union de catholiques, contre les proteſtans. C'était le cardinal de *Lorraine*, qui avait imaginé d'aſſocier, par un écrit ſigné des confédérés, tous les catholiques qui ſeraient aſſez fanatiques, pour vouloir extirper l'héréſie; il ſe flattait d'en faire un parti dévoué aux *Guiſes*, & capable d'élever leur autorité, contre l'autorité royale. Jamais en France, depuis le règne des *Capets*, l'ambition n'avait conçu de projet plus vaſte & plus prudemment combiné.

De Thou, *l.* 63

Il était tel, que la mort de ſes chefs, le cardinal de *Lorraine* & *François de Guiſe*, ne le dérangea point. *Henri de Guiſe* en devint le chef, & ſuccéda, dans tous les eſprits des ligueurs, à ſon père & à ſon oncle.

C'était ce parti qui, dominant dans les trois ordres, ſe flattait d'en obtenir des déciſions unanimes, & voulait forcer le roi d'accéder à l'unanimité.

Le 18 Déc. Quelques jours après cette demande,

le procureur-général du parlement de Paris, préſenta ſucceſſivement aux trois ordres, un cahier, où il traitait de ce qui lui paraiſſait néceſſaire, pour régler ce qui concernait l'égliſe & l'adminiſtration de la juſtice. Le même jour un jacobin préſenta requête aux Etats, pour qu'il fût permis aux moines mendians de poſſéder des immeubles, conformément aux canons du concile de Trente.

Huit jours après, les univerſités de Paris, *Le 26 Dec.* de Poitou & d'Orléans, députèrent auprès des Etats & leur adreſsèrent une requete, pour leur recommander de maintenir la religion romaine. Leurs députés furent admis dans l'aſſemblée des Etats, ce qui eſt contraire à la coutume, dit *de Thou.* (1) *Liv. 63*

Une grande diſſention agitait alors les Etats : tous voulaient conſerver la religion catholique; mais les uns demandaient la paix avec les hérétiques; les autres voulaient qu'on leur fît la guerre. Le corps de ville *Hist. la* de Paris fit une remontrance au roi, à ce *Popel. & Journal de* ſujet. Il lui dit qu'il ne s'agit pas de diſcuter *Bodin.* les malheurs de la guerre civile, qui ne ſont que trop connus, depuis ſeize ans; mais d'examiner comment on la ſoutiendra; que ſi on réſout de la faire, quatre provinces prendront les armes : que, pour les ſoumettre, il faudra accabler les autres, par des impôts : *que les eccléſiaſtiques n'offrent au roi que des prières : que les nobles offrent leurs perſonnes & leur vie ; mais cela s'entend avec un grand état & de bons appointemens qu'ils lui demanderont : que le tiers-état ſe plaint du pillage & des cruautes que les gens de guerre ont exercé envers lui, & de la pauvreté où tant de vexations l'ont réduit.* Il termine ces remontrances par ſupplier le roi de s'en tenir à ſon édit de tolérance.

Hiſt de la Papeterie, fol 340, au verſo.

Cette propoſition fut rejetée par les Etats. Dans leur aſſemblée, on n'opinait pas à la pluralité des voix : on comptait par gouvernement : ſept demandèrent que la religion réformée fût proſcrite, par tout moyen. Ces ſept étaient l'île de France, la Normandie, la Champagne, le Languedoc, l'Orléanais, la Picardie & la Provence. Cinq autres demandaient que cette proſcription ſe fît ſans violence & ſans guerre. C'était ceux de la Bourgogne, de la Bretagne, de la Guienne, du Lyonnais & du Dauphiné. Dans cette diviſion, les dix-ſept députés de de la Guienne n'avaient pas plus de voix que les deux députés de la Provence. Ce qui est très-remarquable.

Ainsi, préférant toujours l'avis des corps à celui des personnes, on n'avait jamais la voix des gens de bien, qui votent selon leur conscience; mais celle des chefs de parti qui entraînent les faibles & qui font décider en tumulte.

Tandis que les Etats se déclaraient pour la guerre, le conseil écrivait au roi de Navarre, au prince de *Condé* & au maréchal d'*Anville*. Le roi voulut que les Etats leur envoyassent des députés, & il leur fit communiquer les lettres que le conseil leur écrivait. Le tiers-état les trouva trop violentes, & il fit supprimer quelques expressions trop dures. le 31 déc.

Les Etats remirent à l'archevêque de Vienne, au baron de *Rubempré*, à *Ménager*, trésorier de France, qu'ils choisirent pour leurs députés, auprès du roi de Navarre, une instruction que le temps & les circonstances ont rendue célèbre, deux cents ans après la tenue de ces Etats. Cette célébrité nous oblige de l'examiner.

Instruction des Etats à leurs envoyés auprès du roi de Navarre.

Cette instruction donnée à des négociateurs, pour engager le jeune *Henri*, roi de Navarre, à se trouver aux Etats, n'était ni une loi, ni une décision, ni une résolution : c'était tout simplement un ouvrage de pacification, où l'on détaillait les raisons qu'on croyait les plus propres à ramener le roi de Navarre. Le président *de Thou* en parle dans son histoire, & nous apprend qu'elle fut l'ouvrage d'*Arnault de Pontac*, évêque de Bazas. Elle commence par ces mots, remarquables pour ceux qui attachent de l'importance aux protocoles :

Mémoire de Nevers, tome I, page 445.

Les députés feront sentir au roi de Navarre L'AFFECTION ET BONNE VOLONTÉ *des gens desdits Etats, envers le bien du royaume*, ET ENVERS LEDIT SEIGNEUR ROI DE NAVARRE, COMME ÉTANT DE LA MAISON DE FRANCE, ET LA TROISIÈME PERSONNE DU ROYAUME: Ils lui disent *que cette assemblee a été demandée par des traités & par des livres .... ils le prient de se trouver à la decision desdits Etats.*

Le roi de Navarre était protestant. Les Etats voulaient abolir l'édit de tolérance; ils chargent leurs députés de prier ce roi de ne pas s'y opposer, & de ne pas exiger que le roi de France tienne le serment qu'il a fait de maintenir cet édit. Et voici comment ils raisonnent:

Les deputés, disent-ils, *apres avoir remontré les effets pernicieux qui adviennent, à tout Etat, de la diversité des religions, representeront les maux, les troubles, les effusions de sang, diminution de l'autorité du roi, des princes & seigneurs, qu'a apporté, en ce royaume, l'effort qu'on a, par plusieurs fois, reiteré, pour essayer a tolerer l'exercice public de la nouvelle religion. . . . .* Mémoire de Nevers, page 447.

Il y a difference entre les loix du roi & du royaume, comme entre celles de l'empereur & de l'Empire: d'autant que ces dernières ne peuvent être faites, qu'en generale assemblee de tout le royaume, ou en diete imperiale, avec le commun accord & consentement des gens des trois Etats; & elles ne peuvent être changées ni innovees, qu'avec l accord & commun consentement des trois Etats. . . . .

La religion catholique, apostolique & romaine, a eté reçue & consentie PAR LES TROIS ETATS DU TEMPS DE CLOVIS, *& ensuite par Charlemagne, avec serment & promesse de n'en pas souffrir d'autre. Les rois en font serment a leur sacre; & on n'est* page 448.

tenu de leur obéir qu'après leur sacre.

page 449. *Lesdits Etats ont fait entendre a sa majesté, que pour la crainte qu'elle a de Dieu, & le desir qu'elle a d'obeir a son premier serment, elle n'a pu ni dû faire (ces édits & ces sermens), étant directement contre la principale volonté de son Etat.*

Que si bien la puissance des rois est très-grande, si est-ce que les rois de France, pour leur débonnaireté, n'ont jamais pensé leurdite puissance être limitée & diminuée, en se soumettant de ne pouvoir faire ni ordonner, pour le reglement du royaume, qu'autant qu'il serait selon la raison & les loix d'icelui : D'OU VIENT QU'IL FAUT QUE TOUS ÉDITS SOIENT VÉRIFIÉS ET COMME CONTROLÉS ÈS COURS DE PARLEMENT, DEVANT QU'ILS OBLIGENT D'Y OBÉIR.

LESQUELLES, COMBIEN QU'ELLES NE SOIENT QU'UNE FORME DES TROIS ETATS, RACCOURCIE AU PETIT PIED, ONT POUVOIR DE SUSPENDRE, MODIFIER ET REFUSER LESDITS ÉDITS, *&c. . . . . . Fait à Blois, en l'assemblée générale des trois Etats du royaume de France, le 4 janvier 1577.*

Rien de plus positif que ces assertions ; mais l'évêque de Bazas était plus prompt à affirmer qu'instruit de notre histoire.

Avant la conversion de *Clovis*, il n'y avait point, & il ne pouvait point y avoir trois Etats, trois ordres de gens, parmi les Francs. L'ordre du clergé n'existait pas chez eux ; & même il n'y avait point de noblesse, proprement dite, comme l'a très-bien démontré le savant abbé *Dubos*. *Clovis* se fit chrétien. *Grégoire de Tours* ne dit point que toute la nation des Francs ait accepté le christianisme, à la pluralité des voix ; & il n'eût pas manqué de le dire. *Hincmar*, dans la vie de *Saint-Remi*, nous apprend, au contraire, qu'il n'y eût que trois mille soldats de *Clovis* qui se convertirent avec lui, & que les autres se retirèrent à Cambrai, dans les Etats d'un païen, appellé *Ragnacaire*, qui était parent de *Clovis* (1). *Charlemagne* naquit chrétien, &

(1) Ces déserteurs, païens obstinés, étaient au nombre de mille. Des savans ont trouvé, à force de recherches, que la horde des nomades, commandés par *Clovis*, ne comprenait que seize mille personnes, hommes, femmes, enfans, vieillards, ce qui ne pouvait donner que quatre mille guerriers.

ne mit en question dans aucun capitulaire si la nation le serait.

---

tout au plus. Il y avait trois ou quatre autres roitelets parmi les Francs. *Clovis* était le plus puissant. En supputant le nombre de tous ces nomades, Sycambres, Saliens, Ripuaires & autres Francs, on trouverait tout au plus vingt à vingt-cinq mille vagabonds qui se jeterent sur la Gaule, devenue depuis long-temps un desert, par l'invasion des autres Barbares.

Si *Clovis* en fit la conquête, ce fut à l'aide des évêques, que les Bourguignons & les Visigoths ne ménageaient point assez, & ce fut sur-tout à l'aide des Gaulois qu'il assimila à ses Francs. Le Gaulois, *Aurelien*, se chargea de conserver sous sa puissance une partie du cours de la Seine. C'est ainsi que *César* s'était servi des Gaulois pour soumettre la Gaule. C'est ainsi que les armées victorieuses se recrutent toujours dans les pays subjugués; & c'est ce qui montre la folie de ceux qui veulent distinguer la la nation conquerante de la nation conquise, & qui écrivent aussi arrogamment que si un arbre généalogique bien détaillé & bien avéré, leur certifiait qu'ils descendent de mâle en mâle, & de femelle en femelle, sans aucun mélange, du sang de ces braves brigands qui acheverent d'écraser les misérables restes d'un peuple échappé aux Huns, aux Alains, aux Sueves, aux Vandales, aux Visigoths, aux Bourguignons, qui tous avaient dévasté ces contrées avant *Clovis*. Ces grands écrivains trouvent beau

La diſtinction que fait *Pontac* des loix du roi & de celles du royaume eſt excellente ; & il ſerait à deſirer que cette aſſertion fut une vérité ; on aurait un recueil des loix portées dans les Etats, comme on a celles du corps germanique ; mais toutes les loix ont été faites par les rois : quelques ordonnances, comme celles d'Orléans & de Blois, ont été faites après la tenue des Etats, & la lecture de leurs cahiers ou doléances ; mais aucune n'a été faite rigoureuſement d'après ces cahiers. Les rois ont choiſi ce qui leur a convenu, & rejeté ce qui leur a déplu : ils ont publié l'ordonnance faite à leur fantaiſie, ſans raſſembler les Etats, ſans prendre leur ſanction ; la ſeule qui eut été convenable.

Quand, à Rome, les décemvirs eurent fait la loi des douze tables, ils raſſemblèrent

de ſe ranger, même après quatorze ſiècles, du côté du plus fort. J'ignore leur extraction : je ne ſais ſi ces fiers auteurs ſont en effet iſſus de quelque pâtre ſycambre, bourguignon, viſigoth ou vandale, ou s'ils deſcendent de quelque humble agricole celte ou romain, devenu ſerf d'un barbare. Pour l'auteur de cette note, c'eſt tout bonnement un Franc-Gaulois.

le peuple : ils la mirent ſous ſes yeux ; ils lui laiſsèrent le temps de l'examiner : ils la corrigèrent d'après ſes obſervations, & ne lui donnèrent force de loi, que quand elle eût été acceptée à la pluralité des ſuffrages. Voilà comme ſe font les véritables loix. En France, on n'a que des capitulaires, des ordonnances, des édits, des arrêts, des déclarations. J'ai demandé à tous les magiſtrats, & dans toutes les bibliothèques, le recueil des loix fondamentales ; on ne m'a donné que le recueil du louvre, compilation ſavante d'ordonnances, les unes mortes, les autres vivantes, toutes contradictoires, & toutes portées par les rois.

Cet évêque de Bazas ſoutient *qu'on n'eſt tenu d'obéir au roi qu'après ſon ſacre*. C'eſt une prétention du clergé ; de ce clergé qui a dicté le ſerment du ſacre, & qui, en le dictant, a penſé beaucoup plus à ſes interêts, qu'à ceux de la nation. Il ſerait utile de réformer toutes nos loix, à commencer peut-être par ce ſerment.

Les cours de parlement ſont une forme raccourcie des trois Etats ; & tous les édits doivent y être vérifiés. Il eſt ſûr que les

Etats n'ayant pu parvenir à jouir de la puissance législative, ni à posséder la puissance tribunitienne, ni même à pouvoir opposer le moindre *veto*, à la puissance ministérielle ; ils voyaient, avec plaisir, que l'usage de faire inscrire les édits sur les registres des cours, qui devaient les faire exécuter, devenait insensiblement un *veto* respectable. Tous les Français le voyaient comme eux, avec joie. Ils sentaient tous que la puissance exécutive, perpétuellement entraînée par les circonstances, a besoin d'un régulateur pour ne se pas nuire à elle même, pour n'être pas détruite par la rapidité de de sa propre marche. Cependant ils avouaient que c'était un effet *de la debonnairete des rois*, au lieu d'être l'exécution d'une loi portée par les Etats.

Mais revenons à ces Etats de 1576, & voyons ce qu'ils fesaient, tandis que leurs députés, munis de cette instruction, allaient trouver le jeune roi de Navarre.

Le président de la chambre des comptes présenta successivement aux trois ordres, l'état des finances & celui des dettes : elles se montaient à plus de cent millions. Le roi protestait qu'il voulait être fidèle à ses enga- Le même jour, 31 déc. le président de la chambre des comptes présente aux Etats quelques extraits de compte.

gemens & à ceux de ses prédécesseurs. On nomma douze députés, pour discuter les finances, avec le président de la chambre des comptes; mais ils ne purent y rien entendre; le président ne voulant leur communiquer que des extraits, & refusant de donner la liste des pensions. Les Etats n'eurent pas même le crédit d'obtenir qu'on leur dît la vérité.

Les Etats n'avaient pas encore rédigé leurs cahiers, que déjà le clergé & la noblesse renouvellèrent la ridicule prétention de faire payer, au tiers-état seul, toutes les dépenses des trois ordres. Le tiers état décida qu'il ne paierait que les siennes.

le 3 janv.

Le 11 janv. le roi demande des subsides.

Le seigneur *de Villequier*, envoyé par le roi, reprocha aux Etats de s'occuper de disputes frivoles, au lieu de songer à lui faire avoir de l'argent. Il défendit, au nom du roi, à tous les députés, de quitter Blois, avant que les cahiers fussent rédigés; car plusieurs députés, jugeant que l'assemblée ne produirait aucun bien, desiraient déjà de se retirer chez eux. *Bodin*, député du Vermandois, & président du tiers-état, en l'absence des députés de Paris: *Bodin*, jurisconsulte, & homme de lettres, connu par plusieurs ouvrages, & entr'autres par son *traité de la republique*, *Bodin*, qui nous a donné un journal de cette assemblée, remarque, en effet, que le tiers-état se méfiait des deux autres ordres, *qui ne fesaient rien que chercher a se decharger de toute imposition, en en surchargeant le tiers etat.* *Journal de Bodin, p. 15.*

Les députés du Dauphiné, ceux de la Guienne & ceux du Languedoc, instruisirent les Etats, que les huguenots avaient surpris plusieurs de leurs villes, & menacèrent, si l'on n'y mettait pas ordre, de se retirer avant que les cahiers fussent rédigés. Cette menace ne pouvait pas concerner les Etats, qui ne pouvaient, ni lever des troupes, ni nommer des généraux.

Le comte *de la Suze* vint se plaindre, de la part du roi, de la lenteur avec laquelle les Etats procédaient à la confection des cahiers. le 16 janv.

Le lendemain, le roi vint tenir sa séance dans la grande salle des Etats, où les trois ordres étaient assemblés. C'est cette séance qu'on peut regarder comme l'audience que le roi donne aux Etats, la première n'étant qu'une cérémonie préliminaire. Ordinai- Le 17 le roi vient aux Etats.

rement, le roi ne la tenait que quand les cahiers étaient en état de lui être présentés ; nous avons vu même, qu'on les avait lus devant *Charles VIII. Henri III* se contenta d'entendre les harangues des trois orateurs.

Ces harangues, dénuées d'éloquence, peignent cependant l'esprit du siècle, & les passions qui animaient chaque ordre.

Discours de l'orateur du clergé.

Espignac, archevêque de Lyon, l'orateur du clergé, parla le premier. D'abord, il se mit à genoux. Tous les députés ecclésiastiques l'écoutèrent debout, jusqu'à ce que le chancelier, au nom du roi, lui ordonnât de se lever, & commandât aux deputés de s'asseoir. Il poursuivit sa harangue debout, s'inclinant quand il demandait quelque chose, & tous les députés de son corps portant la main à leurs chapeaux.

Son discours, assez vague, rempli de citations tirées d'anciens auteurs, & mal adaptées à son sujet, avait pour but de persuader au roi qu'il ne fallait qu'une seule religion : que le serment, fait à son sacre, lui imposait le devoir de n'en pas tolérer une seconde. Il paraît que les intolérans alléguaient souvent ce serment du monarque ;

car dans les remontrances, faites par les Parisiens, pour engager le roi à conserver l'édit de pacification, ils lui avaient représenté que *toutes les loix, anciennes & civiles, dispensaient de tenir les sermens faits au dommage du public.* Et c'est à cet argument que l'archevêque essayait de répondre.

Il demanda, comme tous les orateurs du clergé l'avaient demandé avant lui, dans les autres Etats-généraux, que le roi permît aux ecclésiastiques d'élire les évêques, les abbés & autres bénéficiers : il assura que depuis le temps où les élections ont cessé, la faveur, l'ambition, la simonie, ont fait un *marché public* des dignités de l'église, marché pire que le trafic des biens temporels.

L'orateur de la noblesse, *Claude de Bauffremont*, baron de Senescey, enseigne de cent hommes d'armes, sous le duc de *Guise*, était compté parmi les savans, & connu par sa traduction du *traite de la providence de Salvien :* il parla après l'archevêque de Lyon. Il se mit à genoux : tous les députés nobles l'écoutèrent debout. Le chancelier, après l'avoir laissé dans cette posture, près d'un quart-d'heure, le fit

Discours de l'orateur de la noblesse.

lever, & fit asseoir les députés. L'orateur, debout, continua son discours : il ne rougit point d'élever l'administration de la reine *Catherine*, mere du roi, au-dessus de celle de la reine *Blanche*, mère de *saint Louis*. Il vanta le corps de la noblesse; il parla de son ancienne gloire, de son ancienne valeur, de son obéissance, qu'il osa dire non moins constante; quoiqu'alors la moitié de la noblesse, loin d'obéir, fût en armes contre le roi; quoiqu'il fût notoire au roi & à toute l'assemblée, que, depuis seize ans, presque toute la noblesse avait violé tous les édits, & que, depuis la fondation de la monarchie, elle eût, ou combattu ses rois, ou fait des guerres particulières, malgré leurs ordres. Eh! qui, en effet, a renversé du trône les Carlovingiens & les Mérovingiens? qui a voulu élire *Couci*, pour roi, à la place de *saint Louis*? si ce n'est cette noblesse dont il vantait la fidélité, comme toujours constante.

Le baron de *Senescey* parla pour l'unité de religion, avec autant de zele que l'orateur du clergé. Il s'ecria meme *que le feu & l'eau ne nous étaient pas plus necessaires que la religion & la justice*. C'est une des plus nobles figures de la rhétorique de ces temps-là. Le chancelier *Birague* en avait employé une autre auſſi remarquable ; il avait dit, en feſant l'eloge de la reine mère, qu'*encore qu'il n'y eût faute de milans & de chats-huans qui volaſſent a l'entour de la maiſon royale, la reine avait bien ſu garder & conſerver ſes poulets*. Or, quels étaient ces milans & ces chats-huans, ſinon le prince de *Condé*, le roi de Navarre, les *Guiſes*, les *Colignis*, & la plupart des nobles qui avaient pris & quitté tant de fois le parti du roi, ou celui de la reine mère & régente ?

Recueil général des Etats, p 252 & page 13 de cette harangue imprimée ſéparément.

Enfin *Seneſcey* finit ſa harangue par offrir au roi, ſelon l'uſage, la vie & les biens de tout ſon ordre ; ordre qui ne manqua jamais de faire de telles offres dans ſes diſcours, & qui ne manqua jamais d'alléguer ſes priviléges pour refuſer la plus petite partie, non de ſes biens, mais de ſes revenus, quelque beſoin que l'Etat eût d'un impôt.

Diſcours de l'orateur du tiers-état.

Verſoris, l'orateur du tiers-état, parla plus long-temps, à genoux, que les orateurs des deux premiers ordres. Enfin, le chancelier lui dit de ſe lever ; mais il ne dit pas aux députés du tiers-état de s'aſſeoir; ils demeurèrent debout, tant que *Verſoris* parla. C'était encore une innovation : dans les autres Etats-généraux, on les avait traités à l'inſtar des deux autres ordres ; mais, plus les aſſemblées ſe multipliaient, plus les vices de la conſtitution ſe feſaient ſentir, & plus ils affaibliſſaient le corps politique.

le 20 janv. Trois jours apres, il fut décidé que chaque ordre préſenterait au roi ſon cahier ſéparément.

le 26. Le 26 du même mois, le chancelier leur demanda de faire ſavoir au roi deux millions, pour ſubvenir aux frais de la guerre.

le 28. Le 28, les députés répondirent qu'ils n'avaient aucun pouvoir d'offrir de l'argent au roi. On ne les avait pourtant pas aſſemblés pour autre choſe, & il eſt étrange que leurs commettans ne leur euſſent donné aucune inſtruction à cet égard.

le 31. Le 31 janvier, le frère même du roi vint leur demander ces deux millions, & de plus un octroi de quinze autres.

Les députés de Paris conſentent à payer des ſubſides, bonne volonté qui les brouille avec les Etats.

Le 2 de février, les députés de Paris s'efforcèrent de faire accorder au roi les deux millions, & même l'octroi des quinze.

Bodin

Bodin attribue cette condescendance à la crainte qu'ils avaient de voir cesser le paiement des rentes, qu'ils touchaient à la maison de ville. Je crois bien que cette crainte y eut part : il était naturel que ceux qui avaient prêté au roi leur argent, ne voulussent pas en perdre les intérets. Sans ces emprunts, l'Etat eût péri cent fois ; & les rois, forcés de suspendre la solde de leurs troupes, auraient été détrônés par leurs propres soldats, avant que les impôts, toujours payés à regret par les provinces, eussent pu leur rapporter de quoi se maintenir quelques jours.

Les Parisiens pouvaient donc avoir été déterminés, par la crainte de perdre leurs biens : mais leurs richesses plus considérables que celles des autres villes, leur rendaient les impôts plus faciles à payer ; & leurs lumières, en tout genre, dejà plus étendues que celles des provinces, leur fesaient sentir que, dans la crise où se trouvait la monarchie, il fallait fournir au roi, assez d'argent, pour qu'il forçât ses ennemis à la paix. Mais la plupart des nobles, des ecclésiastiques, & même des députés des villes, ne voulaient point de paix : chacun se flattait de s'agrandir, dans le désordre, aux dépens d'autrui. Les Parisiens seuls n'avaient rien à gagner à la guerre : ils sentaient que la paix ne pouvait s'obtenir que par des impôts qui donnaient une grande prépondérance à la puissance publique, quelle qu'elle fût. Cette puissance était alors dans les mains de *Henri III.* Les *Guises* tentaient de la partager : le premier pas, pour y parvenir, était de faire refuser un impôt nécessaire ; le second, de faire abolir un édit de tolérance non moins nécessaire. Alors, le royaume eût été en combustion, & le roi sans pouvoir.

On sut donc mauvais gré, aux députés de Paris, de leurs bonnes intentions : on afficha aux portes de la salle, qu'ils avaient peur de perdre leurs rentes : on leur fit des avanies : on les injuria : on les maltraita, au point, qu'ils ne reparurent, presque plus, dans les assemblées du tiers-état : *Bodin* les présida.

le 4 fév. On travaillait toujours à la confection des cahiers : celui du tiers-état fut signé par le greffier, & par ses deux assesseurs. Chaque ordre présenta le sien au roi; mais il ne lui en fit pas la lecture. Ce fut un des effets de leurs divisions. le 9.

Trois jours après, l'archevêque d'Embrun, le seigneur de Maintenon, & quelques autres députés du clergé & de la noblesse, se rendirent à l'assemblée du tiers-état; l'informèrent que chacun de ces deux ordres avait choisi douze d'entr'eux, pour assister à l'examen des cahiers, & qu'ils priaient le tiers-état d'y envoyer aussi douze des leurs. le 12

Le lendemain *Bodin* fut député, de la part de son ordre, à l'assemblée du clergé & à celle de la noblesse. Son discours est mémorable, & fait voir précisément ce que pesaient les Etats-généraux, dans la balance politique: la place qu'ils occupaient dans la constitution, & l'utilité que le peuple pouvait en retirer. Le 13, *Bodin* empêche qu'on n'élise des députés, pour assister à l'examen des cahiers.

Il déclare, à ces deux ordres, que le tiers-état, non-seulement ne choisira point de députés, pour assister à l'examen des cahiers, mais qu'il s'oppose formellement au dessein qu'ont le clergé & la noblesse d'en envoyer : que même il supplierait le roi de n'en admettre aucun, à cet examen.

LES Etats, dit-il, *n'ont point la puissance de juger leurs propres cahiers : & s'ils avaient la puissance de nommer quelques personnes, pour les juger, ils ne le feraient pas, attendu le préjudice qui en resulterait pour tout le peuple de la France, réduit à quatre cents députés par forme d'Etats : choisir, ce serait encore le réduire à dix-huit ou à vingt-six personnes.* Il ajouta, qu'il était bien persuadé qu'aucun d'eux, *ne pouvait être gagné, ni par priere, ni par promesse, ni par présent ;* mais qu'un si petit nombre pouvait être interdit, en présence du roi, des princes, & de tant de seigneurs : que *Louis XI convoquait dix-huit personnes, en forme d'Etats, disposait de tout, à son plaisir, & fesait entendre que c'etait la volonté des Etats :* que, quand on supposerait qu'un si petit nombre de députés aurait une fermeté inébranlable, il serait toujours vaincu par la pluralité des voix ; qu'enfin, quand leurs voix unies à plusieurs du conseil, formeraient la pluralité,

PRÉSENCE DUQUEL, TOUTE LA PUISSANCE DU CONSEIL PRIVÉ, ET DE TOUS LES MAGISTRATS ET OFFICIERS DE CE ROYAUME CESSE, ET N'ONT AUCUN POUVOIR DE JUGER ET DE COMMANDER.

Perſonne ne contredit *Bodin*, à cet égard : ce qu'il diſait en français, n'était que la traduction d'un adage latin, que les parlemens avaient adopté; & par lequel ils avaient reconnu dans les lois de France, une puiſſance que le ſénat de Rome n'avait jamais reconnue chez les empereurs. Les magiſtratures de Rome n'avaient jamais ceſſé qu'en préſence des dictateurs. Cette autorité ſans borne, avait été ſans danger, dans des mains qui ne pouvaient la conſerver que ſix mois : elle devait tout envahir, dans des mains héréditaires, dont la puiſſance ſe propageait, de générations en générations.

L'archevêque de Lyon répondit à *Bodin*, que les députés des Etats n'aſſiſteraient pas au conſeil, *pour juger, mais pour conférer*. *Bodin* lui répondit, que ce ſerait *encore pire; que, n'ayant pas voix délibérative*, *ils feraient a la merci du confeil* : & que le confeil ne manquerait pas de dire, méme en prononçant des arrêts entièrement contraires aux difpofitions des cahiers, *les deputés ouis & appellés* : que le feul remède à ce mal, c'était qu'aucun député n'y affiftât : que s'ils étaient déboutés, alors ils préfenteraient des requêtes. Voilà donc tout ce que pouvaient les Etats ! fe plaindre par écrit, & préfenter des requêtes, quand leurs plaintes ne font pas écoutees. Mais alors le defordre était fi grand, qu'on ne partait d'aucun principe ; la puiffance fefait tout, le droit n'était rien.

Les évêques qui, felon la remarque de *Bodin*, afpiraient, pour la plupart, à devenir membres du confeil privé, ne voulurent point fe rendre à fes raifons : alors il déclara qu'il s'oppofait, au nom du tiers-état, à l'élection qu'ils voulaient faire. Le clergé lui dit qu'il était d'accord avec la nobleffe. *Bodin* repartit que le tiers-état avait plufieurs plaintes à porter contre ces deux ordres ; mais *qu'ils ne pouvaient rien décider, au prejudice du tiers-état*. Il n'y eut point de députés de nommés.

Cependant, ceux que le roi & les Etats avaient envoyés au roi de Navarre, au prince de *Condé* & au maréchal d'*Anville*, revenaient successivement, & rendaient compte, aux Etats, du peu de succès de leur ambassade.

Le prince de *Condé* n'avait pas voulu les reconnaître pour envoyés des Etats généraux, contre l'assemblée desquels il avait protesté. Le roi de Navarre & le maréchal *d'Anville* leur avaient fait sentir la nécessité de rendre la paix au royaume. Les Etats passèrent à cet avis, & adressèrent une requête au roi, où ils le prièrent de maintenir la religion catholique, *par les plus doux & gracieux moyens, en paix & sans guerre.*

Le président *de Thou* remarque que cet avis ne passa que par le courage de *Bodin*, dont la fermeté résista constamment au clergé & à la noblesse, lesquels, gagnés par les *Guises*, ne respiraient que la guerre. *Liv. LIII.*

Les députés desiraient de partir. Le roi qui avait d'abord montré quelqu'affection à *Bodin*, était fort irrité contre lui. Il fit dire aux Etats qu'il suffirait qu'il restât, à Blois, le 15. Fev.

un ſeul député de chaque ordre, pour l'inſtruire des motifs qui avaient fait rédiger les différens articles des cahiers ; que les autres pourraient partir. Le tiers-état répondit qu'il priait le roi de congédier tous les députés, de n'en pas garder un ſeul de ſon ordre, & de n'en recevoir aucun des deux autres.

Le 16. Le lendemain, le roi leur fit défendre de partir ſans congé. Ils prièrent, de nouveau, le roi de les renvoyer, & de trouver bon qu'aucun d'eux n'aſſiſtât à l'examen de ces cahiers. Pluſieurs partirent ſans égard pour les ordres du roi.

Mais, encore une fois, ce n'était pas de leurs cahiers que la cour s'inquiétait, mais des moyens de trouver de l'argent. Les Etats avaient toujours éludé toutes les propoſitions qu'on leur avait faites à cet égard ; & les déſagrémens, donnés aux députés de Paris, intimidaient ceux qui pouvaient penſer comme eux.

20. Le roi manda les députés du tiers-état, & les reçut dans une ſalle voiſine de ſon cabinet. Là ils trouvèrent le roi avec ſa

mère & sa femme, avec les cardinaux de *Bourbon*, de *Guise* & d'*Est*; avec les ducs de *Guise*, du *Maine* & de *Nevers*, & plusieurs autres seigneurs.

Le roi leur demanda de lui fournir des secours & de nommer des députés pour examiner les cahiers; il les informa qu'il avait résolu d'aliéner, à perpétuité, une partie de son domaine, jusqu'à la concurrence de trois cents mille livres de rentes, pour payer les dettes de l'Etat, & qu'il desirait d'avoir, à ce sujet, l'avis des trois ordres.

Les Etats s'opposent à l'aliénation des domaines.

Le tiers-état refusa, dès le lendemain, tout ce que le roi lui avait demandé la veille. Il répondit à *Bellievre* que le roi lui avait député; qu'ils n'avaient reçu de leurs commettans aucune instruction relative à l'aliénation des domaines; qu'il faudrait qu'ils en allassent demander aux Etats provinciaux. *Bodin* dit même *que le domaine appartenait au peuple, que le roi n'en avait que l'usage*. L'assemblée conclut, après avoir long temps délibéré, que, *SI LES AFFAIRES ÉTAIENT AUSSI URGENTES QU'ON LE DISAIT, LE ROI POURRAIT*

S'ACCOMMODER DE LA MOITIÉ DES RENTES CONSTITUEES, TANT SUR LES VILLES QUE SUR LES COMMUNAUTÉS DU ROYAUME, EXCEPTÉ DE CELLES QUI ÉTAIENT DUES AUX VEUVES ET AUX PUPILLES : QU'IL POURRAIT LEVER DES EMPRUNTS SUR LES FINANCIERS, ET VENDRE, DU DOMAINE DE L'ÉGLISE, JUSQU'A TELLE SOMME QU'IL AVISERAIT EN AVOIR BESOIN.

Ainſi, ce tiers-état qui prétendait, avec tant de fierté, que le clergé & la nobleſſe ne pouvaient rien faire à ſon préjudice, ſe croyait en droit de dépouiller le clergé d'une partie de ſes biens-fonds. Le roi voulait payer les dettes qu'il avait contractées pour les beſoins publics, avec des domaines qui lui appartenaient à lui ; ou au public, ſelon *Bodin ;* & le tiers-état voulait que ces dettes fuſſent payées avec des biens qui n'appartenaient ni au roi, ni à la nation : il prenait les biens des particuliers, de ceux qui avaient ſauvé le royaume & la famille royale, en pretant à l'Etat dans ſes détreſſes ; il voulait ravir les domaines de l'égliſe, plutôt que de payer un impôt qui, réparti ſur tous, n'aurait été onéreux pour perſonne. Il propoſait une injuſtice, quand le roi demandait une choſe juſte : il montrait une mauvaiſe volonté auſſi marquée, que celle qu'il reprochait au clergé & à la nobleſſe.

On publia même un ouvrage que nous avons encore, ſous le titre de Remontrance aux Etats, dont le but eſt d'engager le roi à dépouiller le clergé. On y aſſure que le clergé poſsède le tiers des biens-fonds du royaume, quoiqu'il ne ſoit pas la centième partie de la nation : qu'il a diminué de plus de moitié, depuis vingt ans, & que, ſi le roi s'emparait de la moitié de ſes biens, ceux qui exiſtent, étant moitié moins nombreux, ſeraient auſſi riches que leurs prédéceſſeurs. Ce raiſonnement ſerait juſte, ſi les biens du clergé étaient répartis également entre tous les eccléſiaſtiques ; mais, dans ce corps, malgré la loi de l'évangile, les premiers ont tout & les autres n'ont rien. Le nombre des moines, celui des chanoines, des hermites, des pauvres prêtres, varie quelquefois ; mais celui des évêques,

Recueil général des Etats, partie II, p. 54 & 55.

des abbés, des curés mêmes, n'a jamais diminué : nous avons encore le même nombre d'évêques en France, qu'il y avait, dans les Gaules, du temps des empereurs Romains.

Il n'y avait plus alors que cent-cinquante députés à Blois : le reste était parti, malgré la défense du roi. Ces cent cinquante se dispersèrent bientôt, sans prendre de parti, sans rien conclure, sans savoir ce qu'on ferait de leurs doléances : sans avoir de compte à rendre à leurs commettans.

Voilà encore une assemblée inutile, pour le peuple & pour le roi : voilà encore des impôts refusés, & qui seront levés, malgré ces refus. La constitution ne se forme pas. Il s'établit, au contraire, des maximes favorables au gouvernement arbitraire : on réduit en adage des idées d'esclaves, dont on rougirait dans les gouvernemens les plus despotiques. Et qui ne connaîtrait notre nation, que par les assemblées des Etats-géneraux, ou même par celles de quelques autres corps, en aurait une idée aussi désavantageuse, qu'elle serait fausse à tous égards.

L'eſprit humain ſe forme, quoique la conſtitution ne ſe forme pas.

On ſent, en liſant l'hiſtoire du royaume, que, ſi la conſtitution ne ſe formait pas, l'eſprit humain feſait des progrès ; que, malgré les crimes publics, le déſordre des mœurs, les maſſacres du fanatiſme, la guerre civile & la fureur de deux religions qui voulaient s'exterminer, la nation n'était plus dans le triſte engourdiſſement où elle avait langui, pendant ſi long-temps. Le gouvernement n'était pas meilleur ; mais chaque individu valait mieux ; il ſe feſait une nouvelle révolution, en faveur du peuple ; & cette révolution était indépendante des Etats-généraux, de la conſtitution politique & de toute eſpèce de gouvernement.

La nation avait employé quatre cents ans, à ſe débarraſſer des liens dont la nobleſſe l'avait garotée : elle avait commencé à s'inſtruire ; elle employait alors ſa liberté & ſes lumières, plus nouvelles encore, à briſer les autres liens dont le clergé avait, pendant ſeize cents ans, accablé, abruti, & preſque étouffé l'intelligence humaine. Elle s'appercevait enfin que l'eſprit devait jouir auſſi de la liberté : qu'il était fait pour penſer, comme le corps pour agir : que le prêtre ne devait pas plus nous attacher à ses dogmes, que le seigneur à sa glèbe : que l'homme avait le droit de choisir son culte & son domicile : de changer de curé & de seigneur.

Que le prêtre & le prince, qui veulent retenir & accroître le nombre de leurs ouailles, ou celui de leurs sujets, doivent leur donner les meilleures instructions & les meilleures loix, les attacher par la raison qui vivifie tout, & non par la violence qui fane & qui flétrit tout, même ce qu'elle veut faire fleurir.

Ces vérités germaient & commençaient à donner quelque vigueur aux esprits; mais les passions, mais les prétendus intérêts des ecclésiastiques, des grands, des nobles, des gentillâtres, l'ignorance qui régnait généralement encore dans tous les ordres, empêchaient que ces vérités ne fructifiassent. L'orgueil, d'autant plus fort qu'on est moins éclairé, l'orgueil arrêtait aussi leur progrès; chacun combattait, pour des droits particuliers, ou par esprit de parti; &, dans toutes ces harangues, où chacun vante les priviléges de son ordre, on ne parle jamais, ni des droits de l'homme, ni de ceux de la nation, ni de la nécessité d'opposer l'esprit public à l'esprit de corps, la loi naturelle aux opinions religieuses, la tolérance au fanatisme. On érigeait en maximes, quelques phrases de *Machiavel*, quelques passages de la bible, quelques expressions de moines, quelque adage de jurisconsultes, gagés par les grands pour opprimer les simples citoyens, & l'on n'avait pas encore su réduire en principes les droits inhérens à la nature de l'homme, ou constitutifs du bonheur des nations.

Le tiers-état avait cependant un sentiment très-vif & très-profond de ses malheurs; mais ils étaient encore trop grands, pour qu'il pût faire autre chose que s'en plaindre. Les cahiers de ces Etats en font un témoignage sûr & toujours subsistant.

Voici ce qu'on y trouve :

Que défenses soient faites à tous gentils-hommes de faire assemblée de gens, sous prétexte de querelles particulières. *Manuscrit de l'abbaye de S. Germain-des Prés, n. 355*

Que toutes garnisons soient dans les villes, & non dans le plat pays, afin que les juges puissent les contenir. Qu'ils soient exacte- *Article de la noblesse.*

ment payés pour empêcher *leurs pilleries.*

Les gentilshommes ne contraindront pas les gens du tiers etat a bailler leurs filles en mariage a leurs serviteurs.

Que nul ne se saisisse, de son autorité privée, du bien possédé par autrui.

Que les forteresses (fortifications) *faites aux maisons des gentilshommes depuis seize ans, & autres qui n'en ont le droit, soient demolies.*

D'autant que depuis seize ans, les plus forts voyant la commodite (trouvant l'occasion) *d'accroître leurs revenus, se sont fait reconnaître par leurs tenanciers & voisins, des devoirs nouveaux & augmenter les anciens.*

Article du tiers-etat.

Plaise à votre majesté de considérer que le pauvre laboureur, presque nu & mal vêtu, travaille de nuit & de jour, soir & matin, au froid, à la chaleur, à la pluie, pour faire vivre les grands splendidement & a leur aise, & qu'il lui plaise empêcher & punir la licence de la gendarmerie, qui, sans misericorde, les pille.

Défenses soient faites aux gens de guerre de loger chez le paysan sans étape. Qu'on

en

en faſſe recherches auſſi bien que de ceux qui en exigent deniers & bled, ſous ombre qu'ils promettent de les garder des gens d'armes.

Que les bœufs, chevaux, charrues, outils & inſtrumens, ſervant au labourage, ne puiſſent etre confiſqués.

Que les loix ſomptuaires ſoient renouvellées.

Que les officiers de juſtice ne ſoient vénaux. Article de la juſtice.

D'autant que les ſergens & huiſſiers, quelque ſalaire qu'on leur offre, ne veulent ſe transporter pour faire exploit de juſtice ès maiſons des gentilshommes, capitaines & ſoldats, pour crainte qu'ils ont de leurs perſonnes, que ceux de cette qualité ſoient tenus d'elire domicile dans les villes.

Que nul édit n'ait lieu ſans etre vérifié.

Et comme des vols & meurtres ſe commettent dans les champs par perſonnes maſquées, qu'il plaiſe a votre majeſte qu'il ſoit courre ſus par toutes voies d'hoſtilites.

Que votre majeſté mette ordre aux querelles du point d'honneur qui ruinent votre nobleſſe. Autres articles concernant la nobleſſe, même manuſcrit.

Que les ſeigneurs, gentilshommes &

autres, ne souffrent plus que leurs serviteurs vivent à discrétion dans les campagnes, sans payer ce qu'ils prennent.

Que tout gentilhomme qui s'empare d'un bénéfice, par voie de fait, soit déclaré roturier.

Comme plusieurs bénéficiers ont été tués publiquement ou en secret par des gentilshommes, qui voulaient s'emparer de leurs bénéfices, & que les gens du lieu, qui ont vu le fait, intimidés, n'osent en parler; supplient votre majesté d'y pourvoir.

Que votre majesté seule donne des commissions pour lever des gens de guerre.

L'insolence de quelques seigneurs est aussi effrénée qu'ils ravissent les filles des bonnes maisons & autres pour en abuser, sans que père, ni mere, osent en faire complainte; supplient votre majesté d'y pourvoir.

Supplient aussi votre majesté de ne pas donner lettres de faveur pour contraindre les pères, meres, ou tuteurs, à donner leurs filles contre leur gré, de défendre à tous seigneurs de contraindre les peres de donner leurs filles a leurs serviteurs.

Défenses soient faites à toute personne noble qui aura construit moulin, d'user de fôrce, & contraindre autrui; d'aller moudre à son moulin.

D'autant qu'aucuns prenant titre de gentilshommes, ayant fait bâtir des moulins à vent aux dépens des villages, sous ombre de les garantir des sergenteries, rendent les moulins à eaux des chapitres & autres communautés, inutiles: coupant les jarrets aux mulets des meûniers, jetant la farine au vent, de tous ceux qui vont a autres moulins qu'aux leurs, sans toutefois avoir seigneurie, plaise a votre majesté ordonner que lesdits moulins seront demolis & mis à terre.

Ces cahiers sont très-importans: 1°. en ce qu'ils nous apprennent quelles étaient alors les mœurs. Or, si *l'insolence des seigneurs*, pour me servir de l'expression consacrée par les Etats, était tellement *effrenée*, dans ce temps où la féodalité penchait vers son déclin, où l'activité des parlemens réprimait les crimes, où l'autorité royale avait acquis du poids, où le tiers-état avait droit de s'en plaindre au roi, & formait un ordre dans les assemblées publiques, on peut juger à quel point *cette insolence* se portait quand il n'y avait ni tiers-état, ni parlement, ni autorité royale.

2°. Ces cahiers sont importans, en ce qu'ils nous montrent comment se sont établis les droits seigneuriaux, & entr'autres, les droits de bannalité & le droit de culage. C'est en battant les paysans, en coupant les jarrets de leurs chevaux, en jetant leur farine au vent, en les fesant mourir de faim, en bâtissant des forteresses, en enlevant les filles des bonnes maisons, en forçant leurs pères, mères ou tuteurs, à les donner en mariage à des serviteurs, à des domestiques, après que les maîtres en avaient usé & abusé.

Ce ne sont pas là les déclamations d'un moraliste, ou d'un feseur de sermons, choqué de quelques excès inévitables. Ce sont des actes juridiques: c'est le témoignage de la nation déposé au tribunal de son roi, & porté devant les accusés même, dont elle demandait justice.

Ces cahiers sont la preuve légale que les historiens qui ont peint de si terribles couleurs, les temps de la féodalité, n'ont malheureusement rien exagéré, & que dans cet ouvrage, quand nous en avons parlé, nous n'avons rien dit de trop.

Les Etats-généraux de 1577, ne rapprochèrent, ni les factions, ni les sectes ; ne fournirent au roi, ni argent, ni forces, pour contenir les infracteurs de ses ordres. Les esprits s'aigrirent ; les désordres s'accrurent ; les crimes se multiplierent. La faiblesse & les vices de *Henri III* le livrèrent au mépris public, malgré la majesté de son rang.

Projets des *Guises.*

Les qualités brillantes de *Guise-le-balafré*, sa valeur, sa générosité, l'affectation d'une piété qu'il n'avait point, enflèrent ses espérances : il crut qu'il pouvait renverser le trône de France, plus facilement que *Cesar* n'avait renversé la république romaine. Enfin, il osa concevoir le projet de déposer *Henri*, ou de lui succéder.

Le projet de *Guise* était audacieux, mais non pas insensé.

La reine mère, *Catherine de Médicis*, vivait encore. Le roi n'avait point d'enfans : le duc d'*Alençon*, frere du roi, était mort, en 1584, sans postérité : *Antoine*, roi de Navarre, avait été tué d'un coup de feu, au siége de Rouen, en 1562. Sa femme,

Jeanne d'Albret, avait été empoisonnée, en 1572, quelques jours avant la Saint-Barthelemi : leur fils *Henri*, roi de Navarre, depuis *Henri IV*, forcé d'embrasser la foi catholique, au milieu des massacres de la Saint-Barthelemi, l'avait abjurée, dès qu'il avait été libre. L'esprit de fanatisme le traitait de relaps, & le regardait comme déchu de ses droits au trône. Le prince de *Condé*, le même que *François de Guise* avait voulu faire décapiter, & dont le père, *Louis de Condé*, avait été tué, d'un coup de pistolet, par *Montesquiou*, immédiatement après la bataille de Jarnac, en 1569, venait d'être empoisonné à Saint-Jean-d'Angeli ; sa femme était enceinte. *Charles*, cardinal de *Bourbon*, frère d'*Antoine de Navarre*, regardé comme prêtre, semblait avoir renoncé aux dignités de ce monde, quoiqu'on eût quelques exemples de cardinaux qui avaient quitté la pourpre ecclésiastique, pour ceindre le bandeau royal.

Toutes ces circonstances élevaient l'ambition des *Guises* : le cardinal, frère du *Balafré*, se vantait, quelquefois, qu'il tiendrait la tête de *Henri III*, entre ses genoux, lorsqu'on lui donnerait la tonsure. Leur ſœur, la ducheſſe de *Montpenſier*, montrait des ciſeaux d'or, qu'elle portait toujours à ſa ceinture, & diſait qu'ils ſerviraient à couper les cheveux du roi. Le *Balafré* était ſi ſûr du ſuccès de ſes deſſeins, que quand un billet anonyme lui dit que le roi le ferait aſſaſſiner, il répondit : *il n'oſerait*.

Les ſignatures inſcrites au bas du formulaire de la ligue, feſaient connaître à *Guiſe*, les ſeigneurs, les villes, les gentilshommes, les évêques, les abbés, les bourgeois qui avaient embraſſé ſon parti. C'était, en quelque ſorte, l'état de ſes forces. On s'engageait, en ſignant ce formulaire, à maintenir la religion catholique romaine, & à mourir pour elle. Les grands, les gentilshommes, les villes, les particuliers qui le ſignèrent, étaient plus dévoués aux volontés de *Guiſe*, qu'ils regardaient comme celles d'un héros, qu'aux ordres d'un monarque, qu'ils regardaient comme un homme dégradé, par ſes vices.

Cependant le roi, irrité par les ſuccès de *Guiſe*, lui défendit de venir à Paris ; & il y vint, en diſant qu'il n'avait pas reçu ſes ordres ; le peuple prit ſon parti : le roi lui abandonna ſa capitale, & ſe réfugia à

Chartres : il feignit bientôt de se réconcilier avec *Guise*, nomma ce duc, général de la ligue, & lieutenant du royaume, pour le fait des armes, titre qui jusqu'alors, comme le remarque *Pasquier*, n'avait été donné qu'à des princes du sang. Il alla à Rouen, & donna ce fameux édit de l'*union des catholiques*, qu'on pouvait regarder comme le chef-d'œuvre de la ligue. Il convoqua les Etats-généraux, à la requête même de *Guise* ; & tous les deux se rendirent à Blois, où quatre cents députés, jouets de deux factions, semblaient prêts à décider entr'elles.

Pasquier, liv 12, lett. 9.

Etats-généraux tenus à Blois en 1588.

En arrivant à Blois, *Henri III* commença par exiler le chancelier *Hurault de Cheverni*, & les secrétaires d'Etat, *Bellievre*, *Bruslard*, *Villeroi* & *Pinard*. Il envoya chercher *Montholon*, un simple avocat du parlement de Paris, homme intègre, mais ne connaissant point les affaires de l'Etat, & il lui donna les sceaux.

Les Etats commencèrent, comme ceux qu'on avait tenus, onze ans auparavant, dans cette même ville, par une proceſſion ſolemnelle, où le roi & les compagnons de ſes débauches priaient Dieu, en méditant des meurtres; où les *Guiſes* & leurs complices invoquaient le Saint Eſprit, en méditant la perte de leur roi. Proceſſion.

Le clergé de toutes les égliſes de Blois, marchait, ſuivi des députés du tiers état, de ceux de la nobleſſe, & de ceux du clergé. Les abbés, les évêques, les archevêques, les cardinaux venaient enſuite. Quatre chevaliers de cet ordre du Saint-Eſprit inſtitué par *Henri III*, ſoutenaient un poéle ſous lequel l'archevêque d'Aix portait le Saint-Sacrement. Le roi marchait derrière, à pied, ſuivi des deux reines, ſa mère & ſa femme, des princeſſes, & de tout l'appareil qui décore la majeſté royale.

Ils entendirent la meſſe & le ſermon. Les princes du ſang & la plupart des députés n'étaient pas encore arrivés. Ce peu d'empreſſement ſemble indiquer qu'en général, on n'eſpérait pas que cette aſſemblée fût plus utile, que les précédentes. Cependant, ces aſſemblées étaient chères Meſſe, ſermon.

à la nation. La plupart des auteurs en parlent avec enthousiasme, comme si le destin du royaume y eût été attaché; mais les plus sages de ceux qui vivaient alors, *de Thou*, *Pasquier*, ne partageaient pas cet enthousiasme. On se flattait toujours qu'une nouvelle assemblée se conduirait avec plus de sagesse que les autres; mais les mêmes vices subsistant toujours, ils ne pouvaient manquer de produire les memes effets.

Jeûnes, communion

Cette procession fut suivie de trois jours de jeûnes. Le roi communia, en grande cérémonie, dans l'église de Saint-Sauveur: les princes & les seigneurs de sa cour, dans différentes églises. Ces grands criminels affectaient toujours de couvrir leurs iniquités du voile de la religion.

Les députés des trois ordres, dupes ou complices de leurs fureurs, communièrent, dans l'église des jacobins, des mains du cardinal de *Bourbon*.

Tous ces députés étaient catholiques, car le roi avait défendu aux Etats provinciaux d'élire aucun religionnaire; & les *Guises* avaient eu soin qu'on n'en choisît aucun. Les députés étaient tellement entraînés par la faction des *Guises*, que quelques jours avant l'ouverture des Etats, ils sollicitèrent le roi, & le prièrent d'apporter aux Etats son édit d'union, & de leur en faire jurer l'accomplissement.

Journal manuscrit d'Etienne Bernard.

Ces députés se disputaient déjà les vains honneurs de la préséance. Disputes qui se renouvellaient, toutes les fois qu'on assemblait les Etats.

Ouverture des Etats, le 16 oct. 1588.

La première séance se tint, le seizième du mois d'octobre. Le roi y assista, entre sa mère & sa femme : les deux cents gentilshommes armés de haches à bec de corbin, se rangèrent derrière eux. Les princes du sang étaient à droite, avec les cardinaux de *Bourbon* & de *Vendôme*, le comte de *Soissons* & M. de *Montpensier*. Du même côté, mais sur un autre banc plus éloigné du trône, se placèrent les ducs de *Nemours*, de *Nevers* & de *Retz*. De l'autre côté à gauche, les cardinaux de *Guise*, de *Lenoncourt* & de *Gondy*, prirent leur place, sur un même banc; & deux pairs de l'église, les évêques de Langres & de Châlons, s'assirent derrière eux.

Arrangement des places.

Aux pieds du roi, devant le marchepied du trône, le fameux duc de *Guise-le-balafré*, grand-maître de la maison du roi, assis sur un tabouret à bras, tournant le dos au roi, & regardant l'assemblée, tenait en sa main, un long bâton semé de fleurs de lis d'or, marque de sa dignité, & fixait sur lui, les yeux de tous ces députés, qui, presque tous, étaient ses partisans. A gauche, le garde des sceaux, *Montholon*, s'asseyait sur un autre tabouret, tournant le dos aux cardinaux & regardant les princes. La place du duc de *Mayenne*, grand-chambellan, demeura vide, aux pieds du roi. Il était alors à Lyon, chargé d'une expédition militaire.

Tous ces personnages étaient placés sur un théâtre, & formaient la suite du roi. *Les personnes accompagnant le roi*, qui, selon le président *Hénaut*, *sont distinctes des Etats-généraux*, & qui en effet, n'étant députés d'aucune province, ne représentaient personne, ne délibéraient point avec les députés, & ne peuvent être confondues avec eux. Ainsi, quand la nation s'assemblait, les premières personnes de la nation n'étaient point de cette assemblée.

Le roi, *& ces personnes accompagnant le roi*, étaient souvent animés d'un esprit très différent de celui de chacun des trois pidies, dont aucun n'avait le même; ce qui formait quatre esprits de corps, tous opposés, & entre lesquels se perdait nécessairement la volonté générale.

Au pied du théâtre, & vis-à-vis du roi, il y avait une table, autour de laquelle s'asseyaient les secrétaires du roi. A côté de cette table, il y avait des siéges, à droite, pour messieurs des affaires du roi: c'était son premier gentilhomme, l'archevêque de Lyon, & son premier médecin : à gauche, pour un autre de ses premiers gentilshommes, & pour trois commandeurs de l'ordre du Saint-Esprit; c'était encore une petite innovation. Mais dans les assemblées où président les rois, les innovations sont fréquentes, & plus les rois sont puissans, moins on y attache d'importance.

Tous ces gens-là ne fesaient point encore partie des Etats; ils n'étaient point du nombre des députés; on ne pouvait les regarder que comme des gens de la suite du roi.

A l'extrémité de ces bancs, on en avait ajouté deux autres; celui de la droite, pour messieurs du conseil d'état de robe longue; & celui de la gauche, pour mesſieurs du conſeil d'état de robe courte. Derrière ces bancs, mais à droite du roi, on avait placé les députés du clergé; à gauche, ceux de la nobleſſe; & derrière les uns & les autres, auſſi bien qu'en travers, on avait aſſis les députés du tiers-état, & on les avait adoſſés aux barrières qui formaient l'enceinte, dans laquelle l'aſſemblée était circonſcrite; de ſorte que les députés du tiers-état décrivaient un demi-cercle, & ſe trouvaient placés autrement qu'ils ne l'avaient été dans la dernière aſſemblée tenue à Blois, & dans celle qu'on avait tenue à Orléans, & dans celles qui les avaient précédées.

Le légat, les ambaſſadeurs, les ſeigneurs & les dames de la cour regardaient du haut des galeries, fermées par des jalouſies. Sous ces galeries, on avait élevé des gradins pour la foule des curieux. Tous ces ſpectateurs ne feſaient point partie de l'aſſemblée.

Appel des députés.

Les députés des trois ordres ſe placèrent avant que le roi entrât dans la ſalle. Ils s'étaient rendus d'abord dans la cour du château; un héraut avait appellé, par la fenêtre, les députés de chaque ordre; d'autres hérauts les avaient reçus à la porte, & les avaient menés au grand-maître des cérémonies, qui les avait conduits à leurs places, ainsi qu'on en avait usé, onze ans auparavant, aux derniers Etats de Blois.

On avait inscrit les noms de tous ces députés; leur nombre se montait à cent-trente-quatre, pour le clergé, dans lesquels il y avait quatre archevêques, vingt-un évêques, & deux chefs d'ordres monastiques. C'était quatre évêques & trente députés ecclésiastiques de plus qu'aux derniers Etats. La noblesse avait cent-quatre-vingts députés, & le tiers-état cent-quatre-vingt-onze. En tout, cinq cents cinq. Nombre des députés.

Si le nombre des députés fut plus nombreux qu'aux Etats de 1577, c'est sans doute parce que, dans des temps de guerre civile, toutes les provinces, ou toutes les villes, n'envoient pas des députés.

Mais pourquoi le nombre de ceux de chaque ordre n'est-il pas égal, puisque chaque bailliage & chaque sénéchaussée députe des nobles, des ecclésiastiques & des roturiers? Pourquoi les sénéchaussées ne sont-elles point asservies à envoyer un même nombre de députés? Non-seulement l'une en envoie trois, quand l'autre en envoie dix; mais encore la plupart envoie des eccléſiaſtiques, des nobles, & des gens du tiers-état, en nombre différent, ſans s'inquiéter de l'effet que produira cette inégalité; ce qui prouve encore qu'on ne déférait point à la pluralité des voix. Comme il ne s'agiſſait que de rédiger des cahiers, il ſuffiſait qu'on eût un député capable de faire connaître les griefs dont la province ſe plaignait.

Quoique les rois ſe regardaſſent comme les légiſlateurs de la nation, aucun d'eux ne s'était occupé à fixer la forme des Etats-généraux, ni celle des élections. Aucune aſſemblée n'avait jamais donné, aux rois, ce titre de légiſlateurs, qu'ils prenaient cependant; jamais, dans aucune aſſemblée, on n'avait élevé ni pu élever une telle queſtion. Elle s'était trouvée réſolue ſourdement, ſans avoir jamais été diſcutée: & c'eſt ainſi que preſque toutes les queſtions politiques ont été décidées dans toute la terre.

Malgré cette déciſion de fait, les Normands, les Bourguignons, les Provençaux, les Languedociens, les habitans de la Guienne, & ſur-tout les Bretons, refuſaient au roi ce grand nom de législateur : ils s'étaient donnés à la France, à des conditions ; ils citaient, sans cesse, leurs priviléges, leurs anciennes coutumes, leurs droits, auxquels le pacte qu'ils avaient fait avec le roi, ne permettait pas de toucher. Ils auraient refusé, aux Etats-généraux mêmes, le pouvoir d'améliorer la plus mauvaise de leurs coutumes ; ainsi, en répétant, sans cesse, qu'il ne fallait *qu'une foi*, *une loi* & *un roi*, on avait vingt sectes ; cent coutumes : & *Henri III*, *Henri* de Navarre, & *Henri*, duc de *Guise*, se disputaient l'autorité.

Lorsque les députés eurent pris leurs places, le duc de *Guise*, en sa qualité de grand-maître, se leva, salua l'assemblée & alla chercher le roi.

Au moment où le roi entra, tout le monde se leva & le reçut debout, la tête découverte : quand il fut sur son trône, les princes s'assirent ; mais les députés des trois ordres écoutèrent debout le discours qu'il prononça, & dont plusieurs passages méritent d'etre observés

Il est certain que *Henri III* portait déjà, dans son cœur, le dessein de perdre le duc de *Guise*, qui venait de l'introduire dans l'assemblée, & qu'il voyait assis à ses pieds ; quoiqu'il ne soit pas avéré qu'il eût résolu de le faire assassiner. Quelques officiers lui avaient déjà proposé de le tuer ; mais il n'avait pas accepté leur proposition. Le roi voulait le perdre ; mais il n'était pas encore déterminé sur la manière dont il le sacrifierait à son ressentiment. Il fallait l'enlacer dans les filets de la mort, sans qu'il pût soupçonner la trame qu'on ourdissait contre ses jours.

Discours du roi.

Dans ces dispositions, *Henri III* commence son discours (1) par une invocation à Dieu, dans laquelle il le supplie de lui envoyer son Saint-Esprit, pour exécuter une action sainte, qu'il entreprenait pour le bonheur de ses sujets. Il prie Dieu ensuite d'éteindre l'esprit de parti dans tous les cœurs. Il proteste qu'il a essayé tous les moyens qu'il a cru capables de réparer les malheurs de l'Etat. Il rend publiquement grace à sa mère des soins qu'elle s'est donnés pour appaiser les troubles.

---

(1) Ces discours se retrouvent encore dans le Recueil général des Etats par *Toussains Quinet*, ils ont aussi été imprimés à part.

On peut croire, sans doute, que *Catherine de Médicis* eût voulu empêcher des révoltes qui pouvaient faire perdre le trône à ses enfans, & lui coûter, à elle-même, la liberté; mais les éloges que *Henri III* lui donne sont si cruellement démentis par l'histoire, qu'on a peine à comprendre que l'assemblée put les écouter sans qu'un mouvement involontaire marquât son désaveu, sur-tout quand il parla *des vertueux exemples qu'il en avait reçus*; & quand il assura qu'elle méritait plutôt le nom *de la mere de l'Etat & du royaume, que celui de la mère du roi*.

Cette tenue d'États, dit-il, *est un remède pour guérir, avec les bons conseils des sujets & la sainte résolution du prince, les maladies que le long espace du temps & la negligente observation des ordonnances du royaume y ont laissé prendre pied, & pour affermir la légitime autorité du souverain, plutôt que de l'ébranler & la diminuer, ainsi qu'aucuns mal-avisés, ou pleins de mauvaise volonté, déguisant la vérité, le voudraient faire croire.* Recueil général des États, partie II, page 84.

Ces paroles remarquables prouvent que quelques personnes regardaient ces grandes assemblées comme composées sur des principes vicieux, & plus propres à diviser les esprits & à produire des guerres civiles, qu'à procurer cette réunion de volontés & de forces, absolument nécessaire à l'autorité souveraine, pour maintenir l'Etat en paix; mais elles prouvent aussi que ces assemblées étaient si chères à la nation, qu'on ne pouvait pas même proposer contre elles quelques objections, sans passer pour mauvais citoyen, *pour mal-avisé & plein de mauvaise volonté.*

Henri III se croyait obligé de se montrer lui-même partisan de ces assemblées.
page 85. *La tenue des Etats*, dit-il, *est ce qui rompt autant les mauvais desseins des princes, qui ont l'ame peu desireuse du bien, que la mienne sera toujours très-prompte, & entièrement disposée à ne rechercher autre chose, ou que je sois confondu misérablement.*

Je n'ai point de remords des brigues que j'ai faites; je vous en prends tous a témoins pour m'en faire rougir, comme le mériterait quiconque aurait agi d'une si indigne façon... Je suis votre roi, donné de Dieu, & JE SUIS LE SEUL QUI LE PUISSE VÉRITABLEMENT ET LÉGITIMEMENT

SIRE.... Favorisez donc, & je vous en prie, mes bons sujets, ma droite intention, qui ne tend qu'à la gloire de Dieu, à celle de notre sainte religion catholique, apostolique & romaine, à extirper l'hérésie de tout le royaume, a rétablir le bon ordre & la regle, à soulager mon pauvre peuple.

Il ne temporise plus, comme dans les Etats de 1577. Il menace les hérétiques & flatte la ligue, pour en aveugler le chef.

Entre toutes les sortes de gouvernemens la monarchie excelle. Cette phrase indique qu'on commençait à chercher quel était le meilleur gouvernement. C'était l'effet des ligues suisses, de la liberté des Provinces-Unies, toute nouvellement acquise. On prétendait que les huguenots voulaient ériger le royaume en république. Le clergé catho-e, beaucoup plus habile que celui des calvinistes, s'était contenté de faire partout un Etat dans l'Etat.

Henri III s'excuse encore des malheurs où le royaume est plongé. Il revient à la religion : il déclare qu'il *a toujours voulu extirper l'hérésie & les hérétiques, qu'il exposera sa vie pour défendre & protéger la sainte foi, comme le plus superbe tombeau où il puisse s'ensevelir.*

Son dessein est de ne plus offenser, de ne plus souffrir qu'on offense Dieu. Il prie les Etats de proscrire avec lui les juremens, les blasphêmes, la simonie, la vénalité des
p. 89. offices. *Il y va*, dit-il, *de ce qu'il a de plus cher, de son ame.* Il donnera accès auprès de lui, à des heures réglées; il jure de ne plus donner de survivances, de rendre la justice plus prompte, & moins à charge à ses peuples; de punir exactement les crimes.

p. 91. *La juste crainte que vous avez*, dit-il en propres termes, *de tomber, apres ma mort, sous un prince hérétique, si Dieu ne me donne pas de lignée, n'est pas plus enracinée, dans vos cœurs, que dans le mien.*

J'atteste Dieu que je ne desire pas plus mon salut, que de vous en ôter & la crainte & l'effroi : c'est pourquoi j'ai fait mon saint édit d'union; & pour abolir cette damnable hérésie, je l'ai juré très-saintement & solemnellement. Je suis d'avis d'en faire une loi fodamentale.

p. 93. *Mais, pour extirper cette maudite heré-*

ſie, il eſt beſoin de grandes ſommes de deniers.

Je ne deſire vivre qu'autant que je ſerai utile au ſervice de Dieu. page 94, numerotée 92

Je me veux lier, par ſerment ſolemnel, ſur les ſaints évangiles, & tous les princes, ſeigneurs & gentilshommes qui m'aſſiſtent en cet office, avec vous, les députés de mes Etats, participans enſemble au bienheureux myſtere de notre rédemption, d'obſerver toutes les choſes que j'y aurai arrêtées, comme loix ſacrées, ſans me réſerver à moi-même la licence de m'en départir, à l'avenir, pour quelque cauſe, pretexte ou occaſion que ce ſoit, ſelon que je l'aurai arrêté, pour chaque point; & l'envoyer, auſſi-tôt apres, par tous les parlemens & bailliages de mon royaume, pour être fait le ſemblable, tant par les eccleſiaſtiques, la nobleſſe, que le tiers-état, avec declaration que qui s'y oppoſera, ſera atteint & convaincu de crime de lèſe-majeſté. page 95, numérotée 94 dans l'édit. de Quinet.

Que s'il ſemble qu'en ce faiſant, je me ſoumette trop volontairement ***AUX LOIX DONT JE SUIS L'AUTEUR, ET QUI ME DISPENSENT ELLES-MÊMES DE LEUR EMPIRE****, & que, par ce moyen, je rende* *la dignité royale plus bornée & limitée, que mes prédécesseurs ; il me suffira de répondre ce que dit ce roi, à qui on remontrait qu'il laisserait la royauté moindre à ses successeurs, qu'il ne l'avait reçue de ses pères, qui est qu'il la laisserait beaucoup plus durable & plus assurée.*

Enfin, dit-il, *si vous ne me secondez pas, je prendrai à témoin le ciel & la terre, j'attesterai la foi de Dieu & des hommes, qu'il n'aura pas tenu à mon soin, ni à ma diligence, que les desordres de ce royaume n'ayent été réformés ; mais que vous avez abandonné votre prince légitime, en une si digne, si sainte & si louable action.*

Et finalement, je vous adjournerai à comparaître, au dernier jour, devant le juge des juges, là où les intentions & les passions se verront à découvert, là ou les masques des artifices, & des dissimulations seront levés, pour recevoir la punition que vous encoureriez de votre désobéissance envers votre roi, & de votre peu de générosite & de loyauté envers son Etat.

Ce discours fanatique, beaucoup plus digne d'un moine, que d'un roi, était d'autant plus surchargé d'expressions pieuses

& de phrases enthousiastes, qu'il s'agissait de persuader au duc & au cardinal de *Guise*, qu'on était tombé dans le piége qu'ils avaient tendu.

Le garde des sceaux, *Montholon*, fit ensuite un très-pauvre discours, où il parla de *Josué*, de *Salomon*, des assemblées du peuple hébreu, de celles des Francs, sous *Clovis*, sous ses fils, & dans lequel il s'efforça de démontrer que la religion est l'appui de la monarchie.

Discours du garde des sceaux.

L'un des maux, dit-il, *qui a puni cet Etat, a été le mepris des loix, & la désobéissance des sujets, envers le roi, leurs seigneurs, juges & magistrats*; mais il ne dit pas que l'inconduite des rois, l'ambition, les vices, les crimes des seigneurs, l'ignorance des magistrats, l'iniquité des juges, l'inconséquence des loix, ont produit ce mépris & cette désobéissance : que les hommes sont plus facilement opprimés, qu'ils ne sont abusés ; que de quelque nature que soit le gouvernement, ils mépriseront toujours les mauvaises loix, & obéiront toujours mal à des hommes indignes de leur commander.

Le garde des sceaux, en se taisant sur

les vices des rois & des grands, reprend ceux des trois ordres : il avoue que la conduite du haut clergé a été très-blâmable, & que tous les monastères sont corrompus : que la conduite de la noblesse ne vaut pas mieux que celle du clergé. Il lui reproche de s'abandonner aux juremens, aux blasphêmes, effet d'une très mauvaise éducation : de se battre, sans cesse, en duel, malgré l'évangile qui ordonne de pardonner à ses ennemis ; de posséder des bénéfices ecclésiastiques ; de s'emparer du revenu des hôpitaux, & des autres fondations pieuses. Toujours la noblesse & le clergé se dépouillaient successivement, & ce désordre a duré, jusqu'au règne de *Louis XIV*.

En parlant au tiers-état, le garde des sceaux, cita un mot de *Scipion l'africain*, qu'il interpréta fort mal ; voici ce mot de *Scipion : populus non est omnis cœtus multitudinis, sed cœtus juris consensu, & utilitatis communione sociatus.* C'est-à-dire, *le peuple n'est pas l'assemblée de la multitude, mais une assemblée légale formée par le consentement de tous, pour l'utilité de tous.*

Le chancelier traduit ainsi : *l'assemblée du*

peuple & citoyen doit être, non en multitude ſeulement, mais en multitude duement établie, & avec le reſpect de l'utilite & commune ſociété.

Il ne devait pas ignorer que *populus*, chez les Romains, ne s'entendait que des citoyens, & non d'une claſſe de citoyens; qu'il renfermait tout l'enſemble du corps politique; conſu's, ſénateurs, patriciens, plébéiens: que tous donnaient leurs voix; que la pluralité décidait: qu'un chancelier, un ſénateur, un conſul, n'examinait pas, n'accordait pas, ou ne rejetait pas la demande de tous: que le ſénat fut ſouvent obligé de ſe conformer, malgré lui, à la volonté générale: que les comices de Rome étaient auſſi ſupérieurs aux Etats-généraux, par l'excellence de leur conſtitution, que l'empire de Rome l'emportait, en étendue, ſur le royaume de France.

Le garde des ſceaux dit enſuite, que *les juges tiennent le premier rang, dans le tiers-état;* & il reproche aux magiſtrats le peu de zèle qu'ils apportent à rendre la juſtice: les ſubtilités, les menſonges, les ſurpriſes des parties, que les juges tolèrent par excès de négligence: que *la juſtice n'eſt pas exercée, mais vexée & travaillée ; que pluſieurs ne prennent des charges, que par avarice, & pour le profit.*

Recue l général des Etats, partie II, page 121

Henri III était ſi mal affermi ſur ſon trône, que le garde des ſceaux ne manqua pas d'aſſurer les Etats, qu'*il a été établi, par ſucceſſion légitime, qu'il a été oint & ſacré, qu'il a le don de ſes prédéceſſeurs, confirmatif de cette onction :* le don de guérir les écrouelles. Comment ce garde des ſceaux pouvait-il avancer une telle impertinence, devant les Etats, dans un temps où les huguenots niaient tous ces prétendus miracles, & où, parmi les catholiques, les bons eſprits commençaient à ne les plus croire ?

L'éloge de la reine mère était un tribut que tous les orateurs croyaient lui devoir : *Montholon* s'en acquitta, & il termina ſon diſcours, par dire aux députés : *la victoire la plus ſignalée que vous aurez jamais, eſt de vous vaincre, & de vous unir tous, pour ſoutenir, ſous l'obéiſſance du roi, l'égliſe catholique, apoſtolique & romaine.* Son diſcours bien moins véhément que celui du roi, ne montre point de fanatiſme : on n'y trouve point de déclamations contre les hérétiques ; c'eſt qu'il voulait la paix, & qu'il n'était, ni le confident, ni le complice des projets du roi.

Regnauld de Beaune (1), archevêque de Bourges, & grand-aumônier, remercia le roi, par un diſcours où il lui parle de *Moïſe*, des Hébreux, des Romains, des Perſes, & de tous les peuples antiques, puis, d'*Homère* & d'*Ulyſſe*. Il compare aux voyages du roi d'Ithaque ſur la Méditerranée, le voyage que *Henri III* avait fait, par terre, en Pologne. Il lui parle tantôt grec & tantôt latin ; & finit par lui ſouhaiter les ans de *Neſtor*, ou ceux d'*Arganthonius, roi des Gades, qui vécut neuf fois vingt ans*. Ce prélat couvrait, ſous une éloquence ridicule, les projets qu'il formait, pour ſervir la ligue.

Diſcours de l'archevêque de Bourges.

Beaufremont, baron de Seneſcey, fils de celui qui avait harangué *Henri III*, comme orateur de la nobleſſe, aux Etats de 1577, lui fit, en cette même qualité, un remer-

Diſcours du baron de Seneſcey, orateur de la nobleſſe.

(1) Toutes ces harangues ont été imprimées dans le ſecond & troiſième volume des Mémoires de la ligue, & dans le Recueil des Etats de *Touſſaints Quinet*.

ciement beaucoup meilleur, & en bien moins de mots. Il offrit *les armes, la vie, & les perſonnes de tous les nobles, pour ſervir le roi*. Cette phraſe, à force d'être répétée, devenait une eſpece de formule dont on ne pouvait plus ſe diſpenſer.

Diſcours du prévôt des marchands.

La Chapelle Marteau, prévôt des marchands, préſident pour le tiers-état, fit au roi un remerciement auſſi concis & auſſi ſage; mais ni l'évêque de Bourges, ni aucun des orateurs, ne déclama, contre les hérétiques, & ne parla pour la religion, avec autant d'ardeur que le roi: ce qui montre encore que le roi n'affectait ce grand zèle, que pour échapper aux ſoupçons des *Guiſes*.

Ainſi, la religion & les Etats-généraux furent les inſtrumens dont *Henri III* & les *Guiſes* ſe ſervaient, pour s'abuſer, & pour s'égorger.

Le roi apporte aux Etats ſon édit d'union, le 18 oct. 1588.

Vingt-quatre heures s'étaient à peine écoulées, que le roi revint, & apporta aux Etats aſſemblés, cet édit d'union, qu'il avait rendu à Rouen, deux mois auparavant. Il l'apportait, dit-il, afin qu'il fût une loi fondamentale du royaume, & afin que chacun en jurât l'obſervation. Il le fit lire par *Ruzé de Beaulieu*, secrétaire d'Etat. En voici les principaux articles.

Cet édit est donné, *pour obvier qu'après notre décès, il n'advienne, en notre royaume, changement ou altération au fait de la religion. Voulant, pour cette occasion, que tous nos sujets catholiques, de quelque dignité, qualité & condition qu'ils soient, s'unissent & se joignent avec nous, pour l'acheminement & la perfection d'une œuvre, si necessaire & si agreable a Dieu,....*

Ce qu'ayant, des long-temps, pris en considération, sur le bon & très-prudent avis de la reine, notre très-honorée dame & mere, des princes & seigneurs de notre conseil, avons voulu, statué & ordonné, voulons, statuons, & ordonnons, & nous plaît, QUE LES ARTICLES SUIVANS SOIENT TENUS, POUR LOI INVIOLABLE ET FONDAMENTALE DE NOTRE ROYAUME.

Premierement, nous jurons & renouvellons le serment fait, par nous, a notre sacre, de vivre & mourir en la religion catholique, apostolique & romaine, promouvoir l'avancement & conservation d'icelle, employer, de bonne-foi, toutes nos forces & moyens, sans épargner notre propre vie, pour extirper de notre royaume, pays & terres de notre obéissance, tout schisme & hérésies, condamnées par les saints conciles, & principalement par celui de Trente, **SANS FAIRE JAMAIS AUCUNE PAIX, OU TRÈVE, AVEC LES HÉRÉTIQUES, NI AUCUN ÉDIT, EN LEUR FAVEUR.**

Voulons & ordonnons que tous nos sujets, princes, seigneurs, tant ecclésiastiques, gentilshommes, habitans des villes & plat pays, qu'autres, de quelque qualité & condition qu'ils soient, s'unissent & joignent, en cette cause, avec nous, & fassent pareil serment d'employer, avec nous, toutes leurs forces & moyens, jusqu'à leur propre vie, pour l'extermination desdits hérétiques.

Jurons & promettons de ne les favoriser, ni avancer, de notre vivant. Ordonnons & voulons que tous nos sujets unis, jurent & promettent, dès à present, & pour jamais, après qu'il aura plu à Dieu de disposer de notre vie, sans nous donner des enfans, **DE NE RECEVOIR A ÊTRE ROI, NI PRÊTER OBÉISSANCE A PRINCE QUELCONQUE, QUI SOIT HÉRETIQUE OU FAUTEUR D'HERESIE....**

DÉCLARONS

DECLARONS REBELLES ET DÉSOBÉISSANS A NOS COMMANDEMENS, ET CRIMINELS DE LÈSE-MAJESTÉ, CEUX QUI REFUSERONT DE SIGNER LA PRESENTE UNION, ou qui, après avoir icelle signée, s'en departiront, & contreviendront au serment que, pour ce regard, ils ont fait a Dieu & a nous.

Le roi fait plus encore : il ajoute à cet édit une déclaration fanatique, par laquelle il ordonne que les parlemens, bailliages, sénéchaussées & autres jurisdictions, *enregistrent & fassent observer, inviolablement, le présent édit, comme loi fondamentale & perpétuelle du royaume :* &, pour qu'elle ait plus de poids, dans l'opinion publique, il la date ainsi : *donnee a Blois, en l'assemblée des Etats, le 18 du mois d octobre de l'an de grace 1588, & le 15 de notre regne.*

Enfin, pour qu'il ne manquât rien à cette cérémonie funeste, où le roi proscrivait le quart de sa nation, & l'héritier présomptif de sa couronne, il demande que tous les membres de l'assemblée s'engagent, par serment, à exécuter cette proscription. L'archevêque de Bourges leur fait un discours enthousiaste, pour qu'ils se pénètrent de toute l'importance du serment qu'ils vont prononcer. On croit lire une de ces harangues que les poètes mettent au théâtre, dans la bouche d'un chef de conjurés. C'était, en effet, une véritable conjuration, dont le chef avait l'art de faire prendre, par le roi même, le serment des conspirateurs qui devaient le détrôner. Ce roi, jouet des *Guises*, proscrivait une partie de ses propres sujets, & un roi que la loi lui désignait pour son successeur, & que les circonstances lui indiquaient comme son unique appui.

Le roi & tous les députés jurent d'observer l'édit d'union.

Dès que l'archevêque eut cessé de parler, le roi reprit la parole, & jura le premier, l'observation de son édit. Toute l'assemblée la jura avec lui : les ecclésiastiques, en mettant la main sur leur poitrine, les nobles & les roturiers, en levant leurs mains vers le ciel. Ce serment achevé, tous crierent : *vive le roi.*

Voilà donc les Etats-généraux liés avec le roi, par un serment solemnel, & s'engageant, au nom de Dieu, à massacrer leurs frères, à chasser le légitime heritier du trône, à renouveller la guerre civile, & peut-être même les horreurs de la Saint-Barthelemi !

Mais ces députés avaient-ils reçu de leurs commettans le pouvoir de proscrire & de détrôner? Eux qui refusaient le plus misérable impôt, sous le prétexte spécieux qu'ils n'avaient pas reçu des Etats provinciaux, le droit d'y consentir. Ils osent cependant s'engager pour eux & pour leurs commettans, à égorger la huitième partie, ou même le quart de leurs concitoyens. Car si alors la Lorraine, la Franche-Comté, l'Alsace, la Flandre, n'appartenaient pas au royaume, il comprenait déjà toutes les provinces, où il y a encore le plus d'hérétiques, la Provence, les Cevènes, le Languedoc, la Guienne, la Gascogne, le pays d'Aunis, la Normandie.

Les Etats précédens n'avaient offert que des disputes ridicules : ceux-ci s'unissent par un serment affreux, & se dévouent au meurtre & au carnage.

Le roi fait dresser, par un secrétaire d'Etat, un acte de ce serment : il est dit, dans cet acte, que *le roi, séant à Blois, en pleine assemblée des Etats-généraux, a juré sa foi & sa parole de roi, de tenir & d'observer cette loi, en tout ce qui dépendra de lui : que les cardinaux de Bourbon & de Vendôme ; que le comte de Soissons, le duc de Montpensier; les cardinaux de Guise, de Lenoncourt, de Gondy ; les ducs de Guise, de Nemours, de Nevers, de Retz; le garde des sceaux, le conseil du roi,* LES DEPUTÉS DES TROIS ETATS, ONT JURÉ DE GARDER ET D'ENTRETENIR INVIOLABLEMENT LADITE LOI, TANT EN LEUR PROPRE ET PRIVÉ NOM, QUE POUR L'ETAT, (c'est-à-dire pour l'ordre) ET LES PROVINCES QUI LES ONT DÉPUTÉS. (1)

Ainsi, encore une fois, ce n'est pas pour eux seuls qu'ils s'engagent ; c'est pour toute la nation, pour la nation qui ne leur a pas donné un tel pouvoir ; & non-seulement ils n'ont pas son aveu, mais on ne leur a pas demandé leur avis à eux-mêmes ; ils n'ont ni délibéré, ni opiné, ni voté. Le roi les

(1) Remarquez que tous ces actes ont été recueillis par *Toussaints Quinet* ; & se trouvent dans son Recueil des Etats, où il manque tant d'autres actes ; ce qui le rend si incomplet à tous égards.

entraîne par un discours, comme quelquefois dans une démocratie, où le petit peuple a le pouvoir législatif, un orateur fait passer, par son éloquence, en un moment, une solution funeste.

Cet acte de proscription, le plus terrible qu'une assemblée puisse faire, est proposé, juré & signé tout de suite; on ne délibère point; on ne compte point les voix; on se décide par acclamation. Cette conduite, digne de conjurés de théâtre, est regardée comme une forme légale; & il ne se trouve pas dans l'assemblée un homme de bien assez courageux pour en faire sentir l'indécence, les inconvéniens & la honte.

Je dis la honte; car, qu'y a-t-il de plus déshonorant, pour les députés d'un peuple, que d'agir avec cette précipitation, & que de paraître privés du droit ou de la permission de délibérer, d'opiner, de voter, de prendre une résolution générale?

Cet acte dressé, l'assemblée ne se sépare pas; le roi, les reines, les *Guises*, les députés vont à l'église de Saint-Sauveur, chanter le *Te Deum*, comme on fait après le gain d'une bataille. Sans doute le roi rendit graces à Dieu d'avoir aveuglé les

Guise; & les *Guises* le remercièrent d'avoir engagé le roi à concourir à cette union, à cette ligue dont ils étaient les véritables chefs, & qui devait leur servir à jeter ce monarque dans un cloître.

Liv 92. Les ligueurs paraissaient, pendant toute cette cérémonie, dit le président *de Thou*, applaudir au roi; mais, dans le fond du cœur, ils se moquaient de lui. En effet, tant de sermens, ajoute-t-il, ne servaient qu'à lier plus fortement les ligueurs au duc de *Guise*.

Méfiance des *Guises*. Malgré les soins du roi pour tromper les *Guises*, ils se méfiaient de lui; ils se plaignirent de quelques phrases de son discours; phrases, disaient-ils, qu'on pouvait interpréter contre eux (1); ils ne voulurent point qu'on imprimât ce discours tel qu'il avait été prononcé, ils firent eux-mêmes les corrections qui leur convinrent. Le cardinal en demandait plus que le duc, & il lui reprocha qu'il ne fesait jamais les choses qu'à moitié.

---

(1) Ce fut l'archevêque de Lyon, homme *præfractæ impudentiæ*, dit *de Thou*, qui porta au roi la plainte des *Guises*. Liv. XCII.

Ils firent plus encore; ils obligèrent Henri III à jurer, sur le Saint-Sacrement, qu'il se réconciliait sincèrement avec le duc de Guise; qu'il oubliait toutes les querelles qu'ils avaient eues ensemble, & qu'il lui vouait une amitié parfaite. Le roi, non-seulement jura sur l'Eucharistie, pour les tromper; mais encore il dit qu'il voulait se reposer de toute l'administration de l'Etat, sur la reine sa mère, & sur le duc de Guise, & consacrer désormais ses jours à prier Dieu.

Journal de l'Etoile, tome II, page 136.

Tant d'affronts ne suffisaient point aux Guises; ils regardaient Henri III comme dégradé; ils ne redoutaient que le roi de Navarre; & après l'avoir exclu du trône de France, par une loi générale qui ne le nommait point, ils voulurent l'en priver nommément, par une loi particulière, faite expressément contre lui. De Thou nous apprend que, le quatre novembre, l'ordre du clergé déclara, tout d'une voix, le roi de Navarre indigne de succéder à la couronne de France, comme infecté du poison de l'hérésie, comme relaps. La noblesse & le tiers-état souscrivirent à cette décision que le clergé leur envoya; ils députèrent au

Le clergé déclare le roi de Navarre indigne de la couronne.

Livre 93.

roi, & le prièrent de l'autoriſer & de la confirmer par une déclaration.

L'archevèque de Bourges eut l'adreſſe de refuſer cette commiſſion. *Guillaume* d'*Avanſon*, archevêque d'Embrun, s'en chargea : il alla, accompagné de douze députés de chaque ordre, trouver le roi.

Henri III, par faibleſſe même, n'oſa pas proſcrire nommément ce roi, ſon beau-frère, dont il pouvait avoir un jour le plus preſſant beſoin : il répondit que les Etats ne devaient pas condamner le roi de Navarre, ſans l'entendre ; que ce roi avait toujours demandé un concile, & promis de ſe ſoumettre à ſa déciſion : qu'avant de procéder juridiquement contre lui, les Etats devaient lui envoyer une nouvelle députation pour le ſommer de rentrer dans le ſein de l'égliſe.

Le clergé ſe raſſembla, déclara qu'il n'y avait nul beſoin de faire une nouvelle ſommation à ce roi ; qu'il était notoirement hérétique, opiniâtre & relaps. La nobleſſe & le tiers-état approuvèrent cette nouvelle déciſion que le même archevêque d'Embrun porta au roi ; & le roi éluda encore leur demande.

Le fameux *Pasquier* assista à ces Etats: la première délibération des députés, dit-il, fut pour savoir *s'il faudrait que le roi passât, bon gré malgré, par tout ce qui serait arrêté par eux*, ou s'ils se borneraient à lui faire d'*humbles remontrances*, pour qu'il fît ce qu'il jugerait de meilleur, *comme on l'avait toujours observé de toute ancienneté.* Cependant, malgré l'ascendant des *Guises*, l'avilissement de *Henri III*, la disposition des esprits, on n'osâ pas déclarer que le roi serait obligé d'obéir aux Etats: on s'en tint à l'ancienne forme.

Pasquier, livre 13, lettre 3.

Les *Guises*, persuadés que l'édit d'union, les sermens des députés, les décisions des Etats, souleveraient les huguenots, rendraient le roi de Navarre ennemi de *Henri III*, & empêcheraient leur roi de trouver le moindre secours contre leurs attentats, imaginèrent, pour le perdre plus sûrement, de lui faire refuser de l'argent, par ces mêmes députés qui venaient de se liguer avec lui.

Ce même archevêque de Bourges, qui avait si vivement parlé pour engager les Etats à déraciner l'hérésie, & qui avait si adroitement évité de se compromettre

Requêtes présentées au nom des Etats par l'archevêque de Bourges.

contre le roi de Navarre, présenta, au nom des Etats, deux requêtes au roi, contre ceux qui levaient des impôts.

Dans ces requêtes, il ne le flatte pas : *votre pauvre peuple*, lui dit-il, *n'a de reste que la langue toute seche pour crier à Dieu, & les yeux pour pleurer. Il n'y a aucun moyen de tirer argent qu'on n'ait imaginé. On a mis des impôts sur les choses les plus nécessaires à l'usage de l'homme : sur le sel, sur le vin & sur les toiles ; même sur les choses les plus viles, comme les cuirs & autres denrées. Si la France eût voulu conserver son honneur & sa grandeur, elle eût laissé toutes ces especes d'impôts aux petits potentats qui abusent de leurs sujets, au grand préjudice de leur réputation.*

Recueil géné. des Etats, page 61.

En effet, tout ce systême de finance nous venait des petits souverains d'Italie, & nous était arrivé avec les *Medicis*. L'archevêque fesait allusion à la nouveauté de ce systême, & se taisait sur le systême, plus vicieux encore, que l'on suivait auparavant, lorsqu'on levait des taxes arbitraires, ou lorsqu'on prenait les denrées, les chevaux, les voitures des habitans de la campagne.

Si les Turcs, les Maures ou les Barbares,

dit-il encore, *fuſſent entrés en France, par force, & l'euſſent poſſédée pendant deux ans, ils n'y euſſent pu faire pis ni apporte plus de deſtruction, hors le feu & le ſang; encore n'en a-t-on pas été exempt en beaucoup d'endroits de ce royaume, par la rage & la fureur des gens de guerre indiſciplines & mal conduits, qui ont pris toute licence, par faute d'être payes. Cependant les grandes finances ſe ſont levees & ſe levent ſous couleur des guerres, & nul n'eſt paye.....*

Il vous a plu nous communiquer vos finances; mais, tandis qu'on nous les communique, *on envoie des commiſſions pour lever la taille avec les impoſitions augmentees d'annee en annee, depuis les derniers Etats de Blois, il y a douze ans*; & ces impoſitions *ſont toutes autres & beaucoup plus fortes que ne le porte l'etat qu'on nous preſente, comme la recette de vos finances; recette qu'on dit être celle de l'annee paſſee.* *Recueil général des Etats, pages 171 & 172.*

Ainſi, toujours les Etats-généraux ſe plaignent qu'on leur préſente des comptes qui ſont, ou faux, ou altérés, ou incomplets.

Que peuvent dire ou eſpérer nos provinces qui entendent cela, quand elles voient une telle illusion faite à la face de votre majesté & de vos Etats ?....

Quel état vos peuples peuvent-ils faire du reste de leur vie ? car des biens, ils n'en ont plus. Votre majeste ne sait pas, & on se gardera bien de lui dire, qu'on vend les tuiles & les couvertures des maisons des pauvres qui n'ont autre moyen de payer les tailles & impositions : que les prisons en sont pleines pour la contrainte des paiemens ; encore ne leur baille-t on pas du pain ; mais ils meurent de faim dans la prison. Une partie des sujets de votre royaume se retire chaque jour aux royaumes & pays voisins, pour y chercher une vie plus douce, & des moyens de subsister à la sueur de leur bras ; tellement que, si bientôt il n'y est pourvu, vous serez roi d'une grande & spacieuse contrée de terres vagues, mais sans hommes & sans sujets.

Seconde requête, p. 176. *Sire, les anciens ont proposé un axiome très certain auquel toutes les maximes d'Etat doivent se rapporter : c'est que* **LE SALUT DU PEUPLE EST LA LOI SOUVERAINE.** *Il ne se peut conserver sans moyen & sans argent... Votre peuple n'est plus ; il n'y a plus de peuple en France ; il est péri ; il* *n'a plus de substance; il n'a plus de vie; & , s'il ne vous plaît de la lui remettre, vous n'avez plus de sujets.*

Le fond de ces harangues, vraies ou exagérées, avait un grand vice : si le peuple gémissait sous le poids des impôts, s'il fuyait en pays étranger, comme l'atteste cet évêque, au nom des députés de toutes les provinces. la faute n'en était pas au roi, que la guerre civile, la ligue, la dette de ses prédécesseurs, & les dépenses indispensables à un grand Etat, obligeaient à lever des impôts; mais au clergé & à la noblesse qui, refusant toujours d'en payer, contraignaient le roi à surcharger ce peuple qu'ils affectaient de plaindre.

Au milieu de ces vaines disputes, on apprend que le duc de Savoie a enlevé à la France le marquisat de Saluces. Le roi veut le reprendre; la noblesse est de son avis; le clergé & le tiers-état s'y opposent : ils ne veulent de guerre que contre les seuls huguenots. *De Thou, liv. 94.*

Le duc de *Guise*, blessé lui-même de cette inconséquence des Etats, & ne voulant pas que le roi, qui ne l'en soupçonnait que trop, fût persuadé de ses intelligences avec le duc de Savoie & le roi d'Espagne, engage le clergé par l'organe du cardinal, son frère, & le tiers-état par celui de la *Chapelle Marteau*, prévôt de Paris, sa créature, à consentir que le roi déclare la guerre au duc de Savoie ; & il fait assurer en secret ces deux ordres que, malgré cette déclaration, la guerre ne se fera qu'au roi de Navarre. Il les engage à persévérer dans leur refus de payer des impôts, à clabauder contre les financiers, à vouloir que le roi sévisse contre eux; ce qui fit dire à *Pasquier*, *qu'ordonner la guerre & supprimer des impôts, etaient des choses incompatibles; qu'attaquer les financiers au milieu d'une guerre, c'est parler des affaires d'Etat, en eclier.*

Livre 13. lettre 3.

Les députés voulaient que le peuple ne payât pas plus de tailles, qu'il n'en payait sous *François I*[r].

La découverte du nouveau monde, due à la boussole, accroissait la masse du numéraire, en Europe : il en passait déjà beaucoup en France, & il alimentait l'industrie qui s'accroissait chaque jour. Le prix des denrées augmentait, en proportion du numéraire. Tout particulier dépensait plus annuellement, que n'avaient dépensé son père & ses aïeux. Cependant, les harangueurs des Etats voulaient que les dépenses publiques ne fussent pas plus considérables, que sous les règnes précédens. C'était ignorance, de la part des députés, & vraisemblablement mauvaise foi, de la part des chefs de la ligue. L'imprimerie multipliait les connaissances; mais on ne l'appliquait point encore à des objets utiles : on en avait détourné l'usage, en l'appliquant à de misérables questions de controverse, qui ne servaient qu'à disposer les cœurs à la haine & à la guerre civile.

Depuis que les *Capets* étaient sur le trône, presqu'aucune guerre civile n'avait été terminée, au désavantage des rois.

Ils avaient triomphé, tour-à-tour, de tous leurs grands vassaux, même des rois d'Angleterre, qu'ils avaient enfin dépouillés de toutes les terres qu'ils possédaient en France : l'invention de la poudre à canon exigeant des troupes plus exercées, & rendant la guerre beaucoup plus dispendieuse, il devenait, de jour en jour, plus difficile, que le succès de toute campagne ne fût pas dans la main du roi. Aussi les *Guises* avaient préféré, au parti de combattre *Henri III*, le parti de paraître agir en son nom.

Ils se conduisirent de manière, qu'après avoir fait proscrire l'héritier du trône, & les hérétiques, par le roi & par les Etats, ils engagèrent, non-seulement les Etats à refuser au roi des impôts nécessaires, mais ils le forcèrent à diminuer ses revenus, en remettant au peuple, par un acte public, plusieurs droits qui se montaient annuellement à la somme de huit millions.

De Thou, liv. 93. On en fit des feux de joie, dans la ville de Blois, & on n'en eût d'obligation qu'au duc de *Guise* : on célébrait son triomphe, par ces réjouissances.

Henri III, réduit à faire la guerre au roi de Navarre, son beau-frère, au duc de Savoie, & même contre une partie de son peuple, sans avoir de quoi payer ses soldats; voyant en outre le duc de Guise plus puissant que lui, se détermina enfin à exécuter le coup qu'il méditait, ce coup qu'on ne le croyait pas capable de frapper: il fit assassiner le duc de *Guise*, dans une chambre voisine de celle où il était lui même. Le 23 déc. 1588.

Ce meurtre à peine commis, le grand-prévôt

prévôt *Dupleſſis Richelieu*, court à la ſalle où le tiers-Etat s'était aſſemblé de bonne heure, par ordre du roi; il entre avec une foule de ſoldats, tous l'épée nue, & en criant : *tue, tue, on a voulu tuer le roi, les coupables ſont ici. Bernard*, l'orateur des Etats, veut s'oppoſer à ſon paſſage en lui diſant que le roi ne veut pas qu'on faſſe violence aux Etats; le grand-prévôt, ſans l'écouter, arrête le préſident de *Neuilly*, le prévôt des marchands, *Chapelle Morteau*, deux échevins de Paris, *Compan* & *Cotteblanche*; *le Roi*, *Anrou*, *Orléans* & pluſieurs autres députés; quelques-uns de ceux qu'il veut ſaiſir, lui échappent dans le tumulte; il en cherche d'autres qui ne s'étaient pas rendus ce jour-là à l'aſſemblée. Il emmène ces captifs; *Bernard* propoſe à la chambre, de ne les point abandonner, & de les ſuivre tous enſemble : des ſoldats les retiennent dans leur ſalle, & les empêchent de ſuivre les priſonniers. Ils y reſtent confondus, & bientôt ils apprennent l'aſſaſſinat du duc. Jamais effroi ne fut plus grand, dit *Bernard*; cependant on leur permit de ſe retirer, mais avec défenſe de quitter Blois, & avec ordre de ſe raſſembler.

Journal de Bernard de Dijon, manuſcrit de la bibliotheque de Saint Germain-des-Prés, n°355.

Dans le même temps, on arrêtait le cardinal de *Guise* & celui de *Bourbon*, l'archevéque de Lyon, MM. *de Nemours* & *d'Elbœuf*, & le prince de *Joinville*. On arrêtait aussi mesdames *de Nemours* & *d'Aumale*, *Anne d'Est*, mère du duc & du cardinal de *Guise*. Une terreur générale saisit les habitans de Blois; ils fermèrent les boutiques : quelques partisans des *Guises* se sauvèrent. Le cardinal de *Guise* fut assassiné, le lendemain, par quatre soldats. Les corps des deux frères furent coupés en morceaux, & consommés dans de la chaux, de peur que le peuple ne fît des reliques de leurs os.

De Thou, livre 93. Parmi les courtisans, les plus affligés de la mort du duc de *Guise*, louèrent le plus lâchement cet assassinat; & ceux qui aimaient véritablement le roi, commencèrent à craindre pour ses jours.

Pasquier, liv. 13, let. 6. *Pasquier*, témoin de ce meurtre, rapporte, à ce sujet, tous les assassinats politiques dont l'histoire fait mention, chez les anciens & chez les modernes; il remarque qu'aucun d'eux n'a produit l'effet qu'on en attendait, & n'a rendu la paix à l'Etat.

De Thou, liv. 93. Le roi fit interroger les prisonniers,

& fit informer les Etats de leurs dépositions, de leur intelligence avec les Espagnols, afin que les ligueurs, n'ayant plus de chefs, & voyant leurs projets connus du roi, n'osassent plus persévérer, dans leur dessein.

A la nouvelle de la mort du duc & de son frère, Paris se révolta : les ligueurs élurent, en tumulte, *d'Aumale*, pour gouverneur de cette ville : *Mayenne* accourut de Lyon, dans cette capitale, pour venger ses frères.

Le roi rendit la liberté à *Anne d'Est*, & elle courut, dans cette ville, auprès de *Mayenne* & de la duchesse de *Montpensier*, désormais ses seuls enfans. Le duc de *Nemours* s'échappa de sa prison, & se réfugia dans cette ville révoltée.

Anne d'Est, & *Catherine de Cleves*, veuve du duc de *Guise*, présentèrent requête au parlement & lui demandèrent vengeance. Le parlement reçut la requête, & nomma des commissaires, pour informer, au sujet de ces meurtres.

La mère & la veuve du duc de *Guise* présentent requete au parlement.

Il était avéré que le duc & le cardinal de *Guise* avaient été assassinés. Il ne l'était pas que le roi eût donné l'ordre de les tuer. Le parlement devait donc informer, & punir les aſſaſſins.

L'ordre du roi même ne devait pas les ſouſtraire au ſupplice. Toutes les loix ordonnent de punir le meurtrier, auſſi bien que l'ordonnateur du meurtre. Aucune loi n'ordonne de commettre un aſſaſſinat, quand un roi le commande. Le baron d'*Ortes*, le comte de *Tende*, le comte de *Montmorin* & pluſieurs autres s'étaient fait un honneur immortel, dans la fameuſe journée de la Saint-Barthelemi, en renvoyant à *Charles IX* ſes ordres, & en refuſant de maſſacrer des hérétiques. Tout ce qu'un tribunal peut faire de plus modéré, dans une circonſtance auſſi déſaſtreuſe, c'eſt de ſévir uniquement contre les exécuteurs du meurtre, ſans rien preſcrire contre l'ordonnateur : & c'eſt ce que fit le parlement : il ne fut que juſte & courageux.

Mais les Etats-généraux, que furent-ils? On venait de poignarder, ſous leurs yeux, le chef, le général, le promoteur de la ligue, le héros, qui fixait toute leur attention. Quel parti vont-ils prendre ? forceront-ils le roi, à l'alternative, d'avouer ce crime à la nation aſſemblée, ou de punir ceux qu'il a chargés de le commettre? se borneront-ils à lui en demander vengeance? proscriront-ils la tête des meurtriers? feront-ils quelqu'acte qui décèle leur indignation, leur vœu, leur puissance? non : tandis que cet assassinat met, autour d'eux, toute la France en mouvement, ils demeurent tranquilles; ils le regardent comme étranger à leurs fonctions. Ils continuent de rédiger leurs cahiers; ils les présentent au roi; les orateurs des trois ordres le haranguent, & ne disent pas un mot qui ait rapport à un aussi grand crime.

Ces meurtres avaient été commis, le 23 & le 24 décembre. Les Etats remirent au roi leur cahier, le 4 janvier; & le même jour, ils renouvellèrent, par serment, leur édit d'union : le 15 & le 16 janvier suivant, les orateurs des trois ordres prodiguent les plus grands éloges à ce roi pédéraste & assassin. Ils ont la bassesse de lui dire qu'il est le restaurateur & le défenseur de la religion. Ils lui donnaient cet éloge, dans le temps que le pape l'excommuniait.

De Thou, liv 94.

La reine mère *Catherine de Médicis*, était morte depuis l'assassinat des *Guises*; & vraisemblablement du chagrin qu'elle en eut, chagrin qui empira la maladie dont elle était attaquée.

Les orateurs, en parlant de sa mort, en font autant d'éloges, que s'ils pouvaient encore obtenir des récompenses, en la trompant. *Charles de Cossé*, comte de *Brissac*, orateur de la noblesse, ne rougit pas de dire que le Saint-Esprit a conduit le roi à une si notable assemblée; .... *que la reine mere, que Dieu absolve, est non-seulement la mère des trois derniers rois, mais aussi la mere des trois états; que c'est elle qui, parmi tant de périlleuses tempêtes, a conservé la couronne, défendu l'église catholique, & maintenu l'honneur des Français.*

Recueil général des Etats, partie II, p. 189.

pages 184 & 185.

Bernard, l'orateur du tiers-état, la loue moins, quoiqu'il l'appelle *très-sage*, & qu'il dise que la France a fait l'épreuve de *ses bons & utiles avis.*

Qui ne connaîtrait *Catherine de Médicis* que par ces discours, croirait qu'elle a été la reine la plus vertueuse, & qu'elle a sauvé l'Etat; quoique son inconduite, ses mœurs licencieuses, son goût pour la domination, son inconséquence, sa facilité à changer de parti, sa fureur d'opposer les *Guises* aux *Condés*, les protestans aux catholiques, eussent élevé toutes ces tempêtes, que les orateurs assuraient qu'elle avait appaisées.

Ainsi, ces assemblées, qui ne pouvaient guère être utiles qu'en fesant entendre au roi la vérité, servaient à le tromper, en se taisant sur les crimes publics, & en prêtant des vertus imaginaires à une reine qui n'en avait aucune.

Mais ce furent les seuls honneurs qu'elle reçut, & les mémoires du temps disent qu'on *n'en parla pas plus que d'une chevre morte.* nous avons déjà remarqué que les écrivains de ce siècle ne mettaient aucune noblesse dans leur style, & aucun choix dans leurs métaphores.

Les discours des orateurs de ces Etats offrent encore quelques autres remarques à faire, soit par le fanatisme, soit par la vanité dont ils sont remplis, ou par la peinture qu'ils font de la corruption des mœurs.

Ce n'est pas seulement le clergé, c'est la noblesse qui se montre fanatique : c'est son orateur qui loue *Henri III* d'avoir *abandonné tous ces mauvais conseils, qui voulaient introduire la prudence humaine parmi les loix & le zele ardent de la foi, qui,*

Discours de l'orateur de la noblesse.

Recueil général des Etats, page 186.

chez les vrais chrétiens, ne se peut tem-
p. 187. *pérer..... Puisque votre majesté*, dit-il, *s'est obligée à la guerre, contre les hérétiques; guerre non feinte, non simulée, non sujette à trêve, à accord, à paix & à*
p. 188. *traités;...... or, entre les ames réprouvées, on ne peut trouver secte si dangereuse ni si abominable que celle des huguenots; donc, comme son impieté est extrême, extrême en puisse être le châtiment!....* La haine qu'il ressentait contre les huguenots ne l'aveuglait pas, en faveur du clergé catholique. *Nous esperons*, dit-il, *que l'église se repurgera de nonchalance, de simonie & d'abus..... Je ne sais si la fureur de ses ennemis est plus grande que ses débordemens ne sont deplorables. Qui s'abstiendrait de larmes, voyant entre les mains de quelles personnes, ses honneurs & ses biens se sont dispenses; & que souvent les mains profanes des femmes & des soldats ont cueilli les fruits dédiés & voués à la paix des ames & à la gloire de Dieu?....* Mais s'il traite
p. 190. ainsi le premier ordre de l'Etat, il ne manque pas d'exalter celui de la noblesse. *Ce ne sont pas seulement les cahiers de nos contemporains que nous apportons à votre majesté, c'est*

l'exemple de nos majeurs (ancêtres)..... *c'est cet honneur, qui nous représente ceux qui ont vaincu les Goths, les Vandales, les Ariens, les Albigeois, les Lombards, les Sarrasins & païens : bref, qui ont poursuivi la défense de la foi & les victoires de nos rois, des derniers rivages de la mer Océane, bien loin par-delà celle du Levant, & qui n'ont laissé d'autres bornes à la réputation de leur valeur, que celles que le soleil prend à faire le tour de la terre.* p. 192.

Cet éloge qui n'est, ni élégant, ni modeste, eût à peine convenu aux anciens Romains. Les patriciens avaient eu plus de grandes dignités, de consulats, de dictatures, de pro-consulats, de gouvernemens de province, que la noblesse française n'avait eu de distinctions militaires : ils avaient fait de plus grands exploits & de plus vastes conquêtes, que les gentilshommes Gascons ou Picards; mais jamais ils n'avaient parlé de leurs exploits, avec cet orgueil; jamais ils n'avaient prétendu attribuer, aux seuls patriciens, la gloire des combats qu'ils avaient partagé avec les plébéiens, & priver, pour ainsi dire, le peuple des couronnes civiques, murales ou navales, qu'il avait remportées. Ils sentaient, ils avouaient que le génie de Rome n'était pas attaché à quelques hommes; que le corps des patriciens pouvait périr, sans que Rome eût une victoire de moins; un plébiscite eût suffi, pour créer un nouveau corps de patriciens; mais les plébéiens ne se font point avec des *senatus-consultes*.

En lisant les discours fastueux de la noblesse française, on croit toujours entendre l'orateur d'une caste militaire, parlant au milieu d'une nation, où nulle personne d'aucune autre caste ne peut porter les armes, & n'est mort, pour la patrie, sur un champ de bataille; mais, malheureusement, la terre a bu plus souvent encore le sang du peuple que celui des nobles.

Lorsque *Charles de Cossé* eut cessé de parler, l'orateur du tiers-état, *Etienne-Bernard de Dijon*, prit la parole; il ne pouvait croire, après le meurtre des *Guises*, & l'emprisonnement de tant de députés, que les Etats eussent quelque liberté; il commence son discours par s'excuser des vérités qu'il allait dire. *Nous sommes*, à *cela*, *invités & même contraints*, *par la franchise des Etats*, dit-il, *par la liberté*

Recueil général des Etats, partie II, p. 198.

donnée, **PAR LA SURETÉ PROMISE**, *nécessité de nos charges publiques, & obligations particulières de nos sermens.* Cependant il parle plus selon l'intérêt du roi, que selon la vérité : *Henri III* cherchait à persuader les ligueurs que la mort du duc de *Guise* ne changeait rien à l'engagement qu'il avait contracté avec eux, de combattre & de détruire les huguenots. *Bernard* dit donc à ce roi : que l'*édit d'union a été minuté du doigt de Dieu même, comme les tables données a Moïse : que le roi s'est acquis un nom immortel, & consacré, dans la postérite, comme celui du grand Théodose, par un pareil édit, contre les hérétiques de son temps...* pages 199 & suivantes.

L'ulcere de l'hérésie clos & fermé, le reste du corps ne laisse pas que d'être fort corrompu.... ajoute-il ; *car, à la vérité, les blasphêmes sont langage maternel & ordinaire à plusieurs Français ;* **LES ADULTERES LEUR SONT JEUX** *; la magie leur est subtilité d'esprit, & curiosité honnête ; la simonie, marchandise commune : bref, tous les vices, détestables à nos pères, accompagnent la France, comme l'ombre fait le corps.*

Ce n'est pas seulement aux ecclésiastiques, qu'il faut reprocher cette lepre spirituelle de simonie.... nous avouons que c'est un poison qui se laisse insensiblement goûter par la noblesse, & qui n'infecte pas moins le tiers-état.

Car, en ces deux ordres, il y en a plusieurs qui ne font point de conscience de prendre sur l'autel.. de-là procède une partie de nos malheurs : les eglises ruinées, les dévotions éteintes, les fondations négligees, les sacremens profanés, les pauvres, auxquels une portion du bien ecclesiastique est affecté, crient à la faim; & la crainte de Dieu se perd de jour en jour.

Au torrent de tels abus, nous avons trouvé & opposé deux certains remedes : savoir, l'élection requise à la forme de nos cahiers, & la prohibition de la pluralité des bénéfices....

Quant à la simonie qui opprime tous vos autres sujets, c'est la multitude effrénée & monstrueuse de tant d'officiers inutiles, la venalité & inondation des offices de judicature, ou la corruption est si grande, que l'ambition des plus riches ignorans de votre royaume leur a fait trouver place aux premières dignités.

L'argent les a fait juges, & juges si nécessaires, qu'il faut que la vie, l'honneur, les biens, les personnes, des ecclesiastiques nobles & plebeiens, passent, à leur mot, avis & jugement, aussi bien que s'ils étaient dignement choisis, élus & nommés.

L'orateur de la noblesse avait demandé, mais avec moins d'énergie, l'élection des ecclésiastiques, & l'abolition de la vénalité des charges. Tous les Etats précédens avaient fait le même vœu : mais, l'orateur de la noblesse n'avait point parlé du ravage des gens de guerre. Voici ce qu'en dit l'orateur du tiers-état : *nous nous plaignons, justement, de l'insolence de votre gendarmerie, & de la violence de vos soldats. Lesquels, comme furieux & vrais parricides, ont pillé, déchiré, meurtri, violé & saccagé cette France, notre mere commune, ont égaré les villageois, avec une hostilité si barbare, que la plupart des terres sont sans culture, les lieux fertiles déserts, les maisons vides, tout le plat-pays dépeuplé, & toute chose réduite en un désordre épouvantable....*

Ces reproches tombaient particulièrement ſur cette nobleſſe ſi prompte à ſe vanter, & à citer l'honneur & les exemples de ſes *majeurs*. C'était elle ſur-tout qui formait la gendarmerie, qui commandait les troupes & qui pillait, comme ſes majeurs. Le clergé n'emportait le bien du pauvre que par ſon aſtuce; mais il ne gaſpillait point ce qu'il ne dérobait pas. La nobleſſe emportait ce qu'elle pouvait, & brûlait, ou ſaccageait ce qu'elle n'enlevait pas.

Les financiers achevaient de tout prendre, & l'orateur ne les ménage pas : *ce ſont, ſire*, dit-il, *ce ſont les partiſans, qui, par importunité, immenſité de dons, & ſubtile invention du comptant, ont epuiſé vos finances; ce ſont les inventeurs de ſubſides & édits nouveaux, les exécuteurs des commiſſions extraordinaires, courtiers, maquignons d'offices, vermine d'hommes, & couvées d'aſpics écloſes en une nuit, qui par leurs recherches, ont fureté votre royaume, juſqu'aux cendres de nos maiſons.*

p. 209 *Pluſieurs édits ont été vérifiés & enregiſtres avec ces mots, par commandemens pluſieurs fois réitérés. Aux édits juſtes &*

tions, les commandemens du prince souverain ne sont jamais nécessaires.

L'amour du peuple est le fondement du royaume, & la sûreté de votre sceptre... p. 210.

Or, il n'y a point de remède plus prompt, que de reprendre les deniers de ceux à qui la foule & l'oppression de vos sujets ont butiné tant de richesses. Il est temps de comprimer l'éponge trop remplie. p. 211.

Pour en faire la recherche, nous avons article exprès, dans nos cahiers. p. 212.

Il faut que cette misérable ressource ait paru très-grande aux Etats ; car l'orateur affirme que les Français l'ont employée, plusieurs fois, entr'autres, sous *Charles VI.* Il aurait dû observer, que ces recherches effrayantes faites plus souvent au hasard, d'après la clameur publique, que d'après la justice, n'ont jamais rien produit : que les fortunes de vingt particuliers, quelques considérables qu'elles paraissent, sont peu, par rapport aux dépenses publiques ; & qu'elles sont dispersées, gaspillées, ou consommées en frais, avant d'arriver au trésor du prince.

Les étrangers, ajoute-t-il, *louent les Français d'établir & conclure les plus belles* p. 214.

loix du monde; mais ils se rient de ce qu'elles sont seulement imprimées & ne se gardent pas.

L'ordonnance dernière de Blois, projetée à votre avènement à la couronne, est fort sainte & nécessaire, & toutefois, faute d'exécution, elle est inutile.

L'assemblée des Etats fut en 1576. LE CAHIER COMPILÉ ET PRÉSENTÉ PAR LES TROIS ORDRES NE FUT VU QUE TROIS OU QUATRE ANS APRÈS : & la publication de vos ordonnances remise en un temps, qu'il n'y avait article qui ne fût renversé, perverti, & corrompu par de nouveaux édits, avec des dérogations toutes contraires à vos saintes & justes résolutions.

Quelle était donc l'utilité des Etats-généraux, si l'on pouvait différer ou refuser l'examen de leurs cahiers? si, après avoir rendu une ordonnance conforme à quelques articles de leurs cahiers, on pouvait y déroger par des édits, ou des arrêts du conseil? si les Etats, pénétrés de ces abus, n'avaient que le triste droit de s'en plaindre, & non d'y remédier?

Je vois toujours le peuple espérer tout d'une

d'une nouvelle aſſemblée, & je vois toujours les députés ſi fatigués, au bout de quelque temps, de leur propre inutilité, qu'ils n'aſpirent qu'à ſe retirer chez eux ; qu'il faut des ordres pour les retenir, & qu'ils partent ſouvent malgré les ordres du roi : auſſi l'orateur finit-il ſon diſcours, par dire au roi : *j'ai charge expreſſe de vous ſupplier de nous donner congé.*

Ils obtinrent leur demande, & les Etats furent clos le même jour.

Cependant les cahiers n'étaient point examinés.

Nous les avons encore ces cahiers, & on y trouve un délire de fanatiſme, dont on n'a pas vu d'exemple dans ceux des Etats précédens, quoiqu'on s'y ſoit élevé contre les hérétiques.

Après un court exorde, ils débutent par dire au roi : *en conſéquence de votre édit d'union, il plaira à votre majeſté de déclarer Henri de Bourbon, roi de Navarre, comme hérétique, & notoirement relaps, criminel de leſe-majeſté divine & humaine, au premier chef; inhabile & incapable de ſuccéder à la couronne de France; privé de tous droits & prérogatives de prince & de pairie,*

Article de l'égliſe extr. du cahier du tiers-état mſſ bibl. de S. Germain des-Prés, n° 355. Les pages de ce mſſ ne ſont pas numérotées

tant lui que ses hoirs procréés, & a procréer, &c.

Que tout hérétique, de quelque qualité & condition qu'il soit, soit puni des peines portées par les ordonnances; que leurs biens soient confisqués, &c.

Que tous sorciers, devins, enchanteurs, magiciens, noueurs d'aiguillettes, tourneurs de sacs, soient punis de mort.

Que les blasphémateurs du nom de Dieu & des saints, soient punis selon les ordonnances.

Qu'il soit pourvu aux benefices par élection.

Que le concile de Trente soit publié, gardé, & observé par tout le royaume.

Cet article prouve, que les ecclésiastiques influèrent plus sur cette assemblée que les gens de justice, qui rejetèrent toujours, & qui rejettent encore les actes de ce concile.

Qu'es maisons des religieux & religieuses, aucun mineur ne puisse être reçu à faire profession avant vingt ans, & les filles dix-huit, & sans avoir averti leurs pères, mères & tuteurs.

Que la simonie & le concubinage des ecclesiastiques soient exemplairement punis.

Que quand vos cours souveraines procéderont à la vérification de vos édits, sous modifications ou restrictions, icelles soient exprimées aux actes de vérifications, & publiées à ce que chacun en puisse avoir connaissance par ladite publication. Article de la justice, extr. du même mss.

Que defenses soient faites à vosdites cours souveraines de faire aucun procès de grands ou petits commissaires, en quelque cause & matière que ce soit, ains leur soit enjoint de juger tout procès à l'ordinaire, sans prendre émolumens & vacations, que les épices qui seront taxées modérément, sous peine de concussion & privation d'office.

Que les bêtes necessaires pour le labourage & les instrumens aratoires ne puissent être saisis, pour quelque dette que ce soit, même pour deniers royaux.

Et d'autant qu'aucuns gentilshommes & seigneurs contraignent souvent les paysans & laboureurs demeurans en leur terre, de les cautionner, ce qui les réduit à pauvreté, défenses soient faites de les prendre pour fidejusseurs.

Que par loi générale, les adultères soient

punis de mort, & dernier ſupplice, ſans que les juges puiſſent tempérer ou modérer ladite peine.

Cette ſévérité anti-chrétienne avait déjà été le vœu des Etats-généraux ſous *Charles IX*. Il s'était établi depuis, des débauches plus honteuſes & plus criminelles, dont les Etats ne parlent point.

Qu'aux pays où la confiſcation a lieu, la légitime ſoit réſervée aux enfans ſur les biens confiſqués. Cet acte de juſtice & de clémence, avait auſſi été ſollicité par les Etats-généraux, ſous *Charles IX*, & n'avait point été obtenu.

Article intitulé dans le mſſ. des ſuppreſſions. *D'autant que l'expérience a démontré que la principale cauſe du déſordre procède de la multiplicité des officiers inutiles, il plaira à votre majeſté réduire le grand-conſeil, les maîtres des requêtes, les cours de parlement, chambre des comptes, cours des aides, &c. &c., en beaucoup moindre nombre.* On trouve enſuite une liſte en pluſieurs pages, d'officiers ſoi-diſant de juſtice, qu'on regarde comme inutiles, & qu'on prie le roi de ſupprimer; on les nomme tous, depuis les membres des cours ſouveraines juſqu'aux *langayeurs de porc &*

mouleurs de bois. Cette liſte eſt curieuſe, & montre dans tout ſon jour, ce que la vénalité des charges peut faire inventer aux miniſtres, & ce que la vanité des petits peut faire rechercher à la cour. Il eſt vrai que l'avarice ſe joignait à la vanité pour briguer ces charges honteuſes, qui toutes donnaient des exemptions de droits, & rejetaient le fardeau des impôts ſur ceux qui n'étaient pas aſſez riches pour avoir de telles dignités. Cette liſte prouve que ceux qui ont avancé qu'il n'y a point de pays au monde, où il y ait autant d'officiers de juſtice qu'en France, n'ont dit que la ſimple vérité. Elle montre encore qu'au lieu de chercher à corriger le vice national, & à détruire la ſotte vanité qui ruine ſans ceſſe parmi nous une multitude de familles, on l'a au contraire fortifié par toutes ſortes d'inventions; & on lui a donné tous les alimens néceſſaires pour qu'il ſe régénérât ſous toutes les formes, qu'il pénétrât dans toutes les claſſes de la ſociété, & qu'il infectât toutes les provinces du royaume.

Article de la nobleſſe.

Enſuite les Etats prient le roi de réformer ſa maiſon, *de ne donner à chacun qu'une charge*.

D'autant qu'aucuns seigneurs ont exigé de leurs sujets, deniers, grains, corvees, & autres choses dont ils n'ont ose faire plaintes, qu'il en soit fait punitions extraordinaires.

Que tous seigneurs & gentilshommes soient tenus de représenter à la justice leurs serviteurs, domestiques, ou avoues, en cas d'accusation publique.

Qu'il leur soit défendu d'etablir leurs domestiques pour juges, greffiers, notaires.

Que ceux qui depuis vingt ans à cinquante, ne s'emploieront pas à votre service dans vos armees, ou ailleurs, perdent les privileges de la noblesse.

Article de la gendarmerie.

Que nuls seigneurs & gentilshommes ne puissent tenir & avoir en leur maison canons & coulevrines, &c.

Que pour obvier aux incursions, pilleries, exactions, & autres mauvais deportemens des compagnies, qui causent la ruine de vos pauvres sujets, il soit permis à vos officiers de justice d'assembler les communes des villes & plats pays, pour leur courir sus.

Article du domaine.

Que votre domaine ci-devant aliéné soit saisi, & réuni à votre couronne; que les possesseurs en soient dépossedes.

A l'article des tailles, des aides & des subsides, on propose au roi de les *remettre dans l'etat où elles étaient sous François I, en attendant qu'on puisse les remettre dans celui où elles etaient sous Louis XII.* Ce qui était impossible, & ce qui démontre que les Etats-généraux n'étaient pas assez instruits pour comprendre que l'or, en se multipliant, perdait de son prix, & que la même somme, le même poids de marc, ne représentait plus, sous *Henri III*, la même quantité de denrées qu'elle avait représentée sous *Louis XII.*

A ticle des tailles, aides & subsides.

Ils ajoutent, *qu'aux pays où les tailles sont réelles, que tous indifféremment, de quelque qualité ou condition qu'ils soient, nobles, ecclésiastiques, ou autres, soient tenus au paiement & contribution desdites tailles.* Ce vœu des Etats, malgré son extrême justice, ne fut pas plus accompli que tant d'autres.

Dans l'article des finances, on demande au roi d'établir des chambres de justice pour faire faire des recherches de toutes les espèces de pillage & de gaspillage, commises depuis la mort de *Henri II.*

Article des finances.

Que les lettres de dons soient dorénavant

exprimés tous autres dons précédemment faits, du moins des trois années dernieres.

Qu'il soit ordonné à vos trésoriers de France, en faisant leurs chevauchées, se faire présenter par les élus, maires & échevins des lieux, le nombre des feux & ménages, & en faire recueil par généralité.

Que les gens du tiers état puissent tenir fiefs, & les acquérir sans être sujets aux contributions des francs-fiefs & nouveaux acquêts.

Qu'il vous plaise abolir l'impôt sur le sel, & aussi les pensions de mille écus aux chevaliers du Saint Esprit.

Article de la police.

A l'article de la police, on demande au roi des réformes concernant le luxe des habits & de la table, & quelques réglemens pour le commerce. C'était une contradiction dont on ne se doutait pas; car l'intérêt du commerce est qu'on soit bien nourri & bien vêtu, afin que l'agriculture, les manufactures, & toute espèce d'industrie soient en pleine activité, & enrichissent tous les habitans du sol. C'est la paresse du pauvre, & la vanité du noble qui demande des loix somptuaires.

On prie aussi le roi, dans ce même article,

de ne pas donner à ferme les voitures publiques, mais de laisser à chacun la liberté d'en louer au public.

Telles sont les principales demandes que les Etats-généraux firent au roi en 1588. L'assassinat du duc de *Guise*, les troubles qui s'élevèrent, obligèrent de les congédier avant de lire leurs cahiers. Il n'y avait point, & il n'y eut point d'ordonnance rendue en conséquence, point de conclusion d'arrêtée, point de résolution prise. Chaque député se retira bien armé, bien accompagné, & prêt à se battre; car la guerre civile éclatait de toutes parts.

La ville de Paris était révoltée, la moitié de la France en armes, le roi de Navarre prêt à venger son outrage, la ligue indignée du meurtre des *Guises*, l'église irritée de l'assassinat d'un cardinal; le pape excommuniait le roi : c'était le moment où il eût été le plus nécessaire d'avoir des Etats-généraux, tout assemblés, s'ils avaient joui de quelque autorité, ou même s'ils avaient eu assez de crédit pour en imposer au peuple, ou aux grands.

Le seul objet qu'il y eût d'arrêté & de bien décidé par ces Etats, c'était la proscription des calvinistes, & l'exhérédation du roi de Navarre, héritier présomptif de la couronne de France. Ils avaient juré de regarder, comme une loi fondamentale, l'édit d'union, qui déshéritait ce prince, & qui proscrivait sa secte. On devenait criminel de lese-majesté, si l'on ne se conformait pas au dispositif de cet édit. Jamais rien ne fut fait dans aucune assemblée des Etats-généraux, avec plus de solemnité, depuis la condamnation du pape *Boniface VIII*, sous *Philippe-le-bel*, en 1302.

Qu'en résulta-t-il? c'est que le roi viola lui-même le premier cette loi fondamentale, si saintement jurée. Il appella à son secours ce roi de Navarre qu'il avait déshérité, & il marcha contre les ligueurs, à la tête de ces mêmes huguenots qu'il avait proscrits. Il vint avec eux assiéger Paris, & il fut assassiné par un moine.

Le premier août 1589.

Fin du Livre quatrième.

Des Etats-généraux de la France.

LIVRE V.

Des Etats-généraux sous les Bourbons, & des effets qui ont résulté de ces assemblées.

Henri IV prend le titre de roi, [illegible] s'inqui[illegible] de la p[illegible] de loi [illegible] [illegible] la [illegible] couronne à un hérétique.

HENRI IV, exhérédé par les Etats-généraux, n'en prit pas moins le titre de roi de France, dès que *Henri III* eut rendu le dernier soupir. Il n'assembla pas les Etats, pour leur faire abroger *la loi fondamentale*, qui le proscrivait, lui & toute sa secte. Il regarda comme nulle & comme non avenue cette loi fondamentale, jurée par tous les ordres, cette loi qui devait être irrévocable & durer à perpétuité.

Le titre de roi est donné au cardinal de *Bourbon* par les ligueurs.

Les ligueurs la réclamèrent. Ils reconnurent pour roi le cardinal de *Bourbon :* & lorsque ce cardinal, prisonnier de *Henri III* & de *Henri IV*, fut mort, *Mayenne*, qui avait pris le titre de lieutenant-général du royaume, convoqua les Etats, pour élire un roi : il publia une déclaration, où il dit que, depuis *Clovis*, il a été résolu de ne souffrir, en France, qu'un roi catholique; que cette résolution a été rédigée en loi fodamentale par les Etats de 1588.

Mémoire de Villeroi.

Prétendus Etats-généraux de 1593.

Les ligueurs veulent élire un roi.

CETTE assemblée convoquée, par le duc de *Mayenne*, par le légat du pape, par l'ambassadeur d'Espagne, fut plus irrégulière qu'aucune autre, & ne mérite pas d'être comptée au nombre des Etats-généraux.

Le 2 avril 1593

Elle se tint au louvre. Il s'agissait d'élire un roi. *Feria*, ambassadeur d'Espagne, parla contre la loi salique; proposa de donner la couronne à l'infante *Claire Eugénie*, fille de *Philippe II*, & d'*Elisabeth de France*, fille de *Henri II*, & de marier cette infante, avec le jeune duc de *Guiſe*, fils du *Balafré*, tué à Blois, dont il ſemblait que le peuple voulait venger la mort. Il était neveu de *Mayenne* : cette propoſition peu politique, diviſa ces deux chefs de la ligue, & acheva de lui ôter ſa force.

Le trône préparé pour le roi qu'on devait élire, avait été laiſſé vide ; le légat du pape s'y aſſit, & préſida l'aſſemblée ; quoique ni ce légat, ni l'ambaſſadeur d'Eſpagne, n'euſſent pas dû paraître dans une aſſemblée nationale.

Malgré leurs vains diſcours, leurs promeſſes, & même leurs menaces, les députés n'osèrent nommer un roi, ni même prendre aucune réſolution.

La valeur de *Henri IV* les intimida : ſon changement de religion lui ſoumit Paris, & bientôt après toute la France, mais, quand il fut roi, il n'aſſembla point les Etats-généraux. Il donna ſon fameux édit de Nantes, contre la volonté bien connue des deux dernières aſſemblées des Etats de 1577 & de 1588. Il ne convoqua que des notables ; & ces notables furent cruellement joués par le duc de *Sully*.

Etats-généraux de 1614.

A peine la main d'un fanatique eut elle enlevé *Henri IV* à la France, que les troubles renaquirent de toutes parts. Les fautes de la cour dissipèrent les trésors qu'il avait amassés; elles jetèrent la confusion par-tout où sa prudence avait rétabli le bon ordre; & quand on ne sut plus quel parti prendre, on convoqua encore les Etats-généraux.

Louis XIII, déclaré majeur par la loi, n'était qu'un enfant destiné par la nature à toujours l'être. Sa mère, femme faible & timide, déclarée régente, n'avait pas la capacité de gouverner. L'administration était sans force & sans principes.

C'est toujours le parti opposé aux rois ou aux régens, qui demande l'assemblée des Etats. Ce fut encore un prince de *Condé* qui prit les armes contre la cour; il fit un traité avec elle, & il spécifia, par le premier article, qu'on tiendrait les Etats-généraux dans la ville de Sens.

Traité de Menehould.

Ils furent convoqués, par des lettres écrites, au nom du roi, & *de l'avis de la reine régente*; elles étaient adressées *a toutes*

Lettres de convocation.

les provinces, ſénéchauſſées, bailliages, pays & jugeries du royaume : elles ordonnaient aux magiſtrats de chacun de ces lieux, *d'aſſembler, dans la principale ville de leur reſſort & juriſdiction, les trois états d'icelui ; pour conférer enſemble ſur les plaintes & doléances & remontrances qu'ils auraient à propoſer dans l'aſſemblée générale, & pour élire enſuite un d'entr'eux, de chacun ordre, qu'ils enverraient dans ladite ville de Sens, au 10 du mois de ſeptembre.*

Marie de Médicis transféra ces Etats à Paris. Des hérauts d'armes en publièrent l'ouverture, dans tous les carrefours de cette ville. Le pr[illegible]er oct. [illegible]

Quoique le royaume fût plus étendu qu'il ne l'avait encore été, ſous la troiſième race, & que l'on convoquât alors les gens des campagnes comme ceux des villes, il n'y eût, en tout, que quatre cents cinquante-quatre députés. Ils avaient été plus de cinq cents aux derniers Etats de Blois; & nous avons déjà obſervé que, ſous le roi *Jean*, les ſeuls députés de la langue d'Oyl ſe montaient au nombre de plus de huit cents. Nombre des députés.

Parmi ces quatre cents cinquante-quatre députés, on comptait cent-quarante eccléſſiaſtiques, dans leſquels il y avait cinq cardinaux, ſept archevêques, quarante-ſept évêques, & deux chefs d'ordres monaſtiques.

La nobleſſe, quoiqu'elle ſoit en France beaucoup plus nombreuſe que le clergé, n'avait que cent-trente-deux députés; & le tiers-état, quoiqu'il ſoit au moins à la nobleſſe, comme mille eſt à deux, n'en avait que cent-quatre-vingt-douze. Preſque tous ces députés du tiers état étaient des officiers de juſtice ou de finance.

Comment les lettres de convocation, ayant ordonné que chaque bailliage, ſénéchauſſée, pays & jugerie, envoyât *un député de chacun ordre*, le nombre des députés de chaque ordre ne ſe trouva-t-il pas égal? Comment le royaume, étant plus grand, les députés étaient-ils moins nombreux?

Aſſemblées particulières de chaque ordre.

Le conſeil avait décidé, au nom du roi, que l'aſſemblée générale ſe tiendrait dans la grande ſalle du couvent des auguſtins; que le clergé tiendrait ſes aſſemblées particulières, dans une autre ſalle de ce même couvent; que la nobleſſe aurait les ſiennes au couvent des cordeliers; & le tiers-état, à la maiſon de ville.

Ces

Ces assemblées particulières devaient précéder l'ouverture des Etats ; car chaque ordre avait à nommer son président, son orateur, son secrétaire, son greffier & ses autres officiers, avant de se rendre à l'assemblée générale.

La dispersion des trois ordres, dans des quartiers différens, étant fort incommode, la noblesse & le tiers-état, après s'être assemblés, une seule fois, aux cordeliers & à l'hôtel-de-ville, supplièrent le roi de trouver bon qu'ils tinssent leurs autres séances, dans deux salles particulières du couvent des augustins, afin qu'ils pussent conférer, plus facilement, avec le clergé. Cette première demande leur fut accordée.

Les trois ordres s'envoyèrent complimenter réciproquement, par des députés.

Il y eut, dans la chambre de chaque ordre, beaucoup de cabales & de difficultés, pour l'élection du président & des autres officiers. Cabales & querelles. *Mss. de Montcassin, secr. de la nobl. page 8*

De violentes disputes s'élevèrent, quand on vérifia les pouvoirs des députés. On contesta, à plusieurs d'entr'eux, le droit qu'avait pris leur bailliage, d'envoyer directement des députés aux Etats-généraux. *Nous avons un journal du tiers-état, par Florimond Rapine*

Mss. de Montcasin, f 175 Deux députés du Périgord prirent querelle, sur l'antériorité de leurs maisons : &, pour bien la prouver, ils mirent l'épée à la main, en pleine assemblée. On les sépara : on les força à demander pardon à l'assemblée.

fol. 178 Il y eut aussi des disputes de préséances, entre les provinces ; & l'on fut obligé de décider qu'on opinerait, sans préjudice des rangs.

Jeûnes, processions, 26 oct. 1614. Le clergé ordonna trois jours de jeûnes : le second jour, tous ceux qui devaient assister aux Etats-généraux, allèrent en procession, depuis l'église des augustins jusqu'à celle de Notre-Dame, cathédrale de Paris : *Louis XIII* n'avait pas encore mis le royaume sous la protection de la Vierge ; il n'était encore que sous celle de *saint Denis*.

Dans cette procession solemnelle, les députés du tiers-état marchaient les premiers ; ceux de la noblesse venaient après eux ; ceux du clergé les suivaient, & précédaient, immédiatement, les pas du roi. Les chanoines de Notre-Dame prétendirent vainement avoir le droit de marcher, entre le roi & les députés du clergé : ces députés rie le souffrirent pas. C'était sans cesse des disputes nouvelles.

L'archevêque de Paris portait le Saint-Sacrement, sous un dais, devant le roi; Monsieur, frère du roi, sa sœur, Madame, suivaient ses pas; la reine, leur mère, *Marie de Medicis*, la reine, *Marguerite*, duchesse de Valois, toutes deux veuves de *Henri IV*, (le mariage de cette dernière ayant été déclaré nul) marchaient sous ce même dais, que suivaient les princes & tous les officiers de la couronne.

Toutes les communautés des églises, & tout le corps de l'université, se rendirent aux augustins, & accompagnèrent cette procession. Le régiment des gardes bordait les rues, depuis les portes de ce couvent, à celles de Notre-Dame.

Après la messe, le cardinal de *Sourdis* fit un sermon, & prit, pour texte, ces paroles : *Deum timete, regem honorificate. Craignez Dieu, & honorez le roi;* il y avait des textes plus utiles à choisir. Messe, sermon.

Le lendemain, on fit l'ouverture des Etats, dans la salle dite de Bourbon. 27 oct. 1614.

Le roi avait, à sa droite, la reine sa mère, sa sœur madame *Elisabeth*, première Arrangem. des places.

fille de France, déjà promiſe au prince d'Eſpagne ; & *Marguerite* ducheſſe de Valois.

Il avait, à ſa gauche, *Monſieur*, & madame *Chriſtine*, ſeconde fille de France.

En qualité de grand-chambellan, on voyait aſſis, à ſes pieds, ſur un couſſin de velours, le duc de *Mayenne ;* ce n'était pas celui qui avait défendu Paris, contre
le 3 oct. 1614 *Henri III* & *Henri IV ;* il était mort depuis trois ans, c'était ſon fils.

Les députés du clergé furent placés ſur des bancs à droite ; ceux de la nobleſſe, à gauche, & ceux du tiers-état, derrière eux.

Diſcours du roi. Le roi ouvrit la ſéance par un diſcours de quelques mots, ſeulement pour annoncer que le chancelier inſtruirait l'aſſemblée des motifs qu'il avait eus de la convoquer.

Diſcours du chancelier, de l'archevêque de Lyon & de l'orateur de la nobleſſe. Ce chancelier était *Nicolas Brulart de Silleri :* lorſqu'il eut fini ſon diſcours, *Simon de Marquemont* [*], archevêque de Lyon, paſſa au milieu de la ſalle, & ſe mit ſur un *accoudoir* préparé exprès. Il remercia le roi, pour ſon ordre. Le baron du *Pont de Saint-Pierre*, orateur de la nobleſſe, prit enſuite cette même place : c'était un étrange orateur, que ce baron : il parlait à un roi, encore enfant, mais prêt à entrer dans l'âge des passions; & il lui cite, comme une preuve de la grandeur royale, ce mot si lâche, & vraisemblablement si fabuleux, d'un juge de Perse, qui disait à *Cambise*, *que les rois pouvaient faire tout ce qu'ils desiraient, sans craindre de faire jamais une injustice.*

Il parlait devant trois ordres, jaloux l'un de l'autre; & il commence par une insurrection contre le tiers-état : *Cette noblesse*, dit-il, *autrefois si relevée, maintenant tant abaissée, par quelques-uns de l'ordre inférieur, sous prétexte de quelques charges.*

Qu'ils apprennent que, bien que nous soyons tous sujets d'un même roi, nous ne sommes pas tous également traités. Ils verront, tantôt, la difference qu'il y a d'eux à nous; ils la verront & s'en souviendront, s'il leur plaît.

Oui, je crois qu'ils s'en souviennent encore, & je ne crois pas qu'ils l'oublient jamais.

Ensuite il répète la formule des nobles; il s'écrie que *la noblesse offre au roi, par sa bouche, son cœur, son courage, son zele, ses biens, ses armes, son sang & sa vie.*

Discours de *Robert de Miron*, prévôt des marchands.

Robert de Miron, prévôt des marchands & président du tiers-état, lui succéda, dans la même place, & se mit à genoux. Il commença par dire: *Puisque cette assemblée d'Etats n'est autre chose qu'une conférence paternelle, paisible, douce & amiable, du roi avec ses sujets, laquelle ne tend qu'à la reformation des desordres, nous devons, avant tout, élever nos cœurs a Dieu, afin qu'il inspire a nos ames, des desirs eloignes de toutes passions.* Cette prière convenait aux circonstances; mais Dieu ne l'exauça point. L'orateur remercia ensuite le roi d'avoir convoqué les Etats, & sur-tout de les avoir assemblés dans Paris, ville *qui fut toujours attachée a son prince, d'une plus particuliere affection.*

Ce discours de *Miron* termina cette première séance, qui se passa toute en complimens & en cérémonie.

Le premier nov les Etats communient & prêtent serment.

Le premier de novembre, jour de la Toussaints, les députés communierent, dans l'église des augustins, des mains du cardinal de *Sourdis*. Ils étaient assis dans le chœur, ſur des bancs; le clergé, à droite de l'autel; la nobleſſe, à gauche, & le tiers-état derrière eux. Ils allèrent, ſix par ſix, à la ſainte table.

Le 4 de novembre, *les députés firent ſerment, devant Dieu, ſur les ſaints évangiles, de faire, de conſeiller & de procurer, à leur pouvoir, durant les préſens Etats-généraux, tout ce qu'ils penſeraient, en leur conſcience, être de l'honneur de Dieu, bien de ſon égliſe, ſervice du roi & repos de ſon Etat; comme auſſi de ne révéler aucune choſe qui puiſſe porter préjudice au général ou particulier de l'aſſemblée.* 4 novembre.

Dans les aſſemblées particulières de chaque ordre, on délibérait, on opinait & on votait par gouvernemens: il en réſultait que le gouvernement qui avait le plus de députés, n'avait qu'une ſeule voix, comme celui qui en avait le moins: qu'on avait bien ainſi la volonté de chaque gouvernement, & qu'on n'avait jamais la volonté générale de l'aſſemblée entière. Avec cette forme, elle ne pouvait pas même en avoir une. C'était la manière la plus favorable à la brigue; en gagnant ou en intimidant quelques députés, on s'aſſurait de la voix d'un gouvernement. Brigues.

Aussi s'éleva-t il des brigues de tous les genres : il y en eut, sur-tout, pour les préséances : ces niaiseries, auxquelles on mettait une grande importance, décrièrent aussi ces Etats. *Montcasin*, secrétaire de Fol. 191, au revers. la noblesse, rapporte, dans son journal ; qu'on jeta, plusieurs fois, dans la salle, par-dessous la porte, des écrits, où l'on se moquait des Etats.

Il nous apprend que, dans une dispute de préséance, le clergé députa au roi, & que le cardinal de *Sourdis*, portant la parole, dit à *Louis XIII* que *Charles-Quint* se plaisait à répéter que *le roi de France commandait à des bêtes & à des moutons, qui se por-* fol. 188. *taient indifféremment aux volontés de leur prince*. Je ne crois pas qu'on ait jamais dit une plus grande impertinence, en parlant d'un peuple à son roi.

Ces Etats avaient si peu de considération, que, pendant leur tenue même, on fit, dans le royaume, de nouvelles levées de le 8 nov. deniers : le tiers-état s'en plaignit : le roi défendit, par un arrêt du conseil assez ambigu, de lever de nouveaux impôts, pendant la tenue des Etats ; & bientôt après, fol. 225, au revers. des plaintes arrivèrent aux Etats, & les inſtruiſirent qu'on en levait, dans le Soiſſonnais.

Cependant, les trois ordres ſe brouillaient; la nobleſſe commença l'attaque, en demandant l'abolition de la *Paulette*, impôt honteux, imaginé par un nommé *Paulet*, pour augmenter le prix des charges de la magiſtrature. Cet impôt aſſurait aux enfans de celui qui le payait, l'héritage de l'office de leur père. Il changeait ainſi cet office public, en un bien de famille, que l'héritier pouvait garder ou vendre à ſon profit. C'eſt cet impôt, toujours ſubſiſtant, qui a fait monter, à un ſi haut prix, les charges de conſeiller du parlement. Cet impôt était cher à tous les magiſtrats. La nobleſſe, en demandant qu'on l'abolît, pria les deux ordres du clergé & du tiers-état de ſe joindre à elle. Les trois ordres ſe brouillent.

Le clergé, qui n'y avait aucun intérêt, s'unit volontiers à la nobleſſe. Les députés du tiers-état, preſque tous officiers de juſtice, ou de finance (1), ne voulant pas qu'on

(1) *La ſuppreſſion du droit annuel* (c'eſt-à-dire de la Paulette) *n'intéreſſait en rien ces deux corps du clergé & de la nobleſſe; mais la chambre du tiers-état était pleine de magiſtrats & d'officiers de juſtice qui regar-*

les accusât de combattre, pour leurs intérêts, acceptèrent aussi la proposition; mais, à condition que la noblesse se joindrait à eux, pour obtenir du roi l'abolition des tailles, impôt particulier au tiers-état; le retranchement des pensions, faveur accordée presque uniquement aux nobles; & la suppression totale de la vénalité des charges, dont la vente devenait, chaque jour, une branche plus importante des revenus de la couronne.

Mss fol. 194, au revers.

La noblesse ne se trompa point, sur les motifs qui dictaient cette demande; elle en fut très-piquée, & elle demanda au roi la surséance de cet impôt de la Paulette, jusqu'à la décision des Etats. Aussi-tôt le tiers-état supplia le roi de surseoir à la levée des tailles & au paiement des pensions. Ces demandes brouillèrent irrévocablement les députés de la noblesse & ceux du tiers-état. X

Discours de Henri de Mesme, lieutenant civil, à l'ordre de la noblesse.

Les querelles furent vives: on s'entremit, pour les appaiser. Le tiers-état consentit à

---

daient comme un avantage de transmettre leurs charges à leurs heritiers, &c. Hist. de *Louis XIII*, à la suite de l'Histoire de France de *Daniel*, derniere édition.

envoyer des députés à la noblesse. Le cardinal de *Sourdis*, quoique de l'ordre du clergé, voulut assister à cette séance. *Mss de Montcasin, fol. 203, & Florimond Rapine.* Le lieutenant civil porta la parole, au nom du tiers-état, & dit à la noblesse ces propres mots: *La France est notre commune mère, qui nous a tous allaités de ses mamelles. Messieurs de l'église ont eu la benédiction de Jacob, & Rebecca obtient & emporte le droit d'aînesse. Vous en êtes, messieurs, les puînés, & nous, nous en sommes les cadets. Traitez-nous comme vos freres cadets, & comme étant de la maison, & nous vous honorerons & aimerons. Souventes fois, les cadets ont relevé l'honneur des maisons, que les aînés avaient dissipées & ruinées..... Vous donnez la paix a la France, & nous magistrats, aux familles.*

Cette harangue irrita encore la noblesse: elle se plaignit au roi. *Henri de Baufremont, baron de Senescey*, fils & petit fils des orateurs des Etats tenus à Blois en 1576 & 1588, porta la parole pour elle, en qualité de président de la noblesse; il se plaignit que *le tiers-état eût comparé le royaume a une famille composée de freres, dont l'ordre ecclésiastique était l'aîné, la noblesse le puîné, & eux les cadets*. A quoi, ajoutait-il, auraient abouti les ſervices de la nobleſſe, *ſi elle eſt tellement rabaiſſee, qu'elle ſoit avec le vulgaire, en la plus étroite ſorte & ſociété qui ſoit parmi les hommes : qui eſt la paternité. Ils s'attribuent la reſtauration de l'Etat, à laquelle ils n'ont aucunement participé.*

Il n'eſt pas ſurprenant qu'on ſe moquât dans Paris, des Etats généraux, & de ce baron, qui ne voulait pas admettre, comme ſon frère cadet, le lieutenant civil; & de tant de gentillâtres inconnus, qui, malgré leur incapacité & leur inutilité, ſe croyaient ſupérieurs aux plus grands magiſtrats du royaume, aux *de Thou*, au chancelier *de l'Hôpital*, aux *Paſquier*, aux *Pithou*, aux *Harlai*, &c.

La cour n'oſa pas condamner la nobleſſe; elle obligea le tiers-état à faire une eſpèce de réparation, & le lieutenant d'Angers pria, quelque temps après, la nobleſſe, de mettre en oubli ce qui s'était paſſé, ſi quelque choſe lui avait déplu.

Malgré cette prière, on n'oublia rien, de part ni d'autre.

Le clergé choisit ce moment de discorde, pour demander que les Etats adoptassent le concile de Trente, dont tous les parlemens de France avaient constamment rejeté les canons, comme contraires aux libertés de l'église gallicanne. La noblesse, malgré sa prétention d'être l'appui des rois & le soutien du royaume, s'unit au clergé pour faire recevoir ces canons, qui tendent tous à soumettre les rois à la cour de Rome. Le tiers-état s'opposa à la demande du clergé & de la noblesse.

Dispute au sujet du concile de Trente.

L'évêque de Beauvais lui fut député, lui parla long-temps, pour le gagner : il lui dit que *le concile de Trente était l'oracle & le propitiatoire des cherubins, auquel, si on apporte resistance, on résiste pareillement a la foi.*

Mercure de France de 1614, tome II, p. 118.

Le président *Morin* fit à ce galimatias, une réponse très-claire ; il dit à l'évêque, qu'il n'était nullement besoin de publier les actes de ce concile, *que messieurs du clergé pouvaient toujours s'y conformer, en renonçant à la pluralité des bénefices & à d'autres abus qu'il condamne.*

Les trois ordres, malgré ces divisions, se réunirent contre les financiers. Ils deman-

dèrent au roi, une chambre de justice qui recherchât & qui punît les malversations commises dans les finances. Les Etats-généraux ont fait plusieurs fois cette demande; mais alors, c'était le parti du prince de *Condé* qui fesait agir les Etats, pour décrier la régence de *Marie de Medicis*. Le clergé, vendu à la reine, s'opposa quelque temps
le 11 dec 1614 à cette proposition. Enfin il fut entraîné, & les trois ordres firent ensemble cette demande. La reine, pour réponse, leur dit de hâter la rédaction de leurs cahiers, & les assura qu'on aurait égard à leurs représentations.

On proposa de former, à l'instar des villes d'Italie, un bureau où l'on prêtât sur gages, seul moyen d'abolir l'usure. Les Etats-généraux rejetèrent cette proposition, soit qu'ils ne voulussent autoriser l'usure en aucune manière, soit qu'ils prévissent que si jamais on formait un tel établissement, on le tournerait plutôt à la ruine du pauvre qu'à son soulagement.

Les sujets de mécontentement se multipliaient : les députés voulaient connaître l'état des finances. *Jeannin*, contrôleur-général, les amusa par de vains discours,

Le chancelier de *Sillery* défendit de leur en donner connaissance : ainsi ces Etats furent encore le jouet de la cour.

Les Etats étaient assemblés, depuis plus de deux mois, lorsqu'enfin, le 15 de décembre, le tiers-état commença la rédaction de son cahier. Les députés de la ville de Paris proposèrent qu'on erigeât en loi, une maxime dont l'évidence est telle, qu'avant la naissance du christianisme, il eût été ridicule de la proposer; mais les guerres de religion les massacres des Albigeois, des Vaudois, des protestans, la déposition de tant de rois, l'assassinat de *Henri III*, & celui de *Henri IV*, exigeaient qu'on fît une loi expresse, qui décidât que *nulle puissance spirituelle n'a le droit de déposer les rois, & de délier les sujets de leur serment de fidélité.* Tout le tiers-état y consentit.

le 15 déc.

Loi demandée par le tiers-etat & rejetée par les deux autres ordres.

Au premier bruit qui perça de cette proposition, faite seulement encore dans la chambre du tiers-état, le clergé se souleva : la noblesse, protestant toujours qu'elle était prête à mourir pour son roi, se joignit au clergé, pour faire rejeter cette propoſition qui aſſurait la vie des rois.

Ainſi, les deux premiers ordres furent ſoulevés contre le troiſième, pour une propoſition qu'ils auraient du demander les premiers, ſi l'un eût ſuivi le véritable eſprit de l'evangile, & ſi l'autre eût plus écouté ſes principes, que ſes paſſions.

Pour anéantir cette propoſition, ſans paraître la combattre, ſans être obligé de la connaître légalement, le clergé imagina de ſpécifier qu'il n'inſérerait rien, dans ſon cahier, qui concernât la nobleſſe ou le tiers-état, ſans le leur communiquer. La nobleſſe ſe preſcrivit une ſemblable loi, à l'égard du clergé & du tiers-état. Le tiers-état vit le piége, & ne voulut pas avoir de ſemblables ménagemens. Il n'en demandait pas pour lui.

Tout le clergé criait que la propoſition du tiers-état était hérétique : le tiers-état répliquait qu'il ne touchait pas à la foi ; mais qu'il ferait, dans ſon cahier, des articles contre le ſcandale occaſionné par les mœurs, ou les uſages du clergé, & qu'il ne les lui communiquerait pas.

Les

Les querelles devinrent si vives, entre les trois ordres, que le roi évoqua, à son conseil, les différends survenus entr'eux.

Paris fut indigné contre les deux premiers ordres : l'avocat-général, *Servin*, porta au parlement le vœu du tiers-état. le 31 déc.

Le parlement renouvella, par un nouvel arrêt, toutes les loix qui assuraient l'indépendance de la couronne. le 2 janvier 1615.

L'université fait assigner les Etats.

On cherchait si bien à mettre le désordre dans les Etats, & à multiplier les sujets de querelle, que l'université fit assigner les Etats-généraux, afin d'être admise, dans leur assemblée, parmi le corps du clergé.

Les Etats s'irritèrent de cette assignation, & rejetèrent sa demande. Le roi intervint encore dans cette dispute : il décida que l'université dresserait un cahier, & qu'il serait lu dans la chambre ecclésiastique.

Charles Pescheur, alors recteur, apporta ce cahier, à la chambre, le jour même où le parlement rendit son arrêt. le 2 janv.

Les deux premiers ordres s'offensèrent de cet arrêt : le cardinal *du Perron*, qui devait sa fortune à *Henri IV* assassiné par les faux principes que le tiers-état & le parlement combattaient, porta plainte à la reine, &

engagea cette princesse à faire casser l'arrêt qui assurait le trône de son fils, sous prétexte que le parlement n'avait pas droit de décider ce que les Etats examinaient ; mais le parlement ne décidait rien. Il avait eu la sagesse de rappeller seulement les anciennes loix au souvenir de deux ordres qui paraissaient les oublier.

La cassation de cet arrêt acheva de rendre les Etats ridicules. On sentit que, ne pouvant faire adopter la loi la plus favorable aux rois, on ne pouvait pas se flatter qu'ils en feraient recevoir qui fussent favorables au peuple.

Cependant, le roi & la reine mère pressaient toujours la rédaction des cahiers. Enfin ces cahiers, après environ cinq mois de disputes & de mésintelligence, se trouvèrent achevés.

Clôture des Etats, le 23 février.

Le roi vint faire la clôture des Etats. Le fils de ce *François Duplessis de Richelieu* qui avait arrêté, en 1588, dans la chambre du tiers état, le président de *Neuilly* & le prévôt des marchands ; *Jean Armand Duplessis*, évêque de Luçon, & depuis cardinal de *Richelieu*, présenta, à *Louis XIII*, le cahier du clergé, & il lui fit une harangue.

Le *baron de Senescey* présenta celui de la noblesse, & *Robert de Miron* celui du tiers-état. Ils le haranguèrent ensuite chacun pour son ordre.

Ils supplierent le roi de leur permettre de ne se pas séparer avant qu'il eût répondu à leurs cahiers; & le roi termina la séance par leur interdire de s'assembler, soit aux augustins, soit ailleurs.

Il garda quelques députés pour examiner les cahiers, avec quelques magistrats qu'il avait choisis en qualité de commissaires. Ces députés & ces commissaires ne firent que se disputer. Enfin, un mois après la clôture des Etats, le roi appella & assembla, dans le louvre, tous ceux des députés qui étaient encore dans Paris, & il les congédia entièrement sans rien conclure; mais en promettant d'abolir la paulette, la vénalité des charges, & quelques autres impots qui tous subsistent encore aujourd'hui, cent-soixante & dix ans après cette promesse. (1) le 24 mars.

(1) *Ainsi les Etats, dont on avait tant espéré, ne produisirent aucun effet.* Hist. de *Louis XIII*, à la suite de l'Histoire de France de *Daniel*, dernière édition.

Les cahiers, présentés au roi par ces Etats, ont été imprimés. Ils commencent par demander que le roi érige, en loix fondamentales, les propositions suivantes.

Article des loix fondamentales.

Que dorénavant, de dix ans en dix ans, il soit fait assemblée générale de votre royaume.

Que nul, de quelque condition qu'il soit, ne puisse se liguer avec l'étranger.

Que tout gentilhomme ou autre, pensionné par princes etrangers, soit tenu pour criminel de lese-majeste.

Que ceux qui feront levées d'hommes ou d'armes, ou assemblee sans permission, soient tenus pour criminels de lese-majeste.

Plaise a votre majeste de résoudre les cahiers qui lui seront presentés pendant la tenue desdits Etats, & avant que lesdits Etats se separent. Nous avons déjà vu que cet article ne fut point accordé. Le premier avait toujours été le vœu constant des Etats, & il fut constamment rejeté par tous les rois.

Voilà les articles que les Etats desiraient de voir rédiger en loix fondamentales : les suivans n'étaient que des propositions pour faire une ordonnance. Nous n'en marquerons que les principaux, ſur-tout ceux qui peignent les mœurs.

Qu'aucun ne ſoit pourvu d'archevêché ou évêché qu'il n'ait trente ans accomplis, qualités requiſes par les ſaints décrets, & qu'il ne ſoit originaire de France. Article de l'égliſe.

Que les abbayes ne ſoient tenues en commande, mais données aux religieux profes de l'ordre.

Que les archevêques, évêques & abbés, faſſent réſidence.

Que tous curés, à peine de ſaiſie de leurs temporels, ſoient, par chacun an, tenus, le dernier jour de janvier, de porter, au greffe de vos juriſdictions ordinaires, les regiſtres de baptêmes, de morts, mariages, ſignés en chaque page, & les feuillets cotés. p 17.

Qu'aux maiſons religieuſes ne puiſſe être admis aucun enfant, au-deſſous de vingt-cinq ans, ſans permiſſion des peres, meres & tuteurs.

Que tous devins, magiciens, pronoſtiqueurs & feſeurs d'horoſcope, ſoient punis corporellement; & que nul ne puiſſe faire almanach ſans permiſſion de l'évêque & des juges du lieu, à peine du fouet.

K 3

Article de la noblesse.

Parce que l'état de la noblesse est celui d'entre les ordres auquel a été commise la force & le maniement des armes, pour la protection & défense de votre royaume; plaise à votre majesté vouloir conserver & maintenir cet ordre en ses honneurs, droits, franchises & immunités, & néanmoins ne lui attribuer autres nouveaux droits, d'autant que ce ne pourrait être qu'à la charge & oppression de vos autres sujets.

Mais qu'il ne soit permis à aucun de prendre la qualité d'écuyer, & de porter armoiries, s'il n'est véritablement noble; & qu'il soit informé contre ceux qui ont usurpé cette qualité.

Que tous ennoblissemens, faits depuis *Henri II*, par argent & sans cause valable, soient révoqués, d'autant qu'ils ne sont donnés que pour exemption des tailles.

Et d'autant que plusieurs n'osent se plaindre des violences & exactions faites par les gouverneurs & lieutenans; qu'il soit permis à ceux qui s'en voudront plaindre, d'envoyer leurs plaintes avec le nom de leurs témoins clos & scellés à vos juges ordinaires des lieux.

Défenses soient faites à tous gouverneurs capitaines, lieutenans ou autres commandans de prendre fourniture, lever aucun droit & autres exactions sur les habitans du plat pays, de leur faire faire aucune corvée.

Soit aussi défendu à tous gouverneurs, lieutenans & autres, aux soldats & gens de guerre, de prendre ni exiger de quelque personne que ce soit, aucune denrée & marchandise, entrant ès villes, sous peine de la vie.

Remarquez qu'à la manière dont les Etats s'expriment dans leurs cahiers, on sent que ces actions qu'ils condamnent, sont les crimes de quelques-uns, & non pas des usages généraux & communs à tous les gens de guerre, comme ils l'étaient du temps des autres Etats-généraux. Il est évident que *Henri IV* & *Sully* avaient réprimé ces désordres. Nous allons voir des usages qui tenaient encore de la féodalité & des antiques habitudes d'un peuple long-temps serf.

Soit aussi défendu à tous capitaines, seigneurs, gentilshommes, de retirer en leur forteresse, châteaux & maisons, gens mal vivans, inconnus, vagabonds, accusés en juſtice, à peine d'en être tenus comme complices.

Que les règlemens pour la conduite des gens de guerre ſoient renouvellés; défenſes
p 47. leur ſoient faites de prendre chevaux, charrettes, bœufs, pour porter leur bagage, &c. (Mais en demandant que ces crimes leur ſoient défendus, on ne ſe plaint plus de leurs ravages comme autrefois.)

Que tous châteaux & fortereſſes, appartenans tant à votre majeſté qu'à d'autres, qui ne ſont ſur les frontières, ſoient démolis.

Que tous gentilshommes & autres ne puiſſent faire ſaire aucunes corvées, garde ou guet, aux laboureurs & autres perſonnes, s'ils n'ont titre valable.

Que défenſes ſoient faites à tous gentilshommes & autres, de contraindre d'aller moudre en leurs moulins, cuire en leurs fours, & preſſoirer en leurs preſſoirs, ni d'uſer d'autres droits de bannalité, ains ſoit loiſible d'aller moudre, cuire & preſſoirer à
p 54 tels moulins, fours & preſſoirs que bon ſemblera, quelque jouiſſance & poſſeſſion que leſdits gentilshommes & autres puiſſent alléguer au contraire; s'ils n'ont titres va-

lables, dont ils ſeront tenus faire apparoir ſix mois après la publication de l'ordonnance.

Que les ſeigneurs qui ont droit de tailles & aides ſur leurs vaſſaux & tenanciers ne les puiſſent exiger, ſinon en cas de mariage de leurs filles, chevalerie du Saint-Eſprit, & priſe pour le ſervice de votre majeſté, & voyages d'outre-mer..... qu'il vous plaiſe retrancher tous les autres cas....

S'il eſt vérifié qu'aucun ſeigneur ou gentilhomme & autres, ait procuré directement ou indirectement de faire loger des troupes de gens de guerre, ou compagnie p. 54.
de Bohémiens, pour travailler les habitans; qu'ils ſoient privés de leurs terres & juſtice.

Qu'il ſoit défendu aux ſeigneurs & gentilshommes de s'entremettre aucunement du mariage des filles de leurs vaſſaux & tenanciers, ſous peine d'être privés de leurs droits de juſtice.

Remarquez qu'on ne feſait aucun reproche de ce genre au clergé. S'il ſéduiſait quelque femme ou attrapait quelqu'argent, c'était ſans violence, ſans ſcandale, ſans ravage.

Et d'autant que nonobſtant les rigou-

reuses défenses, tant de fois réitérées, les combats exécrables des duels n'ont point
p. 56. cessé; plaise à votre majesté que tous ceux qui se battront, appellans ou appellés, ceux qui porteront billets ou paroles, soient déclarés coupables de lèse-majesté au premier chef, & punis de mort.

Article de la justice
Qu'aucune lettre ne puisse être expédiée
p. 60 en votre chancellerie, ni arrêt donné en votre conseil pour distraire vos sujets de leur jurisdiction ordinaire.

Plaise à votre majesté faire cesser la vé-
p. 65. nalité des offices de judicature.... leur interdire toute taxe, épice, & vacation pour quelque expédition que ce soit.

Que les présidens, conseillers des cours souveraines, & autres officiers de justice soient vêtus d'habits décens, & ne se trou-
p. 66. vent qu'en lieux & compagnie convenables à leur qualité, sous peine d'être blâmés pour la première fois, suspendus de leur charge pour la seconde, & privés d'icelles pour la troisième.

p. 66 & 67. Que tous vos juges & conseillers, tant des cours souveraines, qu'autres, fassent eux-mêmes les extraits de leurs procès, sans en commettre la charge à leurs clercs.

Afin de remettre la liberté du commerce & faire cesser toutes sortes d'oppressions desdits fermiers (du domaine) que les droits, tant de ladite traite foraine, domaniale, que d'entrée, soient levés aux extrémités du royaume ; & qu'à cet effet les bureaux desdites tailles & droits d'entrée soient établis aux villes frontières & limites du royaume. Article du domaine. p. 127.

Plaise à votre majesté de décharger vos pauvres sujets de toutes tailles, taillons, crues, aides, gabelles, subventions & autres impositions, généralement quelconques, mises sur vos sujets.... pour à quoi mieux parvenir, plaise à votre majesté décharger vos finances, des grands excessifs états, dons, pensions, & appointemens, lesquels se paient, tant aux princes, seigneurs, gouverneurs de provinces & places, gentils-hommes, qu'à vos officiers de judicature & finances, ensemble de votre maison, écurie, vénerie, fauconnerie, artillerie & marine, gendarmerie & infanterie. p. 129.

A la suite de ces articles on demande aussi que le roi abolisse toutes les exemptions des tailles : qu'ès provinces où les tailles sont réelles, elles soient imposées indifféremment sur tous. p. 146.

On prie le roi de réformer une foule d'abus en tout genre, & de fupprimer une foule de charges inutiles dans fa maifon, dans fes cours fouveraines & ailleurs.

Le roi ne fit point d'ordonnance. Ces cahiers ne produifirent que des mécontentemens.

Louis XIV convoque les Etats-généraux & ne les affemble pas.

Cette lettre eft imprimée dans le Recueil des pieces de S. Germain, datée du 23 janvier 1649.

Depuis cette affemblée jufqu'à ce jour, les Etats généraux n'ont pas été raffemblés; mais il en fut encore queftion en 1649. *Louis XIV* écrivit une lettre circulaire, pour les convoquer, & cependant ces Etats ne furent pas tenus.

La nation françaife qui, depuis *Pharamond* jufqu'à *Henri IV*, n'avait eu de fuccès que dans les armes, & qui ne pouvait guère être regardée que comme la première des nations barbares, prit, tout-à-coup, fa place, parmi les nations policées; & même, elle n'y tint pas un rang inférieur.

La grandeur où elle parvint, ne doit pas nous tromper : elle devint favante, riche, heureufe, illuftre; non parce que le cardinal *de Richelieu* gouverna l'Etat, avec defpotifme; non parce que *Louis XIV* rendit la nation amoureufe de fon roi, gouverna avec fafte, & affecta trop quelquefois de faire ſentir qu'il était maître ; mais parce que le cardinal *de Richelieu* acheva d'abattre tous les petits tyrans, qui tentaient encore de garrotter une nation que vingt rois avaient appellée à la liberté : parce que *Louis XIV* ſut donner de l'enſemble à un Etat dont toutes les parties avaient été déſunies juſqu'à ſon règne ; parce qu'il établit la paix intérieure, développa l'induſtrie, éveilla tous les arts, empêcha le tiers-état d'être moleſté, laiſſa l'homme de bien & l'homme induſtrieux jouir, non de cette liberté de contredire la puiſſance légiſlative & l'exécutive, dont on jouit, juſqu'à un certain point, dans quelque république; mais de la liberté de développer ſes talens & ſes goûts, dont on ne jouit pas toujours, dans les républiques ; parce que, ſous *Louis XV*, à cette liberté qui s'accrut encore, il ſe joignit une liberté de penſer, qui étendit beaucoup la ſphère de nos idées, & qui contribua encore à augmenter celle de notre bonheur ; enfin, parce que ces rois préférèrent d'etre les ſouverains d'un grand peuple, riche, libre & reſpectable, à n'être que les chefs mal affermis de quelques grands ſeigneurs peu riches, & maîtres d'un peuple pauvre, avili, peu nombreux & serf, sans industrie au dedans & sans considération au dehors, tel qu'il avait été pendant tant de siècles.

Récapitulation.

En traçant le tableau de chaque assemblée des Etats-généraux, je suis entré dans des détails trop minutieux ; j'ai souvent sacrifié la précision & l'élégance, au desir d'instruire; sur-tout à la nécessité de prouver que je ne forgeais point un systême, que je n'altérais point les faits ; que je n'exposais que de tristes & peut-être d'inutiles vérités.

J'ai voulu écrire l'histoire des Etats-généraux ; mais les Etats-généraux n'ont point d'histoire. Leurs assemblées n'offrent que des faits isolés, sans rapports entr'eux, & sans influence sur le corps politique, précisément comme les actions de l'enfance, qui, sans liaisons entr'elles, sans combinaisons, & sans motifs, ne sont qu'une agitation momentanée qui n'apporte point de fruit, & qui n'a point d'effet sur le lendemain; aussi l'enfance n'a t-elle point d'histoire.

Les peuples sauvages, les Hottentots, les Nègres, les Tartares, & beaucoup d'autres peuples n'en ont point : ils n'ont que des évènemens.

Les comices de Rome ont une hiſtoire qui ſe développe aiſément & rapidement. On les voit ſe former ſous les rois, ſe perfectionner ſous les premiers conſuls, ſe fortifier par les débats, contraindre le ſénat à reſpecter la nation, & à laiſſer le peuple jouir de tous les droits de la ſouveraineté.

Plus les faits qui concernent les Etats-généraux ſont iſolés, plus il eſt néceſſaire de les récapituler, afin de les voir en maſſe, après les avoir vus en détail.

Le corps politique, dans toutes les nations fondées ſur les débris de l'empire romain, ſe compoſe, non de citoyens, habitans des villes, comme chez les anciens, mais de ſeigneurs de châteaux.

Compoſition du corps politique chez les nations qui ont ſuccédé aux Romains.

Ces ſeigneurs, iſolés & ſéparés les uns des autres, ne pouvaient avoir, entr'eux, ni fraternité, ni égalité, ni communauté d'intérêt, ni mêmes projets d'agrandiſſement, ni même plan de défenſe. Il était donc impoſſible que leur confédération produisît un eſprit public.

Des ſeigneurs.

Les habitans des villes aiment les loix, & s'y ſoumettent volontiers. Les ſeigneurs de châteaux aiment les armes, & ne cèdent qu'à la force. Le gouvernement républicain a dû prédominer chez les anciens ; le gouvernement monarchique a prévalu nécessairement chez les modernes.

La confédération des seigneurs a toujours deux objets : l'un, de les soustraire aux rois ; l'autre d'asservir les peuples, qui ne trouvent d'abri, contr'eux, qu'en se fortifiant dans les villes : ainsi elle tend toujours à rendre le monarque sans pouvoir, le peuple esclave, & l'Etat sans force. Telle est encore la situation de la Pologne.

Ces confédérations de seigneurs se formèrent, dès la première race : elles morcelèrent la monarchie française : elles en firent une espèce d'oligarchie de seigneurs de châteaux ; mais elles trouvèrent une autre confedération toute formée & plus imposante que leurs armes. Ce fut celle du corps ecclésiastique, dont l'association avait commencé du temps des Romains : association que les ravages des Barbares avaient rendue infiniment chère à tous les peuples subjugués.

Du clergé. Les richesses du clergé, dons des empereurs romains & de la piété des Gaulois, l'arrondissement des diocèses, imaginé sous ces mêmes empereurs, à l'instar de celui des cités & des métropoles de l'Empire, l'instruction l'inſtruction des eccléſiaſtiques rendirent le corps du clergé reſpectable aux Barbares. Il ſubſiſta ſeul, dans le temps où toutes les municipalités, où toutes les dignités de l'Empire s'écroulèrent, autour de lui.

Il fut admis dans l'aſſemblée des ſeigneurs mais il ne ſe confondit pas avec elle : il fit un corps à part, un état dans l'Etat, une aſſemblée dans l'aſſemblée : &, dès ce moment, il y eut deux eſprits de corps & un nouvel obſtacle, pour former un eſprit public.

Le haut clergé eſt compoſé de grands propriétaires, ſéparés auſſi les uns des autres, par de grands intervalles. Ils ne purent avoir, ni une vraie fraternité, ni une parfaite égalité entr'eux. Cette ſeule poſition les obligea de recourir à la hiérarchie, & les ſoumit à un chef, quoique, dans l'origine, tous les évêques fuſſent égaux, & que l'humilité chrétienne, les dogmes de l'évangile, preſcriviſſent cette égalité; mais, ni loi, ni principe ne réſiſte contre la force de la ſituation: c'eſt un torrent qui entraîne ſes digues.

Les eccléſiaſtiques étudiant, en commun dans des écoles & des ſéminaires, élus longtemps aux grandes places, par les prêtres &

les habitans des diocèſes, ſelon les anciennes formes, conſervèrent toujours plus de rapports entr'eux, que les ſeigneurs de châteaux: ils ſentirent davantage l'utilité du mérite; & privés des douceurs du mariage, ils furent moins ſuſceptibles des vains préjugés de la naiſſance. Ils n'eurent pas la faibleſſe paternelle, qui brigue ſouvent, pour des enfans ineptes, les places qui demandent le plus d'intelligence.

L'eſprit du corps eccléſiaſtique eſt de tout ſoumettre par les préjugés & par les terreurs d'une autre vie, comme celui de la nobleſſe eſt de tout aſſervir par les armes & par l'orgueil de la naiſſance.

L'un inſpire l'aſtuce & le menſonge, l'autre l'audace & la violence. L'un & l'autre laiſſèrent le peuple eſclave : l'un & l'autre attaquèrent les rois; l'ambition de ces deux corps les rendit naturellement ennemis, & quelquefois les unit par une co-alition momentanée.

Quarante rois ou fils de rois (1), pluſieurs reines, périſſant par le glaive, ſous la première race, onze rois ou fils de rois dépoſés

(1) Voyez la nouvelle Hiſtoire de *Charlemagne*, dans laquelle M. *Gaillard* nous a donné cette effroyable liſte.

ſolemnellement, cinq condamnés à mort (1), & un nombre infini d'enfans iſſus du ſang royal, enfermés dans des cloîtres, ſous la ſeconde race, furent le réſultat néceſſaire des paſſions & du choc de ces deux corps.

Les croiſades, piége tendu aux empereurs, aux rois, à la nobleſſe, par l'aſtuce pontificale, firent périr une multitude innombrable de nobles, & augmentèrent le pouvoir du ſacerdoce. Le peuple commença à reſpirer, par la perte de cette foule de petits

---

(1) Ces onze princes étaient:

Taſſillon, duc de Bavière, condamné à mort & enfermé dans un cloître;

Bernard, roi d'Italie, condamné & mis à mort;

Louis-le-faible dépoſé avec ſa femme *Judith* ;

Lothaire, roi de Lorraine, qui ne fut que dépoſé ;

Charles, frere de *Pepin*, roi d'Aquitaine, condamné à mort & mis dans un cloître;

Charles-le-chauve, qui ne fut que depoſé;

Pepin, roi d'Aquitaine, condamné a mort & mis dans un cloître;

Carloman, fils de *Charles le chauve*, condamné à mort & mis dans un cloître;

Hugues, fils de *Lothaire* & de *Valrade*, enfermé dans un cloître;

Charles-le-gras dépoſé;

Et *Charles-le-ſimple* dépoſé deux fois.

tyrans. Il acquit quelque lumière, par la fréquence des voyages en Grèce & en Syrie. Il sortit un peu de la misère, par le mouvement que les croisades imprimèrent au numéraire enfoui dans les cloîtres & dans les châteaux. *Suger*, l'abbé *Suger*, appella les peuples à la liberté & au secours des rois, trop long-temps opprimés par deux corps qui, possédant tous les biens, laissaient l'Etat sans force & sans gloire.

Du tiers-état.

Les villes affranchies, mais faibles, languirent long-temps, sans que les citadins osassent mêler leurs voix à celles des nobles & du clergé; quoique la plupart des ecclésiastiques fussent nés de simples bourgeois & de simples villageois. Enfin, le vertueux *saint Louis* admit les députés des villes, dans quelques assemblées. *Philippe-le-bel* les admit solemnellement, dans celles du clergé & des seigneurs, sous le nom de *tiers-etat*. Ces députés, trouvant ces assemblées divisées en deux corps, furent réduits à en former un troisième. Ce fut encore un obstacle qui empêcha l'esprit public de naître.

Ces députés des villes, ou plutôt des bailliages & des sénéchaussées, étaient encore des hommes nés dans des contrées différentes d'esprit & de mœurs ; inconnus les uns aux autres, ils arrivaient avec des idées, des opinions, des préjugés, qui se contrariaient : rassemblés un moment, ils ne devaient jamais se revoir : aucune amitié ne pouvait les unir : aucun intérêt commun ne pouvait les mouvoir. Ils étaient, pour la plupart, de petits propriétaires, voisins de grands propriétaires, auxquels ils craignaient de s'opposer. Plusieurs, venus de provinces nouvellement soumises, ne se regardaient pas comme Français. Les plus zélés pour leur pays avaient toujours le plus d'empressement à sacrifier les intérêts des autres provinces. Ce dernier ordre n'avait pas même, comme les deux premiers, un orgueil commun. Il n'y avait que les vexations, les souffrances, les plaintes & les humiliations, qui fussent communes à tous ces députés du tiers-état; mais ils ne pouvaient s'accorder sur les moyens de s'en défendre.

Aucun député ne retirait le moindre avantage, pour lui, ni pour son pays, en cherchant à complaire à l'assemblée : elle ne donnait ni place ni récompense. Elle protégeait, à peine, ses membres réunis; elle ne pouvait, quand ils étaient séparés, les garantir de la vengeance du moindre des ſeigneurs, qu'ils auraient offenſé, par une généreuſe réſiſtance. Ainſi, il y avait des dangers & aucun encouragement.

Tous les hiſtoriens diſent que, dans les derniers Etats de 1614, le tiers-état commit une grande faute, en prenant, pour ſes repréſentans, des officiers de juſtice, des députés qui, mus par un eſprit de corps particulier, avaient des intérêts différens des ſiens. Mais il fallut bien les choiſir; car dans le tiers-état, perſonne n'était plus inſtruit des loix, des formes & des abus, & perſonne ne connaiſſait mieux l'art de parler en public.

Dans toutes les aſſemblées des Etats, chaque ordre eut des prétentions particulières, & des diſputes avec les deux autres : chacun pour triompher, dans ces diſſentions, cherchait à s'appuyer du roi; & l'autorité royale ſe fortifiait de la méſintelligence de tous.

Ce n'eſt pas que ces députés, hommes choiſis, l'élite & les gens les plus éclairés de leur ſiècle, ne connuſſent ce qui était avantageux à l'Etat, & ne viſſent ce qui était utile à tous. La preuve qu'ils l'ont connu, c'eſt qu'ils ont demandé, premièrement, que les Etats-généraux s'aſſemblaſſent fréquemment; ſecondement, qu'il y eût une commiſſion intermédiaire, qui veillât à faire exécuter les réſolutions des Etats lorſqu'ils ſeraient ſéparés; troiſièmement, qu'on ne mît pas d'impôts ſans leur conſentement; quatrièmement, que les impôts qu'ils accordaient ne fuſſent levés que pendant une année; cinquièmement, que les eccléſiaſtiques fuſſent mieux inſtruits, & qu'ils fuſſent élus dans les aſſemblées diocéſaines; ſixièmement, que la vénalité des charges fût abolie; ſeptièmement, que le roi abrogeât toutes ces exemptions de droits qui retombaient toujours à la ſurcharge du peuple. Toutes les aſſemblées des Etats-généraux ont fait ces demandes, aucune d'elles n'a été accordée.

Non-ſeulement la diverſité des intérêts dans les trois ordres, & la diſtance des contrées d'où venaient ces députés, empêchèrent qu'il ne ſe formât un eſprit public; mais l'admiſſion du tiers-état empêcha qu'il ne ſe formât même un eſprit momentané, propre aux révolutions.

Le tiers-état, compoſé d'agriculteurs, d'artiſans, de marchands, d'artiſtes, de gens de loi, d'hommes laborieux & occupés, a beſoin de paix. Tant qu'il ſera livré à ſon inſtinct

Caractère de chaque ordre.

Du tiers-état.

naturel, il aura un esprit pacificateur & conservateur. La guerre lui est toujours funeste : il est pillé par tous les partis, & imposé même par celui qu'il adopte.

De la noblesse.

La noblesse est oisive tant qu'elle ne fait pas la guerre. Cette oisiveté la rend inquiete : la paix la ruine : si la guerre n'en diminue pas le nombre, ses propres enfans lui sont à charge : tantôt on en a fait des corps de cadets ; tantôt on a établi des écoles, pour les élever, aux frais de l'Etat : toujours elle craint sa propre multiplication : il faut qu'elle se batte, soit pour le roi, soit contre lui, soit entr'elle. Elle ne s'enrichit que par sa bravoure, par des mariages ou des pensions.

Montesquieu prétend qu'elle a dépouillé trois fois le clergé de ses biens par violence, & que le clergé les a recouvrés trois fois par adresse. Aujourd'hui elle a engagé les rois à lui conférer tous les grands bénéfices : c'est une autre manière qu'elle a imaginée pour s'en emparer une quatrième fois.

Elle y trouve encore l'avantage de se débarrasser de l'excès de sa population, en vouant ses cadets au célibat, & en mettant ses filles dans des monastères. C'est son intérêt ſans doute; mais n'eſt-il pas contraire à l'intérêt public?

Le clergé compoſé de célibataires, formé, dès l'enfance, à la diſſimulation, à la gêne, n'oſant ſe livrer aux plaiſirs les plus purs, à ceux que la loi permet aux autres hommes, n'a de dédommagement, qu'une ambition ſourde, & des intrigues obſcures. Il domine à l'autel; il domine dans le confeſſional; il mépriſe néceſſairement des hommes qu'il confeſſe, qu'il ſoumet à la pénitence, ou qu'il abſout à ſon gré. Il les mépriſe, & il prend leurs biens quand ils lui ſont ſoumis; il les jette au feu quand ils lui réſiſtent; il a dépoſé les rois quand il a été puiſſant; & il a trouvé des fanatiques qui en ont immolé pluſieurs à ſa vengeance. (1) Du clergé.

En ſubordonnant toutes les puiſſances temporelles à la ſpirituelle, il ne s'eſt trouvé aſſujetti qu'à ſes propres loix; & il s'eſt conduit ſelon ſes intérêts politiques. Il a cauſé beau-

(1) On pourrait faire, depuis *Agag*, mis à mort par *Samuel*, juſqu'à *Henri III*, *Henri IV* & *Louis XV*, une liſte effroyable de ces crimes commis par le fanatiſme cette ſuite de meurtres doit faire pardonner un peu de chaleur à ceux qui la connaiſſent & qui s'en affligent.

coup de révolutions, & en a si peu éprouvé, qu'il y a encore en France, le même nombre d'évêchés & d'archevêchés, qu'il y avait, dans les Gaules, du temps des Romains : le même ordre, la même hiérarchie y subsiste. Il n'y a pas un seul royaume, une seule république en Europe, & peut-être dans le monde, qui soit aussi ancien, & qui ait joui d'une pareille stabilité.

Chaque ecclésiastique protégé par son corps, & ne craignant, ni pour une femme, ni pour des enfans qu'il n'a pas, redoute peu les révolutions, & les fomente, ou les fait naître à son gré.

Sous les deux premières races, où le clergé & la noblesse ont prédominé, les révolutions ont été nombreuses. Sous la troisième, où le tiers-état a été admis, dans les assemblées, aucun roi n'a été déposé.

Marcel, prévôt des marchands, assassina deux seigneurs; mais il respecta le dauphin. Si le clergé eût prédominé alors, comme sous la seconde race, il eût mis le dauphin dans un cloître. Le cardinal de *Guise* se vantait de tonsurer *Henri III*. Le duc de *Guise* voulait régner à sa place. De nouveaux priviléges pouvaient séduire le clergé; le domaine royal partagé en fiefs, des droits de justice plus étendus, pouvaient tenter la noblesse; mais que pouvait-on offrir au tiers-état? La remise des impôts? Elle était impossible, & l'on n'eût abusé personne en la promettant. La noblesse & le clergé s'entendent quelquefois, sur leurs intérêts, sans se communiquer; mais lorsque *Guise* voulut capter & connaître les sentimens du tiers-état, il fut obligé d'imaginer un formulaire, & de le faire signer à toutes les villes. Ce formulaire le perdit, en avertissant *Henri III* de son danger.

Effets de l'admission du tiers-état dans les assemblées publiques.

Le tiers-état mit donc, dans la balance politique, un poids qui l'empêcha de trop vaciller, & de se renverser sur le prince. Il assura le trône en butte au glaive de la noblesse, & aux excommunications du clergé. La magistrature roturière mit un frein aux usurpations & à l'oppression des nobles; elle remit tous les droits de la souveraineté dans la main du souverain; elle s'opposa, malgré les efforts du clergé, aux entreprises des papes, & sauva le royaume de la honte d'être un pays d'obédience.

Le tiers-état fournit à tous les besoins du du royaume par l'agriculture; il l'enrichit par le commerce; il le rend honorable par les beaux arts & par les belles lettres, que, presque seul encore, il a cultivés, en France, avec succès; il le défend par d'excellentes troupes; il n'a nul besoin des deux autres ordres, qui ne peuvent se rendre utiles, & perdre l'inquiétude qui les tourmente, qu'en se livrant à ces mêmes travaux qu'ils affectent de dédaigner, & qui sont d'autant plus dignes de respect, qu'ils sont les véritables fondemens sur lesquels repose l'Etat entier & même tout l'ordre social.

L'administration en est si convaincue, que, depuis les deux rois instruits par le sage *Suger*, tous leurs successeurs ont abaissé les grands, ont réprimé le clergé, ont élevé le tiers-état. Ils en ont retiré les fruits les plus desirés par tous les potentats : l'amour des peuples, une puissance inébranlable, une force redoutable à l'Europe, & une prospérité intérieure, dont il n'y a pas d'exemple, dans aucune autre monarchie.

Cette prospérité toujours croissante, depuis *Henri IV*, & portée à un si haut degré pendant le glorieux règne de *Louis XIV* & le règne plus heureux encore de *Louis XV*, avait fait croire que jamais on ne songerait, en France, à rappeller ces grandes assemblées, qui ont produit plus de querelles, entre les trois ordres, qu'elles n'ont eu d'utilité réelle; mais aujourd hui l'esprit humain ayant acquis plus d'étendue & plus d'énergie, les deux premiers ordres ayant montré plus de modération, le troisième ayant en général une éducation plus soignée; les lumières, plus répandues, ayant plus rapproché tous les hommes; le gouvernement, moins timide, mieux instruit, & plus disposé à rendre heureuse une nation dont la prospérité fait sa force, sa richesse & sa gloire, croit devoir conférer avec elle.

Il a déjà créé des assemblées provinciales : il convoque aujourd'hui les Etats-généraux; mais il n'oubliera point, sans doute, qu'ils sont encore à créer : que jamais nous n'avons eu, en France, de véritables *Etats-généraux* : qu'abusés, par ce nom, nous avons pris, pour tels, d'informes assemblées, composées sans règle, où des divisions mal conçues amenaient des querelles, où des intérêts particuliers fesaient, sans cesse, oublier les intérêts de l'Etat, & où l'esprit de corps étouffait perpétuellement l'esprit public : enfin, il se rappellera que, pour obtenir des vertus patriotiques, il faut un nouvel ordre & de nouveaux principes.

La nation ne fut jamais completement aſſemblée.

Il eſt remarquable en effet, & il eſt important de le dire, que la nation n'a jamais été complètement aſſemblée. Sous les deux premières races il n'y eut que des nobles & des eccléſiaſtiques de convoqués. *Saint Louis* admit dans les aſſemblées publiques quelques députés des villes. *Philippe le-bel* y appella les députés de la plupart des villes, & forma le tiers-état. *Charles VIII* y ajouta les députés des campagnes. Mais déjà les princes & les pairs n'aſſiſtaient plus à ces aſſemblées que comme perſonnes accompagnant le roi. Ils n'y aſſiſtaient point pour délibérer, opiner, voter, en qualité de princes & de pairs, comme partie intégrante, néceſſaire & eſſentielle des Etats.

Cependant par-tout les premiers de l'Etat font une partie eſſentielle de l'aſſemblée de la nation. A Rome les conſuls, les ſénateurs, les patriciens, les chevaliers en feſaient une partie tellement eſſentielle & inhérente que ſans eux ce n'était plus le peuple, *populus*, c'était la bourgeoiſie, *plebs*, qui s'aſſemblait. Ils haranguaient le peuple, donnaient leurs voix avec lui, &

modifiaient ſouvent ſes volontés, ſur leſquelles ils influaient toujours. Il en eſt de même en Suède, en Pologne, en Angleterre ; les premiers de la nation ne s'en ſéparent point.

C'eſt ce vice radical dans la conſtitution des Etats généraux, qui les a toujours empêché de prendre une grande conſiſtance. Malgré tout ce qu'une telle aſſemblée a d'auguſte & d'impoſant, on a toujours ſenti que la nation n'était pas complètement aſſemblée, & dès-lors il y a eu une vacillation qui l'a empêché de prendre ſa véritable aſſiette, & de ſe trouver fixe ſur ſa baſe.

Obſervons encore que l'admiſſion des députés des campagnes, n'a pas augmenté le nombre des repréſentans du peuple. Ils ſont au contraire moins nombreux que quand on n'y admettait que ceux des villes (1).

---

(1) A Paris, ſous le roi *Jean*, 1356, députés pour la ſeule langue d'Oyl, ... 800

A Tours, ſous *Charles VIII*,	1483,	Pour les deux langues d'Oyl & d'Oc.	300.
A Orléans, ſous *Charles IX*,	1560.		351.
A Blois, ſous *Henri III*, .	1576,		400.
A Blois, ſous *Henri III*, .	1588,		505.
A Paris, ſous *Louis XIII*, .	1614,		454.

Ainsi il est nécessaire de compléter l'assemblée à plusieurs égards.

Nous avons plus de lumières, on le dit, je le sais; nous sommes meilleurs géomètres, navigateurs plus habiles, physiciens plus profonds, poètes plus corrects, orateurs plus éloquens; mais entendons-nous mieux les affaires que *François de Guise*, que le cardinal *de Lorraine*, que *Henri de Guise*, qu'*Etienne Pasquier*, que *Bodin*, que le cardinal *du Perron*?

L'esprit des loix, sur-tout *le Contrat social*, & une foule d'ouvrages excellens, quoique moins célèbres, nous ont donné des idées plus justes de la constitution des Etats; mais, je le demande encore en sommes-nous plus disposés à suivre leurs préceptes? avec plus de lumières, avons-nous moins de passions?

Plus je desire le bonheur public, plus je suis prompt à m'alarmer, sur ce qui peut lui nuire : plus j'ai lu, plus je me suis instruit, plus je connais les maux où une folle présomption nous a précipités, plus je dois avertir des dangers qui nous menacent. Je suis comme une garde avancée dans une nuit obscure; attentive au moindre bruit,

bruit, elle doit plutôt s'émouvoir ſur une fauſſe alarme, qu'elle ne doit expoſer l'armée, par ſa négligence, à un péril véritable.

Les évêques dont pluſieurs ont montré, dans ces derniers temps, des vertus ſi patriotiques, & qui, eux-mêmes, ont concouru à nous faire obtenir la tolérance; les évêques qui ne s'appellaient point *monſeigneur*, qui n'ont pris ce titre, ſi peu conforme à l'eſprit de l'évangile, & ſi étrange dans des hommes qui ſe diſent les ſucceſſeurs des apôtres, que depuis les derniers Etats généraux, ſont-ils plus diſpoſés à renoncer aux formes particulières qui en font une république, au milieu du royaume, & à ſe rapprocher des formes générales qui doivent faire un ſeul corps de tous les membres de l'Etat, afin qu'il ait de l'unité, dans toutes ſes parties?

La nobleſſe, plus éclairée aujourd'hui, & moins turbulente qu'elle ne l'était jadis, la nobleſſe, où tant de vertus particulières ſe ſont déployées, où l'on a vu tant d'exemples d'un grand dévouement; la nobleſſe, priſe en corps, eſt-elle moins avide d'envahir excluſivement tous les honneurs de la société ? n'a-t-elle pas, depuis les derniers Etats-généraux, tenté d'enlever à la roture & les grands bénéfices, & les grades militaires, & les charges de judicature, surtout dans les provinces où plusieurs parlemens se piquent de n'être composés que de nobles, & refusent d'admettre les hommes les plus sages & les plus vertueux, s'ils ne peuvent prouver quelques quartiers de noblesse (1) ? &, malgré cette foule de nouveaux emplois qu'elle dédaignait autrefois, n'est-elle pas livrée encore généralement à une oisiveté qui lui fait un besoin de la guerre, de la chasse, des duels, du jeu, de toute espèce d'agitation ?

---

(1) » Il y a plus de quatre mille charges en France » qui donnent la noblesse... Depuis que le royaume » est rempli de nouveaux nobles, plusieurs cours » souveraines n'admettent que difficilement, dans » leurs compagnies, les familles bourgeoises qui » n'ont pas encore acquis cette petite illustration... » On examinera si cette institution de nos jours » est bonne, qui exige deux ou trois degrés de » noblesse pour être admis au rang d'officier dans » le service de terre ou de mer. » *Administration des finances de la France*, chap. XIV, *des charges qui donnent la noblesse*.

Ce goût des priviléges exclusifs, cette avidité, n'appartient ni à l'eclésiastique, ni au noble; ce n'est point un reproche que nous leur fesons; ils appartiennent uniquement à la corporation qui les sépare du reste du corps politique, & qui ont réduit, en quelque sorte, le tiers-état à faire aussi une espèce de corporation, ce qui détruit absolument le corps politique: car, que devient l'Etat proprement dit, que devient l'intérêt public, quand ces trois corporations se disputent pour leurs intérêts particuliers?

Le tiers-état est-il moins défectueux? Beaucoup plus instruit aujourd'hui, beaucoup plus laborieux & beaucoup plus riche qu'il ne l'a jamais été, n'a-t-il pas perdu, depuis les derniers Etats-généraux, le peu de faveur dont il jouissait? ne lui a-t-on pas, en quelque sorte, interdit de s'avancer dans l'église, dans les armées, dans la robe? n'est-il pas toujours seul contre deux ordres, trop souvent enclins à s'unir contre lui, & d'autant plus redoutables aujourd'hui, à cet égard, que presque tous les grands bénéficiers sont tirés de l'ordre de la noblesse?

Avec les mêmes formes & les mêmes vices, n'aurions-nous pas toujours les mêmes inconvéniens & les mêmes maux ? comme avec la même exposition, la même greffe & la même culture, le même arbre portera toujours des fruits de même qualité.

Cependant les mœurs, les opinions, la situation du clergé & de la noblesse ont changé. Le tiers-état a plus changé encore. Il n'est plus composé uniquement d'un ramas d'artisans, de petits marchands, & de rustres qui bêchent la terre, comme du temps de la féodalité. Il est formé d'un corps de magistrats & de jurisconsultes, à qui des fonctions augustes & des écrits célèbres ont donné le premier rang dans l'opinion publique, après ceux de l'ancienne Rome ; d'académiciens, de savans, de gens de lettres, dont les connaissances, plus étendues que celles des Grecs & des Romains, ont souvent soutenu la gloire de la nation, quand le malheur de nos armes lui fesait perdre de son éclat ; de riches propriétaires, de gros capitalistes, de manufacturiers opulens, dont les travaux quadruplent la valeur des productions du sol ; de négocians dont les nombreux vaisseaux disputent aux

Anglais & aux Hollandais, les trésors des deux mondes, & nous procurent des jouissances inconnues à nos pères, & à la foule des nations; d'une multitude innombrable d'hommes industrieux, dont le génie inventif a créé tout ce qui adoucit les malheurs de l'humanité, tout ce qui console ou guérit, tout ce qui rend la vie du riche si douce & si commode.

Ces jardins, ces palais, ces tableaux, tous les objets de cette magnificence autrefois ignorée, aujourd'hui journalière; tous ces monumens des arts, qui rendent si vain celui qui les possède, sont les fruits de leur sagacité, de leur méditation, de leur travail assidu.

Le possesseur de tant de biens, ne peut jeter les yeux autour de lui, qu'il ne voye les preuves de leurs talens; tout ce qu'il trouve sous sa main, d'agréable & d'utile, sont autant de bienfaits qu'il en a reçus. L'habitude d'en jouir empêche d'en sentir le mérite: mais, plus on réfléchit, plus on est connaisseur, plus on admire cette foule d'inventions précieuses, & plus on s'étonne des difficultés que l'industrie a surmontées. Il n'y a que l'envie ou une incapacité profonde qui puisse dédaigner les inventeurs, les auteurs, les fabricateurs de tant de choſes qui confondraient l'imagination, ſi une induſtrie moins générale les rendait moins communes.

Il faut joindre à ces hommes induſtrieux, cette foule d'agricoles, qui ne *taillent plus la terre*, mais qui la cultivent avec intelligence; qui ont changé des landes ſtériles en vergers, en jardins, en campagnes fécondes; qui ont enrichi notre ſol de toutes les plantes exotiques qu'il a pu adopter; qui ont produit de nouveaux fruits & de nouvelles fleurs, inconnus juſqu'à nos jours, & qui ont rendu les indigènes plus abondans, plus doux, plus ſavoureux.

Le chancelier *Biragué* obſervait avec raiſon que la nation eſt compoſée de plus de trois ordres. En effet, on pourrait ajouter au clergé & à la nobleſſe, l'ordre des gens de loi, celui des citadins & celui des agricoles, qui diffèrent tous les trois, de mœurs, de coutumes, d'habillemens, & en quelque ſorte, de langage. Mais pourquoi diviſer & ſubdiviſer les hommes? ils ne le ſont que trop: c'eſt à les réunir par des ſentimens d'affection & de bienveillance, que la ſageſſe du légiſlateur doit travailler ſans relâche.

Tous ces hommes, laborieux & induſtrieux, ſont naturellement paiſibles. Au lieu de cette impatience qu'on appelle courage, & qui nous porte ſouvent à tout détruire, pour n'être pas mieux; ils ont cette fermeté tranquille qui fait ſupporter les maux, qui en adoucit l'amertume, qui en tire quelquefois de grands biens, & qui améliore, à la longue, tout ce qui eſt ſuſceptible de quelque perfection.

S'il n'y avait au monde que de tels hommes, la terre ſerait un ſéjour de délices: mais, malheureuſement il y a au-deſſous d'eux une claſſe d'hommes groſſiers, dont la ſubſiſtance eſt attachée à des travaux qui ne demandent aucune intelligence; qui n'exigent ni méditation, ni aſſiduité, & qui ne leur apportent pas même l'eſpoir d'un avenir moins pénible. C'eſt en répandant quelque argent dans cette claſſe malheureuſe, que les ambitieux fomentent des émeutes dans les villes & des attroupemens dans les campagnes: c'eſt en leur offrant quelques aumônes que le clergé en feſait des fanatiques qui lui étaient dévoués.

C'eſt en feſant eſpérer à ces hommes dénués de tout, le pillage des biens du tiers-état que les hommes, éminens en dignités en prétentions, font naître la guerre civile dont le tiers-état eſt toujours la victime, rarement le complice & jamais l'inſtigateur.

Mais cette horde infime qui, chez les anciens ni chez les modernes, ne fut nulle part conſidérée comme une partie du corps politique, qui n'en eſt tout au plus qu'un appendice, n'eſt pas le tiers-état. Elle eſt livrée à l'inquiétude du déſeſpoir comme la nobleſſe à l'inquiétude de l'ambition.

Quand au tiers-état proprement dit, la paix lui eſt néceſſaire; ſes travaux, ſes ſuccès, ſa fortune ont également beſoin que l'Etat ſoit tranquille. Tous les agrémens de la vie, tous les progrès de l'eſprit humain lui ſont dûs, & diſparaiſſent avec la guerre, qui ramène par-tout la barbarie, la misère, le malheur, & la deſtruction de tout ce qu'il a créé. Par ſes travaux, par ſa multitude, il conſtitue par tout le corps national. Supprimez-le, les deux autres ordres ſont anéantis à l'inſtant: ſupprimez-les deux autres, il ne s'en appercevra pas, il reſtera ce qu'il était. Il y a beaucoup d'Etats où il n'y a point de nobleſſe & point de corps ecléſiaſtique : quelques-uns même n'ont point de clergé : mais il n'y en a aucun où l'on ne trouve toutes les profeſſions de ces hommes vertueux qu'on appelle parmi nous ſi improprement le *tiers-état*, quoiqu'il ſoit partout antérieur aux deux autres.

Ce que je dis ici n'eſt point une hypothèſe : c'eſt l'effet, le réſultat de la nature des choſes. Dans toute ſociété il y a des diſtinctions réelles & néceſſaires ; il y en a en outre, dans preſque toute l'Europe, de purement idéales. Les réelles ſont celles que donnent les talens, les places, les richeſſes : les idéales ſont celles qui ne procurent ni fonctions ni fortune.

Ces dernières furent long-temps inconnues ſous la première race, & peut-être même ſous une partie de la ſeconde. Aujourd'hui les rapports ont changé entre tous les ordres ; or, puiſqu'ils ne ſont plus les mêmes, ne faut-il pas que les formes éprouvent auſſi des changemens ?

Je propoſe mes doutes, je dis ce que je crois utile, je montre ce qui me ſemble à craindre. Je puis paraître ſévère, mais je dois l'être. On ne porte point le ser dans une plaie sans causer de la douleur. On ne réforme point les vices d'une nation en les caressant. La noblesse, le clergé, les rois, trouveront assez de flatteurs : dissimuler les vices, c'est, dans tous les temps, une faiblesse impardonnable à un historien; aujourd'hui ce serait une lâcheté. Nous avons fait d'assez grandes choses pour qu'on en espère de plus grandes encore : la plus magnanime, ce serait de réformer notre constitution. C'est ce qu'attend l'Europe : elle a les yeux sur nous ; elle va nous juger ; c'est à nous à enlever son suffrage.

Pour mieux connaître les inconvéniens de notre défaut de constitution, voyons quels effets ont résulté de la forme de nos prétendus Etats-généraux, comme nous avons vu ceux qui ont résulté des comices de Rome : examinons sur-tout comment, malgré ses vices, la nation française s'est mise au premier rang des nations policées, & a fixé, sur elle, l'attention & l'envie de la plupart des peuples de l'Europe.

PREMIER EFFET

DE CE DEFAUT DE CONSTITUTION.

La constitution demeure sans force & sans esprit public : manière d'élire les députés pour les Etats-généraux.

Le premier effet qui résulta du combat des trois corps qui composaient les Etats-généraux, fut de priver ces Etats de toute force active, & même de toute force passive. Ne comptant pas les voix de la totalité des députés, ne décidant pas à la pluralité, ils ne formèrent jamais de volonté générale ; ils ne s'assemblèrent, ni quand ils voulurent, ni où ils voulurent. On préféra quelquefois de les convoquer dans des villes de province où le peuple était bien moins instruit qu'à Paris, & bien plus facilement ébloui par la pompe royale à laquelle il n'était pas habitué. Là, les savans, les gens d'affaires, les magistrats les plus habiles, ne pouvaient former l'opinion publique ni agir ſur les députés. Rien n'y combattait l'influence du miniſtère : je remarque même qu'on évita toujours de les tenir dans des villes de parlement : c'eſt à Tours, à Orléans, à Blois, à Compiègne, qu'on les convoque, quand on ne les tient pas à Paris. Ils n'eurent point d'archives ; toutes leurs déciſions, ſemblables aux oracles de la ſibylle, ne furent écrites que ſur des feuilles volantes, qu'on ne retrouva point au beſoin ; qu'on ne ſait ou prendre aujourd'hui, & qu'on ne rencontre que par haſard dans des bibliothèques où on les a ramaſſées, comme des pièces curieuſes. (1)

Quand les députés avaient compoſé le triſte cahier de leurs doléances, comme un

(1) La néceſſité de retrouver ce qui concerne les Etats-généraux eſt une circonſtance bien propre à faire ſentir l'utilité de ces grands dépôts, où l'on évoque en quelque ſorte les ombres des morts, ou l'on converſe avec leurs mânes, où l'on retrouve ce que la négligence humaine laiſſait s'égarer, ſans prévoir qu'un jour on en aurait beſoin. Cette même circonſtance nous offre une occaſion bien naturelle de rendre juſtice aux peines, aux ſoins, à la perſévérance des ſavans bibliographes qui ont raſſemblé

avocat compose un mémoire, d'après une délibération de famille; le roi, son chancelier, son conseil, ou de simples commissaires, avaient toujours le droit de refuser toutes leurs demandes.

Du défaut de compter les voix, naquit l'indifférence sur le nombre des députés. Plus le royaume s'agrandit, plus ce nombre diminua. Nous avons déjà observé que les seuls Etats de la langue d'Oyl, sous le roi *Jean*, avaient eu huit cents députés, & que ceux de la France entière, sous *Louis XIII*, n'en eurent que quatre cents cinquante-quatre.

Voici comment en France se font en général les élections des députés; car il y a, dans quelques endroits, de petites différences qui

---

ces monumens épars, & sur-tout de rendre graces aux gardes des bibliothèques; particulièrement à celui de la bibliotheque de Saint-Germain-des-Prés, & à celui de la bibliothèque du roi, M. l'abbé *Desaulrais*, dont le zele infatigable est toujours prêt à aider les gens de lettres dans les recherches qu'ils veulent faire. Aussi a-t-on dit de lui avec justice, qu'il ne prenait jamais de vacances, & qu'il n'avait ni jours, ni heures de repos.

ne ſont que des variétés, dont il ſerait trop long de rendre compte.

Au ſortir de la grand'meſſe, ou à l'iſſue des vêpres, le procureur fabricien aſſemble, dans l'égliſe, les habitans de la paroiſſe. On leur lit le mandement du roi qui les convoque.

Ils éliſent enſuite un ou deux députés, & ils rédigent le cahier de leurs doléances. Chaque individu qui eſt dans l'aſſemblée, chaque payſan, a le droit de dire ce qui le chagrine, ce qu'il voudrait qu'on réformât: & c'eſt de toutes leurs réflexions & obſervations, que ſe compoſe le cahier de la paroiſſe.

Le député qu'ils ont choiſi, ſe rend à jour nommé, au ſiége du juge, dont ſa paroiſſe relève directement. Il a le droit de s'y faire accompagner par le notaire & le procureur-fiſcal de ſa paroiſſe, afin que ces hommes, moins ignorans que lui, puiſſent dans l'occaſion parler pour lui, & débattre le droit de ſes commettans. Ils ne ſont, pour ainſi dire, que ſes aſſeſſeurs, & ils ne peuvent voter.

Ce député trouve au ſiége de ſon juge ou bailli, tous les autres députés des paroiſſes, qui relèvent directement comme la ſienne de cette même juridiction.

Il y trouve auſſi tous les eccléſiaſtiques,

& tous les gentilshommes qui habitent dans le reſſort de cette même juridiction.

Le bailli leur lit le mandement du roi. Les ecléſiaſtiques demandent à former une chambre particulière pour procéder à l'élection de leur député, & à rédiger leur cahier; les gentilshommes font la même demande. Le bailli l'accorde.

Dès ce moment voilà les trois ordres partagés en trois chambres.

Le bailli aſſiſte à l'élection des ecléſiaſtiques, ſon lieutenant à celle des gentilshommes, un autre juge à celui du tiers-état.

Les députés de toutes les paroiſſes éliſent un nouveau député, qu'on peut regarder comme le repréſentant général de toutes les paroiſſes du reſſort. Des cahiers de chacune des paroiſſes, on forme auſſi un cahier général pour toutes celles du reſſort.

Le clergé & la nobleſſe éliſent auſſi chacun un député & forment chacun un cahier.

Ainſi voilà pour toute la juridiction trois députés & trois cahiers. Quelquefois il y a plus de députés quand la juridiction à le droit d'en envoyer d'avantage.

Ces trois députés portent, chacun le cahier de ſon ordre, au grand baillage duquel relève la juridiction dont ils ſont.

Ils trouvent au grand baillage les trois députés de chacune des juridictions qui ſont dans ſon reſſort.

Là, tous ces députés refont la même opération qui s'eſt faite dans les baillages inférieurs. Il y vient ordinairement un meſſager de l'évêque qui demande que les eccléſiaſtiques ſe retirent au palais épiſcopal pour y élire leur député & y rédiger leurs cahiers. Les nobles forment auſſi une chambre particulière.

Tous ces députés des petits baillages, choiſiſſent chacun dans leur ordre un député, & refondent tous les cahiers, qui étaient déjà extraits des cahiers des paroiſſes, pour en former un cahier général pour toutes les juridictions du grand baillage.

Or, ce ſont les trois députés du grand baillage, le premier ecléſiaſtique, le ſecond gentilhomme, & le troiſième du tiers-état, qui ſe rendent aux Etats-généraux, & qui y portent, chacun le cahier général de ſon ordre, tel qu'il a été rédigé au grand baillage.

Ainſi

Ainſi les députés qui arrivent aux Etats-généraux ne ſont que les repréſentans des députés des petites juriſdictions, leſquels n'étaient eux-mêmes que les repréſentans des députés des paroiſſes.

C'eſt ainſi qu'on eſt parvenu à réduire à quatre cents les députés de toute la France.

On pouvait faire mieux encore, car chaque grand bailliage reſſortit à l'un des treize parlemens du royaume. Les députés de chaque grand bailliage, pouvaient ſe rendre au parlement dont il relève, y élire des députés généraux, & y extraire un cahier général pour tout le reſſort de cette cour ſouveraine, ce qui aurait réduit à trente-neuf tous les députés de la nation aux Etats-généraux.

L'aſſemblée alors n'eut pas été trop nombreuſe. Je crois qu'on l'a tenté pluſieurs fois, & qu'on n'en a été empêché que par cette ſorte de pudeur dont on n'oſe pas toujours ſe défaire quelque puiſſant & quelque hardi qu'on ſoit.

Nous avons vu que *Bodin* ſe plaignait en 1576, que le nombre des députés eût été réduit à quatre cent, & qu'il aſſurait que *Louis XI* l'avait quelquefois réduit à dix-huit perſonnes.

Lorſque tous les députés ſont aſſemblés, ils ſe partagent en douze gouvernemens, & chaque gouvernement n'a qu'une voix. Souvent la majorité des douze gouvernemens, eſt la minorité des députés. Car le gouvernement où il y en a le plus, n'a qu'une voix comme celui où il y en a le moins.

Ainſi quelquefois un avis paſſe malgré le vœu du plus grand nombre. Eſt-ce *la volonté générale* qui l'emporte alors?

Jamais on n'a voulu dans les Etats délibérer, ni opiner en aſſemblée générale. Mais ſouvent on a voulu délibérer par bailliage. Très-peu de gens en France ſavent parler en public : beaucoup redoutent de choquer les opinions dominantes, & les hommes puiſſans. Ils oſent dire en délibérant devant peu de gens, ce qu'ils ne diraient pas à toute l'aſſemblée. Chacun s'enveloppe du ſentiment de ſon bailliage ou de ſa province. L'avis qui l'emporte eſt celui d'un gouvernement & n'eſt celui de perſonne. S'il bleſſe un miniſtre ou un grand, il ne lui indique point le député qui l'a fait passer.

On redige les avis & souvent on ne vote point. Il y a cependant trois opérations importantes dans toute discussion publique. Mais le peu d'usage des assemblées est cause qu'en France, les gens les plus instruits ne le savent pas toujours. *J. J. Rousseau* l'a observé avant moi : la première est de délibérer, c'est-à-dire de débattre la question qu'on agite, sans ordre, selon que les idées se présentent. La seconde est d'opiner chacun à son tour. Mais comme quand on a entendu toutes les opinions beaucoup de gens peuvent changer d'avis, on fait une troisième opération : c'est de voter, c'est-à-dire d'approuver ou de rejeter la chose proposée.

Cette dernière opération se fait chez plusieurs peuples avec des fêves ou des boules blanches & noires : chez d'autres en traçant un trait de plumes au-dessus de ces mots : *approuvé*, *rejeté*, *ou nouvel ordre* : chez quelques-uns en levant le bras droit quand ils approuvent : & le tenant baissé quand ils refusent.

On pourait délibérer & opiner par gouvernement & voter en aſſemblée générale. Cette forme donnerait ſouvent un réſultat très-différent de l'autre.

Je ne ſache pas qu'aucun peuple ait poſé une règle, pour déterminer le nombre des députés qui doivent le repréſenter. On a ſuivi, par-tout, des uſages vicieux, établis par le haſard, la violence ou l'intrigue. Toute aſſemblée nationale, pour ſe conſtituer, doit cependant partir d'après un principe, qui n'étant point l'effet du caprice, ne permette point des diſtinctions offenſantes, & ne donne pas lieu à de juſtes plaintes.

La recherche de ce principe ſemble être l'objet du premier travail d'une aſſemblée qui ſe forme, ou celui du *Solon*, du *Numa*, ou du *Servius*, qui s'en ferait le légiſlateur.

La règle la plus équitable, à cet égard, celle qui dériverait de la nature même de la choſe, conſiſterait *a mettre le nombre des députés, dans un rapport tel, avec celui des membres du corps politique, qu'il ne fût ni trop faible, ni trop grand, & que chaque deputé pût connaître ſes commettans & en être connu.*

Plus le peuple eſt nombreux, plus ce rapport eſt difficile à établir. N'a-t-on que peu de citoyens, leurs députés peuvent être dans le rapport d'un à cent? Sont-ils nombreux, dans celui d'un à cinq cents? dans un grand empire, on peut en choiſir un ſur mille. Peut-être ne peut-on guère aller au-delà. Un homme a déjà bien de la peine à en connaître mille, ſur tout à en être connu, à diſcuter, avec eux, leurs intérêts, & à les repréſenter.

Examinons ſi ce rapport rendrait l'aſſemblée générale trop tumultueuſe en France.

On y compte, dit-on, vingt-quatre millions d'habitans; mais il y a, dans ce nombre, douze millions de femmes qui n'ont point de repréſentans. Les calculateurs de la population nous aſſurent que, plus de la moitié des individus qui exiſtent, eſt au-deſſous de vingt ans. Ainſi, des douze milions d'individus mâles qui ſont en France, il n'y en a pas cinq millions qui aient atteint leur majorité.

Suppoſez qu'ils ſoient tous admis dans le corps politique; ſuppoſez qu'ils ſoient au nombre de ſix millions, en en prenant un ſur mille, on n'aurait que ſix mille députés.

Beaucoup de républiques ont des aſſemblées plus nombreuſes: ſans compter Rome, qui en eut de quatre à cinq cents mille citoyens; Athènes en eut de quatorze mille; Sparte de dix mille au moins; Venise, & les petits cantons de la Suisse, ont aussi des assemblées de plusieurs milliers de citoyens.

Ces six milles députés, & il y en aurait bien moins, peut-être pas quinze cent ou deux mille, si l'on ne regardait, comme membres du corps politique, que ceux qui ont une propriété foncière, & ceux qui ont une propriété mobilière assez évidente, pour les tirer de la classe des *prolétaires* & des *capite censi;* ces députés seraient des hommes d'élite, ce qui rendrait encore l'assemblée plus tranquille & plus grave.

Choisis par mille qui les connaîtraient personnellement, ils seraient mieux choisis que par une multitude plus grande. Si ce nombre de mille n'était pas de rigueur, à cause des maladies, des voyages, des mutations, qui arrivent perpétuellement chez un grand peuple, les magistrats, institués à cet effet, veilleraient à ce qu'il ne reçût pas les ridicules accroissemens que reçurent les centuries chez les Romains. Ils veilleraient à maintenir l'esprit de la loi, le rapport du nombre des députés au nombre des membres du corps politique; afin qu'ils puſſent offrir, d'un coup-d'œil, le dénombrement du peuple, & qu'ils fuſſent en état d'inſtruire l'aſſemblée, de la population, de la richeſſe, des revenus territoriaux & commerciaux; enfin, de la véritable force & des véritables beſoins du corps politique.

La difficulté d'un tel règlement ne provient que de la manière dont les hommes ſont diſtribués ſur la ſurface de la terre.

Ces ſix millions d'hommes en âge de majorité, ſont partagés entre quarante mille paroiſſes. Ce qui donne cent cinquante hommes majeurs par paroiſſes. Qu'on juge combien il faut qu'il y en aït dans les campagnes, où le nombre des hommes faits ne ſe monte pas à dix, pour former celui des paroiſſes de nos grandes villes où il y en a pluſieurs milliers.

Mais comme chaque paroiſſe envoie ſon député au ſiége de ſon bailliage, s'il y venait avec le dénombrement des votans qui l'auraient élu, le bailli ferait élire un ou deux députés de ſa juridiction, ſelon le nombre des votans qui ſe trouveraient dans toutes les paroiſſes de ſon reſſort: & chaque bailliage aurait, pour décider du nombre de ſes députés, une règle fondée ſur un principe, &

ſur un calcul néceſſaire à connaître pour le bien de l'état, au lieu d'un droit inutile, fondé ſur une coutume qui n'eſt bonne à rien.

Or, chacun de ces députés, né dans le bailliage, connaiſſant le ſol & les habitans, pourrait rendre compte immédiatement aux Etats-généraux de l'état du lieu, & des mille commettans qu'il repréſenterait.

La mauvaiſe conſtitution de nos Etats généraux, n'a jamais permis que, dans aucune de leurs aſſemblées, ils aient ordonné quelque travail, pour connaître le nombre des habitans, la quantité des biens, le rapport des terres, celui des manufactures & du commerce. Uniquement occupés des diſputes qui régnaient entre les trois ordres, ou des moyens de refuſer des impôts, à un gouvernement dont ils ſe méfiaient, ils cherchaient plus à cacher leurs richeſſes qu'à les accroître, en éclairant le miniſtère; ainſi les mêmes vices, qui les tenaient ſans force & ſans effet, les empêchèrent encore d'acquérir les inſtructions dont ils auraient eu beſoin, pour ſe conduire avec ſageſſe.

Tous ces travaux n'ont été entrepris que dans ces derniers temps, lorſque le miniſtère, perſuadé que les Etats-généraux ne ſe tiendraient plus, voulut acquérir la connaiſſance de toutes les forces de l'Etat.

Le rapport qu'il y a entre les députés & les membres du corps politique étant une fois bien connu, donne du poids à la voix de chaque député, & leur donne un poids égal ou presque égal.

Le compte que chacun aurait à rendre à ſes commettans, l'obligerait à être attentif & ponctuel.

Une nation ne peut prendre confiance, dans une aſſemblée, que quand chacun y délibère, y opine publiquement, & donne ſa voix avec liberté : que quand les voix y ſont comptées, & que toutes les queſtions y ſont réſolues à la pluralité des ſuffrages.

Toute autre forme affaiblit, ou même annulle l'autorité de l'aſſemblée; ſi le roi rend une ordonnance, d'après ſon rapport, le peuple eſt enclin à croire qu'il ne s'y conforme pas. Chaque province, ſi les voix n'y ont pas été comptées, refuſe de ſe ſoumettre à ce qu'elle a décidé, & rejette ce qui a été conſenti par ſes propres députés, comme cela eſt arrivé quelquefois en France.

Lorſqu'après des délibérations publiques, la pluralité des voix montre la volonté générale, elle acquiert involontairement, ſur les eſprits, une ſorte de crédit qui donne force de loi à ce qu'elle a réſolu; mais ſi quelqu'un ſe croit en droit d'y réſiſter, le peuple, à l'inſtant même, ſe croit diſpenſé de s'y ſoumettre. C'eſt la docilité des grands qui fait l'obéiſſance des petits.

Or, en France, les princes & les pairs n'étant point malheureuſement une partie intégrante de l'aſſemblée; le clergé, la nobleſſe, ayant refuſé ſouvent de ſe ſoumettre aux déciſions des Etats-généraux; quelques magiſtrats, par une prétention qui n'a point d'autre exemple dans le monde, s'étant perſuadés qu'ils avaient le droit d'en vérifier les déciſions, comme ils vérifiaient les ordonnances des rois, le peuple dût naturellement attacher peu d'importance à des déciſions qui aſſerviſſaient ſi peu, qu'elles avaient beſoin de la confirmation du roi, du chancelier, du conſeil, & des parlemens.

Ainſi ces aſſemblées, ſans poids & ſans autorité, reſtèrent ſans force & ſans crédit; n'acquirent ni l'eſprit public, ni même un eſprit de corps; n'inſpirèrent au peuple, ni reſpect pour la nation, ni amour pour la patrie, & ne produiſirent aucun bien réel.

SECOND EFFET

DE CE DEFAUT DE CONSTITUTION

Les trois ordres se précipitent dans la main du roi.

RIEN n'est plus contraire à la liberté que l'indépendance. Le fort, qui ne veut jamais céder au faible, & qui ne le secourt pas, pour en être secouru, tombera bientôt écrasé lui-même sous un plus puissant.

Nos Etats-généraux n'ont jamais connu cette importante vérité, qui aurait dû servir de base à leur constitution, & être l'objet perpétuel de leur sollicitude, pour maintenir l'heureux équilibre, sans lequel toute constitution est renversée.

Il n'y a point d'équilibre sans égalité; loin de la chercher, comme les peuples sages, chaque ordre voulut au contraire, selon l'esprit des peuples barbares, être indépendant des deux autres.

Au lieu de se céder mutuellement quelques droits, quelques prétentions de pure vanité, de ſe raſſembler tous les trois, pour décider à la pluralité des voix, non de chaque ordre en particulier, mais de tous les députés de tous les ordres réunis, & de terminer ainſi tous leurs différends, à meſure qu'ils s'en élevait entr'eux : au lieu de tenir pour loi ce qui aurait été ainſi décidé, de l'inſcrire ſur leurs regiſtres, d'accoutumer les grands, le peuple, les miniſtres & tous les eſprits à reſpecter leurs déciſions, par le reſpect qu'ils leur portaient eux-mêmes, chaque ordre eut la petite vanité de vouloir que ſon opinion dominât, & fit la faute d'en appeller toujours au roi dans ſes débats.

Le célèbre *Etienne Paſquier* remarque que les Etats-généraux ne ſe ſont jamais aſ-

Recherch. ſur la France, liv. 2 ch. 7.

ſemblés, ſans que le roi en ſoit devenu plus puiſſant ; & que jamais on n'aſſembla de concile, ſans que le pape perdit de ſon pouvoir.

M. *de Voltaire*, plus célèbre encore, & dont les connaiſſances étaient plus vaſtes, l'eſprit plus étendu & plus judicieux, obſerve que les conciles ſe ſont toujours crus ſupérieurs au pape, & que, chez aucun peuple,

Eſſai ſur les mœurs, c. 86

les Etats généraux ne ſe ſont crus au-deſſus des rois, quoiqu'ils aient dépoſé leurs ſouve-

rains, dans des nécessités pressantes, ou dans des troubles.

Aux raisons qu'il en donne, j'ajouterai que, par-tout, les Etats-généraux, & particulièrement les nôtres, sont composés d'ordres différens qui, ne pouvant s'accorder, ont besoin d'un chef qui les contiennent tous, & qui les force à vivre en paix : de-là leur nullité absolue. Au lieu que les conciles sont composés d'un seul ordre, d'une seule classe de gens : ils ont des rangs différens, une hiérarchie qui donne aux uns la prééminence sur les autres ; mais ils sont du même ordre, toutes les avenues y sont ouvertes au mérite, pour parvenir du rang le plus infime au plus élevé. Il y a de l'unité dans l'assemblée ; elle peut avoir une volonté, & cette volonté n'est pas, & ne peut pas être que l'opinion d'un seul homme asservisse toutes les opinions. (1)

(1) M. de Voltaire, dans son *Essai sur les mœurs*, qu'on appelle communément *Histoire générale*, a fait un chapitre exprès de la noblesse ; & voici ses propres paroles : « Cette multiplicité ridicule de » nobles, sans fonction & sans vraie noblesse, cette » distinction avilissante entre l'ennobli inutile qui ne » paie rien à l'Etat, & le roturier utile qui paie

C'est donc de la constitution d'une assemblée que dépend sa force ou sa faiblesse, sa liberté ou son asservissement; & c'est ce que les assemblées nationales n'ont pas toujours prévu, même dans les républiques.

» la taille, ces charges qu'on acquiert à prix d'ar-
» gent, & qui donnent le vain nom d'écuyer,
» tout cela ne se trouve point ailleurs: C'EST UN
» EFFORT DE DEMENCE, dans un gouvernement,
» d'avilir la plus grande partie de la nation. Qui-
» conque en Angleterre, a quarante francs de revenu
» en terre, est *homo ingenuus*, franc citoyen, libre
» Anglais, nommant des deputés au parlement.
» Tout ce qui n'est pas simple artisan est reconnu
» pour gentilhomme, *gentleman*; & il n'y a de
» nobles, dans la rigueur de la loi, que ceux qui,
» dans la chambre haute, représentent les anciens
» barons, les anciens pairs de l'Etat » Le lecteur verra bientôt comment cette sage union de tous, cette noble égalite qui n'empêche point qu'il n'y ait des rangs plus éminens les uns que les autres, & des familles plus illustres & plus riches que le vulgaire, a donné aux Anglais, dans l'Europe, une considération dont ne jouit aucune autre nation.

TROISIEME EFFET

DE CE DEFAUT DE CONSTITUTION.

Les droits de l'homme ſont inconnus ; les droits de quelques-uns ſont mis à la place des droits de tous.

Les loix étant preſque ſans force, & l'aſſemblée des Etats-généraux n'offrant aucun ſecours, ni à la nation, ni à ſes membres, chacun s'iſolait & cherchait à ſe fortifier par des droits qui lui fuſſent propres, & qui le rendiſſent plus recommandable, que des vertus & des talens qu'on reſpectait moins que des titres.

Il eſt remarquable que, depuis la fondation de la monarchie juſqu'aux règnes de *Louis XIV* & de *Louis XV*, on n'a pas parlé en France des droits de l'humanité; on ſe battait, avec fureur, pour des droits particuliers. Les évêques, les abbés, les moines, parlaient quelquefois de la charité chrétienne, pour ſe faire donner de fortes aumônes, pour engager les riches à leur bâtir des égliſes, des presbytères, de magnifiques monaſtères;

& ſoutenaient, avec un orgueil féroce, par la calomnie, par des excommunications, par le ſupplice du feu, par le glaive, les droits de leurs égliſes ou de leurs cloîtres.

On appelait liberté, cette manie de défendre contre tous ſes droits particuliers. On ignorait que la liberté eſt, au contraire, le ſacrifice perpétuel de ſes droits particuliers, au maintien des droits de tous.

On ignorait encore qu'il n'y a point de droit légitime, qui n'impoſe un devoir : que le droit d'être obéi, reſpecté, ſervi par ſes enfans, dérive du devoir de les nourrir, dans leurs premiers ans, de les élever, de les inſtruire, de leur inſpirer les vertus dont ils auront beſoin.

Que le droit de poſſéder une femme & d'en avoir des enfans, impoſe le devoir de la défendre, de la protéger, de faire de ſes intérets les ſiens propres.

Que le droit de juger impoſe le devoir de s'inſtruire & d'etre juſte.

Que celui de régir l'Etat impoſe le devoir de veiller à ſa conſervation, à ſon bonheur, à ſa gloire : & que comme il eſt le plus éminent de tous, il eſt auſſi celui qui impoſe le plus de devoirs différens.

Ce

Ce n'eſt pas une opinion philoſophique; c'eſt la nature qui a voulu que cela fût ainſi: dès qu'elle permet que nous prenions un droit, elle nous ſoumet à un devoir.

Ainſi, nous nous ſommes arrogés le droit de nous faire ſervir par le bœuf & par le cheval; mais nous ſommes obligés de les nourrir, de leur bâtir des écuries & des étables, de leur donner, en propre, ſous le nom de prairies, une grande partie de nos terres, de les cultiver pour eux, de ſemer, de faner, de mettre en meule, de garder, dans nos granges, le foin & la luſerne qui font leur nourriture.

Nous avons voulu nous vêtir de la laine des moutons; mais il a fallu les préſerver des loups, leur ſoudoyer des gardiens, dreſſer des chiens pour les défendre. Nous avons enlevé à de petits vers, les cocons de la ſoie, pour en fabriquer de ſuperbes étoffes; mais nous avons été aſſujettis à leur planter des mûriers, à les garantir des orages, à recueillir leurs œufs, à les faire éclorre.

L'homme eſt donc obligé de remplir des devoirs, à l'égard de ſimples animaux; & quelques hommes ont prétendu faire ſervir des foules d'hommes à leurs beſoins, à leur luxe, à leurs plaisirs, sans aucune réciprocité de leur part.

Je le demande en effet, quel devoir imposait aux seigneurs les droits de *culage*, de marquette, de prélibation? celui de contraindre les paysans à faire taire les grenouilles de leurs fossés, quand leurs femmes étaient en couche: celui de s'emparer des biens des serfs, à leur mort, & d'en dépouiller leurs parens: le droit de piller les marchands qui passaient sur leurs terres: celui de vexer les juifs, de mettre dans la servitude l'étranger qui résidait un an & un jour dans leur domaine; les droits de garenne, les droits de chasse, contre lesquels les Etats-généraux se sont si fortement & si inutilement élevés; & tous ces droits de bannalité, contre lesquels ils ont tant réclamé?

Quel devoir impose à la noblesse & au clergé le droit de ne pas payer des impôts, & le droit de ne pas payer les dépenses de leurs députés, pendant la durée des Etats-généraux?

La règle est donc simple & facile à connaître: *Tout droit qui n'impose pas un devoir, n'est qu'une usurpation: il n'est ni dans l'ordre naturel, ni dans l'ordre de la justice, ni dans l'ordre social : il doit être aboli.*

Les Etats-généraux ont senti cette vérité: ils se sont plaints souvent de tant de droits oppressifs qui étouffaient le génie, l'industrie, le commerce ; mais, privés d'autorité & souvent dénués de crédit, ils ne parvinrent pas même à les restreindre. Ce n'est guère que sous le règne de *Louis XV* & sous celui de *Louis XVI*, que l'esprit de calcul & d'observation s'étant introduit dans le ministère, on a aboli une partie des droits les plus gênans pour le commerce & les plus destructifs de l'industrie.

C'est au seul accroissement des lumières qu'on a dû ce peu de bien que la mauvaise constitution des Etats-généraux avait toujours empêché qu'ils n'obtinssent, malgré le sentiment qu'ils avaient de leurs maux, & c'est ce qui doit aujourd'hui augmenter nos espérances.

QUATRIEME EFFET

DE CE DEFAUT DE CONSTITUTION.

On cherche un régulateur.

QUELQUE soit la constitution du corps politique, cette machine, toujours trop compliquée, a besoin d'un régulateur qui s'oppose à la rapidité de son mouvement, & qui maintienne l'équilibre entre toutes ses parties. Ce régulateur se trouve sous cent noms différens dans tous les Etats bien constitués : c'est ce qu'on appellait à Rome, la puissance tribunitienne.

L'auteur du *contrat social* fait une observation trop importante dans le chapitre où il
liv. 4, ch 5. traite du tribunat pour ne pas la rappeller ici : *Le tribunat sagement tempéré est*, dit il, *le plus ferme appui d'une bonne constitution; mais, pour peu de force qu'il ait de trop, il renverse tout. A l'égard de sa faiblesse, elle n'est pas dans sa nature, & pourvu qu'il soit quelque chose, il n'est jamais moins qu'il ne faut.*

En effet, son objet étant de maintenir

l'équilibre entre les diverses parties de l'Etat, il n'a pas besoin de force : le poids ne lui devient nécessaire que quand l'équilibre étant rompu, il ne faut plus le maintenir, mais le rétablir ; & comme le remarque *Rousseau*, il trouve toujours assez de force.

Les Etats-généraux, malgré la prétention naturelle à toutes les assemblées nationales, ne purent empêcher la puissance législative & la puissance exécutive, de se réunir dans la main du roi ; ils ne parvinrent pas même à s'emparer de la puissance tribunitienne, qui semblait être le moindre de leurs droits.

La puissance exécutive est toujours entraînée par les circonstances ; & comme elle manquait alors de régulateur, elle se trouva semblable à un vaisseau privé de gouvernail, & qui ne pouvait tenir contre le vent : elle devint le jouet de toutes les tempêtes politiques, & flotta presque toujours au hasard, malgré l'habileté de ses conducteurs. Elle sentait si bien elle-même son défaut de leste & de gouvernail, que, pour acquérir du poids & pour résister au mouvement qui menaçait de l'abymer, elle convoquait elle même les Etats-généraux, ainsi qu'on jette l'ancre de miséricorde, quand on a perdu toutes les autres.

Ces Etats ne parvenant point à acquérir le poids nécessaire, pour fixer le vaisseau public, la nation vit, avec plaisir, s'élever une nouvelle puissance, ou plutôt une nouvelle force propre à former au moins un léger contre poids; & les Etats-généraux eux-mêmes, parurent satisfaits de voir un corps s'emparer d'un pouvoir qui leur échappait toutes les fois qu'ils voulaient l'exercer.

Le parlement, ou plutôt les parlemens, qui, considérés comme cours de judicature, sont très-différens des Etats-généraux & des assemblées nationales, lesquelles ne jugent point, ne commencèrent que sous *Philippe-le-bel*, & ne prirent la forme qu'ils ont aujourd'hui que sous *Charles VI*.

Ces cours sédentaires, siégeant toujours dans le même lieu, s'assemblant presque tous les jours, acquirent à la fin ce qui manqua toujours à ces assemblées ambulantes, qui, sous le nom d'Etats-généraux, ne se tenaient qu'à de longs intervalles. Elles eurent des formes, des usages, une manière constante de proceder dans les affaires; elles imaginèrent d'avoir des registres, d'y inscrire les évènemens qui les concernaient, les jugemens qu'elles portaient, les résolutions qu'elles prenaient, les loix que le prince leur envoyait, & qu'elles devaient faire exécuter.

Bornées à rendre la justice aux particuliers, la guerre, les finances, l'administration de l'Etat, n'étaient point de leur ressort, elles l'avouèrent ingénument au duc d'Orléans sous le règne de *Charles VIII*, quand il voulut s'en servir pour enlever le gouvernement à la dame de *Beaujeu*.

Mais enfin, la puissance exécutive eut besoin de les employer. Ce ne fut pas pour aller plus vîte, ce fut au contraire pour s'arrêter. *Louis XI* ayant aboli cet édit célèbre, qu'on appelle la pragmatique sanction, que son père *Charles VII* avait promulgué, & ayant été trompé dans ses desseins par le pape *Pie II*, se fit adresser des remontrances par le parlement de Paris. Ce sont les premières dont parle l'histoire.

Ce parlement en fit depuis de son propre mouvement. Tous ceux du royaume jouirent du même avantage. Le même esprit les anima, il a préservé la France de toutes les attaques de la cour de Rome. La France, sans le parlement, comme le remarque M. *de Voltaire*, serait devenue un pays d'obédience. Il a empêché qu'on n'y reçût les canons du concile de Trente, & un nombre infini de bulles, qui toutes tendaient à ruiner les peuples pour enrichir les papes, à dépouiller les tribunaux de la nation, pour porter toutes les affaires au tribunal de ce pontife, à soumettre les rois à ce chef du clergé.

Il est certain que le parlement, à cet égard, exerça une portion de la puissance tribunitienne, résistant aux projets des ministres, aux arrêts du conseil, aux ordres du roi, à la volonté des papes, & arrétant le mouvement qui emportait la puissance exécutive. Toute la nation l'applaudissait, & le moment passé, les rois mêmes approuvaient sa résistance.

Il est encore certain que les cours des parlemens ont accoutumé les peuples à obéir aux loix; les seigneurs de châteaux à connaître une autre force que celle du glaive; les ministres & les rois à ne faire mourir personne sans un jugement légal. Nous avons déja parlé, dans cet ouvrage, de la manière dont le roi *Jean* surprit & fit décapiter sans forme & sans procédure plusieurs seigneurs, qu'il avait arrêtés lui-même : cet usage était si commun, qu'il y eut des hommes assez hardis pour ſuppoſer des ordres du roi, & pour livrer aux bourreaux, ſous ce prétexte, tous ceux qu'ils voulaient perdre.

Le parlement s'oppoſa à toutes ces vexations, aux guerres particulières, aux révoltes, aux émeutes, à tous ces maux dont les Etats-généraux n'avaient pu que ſe plaindre. Le ſéditieux, qui obtint ſa grace du prince, ne fut pas toujours à couvert des pourſuites de ce tribunal; les recherches, les jugemens, les condamnations du parlement, augmentèrent prodigieuſement la puiſſance royale; il fit rentrer, dans la main du monarque, preſque tous les droits de la ſouveraineté que les ſeigneurs avaient uſurpés.

Le parlement ayant combattu avec ſuccès l'autorité royale, pour réſiſter à l'autorité papale, crut auſſi devoir lui faire des remontrances ſur la quantité d'édits burſaux, dont l'adminiſtration ſurchargeait le peuple, & embarraſſait les finances. Les rois les reçurent ſouvent avec bonté, quelquefois avec humeur. Les peuples mirent leurs confiances dans les parlemens. Ce *veto*, diviſé entre toutes les cours, était aſſurément le plus minime de tous ceux dont il eſt fait mention dans l'hiſtoire; & par cela même, ſelon les principes de l'auteur du *contrat social*, il en était le meilleur : étant le seul qu'on eût en France, il devint infiniment cher à toutes les provinces.

Ce qui paraît contradictoire, & ce qui pourtant est vrai, c'est que la vénalité des charges donna du poids à ce *veto*. Cette vénalité avilit certainement les cours dans l'esprit des peuples, comme le certifient encore les remontrances que les Etats-généraux ont faites à cet égard, & celles du parlement de Paris, qui s'y opposa quelque temps ; mais elle leur donna plus de crédit & plus de puissance.

Cette vénalité établie, les cours ne furent plus composées que de gens riches, dont les familles s'allièrent avec les plus grands seigneurs du royaume. Dans les provinces, tous les nobles qui furent assez riches pour avoir une charge, s'incorporèrent dans les parlemens.

La naissance, la fortune, les alliances, donnèrent alors aux cours souveraines une consistance, une influence, une énergie, qu'elles n'avaient point quand elles n'étaient composées que d'hommes studieux & probes, sans autre appui que leur science & leur sagesse. Dès que ces cours s'en apperçurent, cette vénalité, qui leur avait d'abord causé quelque répugnance, parut avoir changé de nature, & leur devint précieuse; elles mirent tous leurs soins à la maintenir.

Ces cours résistèrent aux rois avec d'autant plus de force, qu'on ne pouvait les renvoyer, les casser, ou en dissoudre le corps entier sans rembourser toutes les charges, dépense qu'aucun roi ne pouvait faire. Elles eurent l'art & la prudence d'inventer une multitude d'expressions & de formules oratoires, pour s'opposer aux édits, sans blesser sa majesté royale, sans manquer de respect au roi, sans paraître vouloir lui désobéir; comme quand elles assurent *qu'elles ne pouvaient obtemperer à cause de la surprise faite a la religion du roi :* & qu'elles appellaient, de cette religion surprise, à sa volonté constante & bien éclairée. Aucun autre tribunal n'employa, je crois, de semblables tournures. Le sénat de Rome, sous les empereurs, ne fut que ramper ou conspirer.

Elles tentèrent, sous le règne de *Louis XV*, de se réunir en un seul corps, en se considérant séparément comme des *classes* différentes d'un parlement unique; & cette identité eût donné trop de force & de poids à leur *veto*.

Le roi s'y opposa, & leur défendit de prendre ce nom de *classe*; mais ils ne pu les exiler, ou menacer de les dissoudre, sans que tout le peuple prît leur parti. Par eux-mêmes ou par leurs mariages, les membres des parlemens tiennent à toutes les familles riches ou nobles du royaume; par les tribunaux inférieurs qui sont dans leurs ressorts, à toutes les familles notables; par les avocats & les procureurs, à toutes celles qui sont aisées, par leurs domestiques, à celles qui sont pauvres, leur sort intéresse immédiatement plusieurs millions de familles; de-là cette clameur, qui s'élève presque généralement, toutes les fois que l'autorité du roi se déploie contre eux.

En blâmant la honteuse vénalité des charges, on doit pourtant avouer que s'il n'est pas nécessaire que tous les magistrats soient opulens, que s'il est bon qu'un homme, tel que *Michel de l'Hôpital*, puisse devenir chancelier, il importe au bon ordre, à la décence, à la dignité de la magistrature, que la généralité de ses membres soit composée de gens riches, & même très-riches, afin que les plaideurs ne puissent pas les corrompre; & que les ministres ne puissent les acheter que très-difficilement, afin que l'absence du besoin éloigne d'eux les tentations & les soupçons; afin qu'élevés avec plus de soin, ils tirent de leur état une certaine fierté, qui les détourne de toute pensée basse, de toute action avilissante.

Nous avons vu les Etats généraux de 1577, assurer qu'il fallait *que tous edits fussent verifies, & comme contrôles es cours de parlement: & que la débonnairete des rois*, ne regardait point leur puissance affaiblie par cet usage: *que les parlemens étaient une forme des Etats, raccourcie au petit pied; qu'ils avaient pouvoir de suspendre, modifier & refuser lesdits édits.*

Ces Etats-généraux, en parlant ainsi, cherchaient à transporter au parlement, ce droit de *veto*, qu'ils ne pouvaient exercer, mais qui était le moindre de leurs droits: ils sentaient le besoin d'un régulateur; ils s'exprimaient mal, parce que ces idées métaphysiques n'étaient pas développées, & qu'on n'avait pas encore créé des expressions concises, pour peindre des idées abstraites; mais le ſentiment du beſoin d'un régulateur exiſtait en eux.

Pluſieurs auteurs diſent qu'on ne ſait pas comment s'eſt introduit l'uſage d'enregiſtrer les édits & les ordonnances des rois; mais de bonne foi, cet uſage pouvait-il ne pas s'introduire?

Dans le temps, où le parlement fut établi par *Philippe-le-bel*, on feſait très-peu d'uſage de l'écriture; de-là le défaut d'archives des Etats-généraux, & le défaut d'actes pour les évènemens antérieurs; mais cet art devint plus familier de jour en jour.

Dès que *Jean de Montluc* eut imaginé de tenir un regiſtre, une eſpèce de journal de ce qui ſe paſſait au parlement de Paris, dès que la cour eut adopté cet uſage, elle ne put manquer d'inſcrire ſur ce regiſtre les édits qu'elle reçut des rois.

Chargée de les faire exécuter, elle connut l'utilité de chacun d'eux, & les inconvéniens qui réſultèrent de quelques-uns; elle en jugea les effets avant de les mettre en exécution; & quand elle eut le droit de faire des remontrances, elle regarda, comme un devoir ſacré & indiſpenſable, d'en faire au ſujet de tous ceux qui lui parurent dangereux.

On peut calculer le nombre de bulles & celui des édits burſaux que le parlement a rejetés ; mais on ne peut calculer le nombre des extorſions, des genes, des prohibitions, des impôts, des inventions dévaſtatrices, que la rapacité des financiers, des courtiſans, des agens de la cour de Rome, des intrigans, & de tous les fabricateurs des malheurs publics, auraient propoſés & même extorqués aux miniſtres ; ſi la certitude, que leurs projets ſeraient examinés & improuvés par les cours ouveraines, ne les avaient empêchés d'en tenter l'exécution, ou même d'en faire la propoſition.

On a injurié les parlemens de France comme les tribuns du peuple à Rome ; on les a traités de brouillons : *J. J. Rouſſeau* a défendu les tribuns contre cette inculpation. Je penſe comme lui ; & j'ajoute que toute magiſtrature qui obtiendra c[illegible]ui ſe chargera du *veto*, ſera traitée de *brouillonne* par les puiſſances exécutive & légiſlative dont elle tentera de retarder la marche.

Les parlemens ont commis de grandes fautes ſans doute, & les tribuns auſſi. La ſageſſe que demande l'emploi de régulateur, eſt preſque incompatible avec la faibleſſe &

les passions de la nature humaine; mais un régulateur, un contradicteur même, est nécessaire dans toute constitution politique, pour le maintien de l'ordre, pour le salut du faible & même du fort, pour la conservation de la puissance exécutive, qui, par sa nature, tend toujours à tout détruire & à se dévorer elle-même.

Quand la loi ne charge pas expressément de cet emploi un magistrat, comme les éphores à Sparte, comme les tribuns à Rome, il doit naturellement devenir le partage des tribunaux, lorsque ces tribunaux sont permanens.

Voici, méthaphysiquement parlant, ce qui arrive dans toute constitution, qui n'est pas purement militaire. La puissance législative envoie aux magistrats la loi qu'ils doivent mettre en vigueur; le tribunal l'inscrit sur ses registres avec les autres. Sa première opération est de voir, si elle les contredit, les fortifie, ou les affaiblit : la seconde est d'avertir la puissance législative des inconvéniens de sa nouvelle loi, de son incohérence avec les précédentes, des obstacles qu'elle rencontrera dans l'exécution.

Cette marche est si naturelle, que je la crois

trois observée par-tout, selon les formes que lui permet la nature du gouvernement.

Chez les Turcs, le divan contredit quelquefois les ordres du visir & la volonté du sultan. Dans les états les plus démocratiques, les orateurs résistent à la volonté du peuple, lui reprochent ses jugemens, le contraignent quelquefois, par une sorte de violence, de revenir contr'eux, & de les réformer. A Rome les tribuns, à Sparte les éphores, en France les parlemens, furent chargés spécialement de cette fonction honorable; mais difficile, & souvent dangereuse.

Mais, quand la puissance législative ordonne à l'exécutive de faire observer la loi malgré ses vices, les magistrats doivent-ils, à l'instar des soldats, se mettre un bandeau sur les yeux, & frapper du glaive de la justice contre le cri de leur conscience?

Pour résoudre cette question; qu'on se suppose chargé de faire exécuter une loi, qu'on croit injuste, une loi qui attente à la propriété des familles, ou qui puisse égarer le juge & faire condamner des innocens.

N'est-il pas juste alors, de descendre du tribunal, de rentrer dans l'ordre des simples citoyens, de se mettre au nombre des victimes, ſur leſquelles va frapper la nouvelle loi?

Nul ne s'eſt fait magiſtrat ſans étudier les loix, ſans les examiner; ſi les anciennes ne ſont pas bonnes, il les a trouvées tout établies; le peuple y eſt accoutumé; il s'eſt introduit des uſages qui permettent de les éluder, & une juriſprudence qui en adoucit la rigueur; mais on ne veut pas ajouter un nouveau mal au mal ancien: on fait des remontrances à la puiſſance légiſlative, & on refuſe d'être l'inſtrument de ſes paſſions: mais pour réſiſter ainſi, avec quelques ſuccès, aux ordres du légiſlateur, il eſt néceſſaire d'avoir raiſon juſqu'à l'évidence, ſur-tout de n'être pas ſoupçonné d'agir par un motif perſonnel, ou d'être mû par un intérêt de corps.

Les rois accoutumés à l'obéiſſance paſſive des militaires, ont ſouvent été offenſés de la réſiſtance courageuſe des magiſtrats.

Le même ſentiment anime cependant les uns & les autres; c'eſt celui de l'utilité publique. Le ſoldat que ſon chef envoie au poſte le plus dangereux, celui qui marche ſur un terrein qu'il ſait être miné, ne ſe dévoue pas à la mort par un inſtinct ſtupide; s'il brave le péril avec joie, c'eſt dans la persuasion que sa mort assurera le salut de l'armée entière, qu'il est nécessaire que quelqu'un périsse pour qu'elle obtienne la victoire. Sous des chefs qu'il estime, il est intrépide, & son instinct paraît aveugle : au contraire, quand il est conduit par un général qui ne lui inspire point de confiance; quand il croit que les manœuvres sont mauvaises, qu'on l'expose à des dangers inutiles, que sa perte ne sauvera point l'armée, qu'il mourra, & qu'elle sera vaincue, il murmure, il obéit mal, il fuit au lieu de combattre, il ne veut pas périr inutilement.

Ce sentiment de l'utilité publique est plus puissant qu'on ne croit, & se retrouve dans toutes les classes des citoyens; mais plus ou moins actif, plus ou moins développé, selon la position, les intérêts, & les moyens de chacune.

CINQUIEME EFFET

DE CE DEFAUT DE CONSTITUTION.

Difficulté d'affeoir & de payer les impôts.

Règle générale, dit *Montesquieu*, dans *l'Esprit des loix ; on peut lever les tributs plus forts a proportion de la liberté des sujets, & l'on est forcé de les modérer à mesure que la servitude augmente.* liv. 13, c. 12

En effet, on doit payer, & l'on paie sans chagrin, les avantages de la liberté; mais qui voudrait payer pour être esclave?

Un voyageur que je connais, arriva, en parcourant la Crète, dans l'habitation d'un Grec; c'était le site le plus heureux, le sol le plus fertile. La nature y prodiguait tout ce qui flatte les yeux, & n'attendait que la main de l'agriculteur, pour lui donner abondamment tout ce qui peut nourrir & enrichir une nombreuse famille. Cependant, au travers de tant de beautés, on voyait par-tout l'aspect de la misère, du désordre & de la négligence. Le maître de l'habitation était un vieillard vénérable, ses discours & son maintien annonçaient la sagesse, il offrit avec joie l'hospitalité au voyageur.

Après avoir admiré l'aspect & la fécondité du lieu, après avoir goûté le bon sens du vieillard, le Français se hasarda de lui demander pourquoi il négligeait un sol, qui paraissait pouvoir lui fournir tant de biens? Et pour qui voulez-vous que je le cultive? lui repartit le Grec; pour des Turcs, pour des Pachas, pour des tyrans, qui m'arracheront le fruit de mes travaux? Plus j'aurai, plus ils me tourmenteront. Cette terre me nourrit, celà me suffit; sa stérilité fait ma sécurité; où il n'y a rien à prendre, la rapacité s'arrête; mon fils vivra, comme moi, de productions presque spontanées, & ne se fatiguera point à travailler pour les dévastateurs de la Crète.

J'ajouterai à ce récit un fait que je trouve dans un des derniers ouvrages qu'on a écrits sur l'Espagne. Un inquisiteur, en se promenant à la campagne, rencontra un figuier chargé du plus beau fruit : il envoya son valet chercher le maître de cet arbre; c'était un paysan; le valet en entrant dans sa chaumière lui dit que l'inquisiteur le demandait; à ces mots ce pauvre homme se croit perdu; il embrasse, en pleurant, sa femme & ses enfans, suit le valet, & tombe aux genoux de l'inquisiteur : rassurez-vous, lui dit le moine, je desire seulement que vous m'apportiez un panier de ces figues qui sont si belles. Le paysan cueille toutes les figues exactement, les porte à l'inquisiteur, puis, prenant une hache, il abat l'arbre, en disant : je ne veux pas qu'à l'avenir tu puisses causer à moi ou à mes enfans, une frayeur semblable à celle que je viens d'éprouver.

Voilà pourquoi les peuples libres paient plus d'impôts & beaucoup plus facilement que les peuples soumis à des maîtres qui abusent de leur autorité.

Aucun pouvoir humain ne peut obliger un homme opprimé, souffrant, mécontent, à faire un enfant à sa femme. Aucun pouvoir humain ne peut engager un peuple à cultiver soigneusement la terre au milieu des vexations. Si les cultivateurs ne peuvent déserter, ils abattront l'arbre plutôt que de s'en laisser enlever tous les fruits; & il se passe plusieurs années, avant qu'un arbre, coupé dans un moment de désespoir, ait repoussé une nouvelle tige & rapporté de nouveaux fruits.

On peut conclure de ces obſervations, que par-tout où la population augmente, par-tout où l'agriculture s'étend, par-tout où les impoſitions s'accroiſſent, ſans détériorer le pays, ſans diminuer le nombre des habitans, le peuple, quelque ſoit le gouvernement, n'eſt ni eſclave, ni dans l'oppreſſion, quoiqu'il ſouffre de pluſieurs abus & qu'il profère ſouvent des plaintes.

La honte de la plupart des gouvernemens modernes, eſt d'avoir inſpiré à leurs ſujets une méfiance, qui ne leur a jamais permis de mettre de l'ordre dans leurs finances, & d'établir des principes équitables pour la perception & la répartition des impôts.

Les Etats-généraux ont diſputé contre tous les miniſtres qui leur ont demandé des ſubſides.

Tombant à cet égard, ainſi qu'à beaucoup d'autres, dans l'erreur commune à toutes les nations barbares, ils ont diſputé de leurs droits, au lieu d'étudier les beſoins de l'Etat & la nature des impôts, avant de chercher une règle, qui, fondée en principe, ne dépendît, ni du caprice du prince, ni de la volonté des Etats.

Cette règle exiſte cependant, cette règle eſt *le rapport des dépenſes de l'Etat aux productions du ſol.*

Sur un ſol ingrat, qui exige beaucoup de frais de culture pour rapporter peu, les dépenſes publiques doivent être très bornées, quand même l'induſtrie du peuple lui procurerait des richeſſes ; car toute induſtrie eſt timide ; elle s'effraie facilement, & bientôt elle diſparaît.

Les dépenſes publiques peuvent prendre plus de latitude en raiſon de la fertilité des terres.

Les dépenſes ordinaires de l'Etat ſe renouvellent tous les ans ; il eſt donc de leur eſſence d'être aſſignées ſur la ſeule partie des biens de la nation, qui ſe renouvelle auſſi tous les ans.

Dans quelques républiques de l'antiquité, on avait donné au gouvernement, pour ſes dépenſes, une partie du territoire. *Romulus* avait mis le tiers des terres en réſerve pour les beſoins de l'Etat. C'était un impôt d'autant plus fort, que dans les pays meridionaux, les dépenſes publiques ſont, auſſi bien que les dépenſes particulières, infiniment moins conſidérables que dans les pays plus ſeptentrionaux. Mais comme les terres qui n'ont point de propriétaires particuliers ſont ordinairement mal cultivées, cet impôt ne put ſuffire. *Servius* mit des tributs ſur les Romains, & comme nous l'avons déjà dit, il impoſa les plus forts aux plus riches, à ceux qui, jouiſſant de tous les avantages de la ſociété, avaient le plus d'intérêt à la défendre, & le plus de moyens pour en ſupporter les frais.

Mais, ſoit qu'on mette en réſerve une partie du territoire, ſoit qu'on prenne pour impôt une portion du revenu de chaque terre, ce ſont toujours les terres, & non pas les hommes, qui doivent être aſſujetties aux impoſitions; car les hommes ne peuvent payer qu'avec le produit des terres.

Ce ſont ces vérités, c'eſt ce rapport des dépenſes publiques aux productions du ſol, que les Etats-généraux auraient dû étudier; c'eſt ce qui leur eût fourni une baſe contre laquelle l'intrigue, les mauvais raiſonnemens, les paſſions de la cour, ſeraient venus échouer.

Après les dépenſes ordinaires, & qui

ſervent à entretenir l'Etat pendant la paix, celles que la guerre exigent, doivent être appréciées & calculées; comme elles ne ſe renouvellent pas tous les ans, on les regarde comme extraordinaires; mais chez les grandes nations, elles ſont ſi communes, qu'on doit toujours compter ſur elles: des calculateurs ont aſſuré que ſur trois années il y en avait une de guerre. En effet, ſous le règne de *Louis XV*, qui n'avait pas la paſſion des combats, il y eut vingt-cinq années de guerre ſur ſoixante qu'il dura: ce qui donne un peu plus d'une année ſur trois. On doit donc faire, des dépenſes militaires, une évaluation annuelle. On doit même, ſi l'on ne veut pas être pris au dépourvu & périr épuiſé au ſein de la victoire, mettre en réſerve cette part deſtinée à la guerre, ainſi qu'ont fait les Romains; ainſi qu'ont fait *Charles V*, *Charles VII*, *Louis XII*, *Henri IV*, & de nos jours le feu roi de Pruſſe *Frédéric-le-grand*. Certainement cette réſerve eſt encore un des objets dont l'étude doit occuper les Etats-généraux.

Il y a d'autres dépenſes qui ſont plus rares, & d'autres qui ſont inattendues; mais comme chaque année en apporte, je crois qu'on peut encore les évaluer & en faire une année commune, & cette évaluation doit encore être un objet du travail des Etats-généraux.

Enfin, c'eſt à la proſpérité publique, au bon ordre, à la confiance du peuple dans ſes chefs, à la bonne volonté de tous, à ſubvenir par des efforts extraordinaires, à des évènemens ſans exemple, à des revers inopinés & qu'on n'a pu prévoir. Je ne crois point que cette bonne volonté manque jamais chez un peuple à qui ſon gouvernement aura ſu inſpirer quelque confiance; elle manque rarement dans les républiques, & nous avons vu en France, lorſque *Louis XIV*, en 1689, lorſque *Louis XV*, en 1759, firent porter leur argenterie à la monnaie, qu'ils furent imités par toutes les perſonnes opulentes de leur nation. Sous ce règne même, depuis peu d'années après la défaite du comte *de Graſſe*, nous avons vu à la voix d'un ſimple citoyen, tous les cœurs s'animer, & toutes les villes, toutes les compagnies, toutes les chambres de commerce, faire conſtruire des vaiſſeaux & les offrir au roi.

Au lieu de faire ces recherches utiles & de ſe livrer à des calculs dont les élémens, à la vérité, étaient alors peu connus, les Etats-généraux augmentèrent, par leur méfiance, la méfiance naturelle à des peuples qui n'ont point de défenses contre les demandes des ministres.

Avant d'assurer que les provinces ne pouvaient payer, il eût été à souhaiter que leurs députés apportassent à l'assemblée, comme autrefois les Romains aux censeurs, le dénombrement des hommes & des biens, le cadastre des campagnes, l'évaluation des frais de culture & du produit net, & que, comparant ce produit aux dépenses indispensables à un grand Etat, ils eussent fait connaître, s'il suffisait de quelques vingtièmes de ce produit, pour subvenir aux besoins publics, ou s'il était nécessaire d'en donner le tiers comme chez les premiers Romains. Mais pour exécuter un pareil travail, pour arriver aux Etats-généraux avec de telles connaissances, il eût fallu des hommes instruits, & que de longs travaux & de grandes lumières eussent fait préférer par leurs vrais commettans. Au lieu de pareils hommes, rares dans tous les temps, & tels qu'on n'en trouvait point alors, on choisissait des hommes instruits dans la science pointilleuse des droits, des priviléges, des préséances & autres puérilités, pour lesquelles le bien public est souvent oublié, & qui presque toujours sont des pièges tendus pour abuser les peuples, tandis qu'on leur enlève leur liberté & leur propriété.

Ces priviléges des corps & des provinces, des villes & des hommes, empêchant les rois de pouvoir obtenir des plus riches de leurs sujets des impôts directs, c'est-à-dire, des impôts levés directement, sur les productions du sol, ils furent obligés d'en établir d'indirects, c'est-à-dire, d'en mettre sur les consommations : ces impôts coûtèrent beaucoup plus à la nation, parce qu'elle eut à payer en outre, les frais immenses de perception qu'exige cette sorte d'impôt.

Ils rapportèrent moins au monarque, non-seulement parce que les frais emportent une partie des bénéfices, mais parce que le roi, étant le plus grand consommateur, il paie sa part de tous les impôts qui sont mis sur la consommation.

On eut alors à souffrir les inconvéniens des impôts indirects qui portent sur tous, & des impôts directs qui ne portaient que sur les propriétaires les moins riches ; les finances se compliquèrent, les vexations se multiplièrent, & la méfiance s'établit.

Quand les premières claſſes ſont impoſées en proportion de leurs biens, & qu'elles paient véritablement, il n'y a point de vexation : leur propre intérêt les engage à s'y oppoſer, elles ont aſſez de crédit pour les empêcher de naître, & les dernières claſſes ſe trouvent ſous la ſauve-garde des premières ; elles ont toutes un intérêt commun; elles s'entr'aident au lieu de ſe méfier les unes des autres.

C'eſt ce que les Etats-généraux n'ont pas apperçu, ou ce que les deux premiers ordres n'ont pas laiſſé au troiſième la liberté de démontrer ; mais tous les véritables hommes d'état (1) l'ont ſenti, & ont deſiré que toutes les claſſes contribuaſſent également à ſup-

(1) M. le marquis d'*Argenſon*, dans ſes Conſidérations ſur le gouvernement de France, ouvrage plein d'idées ſaines & où l'on trouve la première idée des aſſemblées provinciales, ſuppoſe un édit où le roi établit des loix fondamentales pour la proſpérité de la nation ; il le fait parler ainſi :

Nous ne voulons point qu'aucune terre puiſſe être diſpenſée de contribuer, comme les autres, aux impoſitions réelles & foncières, qui auront lieu pour toute l'étendue de notre domination, & que la nobleſſe, quelque ancienne qu'elle ſoit, ni aucun emploi, charge, ni dignité, ſoit un titre pour diſpenſer nos ſujets de

porter un fardeau qui alors ferait léger pour toutes.

Quand au contraire, les premières classes sont exemptes des impositions, elles n'ont aucun intérêt à empêcher qu'on vexe le peuple qui ne peut se garantir lui-même: & les agens du fisc inventent sans cesse de nouveaux moyens de l'opprimer.

A Rome, on ne se plaignit point du fardeau des impôts, tant que les citoyens en payèrent; mais quand, après la conquête de la Macédoine, ils en furent exempts, les chevaliers chargés du soin de les lever, vexèrent sans scrupule ceux qui devaient les acquitter. Les citoyens, loin de défendre les opprimés, abandonnèrent les procès concernant les impôts au jugement des chevaliers, qui, devenus juges & parties, commirent des vexations atroces.

Il importe donc que chacun paie, car l'homme qui jouit d'une exemption, non-seulement est séparé de la cause commune, mais au lieu d'en être le défenseur, il en devient le persécuteur; son intérêt est de changer les vingtièmes en dixièmes, pour conserver son exemption.

---

payer les impositions. C'est aussi ce que Vauban appellait la dîme royale, ce que *Sully* desirait.

Cet intérêt commun, qui lie tous les ordres, & qui engage les premières classes à défendre les secondes de toute oppression, quand elles paient les impôts comme elles, est un principe qui doit d'autant plus guider les Etats-généraux, que non seulement ils doivent conserver soigneusement cet intérêt commun à tous; mais qu'ils doivent savoir que les priviléges & les exemptions s'établissent autour des rois, en quelque sorte malgré eux; qu'on s'arme pour les obtenir, de leurs passions, de leurs faiblesses, de leur bonté & de leurs vertus memes.

Si les Etats-généraux eussent ordonné des travaux pour connaître le rapport des productions du sol aux dépenses de l'Etat; s'ils eussent balancé les unes par les autres, ils auraient donné aux revenus & aux dépenses une base fixe, fondée, non sur le caprice des hommes, mais sur une loi de la nature.

L'intérêt du prince eût été alors d'étendre l'agriculture, d'augmenter la fortune de chaque propriétaire, de veiller sur chaque terre, comme sur la sienne, de prévenir toute spoliation, & de ne laisser aucune lande en friche.

Si, au calcul des productions du sol, on eût

pu

pu joindre celui des bénéfices du commerce & de l'induſtrie, qui ſont beaucoup plus variables, on aurait pu en tirer des reſſources paſſagères pour des beſoins paſſagers, une caiſſe d'amortiſſemens pour des dettes, des réſerves pour les guerres à venir, ou pour les évènemens imprévus, &c. &c. &c. Car c'eſt toujours en raiſon des productions du ſol qu'on doit régler les dépenſes ordinaires de l'Etat, tout autre ſyſtême doit jeter dans des erreurs ſans nombre.

De quelque manière qu'on lève les impôts réels ou perſonnels, directs ou indirects, ils ſont toujours une partie aliquote du revenu des habitans. C'eſt ce qui me fait croire, que payer par vingtièmes, eſt la manière la plus ſimple & la plus naturelle, celle à laquelle on pourrait rappeller tous les impôts, la ſeule où chacun fait ſoi même le calcul de ce qu'il doit, où l'homme probe n'a aucune difficulté à craindre.

Si quelque aſſemblée provinciale calculait ce qu'il en coûte à ſa province, outre les deux vingtièmes pour payer la gabelle, les aides, le trop bu, & tous les autres impôts indirects, elle verrait, peut-être, qu'il lui en coûte ſix vingtièmes & deux tiers; ou le tiers des terres, comme chez les premiers Romains; elle croirait, avec raiſon, qu'elle eſt vexée, & les Romains ne l'étaient pas, uniquement parce que les impôts étaient mieux répartis.

La mauvaiſe répartition des impôts nuit plus que leur quantité. La ville de Paris ne contient pas la trentième partie de la population du royaume, & elle paie à elle ſeule la ſixième partie des impoſitions, comme on l'a remarqué dans un ouvrage moderne.

Conſidérations intéreſſantes ſur les affaires préſentes ſeconde edition, page 205.

Si les autres grandes villes du royaume paient à proportion, il eſt ſûr que nos campagnes ne ſont pas trop impoſées, ſur-tout ſi l'on conſidère que la Normandie, la plus floriſſante de nos provinces, eſt celle qui en paie le plus. La ſouffrance provient donc uniquement du mauvais régime que l'on ſuit en prélevant les impôts.

La Normandie paie 55 millions. *Adminiſtratio des finances de France*

On obſerve encore, dans l'ouvrage que je viens de citer, que la ville de Paris, en prêtant au roi des ſommes conſidérables, a ſouvent préſervé les provinces des invaſions de l'ennemi & les campagnes du pillage.

On a beaucoup écrit ſur les emprunts; je me bornerai à dire que, quand on emprunte en rentes viagères, on fait payer la dette à la génération qui la contracte; & que quand on emprunte en rentes perpétuelles, on la ſait payer à des générations qui n'y ont eu aucune part; que ſi la première manière eſt un peu plus coûteuſe, le temps amène aſſez promptement l'extinction totale de cette dette; que ſi la ſeconde manière ſemble d'abord moins chère, comme rien ne l'anéantit, elle coûte à la longue infiniment davantage.

J'ai entendu dire bien des fois, qu'on payait encore à l'hotel-de-ville, des rentes conſtituées du temps de *François.I.* J'ignore ſi le fait eſt vrai; mais en le ſuppoſant, combien de fois en a-t-on rembourſé le capital? Quelle rente viagère eût été plus onéreuſe?

Outre les impôts, nous avons en France les terres du domaine du roi, que *Bodin*, de *Thou*, & quelques autres auteurs, paraiſſent avoir regardées comme ces terres miſes en réſerve, dans les anciennes républiques, & conſacrées à payer les dépenſes de l'Etat, puiſqu'ils ont dit qu'elles n'appartenaient point au roi, qu'il n'en avait que l'uſufruit: ils ont dit aux Etats généraux, que ces terres étaient inaliénables. Les tribunaux l'ont répété après eux. D'autres auteurs ont prétendu que ces terres étaient les domaines particuliers du prince; mais ces terres ne pouvant ſubvenir aux dépenſes de l'Etat, & n'y étant jamais ou preſque jamais employées, n'ont ſervi qu'à rendre les rois plus prodigues, en leur donnant la facilité de faire des dons, des conceſſions, des échanges, & ſouvent à ſuſciter enſuite des procès, ſous prétexte que ces terres n'avaient pu être aliénées.

Ainſi, ſur cet objet, la queſtion a toujours été priſe par les miniſtres ſuivant l'intérêt du moment. Les tribunaux & les Etats-généraux n'ont point prévu que les adminiſtrateurs des domaines feraient animés du même eſprit qui inſpira *Joſeph*, ce fameux contrôleur-général de *Pharaon*, quand il profita d'une calamité publique pour engager tous les propriétaires de l'Egypte à céder leurs terres au roi : ces adminiſtrateurs ſemblent, en effet, le prendre pour modèle, & ils ne manquent pas de mettre à profit toutes les occaſions, tous les prétextes, & de ſuſciter mille ſortes de procès pour englober toutes les terres du royaume dans les domaines du roi. Nous avons vu tous les riverains de la Garonne & des rivières adjacentes, attaqués à la fois par l'aſtruce de ces adminiſtrateurs, & nous avons vu le roi lui-même donner un grand exemple de juſtice, en prononçant contre eux & contre lui, & en arrachant tous les riverains à leur avidité ; mais cette guerre financière se renouvelle sans cesse sous toutes les formes possibles.

Les seuls Etats-généraux, s'ils sont jamais bien constitués, feront cesser cette guerre, qui attaque ou qui menace toutes les propriétés ; & au lieu d'étendre cette maxime absurde & nouvelle, introduite par *Marillac*, sous le despotisme du cardinal de *Richelieu*, & déjà mise en usage dans une moitié du royaume, *point de terre sans seigneur ;* ils feront admettre généralement celle-ci, qui est la voix de l'équité, & qui est en usage dans l'autre moitié du royaume, *point de seigneur sans titre.*

Art. 383 de l'ordonnance de 1629.

Jean-Jacques Rousseau & quelques autres auteurs, frappés de tant d'abus, ont dit que l'argent allait, sans cesse, des campagnes à la ville, & qu'il n'y retournait pas ; c'est une erreur, les mines du Pérou s'épuisent, & nos campagnes eussent été, dès longtemps, dépouillées de tout leur numéraire, s'il n'y revenoit pas sans cesse.

Ce sont elles qui fournissent tout aux villes, les grains & les comestibles, animaux ou légumes, dont on s'y alimente ;

le lin & le chanvre dont on ourdit la toile de nos chemises, la laine dont nos habits sont tissus, le cuir de nos souliers, le poil de lapin dont on fabrique nos chapeaux, le sable dont on fait nos glaces; il n'est aucun des objets que les arts & les manufactures emploient, qui ne nous vienne des campagnes, & qui ne passe par la main des paysans avant de parvenir dans celles des ouvriers & dans celles des consommateurs.

Les habitans des campagnes reçoivent plus en argent pour leurs denrées, qu'ils n'en échangent contre les ouvrages des manufactures de la ville; leur simplicité n'ayant presque aucun besoin de ces ouvrages.

Les intendans & les financiers, lorsqu'ils sont éclairés, traitent les campagnes, comme de riches fermiers, leurs métairies; ils ont soin qu'elles leur rapportent le plus qu'elles peuvent sans s'épuiser. C'est la poule aux œufs d'or qu'ils ne veulent pas tuer. Ils ont multiplié les chemins, les canaux, tous les moyens de procurer aux campagnes la facilité de vendre leurs denrées au plus haut prix, & d'obtenir plus promptement le retour de l'argent que l'impôt leur enlève;

ils ont même quelquefois engagé le miniſtre à envoyer des régimens en garniſon dans des endroits ſans commerce & ſans débouchés, afin que l'argent de la ſolde, dépenſé par les troupes, donnât de la valeur aux denrées du cultivateur, & fit rentrer, dans les mains du payſan, l'argent qu'il donnait pour ſes impoſitions.

Je crois même qu'un des plus grands objets du travail des aſſemblées provinciales & des Etats-généraux, doit être celui d'ouvrir tous les canaux qui peuvent faire retourner l'argent des mains du riche dans celles du pauvre; le premier eſt la liberté de l'induſtrie; enſuite ce ſont les attellers de charité, s'ils ſont faits de manière à ſoutenir un peu le prix de la main-d'œuvre; ce ſont ſur-tout des reſſources pour les femmes, dont les hommes ont trop envahi les travaux. Le marteau appartient à l'homme comme l'épée; mais l'aiguille appartient à la femme comme le fuſeau. Ce ſerait un grand pas vers l'amélioration des mœurs, que de leur fournir des reſſources; amélioration qu'on n'obtiendra ni avec des ſermons, ni avec des déclamations, ni avec des règlemens, mais avec des subsistances plus faciles.

Tous les gouvernemens sages ont toujours cherché à maintenir l'équilibre entre l'imposition du cultivateur & l'argent qui lui revient pour prix de ses denrées. Je citerai encore ici une coutume des Romains ; les grands succès de ce peuple autorise à y chercher des modèles.

Le cens se faisait tous les cinq ans ; il paraît que le censeur fixait alors les impositions de chacun ; en sorte que l'impôt restait fixe pendant cinq ans, sans que personne craignît la moindre augmentation pendant cet espace de temps.

Les citoyens furent exempts de tributs depuis la conquête de la Macédoine jusqu'au règne d'*Auguste*; les empereurs les soumirent de nouveau à en payer, & ce ne fut peut-être pas une des causes qui contribuèrent le moins à les faire haïr.

Cependant ils firent un règlement très-sage. Au lieu d'établir l'impôt pour cinq ans, comme les censeurs, ils le fixèrent pour quinze. Ces quinze ans expirés, le fisc faisait un nouveau bail avec chaque

DuBos, Etablissement de la monarchie française, liv. 1, ch. 12.

province. Par cet arrangement, chacun avait quinze ans de ſécurité, & prenait ſes arrangemens pour l'accroiſſement d'impôt que la proſpérité de ſa province feſait naturellement attendre.

Ce bai. de quinze ans s'appellait *indiction.* Lorſque l'Empire eut été transféré de Rome à Conſtantinople, les agens du fiſc, devenus plus hardis dans une cour ſans mœurs, livrée aux eunuques & aux moines, imaginèrent de mettre à volonté de nouveaux impôts, qu'ils appellèrent *ſuper-indictions*, & de les lever avec des exactions révoltantes. La puiſſance tribunitienne étant dans la main de l'empereur, les agens du fiſc n'eurent pas d'oppoſans; le déſordre devint tel, que les barbares envahirent l'Empire.

Si donc après avoir établi la proportion la moins onéreuſe aux propriétaires des biens-fonds, entre les dépenſes de l'Etat & l'impôt des vingtièmes, les Etats-généraux fixaient cet impôt, à telle ſomme, pour quinze ou vingt années; cette fixation donnerait de la ſécurité aux habitans de la campagne, elle les encouragerait au travail, elle leur inſpirerait de la confiance, & les engagerait à montrer leur fortune, au lieu de la céler comme ils y ſont enclins aujourd'hui.

Lorſque je dis les propriétaires des biens-fonds, je n'ignore pas que beaucoup d'auteurs ont propoſé de ne mettre les impôts que ſur les objets de luxe & les richeſſes qu'on appelle de porte-feuille.

Le ſage auteur de l'adminiſtration des finances leur a répondu qu'on n'y avait pas manqué; que par des impots indirects, on a chargé tous les objets de luxe, autant qu'on l'a pu; mais que ce genre d'impoſition a ſes bornes.

D'ailleurs ces richeſſes, que ſont-elles en comparaiſon des richeſſes territoriales? Toujours mobiles & même verſatiles, où les trouver, comment les calculer, quelle partie aliquote en ſaiſir, quand d'un moment à l'autre elles changent de mains & de valeur? quelles recherches inquiſitoriales ne faudrait-il pas faire?

On eſt ébloui de la fortune que procure quelquefois le commerce à des hommes très-intelligens, très-laborieux, & qui, pendant très-long temps ont lutté avec peine contre les revers. On eſt plus ſurpris encore des fortunes rapides, que font quelques hommes audacieux, dans les pays où les finances ſont en désordre : outre que ces fortunes sont pour la plupart plus apparentes que réelles, & si mobiles, qu'elles passent rarement à la troisième ou à la quatrième génération, comment fonder sur elles les revenus de l'Etat, lorsque les premières sont le fruit d'une industrie qu'il ne faut pas décourager, & que les secondes sont le fruit d'une industrie qui ne pourrait exister, si l'ordre était rétabli dans les finances ? Fonder sur elles & sur des objets de luxe les dépenses d'un grand Etat, c'est bâtir sur un sable mouvant. Un homme d'état peut y chercher des ressources, un supplément dans l'occasion ; mais un législateur, mais les Etats-généraux doivent appuyer les subsides sur une base plus solide.

Si les richesses numéraires sont très-avantageuses, c'est sous un autre point de vue, c'est par leur extrême mobilité, qui les fait passer de mains en mains, & qui les rend le partage & la ressource de ceux qui n'ont point de propriétés foncières.

Le numéraire, comme nous l'avons déjà observé, est une espèce de fluide, qui tend à prendre son niveau, & qui fait à la longue, qu'il n'y a personne dans un état, qui n'ait un peu de bien ; au lieu que les richesses territoriales, tendent toujours à devenir le partage d'un moindre nombre de propriétaires, & à réduire tous ceux qui ne le sont pas, à la servitude de la glèbe : à moins qu'on ne fasse des loix expresses pour prévenir ce malheur, comme le sage chancelier d'*Aguesseau* en fit une pour borner les acquisitions des gens de main-morte, pour les empêcher de devenir les plus grands propriétaires du royaume, & même pour empêcher qu'un jour à venir ils n'en fussent les seuls possesseurs.

Le mouvement du numéraire est plus important encore que sa quantité. Il est nul dès qu'il ne circule pas; mais il est nécessaire qu'il y en ait beaucoup; s'il y en a peu, chacun cherche à garder, à entasser, à enfouir le peu qu'il a, & toute circulation s'arrête. Plus il y en a, plus il circule; quand il est très-considérable, on imagine des billets de banques & de caisses, pour le faire aller encore plus vîte. Les papiers qui le représentent, n'ont point de valeur sans lui; c'est un représentant qui ne peut exister sans son commettant. On n'a jamais pu établir de tels papiers, dans des pays dépourvus de numéraire : l'accroissement du numéraire anime une contrée, il augmente l'activité d'un homme laborieux & l'industrie de l'homme intelligent. Les denrées paraissent augmenter de prix; mais c'est l'or & l'argent qui perdent de leur valeur en se multipliant : c'est le laboureur & le propriétaire qui en demandent davantage pour donner la même quantité de denrées.

Plus on en a, plus les paiemens sont faciles; moins on dispute sur les prix. Plus il en tombe dans la main du pauvre, plus on commande d'ouvrage à ce pauvre, plus il est excité au travail, plus il gagne, plus il est enclin à se marier; plus la population augmente. Voyez ce qu'étaient la France, l'Angleterre, la Hollande, avant d'être riches.

Lorsque des guerres inconsidérées, suivies de grandes calamités, diminuent la masse du numéraire, les travaux s'arrêtent, le pauvre devient misérable, il se vend pour du pain, la population décroît de jour en jour. Devient-il tout-à-fait rare, l'Etat retombe dans la barbarie, les services recommencent à se faire en nature, les grands propriétaires étendent leurs domaines dans des campagnes désertes, ils forcent le peu de paysans qu'ils trouvent, à en labourer quelques arpens comme esclaves. La guerre s'élève de toutes parts entre des propriétaires, qui ne desirent que le pillage; s'ils marchent à leurs frais pour servir un roi, qui ne peut les payer, ils l'insultent & déchirent l'Etat; ils ramènent l'esclavage, la vassalité, la féodalité, les abus & les crimes du moyen âge.

La multiplication, & sur-tout le mouvement du numéraire, sont peut-être les seuls remèdes qu'on puisse opposer à la tyrannie féodale; le commerce & les arts qu'ils engendrent font sentir le prix des talens, ils mettent en évidence le mérite réel de chaque homme: ils ont un besoin essentiel de liberté, ils sont incompatibles avec l'esclavage.

Le commerce apporte les métaux dans nos ports, d'où les arts les font passer dans nos villes, d'où ils se répandent dans les campagnes, pour les fertiliser, par mille canaux que l'intérêt public & l'intérêt particulier doivent tenir toujours ouverts, & qu'ils doivent multiplier sans cesse.

Il eût été infiniment curieux dans tous les temps, de connaître à quelle valeur l'accroissement du numéraire & la rapidité de la circulation ont porté la totalité des productions de notre territoire; mais aujourd'hui, qu'on assemble les Etats-généraux, il est d'une néceſſité indiſpenſable d'acquérir cette connaiſſance, qui ſeule peut donner des idées juſtes de ce que l'Etat peut & doit dépenſer.

On a fait quelques travaux pour s'en inſtruire; mais la méfiance publique s'y eſt oppoſée, ces travaux n'ont point été achevés, on n'a pu en juger que par approximation.

Les Anglais n'ont point eu le même obſtacle & ont mieux réuſſi. *Les récoltes de l'Angleterre ont été calculées avec beaucoup de ſoin*, dit M. *Dupont*, *à deux milliards deux cents trente-cinq millions; en y joignant celles de l'Ecoſſe & de l'Irlande, elles ne peuvent être au-deſſous de trois milliards.* *Lettre à la chambre du commerce de Normandie, page 79*

Celles de la France, ajoute-t-il, *calculées de même, avec une grande ſagacité, d'après des baſes certaines, ſur quelques points & par des conjectures combinées ſous toutes ſortes de faces, dans d'autres, ont été évaluées, au plus bas, à trois milliards deux cents millions, ou, au plus haut, à quatre milliards.*

Il ſemble d'abord bien étrange, que la France plus étendue, que ces trois royaumes, ſituée ſous un climat plus heureux, n'ayant ni des pays auſſi ſtériles que l'Ecoſſe, ni des pays auſſi mal cultivés que l'Irlande, produisant tous les genres d'agriculture qu'on y trouve, ayant de plus toutes les riches productions du sol, que l'Angleterre ne peut avoir, telles que les vins, l'huile, les fruits, & nourrissant une population double, ne tire de son sol que la même valeur, ou un quart en sus : l'une est trop évaluée, & l'autre l'est trop peu.

Il est vrai qu'on ne peut pas bien juger d'un pays par l'autre; qu'il y a plus d'or en Angleterre qu'en France, sur-tout en proportion de la fécondité du sol ; que les denrées y sont plus chères ; c'est-à-dire, que la même quantité de la même denrée représente plus d'argent en Angleterre qu'en France ; que toutes les récoltes des trois royaumes pourraient être moitié moins considérables que les nôtres, & représenter cependant une somme de numéraire presque égale à celle que les nôtres représenteraient.

Malgré cette différence, je suis encore à penser qu'il en est de ce calcul, comme de celui de la population; par conjecture, on osait à peine le porter, il y a vingt ans, à dix-huit ou vingt millions, & depuis qu'on l'a calculé plus exactement, on convient généralement qu'il passe vingt-quatre millions. En

En effet, si nos denrées étaient d'un prix tellement inférieur à celles des Anglais, nous aurions un très-grand avantage sur eux, dans les ventes, & , pour ainsi dire, dans le marché général de l'Europe.

Je crois donc, puisque nous n'avons pas un tel avantage, que le produit de notre sol, sur-tout à cause des vins, des huiles & des fruits, est double du produit de l'Angleterre; c'est-à-dire, qu'il se monte à la valeur de six milliards de notre monnaie, ou à celle de cent-vingt millions de marcs, en supposant la valeur du marc d'argent à cinquante livres. Le vingtième de six milliards est trois cents millions; or, deux vingtièmes de ce produit brut, font les six cents millions que la totalité des impôts rapportent au roi. Car tous ces impôts, pris en masse, sont une partie aliquote des productions du sol.

Dans cette hypothèse, on voit comment la France a pu payer, sans s'épuiser, sans cesser de fleurir, cette somme d'environ six cents millions (1) qui paraît énorme;

(1) M. *Necker*, dans son Traité de l'administration des finances, ne fait monter toutes les contributions

& comment la mauvaiſe répartition des impôts les a fait payer avec difficulté, a obligé de recourir à des impôts indirects, levés à grands frais, à des emprunts onéreux, qui ont toujours déshonoré le miniſtère par des retranchemens de rentes & par d'autres manœuvres honteuſes, qu'on appellerait banqueroute chez des particuliers.

Dans l'hypothèſe qui ne porte toutes les récoltes de la France, qu à la ſomme de quatre milliards, le vingtième eſt deux cents millions, & le dixieme, ou les deux vingtièmes, ſe monte à quatre cents millions.

---

du peuple qu'à 568 millions; mais elles ont vraiſemblablement augmenté depuis, & il ne s'agit pas ici d'une précision arithmétique.

Il eſtime que les intérêts de la dette nationale ſe montent à 207 millions. Si on les ſouſtrait de 567 millions qui forment la totalité des impoſitions, il reſte pour les dépenſes de l'Etat 361 millions. La dette a beaucoup augmenté depuis, & par les économies & la ſuppreſſion de beaucoup d'emplois, les dépenſes de l'Etat ont diminué, mais ce n'eſt pas ce dont il s'agit, on n'examine ici que le rapport des dépenſes de l'Etat aux productions du ſol. L'intérêt de la dette n'eſt pas une dépenſe ordinaire: c'eſt un ſurcroît de dépenſe.

Or, on voit par tous les comptes rendus, que les véritables dépenses du royaume, ne vont guère au-delà de quatre cents millions, que le surplus est presque tout entier absorbé par les arrérages d'une dette énorme, dont heureusement une partie est composée de rentes viagères qui s'éteignent d'années en années.

On en peut conclure que dans un grand royaume, dont le territoire est aussi fertile que celui de la France, le rapport des dépenses du royaume aux productions du sol, est un peu plus de deux vingtièmes, environ deux vingtièmes & demi, & que dans les temps calamiteux, trois vingtièmes, ou trois vingtièmes & demi, suffiraient pour parer à toutes les dépenses extraordinaires.

Ce rapport est celui des dépenses avec le produit brut, & c'est celui qu'il fallait d'abord connaître; le cultivateur ne peut payer que sur le produit net, c'est-à-dire, sur ce qui lui reste, quand il a défalqué les frais de culture; c'est un autre travail qui appartient plus à la pratique qu'à la théorie.

Quelqu'il soit, le rapport en serait fort inférieur au tiers des terres, au tiers du produit brut, auquel les légiſlateurs anciens avaient évalué les dépenſes publiques; il ſerait même, je crois, fort inférieur à ce qu'il en coûte aujourd'hui aux propriétaires, pour leurs vingtièmes & pour leurs impòts indirects, les recherches des commis aux aides, le trop bu, les droits d'entrées, les gabelles, la capitation, la taille, les frais des procès, les contraintes & les autres impôts, que, ſous quelques dénominations qu'on les établiſſe, les propriétaires ne peuvent payer qu'avec leurs revenus. Revenus que les gênes & les prohibitions qu'exigent les impôts indirects, empêchent de s'accroître autant qu'ils le feraient ſous un régime plus libre.

Je remarque que ſelon M. *Necker*, toutes les impoſitions territoriales de la France ne ſe montent qu'à cent quatre-vingt-dix millions: & que les trois vingtièmes ne rapportent que ſoixante-ſeize millions cinq cents mille livres. Il eſt certain, 1°. que ces trois vingtièmes, ne ſont qu'un mot abuſif, & que ſous ce nom, on paie un impôt infiniment moindre, comme ſous le nom de dîme, on ne paie pas par-tout la dixième gerbe. Il ſerait pourtant bon d'avoir des mots qui

De l'adm des finances, liv. 1, ch. 6.

représentassent ce qu'ils expriment; 2°. que cet impôt ne peut pas rapporter plus, parce qu'on paie aussi sous d'autres noms une partie aliquote de son revenu, parce qu'il y a beaucoup d'exemptions, qui causent des surcharges; 3°. si la totalité des productions du sol se monte à quatre milliards, on doit convenir que la totalité des impositions territoriales, ne se montant qu'à cent quatre-vingt-dix millions, elles ne forment pas tout-à fait un vingtième des productions du sol: mais qu'elles forment plus d'un vingtième du produit net.

Tout ce que je dis dans cet article & même dans cet ouvrage, je ne le propose que comme un objet de méditation & de recherches, & non pas comme un projet qu'on doive tenter & brusquer dans une seule assemblée. Je pense comme M. *Necker*, comme *Montesquieu*, qu'on ne doit faire aucun changement qu'avec une extrême circonspection. Je suis absolument de l'avis de M. *du Pont*, quand il nous dit ces paroles mémorables : « *Une société n'est point une* » *machine impassible qu'il faille gouverner* » *par les seules loix de la mécanique. C'est* » *un corps sensible dans toutes ses parties,*

Note cinquième de sa lettre à la chambre du commerce de Normandie.

» *& dans les opérations mêmes qui doivent*
» *le guérir, il faut lui épargner autant qu'il*
» *est possible, les convulsions & la douleur.*

» *Il faut ménager jusqu'à l'imagination,*
» *siége de tant de maux qui deviennent*
» *réels.*

» *Il faut transiger avec l'opinion, lors-*
» *qu'on n'a pas pu, ou qu'on n'a pas su*
» *la rendre entierement raisonnable.* »

Je pense ainsi; mais je crois qu'il est absolument nécessaire de faire tous les travaux, qui peuvent donner la connaissance des revenus du sol, afin de fixer la proportion des dépenses à ces revenus.

C'est un travail dont se doivent occuper les assemblées provinciales, & celles des bailliages & sénéchaussées, dont les députés formeront les Etats-généraux.

Il est d'autant plus nécessaire de savoir quelle est cette proportion, que si on ne la connaît pas, on est toujours trompé par des mots & par de fausses apparences. L'argent & l'or, en se multipliant, perdent de leur prix, la même somme ne représente plus la même quantité de denrées.

L'Etat qui reçoit, je suppose, cent millions, ne peut plus acheter, après dix ans de prospérité, pour cette somme, autant d'objets de consommation, qu'il en acquérait alors. Il demande un supplément d'impôt, & l'on crie. Cependant la proportion de ses dépenses, avec les productions du sol, n'a point changé : mais l'or s'est avili, la somme totale des productions représente plus de numéraire, il en faut donc davantage à l'Etat.

Ainsi, pour n'être point induit en erreur par une vaine apparence, pour ne pas exciter d'injustes clameurs, pour suivre une règle tirée, non du caprice & du hasard, mais prise dans la nature même des choses, & fondée en raison, on doit étudier la proportion des dépenses publiques aux productions du sol, & la faire connaître à tous.

Le propriétaire le plus borné concevra que son champ, qui rapportait vingt écus à son père, & qui en payait deux, lui en rapportant aujourd'hui quarante, en doit payer quatre : que l'impôt n'a pas augmenté : qu'il n'a point changé; *car l'impôt n'est pas une somme purement numéraire, mais une somme proportionnelle.* (1)

(1) Pour rendre ceci encore plus sensible, le

Cette ſomme toujours proportionnelle rapportera au roi une plus grande ſomme numeraire, tant que l'Etat proſpérera, que l'agriculture fleurira, que les arts & le com-

---

ſuppoſe qu'un receveur d'impoſitions ait reçu dix louis d'un fermier, & qu'il achete enſuite vingt ſetiers de bled à douze francs le ſetier ; il lui remet ces dix louis pour ſon paiement · & les voilà tous deux quittes, l'un de ſon impôt, l'autre de ſon achat.

Cinq ou ſix ans apres, le même fermier payant toujours dix louis d'impoſitions, le receveur ayant encore beſoin de vingt ſetiers de bled, & le bled valant dix-huit francs, le fermier ne veut lui en donner que quinze. Vous ne payez donc plus la même impoſition, dira le receveur, & le fermier ne voudra pas, ou ne pourra pas concevoir, qu'en payant la même ſomme numéraire, il ne paie pas la même valeur.

Cependant, s'il a emprunté ces dix louis pour payer ſes impoſitions, il lui étoit indifferent à la premiere époque de les acquitter en dix pièces d'or ou en dix ſetiers : à la ſeconde, ce n'eſt plus la même choſe, il rendra les dix louis en nature, ou il s'acquittera en donnant un quart de moins en marchandiſe. Cette différence pourrait lui faire ſentir qu'il eſt neceſſaire que l'impôt numéraire augmente, pour que le tréſor royal puiſſe ſuffire aux dépenſes de l'Etat.

merce accroîtront la valeur des productions du sol; au contraire, dès que l'Etat souffrira, cette somme toujours proportionnelle, rendra une moindre somme numéraire, elle sera un thermomètre infaillible de la prospérité publique, une obligation au prince de veiller à cette prospérité, un intérêt commun entre lui & le peuple.

Cette proportion connue, il n'y aura plus de clameurs populaires, plus de remontrances fondées sur de faux apperçus & des calculs trompeurs, plus de déclamations contre des dépenses utiles aux arts & aux manufactures, plus de possibilité aux agens du fisc de commettre des abus d'autorité, cette proportion fixée, bannira l'arbitraire, mettra la propriété de tous à l'abri des caprices de quelques-uns, & détruira la honteuse méfiance que les opérations contradictoires, de tant de contrôleurs-généraux, ont fait naître entre le peuple & le monarque; mais ce bien, ce grand bien, ne peut s'opérer que par une assemblée nationale sagement constituée, qui se tienne assez fréquemment pour être instruite, pour ordonner des travaux & pour en connaître l'exécution.

Nous terminerons cet article par quelques

remarques curieuſes, qui pourront être utiles à ceux qui voudront diſcuter ces grands objets dans les Etats-généraux.

La totalité des productions du ſol eſt eſtimée :

Selon M. *Dupont* (1), à . 4,000,000,000.

La totalité du numéraire, ſelon M. *Necker* (2), eſt eſtimée . . . . 2,200,000,000.

C'eſt un peu plus de la moitié de la valeur des productions du ſol. Cependant cette ſomme ſuffit, par la circulation, à payer la totalité des productions & la totalité des travaux. Mais dès que la circulation s'arrête, cette quantité ne ſuffit plus, & on ſe trouve pauvre ; ſi la quantité augmentait, le prix des productions du ſol & celui des travaux augmenterait auſſi ; mais la circulation ferait plus aiſée, plus rapide ; & le numéraire étant répandu dans plus de mains, la circulation s'en arrêterait plus difficilement.

La totalité des dépenſes de l'Etat, ſelon

(1) Lettre à la chambre du commerce de Normandie, page 79.

(2) De l'adminiſtration des finances de la France, tome III, chap. 8, *de la ſomme du numeraire.*

M. *Necker* (1), montait en 1781, en y comptant les intérêts de la dette publique à la ſomme de 610,000,000. Elles ont augmenté depuis; ſuppoſons-les aujourd'hui de . . . . 700,000,000.

C'eſt à peu près le tiers du numéraire du royaume, qui circule du peuple au roi & du roi au peuple. Ainſi donc, il en reſte toujours les deux tiers qui ne prennent pas ce cours, & qui ſuivent la pente naturelle que leur donnent l'agriculture & le commerce; ſi la quantité numéraire s'accroiſſait encore, quand même le tiers en paſſerait toujours par les mains du roi, il en reſterait cependant une plus grande maſſe qui ne circulerait que dans le peuple.

Je crois que ces obſervations peuvent ſervir à expliquer, comment l'Etat a proſpéré avec une dette énorme, & comment le fiſc s'eſt trouvé pauvre malgré les fécondités du ſol, la quantité du numéraire & les richeſſes des particuliers.

Je crois qu'elles peuvent ſervir encore à rendre ſenſibles les reſſources de l'Etat, à

(1) Même ouvrage, tome II, chapitre 12; *Tableau des dépenſes de la France.*

diminuer les inquiétudes, & à prévenir bien des déclamations.

Voici encore quelques obfervations utiles.

Le nombre des habitans eft eftimé, felon M. *Necker* (1), à . . . . . . 24,676,000.

Celui des habitans de Paris, felon M. *Moheau* (2), eft de . . . . . 670,000.

Vous voyez, en rapprochant ces deux nombres, que la France a vingt-quatre millions d'habitans, fans compter la ville de Paris. Ville qui ne contient guère que la quarantième partie de la population.

La ville de Londres contient au moins le même nombre d'habitans; & la population de l'Angleterre, en y comprenant l'Ecoffe & l'Irlande, n'eft guère que de dix à douze millions d'habitans; ainfi, Londres contient plus de la vingtième partie des habitans des trois royaumes.

La France & l'Angleterre font cependant les deux états les plus floriffans de l'Europe. Il s'enfuit donc que les grandes villes ne

---

(1) Voyez fon tableau de la population & de la contribution de chaque généralité, chap. II, tome I.

(2) Recherches fur la population de la France, chap. VI.

ſont point le mal que l'on dit. Les Anglais ne ſe ſont jamais plaints que Londres nuisît au royaume. Paris ne nuit pas davantage à la France. Elle donne, au contraire, un grand prix à un nombre infini de productions du ſol, ou d'ouvrages faits en province, qui n'en auraient aucun ſans elle. Elle anime l'agriculture & l'induſtrie, juſque dans le fonds des montagnes, & juſque dans les colonies de l'Aſie & de l'Amérique. Les lumières de la capitale diſſipent les préjugés qui nuiſaient, dans les provinces & dans les petites villes, à l'agriculture, au commerce, à l'induſtrie, & même à la ſociabilité. Preſque toutes les idées utiles ſont nées dans les capitales, ou dans les grandes villes. Il n'y a perſonne qui n'ait éprouvé, ou qui ne puiſſe éprouver que, dans le ſilence & l'eſpèce de ſolitude des campagnes, il ne devienne moins actif & moins penſeur. Les exemples, les paſſions, les contradictions mêmes, n'y tiennent pas toujours l'ame dans ce mouvement rapide, dans cette ſphère d'activité, où elle eſt dans les grandes villes. On reſte comme on eſt : on ne perfectionne rien : on oublie les grands objets. On s'attache davantage aux petits. On devient ennemis pour des vétilles auxquelles on n'eût pas fait la moindre attention dans Paris. Les petites inégalités de fortune & de rang, de nobles & d'annoblis, de taillables & de non-taillables, s'y marquent d'une maniere tellement insupportable, que beaucoup de gens ont vendu leurs terres, pour ne pas payer la taille, & que d'autres ont quitté leur petite ville & leur terre patrimoniale, pour éviter des querelles avec des gentillâtres, pour venir jouir à Paris de cette sorte d'égalité que l'usage du monde a mis entre tous les habitans, & de cette politesse qui fait que les distinctions ne sont jamais choquantes.

C'est encore un objet à offrir à la méditation des Etats-généraux : s'ils veulent que les campagnes soient cultivées par des hommes riches, il sera bon d'envisager chaque laboureur, comme un patriarche, & de ne le pas humilier par des distinctions qui l'exposent au mépris des hommes inutiles, & qui engagent l'homme aisé à passer dans les villes.

SIXIEME EFFET

DE CE DEFAUT DE CONSTITUTION.

Le commerce, trop gêné, ne peut fructifier.

Le droit de ſe taxer ſoi-même, n'eſt, pour une nation, que le droit de défendre ſa propriété contre l'avidité des déprédateurs publics : & c'eſt un droit naturel.

Le droit de cultiver les arts & d'exercer le commerce, avec une pleine liberté, n'eſt que le droit d'augmenter ſa propriété, en ſe rendant utile à autrui.

Mais ces droits, comme tous les autres, impoſent des devoirs. Le premier impoſe celui de ne point tromper le prince, par de faux rapports, & de ne point laiſſer détériorer ſes biens-fonds. Le ſecond impoſe celui de rendre le commerce honorable par une probité intacte, & d'éviter toutes ces petites ruſes qui fourniſſent aux princes des prétextes, pour publier des prohibitions & des règlemens oppreſſifs du commerce & de l'induſtrie.

Ces principes dont on commence à sentir aujourd'hui la vérité, étaient tellement inconnus autrefois aux Etats-généraux, que le tiers-état lui-même réclama plusieurs fois des prohibitions & des loix somptuaires, qui auraient étouffé le peu d'industrie & le peu de commerce qu'il fesait alors. Elevé au milieu des prohibitions, des gênes, des privilèges exclusifs, dont le clergé & la noblesse l'avaient garroté, les préjuges l'aveuglaient sur ses propres intérêts.

Le but du marchand est de s'enrichir; mais l'objet du commerce pour l'homme d'état, pour le politique, pour les Etats-généraux, n'est pas d'amasser de l'or, dans quelques maisons, ou même dans le trésor public. Son objet est plus noble : il consiste à mettre en valeur toutes les productions du territoire, à en tenir occupés tous les habitans, afin que les hommes & les productions s'y multiplient, afin qu'un plus grand nombre de familles y puissent vivre, & vivre avec aisance, afin que l'Etat y soit fort de toute la force que lui permettront d'acquérir, le sol le mieux cultivé, & la population la plus nombreuse que ce sol pourra nourrir. Quelquefois même, le commerce

merce & l'induſtrie procurent une population plus forte, que le territoire ne le comporte. On en a des exemples dans de petits Etats, tels que les villes anſéatiques, & même dans la Hollande : mais aucun grand Etat n'a encore donné un tel exemple. Pour parvenir à ce but, la circulation de l'or eſt plus néceſſaire qu'un vain amas d'or.

On a demandé quelquefois ſi un pays ne pouvait pas être trop peuplé; on peut répondre qu'il n'y a jamais trop de population, dans un pays qui proſpère, c'eſt-à-dire, dans un pays où tous les hommes ſont en valeur ; où les richeſſes du conſommateur, les débouchés des manufactures, les travaux de l'induſtrie, les expéditions du commerce, fourniſſent des reſſources multipliées, & occupent tous les habitans ; mais, lorſque la proſpérité ceſſe, lorſqu'une manufacture, qui feſait ſubſiſter toute une ville, manque tout-à-coup de débit, lorſque le commerce d'une contrée eſt enlevé par une autre, il y a, quelquefois, trop de population. Cette ville, ce pays, ſont dans le cas d'une cité qu'on aſſiége, d'une province qu'un ennemi, ou quelque grand fléau, a ravagée. Mais, ſi le gouvernement ou l'induſtrie nationale ne répare pas bientôt les pertes occasionnées par cet accident, la population diminuera de jour en jour.

Tant que la population augmente & que le nombre des familles riches & aisées s'accroît, tant que les manufactures se multiplient ou débitent davantage, tant que les terres augmentent de valeur, la nation prospère : c'est un thermomètre infaillible. Quand la population diminue, quand le nombre des familles pauvres devient plus considérable, quand les manufactures manquent d'ouvrage, quand les terres baissent de valeur, l'or qui s'enfouit dans les châteaux, les palais & les monastères, comme au temps de la féodalité, n'empêche pas que l'Etat ne tombe en décadence.

Ainsi Rome moderne, ainsi vingt villes d'Italie, au milieu du luxe & des chefs-d'œuvre des arts, sont pourtant dans un état frappant de décadence; tandis qu'au milieu d'elles, l'heureuse Toscane, sous l'administration d'un sage, est devenue un des pays les plus florissans de la terre.

La dépopulation commence toujours par la perte des gens industrieux. Ils partent les premiers, & vont porter leur industrie là où elle leur est profitable : leur départ accroît l'indigence de ceux qui restent, les mendians se multiplient, & tous les agens de la superstition & de l'oppression avec eux. On n'a plus que des nobles, des moines & de la canaille. C'est ce qui frappe singulièrement les voyageurs, dans plusieurs contrées méridionales de l'Europe, & dans quelques-unes du nord : c'est ce qui ne se voit aujourd'hui, ni en Angleterre, ni en Hollande, ni en Suisse, ni en France. C'est ce qui était très-commun, avant l'abolissement de la féodalité.

De ce qu'ont fait les Français en tout genre, malgré les défauts de leur constitution & des avantages qu'ils tireront des Etats-généraux.

QUE Rome soit devenue conquérante, qu'elle ait soumis toutes les nations policées, qu'elle ait joui d'une gloire & d'une félicité sans exemple, c'est un fruit qu'elle a dû à sa constitution ; &, si l'on s'étonne encore de ses succès, du moins on peut les concevoir ; on en connaît la cause.

Mais que la France, presque sans constitution, ou plutôt avec une constitution vicieuse, tout ensemble monarchique & aristocratique, réunissant mille contradictions qui arrêtent à tout moment sa marche, & qui l'empêchent de prendre un caractère, ait pourtant été, de toutes les nations, celle qui a fait le plus de choses, & les plus grandes choses, après les Romains; c'est une espèce de prodige qui engageait un des derniers papes, homme de beaucoup d'esprit, à citer ce royaume comme une des plus fortes preuves de la providence.

Les Français ont porté leurs armes dans presque tous les climats que les Romains ont subjugués; mais ils se sont contentés de remporter des victoires, là où les Romains ont fait des conquêtes.

Ils ont été la première des nations barbares; car ils ont asservi au moins trois des principaux peuples qui avaient envahi l'Empire d'occident: ils ont subjugué les Visigots, les Bourguignons, les Lombards; &, sous Charlemagne, ils ont porté leurs conquêtes, de l'Océan à la Pannonie ou Hongrie, de l'Elbe dans le nord de l'Allemagne, à l'Ebre en Eſpagne, & aux rives de l'Ofante en Italie, rives ſur leſquelles *Annibal* avait gagné la bataille de Cannes.

La plupart des villes de Veſtphalie & de la Saxe, doivent leur exiſtence aux monaſtères que la piété de *Charlemagne* conſtruiſit dans ces déſerts, comme les villes du Rhin & du Danube doivent leur fondation au génie des Romains.

Ces conquêtes, que les Francs ne ſurent pas garder & réunir à la Gaule, ſont l'origine de l'empire d'Allemagne, du royaume d'Italie & de la puiſſance des papes; comme, au commencement de la troiſième race, les conquêtes des chevaliers français furent l'origine du royaume de Portugal, & des royaumes de Naples & de Sicile; comme, quelques ſiècles après, la valeur de ces grands chevaliers, enfans de la France, donnant l'exemple à l'Europe, & frappant l'Aſie de terreur, fut l'origine des royaumes de Jéruſalem, d'Antioche, d'Edeſſe & de Tripoli de Syrie, enlevés à la valeur ottomane, & tous fondés par des Français.

Ce ſont eux qui renversèrent l'empire d'Orient & qui enlevèrent Conſtantinople aux Grecs.

Le fils de *Philippe-Auguste* fut appellé par les Anglais, & couronné dans Londres.

Depuis, lorsque l'Europe plus civilisée, plus éclairée, ne permit plus à la bravoure de se répandre en conquêtes si faciles, nous avons conquis plusieurs fois le Milanais, & quatre ou cinq fois au moins le royaume de Naples.

Nous avons, en quelque sorte, fixé les bornes de l'empire français aux Pyrénées, au Var & au Rhin, comme les Romains avaient fixé celles du leur à l'Elbe, au Sénégal, aux cataractes du Nil & à l'Euphrate.

Cependant nous avons mis les enfans de nos rois sur le trône d'Espagne, & leurs petits-enfans sur les trônes de Naples, de Sicile & de Parme.

Il n'est aucune des contrées qui entourent les bornes que la France s'est prescrites, qui n'ait été conquise plusieurs fois par nos armes : la Savoie, le Piémont, la république de Gènes, la Bavière, les Pays-Bas, la Hollande, tous ces Etats nous ont été soumis ; nos rois, moins avides que les Romains, les ont restitués à leurs souverains, & quelquefois même sans y être obligé, par des défaites.

Dans ce dernier ſiècle, où nos rois, conduits par un eſprit plus ſage, n'ont cherché que la paix, n'ont voulu que la gloire d'être les pacificateurs de l'Europe, nous avons porté nos armes juſqu'aū fond de la Bohème, & juſqu'au bord de la Baltique, au travers de l'électorat d'Hanovre : nous avons détruit les fortifications de toutes les villes des Pays-bas; fortifications élevées à grands frais, ſous *Louis XIV*, par le généreux *Vauban*, & cédées par ce même roi aux ennemis de la France, après une guerre déſaſtreuſe; de ſorte qu'aujourd'hui la France, entourée de tous côtés, par une multitude de villes fortes & de citadelles formidables, preſqu'impénétrable aux armées ennemies, peut franchir facilement leurs frontières, deſtituées de défenſes.

Enfin, ces dernières années nous ont vu arracher, au fond de l'Occident, les États-unis aux armées & aux flottes de l'Angleterre, tandis qu'au fond de l'Orient, les colonies hollandaiſes repoſaient en paix, à l'abri de nos drapeaux & de nos pavillons.

Nous arrêtions ſeuls la fortune des Anglais dans ces contrées, où, quarante ans auparavant, trois cents Français avaient défait cent mille Indiens, & créé des rois sur le champ de bataille.

Toutes ces invasions formidables qui se sont faites en Europe, depuis celles des Romains, ont trouvé leurs termes dans la France. La fortune d'*Attila* vint échouer dans les Gaules; & un roi des Francs, dont on ignore le nom, fut chargé par *Ætius*, de le poursuivre & d'achever sa défaite.

Abderame & les Arabes, vainqueurs de l'Afrique & de l'Espagne, furent arrêtés dans leur course, près de Poitiers, par la valeur de *Charles Martel*.

Les Normands avaient ravagé l'Angleterre, la Flandre, la Picardie, la Neustrie. Ce torrent débordé s'arrêta sous les murs de Paris, où il ne put surmonter la digue que la valeur d'*Eudes* & de *Robert* opposèrent à son cours.

L'empereur *Othon* voulut envahir la France avec cent mille hommes, tandis que les Anglais l'attaquaient. *Philippe-Auguste* le défit dans les plaines de Bovines; & *Louis*, son fils, repoussa les Anglais au bord de la Loire.

Mais lorsque les divisions des Français eurent livré la moitié du royaume à ces insulaires, la ville d'Orléans fut l'écueil où leurs armes échouèrent.

Enfin, ce puissant *Charles-Quint*, ce maître de l'Allemagne & de l'Espagne, ce dominateur de l'Italie, ce vainqueur de *François Ier* qu'il avait tenu dans ses fers, voulut deux fois envahir la France. Repoussé sous les murs de Marseille, forcé de quitter la Provence, il vint encore essayer d'y pénétrer par la Lorraine, & fut contraint de s'arrêter devant Metz, qu'il ne put jamais emporter ni passer.

C'est la dernière des grandes invasions qui ont menacé la France.

Peu de nations, & peut-être aucune, n'ont porté leurs armes, & gagné plus de victoires, dans autant de contrées différentes, que les Français, depuis les Romains.

Dans nos guerres avec l'Angleterre, nous avons ensanglanté les quatre parties du monde, & combattu sur toutes les mers: nous avons possédé, dans l'Amérique septentrionale, des contrées plus vastes que l'Europe, & dans les Indes orientales, des contrées plus grandes que la France; mais ces acquisitions immenses, à l'exemple de presque toutes nos autres conquêtes, ont échappé promptement de nos mains.

Cependant, nous avons formé le royaume le mieux arrondi, le mieux situé, non pas le plus grand, mais le plus fertile, le plus riche & le plus peuplé de l'Europe : celui où, de l'aveu des étrangers, on jouit le mieux des douceurs de la société : c'est à peu près comme s'ils avouaient qu'il est celui où l'on est le plus heureux.

Il est certain que, par des vertus particulières, nous avons réparé souvent les inconvéniens attachés à notre constitution.

Rivaux de l'Italie, dans les beaux-arts, nous avons partagé avec elle l'admiration de l'Europe : rivaux de l'Angleterre, pour les arts mécaniques & pour les manufactures, nous avons partagé avec elle l'empire de l'Océan & le commerce du monde : nous avons été ses rivaux dans la navigation, dans les sciences, dans les lettres : émules de Londres, nous avons beaucoup surpassé Rome par l'étendue de nos connaissances, par la variété de nos jouissances, par un respect plus juste pour la simple humanité.

Nous n'avons pas d'aussi grandes villes

que l'empire romain, à qui rien ne ſe peut comparer. Conſtantinople, Antioche, Alexandrie, Syracuſe, étaient des villes plus riches, plus peuplées, plus décorées que Paris ; mais nos provinces pourraient ſe comparer à celles de la Grèce : Athènes, Sparte, Corinthe, Thèbes, dans les temps de leur ſplendeur, n'étaient peut-être pas ſi riches que le ſont aujourd'hui les villes de Lyon, de Bordeaux, de Marſeilles, de Nîmes, de Montpellier, & que vingt autres villes que les arts décorent chaque jour de nouveaux monumens : aucun royaume, en Europe, n'en offre de ſemblables à la curioſité du voyageur, ſi ce n'eſt celles d'Italie, où les arts ont élevé encore plus de chefs-d'œuvre, mais où le commerce verſe moins d'abondance, où la ſociété a moins de douceurs, de franchiſe & de liberté.

Je ne ſache point que le ſénat de Gènes, de Veniſe, de vingt autres républiques, ait produit des hommes doués de plus de vertu & de plus d'éloquence, que n'en a produit la magiſtrature françaiſe ; des hommes plus dignes de la vénération publique, que le chancelier *de l'Hôpital*, le préſident *de Thou*, le préſident *de Monteſquieu*, le chancelier *d'Agueſſeau*, que le préſident *du Pâti*, dont la vertu ſenſible & courageuſe défendit l'humanité avec une activité vraiment paternelle, & qu'une mort prématurée vient d'enlever, dans la vigueur de l'âge, aux larmes des infortunés, aux travaux les plus utiles, aux grandes eſpérances que le public en avait conçues.

Je ne ſache point que le ſénat de tant de villes libres, puiſſe nous oppoſer de plus grands hommes, ni de plus grands exemples que n'en a donné cette magiſtrature, quand elle oppoſa à la majeſté royale une fermeté reſpectueuſe, mais incorruptible & inébranlable.

Ces vertus, ces travaux, cette fermeté, ces nobles fonctions, qui n'ont pas toujours été exemptes de périls, ſont d'autant plus mémorables, que ceux qui dévouent ainſi leurs jours au travail, aux fatigues, aux dangers de réſiſter aux rois, élevés au milieu du luxe & des richeſſes, pouvaient paſſer leurs jours exempts d'inquiétude, dans les vains amuſemens d'une douce oiſiveté; mais les richeſſes ne corrompent pas toujours les ames: & ſi la vénalité des charges a produit quelque mal, ce n'eſt pas celui qu'on craignait.

Les gens de lettres, ceux que la France honora du nom de philosophes, ont montré un courage non moins inébranlable: car leurs paisibles fonctions ne furent pas non plus exemptes de périls. Chargés du noble soin de défendre l'humanité, de briser les liens dont l'ignorance, les préjugés, la superstition, le fanatisme garrotent encore la plupart des humains; chargés du soin, non moins noble, d'écrire l'histoire, de révéler les crimes, de chasser l'erreur, d'introduire la vérité par-tout où on la redoute, ils ont eu souvent contr'eux des ministres qui la craignaient, des ecclésiastiques qui la regardaient comme un outrage; & ce qui est plus triste, c'est que beaucoup de magistrats qui devaient être leurs frères, leurs amis, leurs défenseurs & les premiers soutiens de la vérité, comme eux, ne les ont point entendus, & ont condamné des ouvrages que tout le monde admire, & qui sont pleins de la plus pure morale.

Ces dangers, que les Grecs & les Romains n'ont point connus, doivent encore augmenter la gloire des gens de lettres français.

Boileau blâmait les conquêtes d'*Alexandre* & les projets de *Pyrrhus*, dans

dans le temps que l'amour des conquêtes entraînait *Louis XIV* : & ce roi, vraiment grand, n'en protégea pas moins cet auteur, qui ſeul avait blâmé ſa paſſion dominante.

Il blâma, dans ſes vers, la ridicule épreuve du congrès ; & le parlement, loin de s'offenſer de ſes plaiſanteries, en ſentit l'utilité, & abolit cette épreuve.

Molière compoſa *le Tartuffe*, dans le temps où ce vice avait, en France, une grande autorité, où les Jéſuites acquéraient leur crédit, où les confeſſeurs devenaient tout-puiſſans, où déjà l'on jetait les ſemences de cette bigoterie qui amena la révocation de l'édit de Nantes.

M. *de Voltaire* compoſa ſa *Henriade*, le ſeul poeme qui joigne au mérite de la plus belle poéſie, le mérite plus rare de combattre la plus dangereuſe des maladies de l'humanité. M. *de Voltaire* compoſa ſa Henriade dans le temps où le janſéniſme troublait la France, où la démence entraînait tout un peuple ſur le tombeau d'un prétendu *ſaint Paris*, où le gouvernement prodiguait les lettres de cachet, pour éteindre ces diſputes inſenſées. On ſait les dangers qui menacèrent ce père de la vérité ;

on ſait que ſon courage ne ſe démentit jamais ; & qu'entouré de perſécuteurs & de calomniateurs, loin de ſe décourager, comme *Racine*, il livra combats ſur combats, aux ennemis de la vérité : il terraſſa cette hydre renaiſſante : il éblouit tous les yeux de l'éclat de ſa gloire, changea l'eſprit & les mœurs de l'Europe, amena la tolérance par-tout où avait régné la ſuperſtition, & prépara enfin, par ſes écrits, la loi de la tolérance que le parlement lui-même a demandée, & que le roi vient d'accorder à de vertueux ſujets, trop long-temps méconnus.

A conſidérer la littérature françaiſe en général, elle paraît plus riche & plus féconde que celle des Grecs & des Romains : nous l'emportons ſur elle, par notre théâtre : nous avons un poeme épique dont la gloire eſt de pouvoir ſoutenir la comparaiſon avec ceux d'*Homere* & de *Virgile*. L'Encyclopédie, l'Eſſai ſur les mœurs, de *Voltaire*, ſont des ouvrages ſans modèles, dans aucune langue. Aucun hiſtorien n'a rien fait d'égal à l'hiſtoire de *Charles XII*, au ſiècle de *Louis XIV* ; *Platon* ni *Cicéron* n'ont écrit, ſur la conſtitution politique, aucun ouvrage qu'on puisse comparer au *Contrat social.* Ils ont écrit sur les loix, autrement, mais non pas mieux que *Montesquieu.*

La littérature italienne ne se glorifie que de ses poemes qu'aucune nation n'a égalés, des opéra de *Metastase*, dont plusieurs ont été pris dans le théâtre de *Corneille*, de *Racine* & de *Voltaire* : du prince de *Machiavel*, de ses discours sur Tite-Live, de son histoire de Florence, du traité *du délit & des peines*, & de quelques historiens, ouvrages que ceux des Français ont surpassés.

La littérature anglaise est plus féconde ; mais son théâtre, plus hardi peut-être, mais trop incorrect, est très-inférieur au notre; ses poemes épiques du *Paradis perdu* & d'*Hudibras*, n'approchent point de ceux de *Voltaire.* Les fables de *Gay* ne valent pas celles de *la Fontaine.* L'*Essai sur l'homme*, de *Pope*, ouvrage sans modèle, a été sans rival, jusqu'au jour où parut le poeme sur *la loi naturelle*, qui moins hardi peut-être, & non moins beau, en poésie, est plus juste & plus conséquent dans ses principes.

Si l'Angleterre l'emporte sur nous, c'est par ses seuls historiens. Ils n'ont pas mieux

fait

fait que M. *de Voltaire*, auquel ils ont rendu justice; mais ils ont surpassé tous les autres Français qui ont travaillé dans ce genre. Ils ont une excellente histoire de leur pays, & nous n'en avons point du nôtre. C'est qu'ils n'ont ni une Sorbonne prête à les censurer, ni des tribunaux prêts à les décréter. Aussi leurs grands historiens, *Hume*, *Robertson, Gibbon*, ont-ils été moins téméraires dans leurs assertions, que beaucoup d'écrivains français, qui, travaillant sans liberté, ont cru ne devoir rien ménager, & qui, franchissant la barrière placée beaucoup trop près d'eux, ont été emportés bien au-delà du but qu'ils se proposaient d'atteindre.

Mais si les gens de lettres français, écrivant sans liberté, ont cependant formé un corps de littérature qui égale celui des anciens & celui des Anglais; qu'auraient-ils donc fait, s'ils avaient été libres? Je répondrai qu'ils auraient eu des historiens; des écrivains politiques plus profonds; que la constitution en eût mieux valu, que beaucoup d'hommes, d'un génie excellent, & d'un caractère modéré ont gardé le silence, & auraient écrit; ce qui eut donné à notre littérature un ton moins décisif, parce que les littérateurs, craignant de parler en esclaves, ont pris quelquefois un ton de maîtres; parce qu'on a fermé la carrière à l'homme sage mais timide, & qu'on l'a laissée ouverte aux fous, aux audacieux, aux satyriques, aux calomniateurs. *Racine* a cessé de travailler, & *Garasse* a continué de répandre ses invectives.

Ce qu'il y a de vrai, c'est que des défaites n'ont jamais fait perdre à nos guerriers le goût des grandes entreprises ; que nos magistrats, pour des exils & des emprisonnemens, n'ont point perdu leur noble fermeté, & que nos véritables gens de lettres, pour des décrets, des censures, des calomnies, n'ont point perdu l'amour de la vérité, ni le courage de la faire entendre.

Ainsi, nous avons tous remplis nos devoirs, malgré le vice de la constitution, qui nous divisait, au lieu de nous réunir, qui affaiblissait nos forces, au lieu de les accroître, qui retardait, en tout genre, les progrès de l'esprit humain, & la gloire de tous les ordres de l'Etat.

Telle a été l'influence du caractère national, dès le moment où, débarrassé des liens dela servitude & de la superstition, il a pu agir & se développer; que, malgré le défaut de la constitution, nous pouvons, depuis près de deux siècles, compter presque toutes nos années par des chefs-d'œuvre dans les arts & dans les lettres, par de grands établissemens ou par des victoires. J'ajouterais même par de grandes vertus, si l'on pouvait dénombrer les vertus comme les monumens publics.

Aujourd'hui un nouvel aspect se présente: de nouveaux principes vont régénérer le royaume, & faire refleurir ses campagnes; ces campagnes qui, s'étendant entre les plus belles villes de l'Europe, n'offrent pas encore aux étrangers, le spectacle délicieux que leur offrent les campagnes de la Suisse, de la Hollande & de l'Angleterre.

Ces nouveaux principes sont le fruit des conseils de trois sages, de trois hommes dont les écrits attestent la probité & les lumières; tous trois, appellés au ministère, ont adopté le même plan: tous trois ont proposé au roi que chaque province fût chargée de sa propre administration. Ces trois ministres sont, le marquis *d'Argenson*, M. *Turgot* & M. *Necker*: M. *Necker*, qui a plus fait que de les propofer : il a fondé les affemblées provinciales de la haute Guienne & du Berry.

Cette grande idée, reçue avec tranfport, a été adoptée par toute la France, & déjà chaque province a fon affemblée. Déjà, dans quelques-unes, les malheureufes divifions qui ont été fi funeftes aux trois ordres, fe font fait reffentir; mais ce miférable efprit de petiteffe, fera bientôt étouflé par les grandes vues, & devant les grands talens que ces affemblées vont développer. Ce qui s'eft paffé dans celles de la haute Guienne, & dans celles de Rouen, les excellens procès-verbaux qu'elles ont publiés, les utiles travaux qu'elles ont commencés, les fuccès qu'elles ont eus, les juftes éloges qu'elles ont reçus du public, l'efprit patriotique qui les anime, font le garant & la preuve du bien que peut produire un tel établiffement.

Tout ce que la volonté des meilleurs rois n'a pu obtenir, tout ce que la puiffance des miniftres n'a pu faire exécuter, par des ordres dont le peuple ignorait le motif & le but, fera promptement entrepris & facilement achevé, quand il fera le vœu d'une aſſemblée de patriotes éclairés ſur les reſſources & les forces de leurs provinces ; de patriotes qui ne commanderont point en maîtres, mais qui perſuaderont en ſages ; & qui, bien inſtruits, enſeigneront à chacun les véritables intérêts de ſon pays, les beſoins réels de la patrie, & les moyens d'améliorer & ſa fortune particulière & la fortune publique.

Juſqu'à ce jour, diviſés en pays d'Etats, en provinces dont quelques-unes portent encore le nom d'étrangères, en contrées oppoſées l'une à l'autre, par des loix, par des coutumes, par des mœurs, par des paſſions, par des prétentions différentes, par des priviléges & des droits contradictoires, nous avons été moins une véritable nation, qu'une eſpèce de confédération de peuples réunis ſous un roi, à peu près comme les divers peuples de l'Allemagne ſous un empereur, comme les ſept Provinces-unies ſous un ſtathouder ; mais avec bien moins de priviléges & bien moins d'union.

Aujourd'hui, où nous ſommes plus éclairés, nous ſentirons mieux la néceſſité d'être unis. Les trois ordres qui ne diſputent ni de capacité, ni de probité, cesseront ces disputes de vanité qui leur ont été si nuisibles. Ils décideront trois questions préliminaires qui n'ont jamais été bien discutées, & dont l'indécision a toujours fait méconnaître les droits de l'assemblée nationale. Ils décideront, 1°. de la forme que doit avoir l'assemblée, pour être légale, en se réservant le droit de faire, dans la suite, à cette forme, les changemens qui seront nécessaires; 2°. si les décisions de cette assemblée nationale sont obligatoires pour toutes les provinces & les pays d'Etats, ou si les provinces ou les pays d'Etats, auront le droit de ne s'y point conformer, comme cela n'est que trop souvent arrivé; 3°. si les cours souveraines ont le droit de protester contre la forme que l'assemblée aura adoptée, ou contre les décisions qu'elle aura prises?

Ces questions décidées, les autres se résoudront facilement.

On examinera s'il vaut mieux, pour prendre une résolution générale, que les députés soient assemblés séparément ou tous ensemble, délibérant, opinant & votant en commun? s'ils doivent délibérer, opiner

& voter, en ſubdiviſant chaque ordre par gouvernement & par provinces eccléſiaſtiques, & ne compter que les voix des gouvernemens & des provinces, au lieu de celles de chaque député; au riſque d'avoir vingt avis oppoſés, & jamais de réſolution unanime; au riſque d'avertir chaque province du royaume, des divers avis de chaque gouvernement, & d'y étendre ces diviſions; au lieu de les anéantir ſous la pluralité des voix, ſans qu'aucune province pût ſavoir celles qui auraient été de ſon avis, ou d'ûn avis contraire? On remarquera que ces ſubdiviſions, par provinces & par gouvernemens, ne ſont connues dans aucun autre Etat, ni en Pologne, où les diétines précèdent la diète, ni en Suède, où les quatre ordres des nobles, du clergé, des bourgeois & des payſans, opinent ſéparément, & n'ont chacun qu'une voix.

On examinera enſuite, s'il eſt plus avantageux d'avoir trois orateurs & de former trois cahiers, comme ont fait les derniers Etats, qu'il ne le ſerait de revenir à l'ancienne forme, en n'éliſant qu'un orateur, en ne compoſant qu'un cahier, & en en feſant entendre la lecture au roi, afin qu'il connût l'état de ſon royaume & le vœu de ſon peuple ?

Les aſſemblées provinciales jetteront, ſans doute, un grand jour ſur toutes ces queſtions. Elles auront fait preſſentir les avantages & les inconvéniens de chaque forme.

C'eſt dans le ſein de ces aſſemblées, que ſe formeront ces hommes que les bailliages & les ſénéchauſſées choiſiront pour leurs députés, ces hommes qui viendront diſcuter, dans les Etats-généraux, les intérêts de la nation, & balancer les beſoins de l'Etat, avec les beſoins des provinces. Ces hommes éprouvés dans ces grandes aſſemblées, n'arriveront pas avec les miſérables préjugés d'ordre, de corps, de préſéance, de point d'honneur, qu'apportaient autrefois de nobles campagnards, ou des théologiens formés à la controverſe, & qui, faute des grandes connaiſſances néceſſaires à l'homme d'Etat, croyaient ſe ſignaler par la grande connaiſſance de leurs prérogatives.

Inſtruits, en quelque ſorte, du cens de la république, de la force intérieure de l'Etat, de ſes relations avec les puiſſances étrangères, ils en connaîtront les reſſources, ils calculeront le juſte rapport qui doit régner entre les beſoins de l'Etat & les productions du ſol : ils balanceront les uns par les autres ; & malgré le honteux embarras, dans lequel, au milieu de nos richeſſes, nous nous trouvons engagés, par un ſyſtême erroné, ils rétabliront l'ordre : & s'ils établiſſent les ſubſides, de manière que malgré les progrès du commerce & l'aviliſſement du numéraire, ils demeurent toujours dans la même proportion avec les beſoins de l'Etat, ils empêcheront que jamais la nation ne ſe retrouve dans des embarras auſſi ridicules.

Mais un tel changement ne peut être le fruit ni d'une aſſemblée, ni de l'effort d'un moment ; & quand cet ordre dans les finances, par lequel il faut toujours commencer, ſera rétabli & affermi, les Etats-généraux auront encore les loix à réformer, & le bonheur public à maintenir. Ils ſeront toujours néceſſaires.

Fin du Tome ſecond.

TABLE
DES CHAPITRES
ET
DES SOMMAIRES MARGINAUX
DU SECOND VOLUME.

LIVRE IV.

LIVRE V.

Fin de la Table du Tome second.

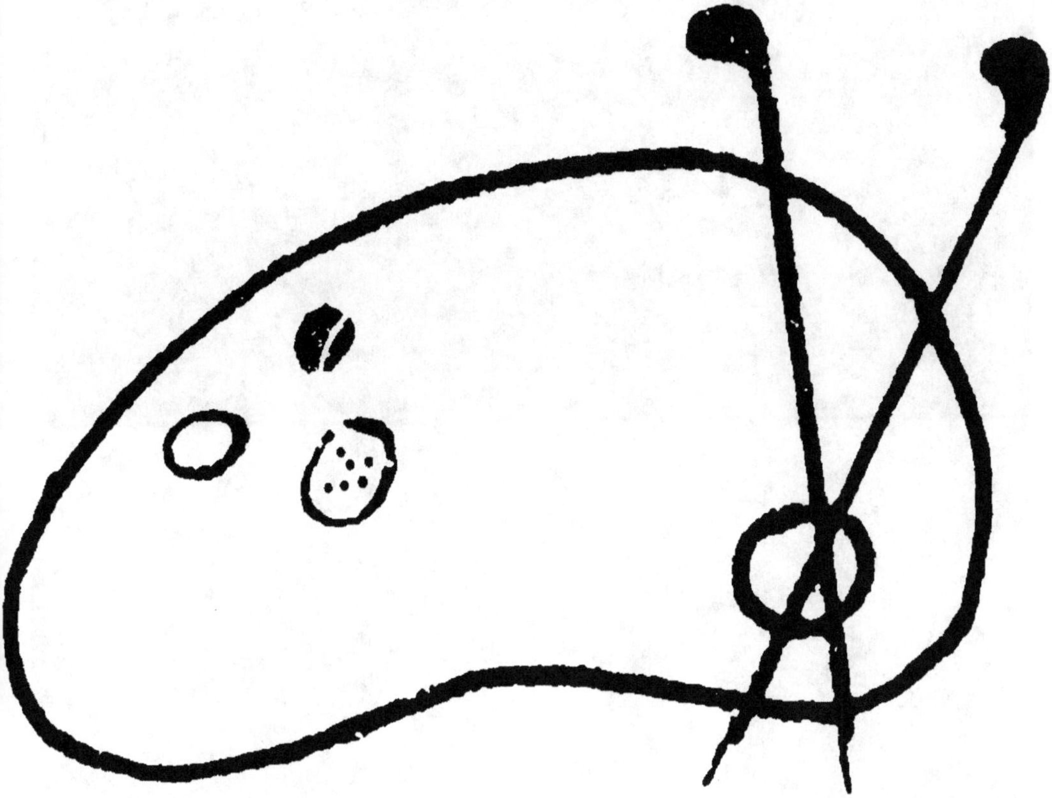

Couvertures supérieure et inférieure
en couleur

ESSAI

SUR

L'HISTOIRE DES COMICES
DE ROME,

DES ETATS-GENERAUX
DE LA FRANCE,

ET DU PARLEMENT
D'ANGLETERRE.

ESSAI
SUR
L'HISTOIRE DES COMICES
DE ROME,
DES ETATS-GENERAUX
DE LA FRANCE,
ET DU PARLEMENT
D'ANGLETERRE.

TOME TROISIEME.

PAR M. ***.

Si je puis vous servir, qu'importe qui je sois?
TANCREDE.

A PHILADELPHIE;
Et se trouve à PARIS,
Chez MARADAN, Libraire, rue des Noyers,
N°. 33.

1789.

ESSAI

Sur l'hiſtoire des Comices de Rome, des Etats-Généraux de la France, & du Parlement d'Angleterre.

TROISIEME PARTIE.

Du Parlement d'Angleterre.

LIVRE PREMIER.

AVANT-PROPOS.

ROME, en conquérant la terre, avait donné à ſes citoyens tout ce qu'on peut attendre des loix : une conſtitution qui aſſurait leur vie, leur liberté, leur propriété, qui procurait à chacun les moyens de développer toutes ſes facultés, qui laiſſait l'homme s'élever & parvenir à toute ſa grandeur.

En France, au contraire; il semble que le bien soit un fruit du climat. La constitution toujours flottante, n'a ni corrigé les vices, ni dirigé les événemens. La Nation n'a même défriché soigneusement ses campagnes, embelli ses villes, couvert la mer de ses vaisseaux, cultivé les arts, les sciences & les lettres que depuis ses derniers Etats-Generaux, depuis que *Richelieu*, *Louis XIV* & *Louis XV*, en fesant taire les prétentions de l'orgueil, ont mis un peu d'ensemble dans cet Etat, composé de tant de parties diverses.

Jusqu'à leur régne, dans un espace de douze cents ans, la France n'avait brillé que par les armes; succès vulgaire, commun à toutes les Nations. Car toutes se glorifient de leurs victoires, très-peu se vantent de leurs arts, presque aucune de leur constitution.

Cependant le Gouvernement a plus d'influence que le climat. La nature travaille encore au bord du Tybre, comme du temps des *Scipions*. Mais les loix n'y veillent plus sur l'homme. Ce sol inculte aujourd'hui, ne produit plus que des ronces; autrefois l'agriculture le couvrait de ſuperbes platanes, dont les vaſtes rameaux ſuſpendaient dans les airs les grappes de cent ceps dont ils étaient les heureux appuis.

Mais ſi ces mœurs antiques paraiſſent trop étrangères à nos mœurs; ſi le temps qui nous en ſépare a jetté ſur elles quelque choſe de magique, qui ſemble les rendre purement idéales; interrogeons le ſiecle même où nous vivons; voyons s'il n'eſt point quelque peuple que la Renommée nous indique, & dont elle vante la conſtitution comme ſimple & ſage, comme aſſurant la proſperité publique, & la félicité des familles.

L'exemple inſtruit mieux que le précepte. On ne doit imiter perſonne, je le crois; mais on doit être le diſciple de quelqu'un. Aujourd'hui que nous cherchons a former notre conſtitution, c'eſt le moment d'étudier celle des Nations les plus celèbres de l'Univers.

On a dit depuis long-temps, que nous inventons peu, mais que nous perfectionons tout. Eh bien, perfectionons ce qu'ont établi de meilleur les anciens & les modernes. Nous avons aboli la ſervitude dans presque toutes les Provinces de la France ; à cet égard, nous avons mieux fait que les Romains. Nous avons plus d'aménité dans nos mœurs, plus de qualités sociales que les Anglais, nous pouvons donc lutter avec avantage contre ces peuples ; mais, pour les surpasser, il est nécessaire de connaître ce qu'ils ont fait.

Je présente les grands exemples qu'ils nous offrent, & même les fautes qu'ils ont commises, pour nous engager à éviter leurs malheurs, & à les égaler en vertus. C'est le devoir de l'Historien. Si quelqu'un m'en savait mauvais gré, s'il ameutait contre moi la vanité, l'impéritie, le pédantisme, l'ignorance, la mauvaise foi, & tous les vices qui composent cette hydre, éternelle ennemie des progrès de la raison, je lui dirais ce qu'*Aristide* dit autrefois à *Thémistocle : Frappe, mais écoute*, & apprens ce qu'on peut faire avec un sol ingrat, un climat triste & une population faible.

DE L'ANGLETERRE,

Avant Guillaume le Conquérant.

L'Angleterre eſt un peu plus ſeptentrionale que la France. Son territoire eſt moins fertile, ſon climat plus humide, ſes jours plus inégaux, ſes femmes moins fécondes, ſes habitans aſſervis à plus de beſoins.

Site de l'Angleterre Influence du climat ſur ſes habitans.

La mer qui l'en entoure, rend l'émigration plus difficile ; elle accoutume les eſprits à braver les tempêtes, à ſe perſuader qu'on peut les vaincre par du travail & de l'habileté. Ils eſpèrent peu de la Nature, ils cherchent à tout obtenir de leur perſévérance & de leur audace.

Ces Inſulaires ſe livrèrent tard à l'agriculture ; ils lui préférèrent la pêche & la garde des troupeaux. Occupations qui demandent plus de ſoins, & moins de confiance dans les ſaiſons.

Ils furent vaincus par les Romains comme les Gaulois, & plus maltraités qu'eux par les Peuples du Nord. Ils paſſèrent tour-a-tour ſous le joug des Anglo-Saxons, & ſous celui des Danois.

Les Bretons furent plus ſouvent ſubjugués que les Gaulois.

Ces peuples établirent parmi eux cette espèce de Conseil général, appellé *Wittena-Gemot*, qu'on retrouve chez tous les barbares du Nord, & qui, je crois, dans l'origine n'était que l'assemblée de tous les chefs des familles Nomades qui composaient une horde.

Quelques Anglais ont perdu leur temps à chercher, si dans ce Conseil, ce *Wittena-Gemot*, on n'admettait originairement que des Barons, des Chefs, ou si le Peuple y assistait. Comme si cette question pouvait avoir la moindre importance.

L'antiquité d'une institution n'en fait pas la bonté; & les droits du genre humain, les droits des Nations, ne sont certainement pas fondés sur ce qui se passait, il y a quelques mille ans, dans un Conseil de barbares, qui n'avaient aucune notion de ces droits, aucune idée métaphysique.

La Gaule ne fut subjuguée que par les Romains & par les Francs, qui lui donnèrent leur nom. L'Angleterre fut soumise tour-à-tour par les Romains, par les Anglo-Saxons, par les Danois, & par *Guillaume* le Conquerant, Duc de Normandie. Elle changea de nom comme la Gaule; elle reçut à son exemple son nom de ses vainqueurs.

L'Histoire d'Angleterre ne commence véritablement qu'à l'invasion de *Guillaume*, comme celle de la France à l'invasion des Francs. Avant lui tout est absolument barbare & confus.

Conquête de l'Angleterre par Guillaume, Duc de Normandie 1066.

Lorsque ce Duc fit cette conquête, la troisieme Race de nos Rois occupait déja le trône depuis près de quatre-vingt ans.

Guillaume apporta à la fois en Angleterre un nouveau peuple, une nouvelle langue, de nouvelles loix, & même une nouvelle constitution. Il extermina, ou chassa, ou dépossédа tous les grands Propriétaires, & il livra leurs domaines à ses Normands & aux autres compagnons de ses victoires.

Grande révolution occasionnée par la conquête.

Il s'acquitta de l'argent qu'ils lui avaient prêté, pour faire les frais de son armement, en leur donnant des fiefs, & en introduisant tout-à-coup le gouvernement féodal en Angleterre.

Je ne connais point dans l'Histoire des Conquérans, de révolution plus subite, plus totale, & qui embrasse plus d'objets. Tout le régime, tout l'ordre des choses fut changé en Angleterre.

De la Féodalité.

Observons d'abord, pour connaître les mœurs & l'esprit de ce siecle, que *Guillaume*, bâtard d'un Duc de Normandie, & de la fille d'un Marchand Pelletier, fut reconnu pour Duc de cette Province, à la mort de son père : que ne vassal du Roi de France, il ne fit point la conquête de l'Angleterre pour son Roi, mais pour lui-même. Le Portugal, la Sicile, le Royaume de Naples avaient ete conquis par des Chevaliers Français, mais non pour la France. Chacun alors combattait pour son compte, & gardait pour soi ses conquêtes.

Guillaume, Duc de Normandie, avait pour vassal le Duc de Bretagne. Il etait l'egal des Comtes de Flandres, de Champagne, de Vermandois, de Toulouse, des Ducs de Bourgogne & de Guienne, qui, vassaux immédiats de la Couronne, & rivaux des Rois, avaient sous eux des arrières-vassaux, qui dominaient sur des vavasseurs & des vavassins. Ce qui formait l'échelle féodale en France.

Guillaume établit le Gouvernement féodal en Angleterre.

Guillaume ne connaissait que ce Gouvernement. Mais il en avait éprouvé les inconvéniens : ses vassaux lui avaient disputé la succession de son père, & il voyait sans cesse les grands vassaux outrager impunement le Roi de France.

En portant tout-a-coup ce Gouvernement en Angleterre, il supprima en quelque sorte les trop grands vassaux, puisqu'il divisa ce Royaume en sept cents grandes Baronies, qui toutes relevaient immédiatement de la couronne ; & en soixante mille fiefs qui en relevaient directement ou indirectement. Or un pays qui n'a pas plus d'étendue que l'Angleterre, proprement dite, partagé en soixante mille parts, ou pour être plus exact encore, en soixante mille deux cents quinze parts ou fiefs, ne pouvait avoir aucun Seigneur assez puissant pour être le rival du Roi, aucun dont la puissance pût se comparer à celle des grands Seigneurs de la France.

Cependant, comme ces soixante mille

fiefs étaient très-inégaux, il y avait encore d'aſſez grands Seigneurs. Ces Seigneurs avaient des vaſſaux & des arrières-vaſſaux; mais tous ces poſſeſſeurs de fiefs & d'arrières-fiefs étaient bien plus rapprochés les uns des autres qu'en France.

Le Roi, ſuzerain de tant de fiefs incapables de lui réſiſter, avait encore ordonné, afin d'accoutumer davantage les eſprits à lui obéir, que toutes les Cours de Juſtices ſeigneuriales, releveraient de ſa Juſtice. Le Roi ſemblait devoir jouir, par ces précautions, d'une puiſſance éternelle, & d'autant plus inébranlable, qu'elle était fondée ſur la faibleſſe de tous. Ce fut préciſément ce qui donna aux Anglais un genie & des préjugés tout contraires à ceux de la France.

Differens effets de la feodalite en France & en Angleterre

La poſition des deux peuples était bien différente. En France, les arrières-vaſſaux, les vavaſſeurs, les vavaſſins avaient à ſe plaindre de ces grands Seigneurs, vaſſaux immédiats de la couronne, & aſſez puiſſans pour être injuſtes, & pour les opprimer; ils invoquaient le Roi. Le Roi appellait à ſon Tribunal, quand il le pouvait, de tous les jugemens des Justices de ces Seigneurs, & tous les esprits s'accoutumèrent à en appeller au Roi, à invoquer le Roi, à le regarder comme le réparateur des torts, le vengeur public, l'espoir de tous, le maître des Grands.

En Angleterre les soixante mille Seigneurs & leurs vassaux, plus semblables a de grands Propriétaires de terre, qu'à des Seigneurs de Provinces, ou de Châteaux forts, n'ayant point de Seigneurs supérieurs qui les opprimassent, point de vaste domaine qui leur fournît des ressources pour être indépendans, & pour faire séparément la guerre, ils s'accoutumèrent a ne redouter que le Roi, à chercher des forces contre lui dans le peuple, & a n'agir qu'en se confédérant; car l'un ne craignait pas l'autre, & tous craignaient le Roi.

Ces Seigneurs étaient pour la plupart Normands, ou issus de Normands, ou d'avanturiers étrangers. Mais le fond de la Nation était composé de Bretons, d'Anglo-Saxons, de Danois, qui tous regardaient le Duc de Normandie comme leur ennemi, qui tous regrettaient & voulaient leur *Wittena-Gemot.*

Ainsi quand ces Seigneurs de fief voulurent se soulever contre *Guillaume*, ils trouvèrent tous les esprits disposés à les seconder.

La chasse occupait en France l'oisiveté de la Noblesse ; *Guillaume* & ses successeurs l'interdirent à la Noblesse Anglaise. Elle n'employa plus son loisir qu'a décrier les Rois.

Uniformite des Loix & des Coutumes.

Par un autre effet de cette révolution, & des loix de ce Conquerant, toute l'Angleterre se trouva soumise à un regime uniforme, à des loix semblables, à une même manière d'être. Cette uniformité eût été le chef-d'œuvre de la politique & de la législation, si elle eût été fondée sur la justice, sur l'humanité, sur les intérêts & le plus grand bien de tous ; si elle eût assuré la vie, la liberte, la propriété de chacun : mais, tendant uniquement à fortifier la puissance du Monarque, elle inspira à tous un desir égal de borner l'autorité du Monarque qui pesait sur tous. En France tout était contradictoire, & chaque contradiction fortifiait l'autorité Royale.

En France, la Couronne restait toujours dans la même famille. Sous la Race des Capets, par un bonheur inespéré, & qui n'a pas d'exemple ailleurs, elle passa du père au fils, pendant douze générations; & elle n'a encore passé que deux fois à des branches collatérales dans le cours de plus de sept cents années.. La Couronne d'Angleterre est portée par des filles dans différentes familles.

La Couronne d'Angleterre au contraire flotta perpétuellement d'une famille à l'autre. Le peuple vit fréquemment plusieurs familles se la disputer, & toujours ces familles étaient étrangères. Il ne put s'attacher à aucune par goût, par habitude, par ancienneté.

Deux fils de *Guillaume* regnèrent successivement, & moururent sans enfans. Une fille de *Guillaume* porta la Couronne d'Angleterre, non dans une famille Anglaise, ou domiciliée en Angleterre, mais dans une seconde maison Française, dans celle des Comtes de Blois; & une petite fille de ce même Conquérant, la porta dans une troisième maison Francaise, dans celle des Comtes *d'Anjou Plantagenet*.

Henry II, Comte d'Anjou, du chef de son père, Duc de Guienne par sa femme *Eléonore*, devint Roi d'Angleterre & Duc de Normandie par sa mère. Il fut un des plus puissans Rois de l'Europe. Mais les Anglais sentirent que la puissance que leurs Rois acquéraient en France, diminuerait à leurs yeux la valeur de leur pays, & réduirait leur isle à n'être qu'une Province de ce Royaume continental dont leurs Rois étaient originaires.

La Liberté jette ses premiers fondemens.

L'autorité des Rois d'Angleterre était la seule alors qui fut étayée par des loix, & sur-tout par des loix uniformes. Mais n'étant soutenue ni par l'amour du Peuple, ni par le respect des Grands, ni par la Justice qui seule ne révolte pas, il y eut, malgré la puissance des Rois, & leur législation, des troubles sous tous les règnes.

Ces troubles ne produisirent rien
1119 d'utile, jusqu'au régne du Roi *Jean*, frère & successeur de *Richard-cœur-de-Lion*, & fils, comme lui, de *Henri II.*

Ce Roi *Jean*, surnommé *Sans-terre*, ayant assassiné son neveu, & ayant été condamné par les Barons du Roi de France, dont il était le vassal, fut forcé de traiter avec les Barons Anglais soulevés contre lui.

La Chartre qu'il leur accorda malgré lui, & qu'on appelle la grande Chartre, montre dans quel asservissement les peuples, & même les Grands, vivaient alors. Elle prouve sur-tout ce que nous avons dit, qu'en Angleterre, la Noblesse & les hauts Barons, au lieu de mépriser le peuple, & de séparer imprudemment leur cause de la sienne, eurent le bon esprit de s'unir avec lui, & de sacrifier plusieurs de leurs droits au maintien des droits de tous. Grande Chartre signée en 1215.

Ils forcèrent leurs Rois à renoncer à plusieurs priviléges de la féodalité ; mais ils y renoncèrent eux-mêmes à l'égard de leurs vassaux.

Ils stipulèrent dans cette Chartre, qu'un homme libre ne pourrait être emprisonné, ni dépouillé de ses biens, ni banni, ni mis à mort, sans un jugement légal de ses Pairs : qu'une veuve ne serait pas forcée à se marier malgré elle : que l'homme libre pourrait disposer à sa volonte de ses biens par son testament, & que s'il mourait sans tester, ses héritiers en jouiraient : qu'il pourrait sortir du Royaume & y rentrer quand il le voudrait : qu'aucun Shérif ou Baillif ne pourrait prendre, sans payer, ni chevaux, ni chariots pour porter le bagage du Roi, & que le Roi ne pourrait prendre ceux des Eclesiastiques, des Chevaliers, ou des Dames, ni couper leurs bois pour son usage, sans leur consentement : que les Marchands auraient la liberté de faire toutes leurs affaires sans être soumis à des taxes arbitraires : qu'il n'y aurait dans tout le Royaume qu'un poids & qu'une mesure : & que le tribunal de la cour des *Communs Plaids* ne suivrait plus le Roi, & demeurerait fixe & sédentaire dans un même lieu.

Cette Chartre ne contenait pas toutes les loix necessaires pour fonder & maintenir la liberté d'une grande Nation, mais elle en contenait le germe.

Dès ce moment il y eut un accord tacite entre les Grands & le Peuple pour ſe défendre mutuellement contre tous ceux qui voudraient envahir leur liberté. Ce fut l'eſprit général, & cet eſprit était préciſément l'oppoſé de celui qui régnait en France, & qui iſolait tous les Ordres & tous les Grands.

Ce n'était pas l'eſprit de Rome & de ces Républiques anciennes, qui, en réſervant à quelques hommes les droits de Citoyen, avaient livré le plus grand nombre à l'eſclavage; c'était un eſprit beaucoup plus juſte, & qui valait infiniment mieux.

OPPOSITION DES ROIS.

La Chambre des Communes s'établit.

L'ignorance, le défaut d'idées abſtraites, celui d'expreſſions conciſes & claires, qui renfermaſſent collectivement beaucoup d'idées, en peu de mots, empêchèrent qu'on ne conſidérât ces droits comme ceux des peuples, comme inhérens à l'humanité, comme fondés ſur ſes beſoins, & comme lui appartenant par les loix de la Nature. On ne les regarda que comme des priviléges particuliers obténus par la force; les Rois ne virent en eux qu'une concession passagère, arrachée par des révoltés.

Les Rois s'opposent à la liberté. Il en résulta qu'en Angleterre, les Rois s'opposèrent à la liberté des Grands & à celle du peuple; tandis qu'en France les Rois appellaient le peuple à la liberté pour l'opposer aux Grands.

Les Rois, dans cette île, se trouvèrent, pour ainsi dire, broyés entre le Peuple & les hauts Barons, tandis qu'en France ce furent les hauts Barons qui se trouvèrent pressés entre les Rois & le Peuple.

Le Roi *Jean* eût à peine signé la grande Chartre, qu'il refusa de l'exécuter. Ses Barons le déposèrent, appellèrent au trône *Louis*, fils de *Philippe-Auguste*, & le couronnèrent à Londres.

1216. Pendant cette guerre, le Roi *Jean* mourut. Les Anglais reconnurent pour Roi son fils *Henri*, enfant de dix ans. Ils lui firent jurer l'observation de la grande Chartre, & ils forcèrent *Louis* à retourner en France.

Lorsque *Henri III* fut dans l'âge de l'orgueil & de l'ambition, il révoqua la grande Chartre: ses Barons reprirent les armes, & le forcèrent à en jurer de nouveau l'accompliſſement. Il jura, & ne tint point ſon ſerment.

Les Barons ſe liguent pour forcer les Rois à l'accompliſſement de la grande Chartre.

Un Français à qui *Henri III* ôta le Gouvernement de la Guienne, ſe fit le chef des Barons, ligués pour forcer le Roi à tenir ſa parole.

Ce Français était un fils de ce barbare *Simon de Montfort*, le perſécuteur & l'exterminateur des Albigeois, que les dévots regardent comme un Saint, & les ſages comme un brigand.

Ce *Simon de Montfort* avait épouſé une Comteſſe de Leiceſter. On fit à ſa mort deux parts de ſes biens; ſon fils aîné prit poſſeſſion de ceux qu'il avait eus en France; ſon ſecond fils, de ceux que ſa mère avait eus en Angleterre. Il devint Comte *de Leiceſter*.

Ce Comte, pour ſe venger d'avoir perdu le Gouvernement de la Guienne, déclara la guerre à ſon Roi, gagna la ba- 1264.
taille de Lewes, fit priſonnier *Henri III*, & ſon fils le Prince *Edouard*, preſque toute la Famille Royale, & la plupart des Seigneurs attachés au Roi.

Les Barons admettent le peuple dans leurs Aſſemblées.

Il ſe ſervit du nom & de l'autorité de ce Roi captif, pour faire remettre toutes les Places fortes à ſes partiſans, & pour faire admettre dans l'aſſemblée des Barons, quelques Députés de chaque Comté, & même ceux des bourgs. Mais quel que fut le motif qui engageât *Leiceſter* à convoquer ces Députés, cette réunion du Peuple & des Grands, fut l'origine de la Chambre des Communes, & fonda la liberté nationale.

Si ce Comte de *Leiceſter* était Français, les Barons qui s'uniſſaient avec le Peuple, & qui appellaient dans leur Aſſemblée les Repréſentans des Bourgs, deſcendaient des Normands & des autres Aventuriers, compagnons de *Guillaume-le-Conquérant*. Ils étaient fils ou petit-fils de Français.

La première Aſſemblée où ces Députés
1265 entrèrent, fut celle qui ſe tint à Londres au mois de Janvier 1265. C'eſt la première qu'on puiſſe regarder comme Parlement d'Angleterre; les précédentes n'étaient que des Aſſemblées de Barons.

Je dis de Barons, car s'il y eût toujours des Evêques, ils n'y furent pas admis comme Eccléſiaſtiques, mais uniquement comme Barons. Ils n'y formèrent pas un ordre, une Assemblée particulière, un état dans l'Etat : ils n'y entrèrent que pour leurs fiefs, & non pour leurs diocèses, qu'en qualité de Barons, & non en qualité d'Evêques.

Les Députés du Tiers-Etat n'étaient pas encore reçus en France dans les Assemblées; *Philippe-le-Bel* ne les y appella qu'environ cinquante ans plus tard.

Ainsi la Monarchie Anglaise qui ne commença que six ou sept cents ans après la nôtre, eut son Parlement formé cinquante ans avant nos Etats-Généraux.

Le Parlement d'Angleterre est formé longtemps avant les Etats-Généraux de la France

Dans l'ancienne Rome, le Peuple forma la constitution, malgré le Sénat & les Patriciens ; en France, les Rois la formèrent malgré les Grands ; en Angleterre, les Grands l'établirent malgré les Rois.

Hume observe, il est vrai, que les Rois cherchèrent quelquefois à s'appuyer du Peuple, pour abaisser les Grands. Ainsi le Peuple se vit tour-à-tour caressé par les Grands & par les Rois, qui ne voulaient les uns & les autres, qu'en faire un instrument de leur grandeur. La liberté générale s'accrut de la discorde des Rois

& des Barons, comme en France l'autorité royale se fortifia de la division des trois Ordres.

Dans la suite de la guerre civile, *Leicester* fut tué : le Roi fut rétabli : mais la Chambre des Communes subsista.

OBSERVATION.

La Chambre des Communes prend sa véritable forme.

Chap. XIII. Le sage *Hume* observe que deux changemens arrivés dans les usages, contribuèrent sur-tout à former la Chambre des Communes & la liberté nationale.

Affaiblissemens des grandes Baronnies. Les grandes Baronnies, dit-il, se divisèrent en plusieurs petites ; souvent par un partage égal entre les Frères, quelquefois par les dons des Rois, qui, lorsqu'une terre rentrait dans leurs mains par aubaine ou par confiscation, la séparaient en plusieurs fiefs, pour se faire plus de partisans.

Ces propriétés modérées, requéraient de l'économie, & des vertus domestiques de la part de leurs possesseurs. L'ordre des petits Barons croissait journellement, & commençait à former dans l'Etat un nouvel ordre de personnes respectables.

Le second changement, remarqué par *Hume*, contribua sur-tout à empêcher que la Noblesse Anglaise ne fut ruinée par ces partages : ce fut l'abolition du service personnel. Abolition du service personnel.

Les Anglais sont, je crois, le premier Peuple qui soudoya des guerriers, & qui renonça a prendre, sans payer, les chariots, les vivres, les meubles, dont les Rois, les Grands, les Evêques, les armées avaient besoin dans leurs voyages.

1215. La grande Chartre exige que les Rois, renoncent à cette sorte d'impôts, & les Rois de France n'y renoncèrent que par l'Ordonnance du Roi *Jean*, en 1355, 1355. cent quarante ans après.

Ce qui accéléra ce changement chez les Anglais, c'est qu'outre leurs ports, ils possédaient tous ceux de la Normandie, du Poitou & de la Guienne; qu'ils fesaient plus de commerce que les Français, & que le peu de numéraire qu'ils avaient dans leur Isle, y circulait déja. Les Anglais possedaient tous les ports de la Gaule sur l'Ocean.

La Noblesse paya un impôt au lieu

de faire le service personnel ; & cet impôt fut bientôt aboli pour faire place à une contribution volontaire, réglée par le Parlement.

La Chambre des Communes prend sa vraie forme

Ce ne fut que dans la vingt-troisième année du Règne d'*Edouard I*, fils de *Henri III*, que la Chambre des Communes prit sa véritable forme. Son père & lui jusqu'à cette époque, avaient choisi à leur gré les Députés des Bourgs & des Comtés ; mais le besoin d'argent, obligea *Edouard* à augmenter la liberté du Peuple ; car c'est cette liberté, comme le remarque *Montesquieu*, qui rend facile
1295. le payement des impôts. *Edouard* permit aux Comtés & aux Bourgs, de choisir eux-mêmes leurs propres Députés.

Ces Députés n'avaient guères alors que le droit de remontrances, lorsque les Barons avaient le droit de consentir ou de refuser.

1296 Un an après, *Edouard I* accorda bien plus. Il consentit qu'à l'avenir on ne
Stat. an. 24 levât aucune imposition, que du consentement des Archevêques, des Evêques, des Comtes, des Barons, des Chevaliers, des Bourgeois, & autres personnes libres.

La petite Nobleſſe des Provinces ne ſe fit aucun ſcrupule d'être nommée, conjointement avec les non Nobles, pour repréſentans des Bourgs ; la diſtinction des deux Ordres s'éteignit bientôt, & la Chambre des Communes en acquit plus de conſidération.

Cette Chambre ainſi compoſée, s'appliqua d'abord à fortifier l'autorité Royale, & à la ſoutenir contre le pouvoir exhorbitant des hauts Barons, qui formaient une ariſtocratie preſqu'auſſi inſupportable en Angleterre qu'en France. Les Pairs n'y étant pas des eſpèces de Souverains auſſi puiſſans que les grands Seigneurs de la France, furent bientôt obligés de conſidérer la Chambre des Communes.

Il ne paraît pas qu'*Edouard* eut envie d'augmenter la liberté nationale, en feſant des conceſſions au Parlement, puiſqu'il viola perpétuellement la grande Chartre, qu'il fut contraint à la confirmer, & à en jurer onze fois l'obſervation dans l'eſpace de trente-cinq ans que dura ſon règne ; & qu'enfin il fut obligé de ſouffrir qu'elle fût lue deux fois par an dans chaque Cathédrale, le Clergé

Edouard I eſt obligé de jurer onze fois l'obſervation de la grande Chartre.

déclarant excommunié quiconque entreprendrait de la violer.

Cette lecture eſt peut-être l'inſtitution la plus ſage qu'on ait jamais faite. Il eſt étonnant que les autres Légiſlateurs n'ayent pas ordonné cet uſage, qui ſeul fait connaître les loix, qui les empêche de ſe perdre dans l'oubli, qui les imprime dans la mémoire de tous les jeunes gens, & qui force les Magiſtrats à les obſerver.

C'eſt vraiſemblablement cette lecture qui rendit la grande Chartre un objet plus ſacré pour toute la Nation, qu'une multitude de loix qui ſont encore plus avantageuſes à la liberté.

Le Parlement était déja composé des deux Chambres, & la liberté établie par des loix en 1296

Ainſi, dès l'an 1296, le Parlement d'Angleterre était formé de deux Chambres, celle des Pairs & celle des Communes : les Bourgs nommaient eux-mêmes leurs députés. La liberté publique était aſſurée par des Chartres : la loi défendait qu'on levât aucun impôt ſans le conſentement des Grands, du Peuple, & de tout homme libre. La ſimple Nobleſſe s'était confondue avec la Bourgeoiſie pour être quelque choſe. En

France, le Tiers-Etat ne formait pas encore un Ordre, & n'envoyait pas des deputés aux assemblées des Evêques & des Barons.

Le Parlement acquiert de nouveaux droits.

Les Communes, sous *Edouard II*, fils infortuné, & peu digne *d'Edouard I*, obtinrent le droit de joindre des demandes, des pétitions au bill par lequel elles consentaient les impôts.

Ce Monarque, livré a des goûts honteux, fut détrôné par sa femme, & assassiné dans sa prison.

Il eut pour fils & pour successeur, de son vivant, ce fameux *Edouard III*, qui disputa la Couronne de France à *Philippe de Valois*.

Edouard III gagna la célèbre bataille de Crécy; il prit la ville de Calais. Son fils, surnommé le *Prince Noir*, gagna la bataille de Poitiers, & fit le Roi *Jean* prisonnier. Victoires d'Edouard III.

L'ordinaire, effet des conquêtes, est de rendre le peuple vainqueur aussi dépendant que le peuple conquis: le contraire arriva chez les Anglais; plus leur

Roi gagnait de victoires, plus ils gagnaient de liberté.

Edouard ne pouvait mettre un impôt sans assembler le Parlement. Epuisé sans cesse par ses guerres, il l'assemblait fréquemment. Les Communes n'accordaient aucune somme sans obtenir quelques concessions; & ces sommes étaient toujours trop faibles pour achever la conquête de la France.

L'autorité du Parlement devient plus régulière.

Le Parlement acquit sous ce Régne une autorité plus réguliere, que sous tous les régnes précédens. La Chambre des Communes prit un nouveau poids. Le peuple mit une attention particuliere à bien choisir ses députés; & pendant plusieurs Parlemens, il refusa d'y admettre aucun homme de loi.

Smollett, L. III, c. V.

Cette sage conduite contint les Jurisconsultes, & les empêcha de chercher à former un Ordre particulier, à séparer leurs intérêts des intérêts de la Nation.

Le Parlement cite les Ministres à son Tribunal.

Le Parlement d'Angleterre conçut, comme autrefois le peuple de Rome, que ses droits seraient nuls, & qu'ils tomberaient bientôt dans le mépris, si, au pouvoir législatif qu'il prétendait, il ne joignait pas quelquefois le pouvoir exécutif. Il cita donc quelques Ministres du Roi à comparaître devant lui, comme les Tribuns citaient les Consuls à comparaître devant le peuple. Il les jugea ; il fit entr'autres dépouiller de tous ses emplois le Lord *Latimer*, Ministre *d'Edouard III*, & il le condamna a demeurer en prison jusqu'a ce qu'il eût payé une amende de vingt mille marcs. Il defendit à toute femme de solliciter aucune affaire dans les Cours de Judicature. Il engagea le Roi, par ses remontrances, a éloigner de lui pendant quelques temps sa maîtresse *Alix Peirers* : & immediatement après la mort *d'Edouard*, il la bannit, & confisqua tous ses biens.

Le Parlement exigea que les crimes de haute trahison, qu'on appelle en France de leze-Majesté, fussent déterminés par une loi positive ; & il n'en reconnut que trois : conspirer la mort du Roi : lever des troupes contre lui, & se liguer avec ses ennemis. Tout ce qui pouvait d'ailleurs blesser la Majesté Royale ne fut regardé que comme des délits ordinaires.

Il determina par une loi quels sont les crimes de haute trahison

Le Parlement acquit ces droits sous un Roi conquérant, qui garda le trône cinquante ans; & pendant cette même époque, les Etats-Généraux de la France, sous un Roi vaincu, captif, absent de son Royaume, & sous la régence d'un enfant, au milieu des divisions qui diminuaient encore sa faible autorité, ne surent acquérir aucun droit, quoiqu'ils affectassent toutes les prétentions, & qu'ils approuvassent les fureurs de *Marcel*.

C'est que la France était plus vaste que l'Angleterre; qu'elle avait des mœurs, des loix, des coutumes différentes; que les Députés arrivaient avec des opinions, des préjugés, des intérêts contradictoires; qu'il y avait les Etats de la Langue d'Oyl, ceux de la Langue d'Oc, ceux de Bourgogne, ceux de Dauphiné, ceux de Bretagne; qu'une Province accordait ce que l'autre refusait, & que l'Angleterre n'avait qu'une assemblée, qu'un code, qu'un régime, qu'un ordre, qu'une manière uniforme d'agir, de penser, de procéder, en un mot, qu'une volonté, comme l'a très-bien remarqué M. *de Lolme* dans son traité de la Constitution d'Angleterre.

Ce fameux *Edouard III*, ce vainqueur de l'Ecosse & de la France, qui fit prisonniers les Rois de ces deux Nations, fut cependant obligé de jurer environ vingt fois à son Parlement, l'observation de la grande Chartre. Sermens qui prouvent, comme dit *Hume*, qu'il ne l'observait point, mais qui prouvent aussi que les Anglais voulaient qu'elle fût observée, & qu'ils veillaient perpétuellement au maintien de leurs loix.

Edouard III est obligé de jurer vingt fois l'observation de la grande Chartre.

Sous le fils d'*Edouard*, sous *Richard II*, les Communes demandèrent qu'on leur rendît compte des depenses de l'Etat. En vain on leur répondit, au nom du Roi, que ce n'était pas l'usage; elles l'exigèrent.

OBSERVATION.

Le Parlement avait déjà cité & condamné des Juges, dès le regne d'*Edouard*.

Une remarque qui jette un grand jour sur l'Histoire d'Angleterre, & sans laquelle on n'en aurait qu'une tres-fausse idée, c'est que les Députés des Communes, appellés un moment a presider

Remarque importante.

à la légiſlation, ſans acquérir de priviléges, & rentrant immédiatement après dans l'état de ſimples particuliers, expoſés, comme ſujets, au pouvoir du Roi, aux outrages des Grands, aux iniquités des Juges, eurent un ſoin particulier, preſque du moment où ils furent admis dans les Aſſemblées des Evêques & des Barons, à ne pas ſouffrir de prévarication de la part des Magiſtrats, ni de violences de la part des grands Seigneurs. Ils ne laiſſèrent paſſer aucune loi, aucun uſage, aucune maxime de Juriſprudence, qui ne fût favorable, non-ſeulement à la liberté publique, mais principalement à la liberté particulière de l'homme iſolé, du petit & du faible.

L'homme en place, le Magiſtrat, le Juge, fut toujours puni, dès qu'il s'écarta des règles de la juſtice : peut-être même quelquefois, quand il n'en fut que trop fortement ſoupçonné. C'eſt ce qui n'eſt arrivé qu'en Angleterre, parce qu'il n'y a qu'en Angleterre ſeule, où l'on trouve un corps de légiſlateurs, qui, la loi portée, redevienne de ſimples ſujets, ſans diſtinction, ſans priviléges, ſans exemption

exemption quelconque, & ſoumis eux-mêmes aux loix qu'ils ont faites.

Cette ſurveillance des Communes ſur les Juges, ſur les Miniſtres, ſur les gens en place, donne ſouvent à l'Hiſtoire d'Angleterre un air de trouble & de cruauté, parce qu'on y voit les principaux perſonnages de l'hiſtoire, paſſer quelquefois de leur haut rang ſur un échafaud; ou ſoumis à des amendes très-fortes, qu'ils payent avec une facilité qui prouvent leurs prévarications. Mais ces punitions de quelques hommes éminens, dont fort peu ont été injuſtes, provinrent de l'attention perpétuelle du Peuple, & aſſurèrent ſa liberté & ſa proſpérité, même dans les temps où la fatalité des circonſtances permirent à quelques Rois d'être des tyrans.

Dans les autres Etats, les gens conſtitués en dignités, échappent preſque toujours à la punition, ou en ſont quittes pour être déplacés. L'Hiſtoire n'y offre pas des exemples auſſi frequens d'une juſtice auſſi ſévère, & les mœurs y ſemblent plus douces; mais ſouvent l'apparence eſt trompeuſe.

Dès que les Grands ſont ſujets à une juſtice rigoureuſe, les Tribunaux prennent un grand caractère de douceur ; point de torture, point de queſtion ; point de ſupplices recherchés, point de détention dans des cachots : tous les moyens de défenſes y ſont ouverts, & même prodigués à l'accuſé. Si les crimes ſont avérés, une mort douce les expie ; le déshonneur ne s'étend point ſur les familles.

Ainſi, même ſous les tyrans, le ſimple peuple, c'eſt-à-dire, preſque la totalité des habitans, fut moins maltraité en Angleterre que partout ailleurs. Les excès du fanatiſme y vinrent beaucoup plus tard, & y durèrent beaucoup moins. Les révolutions plus promptes y coûtèrent moins de ſang, & dans les guerres civiles, il y eut moins de villes incendiées. Ceux qui ſe diſputèrent le trône, voulaient complaire au peuple, tout en exterminant les principaux partiſans de leurs adverſaires : ils ne ravageaient pas la contrée ſur laquelle ils voulaient régner. Dans les guerres civiles des autres Nations, où l'on ne ſe battait pas pour le trône, chaque parti ravageait les campagnes, incendiait les villes, les villages, les granges, enlevait les troupeaux, pillait les châteaux & les Eglises; agissait comme en pays ennemi, & voulait s'enrichir aux dépens de la contrée où il était.

A cet égard, l'histoire d'Angleterre diffère encore des autres; les guerres civiles y furent plus nuisibles aux grandes familles qu'au peuple. Le glaive de la Justice s'exerça plus qu'ailleurs sur les grands perturbateurs de la paix publique; mais le flambeau de la guerre, la rapacité de la chicane, les extorsions de la Finance y dévastèrent moins les villes, les villages, les cabanes & les asyles du pauvre, que dans tout le reste du monde. C'est ce que le Lecteur ne doit point oublier, sur-tout en lisant les guerres des maisons de Lancastre & d'Yorck.

Abolition de la Servitude.

En France, le sage *Suger*, les Rois *Louis-le-Gros*, *Louis-le-Jeune*, & leurs successeurs, abolirent la servitude autant qu'il fut en leur pouvoir. Malgré leurs Révolte des Paysans en France.

ſoins, les payſans de la plupart des Seigneurs, reſtèrent attachés à la glébe, & ceux qui recouvrèrent leur liberté, furent tenus dans une abjection qui n'en différait guère. Les vexations qu'ils éprouvèrent, causèrent ces révoltes, où ils égorgèrent la Nobleſſe avec une atrocité qui tenait du caractère des bêtes féroces. Ces révoltes ne leur produiſirent aucun bien ; elles ne ſe terminerent que par les maſſacres qu'une Nobleſſe bien montée & bien armée, fit de ces ruſtres qui n'avaient que leurs outils pour armes, & par les ſupplices où ces malheureux furent livrés en foule.

C'était à-peu-près ainſi qu'avait fini la guerre des eſclaves chez les Romains.

Revolte des Payſans en Angleterre.

Chez les Anglais auſſi, les payſans étaient ſerfs, pour la plupart, comme dans toute l'Europe. Ceux qui ſe diſaient libres, vivaient dans la même abjection où on les tenait en France. Perſonne ne s'occupait à adoucir leur ſort. Le Roi, les Evêques, les Barons, les habitans des bourgs & des cités ne ſongeaient qu'a ſe premunir les uns contre les autres.

Une inſulte faite à la fille d'un forgeron par un exacteur, sous le règne de *Richard II*, causa un soulèvement général. Cet exacteur, pour prouver contre la déposition du père de cette fille, qu'elle était en âge de payer la capitation, porta ses mains sur elle, & montra au jour des preuves de sa nubilité. Le père tua l'exacteur d'un coup de marteau. Ses compagnons prirent le parti de ce père outragé. Les serfs du voisinage, les Paysans, le bas Peuple, se joignirent à eux.

Les Exacteurs, les Nobles qu'ils trouvèrent, furent massacrés, les châteaux incendiés. Mais cette foule ne se répandit pas, comme ailleurs, en ravages inutiles; elle marcha droit au Roi, le força de lui donner audience, & en exigea une chartre qui abolissait la servitude.

Quand elle fut dispersée, le Parlement révoqua cette chartre, que le Roi n'eut pas la sage politique de maintenir, pour gagner au moins l'affection du Peuple des campagnes. Les paysans rentrèrent dans l'esclavage : mais on fit quelques réglemens pour adoucir leur sort. *Smollete*, L. IV. ch I.

Les Seigneurs s'opposèrent en Angle-

terre comme en France, à l'abolition de
1391. la servitude : dix ans après cette révolte, ils demandèrent un acte au Parlement, pour qu'il fût défendu à tout serfs d'envoyer ses enfans aux écoles, parce qu'ils y acquéraient des connaissances, qui leur procuraient les moyens de sortir de la servitude. Mais le Parlement eut la sagesse de rejetter cette demande, aussi-bien que plusieurs autres, qui toutes tendaient a empêcher le peuple de cesser d'être esclave. Ainsi la servitude de la glèbe s'abolit insensiblement, par une suite de l'esprit public, & par la sagesse du Parlement ; le peuple dût donc s'attacher à lui.

DU PARLEMENT,

Sous les Rois de la Maison de Lancastre ; grand Principe, qui maintient l'esprit public ; premiers Hérétiques brûlés, &c.

Le defaut d'un principe fixe sur l'hérédité du trône, produit plusieurs guerres.

La Couronne était héréditaire. Les femmes en héritaient. Les Anglais ne se souciaient pas qu'elle appartînt bien strictement au plus proche parent du feu Roi.

Déjà *Robert*, fils de *Guillaume* le Conquérant, avait été dépossédé par son oncle *Henri I.*

Déjà *Guillaume*, fils du Roi *Etienne*, avait été exclu du trône. On lui avait préferé son cousin *Henri II.*

Arthur, fils de *Geoffroi*, second frère de *Richard-Cœur de Lion*, avait vu son oncle *Jean-sans-terre*, s'emparer du trône au mépris de ses droits.

Richard II, fils du *Prince Noir*, & petit-fils d'*Edouard III*, n'ayant point d'enfant, le Parlement choisit, pour son successeur, un enfant né d'une fille d'*Edouard III*, laquelle avait épousé un *Edmont Mortimer*, Comte de la Marche, en France.

Mais *Henri*, Duc de Lancastre, fils de *Jean de Gand*, & petit-fils du même *Edouard III*, détrôna *Richard II.* Un Parlement composé de ses partisans, le reconnut au mépris de la décision du Parlement antécédent, & au mépris des droits du jeune *Edmond*, qui descendait d'une sœur aînée de *Jean de Gand.*

Le Parlement, en ne portant pas une loi qui fixât irrévocablement la manière de ſuccéder au trône, fournit un prétexte à ces guerres atroces, par leſquelles les maiſons d'Yorck & de Lancaſtre ſe diſputèrent la couronne avec un acharnement horrible.

Ce qui étonne plus encore, c'eſt que le Parlement ne fit pas de loi, pour ne pas flotter dans ſes propres jugemens, & pour n'être pas ſouvent compoſé au gré de la faction dominante.

Il s'aſſemblait quand les Rois le convoquaient, & quelquefois malgré eux, mais preſque toujours dans des circonſtances violentes, où toutes les paſſions exaltées, ne permettaient guère à la raiſon de ſe faire entendre au milieu de tous les partis qui ſe diſputaient l'autorité.

Mais, comme le dit *Hume*, quoique la Chambre des Communes fût incapable de réſiſter à la force du courant qui entraînait l'Etat, tantôt vers la Monarchie, tantôt vers l'Ariſtocratie, quoique dans ces tempêtes elle fut obligée de céder, la conſtitution était telle, qu'elle reprenait ſon équilibre, & qu'après quelques oſcillations, elle revenait ſur ſa baſe.

La cauſe qui maintint l'eſprit public, était uniquement l'uſage d'elire un Parlement paſſager, dont la Chambre la plus nombreuſe ſe recrutait toute entière à chaque convocation. Principe fondamental de la liberté.

Un tel Parlement pouvait partager la paſſion du jour, celle qui entraînait la Nation, mais non celle du Prince ou de ſon Conſeil. Ainſi, pour dominer le Parlement, il était bon de complaire à la Nation.

Sous le règne *d'Henri IV*, les Communes obtinrent le droit de ne point accorder de ſubſides, que le Roi n'eut accordé leurs demandes. Cependant *Henri* avait une telle influence ſur les élections, qu'il défendit une fois par ſes lettres de convocation, d'élire pour membre du Parlement aucun homme inſtruit dans les loix, parce qu'il avait remarqué que les Juriſconſultes & les Eccleſiaſtiques réſiſtaient toujours à ſes volontés plus fortement que les autres. Ce Parlement fut appellé *Non lettré*. Les Communes acquierent le droit de ne pas accorder de ſubſides, que le Roi n'ait accorde leurs demandes 1404.

Pour anéantir les droits de la maiſon de *Mortimer*, il fit ériger en loi, dans un Parlement, qu'à l'avenir la couronne paſ- Loi qui exclud les femmes du trône d'Angleterre. Elle eſt bientot revoquee.

ferait à ses héritiers de mâle en mâle, à l'exclusion des femmes ; & dans le Parlement suivant, il fut obligé de révoquer sa loi, & de rendre aux femmes le droit d'hériter du trône.

Les Anglais haïssaient d'autant plus la Loi salique, qu'elle avait empêché les Rois de leurs pays d'assujettir la France. Ils prétendaient alors, qu'en l'établissant, on éleverait des guerres civiles ; que la succession était mieux réglee, plus sûre, & plus juste en y appellant les filles & leurs descendans.

L'événement a prouvé le contraire : jamais aucune famille, si on en excepte celle des Rois d'Angleterre, n'a disputé, ni pu disputer, en suivant cette loi, la couronne aux Rois de France, & vingt familles se sont disputé celles d'Angleterre en alléguant des droits.

Bill contre les richesses du Clergé, 1405.

Les Communes, dès l'année 1405, présentèrent un Bill, où elles se plaignaient que le Clergé possédât le *tiers des terres du Royaume*, & ne contribuât en rien aux charges de l'Etat : où elles assuraient que ces immenses richesses ne servaient qu'à l'empêcher d'exercer convenablement & decemment ses fonctions sacrées. Le Roi & la Chambre haute rejettèrent ce Bill.

Les Etats-Généraux de la France firent de semblables plaintes au sujet du Clergé, & manifestèrent le même desir d'employer ses richesses au service de l'Etat, mais ce ne fut qu'aux Etats de Blois, en 1576, environ deux cents ans plus tard.

Ce fut sous le règne de ce même *Henri*, que pour la premiere fois, on brûla un hérétique en Angleterre. C'était un pauvre malheureux Curé d'une paroisse de Londres, il s'appellait *Williams Sautre*. Un Synode de Cantorbery le déclara hérétique & relaps. Des Seigneurs spirituels & temporels le condamnèrent au feu en 1401. On avait commencé à brûler des hérétiques en France, quatre cents ans plutôt : lorsque le Roi *Robert* fit brûler vif, en sa présence, plusieurs Prêtres, qu'on appellait Manichéens.

Premier hérétique condamné au feu.

1401.

On y avait brûlé depuis, les Juifs & les Albigeois. *Simon de Montfort*, en ravageant le Languedoc, avec l'acharnement d'un tigre, avait fait jetter au feu les hérétiques par centaines, plus de deux cents ans avant que cette demence gagnât l'Angleterre.

Ainsi cette isle, qui eut plusieurs loix, protectrices de la liberte, & un Parlement si sagement constitue, long-temps avant que la France s'occupât de ces grandes questions, ne reçut que long-temps apres elle les fureurs du fanatisme. Fureurs qui par-tout ont arrete les progrès de l'esprit humain, l'etablissement de la liberté, & qui ont étouffé toute idée du bonheur public.

Henri IV. veut conquerir la France. Le fils de ce Roi, qui fut assez malheureux pour laisser introduire un tel fanatisme, *Henri V*, profitant de la haine des maisons d'Orleans & de Bourgogne, de la démence du malheureux *Charles VI*, & du désordre général, se jetta sur la France, gagna la bataille d'Azincourt, se ligua avec la Reine *Isabelle de Bavière*, & épousa sa fille *Catherine*, pour avoir au trône de France un autre droit que le droit de conquête.

Le fracas de ses armes étouffa la voix de son Parlement. Ses victoires fascinèrent un moment les yeux de sa Nation, qui ſemblait oublier le danger où la mettrait la conquête de la France. Il contracta des dettes, obtint de l'argent par des moyens condamnés par la loi, prit ſouvent, comme les anciens Rois, des vivres, des meubles, des chevaux; mais l'eſpoir de ſoumettre la France, flattait ſi vivement alors le Peuple Anglais, qu'il n'exigeait pas de ce Prince une exacte obſervation des loix. Son règne fut court. Il laiſſa un fils dans l'enfance; un fils né de *Catherine*, Princeſſe, qui, ſelon les Loix Anglaiſes, avait un droit légitime au trône de France, mais qui, ſelon les loix Françaiſes, n'y en avait aucun.

Les deux Nations ſe battirent pour ces droits; mais *Catherine* plus ſage, ne ſe prétendit point Reine de France, elle ſe remaria à un ſimple Chevalier, appellé *Owen-Tudor*.

Le Parlement donne la régence au Duc de *Bedfort*.

Henri V avait donné la régence de la France à ſon frère *Jean*, *Duc de Bedfort*; & celle d'Angleterre à ſon autre frère *Humfroy*, *Duc de Glocester*. Le Parlement caſſa ſon teſtament, & donna ces deux régences au Duc de *Bedfort*, ſous le titre de Protecteur.

Ainsi donc il disposait & du trône & de la régence.

En vain le Duc de *Bedfort* déploya de grands talens, & fit couronner son neveu *Henri VI* dans Paris, sous le titre fastueux de Roi d'Angleterre & de France. Il ne put tenir contre les armes de la Pucelle d'Orléans, ou plutôt contre la volonté des Français, qui voulaient bien être divisés entr'eux, mais qui ne voulaient point être conquis.

Loi pour déterminer quels seront les Electeurs des Députés du Peuple au Parlement.

Nous avons observé que, chez les Anciens, le corps politique ne se composait pas de tous les habitans du territoire; que, chez eux, le plus grand nombre vivait dans l'esclavage & dans la privation de tous les droits de l'humanité; que le corps politique, dont les membres s'appellaient Citoyens, ne comprenait que les habitans d'une seule Ville; & que quand l'Etat s'étendait, on devait être aggrégé aux habitans de cette Ville, pour jouir de tous les droits de Citoyen.

Nous avons observé, que chez les modernes, le corps politique ne fut longtemps formé que de Seigneurs de châteaux & d'Ecclésiastiques, Seigneurs, pour ainsi dire, d'Evêchés & d'Abbayes ; que les Peuples gémissaient dans l'esclavage de ces Seigneurs spirituels & temporels ; que les Rois de France appellèrent les Peuples à la liberté, qu'ils les firent admettre dans l'Assemblee des Seigneurs, & qu'ils ne déterminèrent pas, comme les anciens, quels seraient les membres du corps politique. Les idées abstraites, les expressions métaphysiques, employées alors jusqu'a l'excès en Theologie & dans la Scholastique, ne s'employaient point encore à d'autres usages.

En Angleterre, l'existence du Parlement, l'election des Députés du Peuple, l'établissement de la Chambre des Communes, les passions des Seigneurs qui voulaient une Administration aristocratique, la politique des Rois qui voulaient une pure Monarchie, concoururent également à détruire le systême feodal. *Hume*, ch 21, ann. 1461.

Le corps politique est sagement circonscrit par la loi.

Tout propriétaire, soit qu'il ne relevât de personne, soit qu'il relevât d'un vasſal immédiat de la Couronne, d'un fief dominant ou ſervant, quelque pauvre même qu'il fût, prétendit & parvint à donner ſa voix pour élire le Repréſentant du lieu qu'il habitait.

Cette multitude d'électeurs cauſa des déſordres. On pouvait faire comme les Romains, les diviſer en claſſes, relativement à leurs richeſſes, & les ſubdiviſer, relativement à leur nombre, en centuries. Les Romains avaient imité ces diviſions des Grecs.

Le Parlement d'Angleterre prit un autre
1430 ou 1432. parti : il ordonna que pour être electeur, il faudrait poſſeder quarante ſchellings de rente en fonds de terre, libre de toute charge.

Cette loi ne remplit pas entiérement le but qu'elle ſe propoſait; elle diminua bien le nombre des électeurs, mais elle en laiſſa toujours trop enſemble, pour n'avoir pas de déſordre; & elle laiſſa trop d'inégalité dans les élections des différens Comtés. Un Député était élu par cinq cents, un autre par deux mille Electeurs.

Elle eut un autre inconvénient, que l'ignorance

l'ignorance du temps empêcha de soupçonner. La valeur numéraire change perpétuellement. L'or & l'argent baissent de prix, en devenant communs : quarante schellings ne représentent plus aujourd'hui la somme qu'ils fesaient alors. Le nombre des électeurs s'est multiplié à mesure que l'or a perdu de sa valeur. Ainsi, la loi existe, & son esprit ne subsiste plus.

Cette loi indiqua, tacitement, que pour être un véritable Anglais, un Citoyen d'Angleterre, un membre du Corps politique, jouissant des droits que l'Etat accorde à ceux qui le composent, il fallait être propriétaire d'un fonds de terre rapportant quarante schellings, non grevés d'aucune charge.

Tous ceux qui n'ont pas ce bien, sont sous la protection des loix ; mais ils n'ont pas les droits dont jouissent ces Propriétaires. Ainsi, le Corps politique, qui n'est point déterminé en France, est véritablement circonscrit en Angleterre.

Ce Corps politique, par le peu bien qu'exige la loi, embrasse le plus grand nombre des habitans, du moins de tous ceux qui ne ſont pas avilis par une exceſſive misère. Elle y joint le grand avantage de laiſſer à chacun l'eſpoir d'entrer dans le corps politique, dès qu'il le pourra, ſans intrigues, ſans dépenſe, ſans avoir beſoin de faveur : c'eſt un avantage immenſe, qui maintient en paix, ſans chagrins, ſans humiliation, ſans mécontentement, tout le petit peuple, & qu'on n'a connu dans aucune République.

PLAIDOYER

des Maiſons de Lancaſtre & d'Yorck pardevant le Parlement, pour leurs droits à la Couronne.

Lorſque *Richard*, Duc d'Yorck, aidé du fameux Comte de *Warwick*, eut fait priſonnier le faible *Henri VI*, & forcé ſon épouſe la courageuſe *Marguerite* d'Anjou, à prendre la fuite, il conduiſit ſon captif à Londres, & il y convoqua le Parlement.

Richard expoſe ſes droits au Parlement 1460.

Le trône était vide : *Richard* s'avança vers le trône, & mit la main ſur le bras du fauteuil, comme prêt à s'y aſſeoir. L'Archevêque de Cantorbery s'en approchant, lui demanda ſi, depuis ſon arrivée, il avait rendu au Roi ses respects. Je ne connais personne, lui répondit *Richard*, à qui je doive ce titre.

Il s'arrêta cependant, & demeurant proche du trône, il exposa à l'Assemblée ses droits pour y monter.

Il descendait, par les femmes, de *Lionnel*, Duc de Clarence, second fils d'*Edouard III*. La maison de *Lancastre* ne descendait que du troisième fils de ce Roi, & quoiqu'elle en descendit de mâle en mâle, ses droits, disait-il, étaient plus légitimes, puisque sa branche était l'aînée, & que la loi permettait que les enfans des femmes représentassent leur mère, & succédassent à leurs droits.

Les Lords gardèrent le silence : *Richard* un peu déconcerté, sortit de l'Assemblée.

Les Pairs, libres par son absence, mirent en délibération la demande de ce Prince, comme une cause ordinaire. Ils ne mirent point en doute, qu'ils n'eussent le droit de disposer du trône. Ils se conduisirent avec une tranquillité & une sagesse, qui n'eut, je crois, aucun autre exemple au monde. Belle conduite du Parlement.

La Chambre haute était seule Juge

des contestations entre les Pairs. Mais elle demanda à être assistée dans cette grande cause par les Membres les plus considérables de la Chambre des Communes.

Elle ordonna qu'on instruisit *Henri VI*, malgré sa captivité, que la légitimité de ses droits était contestée ; que cette cause était appellée en jugement devant elle : qu'il pouvait choisir des Avocats & des Procureurs pour défendre ses droits.

Ensuite elle décida, pour assurer la liberte des Juges, que dans aucun temps, aucun Lord ne pourrait être recherché pour ce qu'il aurait dit, en exposant son opinion dans cette affaire.

Ces préliminaires réglés, la cause des deux Rois fut plaidée pendant plusieurs jours.

Plaidoyer pour *Henri IV* & *Richard.*

Les défenseurs de *Henri* observèrent que dans le temps où son grand'père *Henri IV*, avait pris la couronne, personne ne lui avait contesté le droit de la prendre.

Les défenseurs de *Richard* répondirent qu'*Edmond*, Comte de la Marche, n'avait pu alors réclamer ses droits ; que cette réclamation lui aurait coûté la vie ; qu'un ſilence forcé ne pouvait anéantir ni ſes droits, ni ceux de ſes enfans.

Les Avocats de *Henri* leur repréſentèrent que ſon grand'père avait reçu la Couronne du Parlement. Ceux de *Richard* répliquèrent qu'ils la demandaient pour ce Prince à ce même Parlement : que s'il avait eu alors de puiſſans motifs pour ôter la Couronne au légitime Héritier, il en avait maintenant de plus déciſifs pour la reſtituer au légitime Héritier, qui était le Duc d'*Yorck*.

On leur répliqua, que *Richard II* avait abdiqué, & réſigné lui-même ſa puiſſance à *Henri IV*.

Ils repartirent, qu'un Roi captif & près d'être depoſé, n'avait pas le droit d'avoir une volonté, & de choiſir ſon Succeſſeur.

On leur objecta, que *Richard* était fils d'un homme décapité pour crime de haute trahiſon, dégradé de Nobleſſe, & dont les deſcendans avaient été déclarés incapables de lui ſuccèder.

Ils ne le nièrent pas, mais ils remontrèrent que le Duc d'*Yorck* avait été rétabli dans ſes biens, & dans ſon droit de ſucceſſion par *Henri* lui-même, qui l'avait avoué pour Duc d'*Yorck*, & Comte de la Marche.

On leur ſoutint, que la Maiſon de *Lancaſtre* régnant depuis plus de ſoixante années, le temps avait conſolidé ſon uſurpation, & légitimé les droits du poſſeſſeur actuel de la Couronne.

Ils aſſurèrent au contraire, que les droits naturels, tels que ceux de la ſucceſſion, étaient impreſcriptibles, & que le temps ne pouvait rendre légitime ce qui était criminel.

Enfin, on ajouta, qu'il y aurait une grande injuſtice à dépoſer *Henri*, qui règnait depuis trente ans, & dont la vie avait toujours été innocente.

Ils atteſtèrent que cette vie innocente n'était que l'incapacité de toute choſe: que lui conſerver le trône, c'était livrer l'Etat au pouvoir d'une Reine altière, & de Miniſtres déprédateurs.

Ce Plaidoyer, où il paraît que des deux côtés perſonne ne défendit mal ſa cauſe & ne ménagea ſa Partie adverſe, pouvait n'être qu'une comédie jouée ſérieusement avec un grand appareil. Mais les Pairs rendirent un jugement digne de la sagesse & du calme avec lequel ils avaient procédé jusqu'alors : jugement qui prouve bien qu'ils se regardaient comme Juges des Rois, & maîtres de donner le trône.

Ils jugèrent *que le titre de Richard était avéré & indestructible : que Henri, tant qu'il vivrait, garderait le rang, les honneurs & le titre de Roi, & que l'administration de l'Etat serait confiée à Richard, véritable & légitime héritier du trône.* Jugement.

Ce Jugement pouvait déplaire à *Richard*, s'il était avide du nom de Roi; mais déja *Marguerite* revenait à la tête d'une nouvelle armée, & la décision de ce Procès fut encore remise au hazard des combats.

Richard fut vaincu & tué sur le champ de Bataille. Peu de temps après, son fils *Edouard* força *Marguerite* à s'éloigner de Londres. Il se fit proclamer Roi par ses Soldats, & par le Peuple de cette Ville, sorti en foule pour voir la revue de son armée. Defaite & mort de *Richard*. 1461.

Aussi-tôt dans une Assemblée irrégulière & illégale de Lords & d'Eccléſiaſtiques, il prit la couronne & le titre de Roi.

DU PARLEMENT,

Sous les Rois de la Maiſon d'Yorck.

Edouard IV prend la couronne ſans conſulter le Parlement.

Il n'y avait pas un an que le Parlement avait été pris pour juge entre les maiſons de Lancaſtre & d'Yorck, lorque *Edouard IV*, ceignit la couronne, ſans le conſulter.

La guerre continua avec fureur entre ces deux Familles, dont les deux factions ſe diſtinguaient par les noms de la Roſe blanche & de la Roſe rouge, armoiries des Yorck & des Lancaſtres.

Ces guerres durèrent vingt-cinq années; elles coûtèrent la vie, dit-on, à quatre-vingt Princes du ſang Royal, de l'une & de l'autre maiſon, à preſque tous les Seigneurs du Royaume, à plus de deux cents mille hommes. Elles furent celebres encore par la férocité & l'acharnement des deux partis, qui, après s'être vaincus alternativement dans les combats, livraient impitoyablement leurs prisonniers aux glaives des bourreaux.

Edoüard IV, s'étant fait Roi sans consulter le Parlement, & ayant trouvé pendant son règne les Parlemens qu'il convoqua assez dociles à sa volonté, son frere *Richard*, Duc de Glocester suivit son exemple, pendant la minorité de son neveu *Edouard V*. Il prit le nom de Protecteur, & ensuite de Roi, sans assembler le Parlement. Il enferma *Edouard V*, & il le fit mourir, sans que personne s'opposât à ses crimes.

Richard, Duc de Glocester, se fait Roi sans l'aveu du Parlement.

1483.

Ce règne est un des plus fameux dont le souvenir se soit conservé dans les annales des Tyrans. Les Loix, les Parlemens, la Justice, ne pouvaient se faire entendre. Ce règne fut très-court : il est douteux que les Anglais l'eussent enduré long-temps. *Richard III* fut tué dans une bataille que lui livra *Henri*, Comte de *Richemond*, issu par les femmes de cette maison de *Lancastre* dépossédée par les *Yorck*. 1485.

Henri fut proclamé sur le champ de bataille, par son armée victorieuse. Il accepta ce titre sans hésiter, & sans attendre l'aveu de ce Parlement, qui, vingt-cinq ans auparavant avait jugé avec tant de solemnité la cause des deux familles.

DU PARLEMENT,

Sous les Rois de la Maison de Tudor.

Il cède à la fortune & au caractère de Henri VII.

Henri VII se fait Roi sans consulter le Parlement.

On ne pouvait pas avoir des droits moins fondés par sa naissance ; son père, né dans le pays de Galles, était à peine Gentilhomme, sa mère *Marguerite*, Comtesse de *Richemond*, était unique héritière de la maison de Sommerset : mais cette maison ne descendait de *Jean de Gand*, quatrième fils d'*Edouard III*, que par un bâtard, & encore par un bâtard adulterin.

Quoique *Richard II* eut légitimé ce bâtard, on pouvait douter que cette légitimation lui eût donné des droits au trône.

Il y avait en Espagne, en Portugal, en Allemagne dix ou douze Princes & Princesses qui descendaient de ce même

Duc de Lancaſtre, *Jean de Gand*, en ligne légitime par les femmes. Si ces branches nées en pays étrangers étaient oubliées ou méconnues en Angleterre, elles n'en avaient pas moins des droits : la Loi ne les rejettait pas. Cette multitude d'héritiers étrangers eſt un grand inconvénient de la ſucceſſion au trône par les femmes.

Smolett, L. IV. c. VII.

Plus les droits de *Henri de Richemont* étaient faibles, moins il devait paraître douter de leur validité.

Il ſe fit couronner ſans attendre qu'on les diſcutât; il promit d'épouſer *Eliſabeth*, fille d'*Edouard IV*; ce qui réuniſſait les droits des deux maiſons : & il convoqua un Parlement.

Parlement composé en partie des gens proſcrits. 1485.

Un grand nombre de ceux qui s'y trouvèrent, avaient été proſcrits par un acte du dernier Parlement. *Henri* lui-même avait été condamné à mort ſous le dernier Roi, ſous ce *Richard III* qu'il avait vaincu.

Ces proſcrits, encore ſous le décret, pouvaient-ils ſiéger en Parlement, & y faire des loix? Un homme condamné à mort, comme traître & rebelle, pouvait-il régner ?

Etrange décision des Jurisconsultes.

Le Parlement proposa ces questions à des Jurisconsultes, à la Chambre de l'Echiquier. Elle jugea que ceux qui avaient été condamnés, devaient s'absenter du Parlement jusqu'à ce qu'il eût examiné & revoqué l'Arrêt qui les proscrivait; que quant au Roi, il pouvait y assister, attendu que la couronne enlève toutes les fautes, efface toutes les flétrissures, & rend nul tous les bills de proscription. C'était mettre le fait à la place du droit. Nulle loi n'avait consacré une pareille maxime ; mais les Jurisconsultes ne servent presque jamais qu'à cimenter par leurs opinions le droit du plus fort.

Faiblesse du Parlement.

Le Parlement ne manqua pas de trouver innocens ceux que le dernier Parlement avait jugé coupables. Ils rentrèrent dans la Chambre, & sans décider du droit de *Henri VII*, ils déclarèrent que l'hérédité du trône resterait, demeurerait, habiterait en lui, & en ses descendans.

Fureurs de de l'esprit de parti.

Jusqu'alors il n'y avait que de la faiblesse; mais bientôt ce Parlement développa la fureur de l'esprit de parti qui l'animait, en proscrivant, & le dernier Roi, tout mort qu'il était, & ceux qui avaient combattu pour lui, contre cet *Henri de Richemond*, qui alors n'avait aucun droit au trône.

Ces rigueurs, fruit malheureux des guerres civiles, produisirent des révoltes. Deux imposteurs se dirent de la Maison d'Yorck, & contestèrent à *Henri VII*, son titre par les armes : l'un & l'autre périrent sur l'échafaud. Imposteurs soumis.

Henri, vainqueur, sévère, avare, ne manquant ni de soldats, ni d'argent, sut tout contenir, & domina toujours tous les Parlemens qu'il convoqua, & qui, après tant de sang versé, ne pouvaient guère être composés que des partisans du vainqueur. Il mit fin aux guerres civiles qui avaient tourmenté si long-temps l'Angleterre; il réprima le pouvoir exhorbitant des Nobles. *Smolett*, dit qu'il détruisit les tenures féodales, qu'il exclut les Nobles de l'administration & qu'il n'y employa que des Ecclésiastiques & des Jurisconsultes : *deux sortes de gens*, ajoute-t-il, *qui n'ayant aucun intérêt* Fermeté du Gouvernement de *Henri VII*. *Smolett*, L. V. ch. I.

commun avec la Nation, secondaient ses volontés avec plus de zèle qu'aucun autre. Cette réflexion sevère, nous apprend qu'en Angleterre, comme en France, les gens de loi ont cherché à faire une classe particulière, & à se séparer par des priviléges du reste de la Nation.

Si *Henri VII*, nous dit *Hume*, devint si puissant, c'est qu'il parvint au trône après que la guerre civile eût fait périr toute la haute Noblesse, & que le peuple, fatigué de tant de carnage, aimait mieux souffrir quelques impositions que de se replonger dans ces calamités.

Le luxe concourt a mettre de l'egalite dans les fortunes.

C'est aussi, sans doute, ce qui rendit les Parlemens si complaisans. *Hume* nous apprend encore qu'une loi portée sous *Henri VII*, permit à la Noblesse de ne plus respecter les substitutions qui l'empêchaient d'aliéner ses biens. Cette loi, ajoute-t-il, & le luxe qui commençait à naître, dissipèrent insensiblement les immenses fortunes des hauts Barons : la propriété du peuple s'en accrut ; l'Angleterre en devint plus active & plus riche.

On eût alors plus de Citoyens, &

moins de Seigneurs de châteaux, de grands Seigneurs qui s'emparaient de tout, qui mettaient toutes les terres dans leur domaine, tous les hommes dans leur dépendance; qui fesaient porter leur livrée à tous les habitans d'une Province, & qui, protégeant les plus méchans dans leurs déportemens, les trouvaient en récompense toujours prêts à les seconder dans leurs révoltes, dans leurs débauches, dans tous les actes de violence qu'ils voulaient commettre. *Henri VII* eût beaucoup de peine à détruire cet usage.

Temoignage de *Philippe de Commines* en faveur des Anglais.

Malgré ces restes de barbarie; malgré les guerres civiles; malgré les vengeances du Roi; malgré quelques extorsions qu'il se permit, & malgré le peu de résistance que le Parlement lui opposa, l'Angleterre était déjà le pays de l'Europe où le peuple souffrait le moins de vexations. *Philippe de Commines*, qui écrivait ses Mémoires sous ce Roi, dit en termes formels, *que de toutes les Seigneuries du monde, dont il a connaissance, l'Angleterre est celle où la chose publique est la mieux administrée, & où l'on exerce le moins de violence contre le peuple.*

Memoire de *Philippe de Commines*, t. I, L. V, ch. 19.

Ce fut pendant ce régne, que *Christophe Colomb* découvrit l'Amérique; que *Vasco de Gama* doubla le Cap-de-Bonne-Espérance, & qu'*Albukerque* parvint aux Indes Orientales.

Henri VII, témoin de ces grandes découvertes, fit aussi chercher de nouvelles terres. Il chargea de cette entreprise
1498. un Vénitien, *Sébastien Cabot*, ce qui semble prouver qu'il n'y avait point d'Anglais qui fut encore capable d'entreprendre une navigation aussi hardie.

Sébastien Cabot découvrit quelques terres au nord de l'Amérique septentrionale, & n'établit aucune Colonie.

L'Italie cultivait les beaux arts; l'Imprimerie répandait l'instruction; l'Artillerie devenait en usage; la boussole rendait les mers moins dangereuses; l'Europe prenait une forme nouvelle.

DU PARLEMENT,

Sous Henri VIII.

Il s'abbaiſſe à ſervir les paſſions de ce Roi, & s'elève au-deſſus des ſuperſtitions populaires.

Henri VIII reçut le trône à la mort de ſon père *Henri VII*, ſans aucune conteſtation : il pouvait être heureux ſans violence ; cependant il ſouilla ſon régne de cruautés inutiles ; il tint le Peuple, les Grands, le Parlement même dans la plus entière ſoumiſſion, & ne connut gueres d'autre loi que ſon caprice. Sans *Richard III*, il eût été le plus pervers des Tyrans qui ont fait haïr aux Anglais la puiſſance monarchique. 1509.

Le premier Parlement qu'il convoqua, lui accorda des impôts très-conſidérables. 1513.

Dix ans après, il ordonna un arpentage général de tout le Royaume ; il fit un dénombrement des hommes, de leurs profeſſions, de leurs biens-fonds, de Arpentage du Royaume, & dénombrement du peuple. 1522.

Emprunts forcés. leurs revenus, & il trouva la Nation plus riche qu'il ne le croyait.

Il exigea des hommes les plus opulens, de fortes sommes, à titre d'emprunts; & sous ce titre, il mit une taxe
1523. sur le Clergé, comme sur les Laïques.

L'année suivante, il assembla un Parlement; mais ce Parlement ne lui accorda qu'une très-petite portion des subsides qu'il demandait.

Henri VIII avait été sept années sans assembler aucun Parlement, & il fut si piqué du refus de celui-ci, qu'il fut
Indifférence du Parlement au sujet de la Religion. sept autres années sans en convoquer.

1529. Celui qu'il assembla après ce long intervalle, se montra assez soumis à sa volonté, mais fort indifférent à l'égard de la religion.

Luther venait d'arracher la moitié de l'Europe à l'Eglise Romaine; l'Angleterre était mal soumise au Pape. Les discussions y avaient déjà élevé les esprits. Un Gentilhomme osa dire en pleine assemblée, qu'il était absolument impossible à aucun homme, & encore moins au
Hume, c. 30. peuple, de rien comprendre aux diverses opinions des Théologiens; qu'on ferait

ſagement de ne point juger ces vains objets d'éternelles diſputes : qu'il ſuffiſait de croire en Dieu, & de pratiquer une bonne morale, pour obtenir ſa protection.

L'Angleterre était le ſeul pays du monde, où alors on pût parler ainſi dans une aſſemblée publique.

Loi dictée par l'eſprit de parti.

Le Cardinal *Volſey*, accuſé dans la Chambre haute, fut ſi bien défendu dans la Chambre baſſe, que ſes ennemis, qui l'avaient perdu dans l'eſprit du Roi, ne purent le faire condamner. Cette Chambre qui réſiſtait ainſi, déclara cependant le Roi quitte de toutes les dettes qu'il avait contractées depuis qu'il règnait. C'était une injuſtice & une vengeance. La plupart des créanciers de *Henri VIII*, étaient partiſans du malheureux *Volſey*, & les Courtiſans ſe plaiſaient à les humilier. Ceux qui cherchent à excuſer le Parlement, aſſurent qu'il ne voulait que décréditer cette maniere illegale d'avoir de l'argent. Mais ne le pouvait-il pas par une loi, ſans lui donner un effet retroactif ?

Complaiſance du Parlement.

Un autre Parlement que le Roi convoqua deux ans après, eut autant de complaisance, pour le Monarque, & autant d'indifférence pour la foi.

Volsey était mort. Lorsqu'on avait voulu perdre ce Cardinal, on l'avait accusé d'avoir exercé les fonctions de Légat du Pape, sans l'aveu du Roi, comme si un tel délit eût été possible.

Le Clergé donne au Roi le nom de Chef suprême de l'Eglise d'Angleterre. 1531.

On imagina d'intenter, sous ce prétexte, un procès à tout le Clergé d'Angleterre, & de l'accuser d'avoir obéi à ce Légat non avoué. L'accusation était si absurde, que le Clergé crut inutile de s'en défendre. Il pria le Roi de lui pardonner, & s'imposa lui-même une amende très-considérable. Il donna au Roi le nom de *Protecteur, de Chef suprême de l'Eglise & du Clergé d'Angleterre.*

Le Parlement réduisit les annates à cinq pour cent du revenu des bénéfices, & déclara que quelque censure ou interdit que le Pape lançât à ce sujet, on n'y aurait aucun égard.

Le Parlement abolit l'autorité du Pape 1534.

Un troisième Parlement, trois ans après, montra encore plus de complaisance pour le Roi & d'indifférence pour le culte. Il abolit l'autorité du Pape en Angleterre, soumit les Moines au Gouvernement du Roi ſeul, défendit au Clergé de s'aſſembler ſans la permiſſion du Roi, & de faire aucun Canon ſans ſon conſentement. Il ordonna en outre que trente-deux perſonnes choiſies par le Roi dans le Parlement & dans le Clergé, examineraient les Canons, & les Conſtitutions de l'Egliſe, pour en conſerver ce qu'elles jugeraient convenables, & pour abolir tout le reſte.

Le Parlement declare nul le mariage de *Henri VIII*, & de *Catherine d'Arragon.*

Ce Parlement déclara nul le mariage *d'Henri VIII* & de *Catherine d'Arragon.* Il confirma celui que ce Prince avait contracté avec *Anne de Boulen.* La Princeſſe *Marie*, née du premier lit, fut déclarée incapable de ſuccéder à ſon père, & l'hérédité du trône fut accordée aux enfans qui naîtraient *d'Anne de Boulen.* C'était flatter honteuſement la paſſion du Roi; mais c'était ſe ſubroger aux droits du Pape.

Ce Parlement conféra au Roi le titre de Chef ſuprême de l'Egliſe, que le Clergé lui avait déja donné; & il y ajouta le pouvoir de réprimer, de redreſſer, de réformer, de régler, de corriger, de reſtraindre toute erreur, héréſie, abus, offenſe, péché, énormité, qui concernaient l'autorité, ou la juriſdiction ſpirituelle.

C'eſt un pouvoir qu'aucun Roi de France, & qu'aucun autre Roi catholique n'a jamais eu. Car *Henri VIII*, en agiſſant ainſi, ſe diſait toujours catholique.

Le Parlement ſervait la paſſion du Roi; il augmentait ſon pouvoir deja trop étendu: mais le Roi, en recevant de lui ce pouvoir, ſemblait reconnaître que tous ſes droits émanaient du Parlement.

Le Parlement détruit les Monaſtères. 1536.

Ce même Parlement, qui ſubſiſta pendant ſix ans, choſe inouie alors, abolit tous les Monaſteres, & en donna tous les revenus au Roi.

Henri VIII accuſe ſa femme, *Anne de Boulen*, d'inceſte, & la fait décapiter.

Il ſemble que le Roi n'eut diſſout ce Parlement que pour faire condamner ſa nouvelle épouſe *Anne de Boulen*, pour laquelle il avait bouleverſé toute l'Egliſe d'Angleterre. Il l'accuſa d'adultère & d'inceſte. Vingt-quatre Pairs eurent la honteuſe faibleſſe de la condamner à la mort, ſur des indices ſi légers, qu'il n'y a point de femme qu'on ne pût trouver coupable & digne de mort, ſi l'on s'en contentait.

Dès qu'elle eut été décapitée, il aſſembla un nouveau Parlement: il fut encore plus ſoumis que les autres. Il ratifia ſon divorce avec *Anne de Boulen*; il déclara illégitimes, & la Princeſſe *Marie*, née du premier mariage, & la Princeſſe *Eliſabeth*, fruit du ſecond. Il ne reconnut pour héritiers du trône, que les enfans qui naîtraient de *Jeanne de Seymour*, qu'*Henri VIII* avait épouſée le lendemain de la mort d'*Anne de Boulen*; & il ajouta, que ſi le Roi mourait ſans enfans, il pourrait diſpoſer du trône par lettres-patentes, ou même par teſtament. Le Parlement abandonnait & ſes droits, & ceux de la Nation.

Honteuſe faibleſſe du parlement.

Il mit au rang des crimes de haute trahiſon toute médiſance qui concernerait le Roi, la Reine, ou leurs enfans. Il ſe conduiſait, avec *Henri VIII* comme le Sénat de Rome avec les mauvais Empereurs. Il érigeait en crime capital tout ce qui pouvait lui déplaire.

L'Aſſemblée du Clergé était auſſi complaiſante : on eut dit que tous les Ordres de l'Etat, que tous les Corps, que la Nation entière courait au-devant de l'eſclavage. Un autre Parlement, trois ans après, renchérit encore ſur tant d'avilissement. Il voulait complaire au Roi, qui s'obstinait à se dire Catholique. Il ordonna qu'il n'y eût qu'une foi : il nomma un comité pour decider ce qui serait de foi. Ce comité ne put jamais s'accorder : alors on réduisit toute la croyance à six articles que le Roi dicta.

Le premier de ces six articles ordonnait de croire, sous peine de mort, à la présence réelle dans le pain de l'Eucharistie. Les cinq autres ordonnaient, sous peine de perdre ses biens, de croire premièrement, qu'il n'était pas nécessaire de communier sous les deux espèces : secondement, que le célibat des Prêtres était d'obligation : troisièmement, que le vœu de chasteté ne pouvait être délié : quatrièmement, que les messes particulières étaient utiles : cinquièmement, que la confession auriculaire était indispensable.

Malgré les peines portées par ces six articles, le peuple ne s'y soumit pas. Il ne les appella que le statut de sang.

Libre de penser sur tout le reste, il n'en devint que plus capable de juger l'inutilité de ces six articles, dont aucun ne concernait ni la morale, ni le bien public.

Enfin, ce Parlement, pour me servir de l'expression de *Hume*, *renversa sans scrupule & sans délibération, par un seul acte, toute la constitution d'Angleterre.* Il donna force de loi aux proclamations du Roi, à l'egal des ACTES PASSÉS EN PARLEMENT ; & même il ne leur donna cette force, que comme une suite de l'autorité royale, & non comme une loi nouvelle qu'il portait en faveur des Rois.

Le parlement détruit la constitution.

Ce Parlement accusa de haute trahison, plusieurs personnes, sur des motifs aussi ridicules que ceux qui furent allégués quelquefois par des délateurs dans le Sénat de Rome, contre les premiers Magistrats de la République. La conduite de ces deux Corps, qui s'attribuaient en secret l'un & l'autre la souveraineté, ou du moins la puissance législative, est assez semblable : & sans doute celle du Parlement d'Angleterre peut servir à excuser celle du Sénat, plus exposé que lui à l'autorité d'un maître beaucoup plus puissant qu'un Roi d'Angleterre.

Crimes du Parlement.

Sans doute la liberté eût été perdue pour jamais, sans la Chambre des Communes. Elle résista toujours un peu plus que la Chambre des Pairs. Elle avait

La Chambre des Communes résiste un peu.

défendu *Volsey* ; elle défendit aussi *Thomas Cromwel*, autre Ministre que le Roi sacrifia à sa passion, & qui fut décapité, sans qu'on lui imputât des crimes.

Le parlement abolit en Angleterre l'Ordre des Chevaliers de Malte. 1540.

C'est encore ce Parlement qui abolit en Angleterre l'Ordre des Chevaliers de Malte. Leurs biens furent confisqués au profit du Roi : il donna seulement à chacun d'eux une pension de mille écus.

Il declare nul le mariage d'*Henri VIII* & d'*Anne de Cleves*. 1540.

Les démarches que dans un autre temps on eut regardé comme déshonorantes, ne coûtaient plus rien au Parlement, il servait de ministre aux passions du Roi. Les Pairs & les Communes sachant qu'il était dégoûté de sa quatrième épouse, *Anne de Cleves*, le prièrent de faire examiner son mariage ; & elles le trouvèrent nul. *Anne de Cleves* consentit aisément au divorce que le Roi desirait, & vécut tranquille en Angleterre, où elle passa le reste de ses jours.

Henri VIII épouse Catherine Howard.

Tandis qu'il la répudiait, il se mariait en secret à *Catherine Howard*, niéce du Duc de *Norfolk*, jeune personne dont il était devenu éperdument amoureux : mais cette passion ne dura guères que deux ans.

Il la dénonce au parlement. Bassesse

Il fit dénoncer son épouse au Parlement, ordinaire instrument de sa tyrannie (1), comme *Hume* l'appelle. Le Parlement fit interroger cette Reine par l'Archevêque de Cantorbery, l'Evêque de Westminster, le Duc de *Suffolck*, & le Comte de *Southampton*. Elle leur avoua qu'avant son mariage, elle avait accordé ses faveurs à quelques hommes : mais elle protesta toujours que, depuis elle ne s'était permis avec aucun, la moindre liberté. Le Parlement, sur cet aveu, non-seulement demanda au Roi qu'elle fût condamnée à mort; mais, ce qui est incroyable, & ce qui est vrai pourtant, c'est qu'il demanda que le même supplice fut infligé à sa grand'mère la Duchesse douairière de *Norforlk*, au père & à la mère de cette infortunée; à son oncle, à la Duchesse de *Bridgewater*, à Lady *Rochford*, qu'on disait complice de ses débauches, & à plusieurs autres personnes qui avaient connu, disait-on, les déportemens de cette Reine.

& crimes de ce Parlement. *Smolett*, L. V, ch. III.

Hume & *Smolett*.

Tous furent condamnés à mort avec le consentement du Roi, & presque tous furent exécutés. Le Parlement décerna la peine de mort contre tous ceux qui,

(1) The usual instrument of his Tyranni. (*Hum. c. 32.*)

connaiſſant l'inconduite d'une Reine, n'en feraient pas une déclaration juridique au Roi ou au Conſeil, dans l'eſpace de vingt jours : & contre toute jeune perſonne, qui, recherchée en mariage par le Roi, & n'étant pas vierge, ne lui ferait pas confidence de ſa faute avant de l'épouſer.

La tyrannie a quelquefois des accès de démence ; celui-ci eſt un des plus étranges qu'elle ait jamais eus. Un homme eut rougi d'une telle indécence, & n'eut pas rendu un tel arrêt ; mais les Corps ne rougiſſent point : voilà pourquoi leurs écarts ſont toujours pires que ceux des Princes. Le Sénat de Rome, ſous les Empereurs les plus dépravés, ne fit rien d'auſſi vil, ni d'auſſi cruel.

Reines répudiées en France.

Nous avons eu en France ſept Reines répudiées ſous la troiſième race de nos Rois. *Robert* ne répudia ſa femme que malgré lui. *Philippe I*, en ſacrifiant ſon épouſe *Berthe* à ſa Maîtreſſe *Bertrade*, ne lui imputa point de crimes : *Eléonore*, femme de *Louis-le-Jeune*, fut ſoupçonnée d'adultère, & preſque convaincue ; ſon mariage fut déclaré nul ; & on lui rendit la Guienne, dont elle était Ducheſſe. *Philippe Auguſte* répudia *Ingerburge*, qu'il éloigna de lui dès le lendemain de ſes noces. Il épouſa *Agnès de Meranie*, qu'il fut forcé de répudier pour écarter des révoltes fomentées par des excommunications. Il reprit *Ingerburge.* Il lui rendit le nom de Reine & non les droits d'épouſe. Mais jamais il ne s'expliqua ſur les cauſes de l'éloignement qu'il avait pour elle : jamais il ne l'accuſa d'aucun crime, ni même d'aucun défaut. Les malheurs qu'il éprouva, ne lui firent rien révéler, qui fût déſavantageux à cette Princeſſe. *Louis XII* plaida contre ſa femme *Jeanne*, à laquelle il n'avait aucun reproche à faire : il fit déclarer ſon mariage nul, ſous un vain prétexte de parenté. *Marguerite de Valois*, femme d'*Henri IV*, avait vécu avec toute la licence des guerres civiles, avant & après ſon mariage ; mais ſon époux ſe reſpecta lui-même ; il ne lui intenta point de procès pour ſes mœurs ; il l'engagea à conſentir au divorce ; le mariage fut annullé du conſentement des parties.

Les trois brus de *Philippe-le-Bel*, furent accuſées toutes trois d'adultère. L'une fut étranglée dans ſa priſon, par l'effet de la colère de ſon époux, plus que par un jugement légal. Les deux autres ſauvèrent facilement leur vie ; l'une, en alléguant que ſon mariage était nul, parce qu'elle était parente de ſon mari ; l'autre, en regagnant le cœur de ſon époux, qui conſentit à la reprendre.

Jamais les Etats-Généraux n'ont connu de tels délits, ſur leſquels l'honnêteté publique exige de jetter un voile ; & que la loi, l'exemple du fondateur du Chriſtianiſme ordonnent de traiter avec une extrême indulgence.

Henri VIII devait avoir, comme la plupart des tyrans, un profond mépris pour les hommes, & ſur-tout pour ces grands Corps, dont ils font à la fois l'inſtrument de leurs crimes, & le bouclier qu'ils oppoſent à la vengeance publique.

La Chambre étoilée, le Conſeil privé, le Parlement décrétaient, pourſuivaient, feſaient périr ceux qu'il leur déſignait, & il pouvait dire, ce n'eſt pas moi qui les immole.

1541. Le Parlement fit des loix, dont le ſens était, au rapport du célèbre *Hume*, *qu'il n'y avait d'autre règle pour le ſpi-*

rituel comme pour le temporel, que la volonté de leur maître (1).

Enfin, ce Parlement ordonna qu'on formerait un tribunal de neuf Conseillers, pour punir tous ceux qui n'obéiraient pas aux ordres émanés du Roi seul.

Je le répète encore, le Sénat de Rome, sous le règne des *Tibères*, des *Caligula*, des *Nérons*, ne fit rien d'aussi vil; & ce qu'on nous en dit, n'est pas aussi avéré.

Cet acte du Parlement est pourtant une preuve que beaucoup d'Anglais n'obéissaient point aux ordres du Roi *Henri VIII.* Le Lord *Mountjoy* eut le courage de faire une protestation contre cette loi. On ne peut se défendre d'indignation, en observant avec *Hume*, que cette protestation est la seule qui se soit faite contre tant de bills iniques dans le cours de ce long règne.

Ce qui indigne sur-tout, c'est que le Parlement d'Angleterre n'était pas permanent comme le Sénat. Un Corps dont tous les membres sont à vie, une fois corrompu, ou intimidé peut l'être pour

(1) And had no other rule, in religious, as wel as temporals, than the arbitrary wil of their Master. (*Hum. ch.* 32.)

toujours; les anciens membres transmettent leur espoir & leur crainte aux nouveaux, a mesure qu'ils arrivent. Mais le Parlement, du moins les Communes, se renouvellaient entièrement à chaque convocation. Cependant le même esprit de servitude & d'adulation s'y propageait toujours.

Titres que le parlement accorde au Roi 1544.

Le Parlement de 1544 attribue, par un bill, à ce barbare, teint du sang des Nobles, de deux de ses Femmes, des Moines & de ceux qu'il traitait d'Hérétiques, le titre de Roi d'Angleterre, de France, d'Irlande; de défenseur de la foi, de chef suprême de l'Eglise anglicane & irlandaise. Pourquoi n'ajouta-t-il pas & *Trançaise*? *Henri VIII* n'avait pas plus de pouvoir en France sur le temporel que sur le spirituel.

Il régle la succession.

Il fit un nouveau réglement pour la succession du trône. Il la donna à *Edouard*, fils de *Henri VIII* & de *Jeanne de Seymour*. A son défaut, les deux Princesses, *Marie* & *Elisabeth*, devaient regner, quoiqu'elles eussent été déclarées bâtardes par les Parlemens antécédens. Mais il ne révoqua point les décrets qui les déclaraient illégitimes.

Il

Il ordonna aussi que tous les Sujets du du Roi, abjureraient par serment la suprématie du Pape. Comme si les hommes, dit *Hume*, pouvaient être liés par des sermens prononcés malgré eux.

Sermens. Ils sont trop prodigués, pour être observés religieusement.

Toutes les Nations issues de barbares, ont trop prodigué le serment; elles lui ont ôté sa force & sa sainteté.

Tous les Parlemens qui suivirent, & que *Hume* traite avec raison de prostitués, eurent la même bassesse. Ils lui accordèrent des subsides, ils lui donnèrent les biens des Universités, des Chapelles, des Hôpitaux. 1545.

Ce qui contribua à rendre les Parlemens si pusillanimes, c'est qu'ils furent peu fréquens. *Henri VIII*, dans un regne de trente-sept ans, n'en convoqua que dix.

Les parlemens furent peu fréquens sous ce régne.

Ces Parlemens, que le Roi a le droit de suspendre & de rappeller quand il le veut, restèrent peu de temps assemblés, puisqu'ils furent suspendus vingt-trois fois, & qu'en supputant les temps que dura chaque session, on trouve qu'ils ne furent assemblés que l'espace de trois ans & demi.

Chaque Député, voué aux volontés du Roi, & désirant de retourner promptement chez lui, se hâtait de décider ou plutôt de céder, & d'abréger chaque cession. Ce vice, remarqué par *Hume*, leur était commun avec les Etats-Généraux de la France. Il est toujours une preuve que les Députés manquent de liberté.

Henri VIII meurt après avoir presque tout changé dans l'Etat.

Enfin la mort délivra l'Angleterre du poids de sa tyrannie. Ce Roi, en détruisant l'autorité du Pape, en abolissant les Moines, les anciens usages, les vieux préjugés, les principaux dogmes, en substituant ses propres rêves aux rêves anciens, auxquels le Peuple était accoutumé, en variant dans ses propres opinions, en violant toutes les loix, en mettant l'arbitraire à la place de la règle, en versant jusqu'au sang de ses femmes, rendit à l'Angleterre le service éminent de donner plus de liberté aux pensées, de faire sentir la nécessité de récréer la Nation, de régénérer le Gouvernement, de réprimer l'autorité des Rois.

Il ne subsistait plus rien, pour ainsi dire, des anciennes coutumes, que l'usage de convoquer le Parlement : le Parlement qui, heureusement, était l'unique Assemblée de la Nation.

Heureusement encore pour l'Angleterre, il laissait son trône à un enfant qui n'avait pu s'impregner de ses vices & s'enivrer du parfum empoisonné de la tyrannie.

DU PARLEMENT,

Sous Edouard VI.

Sort de son assoupissement.

Edouard, agé de neuf ans fut reconnu par le Conseil, conformément au testament de *Henri VIII*. Le Conseil nomma pour Lord protecteur du Royaume le Duc de *Sommerset*, oncle du Roi.

La Religion reformée devient celle du Roi.

Ce Duc, zéle partisan des réformateurs, mit la religion Protestante sur le trône; il ne confia l'éducation du Roi qu'à des gens attachés à ces nouveaux dogmes; & il fut fortement secondé par les gens qui avaient eu part à la dépouille des églises & des monastères.

Le parlement abroge les loix tyranniques portées sous Henri VIII.

Il convoqua un Parlement. On s'apperçut soudain de l'avantage d'avoir un Corps dont tous les Membres se renouvellent à la fois. Celui-ci ne fut point infecté de l'esprit de servitude qui avait, en quelque sorte, paralysé les derniers.

Il commença par abroger les tyranniques loix forgées sous *Henri VIII.* Toutes ces loix qui étendaient si loin le crime de haute trahison · celui de félonie, celui d'héréfie, sur-tout le statut de sang, furent toutes revoquées. Il abolit aussi la loi qui égalait les proclamations du Roi aux actes du Parlement; il confirma la suprématie donnée au Roi, & il fit des réglemens favorables aux réformés.

Cette régence ne fut pas sans gloire, cependant les crimes de l'ambition la souillèrent. *Sommerset* fit décapiter son propre frère, envieux de sa place; & lui-même il succomba sous une autre intrigue. Le Parlement qui avait proscrit son frère, le condamna lui-même à une simple amende, il est vrai; mais bientôt après il porta sa tête sur un échafaud. Le Roi signa l'arrêt de mort des deux frères, quoiqu'ils fussent ses oncles, quoique les crimes qu'on imputait à l'un ne fussent point avérés, & que l'autre protestât de son innocence.

Ce jeune Prince mourut à l'âge d'environ seize ans; il deshérita ses deux soeurs, par zèle pour la religion, sous prétexte que l'aînée, la Princesse *Marie*, ne voulait pas embrasser la réforme.

Il légua le trône à *Jeanne Gray*, sa parente, à laquelle *Henri VIII*, par son testament, donnait la couronne, en cas que son fils & ses deux filles, *Marie* & *Elisabeth*, mourussent sans enfans.

Ce transport de la Couronne ne put 1553
pas être ratifié par un acte du Parlement, il ne fut redigé que par des Juges, qui n'en dressèrent l'acte que malgré eux.

Jeanne Gray accepte le trône malgré elle.

L'infortunée *Jeanne Gray*, fut proclamée Reine, par le Conseil, & prit ce titre à regret, en pleurant, en cédant malgré elle à l'ordre exprès de son père, de son mari, de son beau-père, le Duc de *Northumberland*; mais elle quitta la Couronne sans hésiter, & avec une véritable joie dès qu'elle vit les habitans de Londres se déclarer pour la fille aînée d'*Henri VIII.* Elle se retira aussi-tôt dans la maison de sa mère.

Ces événemens étaient passés, son beau-père, & presque tous ses partisans avaient été décapités, & *Marie* couronnée, qu'un Parlement n'était pas encore assemblé.

DU PARLEMENT,

Sous la Reine Marie.

Il s'avilit jusqu'à recevoir l'absolution.

La Religion Catholique redevient celle du Gouvernement.

Marie, en montant sur le trône, rétablit la religion Catholique, avec un zèle qui dût autant effrayer tous ceux qui penchaient pour les nouveaux dogmes, ou qui les avaient adoptés, qu'il devait rallumer le zèle de ceux qui suivaient encore l'ancienne religion.

Le parlement n'a de religion que celle de la Reine.

Tous les Députés des Villes & des Comtés furent Catholiques. Les Lords & les Evêques, qui formaient la Chambre haute, méprisant sans doute profondément ces sujets de tant de querelles insensées, n'eurent de religion que celle de la Reine, c'est-à-dire, celle de leur intérêt.

Messe au Saint Esprit 1553

La Reine, à l'ouverture du Parlement, fit célébrer une messe au Saint-Esprit, quoique la messe fut alors défendue, par un acte du Parlement.

Tous les Membres fléchirent les genoux, à l'exception de l'Evêque de

Lincoln, qui fut aussi-tôt chassé de la Chambre avec insulte.

Le Parlement légitima la naissance de la Reine ; il réhabilita le mariage de son père, *Henri VIII*, avec *Catherine d'Arragon*, & annulla le divorce qui l'avait dissout autrefois ; il eût cependant la sagesse d'agir ainsi par sa toute puissance, & de ne pas faire la moindre mention de l'autorité du Pape, qui avait toujours refusé son consentement à ce divorce.

Le parlement légitime la naissance de la Reine.

La loi qui renouait ce mariage après le décès des conjoints, ne parlant point d'*Elisabeth*, semblait regarder sa naissance comme illégitime. Elle servit de prétexte à *Marie*, pour la traiter de bâtarde, & pour la tenir dans une sorte de captivité, quoique cette Princesse l'eût reconnue pour Reine, & lui eût amené mille chevaux dans le temps que le Duc de *Northumberland* marchait contre elle, pour soutenir *Jeanne Gray*.

Le Parlement abolit toutes les loix portées sous *Edouard VI*, contre les Catholiques.

Le parlement abolit les loix portées contre les Catholiques.

Marie rétablit par-tout la religion

Catholique, avec des rigueurs qui produisirent des mécontentemens.

Jeanne Gray & son mari sont décapités.

Une révolte mal combinée, & qu'elle dissipa facilement, servit de prétexte pour faire décapiter l'infortunée *Jeanne Gray*, & son mari le Lord *Guilfort Dudley*, tous deux de la plus grande jeunesse, tous deux sans ambition ; tous deux entraînés par la force des circonstances & par l'ordre de leurs parens : ils furent sacrifiés plutôt à la politique qu'à la nécessité.

Marie épouse l'Archiduc Philippe.

Marie choisit pour époux, l'Archiduc *Philippe*, fils de *Charle-Quint* ; il était veuf, il avait un fils, il était âgé de vingt-sept ans, *Marie* en avait trente-huit.

Les présens & les pensions sont reçus, & manquent leur effet.

Un Parlement fut assemblé pour ratifier ce mariage. L'Empereur envoya quatre cents mille livres pour y être distribués en pensions & en présens ; *Pernicieuse invention*, dit *Hume*, dont il n'y avait eu jusqu'alors aucun exemple en Angleterre.

Malgré ces dons, le Parlement ne se laissa point aveugler ; il rejetta tout ce qui pouvait porter atteinte à la liberté nationale; il alla jusqu'à rejetter un bill, où on érigeait en haute trahison, le crime d'attenter aux jours du mari de la Reine.

Il réserva à *Marie*, seule Reine, tous les droits & toutes les dignités de la Couronne, sans aucun privilége pour le Prince d'Espagne.

Il refusa aussi de rétablir les six fameux articles du statut de sang; *Marie* ne le trouvant pas assez soumis, malgré ses dons, finit par le dissoudre.

La même année elle en convoqua un autre plus à son choix; le zèle Catholique, l'influence de l'or d'Espagne, le pouvoir de la prérogative de la Reine, le découragement de la Noblesse, surtout celui des Protestans, procurerent une Chambre de Communes, entièrement dévouée aux volontés de la Reine. *Hume.*

Ce Parlement, non seulement admit en Angleterre un Légat du Pape, quoique la suprématie de l'Eglise appartint encore à la Reine par la loi, mais il demanda pardon à la Reine, de l'horrible défection commise par le Parlement, quand il avait abandonné la foi

Le Parlement admet un Légat en Angleterre.

de l'Eglise. Il la conjura, pour prix de son repentir, & du dessein qu'il formait d'abolir les schisme criminel dont il avait été infecté, d'intercéder pour lui, & de le réconcilier avec le Saint-Pontife.

Le Légat absout le parlement & le Royaume.

Elle accorda sa demande; le Légat du Pape, le Cardinal *de la Pole*, proscrit par un Parlement sous *Henri VIII*, & rétabli par celui-ci, donna, au nom de sa Sainteté, l'absolution aux deux Chambres, & même au Royaume. Il leur imposa, pour pénitence, d'abolir toutes les loix contraires aux intérêts des Papes. Les deux Chambres reçurent cette absolution à genoux.

Plus fidèle à ses propres intérêts qu'à sa foi, ce Parlement abrogea les loix contraires aux dogmes catholiques; mais il stipula expressément que les biens du Clergé ne lui seraient point rendus, & qu'ils appartiendraient à ceux qui les possédaient maintenant, sans qu'il fût permis de faire aucune recherche à ce sujet.

Intolérance.

Tous ces actes étaient de la faiblesse, de la flatterie, de l'avarice; mais il eut la cruauté de renouveller tous les bills qui permettaient de persécuter & de brûler les hérétiques : bills que le Parlement, tenu sous *Edouard VI*, avait sagement annullés.

L'indifférence sur le culte & sur le dogme est souvent dans les Chefs d'un Etat, une disposition favorable au bonheur de l'humanité; mais être à la fois indifférent & intolérant, c'est la plus exécrable & la plus lâche de toutes les hipocrisies.

Le Parlement nomma *Philippe*, Protecteur du Royaume, dans le cas où la Reine, en mourant, laisserait un enfant mineur.

Marie eût voulu faire davantage pour son époux; & son époux, ambitieux, eût acheté de tout l'or du Pérou, la Couronne d'Angleterre; mais les pensions, les présens, n'arrachèrent jamais à ce Parlement que ce qu'il voulut bien accorder : *Marie* ne le trouvant point assez complaisant, il fut encore dissout.

Il est rare que les premiers ordres d'une Nation se permettent des bassesses, sans qu'il résulte des crimes & des calamités publiques. A peine ce Parlement se fut ſoumis à la pénitence, que les perſécutions s'élevèrent contre les hérétiques. On en trouva tant qu'on voulut; on immola ſous ce nom, tous ceux dont on deſira ſe défaire; les bûchers couvrirent toute la face de ce Royaume.

Lorſque la conduite d'un Parlement a cauſé un grand ſcandale en Angleterre, on peut être aſſuré que le ſuivant ne lui reſſemblera pas; que le peuple, irrité, n'élira guères, pour Députés, que des hommes qui partagent ſon indignation, & qui ſont très-déterminés à ne pas fléchir; c'eſt le bien qui réſulte de la liberté de choiſir ſes Repréſentans & de la néceſſité d'en tenir ſouvent l'aſſemblée.

1555. C'eſt ce qui arriva quand *Marie* convoqua un nouveau Parlement; elle n'en put obtenir preſqu'aucun ſubſide, & fut obligée de le diſſoudre.

Un autre qu'elle tint trois ans après, ſe montra un peu plus complaiſant; mais le Peuple était las de ſon regne, quand une hidropiſie en délivra l'Angleterre.

DU PARLEMENT,

Sous la Reine Elisabeth.

Lorsque la Reine *Marie* expira, le Parlement était assemblé. Une Députation du Conseil l'informa du décès de la Reine, aussi-tôt les deux Chambres proclamerent *Elisabeth.*

Cette Princesse, traitée de Bâtarde, vivant dans une retraite profonde, loin de Londres, presque prisonnière, était d'autant plus aimée qu'elle était malheureuse, & qu'on appréhendait pour ses jours. La joye fut universelle.

Le parlement reconnait *Elisabeth* pour héritière legitime de la couronne.

Le Parlement la declara légitime héritière du trône, légalement descendue du sang Royal, conformément à l'ordre de succession établi par *Henri VIII. Elisabeth* dédaigna de faire déclarer valide le mariage de sa mère, & d'entrer dans des questions inutiles, délicates & toujours dangereuses à traiter.

Le parlement redevient protestant.

Le Parlement si zélé Catholique sous *Marie*, se trouva protestant tout-à-coup, tant il mettait d'indifférence aux dogmes. Il ordonna de supprimer les Monastères érigés depuis peu; il rendit à *Elisabeth* les dixmes & les annates, & le titre de chef de l'Eglise, auxquels Marie avait renoncé. Ce n'était pas la Nation qui changeait de culte, c'était le Monarque. Le Parlement y mettait moins d'importance, qu'à la volonté du Prince. Le Peuple était divisé en une multitude de sectes, qu'échauffaient des Prêtres fanatiques.

Elisabeth est chef de l'Eglise, & a tous les droits du pape.

Le Parlement donna à la Reine le pouvoir le plus étendu sur le culte & sur le dogme, & declara que tout homme qui refuserait de reconnaître la suprématie de la Reine, serait incapable de posséder aucun office. Elle jouit de tous les droits du Pape. Enfin la messe fut abolie, tout le système religieux fut changé, sans trouble, sans tumulte, sans réclamations, par la volonté d'une jeune femme, dont le titre à la Couronne passait pour douteux dans bien des esprits. Cette remarque est de *Hume*.

Elle refuse de se marier.

Les Communes lui accordèrent un subside considérable, & crurent la flatter en la priant en termes très-respecteux de choisir un mari : elle leur répondit qu'elle avait épousé le Royaume, que chaque

Anglais était son fils & qu'elle désirait qu'on ne mit sur sa tombe que ces mots : *Ci gît Elisabeth, qui vécut Reine, & qui mourut Vierge.*

Dans ses Discours & dans sa conduite *Elisabeth* affecta de se montrer affable & populaire, de flater & le Parlement & le Peuple. Elle eut soin de faire rendre la justice avec impartialité & d'administrer avec ordre & avec économie.

L'Angleterre avait été gouvernée avec tant de hauteur, de caprices, de dépenses, de désordre de tout genre depuis cinquante ans, que son administration parut parfaitement sage & que les Anglais conçurent pour elle l'amour le plus ardent, quoiqu'elle soutint sa prérogative royale avec tant de fierté, qu'une telle administration paraîtrait aujourd'hui tenir de la tyrannie. Dans un de ces débats où le Parlement pressait *Elisabeth* de prendre un époux, il lui remontra que l'*ordre fixe & inviolable de la succession établie en France, était la principale source de la tranquillité habituelle & du bonheur de ce Royaume.*

Remarquez bien qu'alors le Parlement

ment ne connaissait pas encore des affaires de l'Etat.

1571.

d'Angleterre, quoiqu'il eût déposé des Rois, jugé entre les contendans à la Couronne, donné la suprématie à la Reine, & changé plusieurs fois le culte & le dogme, ne se croyait pas en droit de gouverner l'Etat, de decider de la paix, de la guerre, des alliances, des négociations avec les Puissances étrangères, & qu'il ne se scandalisa point quand *Elisabeth* lui fit dire de ne se point mêler des affaires d'Etat.

Cependant les esprits s'élevaient & s'éclairaient chaque jour. Les querelles théologiques avaient produit le bien d'accoutumer à discuter, à soumettre à l'examen les matieres les plus graves, à ne plus s'en rapporter à la décision de ses Chefs.

Les germes de la liberté sont conservés par les Puritains.

La prérogative Royale fortifiée, augmentée de tout le pouvoir qu'on avait donné à *Elisabeth*, comme Chef suprême de l'Eglise, paraissait prête à tout envahir: & il y a de quoi frémir quand on réfléchit, avec *Hume* que les semences de la liberté ne furent conservées que par la seule secte des Puritains, dont les principes *paraissaient si frivoles, & les habitudes*

tudes ſi ridicules : ces ſectateurs n'acquirent même, dit-il, la majorité dans le Parlement, que parce qu'alors on regardait cette place plutôt comme un fardeau que comme un avantage.

Ce fut en effet le Puritain *Peter Wentworth*, qui, a l'ouverture du Parlement, en 1579, eut le courage de réclamer la liberté, & de ſe plaindre qu'on oſât dire en plein Parlement à ceux qui parlaient librement, que leurs diſcours déplairaient à la Reine : que c'était une moquerie d'appeller une Aſſemblée Parlement, & de lui refuſer le privilège le plus eſſentiel à ſon être : privilége ſans lequel il dégénérait en une vile école de diſſimulation & d'eſclavage : que les Rois n'étaient Rois que par la loi : que ſoumis à Dieu & à la loi, ils ne devaient pas prendre leur volonté pour règle. 1579.

Ce diſcours énergique, au lieu de relever le courage de la Chambre des Communes, ne lui cauſa que des allarmes. Elle témoigna à *Wentworth* une grande indignation de ſon audace : elle l'envoya en priſon & chargea un Comité de lui faire ſon procès.

Elisabeth, qui ne se souciait pas qu'on agitât de telles questions, & qui n'ignorait pas que les rigueurs de l'autorité les font toujours discuter avec plus de véhémence, lui rendit la liberté au bout d'un mois, le rétablit dans ses fonctions & le renvoya au Parlement. Mais elle fit dire au Parlement, qu'il n'avait pas la liberté de parler de tout, qu'il prît garde de ne pas abuser de sa clémence & de ne la pas changer en sévérité.

Elisabeth sacrifie Marie, Reine d'Ecosse, à sa jalousie

Lorsque par une rivalité de femme, elle eut résolu de faire périr *Marie* Reine d'Ecosse, veuve d'un Roi de France, aussi instruite qu'elle, douée de plus de beauté, de plus de sensibilité, de plus de graces, son héritière présomptive, son ennemie personnelle & sa prisonnière; elle trouva un Parlement assez soumis pour examiner la sentence portée contre cette Reine d'Ecosse, & pour la confirmer, sans mettre en doute s'il avait quelque droit sur une Reine etrangère.

Non seulement il confirma cette sentence portée par vingt-quatre Pairs; mais afin de mieux ressembler à ces Sénateurs qui priaient *Néron* d'être cruel, le Parlement ne rougit pas de prier *Elisabeth* de faire mourir cette Reine.

Elisabeth, qui ne cherchait qu'a rejetter sur lui la honte d'une atrocité qu'elle brûlait de commettre, le renvoya avec des paroles équivoques ; & le Parlement récidiva ses honteuses sollicitations, qu'*Elisabeth* feignit de rejetter une seconde fois. Mais les ordres étaient donnés, & la tête de *Marie* tomba sous la hache d'un Bourreau, lorsque le Parlement était encore assemblé.

Les grands talens d'*Elisabeth*, la gloire de son regne n'ont pu laver sa mémoire de la tache que ce meurtre lui imprima. Mais le Parlement & elle suivaient en tout une politique contraire à leurs intérêts. Le Parlement d'Angleterre, en condamnant à mort, ou en confirmant si facilement des sentences de mort, accoutumait ses Rois à verser du sang, a le regarder lui-même comme une Assemblée de vils Courtisans, toujours prêts à servir leur tyrannie; & la fiere *Elisabeth*, en livrant à l'examen du Parlement, l'Arrêt qui condamnait une tête couronnée, ne fesait qu'affaiblir le respect pour les Rois, chez un Peuple qui n'était pas trop enclin à les reſpecter, & qui déja en avait dépoſé pluſieurs.

Cette mort, dont toutes les relations arrachent des larmes, & rempliſſent le cœur d'indignation, eſt peut-être ce qui a le plus alimenté la haine que les Ecoſſais portèrent ſi long-temps aux Anglais.

Eh! quel jeune homme né en Ecoſſe, peut lire cette hiſtoire, ſans éprouver un pareil ſentiment!

Son faible fils, qui régnait alors ſur les Ecoſſais, ne put venger ſa mère, & la France troublée par des guerres civiles & religieuſes, ne put faire reſpecter la veuve d'un de ſes Rois. Elle ſe borna à de vaines ſollicitations qu'elle ne ſoutint pas.

Les bons eſprits s'éloignent du Parlement.

Cet acte d'une dureté effrayante, les victoires remportées par les flottes d'*Eliſabeth*, ſes talens, ſa fierté épouvantaient tous les eſprits, & ne les ſoumettaient pas. Elle convoquait des Parlemens, mais elle avait dégoûté par ſes rigueurs les gens de bien, de briguer des places dans la Chambre des Communes. Les hommes d'un caractère doux, modéré,

& propres à concilier les esprits, sont malheureusement ceux qui se rebutent le plus facilement : ils se retirent des affaires, & ils en abandonnent la conduite aux esprits ambitieux & passionnés, qui ne consultent que leurs intérêts. Ce furent donc les hommes les plus fanatiques, qui briguèrent, & qui obtinrent des places dans le Parlement. *Elisabeth* leur défendit en vain de se mêler des affaires de l'Etat & de celles de la Religion ; ils s'en mêlèrent : elle en fit emprisonner quelques-uns : on demanda leur délivrance ; elle la refusa. Elle fit arrêter dans la Chambre même des Communes, par un Sergent d'armes, le Procureur-Général de la Cour des pupilles, appellé *Morrice* ; le dépouilla de tous ses emplois, & le fit mettre en prison au Château de Tilbury, uniquement parce qu'il avait demandé la réforme de quelques abus. C'était agir avec un despotisme, que des Rois plus absolus ne se permettent pas pour des causes aussi légères.

Dans le dernier Parlement que tint *Elisabeth*, la Chambre des Communes se plaignit avec chaleur d'un des plus 1601.

étranges abus, dont l'histoire fasse mention, & contre lequel cette Chambre s'était déjà elevée.

Monopoles. *Elisabeth* manquait souvent d'argent, malgré les dixmes & les biens des Eglises qu'on lui avait cédés. Elle imagina de récompenser ses Capitaines, en donnant à chacun d'eux le privilége exclusif de vendre une sorte de marchandise. Chacun eut son privilége, chacun le revendit à des compagnies de Marchands, qui abusaient cruellement de la nécessité où ils réduisaient le Peuple de s'adresser à eux. Plusieurs Courtisans obtinrent de semblables priviléges.

On lut dans la Chambre des Communes, la liste de tous ces monopoles si contraires à l'esprit du commerce : quelqu'un demanda si le pain n'y était pas compris. Cette remarque échauffa les esprits : aussi-tôt la Chambre passa un bill pour demander la suppression de ces privilèges. Les Courtisans voulurent les défendre, comme appartenant à la prérogative royale.

Elisabeth, toujours habile, eut l'art de prévenir la tempête qui s'élevait, en promettant de ſupprimer ces priviléges, au moment où on s'attendait qu'elle les maintiendrait avec ſa fermeté ordinaire, & où l'on ſe préparait à lui réſiſter avec le plus de force. Cette condeſcendance inattendue produiſit des tranſports de joie, de reconnaiſſance & d'amour : ils eurent l'imprudence de lui accorder des ſubſides, avant même qu'elle eût ſupprimé ces monopoles.

Les Anglais, ſous ce règne ſi juſtement vanté à tant d'autres égards, les Anglais bien loin d'être libres, paſſaient leurs jours expoſés a la fureur de trois Tribunaux terribles, & dont le pouvoir était illimité. Tribunaux ennemis des loix & de la liberté.

Le premier était la Chambre étoilée : Tribunal compoſé de quelques Membres du Conſeil-privé, & de pluſieurs Juges ou gens de loi, qui tous ne poſſédans leurs charges que *ſous le bon plaiſir du Roi*, devenaient les inſtrumens arbitraires de ſes caprices. L'autorité de cette Chambre s'étendait ſur toute ſorte de délits, & elle pouvait punir arbitrairement par des amendes, par des empriſonnemens, ou par des punitions corporelles : La Chambre etoilée.

Hume, apres la mort d'Elisabeth.

quand le Roi y assistait, il était le seul Juge.. Il suffisait d'un tel Tribunal, dit *Hume*, dans un Gouvernement, pour y détruire toutes les loix & tous les moyens de liberté. Il est douteux qu'il y ait, ajoute-t-il, dans les Monarchies les plus absolues de l'Europe, un Tribunal plus illégal & plus despotique.

La haute Commission

La Cour de la haute Commission était un Tribunal assez semblable à l'Inquisition; comme elle, son objet était de sévir contre les Hérétiques, & comme elle, elle suivait des formes qui contrariaient les loix. Le crime d'Hérésie étant indéfinissable, peut s'appliquer à tout: on en fit un tel usage, qu'on emprisonna, on déposa, on dépouilla de ses biens, sous ce prétexte, le tiers des Ecclésiastiques d'Angleterre. Personne n'était à l'abri des atteintes d'un tel Tribunal.

La Cour Martiale

Enfin, il y avait une Cour martiale, & tout était soumis au pouvoir militaire; on n'avait besoin ni de formes ni de loix pour être puni, même de mort: plusieurs Rois, & même *Elisabeth*, firent juger des particuliers par cette Cour, dans des temps & dans des lieux où il n'y avait point de sédition.

La Chambre étoilée, la haute Commission, & la Cour martiale, Tribunaux arbitraires, suivaient au moins quelques règles : mais il suffisait alors de l'ordre d'un Secrétaire d'Etat, ou d'un Membre du Conseil, pour emprisonner un homme.

Toutes les prisons étaient remplies de gens arrêtés sur de pareils ordres.

En rapportant ces faits, je suis toujours *Hume*, parce qu'il est le moins partial des Historiens Anglais, & le moins opposé à la prérogative royale.

Les Rois d'Angleterre ne pouvant pas mettre des impôts sans l'aveu du Parlement, imaginèrent de tirer de l'argent de leurs Peuples sous d'autres noms. Ils mirent des taxes qu'ils appellèrent *emprunts*, *bonne volonté*, *priviléges* ; & ils usèrent, tant qu'ils le purent, de l'antique droit de prendre des chevaux, des voitures, des meubles, des vivres, du bois, sans payer ceux auxquels ils les enlevaient ; ce droit qu'ils appellaient de pourvoir ou de pourvoyance, avait été ôté aux Rois par la grande Chartre & par plusieurs autres ; mais ils avaient

Taxes arbitraires.

toujours continué à s'en servir, quand ils avaient été plus pressés par le besoin d'argent, que contenus par la crainte du Peuple.

On n'était pas, à beaucoup près, aussi malheureux en France. On n'y connaissait ni la haute Commission, ni la Cour martiale ; les Parlemens n'agissaient pas avec autant d'arbitraire que la Chambre étoilée.

Quand les Rois se permettaient des violences, ils usaient de leur force, & non pas de leur droit. *Hume* ne compare le Gouvernement anglais qu'a celui des Turcs ; & il avoue que s'il eût duré, l'Angleterre serait devenue semblable à *Maroc*.

L'Angleterre fleurit cependant sous *Elisabeth* : la Turquie fut aussi florissante sous plusieurs Sultans. La prospérité d'un tel Gouvernement appartient absolument à l'habileté du maître, & elle passe avec lui. Elle est souvent destructive de la liberté. Si le Successeur d'*Elisabeth* avait eu d'aussi grands talens, la liberté eût été perdue pour plusieurs siècles, si elle ne l'eût pas été sans retour.

DU PARLEMENT D'ANGLETERRE.

LIVRE II.

Le Parlement porte plusieurs loix qui assurent la liberté, & la Nation la perd par le complot de quelques hypocrites.

DU PARLEMENT.

Sous Jacques I.

JACQUES, déjà Roi d'Ecosse, succéda à *Elisabeth*, sa parente ; il devint sans obstacle le Roi de ce peuple, chez lequel sa mère, après une captivité de vingt ans, avait péri sur l'échaffaud par un jugement inique.

Le fils de *Marie* succède à *Elisabeth.*

Roi d'Ecosse dès son enfance, âgé de quarante ans, instruit dans cette fausse érudition, qui enseigne à disputer sur des choses inintelligibles, qui apprend à étouffer son jugement pour le soumettre à l'opinion d'autrui, qui rend l'esprit étroit & inflexible, il ne s'était illustré par aucune action d'éclat. Trompé par ses flatteurs, par ses Theologiens, par

Despoté par principe, & faible par caractère, il indispose tous les esprits.

ſa vanité, par ſa faibleſſe même, il crut que la toute puiſſance était attachée au titre de Roi.

La harangue qu'il fit au premier Parlement qu'il tint, jetta l'alarme dans toutes les ſectes. Sans être tolérant, il y montrait quelque affection pour la Religion catholique, que toutes les autres regardaient comme leur ennemie; & il y témoignait quelqu'éloignement pour celle des Puritains, la plus active & la plus fanatique de toutes les ſectes. Elle dominait depuis quelque temps dans la Chambre des Communes.

Les deux Chambres, à ce diſcours du Roi, preſſentirent ſa faibleſſe & ſon embarras; elles conçurent que ſa main n'était pas aſſez forte pour tenir les rênes par leſquelles *Eliſabeth* les avait maîtriſés.

La Chambre des Communes prend de la force.

Celle des Communes, tenue juſqu'alors dans une ſorte de dépendance & par les Rois & par les Lords, s'anima d'un nou-
1604. veau courage. Elle réclama ſes droits: par exemple, le Chancelier s'était arrogé le droit de faire élire de nouveaux Députés à la place de ceux qui lui déplaiſaient: il ſuffiſait qu'il allegât un prétexte.

Ce Parlement ne le souffrit plus : les Communes cassèrent les décrets du Chancelier, rétablirent les Députés qu'il voulait déplacer, & maintinrent que nul Député ne pourrait être renvoyé, sans un décret de la Chambre.

Ce fut le premier pas vers la liberté : nous ne les marquerons pas tous. Nous observerons que peu de Rois ont été plus mal adroits que *Jacques I.* Il se conduisit avec tant d'imprudence, qu'en favorisant les Catholiques, si mal traités & si méprisés par *Elisabeth*, les Catholiques conspirèrent contre lui ; & qu'ils imaginèrent de le faire périr lui & tout le Parlement, en plaçant quelques barils de poudre à canon sous la salle où il devait s'assembler.

N'aimant pas à se montrer en public, n'étant pas affable, caressant, populaire comme *Elisabeth*, il ne se fit point aimer de la multitude. Il forma le projet très-sage de réunir à jamais l'Ecosse & l'Angleterre ; il prit le premier le titre de Roi de la Grande-Bretagne, & il ne put vaincre l'aversion que les habitans de ces deux Royaumes avaient pour cette réunion.

Il forme en vain le sage projet de réunir l'Ecosse & l'Angleterre.

Jacques veut établir quelque similitude entre le pouvoir du Roi & le pouvoir de Dieu

Toujours échouant dans ses projets, par la faiblesse de son caractère, il eut la maladresse d'établir, dans ses discours au Parlement, & dans quelques livres qu'il composa, des principes de despotisme, qu'il était incapable de soutenir dans sa conduite. Il alla jusqu'à dire aux deux Chambres assemblées au Palais de Witehal, « que la prérogative des » Rois ressemblait à la Puissance Divine; » qu'à l'exemple de Dieu, qui pouvait » à son gré créer ou anéantir, les Rois » pouvaient donner la mort, ou accor- » der la vie; qu'ils avaient le droit de » juger chacun & tous, sans être jamais » jugés par aucun ».

Smolett, Liv VI, ch I, ann. 1610.

Discutant ainsi son autorité, il engagea le Peuple à la discuter; & comme ces préjugés de la toute puissance d'un homme ne sont fondés que sur des idées mal éclaircies, ils perdirent tous leurs poids dans l'opinion publique. Il eût mieux fait d'imiter tant d'autres Souverains, qui, plus maîtres que lui, adoucissent leur puissance, par la générosité de leurs discours, & qui, dans toutes les discussions, n'en appellent qu'à l'usage, à la nécessité de maintenir l'ordre établi, au danger de changer les antiques habitudes, aux malheurs qui suivent inévitablement les révolutions.

Le Parlement se plaignit du pouvoir de la haute Commission; il nia que les proclamations & les édits du Monarque dussent avoir l'autorité des loix. Il demanda que personne ne fût forcé de prêter de l'argent au Roi; il prétendit qu'il avait le droit de s'occuper de tous les objets qui pouvaient intéresser les habitans du Royaume : il fut dissout. Un autre exigea qu'on lui rendît compte de l'emploi de l'argent que le Roi avait dépensé. Le Roi se hâta de le dissoudre, & même il envoya quelques Membres en prison. Ces rigueurs ne firent que mieux sentir la nécessité d'être libre.

Le parlement nie que les Edits des Rois soient aussi puissans que les loix.

Smolett 1610.

1614

Malgré ces dispositions & le génie naturellement altier des Anglais, *Hume* est enclin à penser que sans le fanatisme qui renversa le trône, jamais le peuple n'eût brisé les fers dont les Princes de la maison du *Tudor* avaient enchaîné sa liberté.

Naiſſance du parti de l'oppoſition 1621.

Le Parlement de 1621 eſt célébre & doit l'être, pour avoir été le premier qui ſe ſoit diviſé en deux partis : l'un pour ſoutenir l'autorité des Rois, & l'autre pour lui réſiſter.

Droit de naiſſance.

Les querelles s'échauffant, *Jacques* eut l'imprudence de faire dire aux Communes, « qu'il avait le droit de punir » les fautes commiſes pendant la ceſſion » du Parlement, & qu'il punirait tout » homme dont l'inſolence l'offenſerait ». Les Communes lui répartirent très-reſpectueuſement, « qu'elles tenaient de leurs » ancêtres le droit de parler avec li- » berté, & de réprimander leurs propres » Membres ». *Jacques*, plus imprudemment encore, leur dit, « qu'ils ne tenaient » leurs priviléges que de la condeſcen- » dance des Rois, ſes prédéceſſeurs ». Les Communes lui répartirent, toujours avec reſpect, « que les libertés, fran- » chiſes, priviléges, & Juriſdictions du » Parlement, étaient l'antique & le non » conteſtable droit de naiſſance & l'hé- » ritage de tout Anglais ». Ces termes de *droit de naiſſance & d'héritage* étaient employés exprès, parce qu'ils étaient les termes

termes consacrés dont le Roi se servait pour exprimer ses droits à la Couronne, c'était *son droit de naissance*, *son héritage*. L'expression des Communes était donc parfaitement juste, parfaitement noble, parfaitement adaptée à la circonstance, & entièrement décisive.

Jacques, dans sa fureur, se fit apporter le Journal de la Chambre des Communes, & déchira de sa main, en plein Conseil, le feuillet où l'on avait inscrit ce passage. Mais ce passage, cette expression concise & juste, était déjà gravé dans tous les cœurs, il fut bientôt transcrit dans tous les livres, & répété par toutes les bouches.

Le Roi se hâta encore de dissoudre par une proclamation ce Parlement altier. Il fit emprisonner *Cook*, *Philips*, *Selden*, *Pym*, & *Mallery*, qui avaient montré le plus de liberté dans la Chambre des Communes.

Les principes de la liberté, le droit du peuple, avoué du Parlement, se trouvèrent dès-lors tout établis, & il n'y avait pas eu à cet égard dans tout le Royaume, une seule émeute, une seule épée tirée.

La force de la discussion, l'évidence du principe, le généreux desir de la liberté, avaient seuls produit cette révolution.

Le Roi trouve bon que le parlement se mele de toutes les affaires

1624.

Le Roi fut obligé, trois ans après, de convoquer un nouveau Parlement; mais, au lieu de soutenir avec hauteur sa prérogative, comme il avait fait jusqu'alors, il permit que le Parlement prît connaissance de toutes les affaires. Son fils, *Charles*, & son Ministre, le fameux *Buckingham*, rendirent compte au Parlement, du voyage qu'ils avaient fait à Madrid, des raisons, feintes ou véritables, qui avaient retardé le mariage du Prince avec l'Infante d'Espagne. Les Chambres demandèrent la rupture de ce mariage, qui leur paraissait propre à multiplier en Angleterre les Catholiques, que les Puritains voulaient en bannir. *Jacques* leur demanda, si elles lui donneraient des subsides assez considérables, pour soutenir la guerre que cette rupture occasionnerait? Elles lui en promirent.

Le Roi don.

Le Roi, afin d'obtenir une plus grande

somme, & afin de n'être pas soupçonné d'en employer une partie à son usage, proposa lui-même que le Parlement formât un comité de ses propres Membres, que ce comité fit la recette, & qu'il eût la garde & le maniement de ces subsides. Les Communes acceptèrent avec joie cette concession, sans exemple de la part d'un Roi d'Angleterre. Ce fut encore un grand pas vers la liberté.

ne à un Comité du Parlement la recette, la garde, & le maniement des subsides.

Le Parlement & le Roi, n'étant plus divisés, les Communes eurent la sagesse & l'habileté de mettre à profit la bonne volonté du Monarque, pour passer une loi contre le monopole, & contre tous ces priviléges exclusifs, destructeurs du commerce. Tout monopole fut défendu comme contraire *aux loix & à la liberté reconnue du Peuple*. Des-lors, dit *Hume*, s'établit ce principe, « *que tout Anglais » avait le droit de disposer de ses propres » actions, pourvu qu'il ne fit injure à » aucun autre, & que ni la prérogative » du Roi, ni l'autorité d'aucun Magis- » trat, ne pouvait réprimer cette liberté » illimitée ; que la loi seule pouvait la restreindre* ».

Loi en faveur de la liberté.

Il eſt doux de remarquer que tous ces droits s'acquéraient ſans troubles, ſans ſéditions, par de ſimples débats parlementaires, & que le Peuple avait paſſé de l'oppreſſion à la liberté, en vingt années.

Les Romains avaient auſſi acquis leur liberté ſans combats, ſans verſer leur ſang dans des guerres civiles, uniquement par leurs débats dans les comices. Ce fut quand ils la perdirent, que s'élevèrent ces guerres terribles, qui enſanglantèrent tout l'Empire.

S'il n'eût été queſtion que des droits de l'humanité, de la liberté du Peuple, il eſt vraiſemblable que l'Angleterre n'aurait pas tiré le glaive, & que les Rois & les Miniſtres, qui ſeuls alors s'oppoſaient à la liberté naiſſante, auraient été forcés de céder inſenſiblement à la volonté juſte & ſage d'un Parlement, toujours ferme dans ſes principes, & toujours conſtant dans ſes projets.

Mais le fanatiſme des Puritains n'avait fait retentir, dans tous les cœurs, le nom de liberté, que pour tout écraſer quand il aurait enchaîné les Rois.

DU PARLEMENT,

Sous le Règne de Charles I.

La guerre venait d'être déclarée à l'Espagne, & *Charles* venait d'épouser *Henriette*, sœur de *Louis XIII*, quand il tint son premier Parlement.

La guerre l'obligeait à demander des subsides; son mariage, à montrer un peu de faveur aux Catholiques.

PREMIER PARLEMENT.

Son Ministre, *Buckingham*, venait de rompre avec les Puritains, qu'il avait flatés lorsqu'il craignait une disgrace sous le dernier règne.

Noms des Chefs de ce Parlemens.

Hunte a pris le soin de conserver à la postérité, les noms des conducteurs de la Chambre des Communes. *Edouard Coke*, *Edvin Sandys*, *François Seymour*, *Dudley Digges*, *Jean Elliot*, *Thomas Wentworth*, *Robert Philips*, *Selden*, *Pym*, hommes qui joignaient une grande capacité à un grand caractère; hommes éprouvés par les contestations politiques & les discussions théologiques; accoutumés à braver la haine du ministère & les persécutions religieuses; brûlans du désir d'être comptés au rang des Patriotes, & placés au nombre des martyrs.

Les trois derniers avaient été emprisonnés sous le règne précédent, pour avoir résisté dans la Chambre des Communes aux volontés de *Jacques I.*

Ces hommes, deja éprouvés, résolurent de suivre le plan adopté dans les autres Parlemens, & de ne rien accorder au Roi, sans en obtenir de nouvelles concessions.

Le Roi, pressé par la guerre, ne pouvait rien leur refuser. Ses bontés pour les Catholiques, la haine des Puritains pour *Buckingham*, mettaient toute la Nation dans le parti du Parlement; l'Angleterre, unie maintenant à l'Ecosse, formait un Royaume isolé, que la mer garantissait de toute invasion : jamais les circonstances n'avaient été si favorables.

Charles fut obligé de proroger ce Parlement; il le rassembla à Oxford, ne le trouva pas plus docile, & il en
1625. vint au triste expédient de le dissoudre,

SECOND PARLEMENT.

Preſſé par le beſoin d'argent, le Roi en convoqua un autre; mais voulant empêcher qu'on n'élût encore pour Députés, *Edouard Coke*, *Robert Philips*, *Thomas Wentworth*, & *François Seymour*, les quatre principaux conducteurs de la dernière Chambre des Communes, il les nomma Sheriffs de divers Comtés.

Les Communes accuſent *Buckingham*.

Aſſez d'autres Patriotes étaient animés du même eſprit, & ce ſecond Parlement adopta les principes du premier; il força le Roi à ſouffrir que la Chambre des Communes accuſât *Buckingham*, qu'il aimait, & qui gouvernait ſous lui.

La Chambre des Communes ayant le droit d'accuſer les Miniſtres, de donner ou de refuſer les ſubſides; de s'occuper de toutes les affaires; acquérait un tel poids dans la balance politique, qu'elle commençait à entraîner la puiſſance royale.

Le Roi & ſes Miniſtres, ou ne s'en appercevaient point, ou feignaient de ne s'en point appercevoir; ils affectaient de mépriſer les Communes, & leurs mépris affectés pour cette Chambre, ne servaient qu'à l'irriter encore.

Il semble à des Lecteurs Français qu'il restât au Roi la ressource de diviser les deux Chambres, & de se servir de celle des Lords pour arrêter, décourager, humilier & rendre nulle la volonté des Communes.

Mais la Noblesse Anglaise n'est pas vaine, elle est fière; elle ne se croyait pas paîtrie d'un autre limon que les Communes. Si elle prétendait a quelque supériorité, c'était a celle de la sagesse & de la modération. Si les Pairs siégeaient dans une Chambre, leurs frères, leurs cousins, leurs fils mêmes siégeaient souvent dans l'autre, mêlés fraternellement avec les plus simples députés, & aux mêmes titres qu'eux, au titre de représentans des Bourgs & des Comtés : ils fesaient cause commune avec eux.

La Chambre des Lords, en voyant celle des Communes appeller la Nation à la liberté, prendre sous sa protection, la vie, la liberté, la propriété de chacun, grands ou petits; affirmer aux Rois & aux Ministres, que tout Anglais en jouissait *par droit de naissance*, ne pouvait mettre dans la balance de petits intérêts de vanité, & renoncer à des biens véritables pour de pareilles distinctions.

Cette Chambre, dont la position était assez difficile, tint, dans ces circonstances délicates, une conduite d'autant plus sage, que l'histoire en parle peu. Elle se ménageait auprès des Rois, & laissait les Communes défendre avec chaleur les intérêts publics.

Elle souffrit constamment que les Communes rejettassent les changemens qu'elle fesait aux bills qu'elles proposaient, & elle se joignit aux Communes presque toutes les fois qu'elle en fut requise.

Le Parlement réclame ceux de ses Membres que le Roi a fait arrêter.

Par exemple, le Roi fait arrêter *Jean Elliot* & *Dudley Digges*, qui avaient paru les plus emportés contre *Buckingham*; les Communes déclarèrent que ces deux membres n'avaient point, en parlant, excédé leurs pouvoirs; & elles les reclamèrent, non comme une grace, mais comme un droit. La Chambre haute se joignit à elle, & réclama le Comte *d'Arundel*, arrêté par la même raison. Le

Roi rendit les prisonniers, & déclara que le Parlement était dissout.

Le Roi dissout le Parlement, & veut avoir de l'argent sans son aveu.

Cette dissolution, dont le Parlement se plaignit, ne lui donnant pas d'argent, il voulut en avoir par des taxes deguisées sous le nom d'emprunts. Il en reçut très-peu des Nobles; & la ville de Londres, à laquelle il demanda cent mille livres (Pounds), le refusa éntierement. D'autres tentatives aussi inutiles furent faites pour en obtenir. Des Prédicateurs furent même employés à prêcher la soumission au Roi, & la nécessité de lui donner de l'argent.

Etranges propos de quelque, Prédicateurs.

Un de ces Prédicateurs appellé *Sibthorp*, eut l'imbécillité de dire en chaire: « *que tout sujet qui n'obéissait pas à son* » *Roi, méritait d'être puni, quand même* » *son Roi lui aurait ordonné des choses* » *contraires aux loix de Dieu, de la Na-* » *ture, ou de la Nation* ».

Un autre appellé *Manwaring* prêcha: « *que le Roi n'était pas obligé d'obéir aux* » *loix, mais que tous ses sujets étaient* » *tenus de lui obéir, sans aucune réserve,* » *sous peine d'être damnés éternellement* ». Une puissance réduite à des tels argumens, était néceſſairement une puiſſance perdue.

Plus le Parlement conteſtait l'autorité du Roi, plus le Roi & les Miniſtres s'égaraient en vaines démarches, dont tout l'effet était de produire du mécontentement, du ridicule & des diſcuſſions, qui toutes tournaient à l'avantage de la liberté.

Cinq Gentilhommes empriſonnés pour avoir refuſé de prêter de l'argent au Roi, eurent le bon eſprit de faire un procès contre ceux qui les avaient arrêtés, & de ſoutenir qu'ils avaient le droit d'être libres: qu'on n'avait ſtipulé aucun crime dans l'ordre de les arrêter: que par conſéquent nul n'avait le droit de les tenir en priſon. Ce procès s'inſtruiſit à la Cour du Banc du Roi.

Cinq Gentilshommes plaident contre le Roi, qui les avait fait empriſonner.

On examina ſi un ordre du Roi ou des Conſeils ſuffiſait pour qu'un homme fut empriſonné, lorſqu'on ne pouvait ſpécifier contre lui aucuns délits. Il fut prouvé par la grande Chartre, & par ſix autres, qu'aucun homme libre ne pouvait être privé de ſa liberté que par un jugement de ſes Pairs ou par une loi expreſſe.

La loi était formelle, mais il était si évident que malgré la loi, les Rois avaient toujours joui du droit d'emprisonner qui bon leur semblait, que les Juges renvoyèrent ces cinq Gentilshommes en prison, sans vouloir décider entr'eux & le Roi. Mais si les Juges tergiversaient, la Nation, attentive à cette affaire, l'avait déja jugée.

Il n'est pas surprenant que la Loi, les Juges, & la Nation prononçassent en faveur de ces cinq Gentilshommes : mais il l'est beaucoup qu'on ait trouvé un tribunal, où l'on ait pu intenter un tel procès. La Nation touchait déja à la liberté.

Un autre événement aigrit encore les esprits. Une loi sage défendait de loger des troupes par étape chez des particuliers : & ordonnait de ne les placer que dans les auberges & autres maisons publiques. Cette loi était aussi négligée, & on ne manqua pas de loger des troupes, revenues d'une expédition malheureuse en Espagne, chez ceux qui avaient refusé de prêter de l'argent au Roi.

Logement des gens de guerre.

Les vexations se multipliaient, & produisaient fort peu : une guerre avec la France, que *Charles* entreprit inconsidérément, augmenta ses embarras, & l'obligea à convoquer un troisième Parlement.

TROISIEME PARLEMENT.

Le Peuple eut soin de nommer pour ses représentans des hommes éprouvés, du caractère le plus ferme, de l'éloquence la plus mâle, formés aux affaires, instruits par l'étude, échauffés par la lecture des Orateurs de l'antiquité, par les grands exemples de dévouement à la Patrie qu'on trouve dans l'Histoire Grecque & Romaine. Ce qui prouve que ces qualités n'étaient point rares alors, c'est qu'ils étaient tous riches: & qu'on remarqua avec étonnement que les membres de cette Chambre des Communes possédaient trois fois plus de biens que les membres de la Chambre haute. Ainsi, sous tous les aspects, la Chambre des Communes était respectable. Elle adopta les principes des deux derniers Parlemens.

1628. Caractère & richesses des Membres de la Chambre des Communes.

Ces quatre conducteurs que le Roi avait écartés du dernier, *Edouard Coke*, *François Seymour*, *Robert Philips*, *Thomas Wentworth*, reparurent dans celui-ci, & y tinrent des discours dignes de l'antiquité.

Ces hommes déjà distingués par leur conduite dans plusieurs Parlemens, joignaient alors à leurs talens naturels, une expérience que la fréquence seule des assemblées avait pu leur donner, & qui les fesait regarder par toute la Nation, comme les dignes défenseurs de la liberté.

Loix contre les emprisonnemens arbitraires & les emprunts forcés.

Quoiqu'il y eût toujours dans les deux Chambres le parti du Roi, elles prirent une résolution unanime pour interdire les emprisonnemens arbitraires, & les emprunts forcés.

Afin d'éviter toute équivoque, elles spécifièrent, *que personne ne serait à l'avenir arrêté sans une cause connue, & que tout prisonnier, fut-il arrêté par ordre du Roi*, jouirait du privilége de *l'habeas corpus*, c'est-à-dire, de sa liberté, en donnant une caution en argent: il n'y eut d'exception que pour ceux qui seraient accusés de crimes qui méritent une peine capitale. Elles spécifièrent encore, que, comme tout homme avait la propriété entière & absolue de ses biens, nulle taxe ne pourrait être imposée à personne, sous quelque dénomination que ce fût, par aucune autre autorité que celle du Parlement.

Ces loix ſages n'etant l'effet ni de la révolte, ni d'une mauvaiſe volonté ; les Communes accordèrent au Roi des ſubſides beaucoup plus conſidérables, qu'il ne l'eſpérait lui-même.

Mais elles ne voulurent pas établir ces ſubſides, que le Roi n'eût revêtu d'une forme légale, par ſon conſentement, les loix qu'elles requéraient.

Elles donnèrent à leur demande le nom de *pétition de droit*, afin qu'on ne les taxât pas de nouveauté, parce qu'en requérant la poſſeſſion de leur liberté perſonnelle & de leur propriété, elles ne demandaient rien de nouveau. C'était ce que les anciennes Chartres leur accordaient, ce qu'elles appellaient *leur droit de naiſſance*, ce qu'on appelle ailleurs les *droits de l'homme*, parce qu'ils ſont antérieurs à toute ſocieté, & que les corps politiques qu'on appelle *Etats*, n'ont eté établis que pour les maintenir & non pour les abroger. Petition de droit.

Le Roi ne voulut point faire une loi de cette *pétition de droit* : il promit de l'obſerver, il atteſta que jamais ni lui, ni ſes Miniſtres, ne feraient empriſonner perſonne, ni n'emprunteraient à quelqu'un malgré lui : il aſſura qu'on pouvait ſe fier à ſa parole.

Les Communes répondirent qu'elles ne ſe méfiaient point du Roi, mais qu'elles ne pouvaient prendre confiance qu'en des actes revêtus des formes parlementaires.

La Chambre haute, toujours ſage, appuyait auprès des Communes les demandes du Roi, propoſait des plans d'accommodement, & ne ſe choquait jamais de les voir rejettés par les Communes.

La modération de la Chambre haute, paraît plus admirable encore, que la fermeté des Communes.

L'aſtuce italienne, l'orgueil allemand ou la vanité françaiſe auraient brouillé toute la conſtitution : la fierté flegmatique des Anglais, la ſauva & la perfectionna.

La pétition de droit fut dreſſée comme les Communes le voulaient; ils l'envoyèrent à la Chambre haute ; les Lords l'approuvèrent. Le Roi vint au Parlement, où, ſelon l'uſage, elle lui fut lue; il ne l'approuva, ni ne la rejetta, ſuivant l'uſage; il eſſaya de lui donner un conſentement motivé, propre à en affaiblir l'effet.

Alors les Communes reprirent l'accuſation portée contre *Buckingham* : le Roi, pour ſauver ce Miniſtre, qu'il aimait, revint au Parlement, & donna à *la pétition*, la forme de loi, dansla forme accoutumée : la Chambre retentit d'acclamations.

Peu de jours après, le Roi prorogea le Parlement. Juſqu'alors tout était bien : la Nation avait acquis, par des actes conſentis du Roi, toute la liberté qu'elle pouvait deſirer, perſonne n'y pouvait plus être opprimé : il ne s'agiſſait plus que de maintenir l'exécution de la loi; on pouvait s'en repoſer ſur l'interêt de tous, & ſur la vigilance du Parlement.

La Nation était libre & elle n'avait pas tiré l'épée : il n'y avait pas eu une émeute : le Peuple, le Parlement, le Roi, euſſent tous montré plus de ſageſſe que la nature humaine n'en comporte, ſi le Parlement eut été ſatisfait d'avoir obtenu ce grand avantage, & si le Roi, au lieu de s'en trouver humilié, eut mis sa gloire à être le seul Roi qui règnât sur un peuple, par des Loix protectrices de la liberte publique & individuelle.

Le fanatisme nuit à la cause de la liberté.

Malheureusement alors de si grands intérêts étaient mêlés à des opinions ridicules; les esprits s'enivraient de disputes théologiques, qui rendent l'esprit faux & le cœur dur. On bravait le martyre, mais on persécutait. On mettait en précepte la morale la plus austère, mais on se livrait à la haîne, au mensonge, à la fourberie; on calomniait & on assassinait ses adversaires en invoquant Dieu, & en ayant toujours à la bouche & son nom & celui du *Christ* & celui du *S. Esprit*, par qui ces fanatiques se vantaient d'être inspirés.

Buckingham fut assassiné par le fanatique *Felton*, qui disait ne l'avoir tué que par excès de piété.

Dans ce désordre d'imagination, le Parlement fit la faute de regler la croyance en Theologien, au lieu de tolérer toutes les opinions en homme d'Etat. Il voulut proscrire les Jésuites & les Arminiens, au lieu de les dédaigner. Il n'était pas encore assez instruit pour savoir que le dédain est l'arme qui tue toutes les querelles ecclésiastiques. Ce Parlement fut encore dissout. Mars 1629.

Olivier Cromwel prit place dans ce Parlement; mais il était alors un jeune homme sans considération.

Quelques membres du parlement sont emprisonnés.

Le Roi fit la faute d'envoyer quelques membres de ce Parlement en prison, ce qui était violer formellement la loi.

Il eut l'imprudence de faire citer *Jean Elliot*, *Hollis & Valentin*, au Tribunal du banc du Roi.

Ils refusèrent de comparaître devant ce Tribunal, inférieur à celui dont ils étaient. Ils furent condamnés à demeurer en prison jusqu'à ce qu'ils eussent payé des amendes : ils refusèrent de les payer. *Elliot*, qui mourut dans la prison, fut regardé comme le martyr des loix, & de la liberté.

Charles I n'était pourtant pas un tyran; il soutenait sa prérogative : mais il eut desiré de la soutenir sans violence; homme de bien, mari tendre, ami zélé, il possédait toutes les vertus qui peuvent faire aimer un particulier : & quoiqu'il eût eu l'imprudence de faire mettre en prison quelques chefs de parti, qu'il n'y pouvait garder long-temps, il ne se serait jamais permis les fourberies, les mensonges, les violences mêmes que les chefs des partis & des sectes se permettaient au nom de Dieu & de la liberté.

Thomas Wentworth abandonne le parti des fanatiques & du parlement. Il devient Comte de Strafford.

Thomas Wentworth avait sans doute agi par un pur zèle pour la liberté, quand il en avait défendu les intérêts dans le Parlement avec tant de chaleur. Il voulait que le Peuple fût libre; mais il ne voulait pas qu'abusé par un vain nom, il fût le jouet & l'esclave de quelques démagogues hypocrites, qui parlant un jargon mystique, citant sans cesse l'ancien & le nouveau testament, ne cherchaient qu'à renverser la Monarchie pour faire triompher leur parti. Ce fut dans le dernier Parlement qu'il apprit à connaître ces hommes dangereux. Les manières ridicules des Puritains le révoltèrent & le déterminèrent à changer de parti.

Des lors il s'attacha au Roi, & vraisemblablement, cet homme, d'une vertu sévère, d'une fortune considérable, à qui

Hume donne le nom de grand, ne changea point par de vains intérêts. Il crut certainement qu'il servirait mieux la liberté en suivant un Prince modéré, qu'en obéissant à des factieux intolérans.

Mais ces bigots, plus vindicatifs que le Roi, ne lui pardonnèrent pas d'avoir abandonné leur ligue. Les services qu'il rendit au Roi, lui méritèrent d'abord le titre de Baron, ensuite celui de Vicomte; enfin, le Roi le créa Comte de *Strafford* : il devint Ministre d'Etat, & *Charles* l'honora de son amitié, comme il en avait honoré *Buckingham.*

Les circonstances devenaient de jour en jour plus embarrassantes : le Roi donna le Gouvernement de l'Irlande à *Strafford*, il l'opposa aux Ecossais, chez qui les Puritains répandaient le trouble au nom de l'Evangile, afin, disaient-ils de ramener les mœurs de la primitive Eglise. Le Covenan

Il est remarquable que les fanatiques de la France, connus sous le nom de ligueurs, s'étaient unis en signant un formulaire, & que les fanatiques d'Ecosse se réunirent aussi en en signant un, qu'on nomma le *Covenant*, terme qu'on pourrait traduire par le mot de *Ligue*, ſi ce mot n'était pas conſacré en français pour deſigner le parti dévoué aux *Guiſes.*

Les Ligueurs & les Covenantaires affectaient d'agir au nom de Dieu & au nom du Roi, les deux noms les plus profanés, les plus proſtitués, les plus employés à tourmenter les hommes, qu'il y ait ſur la terre.

S'il n'y en a point de plus ſacrés, il n'y en a point dont on ait fait un plus mauvais uſage.

Charles I ne fut pas plus la dupe de ces fanatiques, qu'*Henri III* n'avait été celle des Ligueurs. Il conçut qu'ils agiſſaient en ſon nom, contre lui-même : il voulut les réprimer ; les épées ſe tirèrent, & le Roi vit l'Ecoſſe prendre les armes contre lui, par piété, par motif de conſcience, pour la gloire de Dieu & les intérêts du Ciel.

Alors il fut forcé de convoquer un quatrième Parlement.

QUATRIÈME PARLEMENT.

Avril 1640. On n'en avait pas aſſemblé depuis onze années ; jamais on n'avait été ſi long-temps sans les convoquer. Le dessein secret du Roi avait été de s'en passer; mais dans ce projet, il avait été obligé de lever des taxes, malgré la loi, & d'employer des violences, qui aigrissaient tous les esprits.

Ce long intervalle & ces vexations rendirent le Parlement plus sévere à son égard.

Charles eut beau attester la droiture de ses intentions, le bon emploi de ses Finances, & montrer la nécessité de combattre les Ecossais révoltés, qui demandaient la protection de la France; il ne gagna rien sur le Parlement, qui, instruit des taxes mises, des emprunts contractés, des emprisonnemens faits au mépris de la loi, & ne craignant rien ni des Ecossais ni de la France, ne pouvait être abusé, ni alarmé.

L'esprit général qui dominait alors en Angleterre était la défiance du Monarque; lui résister, c'était courage; lui témoigner la moindre condescendance, c'était bassesse. *Hume* nous dit, que la chambre des Communes étant composée en grande partie de provinciaux imbus de ces préjugés, la majorité ne pouvait manquer d'être extrêmement revêche.

La Chambre, au lieu de s'occuper des demandes du Roi, rechercha pour quelle cause *Jean Elliot*, *Valentin*, *Hollis* avaient été emprisonnés, pourquoi les vaisseaux avaient été taxés. Ils résolurent de ne s'occuper que du maintien des priviléges du Parlement, de la propriété des sujets, & sur-tout de la religion.

Recherches du Parlement.

Le Roi s'adressa encore à la Chambre des Lords; elle fit quelques démarches auprès de la Chambre des Communes, qui prétendit que ces démarches violaient ses priviléges, & la Chambre Haute cessa ses démarches.

Le Roi, étonné de voir tous les avis se réunir contre sa prérogative, vint au Parlement & prit la parti de le dissoudre; cette ressource, trop souvent employée, & qui mécontentait toujours la Nation, produisit une fermentation dangereuse. Il fit citer devant le Conseil *Bellasir* & *Jean Hotham*, pour leur conduite en Parlement; ils refuserent de comparaître, ils furent mis en prison.

Quelques Membres de ce Parlement sont emprisonnés

Le Roi ne respectant pas les loix les

plus chères au Peuple, le Peuple ne crut pas devoir les respecter : il y eut plusieurs émeutes.

Le Roi fut réduit à emprunter à ses Ministres, à ses Courtisans, & à tenter des emprunts forcés qu'il ne pût faire.

A quoi pouvaient servir de telles ressources & de si vaines tentatives, qu'à indisposer la Nation, à augmenter la méfiance qu'on avait du Roi, & à lui faire perdre son autorité ? La guerre avec l'Ecosse, le mécontentement général l'obligèrent de rassembler, six ou sept mois après, un nouveau Parlement ; & cette prompte convocation fit sentir au Parlement combien il allait avoir de force contre un Roi qui n'avait plus d'autre ressource.

CINQUIEME PARLEMENT,

Appellé le Long Parlement.

Le Roi essaya son crédit en proposant un Orateur pour la Chambre des Communes : elle en choisit un autre. 3 Novembre 1640

Ceux qui conduisaient cette Chambre, s'appellaient *Pym*, *Hambden*, *Saint-*

Jhon, *Fiennes*, *Strode*, *Hollis*, *Henri-Vanes*, *Arthur-Hazlerig*, dont quelques-uns, comme *Hollis* & *Pym*, avaient déjà été députés dans les derniers Parlemens.

Dans la Chambre Haute les Lords Comtes d'*Effex*, *Say* & *Kimbolton* appuyaient tous les projets des Communes.

Les Puritains dominent dans ce Parlement.

Les Puritains dominaient dans cette Chambre : divisés entr'eux en factions, qu'on désignait par les noms de pieux, de politiques & d'indépendans : ils étaient unis contre le Roi & contre les Lords spirituels ; car, disaient-ils, il n'y avait pas d'Evêques dans la primitive église : le *Christ* n'en avait point institué ; tous ses Disciples étaient égaux.

Ce n'est pas ainsi que les Comices de Rome avaient établi les droits du peuple Romain. Mais c'est à-peu-près ainsi que tout s'est fait chez les Barbares qui leur ont succédé.

Strafford prévoit qu'il sera la victime de ce Parlement.

Dès que le Parlement s'assembla, *Thomas Wentworth*, Comte de *Strafford*, prévit qu'il serait victime de la haine de ces zelés dévots. Il demanda au Roi la permission de se retirer dans son Gouvernement d'Irlande, ou de se mettre à la tête de l'armée dans le Comté d'York.

Le Roi, qui avait besoin de sa grande capacité, & qui se croyait encore puissant, le retint, & l'assura que le Parlement n'abattrait pas seulement un cheveu de sa tête. Malheureusement pour l'un & pour l'autre, *Strafford* le crut.

Cependant le Parlement, qui s'était assemblé le trois Novembre, dès le onzième du même mois, c'est à dire, neuf jours après, decreta *Strafford*, & envoya son decret à la Chambre Haute où siegeait ce Comte. La Chambre reçut ce bill, & *Strafford* fut arrêté. Il est arrêté. 11 Novembre 1640

Dejà, dans ces sortes de Procès, la Chambre Basse fesait la fonction d'accusatrice, & la Chambre Haute celle de Juge.

Laud, Archevêque de Cantorbery, fut aussi décreté, accusé & arrêté comme *Strafford*, pour crime de haute trahison, pour avoir voulu renverser la loi & la religion du Royaume. Autres accusations.

Le Lord Garde des Sceaux, *Flinch*, fut aussi accusé: mais comme on ne l'estimait pas autant que *Strafford* & que

Laud, les Chefs de parti qui le redoutaient peu, lui laissèrent le temps & la liberté de s'enfuir; il se réfugia en Hollande.

Windebank, Sécretaire d'Etat, s'enfuit en France.

Tous ceux qui avaient obéi aux ordres du Roi, soit en levant des taxes, soit en remplissant quelques fonctions désavouées par la loi, furent accusés & traduits en jugement.

On chassa de la Chambre des Communes tous ceux qui avaient obtenu du Roi des priviléges pour des monopoles.

Ceux que le Roi avait fait mettre en prison, en sortirent, & furent ramenés dans Londres aux acclamations de tout le Peuple.

Le Parlement d'Ecosse s'unit au Parlement d'Angleterre.

Non seulement la Chambre Haute ne se sépara point de la Chambre des Communes, mais les Ecossais qui avaient alors un Parlement particulier, & qui avaient déclaré la guerre à *Charles* s'unirent avec le Parlement d'Angleterre, & firent cause commune avec lui.

Charles ſe trouva ſans pouvoir dans ſes deux Royaumes, & il put connaître que l'autorité des Rois n'eſt fondée que ſur l'aſſentiment du plus grand nombre.

Preſque tous ſes partiſans l'abandonnèrent ; ceux qui lui reſtèrent attachés, n'oſaient rien tenter pour le ſervir : *Charles* manquait d'argent, le Parlement en trouva ; il avait le droit d'impoſer, & il s'en ſervit pour mettre une taxe très-légère : le beſoin preſſait trop pour qu'il attendît ce ſecours, il emprunta : ceux qui avaient refuſé de prêter au Roi, prêtèrent au Parlement ſur le crédit particulier des Membres de la Chambre des Communes.

Le Parlement emprunte.

Il ordonna que les ſubſides ne ſeraient plus payés au Roi, mais à des Commiſſaires qu'il nomma. Ce qui mit l'argent dans les mains du Parlement.

Il defend de payer les ſubſides au Roi.

Les Communes paſſerent un bill qui défendait à tout eccleſiaſtique d'exercer aucun emploi civil. L'effet de ce bill eut été de chaſſer tous les Evêques de la Chambre des Pairs. Leur place dans cette Chambre était donc regardée comme un emploi civil.

La Chambre des Pairs rejetta ce bill. Les Communes firent abattre les Croix, les Images, les Autels, & toutes les figures que les Catholiques exposent à la vénération des Chrétiens.

Le Roi s'efforçait de regagner l'affection du Peuple, en acceptant tous les bills que le Parlement lui présentait.

LE PARLEMENT

Devient d'abord triennal, & ensuite permanent, vicieux & oppresseur de la liberté publique.

Ce qui avait toujours conservé l'esprit de liberté chez les Anglais, c'est que les Membres du Parlement, rentrant immédiatement après sa dissolution, dans la foule des Citoyens, étaient exposés comme sujets, aux loix qu'ils avaient portées comme Membres du Corps législatif. Ils avaient donc un grand intérêt à n'en point faire qui pussent retomber sur eux, soit en attaquant la liberté publique, soit en attaquant la liberté individuelle.

Cet intérêt était d'autant plus pressant, qu'en résistant dans la Chambre des Communes à la volonté des Ministres & à la prérogative des Rois, ils se fesaient des ennemis puissans dont la vengeance pouvait les poursuivre, lorsque le Parlement dissout les laissait isolés & sans défense. Ainsi chaque membre averti par sa position, s'appliquait à augmenter la liberté de chaque citoyen, & à la mettre à l'abri de toute atteinte.

Mais, lorsque ce long Parlement, composé d'hypocrites, de fanatiques, d'ennemis de la royauté, de l'épiscopat, de l'ordre civil, aussi-bien que de l'ordre ecclésiastique, fut entraîné & subjugué par quelques chefs secrets, il songea à faire des loix plus relatives à sa propre sûreté, qu'à celle du peuple. Ses sentimens changerent avec sa situation.

Les principes du Parlement changent avec sa situation.

Il porta d'abord un bill pour rendre le Parlement triennal. Une loi faite sous *Edouard III*, ordonnait de convoquer le Parlement tous les ans; mais aucun Roi ne s'était conformé a cette loi.

Il porte un bill qui le rend triennal.

Pym, *Hambden*, *Vanes* & les autres chefs des Communes en firent une nouvelle qui enjoignait au Chancelier d'écrire tous les trois ans, au mois de Septembre, des lettres de convocation, qui, à son défaut, chargeait les Pairs de ce soin; les Shériffs au défaut des Pairs; & qui, enfin, si tous manquaient à ce devoir, ordonnait aux électeurs de s'assembler, comme s'ils avaient été convoqués, & de procéder aux élections.

La même loi défendait au Roi de dissoudre le Parlement, ou même de le proroger avant cinquante jours, à moins qu'il n'y consentît. *Charles*, non sans regret, donna aussi son consentement à ce bill. Les deux Chambres lui en rendirent des graces solemnelles, tout le peuple en témoigna sa joie par des réjouissances publiques, & pendant quelques momens, le Roi & la Nation parurent reconciliés.

Le parlement poursuit le procès de *Strafford*.

Mais ce n'était pas l'intérêt des Chefs des Communes : ils se servaient de la crédulité du grand nombre pour se maintenir. Ils voulaient perdre *Strafford*, & pour le punir d'avoir quitté leur parti, & sur-tout de peur qu'il ne gouvernât encore l'Etat : ils suivaient son procès avec ardeur : jamais ils ne purent lui trouver ni un crime de haute trahiſon, ni un délit grave : mais ils lui trouvèrent les faibleſſes d'un homme ſenſible, & quelques abus d'autorité, qu'il eſt peut-être impoſſible qu'un homme en place ne commette pas ; on lui fit un crime de quelques termes qui lui étaient échappés, en donnant ſon avis dans le conſeil ; & d'un jugement rendu par un Tribunal militaire contre un militaire. La Chambre des Communes porta contre lui un bill de proſcription.

Il était vraiſemblable que la Chambre haute refuſerait ce bill, il était certain que le Roi le rejetterait. Les Démocrates ſoulevèrent la populace, excitèrent des émeutes, firent aſſiéger la Chambre des Lords par le bas peuple, rugiſſant de fureur, & armé d'outils & d'inſtrumens deſtinés aux plus groſſiers travaux.

De quatre-vingt Pairs qui avaient ſuivi ce procès avec exactitude, à peine quarante-cinq osèrent aſſiſter à ſon jugement. Dix-neuf eurent le courage de braver la fureur populaire & la rage des fanatiques, en rejettant ce bill. Vingt-ſix épouvantés, ou ſéduits, ou pervers, eurent la lâcheté de l'accepter & de perdre l'homme innocent, qu'ils devaient justifier.

Le fanatisme, l'hyppocrisie, l'esprit de parti, l'ambition, employèrent encore plus de manœuvres, pour forcer le Roi à consentir à ce meurtre revêtu des formes juridiques.

Vain efforts de *Charles*, pour sauver son Ministre.

Charles, désespéré, fesait effort sur efforts pour sauver son Ministre; il s'adressait aux Lords; il donnait des places aux chefs des Communes; il accordait tous les bills que les Communes lui présentaient; il résistait aux prières de son épouse, qui n'aimait pas *Strafford*, aux alarmes de tous ceux qui lui étaient dèles.

Les Communes imposaient des taxes qui ne suffisaient point; elles voulaient emprunter: on refusa de prêter à un Corps qui pouvait être dissout d'un moment à l'autre.

Le Parlement se déclare permanent

Alors, elles imaginèrent de porter à la hâte un bill qui constituait le Parlement perpétuel; elles le présentèrent à la Chambre des Pairs; il y fut accepté; elles le portèrent au Roi, qui, tremblant pour *Strafford*, & se flattant toujours d'appaiser leur colère, donna son consentement à ce bill, qui rendait permanente la puissance de ses ennemis.

Ses ennemis alors trouvèrent tout l'argent qu'il leur fallait pour lui nuire. Les Communes ne se laissèrent pas fléchir. Elles répandirent contre *Charles*, les bruits les plus injurieux ; elles firent entourer son Palais par un Peuple qui demandait la tête de *Strafford*.

Strafford prie le Roi de consentir à sa mort.

Strafford apprenant les dangers du Roi, lui écrivit du fond de sa prison, & eut la générosité de le prier de consentir à sa mort.

Charles y consent.

Enfin *Charles* céda ; *Strafford* fut décapité : il mourut avec le flegme de son pays, le calme d'une ame pure, & les regrets d'une ame sensible, qui, tranquille sur soi, s'alarme sur le sort de sa femme, de ses enfans, de ses frères, & même de ses domestiques.

Ce meurtre rendit les Communes toutes puissantes.

La liberté est perdue, avec l'autorité Royale.

Il n'y avait plus de liberté en Angleterre ; quelques Democrates, maîtres de la Chambre des Communes, y régnaient en ſouverain, & feſaient exécuter leurs cruautés avec des formes juridiques plus odieuſes par le faux reſpect qu'elles affectaient pour les loix, en les violant, que ne peuvent l'être toutes les contraventions des Rois à des loix qu'ils ſe croyent en droit de ne pas ſuivre à la rigueur, & dont ils s'écartent avec franchiſe.

Beaucoup d'Anglais fuyaient en Hollande, en France, en Eſpagne, ce qui n'était point arrivé ſous les Rois : les Pairs n'oſaient voter dans leur Chambre, ſelon leur conſcience ; dans les rues, dans ſa famille, on n'oſait montrer des ſentimens oppoſés à ceux du parti dominant.

Les Prédicateurs qui avaient prêché de payer des impôts au Roi, les Auteurs qui avaient écrit en faveur de ſa prérogative, furent ou punis ou pourſuivis par le Parlement : on ne pouvait ni parler, ni écrire, ni prêcher que ce qui convenait aux Puritains ou à ces Démocrates.

La populace enivrée de fanatiſme & de faction, charmée qu'on ſouffrît qu'elle s'aſſemblât en tumulte ; qu'elle inſultât les Grands & le Roi ; qu'elle demandât la tête des Ministres, prenait son impunité pour ses droits, & sa licence pour la liberté.

Cette erreur n'est que trop commune, il y a moins de liberté publique, moins de bonheur pour tout ce qui n'est pas Magistrat, dans la plupart des aristocraties, que dans la plupart des Monarchies; mais le Peuple enchaîné répete qu'il est libre, parce que ses maîtres sont nombreux, & qu'ils parlent sans cesse de cette liberté, qu'ils gardent pour eux ou qu'ils se disputent, mais donc ils ne le laissent pas jouir.

LE PARLEMENT

Abolit plusieurs Cours de Judicature.

La plus grande partie du Parlement, tout en se laissant conduire par quelques Chefs, & en ne souffrant pas que personne osât lui résister, cherchait pourtant encore à maintenir la liberté publique, à-peu-près comme *Sylla*, qui se flatait de rétablir la République, en

Efforts en faveur de la liberté.

commandant en maître, & en versant le sang a grand flots.

Chacun sentait que malgré la loi qui avait rendu le Parlement perpétuel, les circonstances pouvaient changer, & qu'on pourrait le dissoudre. Chacun de ses membres sentait qu'il rentrerait alors dans la foule, & qu'il était de son intérêt qu'aucun Tribunal ne pût l'attaquer illégalement, & le juger arbitrairement. Ainsi c'est cette situation particulière de chaque Membre des Communes, qui, malgré le pédantisme, l'hypocrisie, l'esprit de parti, & l'ambition qui régnaient avec fureur dans la Chambre, comme dans la Nation, maintint même alors l'esprit de liberté contre la force des circonstances.

Abolition de la Chambre étoilée & de la haute Commission

Les Communes demandèrent & obtinrent l'abolition de la Chambre étoilée, & de la haute commission; ces deux Tribunaux si coupables, ces instrumens de tant d'injustices: ensuite elles réglèrent la Jurisdiction du conseil privé, & elles en diminuèrent l'autorité.

Le Parlement supplia le Roi de changer la formule des Lettres-Patentes, par lesquelles il conférait les emplois de judicature, de n'y plus insérer ces mots, *qu'il les donnait pour les conserver selon son bon plaisir;* mais d'y substituer ceux-ci: *tant qu'ils se conduiront bien;* mots, dit *Hume*, qui ont assuré l'indépendance des Cours de judicature, & qui les ont préservé de l'influence du pouvoir arbitraire.

Le Parlement abolit aussi la Cour Martiale, le Conseil du Nord, le Conseil du pays de Galles, & plusieurs autres Cours dont l'autorité n'était pas assez circonscrite par la loi, & qui, siégeant dans divers lieux, auraient pris chacune un esprit différent, ou fomenté des divisions, qui auraient obligé à recourir sans cesse à l'autorité du Roi. Abolition de *la Cour Martiale.* 1641.

Il ne resta plus que des Tribunaux inférieurs, trop peu puissans pour oser s'écarter du texte même de la loi.

Dès-lors, dit *Hume*, on vit en Angleterre, ce qui n'avait point encore eu d'exemple sur la terre, *un Gouvernement sans mélange d'aucune espèce d'arbitraire, commise à quelque Magistrat.* Le Gouvernement est sans mélange d'arbitraire.

L'événement a prouvé, ajoute-t-il, *que*

*s'il résulte quelques inconvéniens de la maxime d'*ADHÉRER STRICTEMENT A LA LOI, *les avantages qui en sont le fruit, sont si éminens, que les Anglais devront une éternelle reconnaissance à leurs ancêtres, qui, après tant de contestations, ont enfin établi ce noble principe.*

La loi était faite; mais elle n'était pas mise en exécution. Tout ce qui se passait alors, & tout ce qui suivit, indique bien plus le régne de la violence que celui de la liberté. Mais ce principe une fois établi, ne pouvait manquer de produire son effet, si jamais le Parlement venait à se renouveller tout entier, selon l'usage; mais si le Parlement fut resté perpétuel, il eut bientôt été mis en oubli.

CHANGEMENS EN ECOSSE.

Massacre d'Irlande. Sévérité des mœurs. Le Parlement chasse les Evêques.

Toutes ces Cours supprimées, le Parlement se sépara pour six semaines & s'ajourna lui-même au mois d'Octobre suivant. Mais il laissa une commission iltermédiaire, chargée de veiller au maintien de ce qu'il avait établi.

Le Roi alla en Ecosse; le Parlement nomma douze de ses Membres pour l'accompagner, ou plutôt pour l'espionner, & pour répandre dans l'Ecosse l'esprit d'indépendance qui l'animait.

Voyage du Roi en Ecosse.

Le Parlement Ecossais, à l'instar du Parlement d'Angleterre, exigea du Roi toutes les concessions qu'il voulut, & le Roi ne lui en contesta aucune.

La perte de son autorité alimentait la haine que les Irlandais portaient aux Anglais. Ce Peuple, presque encore sauvage, & déjà zélé Catholique, haïssait les Anglais comme ses vainqueurs, comme Protestans, & comme plus policés que lui. Des Irlandais désespérés que le Roi, seul protecteur des Catholiques, dans les trois Royaumes, eût perdu toute sa puissance, & persuadés qu'ils éprouveraient bientôt les mêmes persécutions que les Papistes avaient soufferts en Angleterre & en Ecosse, se liguèrent & prirent la résolution de massacrer tous les Anglais qui habitaient dans leur Isle; ils en massacrèrent cent cinquante ou deux cents mille,

Massacre des Protestans en Irlande.

en invoquant Dieu & les Saints, en atteſtant & leur foi & leur zèle pour la religion. Ces conſpirateurs, afin de juſtifier leurs excès, publièrent qu'ils en avaient reçu l'ordre du Roi. Ainſi ces noms ſacrés & de Dieu & du Roi, furent encore proſtitués pour ſervir de voile & de prétexte aux crimes les plus noirs.

Cette nouvelle, portée à Londres, y juſtifia tous ces faux bruits de conſpirations, d'aſſaſſinats, d'incendies, attribués aux Catholiques, par la malignité des Démocrates, & acheva d'y augmenter l'antipathie qu'ils avaient inſpiré contre la Royauté.

Severité des mœurs

Remarquez que de jour en jour, les mœurs devenaient plus auſtères, que le puritaniſme & le presbytérianiſme étaient deux ſectes ſévères, qui ne ſe permettaient pas les plaiſirs les plus innocens, lorſqu'elles ſe permettaient le menſonge, la fourbe, le faux témoignage, la révolte, les émeutes, les inſultes; elles ne prouvaient que trop évidemment ce qu'on a déjà dit, que les mœurs ſévères ne ſont pas les bonnes mœurs.

Les fanati-

Les Chefs des Communes, ſous prétexte de châtier les Irlandais, saisirent l'occasion de lever des troupes & de nouvelles taxes; mais ils ne les employèrent pas contre ces insulaires.

ques veulent détruire la Royauté.

Ils résolurent de détruire entierement la Royauté; les abus qu'ils avaient commis ne leur permettaient pas d'esperer de pardon, si le Roi reprenait jamais quelqu'autorité. Ce ne fut plus la cause du Parlement, ni de la liberté, car cette cause était gagnée : c'était celle des démocrates & des fanatiques.

Les Evêques sont insultés & accusés.

Pour procéder toujours méthodiquement, & abuser du nom de la loi, ils attaquèrent les Evêques, & voulurent leur interdire l'entrée du Parlement; ne le pouvant pas par un bill que la Chambre des Lords & des Evêques eût rejetté, ils les firent insulter si griévement par la populace, que les Prélats résolurent de ne plus paraître dans leur Chambre, & que douze Evêques protestèrent contre tous les bills qui seraient portés pendant leur absence.

Aussi-tôt les Communes portèrent une accusation de haute trahison contre ces douze Evêques, comme cherchant à renverser la constitution ; elles les firent arrêter & enfermer à la tour.

LE ROI

Accuse cinq Membres de la Chambre des Communes ; ne soutient point son accusation, & perd son autorité.

Charles accuse cinq Membres de la Chambre des Communes de haute trahison.

Le malheureux *Charles I*, voyant qu'on cherchait à lui ôter ses derniers partisans, que plus il fesait de concessions, plus on en exigeait de lui, & qu'on suivait constamment un plan formé pour lui enlever la couronne, crut enfin qu'il devait faire quelques actes d'autorité. Il suivit le conseil que le *Lord Digby* lui donna & qui peut être était le seul à suivre dans une circonstance aussi désespérée.

3 Janvier 1644.

Le Procureur général *Edouard Herbert* se rendit par son ordre à la Chambre des Pairs, & il y accusa de haute trahison le Lord *Kimbolton*, & cinq membres de la Chambre des Communes, *Hollis*, *Arthur Hazlerig*, *Hambden*, *Pym* & *Strode*, comme coupables de vouloir renverser les loix fondamentales, l'ordre du Gouvernement, la prérogative royale :

comme ayant cherché à imposer sur les peuples une autorité arbitraire & tyrannique : comme ayant tenté d'engager l'armée à se révolter contre le Roi : comme ayant appellé l'étranger dans le Royaume, & calomnié le Roi pour le faire haïr du Peuple.

Cette accusation inattendue frappa d'étonnement tous les esprits. La Chambre des Pairs nomma un comité pour examiner cette affaire, & envoya l'accusation à la Chambre des Communes. *Smolett.*

Un sergent d'armes vint dans cette Chambre & demanda au nom du Roi que les cinq membres fussent arrêtés : on le renvoya sans réponse.

Des messagers qui les cherchaient entrèrent chez eux, visitèrent tous leurs effets, & mirent les scellés sur la porte de leurs Chambres & de leurs armoires. Mais ils ne purent les arrêter.

Les Communes déclarèrent que par cet attentat, le Roi violait leurs priviléges ; *Smollett.* & elles firent arracher les scellés par leur Sergent.

Elles ordonnèrent aux cinq accusés de se trouver tous les jours à la Chambre,

& elles firent assurer le Roi, qu'ils étaient prêts tous les cinq à répondre a ses accusations.

Le Roi vient au parlement pour arrêter les cinq Membres.

Le lendemain, les Communes étant assemblées, le Roi arriva inopinément avec deux cents hommes de troupes; c'était son cortège ordinaire.

Il les laissa à la porte de la Chambre, & s'avançant au milieu des Députés des Communes, étonnés de le voir, il fit descendre l'Orateur de son siége, & s'y plaça lui-même; parcourant ensuite de ses yeux toute la Chambre, il demanda que les cinq accusés lui fussent livrés: il dit aux Communes qu'elles ne devaient pas ignorer que personne n'avait de privilége quand il était accusé de haute trahison. Il les assura qu'il voulait que les cinq accusés fussent jugés selon les loix; que jamais il n'avait eu d'autre intention.

Tout le monde gardait le silence, les regards du Roi cherchaient les accusés. Ne les voyant point, il appella l'Orateur, & lui demanda s'ils n'étaient pas dans l'Assemblée.

L'Orateur se jettant à genoux, lui répondit: *Sire, dans ma place, je n'ai d'yeux que pour voir, ni de langue que pour dire ce qu'il plaît à la Chambre de m'ordonner; je prie Votre Majesté de me pardonner si je ne puis faire une autre reponse à ce qu'elle demande.*

Le Roi se leva, en disant *que les oiseaux étaient dérichés*. En effet, avertis par un messager de la Comtesse de *Cartlisle*, ils avaient quitté la Chambre un moment avant que le Roi y entrât. Il sortit, & comme il traversait la salle, plusieurs membres s'écrierent : *privilége*, *privilége*.

Les accusés avaient fui dans la cité ; ses habitans les prirent sous leur garde, & passèrent la nuit en armes.

En vain le Roi publia le lendemain un ordre qui enjoignait à tous les Magistrats d'arrêter les cinq accusés : on ne lui obéit point.

Les Communes déclarèrent que les démarches du Roi étaient illicites, & qu'il devait nommer ceux qui lui avaient donné de tels conseils.

Le Roi se désiste de son accusation.

La populace armée accompagnait partout les Membres des Communes. Le Lord *Digby* leva quelques troupes pour le Roi. Le Roi voyant son entreprise manquée, le peuple furieux, le Parlement plus puissant que jamais, envoya dire aux Communes qu'il se désistait de ses poursuites contre les cinq accusés. En réponse, les Communes accusèrent le Procureur-Général d'avoir violé leurs priviléges : le Roi offrit à la Chambre d'accorder aux accusés un pardon dans la forme qui conviendrait le mieux aux Communes : elles lui demandèrent de livrer à la justice les hommes pervers, qui lui avaient conseillé de les faire arrêter.

Le Parlement se fit présenter des pétitions par les habitans de plusieurs comtés, par différentes corporations, par des gens de la populace, par des apprentifs, par une troupe de femmes, conduite par une Brasseuse de bière. Toutes ces pétitions attaquaient le Roi & les Papistes, & promettaient de mourir pour le Parlement. Il les accueillit toutes, & il poursuivit sans pitié quiconque montrait la moindre inclination pour le Roi : mais mal parler d'un des chefs des Communes, c'était violer les priviléges de la Chambre. La licence régnait, & il n'y avait point de liberté : tant il est vrai

que

que l'une est l'opposée de l'autre, au lieu d'en être l'excès, comme on est tenté de le croire, quand on ne réfléchit point.

Le Roi était en butte aux demandes du Parlement, aux outrages de la populace; la Reine sa femme, fille d'*Henri IV*, voyait le fanatisme s'elever contre son mari, comme il s'était élevé autrefois en France contre son père: menacée elle-même par la fureur des Puritains, des Communes, du bas peuple, elle se retira en Hollande, sous prétexte d'y accompagner sa fille, la Princesse *Marie*, qui allait épouser le jeune *Guillaume*, Prince d'Orange.

La Reine quitte l'Angleterre.

1642.

Les Communes, ne travaillant plus qu'à s'emparer du pouvoir, commandèrent au Gouverneur de Portsmouth, de n'obéir aux ordres du Roi, que quand ils lui seraient notifiés par les deux Chambres. Elles proposèrent au Roi de ne confier la milice & les places fortes qu'aux personnes qu'elles lui proposeraient. *Charles* refusa d'accepter un bill, qui réellement le dépossédait: les Communes l'informèrent alors qu'elles seraient forcées, pour la sûreté du Roi & du Royaume,

Les Communes veulent s'emparer des places fortes.

de diſpoſer de la milice par l'autorité des deux Chambres. Le Roi refuſant encore, les deux Chambres déclarèrent ennemis de l'Etat, tous ceux qui avaient pu conſeiller au Roi de refuſer ce bill.

Ainſi, elles ne voulaient pas ſouffrir que perſonne pût lui rendre quelque ſervice, même verbalement.

GUERRE CIVILE.

Le Roi s'était retiré vers le Nord de l'Angleterre, dans le Comté d'York; le Parlement & lui, ſe préparèrent à la guerre.

Cependant, le Roi & le Parlement publièrent différens écrits pour ſe juſtifier, & pour rejetter l'un ſur l'autre le crime de commencer la guerre civile.

Le parlement lève des troupes contre le Roi, & emprunte de l'argent.

Le Parlement fit marcher contre le Roi les troupes deſtinées contre les Irlandais: il en leva de nouvelles: le fanatiſme était tel, que quatre mille hommes s'enrollèrent en un jour dans la ſeule ville de Londres. Le Parlement feſait ſigner à chaque ſoldat un écrit par lequel il promettait de vivre & de mourir avec son Général. Ce Général était le Comte *d'Essex*. Le Parlement demanda, par forme d'emprunt, de l'argent ou de la vaisselle : on en porta en si grande quantité, qu'on manquait de gens pour recevoir, & de place pour contenir tout ce qu'on en présentait. On vit des femmes apporter leurs dés & leurs poinçons, pour soutenir *la bonne cause contre les mal-intentionnés.*

Le Roi défendit en vain de prêter au Parlement : le Parlement trouva tout l'argent qu'il voulut. Le Lord *Littleton*, Garde-de-Sceaux, & environ quarante Pairs se rangèrent auprès du Roi. Beaucoup de Membres des Communes, condamnant les emportemens de cette Chambre, cessèrent d'assister à ses assemblées : chaque parti déclara ennemi de l'Etat les partisans de l'autre.

On se battit : le fameux *Hambden* fut blessé mortellement dans un assez petit combat ; le Roi, soit générosité, soit politique, envoya son propre Chirurgien pour soigner cet ennemi dangereux qui l'avait précipité dans un si grand péril. Quelque temps après mourut le célèbre

Hambden est tué.

Pym meurt.

Jean Pym, l'ame des Conseils des deux Chambres.

Henri Vane engage le Parlement d'Ecosse à renouveller le Covenant.

Leur mort ne privait le Roi que de deux ennemis : le succès de ses armes engagea les autres à s'unir avec les Ecossais ; la Chambre des Communes leur envoya plusieurs de ses Membres, & entr'autres le célèbre *Henri Vane*. Son adresse, son éloquence, sa rare capacité subjuguèrent les Ecossais ; & il fit avec eux une nouvelle ligue sous l'ancien titre de *Covenant*.

Ceux qui signaient cette formule, s'engageaient à se défendre contre tout opposant, sans respect de personne ; à extirper le papisme, l'épiscopat, la superstition, l'hérésie, le schisme, & toute profanation ; à maintenir les droits & les priviléges du Parlement, aussi-bien que l'autorité du Roi, & à livrer à la justice les incendiaires & les malfaiteurs.

Ce formulaire des Covenantaires d'Ecosse était aussi fanatique que celui des Ligueurs l'avait été en France ; mais il était plus politique. Il est remarquable que dans l'un & dans l'autre on employait le nom de l'autorité royale, en travaillant à la détruire.

Les Covenantaires Ecossais étaient Presbytériens; les Covenantaires Anglais, Puritains; les Ligueurs, Catholiques, toutes sectes qui, en se disant Chrétiennes, se permettaient tous les crimes.

Le Parlement d'Angleterre, aussi fanatique que celui d'Ecosse, accepta le Covenant, & ordonna qu'il fût reçu par tous ceux qui suivaient son parti.

Austérité des Covenantaires & de l'armée du parlement.

Ce qui distingue cette guerre civile de toutes les autres, c'est le fanatisme & l'austérité fourbe des Chefs & des soldats. Point de licence, point de paroles grossières, toujours la Bible à la main & le nom de Dieu à la bouche; ils se permettaient de faux sermens, & jamais une plaisanterie. Dans la guerre de la ligue en France, il y avait eu des fanatiques assez insensés pour assassiner *Guise*, *Condé*, *Henri III* & *Henri IV*: mais ces hommes étaient des fous furieux, conduits par des Prêtres. Les Puritains & les Presbytériens au contraire, haïssaient l'épiscopat; ils l'avaient détruit, & n'en étaient que plus fanatiques.

De la secte des indépendans ou applanisseurs.

Une troisième secte, plus ennemie encore de la Hiérarchie, s'éleva entr'elles,

& prétendit qu'il était inutile d'avoir des Prêtres ; que Dieu agissait immédiatement sur chaque individu ; inspirait qui il lui plaisait, & quand il lui plaisait ; que, par conséquent, chaque homme avait droit de prêcher & d'instruire, devait parler quand l'Esprit saint l'inspirait, & se taire quand il ne lui disait rien. Ces Sectaires n'ayant aucune espèce de Chef, furent nommés indépendans.

Cromwell qui commençait à se distinguer, trouvant que les indépendans étaient les plus fous de tous les fanatiques, embrassa leurs opinions, leur souffla ses fureurs ; leur fit croire que le Saint-Esprit les lui inspirait ; & devint leur chef, en ne paraissant pas même être leur guide.

Henri Vane, *Fiennes*, *S. John*, partageaient avec lui l'honneur de les diriger.

Acte du renoncement à soi-même.

Ils prêchèrent & firent prêcher le renoncement à soi-même ; ils assurèrent que, dans une aussi sainte cause, on ne devait rien faire par des motifs humains, par le desir secret d'augmenter sa fortune ou ses honneurs : ils accusèrent les Généraux de prolonger la guerre par des intérêts particuliers.

Ils persuadèrent enfin, au Parlement qu'aucun de ses Membres, soit de la Chambre des Communes ou de celle des Pairs, ne devait avoir aucun emploi dans l'armée : ce bill, que l'ascendant de *Cromwel* & l'éloquence de *Vane*, firent passer dans la Chambre des Communes, sous le titre de *renoncement à soi-même*, fut porté à la Chambre des Pairs : il était principalement dirigé contr'eux : la plupart des Généraux de l'armée du Parlement siégeaient dans cette Chambre : cependant les Pairs n'osèrent pas rejetter ce bill, de peur d'exciter la fureur populaire, & peut-être de peur qu'on ne passât un bill pour les exclure du Parlement, comme on en avait exclu les Evêques. Ainsi, ils l'approuvèrent, parce qu'ils manquaient de liberté.

Aussi-tôt les Lords *Essex*, *Warwick*, *Manchester*, *Dimbygh*, *Waller*, *Brereton*, donnèrent leur démission.

Cromwell eut l'adresse de garder ses emplois militaires, quoique Membre du Parlement. L'armée fut confiée au Général *Fairfax*, qu'il gouvernait absolument : de sorte que *CromWell* s'en trouva le véritable chef. Il changea bientôt toute

Cromwel devient maitre de l'armee sous le nom de *Fairfax*.

la forme de l'armée, & donna tous les emplois aux plus déterminés des Indépendans. Il n'y eut plus d'Aumôniers dans les régimens : mais les officiers en remplissaient les fonctions ; ils fesaient le service divin dans les intervalles du service militaire.

Le Roi convoque un parlement a Oxford.

Le Roi cependant convoqua les Lords & les Communes à Oxford ; il ne s'y rendit que quelques personnes de son parti ; elles prirent le nom de Parlement, & déclarèrent nul tout ce que faisait le Parlement de Westminster.

Cromwel se distingue par des victoires.

Ce fut dans cette guerre que le fameux *Olivier Cromwel* commença ses exploits, & se distingua en fesant gagner aux Parlementaires la bataille de Marston-Moor.

Le Parlement soutenait la guerre en levant de l'argent par des moyens plus contraires aux loix que ceux qu'il avait condamnés dans le Roi ; il ordonna que chaque famille retranchât un plat de sa table, & en donnât la valeur, pour soutenir la guerre ; il fit décapiter le fameux *Laud*, Archevêque de Cantorbery, Prélat vertueux, aussi innocent de tous les crimes qu'on lui imputait, que le Comte *Strafford*; mais dans ces grands événemens, il fallait aux Chefs des fanatiques de grandes victimes, pour fixer l'attention du public. Ils priaient, ils exhortaient, ils prêchaient, avec une ferveur & un enthousiasme qu'ils prenaient pour de l'inspiration. Les soldats qui voyaient plutôt leurs gestes & leur exaltation, qu'ils n'entendaient leurs discours, persuadés que Dieu les inspirait, s'enivraient de la double fureur du zèle apostolique & de l'ardeur des combats.

Le parlement de westminster etablit des Cours de Judicature, qui commettent des vexations.

Le Parlement ne possédant plus les emplois militaires, dut perdre beaucoup de son crédit ; cependant il ne s'était point conformé exactement à la loi du renoncement à soi-même. A peine les grands Officiers qu'on voulait déplacer eurent-ils abandonnés l'armée, que les Membres du Parlement reprirent les emplois les plus lucratifs, mirent des taxes arbitraires, & levèrent plus d'argent en cinq ans, qu'aucun Roi n'en avait osé demander en vingt ; ils établirent, sous le nom de comités, dans les Provinces, des Cours de judicature, qui, se livrant à l'esprit de parti, commirent toutes sortes d'iniquités. Ces Cours mirent en séquestre plus de la moitié des terres du Royaume, sous prétexte qu'elles appartenaient à des Royalistes; ainsi, donc toute espèce de liberté était perdue.

Ces pédans hypocrites, toujours en prières & employant toujours les expressions de l'Ecriture, appellaient leur Gouvernement *celui des élus*, & les biens qu'ils extorquaient par les confiscations, par les taxes, par mille genres de vexations, ils les appellaient *les dépouilles des Egyptiens*. Ils fesaient éprouver à l'Angleterre que la tyrannie des Corps est cent fois plus barbare que celle des Rois & de leurs Ministres. En effet, un homme, un Pacha, un Ministre, un Monarque, n'a jamais que les passions d'un homme à satisfaire; il craint de perdre sa place, il est retenu par la honte, par la peur d'une révolte, ou de la mort; un corps est mu par les passions de tous ses membres, n'est sensible ni à la gloire, ni a la honte, & ne redoute ni les séditions, ni la mort. Remarquons encore que le Parlement n'eût pas commis ces excès, s'il n'eût pas été perpétuel, si tous ses Membres eussent dû rentrer dans l'ordre des simples Citoyens.

Mais leurs emplois devant durer autant que leur vie, les Membres des Communes se livrèrent à toutes leurs passions, sous le voile de la plus ridicule hypocrisie.

Le Parlement s'occupa à régler l'Eglise ; il étendit dans toute l'Angleterre, le presbytérianisme, c'est-à-dire, le gouvernement des Prêtres, substitué à celui des Evêques. Chaque paroisse était régie par son Ministre, & par quelques hommes élus, qu'on appellait *anciens*. Plusieurs Ministres se réunissaient avec quelques anciens, pour former le synode de la Province : ce régime leur paraissait plus conforme à celui de l'église primitive que la hiérarchie épiscopale.

La guerre continuait toujours; l'armée du Roi fut défaite plusieurs fois, & enfin dispersée.

Charles, privé de secours & d'asyle, prit le parti de chercher un refuge au

Charles se refugie au camp des Ecossais.

camp des Ecossais, dont l'armée agissait à la vérité comme auxiliaire de l'armée du Parlement d'Angleterre, mais qui, plusieurs fois, avaient promis de le secourir. Il crut qu'il pouvait se fier à leur générosité.

Son arrivée inattendue, étonna tous les esprits; on le reçut avec respect, on le garda en prisonnier.

Les Ecossais livrent le Roi aux Anglais.

Malheureusement tous les cœurs étaient fermés à la générosité, par de misérables disputes théologiques; des Prédicans dominaient les consciences. Les Parlemens des deux Royaumes firent ensemble le traité le plus lâche; le
1647. Roi fut livré aux Commissaires du Parlement d'Angleterre, & renfermé au Château d'Halmby.

L'Armée & le Parlement se divisent.

Le Parlement, maître de la personne du Roi, voulait renvoyer une partie de l'armée en Irlande, & congédier l'autre dont il n'avait plus besoin.

Le parlement veut licencier l'ar-

La plupart des Officiers étaient tirés de la lie du peuple : ils eussent été forcés,

en recevant leur congé de rentrer dans leur misère & de reprendre leur premier métier. Vainqueurs du Roi, ils ne voulurent pas obéir au Parlement.

mée elle ne veut pas se séparer.

Le Parlement inquiet, & dont les vexations avait irrité le peuple, ne sachant comment résister à une armée qui marchait vers Londres, envoya *Cromwell*, *Ireton*, & *Fleetwood*, pour l'appaiser ; ces trois Commissaires étaient les moteurs secrets de cette sédition.

L'armée opposa à ce Parlement, un Parlement Militaire. Les Soldats représentaient les Communes, les Officiers, les Lords ; chaque Compagnie nommait deux Représentans, sous le nom d'*Agitateurs*.

Hume, ch. 59, 1647.

Le Parlement de Westminster ordonna que les troupes fussent licenciées : le Parlement Militaire ordonna qu'elles se rassemblassent toutes.

Pendant ces contestations, un nommé *Joyce*, qui, jadis Tailleur, avait dans l'armée le rang de cornette, frappa un de ces coups décisifs qui étonnent l'imagination ; il part avec quelques Cavaliers, court au Château d'Halmby, où le

Joyce enlève le Roi au parlement, & le fait prisonnier de l'armée.

Parlement fesait garder le Roi ; il entre dans la chambre de ce Prince, son chapeau dans une main, & un pistolet dans l'autre ; il le prie poliment de le suivre sur l'heure. Où ? lui demanda le Roi. A l'armée, répliqua *Joyce.* Par quel ordre, repart *Charles ?* Le voici, dit *Joyce*, en lui montrant ses armes & ses soldats.

Les Commissaires qui gardaient le Roi représentèrent à *Joyce*, qu'ils devaient écrire au Parlement. Vous le pouvez, dit-il, mais le Roi me suivra incessamment. Il le fit aussitôt monter en carrosse, & le conduisit au rendez-vous général des troupes près de Cambridge.

Fairfax toujours en nom Général de cette armée, fut très-surpris de voir arriver le Roi. Personne n'avouait avoir donné cet ordre. *Cromwell* avait ordonné cet enlévement à *Joyce*, mais verbalement, mais amphigouriquement, selon l'usage qu'il pratiqua toujours, d'être obscur dans ses paroles, & décisif dans ses actions.

Il trompait tous les partis. Presbytérien au Parlement, indépendant à l'armée, ſon influence agitait tout, & ne paraiſſait nulle part. Mais comme on ne peut toujours tromper, quelque habile qu'on ſoit, le Parlement ſe méfiait de ſa conduite, & déliberait de l'envoyer à la tour, dans le temps même qu'il feſait enlever le Roi; *Cromwell* averti à propos, ſe réfugia à l'armée, & arriva preſqu'auſſitôt que ce Prince.

L'armée ſe rend à Londres.

L'armée s'avança vers Londres; le Parlement négocia avec elle, il eut le chagrin de la voir ſuivre envers lui le plan qu'il avait ſuivi lui-même pour dépouiller le Roi. Plus il lui accordait, plus elle demandait.

Le Parlement, dans ſon inquiétude, ordonna de lever de la cavalerie, comme s'il eût voulu faire la guerre à l'armée. Il remit en vigueur la loi du renoncement à ſoi-même. Il déclara vacant tous les emplois occupés par des membres du Parlement. Il défendit à *Fairfax* d'approcher de plus vingt milles de Londres: il propoſa des récompenſes aux ſoldats qui abandonneraient ſon armée.

Elle accuſe onze Membres du parlement

Une deputation d'Officiers arriva à Weſtminſter, accuſa au nom de l'armée onze Membres du Parlement. *Charles*, beaucoup plus outragé, n'en avait accuſé que cinq. *Hollis*, qui l'avait été par le Roi, le fut alors par l'armée. Ces onze Membres furent forcés de ne plus paraître dans la Chambre des Communes.

Seditions. Des ſéditions s'élevaient de toutes parts; on préſentait en tumulte au Parlement des pétitions contradictoires.

Le Roi, le Parlement, l'Armée, les Preſbytériens, les Indépendans, avaient chacun leurs partiſans, & ces partiſans formaient ſans ceſſe des émeutes.

Le tumulte fut tel dans Londres, que les Orateurs des deux Chambres, le Comte de *Mancheſter* & *Lenthal* s'enfuirent avec huit Pairs & ſoixante Membres des Communes; ils ſe réfugièrent à l'armée, & demandèrent ſa protection contre la fureur de la populace qui, diſaient-ils, avait réſolu de les déchirer.

L'armee entre dans Londres. Le 6 Août 1647. L'armée ſe remit en marche, & les ramena en triomphe dans Londres. Elle traverſa la Ville tremblante, avec le plus grand ordre : ne cauſa pas le moindre tumulte, s'empara de Weſtminſter, rétablit les deux Orateurs, qui reprirent leurs

leurs places, & qui siégèrent aussi tranquillement que s'ils n'avaient pas quitté l'assemblée. Les onze dénoncés furent chassés, quelques-uns s'enfuirent au-delà des mers. Les deux Chambres élurent *Fairfax*, Gouverneur de la Tour où le Maire, les Schérifs, trois Aldermens, & plusieurs Citoyens furent enfermés. Elles ordonnèrent de rendre grace à Dieu pour le rétablissement, ou plutôt pour l'esclavage du Parlement, & décernèrent une gratification à l'armée qui les asservissait.

Le Roi, toujours captif, avait été bien traité jusqu'alors; mais après cette victoire, il le fut si mal, qu'il perdit toute espérance de réconciliation, & qu'il résolut de s'enfuir. Il se sauva en effet, il erra quelque temps sur les bords de la mer, & tomba enfin dans les mains de *Hammond*, Gouverneur de l'isle de Wight, ami de *Cromwell*, & gendre de cet *Hambden*, qui avait été un des premiers auteurs de la révolution.

Le Roi s'enfuit, & est repris.

Cromwel, maitre des troupes du Parlement & de la personne du Roi, fut prêt à voir l'armée se révolter contre

Cromwell se débarrasse des Agitateurs.

lui. Il détruisit cette espèce de Parlement militaire dont il n'avait plus besoin, & voulut renvoyer les Agitateurs ou Députés à leurs régimens respectifs; mais ils refusèrent d'obéir : ils continuèrent à s'assembler, & prétendirent qu'ils avaient autant de droit que leurs chefs à l'administration de la République.

La secte des indépendans dont ils étaient, n'admettait ni la hiérarchie, ni la prêtrise: les plus fanatiques de cette secte n'admettaient pas plus de distinction dans le corps politique, que dans le corps ecclésiastique: ils ne voulaient ni monarchie, ni aristocratie, ni oligarchie, ni noblesse; ils prétendaient établir l'égalité des rangs & des biens, & mettre tout au même niveau: c'est pourquoi ils avaient pris le nom *d'Applanisseurs.*

Cromwell les assembla, leur parla, & ne les trouvant pas dociles, il les fit charger inopinément, dans le temps qu'ils l'écoutaient, par des soldats dont il était sûr; il fit pendre ceux qu'il prit: l'armée entière fut soumise, le rêve de l'égalité s'évanouit.

LE PARLÈMENT

Négocie avec le Roi, & nomme une Cour de Juſtice pour lui faire ſon procès.

Les deux Chambres ſoumiſes à l'armée, 1647.
& devenues les inſtrumens de *Cromwell*, & de quelques factieux, pouvaient deſirer de ſe réconcilier avec le Roi : ſon parti diſſipé, & ne pouvant ſe rallier, exiſtait toujours. Son nom ſervait à toutes les factions. La populace, dans ſes émeutes, le proférait quelquefois.

Cromwell & ſon gendre réſolvent de faire perir le Roi.

Cromwell & ſon gendre, le farouche *Ireton*, l'ennemi le plus déterminé de l'autorité Royale, réſolurent de le faire périr, & de ſouiller de ce crime le Parment, ſi toutes fois on peut donner ce nom à ceux qui en prenaient alors le titre.

Ce n'était plus les mêmes députés que le Peuple avait nommés en 1640, ſept ans auparavant. Pluſieurs étaient morts : un plus grand nombre avait pris le parti du Roi ; tous ceux dont l'eſprit modéré n'avait pas partagé la fureur des fanatiques, s'étaient retirés de ces assemblées tumultueuses; on avait recruté le Parlement par des moyens aussi peu conformes à la loi, que tout ce qui se fesait alors. On n'avait choisi que des fanatiques.

Des premiers chefs qui conduisaient ce Parlement, *Hambden* avait été tué, *Pym* était mort, *Vane* s'était voué aux indépendans, les autres avaient perdu leur crédit: *Cromwell*, *Ireton*, *Fleetwood* & quelques autres avaient usurpé toute l'autorité.

On entama donc des négociations avec le Roi: le Parlement d'Ecosse, qui prétendait n'avoir livré *Charles* aux Anglais que pour accélérer la paix, & non pas pour qu'il fût détenu en prison, entra dans cette négotiation. On lui fit des propositions, qu'il crut devoir rejetter pour en obtenir de plus douces.

Cromwell force le parlement à ne plus negocier avec le Roi.

Cromwell, à qui ces négociations déplaisaient, força la Chambre, en portant la main sur son épée, à ne plus envoyer de propositions à ce Roi, dont Dieu, disait-il, avait endurci le coeur. Il fit déclarer que toute correspondance avec lui ſerait une trahiſon. Quatre-vingt-onze Membres s'y oppoſèrent en vain, la pluralité l'emporta. La Chambre des Pairs approuva cette déciſion. Mais cette déciſion emportée par la menace de *Cromwell*, & en quelque ſorte par ſon épée, était une preuve que le Parlement lui-même avait perdu ſa liberté.

La détention du Roi, éveilla la compaſſion, anima ſon parti ; il y eut quelques ſoulevemens en ſon nom, dans les Comtés de Kent & d'Eſſex : les Ecoſſais envoyèrent en Angleterre une armée ſous le commandement du Duc *Hamilton*. *Cromwell* diſſipe l'armée des Ecoſſais.

Cromwell l'attaqua, la diſperſa, & fit le Duc priſonnier. *Fairfax* défit ailleurs les Royaliſtes, & en fit mourir les chefs commes rebelles. 16 Août 1648.

Le Parlement, pendant cette ſeconde guerre civile, reprit les négociations avec le Roi. *Henri Vanes* fut un des Commiſſaires nommé pour traiter avec lui ; mais après la victoire de *Cromwell*, il fallut interrompre cette conférence.

L'armée victorieuſe préſenta une remontrance au Parlement, & lui demanda que le Roi fût livré à la Juſtice, comme auteur du ſang verſé pendant la guerre. Le Parlement ne répondit pas à cette remontrance. Il défendit à l'armée de s'approcher de Londres : & l'intrépide *Hollis*, l'ennemi de l'armée, ſiégeant malgré elle dans la Chambre des Communes, demanda que les généraux & les principaux Officiers fuſſent déclarés par le Parlement, déſobéiſſans, uſurpateurs & traîtres.

L'armée revient à Londres.

Pendant qu'ils délibéraient ainſi l'armée arriva une ſeconde fois à Londres, toujours commandée par *Fairfax* : & elle s'empara une ſeconde fois de *Weſtminſter*.

Le Parlement était livré aux armées, comme le Sénat de Rome l'avait été dans le temps des guerres civiles. Les ſoldats de *Cromwell* ne furent pourtant pas ſi cruels que ceux de *Sylla*. Les Membres des Communes n'avaient ni la richeſſe, ni le pouvoir, ni l'influence des Sénateurs de Rome.

Le Colonel *Pride* empriſonne quarante & un membres des Communes. Decembre 1648.

Le Colonel *Pride*, autrefois Charretier d'un Braſſeur de bierre, inveſtit le Palais de Weſtminſter avec deux Régimens, ſaiſit quarante & un Membres des Communes qu'il mit en prison, interdit l'entrée de la Chambre à cent soixante autres, & ne laissa passer que les plus déterminés des indépendans.

Un pareil choix n'était ni le Parlement ni l'élite du Parlement. Mais procédant avec les formes du corps dont il usurpait le nom, il élut un comité pour porter une accusation contre *Charles Stuard* ; il déclara sur son rapport, *Charles Stuard* coupable de haute trahison, pour avoir fait la guerre au Parlement, & décida qu'une haute Cour de Justice serait érigée pour lui faire son procès.

On nomme un Comite pour faire le procès de *Charles I.*

Le 28 Decembre 1648.

Ce Bill fut envoyé à la Chambre des Pairs; elle était sans force & sans considération, & même depuis la captivité du Roi presque aucuns de ses Membres ne daignaient s'y rendre. Cependant, ce jour-là, elle fut plus nombreuse qu'à l'ordinaire; il s'y rendit seize Pairs. Dès qu'on leur présenta le bill, ils le rejettèrent unanimement, & sans balancer. Ils s'ajournèrent à dix jours de-là, espérant que dans ce délai, la Chambre des Communes revoquerait son bill.

Les fanatiques qui la composaient, en

dressèrent au contraire un autre, qui déclarait que tout acte passé à la Chambre des Communes, avait force de loi, sans le consentement du Roi, ni de la Chambre des Pairs. Ces jugemens, destructeurs de la constitution & de la liberté, se rendaient au nom de Dieu, au milieu des prières, des extases, des protestations de ne pas l offenser, des regrets d'avoir commis quelques péchés.

Cromwell attestait que Dieu lui avait fermé la bouche un jour qu'il voulait faire une pétition en faveur du Roi; une femme protesta devant le Conseil de Guerre que Dieu lui avait révélé qu'il approuvait leurs projets contre le Roi.

Le Colonel *Harrison*, fils d'un Boucher fut chargé de transféret le Roi à Londres.

Cette haute Cour de Justice, qui devait le juger, était composée de cent soixante-trois personnes, les unes comme *Cromwell*, *Ireton*, *Harrison*, tirées de l'armée; les autres de la Chambre des Communes, & quelques-unes des simples citoyens de Londres. Un Avocat, appellé *Bradshaw* la présidait : *Cock* y faisait les fonctions de Procureur général.

Cette Cour assemblée, le peuple emporté par sa curiosité, affluait autour de la salle, & beaucoup de spectateurs regardaient les Juges du haut d'une galerie.

L'Huissier commença la séance par appeller tous les Commissaires ; de cent soixante & trois qu'ils devaient être, il ne s'en trouva pas soixante & dix.

Quand on appella *Fairfax*, une voix s'écria du haut de la galerie, *il a trop d'esprit pour être ici.*

Quand on lut l'accusation portée contre le Roi *au nom du peuple d'Angleterre*, la même voix reprit : *Non pas du peuple, non pas seulement de la dixième partie.*

Axtel, qui commandait la garde, cria feu sur la galerie. Dans le trouble qui s'éleva alors, on voulut savoir qui se chargeait d'oser ainsi disculper les neuf dixièmes de la Nation. C'était Ladi *Fairfax*, la femme du général de ce nom, qui trop long-temps entraîné par l'ascendant de *Cromwell*, ne voulait pas du moins être complice de cet assassinat juridique.

Charles, amené devant cette Cour, déclina la jurisdiction. Le Président lui dit que tout pouvoir émanait du Peuple, même la Royauté, & que cette Cour était instituée par le Peuple.

Le Roi refusa d'en ratifier en quelque sorte l'établissement, en lui répondant.

Il fut traduit quatre fois devant elle, & toujours il continua de la recuser : toujours il attesta qu'il était prêt à justifier sa conduite, par-tout ailleurs que dans une prétendue Cour de justice qui n'avait aucun droit sur lui.

La quatrième fois qu'il y parut, on interrogea quelques témoins, qui assurèrent l'avoir vu combattre l'armée du
Le 27 Janvier 16 9 Parlement. On lui lut son Arrêt de mort. Il demanda à parler aux deux Chambres. On lui refusa cette faveur ; alors il déclara qu'il n'avait plus rien a dire.

On mit trois jours d'intervalle entre ce jugement & son exécution. On lui permit de voir sa fille, la Princesse *Elisabeth*, & son fils le Duc de *Glocester*, les seuls de ses enfans qui fussent en Angleterre.

L'Ambassadeur de France, par l'ordre exprès de sa Cour, celui de Hollande,

& ceux de tous les Princes de l'Europe sollicitèrent pour lui. Son épouse, son fils le Prince de *Galles*, écrivirent les lettres les plus touchantes au Parlement: Le Duc de *Richemond*, les Comtes d'*Hertford*, de *Southampton* & de *Lindsey*, eurent tous quatre le généreux courage de représenter au Parlement, qu'ils avaient été les Conseillers du Roi; que ce Monarque n'avait rien fait que par leur avis; que ses actions, si elles paraissaient criminelles, leur devaient être imputées; qu'ils demandaient la mort, qu'ils apportaient leurs têtes, pour sauver celle de leur Roi. *Richard*, fils de *Cromwell*, se jetta aux pieds de son père, & le conjura d'épargner la vie de ce Monarque. *Fairfax* étonné de ce grand revers, qu'il n'avait point prévu, fut tenté de se mettre à la tête de quelques Soldats, & d'enlever le Roi de l'Echafaud. *Cromwell* arrêta les effets de sa compassion par son hipocrisie, & profitant de la superstition dont *Fairfax* était imbu, il lui persuada de consulter le Seigneur. Il l'engagea à se mettre en prières avec le Colonel *Harrison*,

Remords de *Fairfax* hypocrisie de *Cromwell* & d'*Harrison*. *Charles* est decapité.

pour demander à Dieu quelques signes de sa volonté sur le Roi : & tandis que l'hipocrite *Harrison* prolongeait sa priere, *Cromwell* fesait conduire le Roi à l'Echaffaud par le Colonel *Tomlinson*. Deux hommes masqués l'y attendaient, l'un lui abattit la tête d'un seul coup, l'autre l'éleva en l'air en criant que cette tête était celle d'un traître. Le Peuple épouvanté, frémissait en silence, quelques personnes en pleurant, tremperent leurs mouchoirs dans le sang du Roi, comme dans celui d'un martyr. *Harrison*, informé de sa mort, dit à *Fairfax*, que Dieu venait de s'expliquer.

Le 30 Janvier 1649

Ses enfans déclarés inhabiles à lui succeder.

Les Communes déclarèrent, par une proclamation, que reconnaître pour Roi *Charles Stuard*, fils du Roi, serait un crime de haute trahison. Elles abolirent la Monarchie & la Chambre des Lords, comme inutiles & dangereuses : au lieu du nom du Roi, on mit ces mots sur tous les actes, *les Conservateurs de la liberté d'Angleterre*.

Elles destinèrent la Princesse *Elisabeth* à faire un apprentissage chez un Fabriquant de boutons : mais elle mourut de chagrin ; & *Cromwell* envoya le Duc de *Glocester* rejoindre sa famille dans le continent.

LE LONG PARLEMENT

Est dissout par l'audace de Cromwell.

A cette époque, il ne subsistait plus rien en Angleterre des anciens établissemens qu'elle avait eus. Révolutions.

La Monarchie, la Pairie, la Chambre des Lords, l'Episcopat, les Cours de Judicature, telles que la Chambre étoilée, la haute Commission, la Cour martiale, la Cour du Nord, la Cour du pays de Galles : tous ces établissemens étaient abolis ; la Religion Catholique, la Religion Anglicane, avaient fait place au Puritanisme, à la secte des Indépendans. Tout y avait été détruit, tout était rase, si cette métaphore peut être admise.

Les établissemens civils, politiques, ecclésiastiques n'existaient plus. Sept années avaient suffi pour tout abattre. Aucune révolution ne fut plus totale, si ce n'est celle que *Guillaume le Conquérant* avait fait dans cette Isle ; encore n'avait-il changé ni la Hiérarchie, ni le culte, ni le dogme. Je ne crois pas que dans aucun grand Etat, on ait jamais vu en si peu d'années, un renversement si complet. Quand les Barbares envahirent l'Empire, les peuples conservèrent leur religion, & les villes qui ne furent pas détruites, gardèrent leur municipalité.

Les Communes subsistaient, mais de nom seulement : ce n'était plus les Représentans du peuple, mais ceux de l'armée, ou plutôt ceux d'une faction, que le peuple désapprouvait : car on ne peut trop le redire, ces changemens avaient plutôt été faits contre la liberté qu'en faveur de la liberté ; on avait employé son nom pour la détruire, comme on s'était servi du nom du Roi pour lui faire la guerre.

Renouvellement de la guerre civile.

La guerre civile se ralluma avec fureur; le Prince de Galles descendit en Angleterre ; les Ecossais prirent les armes ; l'Irlande était toujours révoltée. *Cromwell* battit les Irlandais & les Ecossais ; il força le Prince de Galles à quitter l'Isle : & vainqueur par tout où il avait combattu, il chercha de nouvelles disputes au Parlement.

Il fit présenter par ses soldats des pétitions si énergiques, que le Parlement déclara coupable de haute trahison quiconque, à l'avenir, lui en présenterait de semblables.

A cette déclaration, *Cromwell* vole au Parlement, accompagné de trois cents soldats, déclare en entrant à *S. John*, son ami, qu'il vient à regret accomplir ce que le Seigneur lui a ordonné; qu'il avait long-temps prié Dieu de l'en dispenser: & faisant signe à *Harrison*, il lui dit: il est temps de dissoudre ce Parlement. L'entreprise est dangereuse, lui repart *Harrison*; vous allez voir, lui dit-il: & sautant au milieu de la Chambre, il chargea d'invectives tous les Membres du Parlement; les appella tyrans, oppresseurs, voleurs du trésor public; puis frappant du pied, & appellant ses soldats: sortez, dit-il, sortez; faites place à d'honnêtes gens; le Seigneur a désormais choisi d'autres instrumens. *Henri Vane*, voulant lui faire des représentations, il cria: que le Seigneur me délivre de

Cromwell chasse & détruit le parlement 1653.

sire *Henri Vane*. En saisissant un autre par le collet, il lui dit, tu es un débauché; il taxa un troisième d'adultère, un quatrième d'ivrognerie, un cinquième d'extorsion : & les chassant tous de la salle, il s'écria : c'est vous qui m'avez forcé de vous traiter ainsi : j'ai prié Dieu toute la nuit qu'il me fit mourir plutôt que de me charger d'une telle commission; & les ayant tous mis dehors, il sortit le dernier, ferma les portes, & emporta les clefs.

Jamais homme ne fit une action plus hardie, & ne l'exécuta plus facilement. Mais *Cromwell*, dont on ne peut pas suspecter l'habileté, conçut très-bien que c'était le seul moyen de se défaire d'un grand Corps, qui s'était créé permanent contre toutes les loix, & qui, par ses prétentions & ses décisions, l'aurait embarrassé toute sa vie.

Cromwell se trouve sans titre, le maître absolu du Royaume.

Cromwell, par cette action décisive, se trouva le maître absolu du Gouvernement, comme il l'était déjà de l'armée, sans que personne lui en eût conféré l'autorité. Il régna, sans titre & sans droit, par sa seule audace.

PRÉTENDUS

PRÉTENDUS PARLEMENS,

Elus, chassés, refaits & dissous par Cromwell.

Le Peuple Anglais fut dépouillé de ses droits, comme la Famille Royale de sa Couronne. L'armée était absolument la maîtresse du Royaume; un conseil d'officiers, presque tous sans naissance, administrait l'Etat. L'Angleterre se trouvait gouvernée comm Alger, par la soldatesque.

L'Angleterre est gouvernee comm Alger.

Mais *Cromwell*, politique, enthousiaste, était servi par des enthousiastes fanatiques, capables de l'assassiner en priant Dieu, en se vantant de lui obéir. Il se crut sans doute obligé de leur en imposer par le nom de Parlement, cher à tous les partis, puisqu'en changeant tout, il laissa subsister ce nom, qui rappellait toujours l'ancienne constitution.

Il ne fit pas élire un Parlement par le Peuple, il le choisit lui-même; il écrivit à vingt-huit personnes des différens Comtés d'Angleterre, à cinq Ecossais, à six Irlandais, tous de basse condition, dont un des plus distingués était un Corroyeur appellé *Barebones*; il les invita de se

Cromwell choisit a son gie les membres d' n patlement.

trouver à Westminster. Là, il les investit de l'autorité parlementaire, en leur remettant une Patente, signée par quelques Officiers, qui les constituait Parlement. Cette Patente leur apprenait que tous les ans ce Parlement serait dissout; mais qu'avant de l'être, il choisirait lui-même les prétendus Représentans, qui devaient lui succéder & former un nouveau Parlement.

Certes, ce n'était là ni le Parlement d'Angleterre, ni les Représentans de la Nation.

C'était un corps qui avait tous les vices qu'on reproche aux corps aristocratiques, qui tiennent les Nations dans leur dependance.

Il était sage sans doute de réunir les trois Royaumes, de leur apprendre à ne faire qu'un seul peuple, à n'avoir qu'une même assemblée; mais ce plan, conforme aux vues d'une saine République, où toutes les Provinces concourent à former un seul corps politique, pour résister aux Puissans qui voudraient les diviser, afin de les assujettir: ce plan n'était pas celui de *Cromwell*. Il voulait, sous un nom révéré, dans les trois Royaumes, n'avoit qu'un faible conseil, incapable de s'opposer à ses volontés.

Ce Parlement, ridicule & méprisé, lui donna cependant quelqu'inquiétude. Il l'engagea à se dissoudre lui-même, & à remettre au Conseil des Officiers qu'il présidait, l'acte qui l'avait constitué.

Il force le parlement à se dissoudre. 1653.

Pendant qu'ils fesaient cette demarche, *Harrison*, & quelques Membres, de ce Parlement, qui ne voulaient point qu'il fut dissout, s'obstinèrent à siéger dans la Chambre. Le Colonel *White*, vint les trouver avec ses soldats : que faites vous ici, leur dit-il? *Nous cherchons le Seigneur*, répondirent-ils, selon leur langage fanatique, *allez donc ailleurs*, repliqua *White*, *car je suis certain que depuis plusieurs années il n'est point ici.*

Il fait chasser par le Colonel *White*, les membres du parlement qui ne veulent pas se dissoudre.

Le Conseil Militaire créa *Cromwell*, Protecteur, mais sous la condition qu'il élirait un Parlement tous les trois ans. Ce Parlement devait siéger cinq mois sans que le Protecteur pût le dissoudre, ou le proroger.

Le Conseil militaire nomme *Cromwell* protecteur.

Mais pourquoi le Conseil Militaire voulait-il un Parlement? Etait-ce pour contrôler ses propres actions ? Il est vraisemblable que *Cromwell* voulait contenir le conseil des Officiers, par l'autorité du Parlement, & le Parlement par la crainte de l'armée : elle était de vingt mille hommes d'infanterie & de dix mille de cavalerie.

Cromwell fait élire un parlement par le peuple. 1654.

Ce nouveau Parlement qu'il convoqua, fut élu par le peuple ; mais il fit dans les Elections quelques changemens sages. Il priva du droit d'élection tous les petits Bourgs, comme trop sujets à l'influence des Seigneurs, & à la corruption des présens.

Des quatre cents Députés, Représentans du peuple Anglais, il n'y en eut que deux cents soixante & dix de choisis par les Comtés ; le reste, c'est-à-dire, cent trente furent choisis par les Villes, & par celle de Londres. La basse populace fut exclue des Elections. On exigea que tout Electeur eut un bien de deux cents livres (pounds).

Hume nous assure que ces élections furent faites avec une entière liberté ; les seuls Royalistes qui avaient porté les armes contre le Parlement, furent privés de leur droit d'élection, eux & leurs enfans; mais à cette exception près, dit-il, on ne pouvait ni désirer ni espérer une plus digne représentation du Peuple.

Je crois que *Hume* ne s'est pas trompé; *Cromwell* maître de tout, vainqueur de tous les obstacles, mais entouré d'ennemis, d'enthousiastes, de fanatiques, avait besoin que la voix du peuple leur en imposât.

Dans son gouvernement, il ne s'écarta jamais de quatre principes, sans lesquels il y a toujours des troubles, & avec lesquels un peuple est toujours bien gouverné, quelque main qui le dirige.

Il fit rendre la justice par des hommes intégres, sans acception de personne; il contint l'armée sous la plus sévère discipline; il établit la tolérance pour toutes les sectes, hors pour le papisme; & il mit le plus grand ordre & la plus grande économie dans l'administration des finances.

Si l'on ajoute qu'il fit fleurir le commerce & l'industrie, que ses flottes triomphaient de celles de la Hollande, & le fesaient respecter dans toute l'Europe, on concevra qu'il pouvait se flatter, qu'en rendant au peuple la liberté des élections, il se ferait pardonner ses crimes.

Le 3 Septembre.

Ce Parlement n'était composé que de la seule Chambre des Communes; il y avait des Représentans de l'Ecosse & de l'Irlande. Cependant, dès que ce Parlement fut assemblé, le génie national se fit sentir : il examina de quel droit *Cromwell* s'arrogeait le titre de Protecteur, & régissait l'Etat. *Cromwell* lui parla fortement, lui défendit d'examiner la nature d'un gouvernement établi, sans lequel il n'existerait point. Il mit des gardes à la porte de la Chambre, n'y laissa entrer que ceux qui consentirent à signer qu'ils reconnaissaient son autorité, & qu'ils ne changeraient point le Gouvernement.

Il est obligé de dissoudre ce parlement.

Cette précaution fut inutile. *Cromvvell* fut oblige de dissoudre ce Parlement avant même que les cinq mois, où la loi l'obligeait de ne le pas dissoudre, fussent tout-a-fait expirés.

Il fut près de deux années à régir

l'Etat ſans en aſſembler un autre; mais enfin le ſuccès de ſes armes, ſes victoires ſur la Hollande & ſur l'Eſpagne, la conquête de la Jamaïque, la proſpérité de l'Angleterre, lui perſuadèrent qu'il pouvait en former un qui ſerait plus docile. Il en fit élire un autre

Il fit élire des Repréſentans des trois Royaumes; mais quand ils arrivèrent ils trouvèrent des gardes aux portes de Weſtminſter; ces gardes ne laiſſèrent entrer que ceux qui leur préſentèrent un ordre du Conſeil. Le Conſeil n'en avait donné qu'a ceux dont la docilité avait reconnu *CromWell* pour protecteur, & ſigné qu'ils ne feraient rien de contraire au gouvernement établi : plus de cent Députés avaient été exclus. Une telle aſſemblée n'était pas encore le Parlement d'Angleterre, & certainement *CromWel* n'aurait pas convoqué une telle aſſemblée, s'il n'eût pas ſenti la néceſſité d'oppoſer l'apparence d'un Gouvernement civil au pouvoir militaire; s'il n'avait pas craint d'être en butte, comme le Bey d'Alger & de Tunis, aux ſéditions de la ſoldateſque. Il n'ignorait pas que les Empereurs Romains, bien plus 1656 puissans que lui, avaient été déposés &, tués par leurs soldats : les siens étaient des fanatiques plus dangereux que les gardes Prétoriennes.

Cromwell est forcé de refuser la couronne.

Ce prétendu Parlement déclara criminel de haute trahison quiconque rappellerait *Charles Stuard*, ou quelqu'un de sa famille. Il offrit la Couronne à *Cromwell*. *Cromwell* la refusa, mais ses Officiers généraux ne voulaient point qu'il l'acceptât. *Desborow*, qui avait épousé sa sœur ; *Fleetwood*, qui avait épousé sa fille, veuve d'*Ireton*, le menacerent de l'abandonner, s'il prenait le titre de Roi. Un nommé *Syndercomb* avait déjà voulu l'assassiner : chaque jour sa vie était en danger.

Cromwell est mécontent de ses Officiers.

Il était si mécontent de ses Officiers généraux, qu'il cherchait à s'en défaire. Il destitua de leurs fonctions *Lambert* & *Packer*, & quelques autres qui avaient pris trop de crédit dans l'armée.

Il essaye de former une seconde Chambre.

Il prorogea ce Parlement, & pendant l'intervalle des sessions, il forma une seconde Chambre, qu'il composa d'un assez grand nombre de Gentilshommes riches, & de quelques Officiers parvenus de la plus basse condition à des grades Militaires. Il proposa à cinq ou six anciens Pairs d'y entrer, mais ils le refusèrent.

Cromwell espérait sans doute contenir une Chambre par l'autre, en imposer à l'armée par le Parlement, & demeurer ainsi maître de toutes les forces, en les divisant & en les opposant l'une à l'autre.

Il fut encore trompé dans son projet, & obligé de recourir au moyen de dissoudre subitement cette Assemblée. Son Gendre le priant de différer, il jura par le Dieu vivant, qu'il ne différerait pas d'un instant : & il les congédia sur l'heure.

Il dissout encore ce parlement.

1658.

Ce fut le dernier Parlement convoqué sous son protectorat. Il ne lui survécut pas long-temps, & il consomma ce peu de temps dans des inquiétudes perpétuelles, détruisant sans cesse des conspirations qui renaissaient chaque jour, n'osant marcher sans armes ni sortir sans gardes, ni coucher deux nuits de suite dans la même chambre. Enfin, il fut emporté en peu de jours à

Il meurt.

3 Septembre 1658.

l'âge de cinquante-huit ans & quelques mois, le 3 Septembre 1658, par une fièvre tierce, fruit inévitable de ses inquiétudes perpétuelles.

Les deux fils de Cromwell abdiquent.

Le fils de *Cromwell* convoque un parlement.

Richard I, fils de *Cromwell*, accepta par faiblesse, le nom de Protecteur ; il convoqua un Parlement composé des Députés des trois Royaumes, selon les principes de son père. Mais afin d'avoir plus d'influence sur les élections, il rendit le droit de suffrage à tous les petits Bourgs, & il composa la seconde Chambre, qu'on n'appellait point la Chambre des Pairs, des mêmes personnes que *Cromwell* y avait appellés.

7 Janvier 1659

Les Officiers le forcent à la dissoudre.

Les Officiers ne voulant point se soumettre à l'autorité civile, le forcèrent de dissoudre ce Parlement, & il est étonnant que *Lambert*, *Fleetwood*, *Desborow* n'ayent pas osé s'emparer de toute l'autorité, & déclarer qu'elle appartenait à ceux qui versaient leur sang pour défendre la patrie. Mais aucun d'eux n'était aussi hardi que *Cromwell*.

Les Officiers élurent *Fleetwood* pour leur Général, & au lieu de s'emparer du pouvoir, comme plusieurs le voulaient, ils assemblèrent cet ancien Parlement que *Cromwell* avait chassé, & qui, disaient-ils, n'était point dissout : mais ils en bannirent les Presbytériens, ce qui le réduisit à quarante-deux Membres.

Richard & son frère *Henri* abdiquent plutot que de commettre des meurtres.

Richard ne voulut point alors soutenir son autorité ébranlée, en faisant egorger son beau-frere *Fleetwood*, son oncle *Desborow*, *Henri Vane*, *Lambert*, & quelques autres, comme *Guillaume Howard* le lui conseillait ; il aima mieux descendre de ce haut rang, & vivre dans la retraite & dans l'obscurité. Son frère *Henri Cromwell*, qui commandait en Irlande, donna sa démission avec la même sincérité. Descendus tous deux paisiblement du rang des Princes, ils méritèrent d'être comptés parmi les Sages.

Les Officiers étaient détestés, le Parlement méprisé : les Presbytériens s'indignaient d'être dominés par quelques indépendans : la plus saine & même la plus grande partie du Peuple, regrettait le malheureux *Charles I*, & penchait en secret pour son fils. On se battait même dans plusieurs provinces au nom de *Charles II*.

DU PARLEMENT D'ANGLETERRE.

LIVRE III.

Le Peuple Anglais recouvre sa liberté, la maintient, l'accroît, réforme & perfectionne sa Constitution.

NOUVELLE RÉVOLUTION.

Cromwell, quelque temps avant sa mort, avait confié le Gouvernement de l'Ecosse à un homme vertueux, d'un esprit profond, capable de méditer un grand dessein, sans en rien laisser soupçonner : assez habile pour gouverner un peuple aussi difficile que les Ecossais, & doué d'une probité assez rigide pour n'avoir point d'ambition. Ce Gouverneur s'appellait *Monck*. Pris autrefois les armes a la main en défendant *Charles I*, enfermé à la tour de Londres, *Cromwell* lui avait sauvé la vie. Après la mort de son Roi, il prit, par reconnaissance, le parti de son bienfaiteur; après celle de *Cromwell*, il ne voulut pas se soumettre à une Oligarchie de fanatiques, qui, en parlant de Dieu & de liberté, opprimaient l'Etat, & commettaient des crimes.

Monck feint de servir le parlement.

Il dissimula ses sentimens par prudence, & feignit de servir le Parlement contre les Officiers.

Le Parlement, qui se crut appuyé, cassa *Lambert*, *Desborow*, & *Fleetwood* : ces Officiers arrivèrent avec des troupes, & chasserent encore une fois ce Parlement à peu-près comme *Cromwell* l'avait chassé autrefois.

Les Officiers s'emparent de l'autorité. *Monck* les disperse en s'approchant de Londres.

L'Etat ne fut plus gouverné que par des Officiers, mais ces Officiers ne s'accordaient point entr'eux, & l'armée n'était pas de leur parti. Les quarante-deux chassés de Westminster, s'assemblèrent en secret, & nommerent *Monck*, Commandant de toutes les troupes des trois Royaumes. Il partit pour l'Angleterre à la tête d'une armée Ecossaise : le conseil des Officiers se dissipa de lui-même, les quarante-deux reprirent leur siège à Westminster, & prierent *Monck* de ne pas s'approcher de Londres, où ils étaient tout puissans. *Monck* continua sa route.

Il arriva à Londres, & toujours en feignant de servir les quarante-deux, il les obligea à rendre aux Presbyteriens qu'ils avaient exclus, la place qui leur appartenait dans ce Parlement. Ce retour donna la majorité aux Presbytériens, ils firent quelques reglemens utiles, confirmèrent l'autorité de *Monck*, adressèrent aux Comtés des lettres pour l'élection d'un nouveau Parlement, & se déclarèrent eux-mêmes

16 Mars 1660 dissous.

PARLEMENT DE 1660.

Charles II est rappellé ; le Parlement reprend ses principes.

Parlement [illegible] Les Députés du Parlement furent élus, pour la premiere fois, avec une entière liberté, depuis la mort de *Charles I.* Les Royalistes, ni les republicains ne furent privés de leur droit de suffrage : & si les représentans qui furent choisis, étaient du parti du Roi, c'est que le plus grand nombre des Electeurs avaient embrassé ce parti en secret.

[illegible] Lorsque le Parlement fut assemblé, personne ne parla du Roi. *Monck* fonda les ſentimens de tous, & quand il crut les bien connaître il leur fit dire qu'un ſieur de *Granville*, qui ſe diſait envoyé du Roi, était à la porte de la Chambre avec des lettres adreſſées aux Communes; car il n'y avait encore que cette ſeule Chambre convoquée. 1 Mai 1660.

A cette nouvelle, la Chambre retentit d'aclamations; on fit entrer *Granville*, ſes lettres furent reçues avec joye, & lues avec transport. Sans héſiter un moment, ſans qu'une ſeule voix s'y opposât, on nomma un comité pour y repondre, & l'on vota unanimement que la lettre du Roi & ſa declaration feraient imprimées & publiees. Ainſi, *Charles II* fut reconnu Roi en un moment, ſans même qu'on en fit la propoſition, ſans qu'on mît la matière en deliberation, comme s'il eût ſuccédé immédiatement à ſon père.

Il eſt reçu, & le droit de *Charles II* eſt reconnu.

La joie fut univerſelle dans Londres & dans toute l'Angleterre. Le peuple, las de dix années de troubles inteſtins, de guerres civiles & de l'oppreſſion d'une multitude de tyrans, ſe rejettait dans les bras de ſon Roi.

La joie eſt univerſelle.

C'eſt ce qui eſt arrivé preſque par-tout, & c'est ce qui par-tout, hors en Angleterre, a donné aux Rois une puissance sans limites.

Le Roi, par sa déclaration, accordait l'amnistie la plus complette à tous ceux que le Parlement trouverait trop coupables, & il donnait à tous ses sujets la liberté de conscience.

Les Pairs reprenrent leurs places dans leur Chambre.

Pendant cette effusion, & ses transports qu'occasionnait la joye publique, les Lords se hâtèrent de se rendre au Parlement; ils trouvèrent la porte de la Chambre haute ouverte, & ils reprirent leur place accoutumée.

Charles II fut proclamé Roi dans différentes places de Londres. Les deux Chambres assistèrent à ces proclamations.

Un Comité de Pairs & des Communes alla le supplier de venir prendre possession du trône.

Le 26 Mai 1660 *Charles II* revient en Angleterre.

Monck fut le recevoir à Douvres. Le Roi, en débarquant, l'embrassa & le nomma son père; bientôt après il le décora de l'Ordre de la Jarretière; dans la suite, il le créa Duc *d'Albemarle*. Un sujet ne pouvait rendre un plus grand service: il remettait à *Charles* un trône qu'il

aurait

aurait pu prendre pour lui-même, & il le lui remettait sans effusion de sang.

Il est remarquable que beaucoup de révolutions se sont faites en Angleterre sans en verser, uniquement par la force du sentiment qui dominait alors dans la Nation. Ce sentiment unanime provient de l'unité des Loix & des coutumes qui règnent dans toute la Nation, de l'unité de son Parlement, de l'habitude de former une volonté générale.

Les deux Chambres n'ayant point été convoquées par le Roi, ne prirent que le nom d'Assemblée, jusqu'a ce que le Roi leur donnât le nom de Parlement.

Alors elles rectifièrent tous les actes faits sous le nom de *Cromwell*, sous le titre de Protecteur. Elles firent punir de mort six des juges de *Charles I* & remirent l'ordre dans toutes les affaires. Le Roi congédia au bout de deux mois ce Parlement, qui se ressentait encore des principes puisés dans des temps de troubles.

PREMIER PARLEMENT

Convoqué ſous Charles II.

8 Mai 1661. Un nouveau Parlement, plus royaliſte, fut convoqué pour le mois de Mai ſuivant; il abolit l'acte qui avait rendu le Parlement triennal; il rétablit les Evêques dans le droit de ſiéger à la Chambre des Pairs; déclara illicite l'action de porter les armes contre le Roi, & rétablit l'uniformité dans le culte de la religion Anglicane, qui devint alors la dominante.

Reſte d'intolerance. Le Roi était tolérant, mais le Parlement n'était pas encore aſſez éclairé pour l'être; il ordonna aux Prêtres catholiques de ſortir du Royaume, hors aux Aumôniers de la Mère & de l'Epouſe du Roi. Ce Prince s'était marié à une Princeſſe de Portugal: ce Parlement chaſſa auſſi de leurs Egliſes tous les Miniſtres Presbytériens.

3 Septembre 1666. Le feu prit à Londres & en conſuma la plus grande partie. On doit remarquer que cette Ville ayant été mieux rebâtie, les rues étant plus larges & mieux aérées, la contagion qu'on y éprouvait aupara-

vant deux ou trois fois par siècle, n'a point reparu depuis.

Toutes les sectes attribuèrent cet incendie aux papistes, qu'elles regardaient comme l'ennemi commun. La Chambre des Communes ne fut pas moins inconsidérée que le Peuple, dans ses jugemens.

La Femme de *Charles II* était catholique. Son frère *Jacques*, Duc d'*York*, marié d'abord à la fille du Lord Chancelier, Comte de *Clarendon*, qu'il avait séduite par une promesse de mariage, malgré l'extrême dévotion dont il se piquait, & qu'il n'avait épousée que malgré lui, par l'ordre de son frère, se montrait zélé pour la Religion Catholique ; & même quand il eut perdu sa femme, ce Prince abjura la foi Anglicane pour embrasser les dogmes de l'Eglise Romaine. Son frère n'avait point d'enfans, ce qui le rendait l'héritier présomptif de la couronne. En rejettant la religion légale pour une religion réprouvée par toutes les loix, il choquait le Parlement, & semblait braver toute la Nation.

Le Duc d'*York* se fait Catholique.

1671.

Charles voulait que les opinions religieuſes fuſſent tolérées ; les Presbytériens, toujours nombreux, voulaient que les Anglicans, dont la foi était la dominante, ne toleraſſent qu'eux.

Le Parlement établit le ſerment du Teſt. 1673

Le Parlement, après beaucoup de diſputes, prit un parti ſage ; il ordonna qu'à l'avenir, toute perſonne qui voudrait avoir un emploi ou un office public, ſerait obligée de jurer fidelité à l'Etat, de reconnaître la ſuprématie du Roi ſur l'Egliſe, & d'abjurer le dogme de la préſence réelle. C'eſt ce qu'on appelle le ſerment du TEST, ou de l'épreuve, parce qu'on ſe perſuada que c'était une épreuve qu'aucun Catholique n'oſerait ſoutenir.

Cette loi laiſſait la liberté de conſcience à tous ceux qui ne recherchaient point les emplois publics ; & elle ſpécifiait ſi peu de choſes à croire ou à rejetter, qu'on pouvait penſer, qu'à l'exception des vrais Catholiques & des fanatiques des autres ſectes, très-peu de perſonnes ſe feraient un ſcrupule de prêter ce ſerment.

Dans le temps où la Nation ſe montrait ſi peu favorable aux Catholiques, qu'elle n'appellait que Papistes, le Duc d'*York* fit la faute de se remarier à une Princesse catholique & italienne. Ce choix indisposa toute la Nation, & ne pouvait lui procurer aucun avantage. Le Parlement s'y opposa en vain. *Charles II*, qui aimait son frère, fut assez imprudent pour lui permetrre d'achever ce mariage. Dès ce moment il se forma des plans pour exclure ce Prince de la couronne. 21 Novembre 1673.

Préjugés, intolérance.

Les Catholiques n'en furent que plus mal vus, que plus observés, que plus exposés à la persécution : on fit le procès à quelques Jésuites ; on répandit contre eux les rumeurs les plus injurieuses. Pour comble de malheur, le Roi avait des bâtards qui s'imaginaient que si le Duc d'York était déclaré déchu de ses droits, ils pourraient succéder à leur père. Les mères, les parens de ces bâtards, les amis de leur famille, excitaient la haine contre les Catholiques.

Dans cette fermentation, on dit au Roi, qu'il y avait une conjuration tramée contre sa vie : on le persuada au Parlement, sur-tout à la Chambre des Communes. 16 &

On fit, devant elle, les dépositions les plus absurdes, & les plus contradictoires : on n'en accusait que les Papistes, & sur-tout les Jésuites : on osa même jetter des soupçons, jusques sur la Reine : malheureusement cette terreur, ces fausses accusations coûtèrent la vie à plusieurs innocens.

En lisant les immenses détails de cette procedure, on rougit pour les Juges ; on a peine a comprendre que la Chambre des Communes se soit laissé entraîner, comme un vil peuple, à de semblables clameurs, & qu'elle ait admis tant de dépositions contradictoires.

Mais qu'on se rappelle que l'Angleterre
1572 est situee entre la France, où les Catho-
1641 liques avaient commis le massacre de la
Saint-Barthelemi, & l'Irlande, où ils
avaient égorgé deux cents mille Protes-
tans ; que dans Londres même, ils avaient
1605. forme le projet de faire sauter avec de la
poudre, le Roi & tout le Parlement ; que
ces trois complots, les plus étonnans,
peut-être, que la rage du fanatisme ait
jamais conçus, avaient été entrepris en
moins de soixante & dix ans : qu'il n'y avait

pas encore quarante ans que le dernier s'était exécuté ; que *Charles II*, par sa mère, était petit-fils d'*Henri IV*, assassiné par un fanatique, & l'on concevra que ces terreurs n'étaient pas alors aussi absurdes qu'elles le seraient de nos jours.

Ce Parlement, qui avait commencé par se montrer si zèlé pour le Roi, lui devenait, de jour en jour, plus opposé. Le Roi fut obligé de le dissoudre.

Ce Parlement avait tenu la Chambre, 1678.
pendant seize ou dix-sept années.

Quand une assemblée subsiste si long-temps sous un Monarque, elle lui conteste ses droits, ou elle perd tous les siens. Ce qui a maintenu l'équilibre en Angleterre, c'est le droit qu'a le Roi de proroger l'assemblée, & de la dissoudre, au moment qu'il le veut.

Querelles entre les deux Chambres étouffées par la sagesse du Roi.

Dans le cours de ce Parlement, qui dura plus que celui par lequel *Charles I* fut détrôné, les deux Chambres eurent ensemble deux querelles assez vives, que la sagesse du Roi étouffa.

L'une avait été occasionnée par un riche marchand de Londres, appellé *Skinner* : il avait présenté une pétition à la Chambre des Pairs contre la Compagnie des Indes orientales, qui lui avait causé quelques pertes : les Lords avaient condamné la Compagnie à des dommages.

Les Communes prétendirent que les Pairs, en prenant connaissance originellement de cette affaire, intervertissaient l'ordre de la Justice : que *Skinner*, en s'adressant d'abord à la Chambre des Pairs, avant de s'adresser à elles, ou de se faire juger par un tribunal inférieur, avait violé le privilége des Communes, & elles le mirent sous la garde du Sergent d'Armes.

Les Lords soutinrent que la procédure était régulière, & qu'ils avaient droit de connaître, en première instance, d'une telle affaire.

Les Communes déclarèrent que quiconque exécuterait la sentence rendue par les Pairs, serait tenu pour violateur des droits & libertés des Communes d'Angleterre, pour infracteur des priviléges de cette Chambre.

1670. Le Parlement fut prorogé : la querelle se prolongea. Enfin, après plus d'un an, le Roi, qui s'était fait médiateur, obtint que, dans chaque Chambre, on ferait la radiation de tous les actes qui concernaient cette dispute, & que, de part & d'autre, on n'en ferait plus aucune mention.

Cinq ans après, un Docteur *Shirley*, 1675.
ayant un procès en Chancellerie, avec *Jean Fag*, Membre de la Chambre des Communes, fit un appel à la Chambre des Pairs.

Les Lords citèrent *Fag* à comparaître devant eux. Les Communes prétendirent qu'aucun de leurs Membres ne pouvait être cité devant les Pairs, & même que les Pairs ne pouvaient recevoir l'appel d'aucune Cour d'équité ou de la Chancellerie. Elles envoyèrent *Shirley* en prison. Elles y envoyèrent aussi quatre Avocats, qui soutinrent le droit des Pairs. Les Pairs prétendirent que les Communes violaient la grande Chartre: ils ordonnèrent au Lieutenant de la tour de relâcher les prisonniers; il le refusa. Les Lords s'adressèrent au Roi: le Roi ne put engager les Communes à la paix. Il prorogea le Parlement pendant quinze mois:

il paraît que l'affaire s'appaisa, puisqu'elle ne se renouvella point à la session suivante.

Si ces disputes avaient été fréquentes, sur-tout si les Lords avaient mis de la vanité à soutenir leur droit, & affecté de mépriser les Communes, les deux Chambres & la Nation auraient infailliblement perdu leur liberté, dont elles auraient mal usé. Je crois que ce qui empêcha ces querelles de se soutenir & de s'envenimer, c'est l'usage de proroger, & même de dissoudre le Parlement, avant que les passions se soient enracinées. Les nouveaux députés sont totalement étrangers à la querelle, & souvent même ils l'ont jugée ridicule ou funeste, dans un temps où ils ne pensaient pas qu'ils seraient représentans du peuple : ils n'entrent point dans un corps imbu de préjugés, ou livré à la rancune, & dont il faut embrasser l'esprit sous peine d'en être chassé. Arrivans tous a-la-fois, ils apportent un esprit tout nouveau, & souvent fort opposé à celui qui règnait dans le dernier Parlement, dont ils ne se soucient pas d'embrasser les opinions & les intérêts.

Il n'y a gueres d'exemple du contraire, que quand la querelle eſt entre la Chambre des Communes & le Roi; que quand le dernier Parlement a été diſſout, parce qu'il entreprenait ſur la prérogative royale. Alors le peuple affligé de la diſſolution de la Chambre, a ſoin de nommer, ou les mêmes Repréſentans, ou des Repréſentans d'une humeur encore plus difficile.

SECOND PARLEMENT.

Toute la Nation était mécontente de la conduite du Duc d'*York*; toutes les ſectes etaient liguées contre la religion Catholique, dont l'éclat, les richeſſes, les dignités, excitaient l'envie des Sectaires, & dont la hiérarchie & la ſoumiſſion au Pape allarmaient les politiques.

Quand le Peuple élut ſes Repréſentans, les Presbytériens eurent un grand crédit; ils firent nommer pour Députés, les hommes les plus oppoſés au parti de la Cour; & les plus ennemis de la religion Romaine.

Le Roi ordonne à son frère le Duc d'York de sortir du Royaume.

Cette mauvaise disposition du Parlement, obligea le Roi à donner à son frère, le Duc d'*York*, l'ordre de sortir du Royaume; il espérait que son absence adoucirait le parti opposé aux Catholiques.

Cette condescendance ne produisit pas l'effet qu'il en attendait; le Comte de *Shaftesbury*, homme de beaucoup d'esprit, fit au Parlement cet argument singulier, propre à se faire goûter du peuple & des deux Chambres, & à n'en être jamais oublié.

Le papisme & l'esclavage, disait-il, *sont deux frères qui se tiennent par la main; dès que l'un entre, l'autre le suit de bien près: en Angleterre, c'est le papisme qui fraie la route à l'esclavage; en Ecosse, c'est au contraire l'esclavage qui introduit le papisme; mais l'un ne va pas sans l'autre.*

Cet argument concourut beaucoup à engager les Communes à porter un bill qui déclara le Duc d'*York* inhabile à succéder au trône d'Angleterre & d'Irlande, & à décider qu'à la mort du Roi, la couronne serait donnée au plus proche parent de ce Duc, mais non à lui; que quiconque soutiendrait les droits de ce Duc, serait traître à la patrie, & que lui-même serait réputé traître, si jamais il mettait le pied sur le territoire Britannique.

C'est ce Parlement qui porta, ou plu- 1679.
tôt qui renouvella & perfectionna ce fameux acte d'*Habeas corpus* (1), dont les Anglais sont si fiers; la grande chartre, la pétition de droit, avaient déja assuré

---

(1) » C'est une loi regardée comme fondamentale » en Angleterre, & comme le boulevard de la liberté de la Nation. Par cette loi, le Roi ne peut » faire emprisonner aucun Citoyen, sans qu'il soit interrogé dans les vingt-quatre heures, & relaché sous » caution, jusqu'à ce que son proces lui soit fait, & » s'il a été arrêté injustement, le Secretaire d'Etat » doit être condamné à lui payer cherement chaque » heure.

» Le Roi n'a pas le droit de faire arrêter un membre du Parlement, sous quelque pretexte que ce » puisse être, sans le consentement de la Chambre. » Le Parlement, dans les temps de rebellion, suspend » toujours ces loix par un acte particulier, pour un certain temps, & donne pouvoir au Roi de s'assurer, pendant ce temps seulement, des personnes suspectes. » *Voltaire, siecle de* Louis XV, *pag.* 201 & 202 *édition de Kehl.*

la liberté de chaque homme ; ce nouvel acte l'assura plus complettement, en defendant d'envoyer personne dans les prisons situées au-dela de la mer, ensuite en defendant à tous Juges, sous diverses peines, de refuser à tout prisonnier quelconque, un ordre par lequel le Geolier est obligé de le produire dans une Cour de Judicature, & de certifier la cause pour laquelle il est détenu.

Par cette loi, qui tire sa principale force du génie de la Nation, qui ne permet aucun subterfuge à ses Magistrats, personne ne peut être emprisonné sans un motif exprimé, connu parconséquent du prisonnier, & communiqué au Geolier, qui ne le retiendrait pas, si le motif n'était pas légal : il ne peut être détenu longtems sans être jugé, & on ne peut lui supposer ou lui chercher un autre délit que celui qui est exprimé dans l'acte de son emprisonnement. Voilà ce qui est particulier à l'Angleterre, & ce qui sans doute devrait être par-tout ; du moins pour tous les emprisonnemens qui ne se font pas par ordre du Roi. L'acte *d'habeas corpus*, ordonne aussi qu'un homme déclaré innocent, par l'ordre d'une Cour, ne puisse être emprisonné une seconde fois, ni retenu en prison pour ce même délit. Je crois que cette loi se retrouve dans tous les codes; mais on n'a pas par-tout le moyen de la faire exécuter comme en Angleterre. Or, sans une exécution exacte, de quelle utilité sont les meilleures loix?

Ce Parlement, se montrant toujours également opposé à la tolérance, au Duc d'York & au Roi; *Charles II*, le prorogea, & quelque temps après, le déclara dissout par une proclamation.

Le parti du Roi & celui de l'opposi- 1680.
tion, aigri par le fanatisme des Presbytériens & des Catholiques, par l'amour de la liberté, que les uns voulaient limitée, & les autres sans limites, dégénérèrent en factions, qui se détestaient, & qui s'injuriaient; elles se donnaient réciproquement les noms les plus méprisans. Les Républicains appellerent les partisans du Roi *Torris*, sortes de Bandits-Papistes, qui pillaient l'Irlande, & les gens de la Cour appellerent les Républicains, *Wighs*, sorte de lait de beurre, dont se nourrissaient les plus grossiers Covenantaires de l'Ecosse.

Ces appellations injurieuses ont subsisté jusqu'à nos jours, & il est étonnant, que de pareilles invectives continuent à être employées dans une Nation qui aspire à la gloire d'être plus sage qu'une autre.

TROISIEME PARLEMENT.

Le Duc d'York est déclaré exclu de la couronne par un bill que rejettent les Lords.

Le Roi ayant convoqué un troisième Parlement; il le trouva aussi intolérant que les deux autres, les Communes reprirent le Bill contre le Duc d'York, & le déclarèrent exclu de la couronne; elles portèrent ce Bill à la Chambre des Pairs qui le rejetta, à la grande pluralité des voix; ce qui irrita beaucoup les Communes.

Dernier sang versé par l'intolérance 1680.

Il fallait encore du sang à cet esprit d'intolérance qui dominait dans les Communes, & elles sacrifierent le Comte de *Stafford*, à ce pretendu complot formé contre la vie du Roi, dont nous avons déja parlé. Il était innocent, vieux & infirme : sa vie avait été pure, les Communes le sacrifièrent à leurs passions, & la Chambre des Lords le souffrit. Ce fut le dernier sang versé, dit *Hume*, pour

pour ce prétendu complot du papiſme; mais par quelle fatalité, des corps qui devraient être moins livrés à l'emportement que des particuliers, en ſont-ils preſque toujours plus ſuſceptibles?

Ce Parlement ſe portant aux mêmes 1681.
violences que les autres, *Charles* ſe détermina encore à le diſſoudre.

QUATRIEME PARLEMENT.

Le Roi convoqua ce quatrième Parle- 1681
ment à Oxford, croyant que loin de 21 Mars.
Londres, il n'éprouverait pas l'influence de la Capitale, & qu'il pourrait avoir un eſprit plus paiſible: il ſe trompa; le peuple élut les mêmes Repréſentans, ils choiſirent le même Orateur, & ils reprirent les mêmes projets. Ce fut plutôt une nouvelle ceſſion, qu'un nouveau Parlement; mais ce Parlement ne dura pas long-temps. *Charles* arriva inopinément,
& au moment où perſonne ne s'y at- 168.
tendait, il leur dit qu'il était venu pour le diſſoudre, & il le congédia. Depuis ce jour il n'aſſembla plus de Parlement.

DU SEUL PARLEMENT

Tenu sous Jacques II.

1685. A la mort de *Charles II*, son frère *Jacques II*, ce même Duc d'*York*, que les Communes avaient voulu exclure de la couronne, fut reconnu par le Conseil privé; il était revenu en Angleterre depuis quelques années; il promit au Conseil de maintenir le Gouvernement tel qu'il était dans l'Etat & dans l'Eglise.

Il s'était distingué dans la marine. Il avait inventé l'art de conduire une flotte par le moyen des signaux.

Jacques II à peine sur le trône, va en pompe à la Messe, & veut rétablir la Religion Catholique.

La plupart des impôts n'avaient été accordés à *Charles II*, que jusqu'au jour de sa mort. *Jacques II* entreprit de les lever, comme s'ils devaient continuer. Il savait combien le peuple abhorrait la messe, & il affecta d'y aller avec toute la pompe qui suit la Majesté Royale; il indisposa les esprits sur les deux objets qui touchent le plus vivement le peuple, l'argent & le culte. Il avait des maîtresses, ce qui contrastait avec sa grande dévotion, & ce qui scandalisait les dévots de toutes les sectes.

Cependant il convoqua un Parlement ; car il ne pouvait s'en paſſer. Les circonſtances firent prédominer dans la Chambre des Communes les Royaliſtes & les Ecleſiaſtiques. Ces derniers étaient tous du parti du Roi, quoiqu'ils ne fuſſent pas de ſa religion. Dans ſon premier diſcours, il indiſpoſa les deux Chambres, en leur feſant entendre que ſi le Parlement ne ſuivait pas ſa volonté, il trouverait bien le moyen de s'en paſſer à l'avenir. Cependant les Royaliſtes qui le compoſaient, cherchèrent à lui complaire. Il convoque un Parlement.

Le Duc de *Monmouth*, bâtard de *Charles II*, forcé par ſon père même, à quitter l'Angleterre, s'était refugié en Hollande : s'étant perſuadé que le peuple Anglais l'aimait, & qu'il voyait avec chagrin un Prince catholique ſur le trône : il repaſſa en Angleterre avec quelques troupes, & crut qu'il dépoſſéderait *Jacques II*. Il fut vaincu, pris & décapité. Il défait ſon neveu, le Duc de Monmouth & le fait décapiter 1685.

Jacques enorgueilli par cette victoire, commença à braver ſon Parlement : il voulut en exiger de quoi entretenir une armée : il lui déclara qu'il avait diſpenſé *Jacques II* prétend avoir le droit de diſpenſer d'obéir aux loix. 1685.

les Officiers catholiques de la loi qui les obligeait de prêter le serment du *Test*: & qu'il ne souffrirait pas qu'on exigeât qu'il le prêtassent.

Les Communes adressèrent au Roi une humble remontrance sur le droit qu'il prétendait avoir de dispenser des loix.

Il la reçut si mal, qu'en rentrant dans la Chambre, chacun gardait le plus profond silence. Après quelques momens, *Coké*, député du Comté de *Derby*, l'interrompit en disant : *J'espère que nous sommes tous Anglais, & que nous ne nous effrayons point pour quelques paroles dures.*

La Chambre l'envoya à la tour, & vota que le Roi recevrait l'argent qu'il demandait, pour lever une armée qui devait vraisemblablement opprimer le peuple, & rétablir le catholicisme.

Cet emprisonnement, ce vote, semblent d'abord une bassesse ; & je crois que nul corps ne l'eût commis dans un pays moins libre : mais chez une Nation fière, & qui a des droits établis par des loix, une telle conduite indispose tellement les esprits, qu'elle affaiblit plus l'autorité du Prince qu'elle ne la sert.

Dans la Chambre haute les Pairs & les Evêques, ordinairement plus dociles aux volontés du Roi, que les Communes, le furent moins dans cette circonstance. Ils prétendirent qu'il n'avait pas le droit de dispenser des loix. *Jacques II*, prorogea son Parlement, & enfin fut obligé de le dissoudre.

La Chambre haute parait moins docile que celle des Communes.

On disait, dans le public, qu'il était impossible qu'il en trouvât un plus complaisant; qu'il avait résolu, sans doute, puisqu'il s'en privait, de n'en plus convoquer, & de régner arbitrairement.

Cette conduite de *Jacques II*, dès le commencement de son règne, blessa le Parlement, l'Eglise Anglicane & l'Armée, qui, composée de Protestans, se vit avec chagrin, livrée à des Officiers catholiques. Les Théologiens excitèrent la fermentation par des livres de controverse, les députés par des plaintes.

Sur ces entrefaites, on apprend en Angleterre que *Louis XIV* vient de révoquer l'Edit de Nantes: que les Protestans sont livrés en France à des persécutions

Effroi que la nouvelle de la revocation de l'Edit de Nante cause en Angleterre

rigoureuſes; qu'ils y ſont livrés à la licence des ſoldats, à leurs fureurs, à leur brutalité. On voit arriver cinquante mille familles qui ſe ſont ſauvées au travers des gardes qui veillaient ſur les frontières, pour empêcher l'émigration. Le récit de leurs maux, la peine des galères décernée contre les fuyards, les Miniſtres expirant ſur la roue, les malheurs de pluſieurs millions d'hommes, exagérés par l'imagination, par le deſir d'attirer la pitié, & de trouver des ſecours plus prompts; la vue de tant d'infortunés, débarquant chaque jour, après avoir ſacrifié leurs fortunes, ou de grands établiſſemens, pour jouir de la liberté de rendre à leur Dieu le culte qu'approuvait leur conſcience; la foule des mères apportant leurs enfans dans leurs bras, & racontant les périls qu'elles avaient courus, les maux qu'elles avaient éprouvés, les outrages qu'elles avaient eſſuyés, formaient un tableau d'horreur qui acheva de réveiller l'indignation qu'on n'éprouvait que trop encore en Angleterre contre la Religion Romaine.

La révocation de cet Edit fut un

grand malheur pour *Jacques II.* On cherchait comment un homme, qui se piquait autant de justice & de magnanimité que *Louis XIV*, comment un Roi aussi prévoyant, & qui avait entrepris de rendre sa Nation la première de l'Europe, par les armes, par les richesses, par les sciences, par le commerce, par les beaux arts, pouvait avoir formé un projet aussi injuste en lui-même, aussi destitué de générosité, aussi propre a détériorer la Nation qu'il voulait élever, & l'on se demandait : qu'est-ce que l'Angleterre pouvait attendre d'un Prince aussi peu éclairé, aussi bigot que *Jacques II?* On croyait déjà voir à Londres l'inquisition allumer ses bûchers comme à Lisbonne ou à Madrid ; & les dragons se répandre dans ses campagnes, comme dans les Cévennes.

Jacques s'obstine a dispenser les Catholiques de la loi du serment.

Jacques, plus Moine que Monarque, employa la petite ruse de faire intenter un procès à un Catholique, pour n'avoir pas prêté le serment du *Test*, en acceptant un emploi dans l'armée : l'accusé répondit que le Roi l'en avait dispensé, & il gagna son procès ; car tous les Jurisconsultes déclaraient que le Roi avait le droit de dispenser des loix. Cette assertion peut être vraie, dans certains cas, à l'égard d'un particulier ; mais elle ne peut jamais être vraie en général dans aucun pays ; car alors il n'y aurait plus de loi ; ou ce qui serait plus funeste encore, la loi ne serait qu'un piège dont on se servirait pour perdre qui l'on voudrait.

C'est ce que toute l'Angleterre sentit, malgré la décision des Jurisconsultes, qui ne se montrèrent alors que l'instrument du plus puissant.

Jacques ne restraignit pas ce prétendu pouvoir de dispenser de la loi, à quelques cas particuliers ; il ne se borna point à en faire usage en faveur de quelques hommes utiles, dont les talens attirent la bienveillance publique, & semblent réclamer des exemptions : il en dispensa tous les Catholiques ; il remplit le Conseil, l'Armée, & la Cour de gens de cette religion. Il ne demandait point la capacité d'un homme, mais sa foi.

Violant sans cesse la loi, & n'osant pas l'abolir, il se montrait téméraire & timide, deux qualités qui perdent toujours celui dans qui elles se réunissent.

Il se crut aussi dispensé d'observer la loi qui avait aboli à jamais *la Cour de la haute Commission*, & il en établit une nouvelle pour juger toutes les affaires ecclésiastiques. Il la composa de Protestans & de Catholiques. En fesant des proclamations pour etablir la tolérance, il montrait une partialité décidée pour les Catholiques. Il envoya un Ambassadeur au Pape; il en reçut un Nonce. Ce Nonce fit dans Londres une entrée pompeuse, mais scandaleuse, par les Prêtres, par les Moines qui y parurent, & par la Croix que l'on portait devant lui, & que les Anglais regardaient comme un reste d'idolatrie.

Il rétablit la Cour de la haute Commission

Pressé par les conseils de sa femme, par ceux de son confesseur, le P. *Peters*, & des autres ecclésiastiques qu'il admettait auprés de lui, il se hâtait trop, & de convertir sa Nation, & d'agir comme s'il eût été absolu. Ne convoquant point de Parlement, levant des impôts sans l'aveu de la Nation, emprisonnant, & des Particuliers, & des Lords, & des Evêques, il indisposait tous les cœurs: il se persuadait qu'il était affermi, parce qu'il éprouvait peu de resi-

Il se livre au Conseil des Pretres & des Moines, & affaiblit son autorite.

tance, & que ses flateurs & ses théologiens l'assuraient continuellement qu'il était le maître. Il les croyait, & déja sa puissance n'était plus qu'un grand édifice dont les fondemens minés, par un feu couvert, ne pouvaient supporter le poids ; elle allait s'écrouler toute entière & toute à la fois. Le péril était éminent : *Jacques* ne s'en appercevait pas ; mais son gendre *Guillaume*, Prince d'Orange, connut son danger & son aveuglement ; il ne songea pas à lui porter un secours inutile, mais à recueillir sa dépouille.

Conduite du Prince d'Orange Effroi de *Jacques II.*

Il accueillit tous les mécontens qui passèrent en Hollande ; il arma une flotte. A cette nouvelle, les conseils de *Jacques II* se troublèrent ; il sentit quel est le néant de la puissance Royale, quand elle n'est pas fondée sur la volonté publique ; il fut tout étonné de se trouver sans force. Il se hâta alors de recourir après l'affection du peuple ; il promit d'assembler un Parlement libre ; il abolit *la haute Commission* ; il ôta les emplois aux Catholiques ; il ordonna de démolir les chapelles qu'il leur avait élevées ; il défit tout ce qu'il avait fait ; non comme un ſage qui reconnaît ſes erreurs, mais comme un homme égaré qui cède malgré lui. On l'en mépriſa davantage; il ſe conſommait en efforts ſuperflus, & déjà les vents apportaient *Guillaume* ſur les côtes; il débarquait à Torbay; il s'avançait vers Exceſter. 5 Novembre 1688.

Jacques marcha auſſi-tôt contre lui, & vint camper dans les plaines de Saliſbury: ſa cour, ſes amis, ſes enfans l'abandonnèrent; une partie de ſon armée le quitta. Obligé de retourner à Londres, il rentra preſque en ſolitaire dans ce palais où n'aguères entouré d'un Clergé courtiſan, & de vaines reliques, il bravait tout un peuple, & diſpenſait ſes flateurs d'obéir aux loix.

Jacques II eſt abandonné de ſon armée & de ſes enfans.

Dans ce grand abandon, la mort épouvantable de ſon père *Charles I*, ſe préſenta ſi vivement à ſon imagination, à celle de ſa femme, & du peu de gens qui oſaient encore lui reſter fidèles, qu'ils ne virent d'eſpérance que dans la fuite. La Reine partit la première, emportant dans ſes bras ſon fils, le Prince de Galles, à peine âgé de quelques mois. Elle traverſa la Tamiſe dans un bateau découvert

La Reine s'enfuit.

12 Decembre 1688.

exposée à une pluye, assez forte, qui favorisait son évasion.

Jacques se déguise & s'enfuit

Quelques jours après, le Roi, déguisé, s'enfuit aussi de son palais. Il monta dans une petite barque, descendit la rivière, & y jetta le grand sceau du Royaume, de peur que ses ennemis ne s'en servissent contre lui. Il fut reconnu dans sa fuite, & ramené à Londres; le Prince d'Orange l'obligea d'en sortir. Il le fit garder; mais

23 Decembre 1638

de manière qu'il pût s'échapper une seconde fois, & passer en France où il alla rejoindre sa femme, & jouir en paix de la munificence de *Louis XIV*.

C'est ainsi que *Jacques II*, sans tirer l'épée, sans avoir eu la plus légère occasion de combattre, perdit la Couronne, non pas pour le plaisir d'entendre une messe, comme on l'a dit; car personne ne lui contestait un semblable plaisir; mais pour la ridicule fantaisie de la faire entendre à d'autres, qui ne s'en souciaient en aucune manière.

Le Parlement d'Angleterre n'a point de part à cette revolution.

Le Parlement d'Angleterre n'eut aucune part à cette revolution; il n'était pas assemblé; il ne l'avait pas été depuis trois ans; c'est même parce que le Roi ne l'assemblait pas, que la révolution eut lieu.

Si *Jacques II* l'eût convoqué, il eſt vraiſemblable que le Parlement ſe fût oppoſé à ſon prétendu droit de diſpenſer des loix, & de changer le culte; mais il ne l'eût pas détrôné; ou s'il avait été réduit à le dépoſer pour conſerver ſa liberté, la révolution ſerait arrivée beaucoup plus tard.

ASSEMBLÉE NATIONALE.

Elle traite avec le Prince d'Orange.

Le Trône étant abandonné, les Pairs & les Evêques, au nombre d'environ quatre-vingt-dix, adreſſèrent une requête au Prince d'Orange, & le prièrent de convoquer, par des lettres circulaires, l'Aſſemblée de la Nation. Je dis l'Aſſemblée de la Nation, car il n'y a point de Parlement en Angleterre, ſans le Roi; il en eſt une partie eſſentielle, & alors il n'y en avait point, mais l'Aſſemblée de la Nation peut exiſter ſans lui, & alors elle prend le nom de convention du mot latin *conventus*. Requêtes adreſſées au Prince d'Orange.

Le Prince d'Orange ne ſe croyant pas Le Prince

d'Orange convoque une Assemblée nationale 22 Janvier 1689.

encore assez autorisé, fit assembler tous ceux qui avaient composé la Chambre des Communes dans un Parlement tenu sous *Charles II*, & il se fit adresser par eux la même requête. Alors il convoqua l'Assemblée Nationale.

Dès que la convention fut assemblée, les deux Chambres rendirent graces au Prince d'Orange d'avoir délivré la Nation.

Le Parlement décide qu'il y a un contrat originel entre le Peuple & le Roi.

Ensuite la Chambre basse fit, à la grande pluralité, un *Vote* remarquable. Le voici en propres termes :

« Le Roi *Jacques II*, ayant entrepris
» de renverser la constitution du Royau-
» me, en rompant le CONTRAT ORIGI-
» NEL, entre le Roi & le peuple ; & ayant,
» de l'avis des Jésuites & autres person-
» nes lâches, violé les loix fondamen-
» tales, & abandonné le Royaume, a
» abdiqué le Gouvernement, & par cet
» abandon le trône est demeuré vacant ».

Ce *Vote* porté à la Chambre des Pairs, on examina s'il y avait en effet *un Contrat entre le peuple & le Roi*, & il fut décidé, à la pluralité de cinquante-trois voix, contre quarante-six, qu'il y avait un tel *Contrat* : le *Vote* fut entièrement approuvé.

On demanda encore, si la couronne était héréditaire ; si le Parlement pouvait en disposer ; si l'on ne ferait pas mieux de nommer un Régent pendant la vie de *Jacques II*, ou si l'on devait plutôt conférer la couronne a sa fille *Marie*, qu'a l'époux de cette Princesse.

Guillaume eut la sage politique de laisser au Parlement la plus parfaite liberté, & de ne pas chercher a influer sur aucun des débats qui s'y élevèrent.

Cependant quand il vit agiter ces dernieres questions, il dit à quelques Lords, que le Parlement était libre de nommer un Régent, ou de choisir qui il lui plairait pour Roi ; que quant à lui il n'accepterait point la Régence, & qu'il ne voulait pas d'une couronne qu'il tiendrait uniquement de sa femme, quoiqu'il l'aimât, & qu'il rendît justice au mérite de cette Princesse.

Le Parlement instruit de sa volonté, ne lui donna pourtant pas la couronne à lui seul ; il la donna conjointement à lui & à sa femme. Il les proclama tous les deux

Le Parlement nomme pour Rois *Marie* & *Guillaume*.

Rois : & il chargea *Guillaume* spécialement de l'administration du Royaume.

Il annexe à l'acte qui leur donne le trône, une notice des droits de la Nation.

Mais il annexa à cet acte, une déclaration des droits de la Nation dans laquelle il détermina & fixa tous les points qui avaient été un sujet de dispute entre le Peuple & le Roi ; & dans cette déclaration, la prérogative Royale fut plus exactement définie, plus étroitement circonscrite, & beaucoup plus assurée.

L'accord des deux Chambres, la volonté générale firent cette grande révolution, & affermirent la liberté, sans combats, sans troubles, sans animosité, & presque sans disputes : ils n'y eut que quelques discussions. C'est ce qu'on ignore trop : on croit que pour acquérir la liberté, il faut inonder la terre de sang, & la couvrir de morts : il ne faut que vouloir, s'entendre & s'unir. Mais cet accord, plus rare, plus difficile à obtenir que des conquêtes, demande un concours de tant de vertus, que bien peu de Nations en ont donné l'exemple, & que la plupart des Peuples de la terre n'en ont pas même conçu l'idée.

DU PARLEMENT,

Depuis la révolution ; & de deux événemens mémorables.

Ce fut un étrange effet des caprices de la fortune, que cette révolution qui plaça successivement sur le trône d'Angleterre les deux filles du Roi qui en avait été chassé, lui & son fils, le frère de ces deux Reines.

Mais depuis cette révolution, tous les règnes ont été glorieux. Après l'heureux règne de *Guillaume* & de *Marie*, celui de la Reine *Anne*, fut célèbre par ces belles campagnes où *Malborough* acquit tant de gloire en combattant contre la France; par celle du Comte de *Péterborough* en Espagne, & par la prise de Gibraltar que fit l'Amiral *Georges Rook*.

Depuis la révolution, tous les règnes ont été glorieux.

Celui de *Georges II*, est célèbre pour avoir enlevé le Canada à la France, & pour avoir remporté des victoires sur les Européens, dans les quatre parties du monde.

Celui de *Georges III*, par les beaux voyages de *Cook*, autour du globe ;

voyages qui font encore plus d'honneur à l'intelligence humaine, que de vastes conquêtes.

Je ne parlerai point ici d'une foule de Bills, qui font honneur au Parlement, comme ceux par lesquels il conféra au Roi tout ce qui a rapport à la puissance exécutive, afin de ne laisser au Parlement que la législative, & de bien marquer les bornes de l'une & de l'autre; comme ceux par lesquels il ferma la porte de la Chambre des communes, à tous ceux qui avaient des places, des charges & des pensions qui pouvaient leur donner un autre esprit que l'esprit public; celui par lequel il exclud *Walpole* d'un Parlement, sur le soupçon qu'il était gagné par argent; celui par lequel il chassa de la Chambre des communes le fameux *Stéel*, pour avoir fait des libelles. Je citerai, pour donner un exemple de la liberté qui y règne, le mot du fameux Comte de *Péterborough*, lorsqu'il fit rejetter un Bill contre l'irreligion, en di-
1721 sant *qu'il voulait bien avoir un Roi; mais non pas un Dieu de la façon du Parlement.*

Dans cette foule de choses utiles, deux grands événemens doivent fixer notre attention; c'est l'union de l'Ecosse & de l'Angleterre; & la séparation des Colonies de l'Amérique Septentrionale, d'avec leur mère patrie.

La fierté Anglaise, & la fierté Ecossaise répugnerent long-temps à n'être plus deux Nations independantes l'une de l'autre : envain, depuis *Jacques I*, tous les Rois avaient desiré de les reunir, afin de n'avoir pas toujours une double opération a faire, quand il n'y avait qu'un Réglement à porter; aucun d'eux, pas même *Cromwell*, n'avait pu obtenir cette gloire. Le Parlement d'Ecosse est réuni au Parlement d'Angleterre

Enfin, sous l'heureuse administration de la Reine *Anne*, les bons esprits des deux Nations, sentirent que leur desunion nuirait quelque jour a leur liberté; que dans les disputes qu'ils auraient avec la Couronne, les Rois armeraient une Nation contre l'autre; qu'ils obtiendraient de l'une, les subsides que l'autre leur refuserait, & qu'ils s'armeraient de ces subsides, pour en arracher a celle qui n'en voudrait pas donner; qu'alternativement elles seraient opprimées. Ils sentirent encore que si la liberté ne se maintient que par les sacrifices que chacun fait de ses droits particuliers aux droits de tous, le premier sacrifice qu'on doit lui faire est celui de son orgueil & de ses préjugés; que les Nations qui ne savent point s'en dépouiller pour elles, sont indignes de l'obtenir, & ils lui sacrifièrent leur amour-propre, leurs petites passions, leur vieille rancune, leurs anciennes habitudes, quelques droits pécuniaires, & des droits prétendus honorifiques.

1707. Les deux Parlemens se réunirent en un seul, & ne purent ni le nom de Parlement d'Angleterre, ni celui de Parlement d'Ecosse; mais le nom de Parlement de la grande Bretagne.

Dans les débats qui s'élevèrent à ce sujet, le parti de l'opposition insistait particulièrement sur la différence des loix & de la religion. Le Lord *Haversham* cita ce mot fameux du Lord *Bacon*, qu'une unité composée de parties essentiellement contraires l'une à l'autre, ne ferait jamais qu'un assemblage confus, ſemblable à la ſtatue au pied d'argile, aux jambes de fer, aux cuiſſes d'airain, & à la tête d'or, que *Nabucodonoſor* avait vue en ſonge ; qu'on chercherait en vain à amalgamer toutes ces parties, qu'on n'en ferait jamais un tout.

Bacon avait raiſon : *Havershaın* ne péchait que par l'application qu'il feſait de ce principe. La Religion n'était pas la même ; mais la tolérance était la vraie Religion du Gouvernement & des deux Royaumes ; quelques loix variaient, mais les loix fondamentales étaient les mêmes; la puiſſance légiſlative, donnée toute entière aux Parlemens ; l'exécutive aux Rois : point de puiſſance intermédiaire, point de haute Cour de judicature, qui fît un Corps ariſtocratique, qui diſputât au Roi ſa puiſſance exécutive, & au peuple ſa puiſſance légiſlative.

Ainſi ces deux Nations pouvaient très-bien ſe réunir, & l'expérience l'a prouvé ; enfin, en ne feſant des deux Parlemens qu'un ſeul Corps légiſlatif, on donnait aux deux Nations un intérêt commun ; on aſſurait la liberté de toutes deux.

Cette grande question de l'union de toutes les parties d'un grand Etat, se renouvella sous une autre forme soixante ans après.

Les Colonies Anglaises de l'Amérique septentrionale, se séparent de l'Angleterre.

Le Parlement voulut imposer des taxes aux Colonies de l'Amérique; elles prétendirent qu'elles avaient droit de se taxer, que c'était leur droit de *naissance*; elles demandèrent qu'on admît leurs Députés dans le Parlement.

On leur refusa cette faveur, & il est vraisemblable que le Ministère voulait tenir les Colonies séparées de la mère patrie, afin de maîtriser l'Angleterre, par la crainte des Colonies, & les Colonies par celle de l'Angleterre. Ce qu'il y a de singulier, c'est que le Parlement Britannique & ces Colonies ne virent pas le piége, ou étaient bien sûrs de ne pas s'y laisser prendre.

Les Colonies firent même ce qu'elles purent pour ne dépendre que de la Couronne, & se soustraire au Parlement; ce qu'il y eut de plus singulier encore, c'est que le Ministère ne voulut pas, ou n'osa pas, ou ne put profiter de cette bonne volonté, & se faire dans ces Colonies des Provinces indépendantes du

Parlement Britannique, comme il en a une dans l'Irlande.

Les Colonies prirent les armes, s'allièrent avec la France, & devinrent une Puissance indépendante; mais l'Angleterre conserva sa liberé toute entière : liberté qui eut été en danger, si le Roi avait eu dans l'Amérique treize Provinces désunies, qui lui eussent envoyé séparément des subsides, dont l'emploi lui eût servi à se passer du Parlement, à ne le plus assembler, & à corrompre ou intimider ceux qui auraient pu s'en plaindre trop hautement.

Ce sont toutes ces divisions, ces impôts levés séparement ou diversement, ces haines de Provinces à Provinces, ces Administrations différentes, ces corps Aristocratiques opposés entr'eux, ces ordres dont les prétentions se heurtent, ces privilèges qui humilient les uns, & qui éveillent la vanité des autres, ces Tribunaux soumis à des formes différentes, & à des loix contradictoires, ces subdivisions de puissance, cette disparité d'intérêt, qui sont les véritables chaînons de la grande chaîne avec laquelle on garotte le genre humain : c'est ce que presque aucune Nation n'a connu : c'est ce que les Anglais ont compris depuis très-long temps; mais sur-tout depuis la mort d'*Elisabeth*, & l'abolition de la Chambre Etoilée ; ce que les Ecossais n'ont senti que depuis quatre-vingts ans.

Ces Insulaires, sont le seul peuple qui ait bien conçu que le secret des tyrans, quels qu'ils soient, Monarques, Aristocrates ou Démocrates, est de tout diviser, pour tout écraser ; & que celui des peuples libres, est se tenir bien unis, & de n'avoir qu'une loi, qu'une assemblée, qu'un intérêt, pour être inattaquables.

Ils ont conçu encore, que pour n'avoir qu'une loi, qu'une Assemblee, qu'un intérêt, il fallait que la légisiation ne fût pas prohibitive, mais expansive; c'est-à-dire, qu'au lieu de restreindre, elle étendit l'usage de la liberté, en assurant la tolérance des cultes, la liberté de penser, la liberté du commerce, la liberté d'imprimer, la liberté de prétendre à tout, la liberté de faire enfin tout ce qui ne nuit directement à personne, tout ce que l'intérêt public n'a pas interdit par une loi positive : & c'est ce qui n'a été conçu & pratiqué dans le monde entier, que par les seuls Anglais.

RÉSUMÉ.

Un Lecteur attentif a pu remarquer que l'histoire du Parlement d'Angleterre ne se compose point de faits isolés, comme celle des Etats-Généraux de la France; que les faits en sont non-seulement liés les uns aux autres, comme ceux des Comices de Rome; mais, qu'à l'exemple de ces Comices, ils ont influé sur tous les autres événemens de la Republique.

Il a pu remarquer encore, que ce Gouvernement unique a dû son origine & son institution à des causes uniques.

La première, celle qui a fondé le génie Anglais, est la grande révolution causée par *Guillaume le Conquérant*, L'UNIFORMITÉ DES LOIX ET DES USAGES qu'il établit par force.

La seconde, L'UNITE DE SON PARLEMENT, qui, étant l'unique assemblée du Royaume, le foyer de l'Etat, & le centre où se réunissaient toutes les opinions & tous les intérêts, accoutuma toute la Nation à n'avoir qu'un même esprit, à former *une volonté générale.*

La troisième : LA NON PERMANENCE DU PARLEMENT ; ce qui l'a garanti des vices du Sénat de Rome, & du danger de dégénérer en une aristociatie odieuse.

La quatrième : LE RENOUVELLEMENT TOTAL ET FRÉQUENT DE TOUS LES MEMBRES DE LA CHAMBRE DES COMMUNES, qui, arrivant tous à la fois avec l'esprit public, & devant rentrer bientôt dans le rang de simples Citoyens, ont un grand intérêt à ne faire aucune loi oppressive qui leur nuirait à eux-mêmes.

La cinquième : L'ABOLITION DE TOUTES LES GRANDES COURS DE JUDICATURE, QUI SE CROYAIENT ASSEZ PUISSANTES POUR INTERPRÊTER LES LOIX, ET POUR N'EN PAS SUIVRE LE TEXTE A LA RIGUEUR ; telle que la Chambre etoilée, la haute Commission, & quelques autres qui, mettant leur volonté à la place des loix, jugeaient plus arbitrairement que légalement. Mais aucun de ces Tribunaux n'était la Cour des Pairs, & ne peut être comparé en aucune manière aux Parlemens de la France.

Ce qui est vraiment mémorable, c'est qu'en abolissant les hautes Cours de Judicature, les Anglais ont conservé soigneusement la royauté. Dans tous les pays où l'on a fait le contraire, on a passé sous l'esclavage aristocratique ; & presque tous les peuples qui se disent libres, ont commis cette faute. Les Anglais en tout genre se sont éloignés des idées communes.

La sixième cause est, LA SAGESSE QU'EURENT TOUJOURS LES GRANDS, LES PAIRS, LES EVÊQUES, LA CHAMBRE HAUTE DE NE POINT MÉPRISER LES COMMUNES, de sacrifier leurs droits particuliers aux droits de tous, de s'unir avec elles pour être libres.

Ces causes uniques & particulières à la seule Angleterre, ont produit à la fin ce Gouvernement unique, où chaque Citoyen, jouissant de tous ses droits, & libre d'y déployer tous les talens qu'il a reçus de la Nature, ne peut être vexé, ni par un plus puissant, ni par un Magistrat, & est sûr qu'en toute espèce d'affaire, il sera jugé publiquement SANS AUCUN MÉLANGE D'ARBITRAIRE (1).

DE LA CONSTITUTION D'ANGLETERRE.

De la composition du Corps politique.

Le Corps politique, celui qui forme le Peuple & la Nation proprement dite, n'est pas composé, en Angleterre, de tous

(1) *Wilck* & *Sayr* sont l'un & l'autre la preuve de cette liberté : ces deux hommes eussent été perdus dans tout autre pays, par les ennemis qu'ils s'étaient attirés, mais ils n'avaient violé aucune loi. On les arrêta, on les accusa, on leur intenta un procès criminel : jamais l'autorité ne put ni les faire périr, ni les retenir en prison. On n'eut pas la dureté d'interdire a Madame *Sayr* l'entrée de la tour de Londres, où son mari était enfermé. Elle passa avec lui les journées entieres, tant qu'il fut détenu, & il ne le fut que trois ou quatre jours. Il sortit sous caution. Il était Banquier. Né dans les colonies révoltées, & tres-attaché à ces colonies, un brave militaire l'avait accusé d'avoir tramé une conjuration pour enlever le Roi. Quand le Ministre l'interrogea, il lui répondit : Je sais bien ce qu'un Roi peut faire d'un Banquier, mais je ne sais pas ce qu'un Banquier peut faire d'un Roi. Ce mot jetta sur cette affaire le ridicule qu'elle méritait.

les habitans du territoire; il eſt, pour ainſi dire, circonſcrit, comme il l'était chez les anciens, comme il l'eſt dans toutes les Républiques; mais les Anglais ont porté dans cette circonſcription un eſprit d'humanité & de juſteſſe ſupérieur à ce qu'on a pratiqué par-tout ailleurs.

Pour avoir droit de ſuffrage dans les aſſemblées, où l'on élit les repréſentans des Bourgs & des Comtés, il eſt indiſpenſable d'avoir quarante ſchelings de revenu en fond de terre libre de toutes charges.

Quiconque n'a pas ce bien, vit ſous la protection des loix, mais n'a aucune part au Gouvernement, & n'eſt pas même repréſenté dans l'Aſſemblée Nationale.

La première fonction du Citoyen, eſt de donner ſa voix dans l'aſſemblée du peuple; n'avoir pas ce droit, c'eſt n'être pas Citoyen. Pour être élu Membre du Parlement, il faut avoir beaucoup plus de bien (1), enſorte que la plupart de

---

(1) Il faut poſſéder ſix cents livres ſterling de rente pour être repréſentant d'un Comté, environ treize à quatorze mille livres argent de France.

Il n'en faut que trois cents pour repréſenter une Ville.

ceux qui ont droit d'élire, & qu'on appelle *Electeurs*, n'ont pas droit d'être élus.

Voilà donc en Angleterre, comme à Rome & à Athènes, des classes différentes & distinguées uniquement par le plus ou le moins de fortune.

Mais, comme en Angleterre, celui qui a gagné le bien prescrit par la loi, jouit immédiatement des avantages qui y sont attachés, personne ne se trouve exclu formellement ; il semble qu'on n'en soit privé qu'accidentellement par une espèce de maladie, & qu'on exercera son droit dès qu'on sera guéri.

Ainsi, l'on n'y éprouve point les inconvéniens que les simples natifs ont causé dans d'autres Republiques; on n'y voit point ces divisions qui regnent ailleurs, entre les habitans qui ont tous des droits, & les habitans qui n'en ont aucun, quoiqu'ils soient plus nombreux, & qu'ils soient nés dans les mêmes murs.

Personne n'y est opprimé, parce que l'homme qui n'est pas aujourd'hui du Parlement, peut y entrer demain; ou que son frère, son parent, son ami, son voisin y siégeront, & demanderont justice de l'oppresseur quel qu'il soit.

DE LA PUISSANCE LÉGISLATIVE.

Les anciens, quand ils ont placé la puissance législative dans le peuple, ne l'ont jamais placée que dans les habitans d'une seule ville, & de quelques hommes agrégés à ces habitans; encore regardaient-ils, comme étrangers, tous ceux qui, nés dans cette ville, n'étaient pas incorporés au petit nombre qu'ils appellaient Citoyen.

Faire représenter tout un peuple par les députés des provinces, est une idee moderne: elle ne fut grande & utile qu'en Angleterre, parce qu'en Angleterre seule, les Evêques & les Seigneurs de châteaux, eurent la sagesse de ne pas humilier les députés du peuple, & de ne pas dégoûter l'homme de bien de paraître dans leur assemblée.

Les Anglais ont formé leur assemblée nationale des députés du peuple, élus dans les provinces, des Evêques & des

Pairs, & du Roi, enforte qu'elle embrasse la totalité du corps politique.

C'est dans cette assemblée que réside la puissance législative ; on peut la comparer aux Comices de Rome assemblées aux Champs de Mars, où les Consuls, le Sénat, les Patriciens, les Plébeyens réunis, discutaient les affaires, écoutaient leurs Orateurs, & fesaient des loix qui assujettissaient tout l'Empire. On ne peut, en aucune sorte, les comparer aux Etats-Généraux de la France.

Les Etats-Généraux ont trois Ordres, qui tous trois y viennent par députés ; le Clergé a la préséance, les Nobles n'y tiennent que le second rang, & le Peuple que le troisième.

Le Roi, les Princes du Sang, les personnes accompagnant le Roi, comme le remarque le Président *Hénault*, ne font point partie de l'assemblée des Etats ; ils n'y opinent pas, n'y délibèrent pas, n'y donnent pas leurs voix, & ne debattent pas leur opinion avec l'assemblée ; ils viennent, & s'en vont avec le Roi, & les débats n'ont lieu que quand ils n'y sont plus.

Si

Si les Députés en Angleterre sont comme en France, des hommes nés dans des Provinces différentes, ces Provinces n'ont pas des mœurs, des coutumes & des loix différentes, des priviléges particuliers, qui séparent leurs intérêts, d'avec les intérêts des autres, qui les isolent. Les Députés habitués aux mêmes usages, arrivent avec les mêmes opinions, & avec un intérêt commun. Chacun y délibère librement, à haute voix, en pleine Chambre, & ne cherche point à s'envelopper du sentiment de sa Province, de sa Ville ou de son Comté. Il n'a que faire d'une telle couverture; il peut dire son opinion sans risque.

Les loix les mettent à l'abri de la vengeance de ceux à qui leur opinion déplairaient; non qu'elles leur aient donné des privilèges, qui, à la longue, eussent diminué en eux l'esprit public, mais elles ont obligé chacun a respecter la liberté d'autrui.

Il y a d'autres différences encore; les Députés des Provinces de France reçoivent de leurs commettans des instructions, soit pour rédiger le cahier des doléances de leurs Provinces, soit pour voter sur les différentes affaires pour lesquelles ils sont convoqués ; du moins ils ont allegué plusieurs fois, & notamment aux Etats de Blois de 1576, ce défaut d'instructions ; d'autres fois ils se sont partagé d'avis, & ont agi comme n'ayant pas les mêmes intérêts ; les Députés de quelques Provinces ont accordé des subsides, que ceux des autres Provinces refusaient de payer.

En Angleterre, les Députés des Bourgs & des Comtés, arrivent sans autre instruction que de voter selon leur conscience.

Cette liberté, qui semble d'abord un grand mal, & qui rend la corruption plus facile, à de grands avantages. Premièrement, elle nourrit l'esprit de liberté dans la Chambre des Communes ; secondement, elle permet aux Députés de former une volonté générale, ce qui est impossible à des représentans chargés d'instructions différentes ; elle oblige de se soumettre à la pluralité des voix ; elle force les Provinces à suivre le voeu du Parlement, & elle prévient ces divisions, que nous avons vu entre la Langue d'Oyl, & la Langue d'Oc, & quelquefois entre les diverses Provinces d'une même Langue. On sait que la résolution du Parlement est celle du Royaume, qu'elle est une loi impérative & respectée par-tout.

Le Parlement d'Angleterre fait des loix; les Etats Généraux ne font que des doléances, d'après lesquelles le Roi fait des loix, ou refuse d'en faire, selon son bon plaisir.

Chaque Membre du Parlement d'Angleterre est soumis aux loix, sans aucune restriction, dès l'instant où elles sont portées; le Parlement accorde les subsides; mais chacun de ses Membres les paie dès le moment qu'ils sont imposés; personne n'allègue de honteux privilèges pour se soustraire au fardeau, & pour le rejetter tout entier sur autrui. Voilà pourquoi les loix y sont douces, & les impôts faciles à payer.

Mais la grande, l'importante différence, c'est qu'il y a deux Chambres, & qu'il n'y a qu'un seul ordre d'hommes.

Les Pairs, les Evêques, désignés par le nom de Seigneurs temporels & spirituels, sont des hommes constitués en dignité ; les uns, par le droit de leur naissance, les autres, par l'éminence des places ecclésiastiques qu'ils occupent ; mais ces Pairs & ces Evêques ne sont pas plus ou moins nobles, que les Députés de la Chambre des Communes; leurs frères, leurs fils, leurs cousins siègent souvent dans la Chambre basse, mêlés avec les Députés non nobles, & élus comme eux à la pluralité des voix, pour représentans des Bourgs & des Comtés.

Ces fils, ces frères succéderont un jour à leurs Pairies, & passeront d'une Chambre dans l'autre ; le moins noble de ces Députés, s'il rend des services éminens, peut devenir Lord, & s'asseoir parmi les Pairs ; ainsi point de différence humiliante, point de ces petitesses que la vanité enfante, qui divise toutes les classes, & qui rend nécessaire à tous la soumission à un maître.

Confondre, sous le même nom, l'assemblée de la Nation Anglaise, & les

Tribunaux Français, c'est commettre une logomachie ; comparer les Parlemens d'Angleterre aux Etats-Généraux de la France, c'est ignorance & confusion d'idées.

C'est à cette assemblée, composée des Députés du peuple, des personnages les plus éminens dans l'Eglise & dans la Noblesse, & du Roi, qu'est confiée la puissance législative ; mais il faut, pour être érigée en loi, qu'une proposition ait le plus grand nombre des voix dans les Communes, le plus grand nombre dans la Chambre des Pairs, & enfin le consentement du Roi.

Le Parlement fait la loi, il la révoque, il la change, il l'explique; mais lui seul a ce droit, personne n'a ni le pouvoir, ni l'audace de l'altérer, ou de l'interprêter. Tout Juge est obligé d'en suivre la lettre, & de ne pas substituer son esprit au sien, sa subtilité à sa simplicité.

Le Parlement impose & répartit les subsides ; il fixe les dépenses ; il donne au Roi, pour l'entretien de sa maison, la somme qui lui paraît convenable ; ce qui épargne les soupçons, les reproches,

& les indiſcrettes accuſations qu'on voit ailleurs.

Par cette conſtitution, le corps légiſlatif veille à tout; & par les députés dont il eſt formé, il s'étend au plus grand nombre des membres du corps politique; on peut même dire qu'il n'y a aucun des membres de ce corps qui n'y participe, du moins en donnant ſa voix pour élire le repréſentant de ſa Ville ou de ſon Comte.

Le peuple eſt légiſlateur, & l'Etát eſt ſur ſa baſe.

DE LA PUISSANCE EXÉCUTIVE.

Le pouvoir exécutif, comme le remarque l'Auteur du *Contrat ſocial*, s'affaiblit en ſe partageant; il n'eſt jamais ſi fort, ſi actif que quand il ſe reſſerre tout entier dans les mains d'un ſeul.

Les Anglais l'ont confié tout entier à leur Roi; ils jouiſſent du double avantage d'être libres par leur Corps légiſlatif, comme on l'eſt dans une démocratie, & de voir les volontés du Légiſlateur exécutées avec autant de force & de célérité, qu'elles le font dans une monarchie.

Le Roi fait & la paix & la guerre; il donne les emplois militaires, & les emplois civils, & même les emplois eccléfiaftiques, en qualité de Chef fuprême de l'Eglife Anglicane. Dans les Cours de Juftice, tout fe paffe en fon nom; il envoye & reçoit des Ambaffadeurs; il contracte des alliances avec les Nations étrangères; fa perfonne eft facrée, elle ne peut être attaquée même par la puiffance légiflative; il ne peut avoir tort; (1) il eft au fommet de cette pyramide dont le peuple eft la bafe; il eft trop élevé pour que perfonne puiffe atteindre jufqu'à lui; il affermit l'édifice, & il n'en écrafe aucune partie.

Mais par-tout cette puiffance exécutive eft circonfcrite par la puiffance légiflative: fa perfonne eft facrée, mais tous fes agens font foumis à la loi, & ne peuvent s'en écarter fans fe perdre; ils font fans ceffe fous l'œil du Public, fous la fur-

---

(1) The king can do no wrong.

veillance du Parlement; toutes les voies sont ouvertes aux opprimés, pour demander justice; toutes les oreilles sont attentives à leurs plaintes.

Quand une loi est portée par les deux Chambres, on la présente au Roi: remarquez, & ceci est important, que c'est la puissance législative qui la présente à l'exécutive, que l'exécutive a le droit du *Veto*, & que ce *Veto* est si puissant, que la loi est anéantie sans retour.

En France, où le Roi est le Législateur, & où le Parlement a l'exécution des loix, la même opération se fait. Le Parlement, comme puissance exécutive, a son *Veto*, mais il n'est pas impératif, il est supplicatif; il en résulte qu'en France, c'est le Roi à qui on résiste, & qu'en Angleterre, c'est le Roi qui résiste.

DE LA PUISSANCE TRIBUNITIENNE.

Les Ephores à Sparte, les Tribuns à Rome, ont été accusés d'être des brouillons; il est presqu'impossible que des hommes, chargés par la loi, de contredire & d'arrêter la marche du pouvoir exécutif, ou la volonté du pouvoir légiſlatif, conſervent, dans les contradictions qu'ils éprouvent & qu'ils cauſent, toute la modération & toute la ſageſſe que cet emploi requiert.

Les Anglais jouiſſent cependant de tous les avantages de la puiſſance tribunitienne, & ils ont ſu en prévenir les inconvéniens.

Ils ont partagé cette puiſſance entre la Chambre des Communes, celles des Pairs, & le Roi.

La prérogative royale, quoique immenſe, eſt ſi ſévèrement circonſcrite, & ſes agens ſi contenus, que le Roi ne peut guère abuſer de ſon pouvoir.

S'il en veut abuſer, la Chambre des Communes l'arrête inceſſamment. Cette Chambre, qui n'accorde jamais des ſubſides que pour un an, en refuſe au Roi, juſqu'a ce que les abus ſoient corrigés, & que l'ordre ſoit rétabli.

Mais de peur que cette Chambre n'abuſe à ſon tour, ſoit en portant des loix propres à détruire la conſtitution, ſoit en portant des accuſations contre des hommes qui lui ſeraient oppoſés, & qui n'auraient point commis de fautes, tout ce qu'elle résout ne peut avoir de force sans l'agrément de la Chambre des Pairs. Cette Chambre exerce sur elle le droit du tribunat, en arrêtant sa marche, en s'opposant à sa loi, en l'obligeant à la retirer, ou à la réformer.

Quand les deux Chambres ont pris une résolution, elle ne peut être exécutée sans l'aveu du Roi, qui exerce à son tour la puissance tribunitienne sur les deux Chambres.

Ainsi chaque pouvoir se balance, chaque pouvoir est le tribun de l'autre, & a sur lui le droit du *Veto* : ainsi aucun des trois ne peut empiéter sur l'autre.

Il est difficile qu'une résolution prise par des hommes soumis aux conséquences qui en résultent, une résolution qui a subi l'examen de ces trois pouvoirs, & qui a reçu l'approbation de tous trois, ne soit pas une résolution sage.

Comme les mots blessent quelquefois les oreilles, & irritent les passions; que le mot de *Veto, je m'oppose*, est dur à entendre, personne ne le prononce : quand les Communes ont présenté un bill à la Chambre des Pairs, & qu'il eſt rejetté, on n'envoye point de réponſe à la Chambre des Communes, perſonne n'en parle; le *Veto* des Pairs s'explique par leur ſilence.

Quand un bill eſt accepté par les deux Chambres, & qu'elles le liſent au Roi, s'il le rejette, il ſe contente de leur dire, qu'il l'examinera, & il n'en eſt plus queſtion.

Cette politeſſe règne par-tout, & eſt garante de la liberté, que les expreſſions dures concourraient bientôt à détruire, car elles ſont elles-mêmes une ſorte de deſpotiſme.

Des grandes précautions priſes pour maintenir la Conſtitution.

Parmi la foule de précautions que la ſageſſe Angla*i*ſe a imaginées, pour maintenir l'équilibre entre les trois pouvoirs, il en eſt deux ſur-tout qui paſſent l'effet de la prudence ordinaire.

La première, eſt le droit qu'a le Roi de ſuſpendre, de proroger, & enfin de diſſoudre le Parlement quand il le veut, & au moment où il le veut.

Les dissensions deviennent-elles trop vives; l'esprit de parti l'emporte-t-il sur la raison? le Roi suspend l'assemblée, & donne aux passions le temps de se calmer; ces passions s'irritent-elles par l'obstacle, paraissent-elles plus vives dans une nouvelle cession, est-on prêt à prendre un parti funeste? le Roi dissout le corps législatif.

Cette dissolution avertit toute la Nation, tout le Corps politique, de s'instruire des causes de cette rupture, de juger entre les Députés & le Roi.

Approuve-t-on le Roi? on lui envoye des Députés plus disposés a se conformer à sa volonté; le blâme-t-on? on lui en choisit de plus déterminés à lui résister, ou on lui renvoye les mêmes.

Le Parlement dissout pouvait être mû par un esprit de parti; le Parlement nouveau est certainement la voix de la Nation; s'il a tort, s'il est passionné, c'est le tort, c'est la passion publique, c'est le torrent général.

Ce droit étonnant, ce droit de dissoudre à volonté le Corps législatif, ce droit que nul Magistrat n'a eu dans le monde entier, ni chez les anciens, ni chez les modernes, est un moyen sûr de CONNAITRE LA VOLONTÉ GÉNÉRALE, & le seul moyen peut-être de la bien connaître chez un peuple qui ne s'assemble que par ses représentans.

Ce droit de proroger & de dissoudre le Parlement est né dans les temps barbares où les Rois se croyaient maîtres de leurs peuples, comme de leurs bestiaux, je le sais: mais j'en admire d'autant plus la profonde sagesse du Parlement, qui, dans le temps où il abolissait tant de droits abusifs, a laissé subsister celui qui semblait n'être fait que pour lui résister, que pour imposer des bornes à sa propre volonté.

Quand on dit que le Parlement était triennal, qu'il est devenu septenaire, ce n'est pas qu'il doive durer sept ans; le Roi peut le dissoudre & le convoquer plus fréquemment; mais il ne peut pas conserver le même plus de sept ans.

La seconde précaution, c'est qu'à la mort de chaque Roi, les concessions que le Parlement lui avait accordées, telles que l'immense pension qu'on appelle la liste civile, meurent, & s'éteignent avec lui;

le trône est héréditaire, le fils du roi lui succède; mais il n'a qu'un titre & un fauteuil, avec un marche-pied : il faut qu'il convoque un Parlement, qu'il traite avec lui, qu'il en obtienne de nouvelles concessions, pour soutenir sa dignité avec honneur, pour représenter dignement le Roi d'une si grande Nation.

M. *de Lolme* remarque très-bien, dans son traité de la constitution d'Angleterre, que dans les premiers momens d'un nouveau règne, où tous les cœurs sont ouverts à l'espérance, où le Roi & la Nation cherchent également à se complaire, le Parlement n'est pas difficile, & accorde généreusement au nouveau Prince tout ce qui est nécessaire à sa grandeur. Cette remarque est juste; mais si l'héritier présomptif avait montré des vices dans sa jeunesse, s'il avait fait voir des goûts déprédateurs, la Nation serait sevère, & le Parlement imposerait, dès ce moment, un frein à ses passions.

M. *de Lolme* remarque encore que si le Parlement est facile, le Prince ne l'est pas moins, & que ce moment de bonne volonté des deux parts, est employé à réprimer tous les abus, qui, malgré toutes les précautions, ont pu s'introduire sous le règne précédent, de sorte que chaque règne commence par une régénération du Gouvernement ; ce qui est encore une chose unique dans le monde.

Après avoir cité ces grandes précautions, ces précautions sans exemple, comme la constitution, est-il besoin de dire qu'on en a pris d'autres, que le Roi ne peut pas augmenter le nombre des troupes, que les troupes sont obligées de se retirer de tous les lieux où l'on doit faire l'élection d'un Député, afin que non-seulement elle soit libre, mais même qu'elle le soit évidemment ?

Mais enfin, & c'est la grande objection qui semble tout détruire, c'est ce que disent toutes les Nations de l'Europe, c'est ce qui les console ; & à cet égard, elles sont d'accord avec toute la Nation Anglaise ; tous les Auteurs l'attestent. *Hume*, le sage *Hume*, le dit lui-même : ce Parlement si vanté, ce Parlement est vénal, le Peuple est vénal. Celui qui élit, & celui qui est élu, tous ſe vendent. On doit en croire les Anglais quand ils s'accuſent à la face de l'Europe.

Oui, ſans doute, beaucoup ſe vendent. Mais ouvrons l'hiſtoire, conſultons les faits, non les déclamations de l'eſprit de parti. Quand ſe vendent-ils? Dans les temps de proſpérité, où, tranquilles ſur le ſalut de l'Etat, ils ſe confient dans l'habileté du Pilote, & s'enivrent au bruit du ſillage.

Alors, ſi on élit les membres d'un Parlement, & ſi dans un Comté tous les aſpirans à l'honneur d'être élus, ſont égaux en mérite ou en incapacité, s'ils ſont tels que, ſelon le proverbe français, on en donnerait le choix pour une épingle, les Electeurs Anglais en donnent le choix pour un pot de bierre; & ils accordent leurs ſuffrages à celui qui enivre le mieux les Votans, ou qui les ſoudoye le plus.

Mais ce qu'on ne dit pas, & ce qui eſt vrai, c'eſt que le jour où il s'élève un homme tranſcendant, où il s'agite une queſtion importante, la bierre, le vin, l'or ſont ſans effet. Le peuple boit, &

rit

rit des vains efforts qu'on fait pour le corrompre, il donne son suffrage à l'homme de mérite, ou au député qui résoudra la question à sa fantaisie. Nous avons vu dans ces dernières années, le Roi lui-même échouer dans ses projets malgré une énorme depense, & ne pouvoir faire élire l'homme qu'il desirait placer dans le Parlement.

Ce qu'on ne dit pas encore, c'est que le desir d'être élu, ou de voir un jour élire son fils, desir qui meut toutes les familles dont la fortune est aisée, empêche qu'aucun propriétaire ne tyrannise les campagnes, ne batte ou ne vexe aucun paysan, n'insulte sa femme ou sa fille, c'est que celui qui se permettrait une telle insolence, ne serait jamais le représentant de son Comté: c'est que dans l'intention d'obtenir cet honneur, chacun cherche à capter par sa bienfaisance, & par son affabilité l'amour & l'estime du pauvre : c'est que les riches, dans cet espoir, deviennent les protecteurs des infortunés : c'est que de-là il s'eleve entre eux une émulation de générosite, il se forme un esprit géneral de bienveillance qui tourne tout entier à l'avantage du paysan, dont la chaumière est une maison commode, dont le sort est celui d'un patriarche : cet esprit anime l'agriculture, les arts méchaniques, les manufactures ; il fait la prospérité des campagnes en Angleterre.

Mais si cette sorte de vénalité a plus d'avantage que d'inconvéniens, comment justifier ces membres du Parlement, qui n'ont acheté l'honneur d'y prendre place, que pour se vendre aux ministres ?

Ces députés du peuple sont livrés à la vénalité, comme le peuple, & ils raisonnent précisément comme lui. Ils acceptent des présens & des pensions, mais ils ne sont pas corrompus. Quelques-uns se vendent, mais non pas la totalité, non pas le plus grand nombre ; ils se vendent, mais à condition que l'Etat prospérera, que les projets des Ministres tendront à sa gloire, qu'aucun d'eux n'attaquera la liberté ; en un mot, ils se vendent pour voter selon leur conscience, les Ministres les achetent, non pas pour qu'ils trahissent l'Etat, mais pour qu'ils ne les arrêtent pas dans des projets utiles par de vaines chicanes, pour qu'ils ne leur fassent pas perdre un temps précieux.

Il n'y a pas en Angleterre un seul exemple d'un Ministre qui ait pu garder sa place après une grande faute, un grand revers, ou une légère injustice.

On m'assure qu'un jour, *Robert Valpôle* eut l'insolence de dire en pleine Chambre, en fesant le geste d'un homme qui compte de l'argent, *je fais ce que vous valez* : mais on n'ajoute pas, que quand *Robert Valpole* tint ce propos, il était d'autant plus déplacé, qu'il éprouvait une grande résistance de la part de ces gens, qu'il croyait avoir achetés, qu'il n'eut pas pour lui la majorité, & qu'il perdit sa place.

Si le Parlement se vendait, est-ce qu'il n'aurait pas fait des loix injustes, destructives de la liberté ? Doute-t-on que les Rois, les Ministres n'eussent payé le double, le triple, le quadruple pour obtenir de telles loix ? Doute-t-on que cent Rois étrangers, & jaloux de l'honneur & de la prospérité des Anglais, n'eussent fourni à leur Roi de quoi acheter l'esclave de la Nation, si ce Parlement eut été incorruptible ?

Quelques hommes se vendent donc pour appuyer les projets des Ministres, quand l'Etat prospère, pour faire obtenir au Roi des subsides un peu plus considérables, quand il en fait un bon usage; mais il n'y en a peut-être pas un seul qui se trouve vendu, quand il s'agit de compromettre l'utilité publique, la gloire de la Nation, ou la liberté d'un seul Anglais.

Il y a des loix formelles pour écarter de la Chambre des Communes, tout homme suspect de se vendre & d'être vendu : tous ceux qui, par leurs places, sont dans la dépendance de la couronne, ne peuvent y être admis.

Liv. II. A. c. J. J. *Rousseau* a observé dans le *Contrat social*, avec sa profondeur ordinaire, *que la volonté particulière tend par sa nature aux préférences, & la volonté générale à l'égalité.* Or, le pays où tout le monde est soumis aux mêmes loix, aux mêmes formes, aux mêmes impositions, où les hommes sont traités avec le plus d'égalité, est nécessairement le pays où la volonté générale se fait le plus entendre, où la volonté particulière a le moins d'influence, & où par conséquent le corps législatif est le plus à l'abri de la crainte, de la séduction & de la vénalité.

PREMIER EFFET DE CETTE CONSTITUTION.

Amour extrême de la Constitution. Respect pour les Loix.

Le premier effet qui résulte de cette heureuse Constitution, est une passion pour elle qui tient de l'ivresse.

Les Anglais sont de tous les peuples celui qui voyage le plus, & celui où il s'est fait peut-être le moins d'émigrations; si l'on en excepte celles qu'ils ont faites dans les colonies de l'Amérique, lorsque ces colonies leur appartenaient. Ce n'était pas sortir de chez eux.

Ils sont de tous les peuples celui qui observe le plus, & qui tire de ses voyages le fruit le plus sain. Plus ils ont observé les autres Nations, plus ils ont vu que rien ne ressemble dans l'Univers à leur Constitution; que chez les peuples où la liberté nationale est la plus respectée, souvent la liberté individuelle l'est très-peu, & ils sont revenus dans leur isle avec plus d'amour encore pour leur Constitution.

Ils sont profondément instruits, & leurs études ont produit sur eux le même effet. Ni à Rome, ni à Sparte, ni chez les Athéniens, où le peuple en corps réunissait quelquefois toutes les puissances, le Citoyen ne vivait avec une pareille liberté, & ne jouissait d'une aussi grande sécurité; & même chez tous ces peuples anciens si célèbres, les plus belles institutions étaient souillées sans cesse par l'aspect de l'esclavage.

Un autre effet qui en résulte, est un profond respect pour les loix: par-tout ailleurs on les élude, & on les interprète. On ne fait ni l'un ni l'autre en Angleterre: le Juge & le Citoyen se soumettent également à la lettre; le rang n'en dispense personne.

SECOND EFFET DE CETTE CONSTITUTION.

La Monarchie Anglaiſe eſt la ſeule qui ſe ſoutienne ſans troupes.

M. *de Lolme* remarque, dans ſon Traité de la Conſtitution d'Angleterre, que dans toutes les Monarchies anciennes & modernes, les grands Seigneurs & les grands Corps ont ſouvent conſpiré contre les Rois, pour envahir leur autorité, pour en prendre chacun quelque portion, & que quand ils ſont parvenus à détruire entièrement la Monarchie, la puiſſance du Monarque s'eſt trouvée morcellée, entre quelques hommes & quelques corps, que cet état de guerre ſubſiſte encore aujourd'hui dans tous les Royaumes, & qu'il y eſt plus ou moins ſenſible, ſelon le degré de la force militaire, qui ſeule maintient les Rois, & contient tout dans le reſpect autour d'eux. Conſt. d'Angleterre, c. 17.

La ſeule Angleterre n'eſt pas dans cet état violent; les Rois n'y ont aucun beſoin d'armée; les troupes y ſont tellement aſſujetties à la puiſſance civile, qu'elles ne peuvent ni servir contre elle, ni se soustraire à ses jugemens ; l'inquiétude naturelle aux grands, est occupée par l'émulation qui règne entre les deux Chambres ; la crainte que la couronne n'empiete sur la liberté publique & particulière, empêche que personne, qu'aucune Chambre, qu'aucun Tribunal n'empiete sur la liberté d'autrui, & tient tout le monde attentif à sa conservation, & attaché à la loi qui l'établit. Le Parlement a circonscrit l'autorité royale, mais il l'a soutenue. Lorsqu'en 1689, il supprima quelques prérogatives de la couronne, ces prérogatives furent annullées comme nuisibles, elles cesserent d'exister ; mais personne, mais aucun corps ne s'en empara : la monarchie, le pouvoir exécutif resta tout entier au Roi.

Conſ. d'Angleterre, c. 17.

Non seulement le Roi n'a pas besoin de troupes, mais le grand nombre lui nuit ; plus il les multiplie, plus il perd la confiance publique ; les Officiers sont des Anglais passionnés pour la constitution, comme les autres ; le Parlement, qui règle & le nombre & la solde des troupes, ne les redoute point. Ainsi cette couronne se soutient sans armée, & elle est la seule qui se soutienne sans cet appui, c'est encore une chose unique (1).

TROISIEME EFFET DE CETTE CONSTITUTION.

Les disputes y sont sans danger & sans fiel.

La couronne appuyée sur la loi & non sur des armées, ne craint pas qu'on l'attaque. Elle ne prend ombrage, ni de l'assemblée des deux Chambres, où la liberté des débats est portée aussi loin que les forces & l'audace humaine peuvent aller; ni des assemblées particulières que tout homme peut tenir & convoquer où il lui plaît, & quand il lui plaît; ni des adresses où pétitions que ces assemblées peuvent présenter au Parlement, lorsqu'elles le veulent; quoique dans ces assemblées la liberté des débats soit aussi vive, aussi

(1) M. *de Lolme* a très-bien démontré, *chap.* 18, ce phénomène contre l'opinion du savant *Adam Smith*, auteur des Recherches sur la Nature, & les causes du pouvoir & des richesses des Nations.

entière que dans la Chambre des Communes ; ni de la liberté de la presse, quoique chacun puisse discuter par elle à la face de la Nation, & les intérêts de l'Etat, & les fautes du Ministère. Le fracas de toutes ces assemblées étonne l'étranger, il croit l'Etat détruit, & il est bien plus étonné encore, quand il voit que le vaisseau public garde son équilibre au milieu du roulis.

Il s'apperçoit alors qu'il flote au milieu d'un océan libre, où il ne reçoit que le choc des vagues, quand le vaisseau public des autres Etats navigue péniblement au milieu des écueils & des bas-fonds, & ne se sauve que par le nombre & la force de son équipage.

La liberté de tous fait à la fois la sûreté de tous, & la sécurité commune.

Ces disputes si bruyantes sont destituées d'aigreur ; elles ne produisent ni ces haines particulières, ni ces haines de familles si terribles, si dangereuses & si fréquentes dans toutes les républiques : c'est que les Anglais ne disputent jamais entr'eux d'autorité, comme les corps aristocratiques, oligarchiques, démocratiques mêmes, en disputent dans les autres Etats ; l'autorité législative appartient toute au Parlement, l'exécutive au Roi, personne n'y prétend, ni ne veut en obtenir la moindre partie. Ils ne disputent donc, comme les savans, que d'opinion, & en disputant ainsi, chacun ne fait qu'exercer un droit que la loi lui a donné. Le génie de la législation, étant toujours expensif, au lieu d'être prohibitif, a laissé une entière liberté à toutes ces disputes, & dès-lors elle leur a ôté leur importance, leur poids & leur aigreur ; chacun, en exerçant son droit, ne peut se plaindre de celui qui l'exerce comme lui : il ne peut le haïr, car il ne lui conteste ni son autorité, ni sa richesse, ni son crédit ; il ne peut que lui démontrer son tort. Ce n'est qu'une petite humiliation passagère, qui n'entraîne pas des haines bien vives, & qui, isolant toujours le vaincu, l'empêche d'être dangereux, & ne lui laisse d'autres ressources que d'avoir raison une autre fois ; ce qui ne produit aucun mal.

QUATRIEME EFFET DE CETTE CONSTITUTION.

Elle forme des hommes d'Etat.

De toutes les Constitutions politiques qui ont paru sur la terre, celle qui, depuis la destruction de la République romaine, a été la plus propre à former des hommes d'Etat, c'est, sans contredit, la Constitution d'Angleterre.

Tout s'y passe sous les yeux de la Nation, la Chambre des Communes tient lieu de la place publique. Tout s'y discute, toutes les opinions se développent, tous les hommes doués d'éloquence y font entendre leurs voix, y disputent d'énergie, de sagacité, d'audace ou de profondeur; chacun s'y montre à découvert, chacun y est jugé selon son mérite; nul masque ne peut y couvrir l'ignorance ou l'incapacité; là, les richesses & la naissance sentent tout leur néant; là, les talens obtiennent leur plus digne récompense, l'approbation publique.

Il y a des intrigues, mais elles ne sont ni viles, ni obscures; c'est à la face de la

Nation assemblée qu'elles se passent : on n'obtient ses suffrages que par des talens, des vertus ou de vastes connaissances : si quelquefois le vice ose s'y produire, il a besoin d'être enveloppé par tant de qualités éclatantes, qu'on est tenté de lui faire grace.

Là, l'homme inepte, ou ignorant, ou négligent, ne peut guère occuper une grande place : & comment discuterait-il les affaires, devant tant de gens instruits, éclairés, pénétrans, avides de découvrir ses défauts, & prompts à les mettre en évidence ?

CINQUIEME EFFET DE CETTE CONSTITUTION.

Facilité de payer les impôts.

De toutes les Nations de l'Europe, l'Angleterre est la plus endettée, après la France ; mais aussi ce sont les deux Nations qui ont fait le plus de choses, & le plus de grandes choses ; Rome seule en a fait davantage.

En Angleterre, les objets de dépense sont bien moins nombreux qu'en France :

elle n'a point de Villes fortes, point de citadelles, elle n'a nul besoin d'une armée de terre, & la France a besoin d'une puissance maritime aussi respectable que celle des Anglais: tout le régime intérieur du Royaume y est bien plus dispendieux, & il serait possible qu'un calculateur exact & sévère trouvât que toute proportion gardée, la France a moins dépensé que l'Angleterre depuis cent ans.

On a dit, dans plusieurs Livres, que l'Angleterre payait autant d'impositions que la France. *L'auteur de l'administration des finances de la France*, a réfuté cette erreur. Il croit que l'Angleterre paye cent soixante millions de moins par an. Il n'évaluait ses impositions en 1784, qu'à la somme de quatre cents vingt-sept millions, & par conséquent celles de la France à cinq cents quatre-vingt-sept millions. (1)

(1) Ce chapitre sur la différence des impositions en France & en Angleterre, est très-curieux, très-instructif, très-important; j'invite tous Lecteurs à le lire dans ce moment où les Etats Généraux vont s'occuper des subsides.

Les Anglais, chez qui les manufactures, le commerce, le ſoin des beſtiaux ſont un objet plus conſidérable peut-être que l'agriculture, ſemblent avoir préféré les impôts indirects, quoiqu'ils ſoient beaucoup plus diſpendieux à prélever, & qu'ils coûtent bien davantage au peuple.

L'Auteur du Traité de l'administration des Finances, nous apprend qu'ils ſont répartis de manière, qu'ils portent ſur les riches & les gens aiſés, beaucoup plus que ſur les autres, *qu'on n'y connaît point toute cette partie aggravante de l'impôt, qui tient aux fixations & aux interprétations arbitraires.*

Ce ſyſtême des impôts indirects, s'il ne tient pas à des cauſes locales, peut tenir aux anciens préjugés du temps où l'on a commencé à établir des impôts, & où les Barons ne ſouffraient point qu'on en mît de directs ſur les productions du ſol.

Mais de quelque manière qu'on les établiſſe, ils repréſentent une partie aliquote du revenu des propriétaires.

Si l'on ajoute aux impoſitions de l'Angleterre & de l'Ecosse, celle de l'Irlande, elles ne se monteront pas à moins de quatre cents cinquante ou soixante millions, & si l'on cherche quelle partie aliquote ces quatre cents cinquante millions seraient aux productions de ces trois royaumes, que le cacul le plus modéré porte à trois milliards, on verra qu'elle ne se monte guères qu'à trois vingtièn es de ce produit brut.

Il paraît donc que cette proportion est à-peu-près la même en Angleterre qu'en France; que deux vingtièmes suffiraient & au-delà sans leurs dettes; que trois vingtièmes les mettraient en état de soutenir une guerre dispendieuse, sans s'endetter, & que dans la situation où elles sont, il serait nécessaire qu'elles payassent un peu plus de trois vingtièmes du produit brut, soit pour amortir leurs dettes, soit pour faire un nouvel effort.

Mais comme le rapport du produit brut au produit net, n'est pas le même dans toutes les provinces, qu'il doit être plus faible en Ecosse, qu'en Angleterre, où il est plus faible qu'en France, & qu'un propriétaire ne peut payer que sur le produit

net

net, après avoir défalqué tous les frais de culture ; c'est un travail particulier à faire, & qui pourrait rendre l'impôt plus considérable qu'il ne paraît, quand on le compare au produit brut.

Le principe n'en est pas moins vrai, la masse des impôts a un rapport connu ou inconnu avec la masse des productions du sol : cette proportion a ses bornes. Si ce rapport était connu, les impôts se payeraient facilement sans murmure. L'augmentation du prix des denrées, en augmentant toutes les dépenses, ne détruirait pas la proportion des revenus publics à la masse des productions, comme cela arrive aujourd'hui. Le propriétaire vendant ses denrées plus cher, payerait toujours sa quote-part; ce qui n'arrive pas aujourd'hui, où vendant plus cher il paye la même somme numéraire; somme qui n'est plus dans la proportion où elle était quand l'impôt a été établi, & qui ne représente plus la même quantité de denrée : je crois que la connaissance de cette proportion n'épargnerait pas moins d'embarras à l'Angleterre qu'à la France.

SIXIEME EFFET DE CETTE CONSTITUTION.

Impartialité dans les Jugemens. Douceur des Loix Criminelles. Cause de l'esprit public & de la félicité nationale.

La Couronne n'ayant pas besoin d'armes pour se soutenir, le Roi étant chargé seul du pouvoir exécutif, tout se fesant en son nom dans les Tribunaux, il a un besoin essentiel que la Justice soit administrée avec sagesse, & avec la plus parfaite impartialité (1); car si sa personne est sacrée, cependant elle répond en quelque sorte de tout; son honneur est compromis. C'est la grande raison pour laquelle un homme fait toujours moins d'injustice qu'un Corps où personne ne répond de personne, & n'est repréhensible pour les fautes qui s'y commettent.

---

(1) « L'expérience a montré qu'il ne peut résulter » aucun grand inconvénient de permettre au sujet » la liberté qu'il a acquise par l'abolition totale de » tous Tribunaux, arbitraires quant aux matieres crimi-» nelles. » *Lolme, Const. d'Angl., T. II, chap. 17.*

Les grands, les Ministres, les gens en place étant sujets, en Angleterre, comme les simples particuliers, aux poursuites de la loi, & par leurs fonctions y étant les plus exposés, la Justice criminelle y a pris ce caractère d'équité & de douceur, qui est sans exemple au monde, & qui en fait le chef-d'œuvre des loix destinées à réprimer les crimes.

Ainsi, en Angleterre, les impôts sont bien répartis & n'oppriment personne, parce que les grands y sont assujettis comme les autres; les loix y sont douces, les accusés ont des défenseurs, & tous les moyens de se justifier leur sont offerts, parce que les grands comme les petits sont sujets aux mêmes poursuites & aux mêmes châtimens; par cette même raison les supplices n'y déshonorent point.

Il y a un esprit public, parce qu'il y a un intérêt commun.

Dans les autres pays, où il y a des privilégiés, des hommes exempts, par le fait, du joug des loix & du fardeau des impôts, les peuples sont opprimés, la Justice mal rendue, & les loix sans force : même sous des Princes éclairés, sous des Magiſtrats vertueux, & contre la volonté formelle d'eux tous, uniquement par l'effet inévitable de la ſituation des choſes.

Le principe eſt donc ſimple, lumineux & évident.

Que les membres du corps légiſlatif ſoient ſoumis aux loix, & elles ſeront ſages ; que ceux qui impoſent les taxes les payent, & elles ſeront legeres ; que ceux qui jugent ne faſſent point corps, ne puiſſent interprêter la loi, & puiſſent être jugés ſans privileges comme les autres, & les jugemens ſeront ſains.

SEPTIEME EFFET

DE CETTE CONSTITUTION.

Sort heureux de la Nobleſſe.

En Angleterre la Loi ne donne le titre de noble (*nobleman*) qu'aux Pairs & aux Evêques. Les Pairs & les Evêques ſont membres conſtitutifs de la Chambre Haute. La Pairie & l'Epiſcopat obligent à des fonctions & apportent de la fortune. Ainſi, la Nobleſſe y eſt réelle, & non pas idéale. Nul n'y jouit d'un titre fictif qui contraste avec son oisiveté, son inutilité, & son indigence.

Les fils des Evêques n'héritent point de la dignité de leurs peres. Les fils des Pairs, a l'exception de l'aîné, n'héritent point de la Noblesse, & l'aîne meme ne l'obtient qu'a la mort de son père.

Ces places, tres-eminentes, parties essentielles du Corps politique, n'éveillent ni la vanité, ni l'envie; n'engendrent ni la haine, ni le mepris entre les diverses classes de l'Etat, parce qu'elles ont un objet reel, & qu elles sont essentielles. Ce qui blesse par-tout ailleurs, c'est de voir l'inutilité, l'oisivete, l'incapacite envahir les distinctions, en creer d'ideales, les exiger comme un droit, & ravaler tout ce qui est utile.

En Angleterre, les parens des Pairs & des Evêques, toutes les Familles qui en descendent, ou celles qui leur sont alliées, confondues par loi avec le reste de la Nation, en sont distinguées par l'usage & par la politesse, on leur donne le nom distinctif de *Gentry*. on les honore d'autant plus volontiers, que ce sentiment est l'effet *d'une courtoisie* nationale, & non celui d'un droit qu'ils prétendent.

Ils ont mérité cette diſtinction, parce qu'au lieu de ſe ſéparer du Peuple, pour ſe rendre à la faveur, ils s'en ſont rapprochés, & ſe ſont faits les défenſeurs de ſa liberté. Ils n'ont point dédaigné de partager ſes utiles travaux, & de ſe livrer à des profeſſions lucratives qui maintiennent leurs Familles dans l'opulence ou dans l'aiſance. Ils n'ont point connu ces mots de déroger & de ſe méſallier ; mots peſtiférés que l'orgueil a inventés pour la deſtruction & l'éternel appauvriſſement de tant de Familles infortunées, qui ont le malheur d'être nobles dans des pays où les préjugés forcent la raiſon à ſe taire. Ils ne ſont point tombés dans cette fauſſe poſition, où preſque partout ailleurs, ſe trouve la pauvre Nobleſſe. La pauvre Nobleſſe, qui, preſſée entre la vanité qui la rend oiſive, & la pauvreté qui l'avilit, eſt forcée de mendier de l'éducation pour ſes fils, des cloîtres pour ſes filles, du ſervice pour les jeunes-gens, des penſions pour les pères ; eſt réduite à vivre aux dépens des impôts publics, & à en fomenter ſans ceſſe l'accroiſſement.

La Nobleſſe Anglaiſe n'étant ni oiſive, ni à charge a l'Etat, peut ſe multiplier ſans inconvénient. Elle a vu donner ſans jalouſie le nom de *Gentleman* à tous ceux qui ne ſont pas de la claſſe infortunée du petit Peuple. Elle voit conferer avec joie le titre de Chevalier à des Artiſtes, à des Savans, à des Médecins; ces titres qui n'exigent ni ne donnent une Nobleſſe héréditaire, comme l'Ordre de *S. Michel*, en France, ne produiſent pas une Famille d'ennoblis & d'oiſifs, toutes les fois que le Roi en décore un homme de mérite. Ce ſont des diſtinctions purement perſonnelles, qui excitent l'émulation & non la vanité.

Il réſulte de cette poſition ſage & fondée en raiſon, que la Nobleſſe Anglaiſe, ſoit la Nobleſſe légale, ſoit celle de courtoiſie, eſt la ſeule Nobleſſe du monde qui, exempte de préjugés, ſoit libre, riche & ſavante.

La richeſſe des Lords a paſſé en proverbe dans toute l'Europe: c'eſt le fruit du commerce.

Par ſa poſition, la Nobleſſe Anglaiſe eſt ſans jalouſie; elle a ſouffert que la perte des grandes dignités, même celle de la Pairie, fût ouverte au mérite dans quelque rang qu'il ait pris naissance. Cette sage concurrence a tourné au profit de la Patrie, & au sien même. Elle a été obligée de s'instruire. Je ne crois pas qu'en Europe aucune Nation ait produit un aussi grand nombre de Gens qualifiés qui se soient livrés à la littérature. Il n'y en a certainement aucune qui ait produit autant d'Orateurs. Il n'est permis à personne d'être ignorant.

La Noblesse Anglaise partagea avec le Peuple le fardeau des impôts; elle paya en proportion de ses biens: & elle le défendit des taxes arbitraires. Le Peuple, en reconnaissance, ne souffrit pas que le Noble & le Lord fussent exilés ou renfermés au gré des caprices du Prince ou de la colere des Ministres.

Eh! quel souhait peut-on faire après les biens physiques, tels que la vie, la force, la santé? quels biens le Gouvernement peut-il procurer aux plus grands des humains, qu'une liberté certaine, un savoir éminent, des richesses à l'abri de toute usurpation, des dignités toujours destinées au mérite transcendant?

N'est-ce pas même la possession de ces avantages qui fait la gloire d'une Nation, qui lui attire le respect des Etrangers, & l'envie des impuissans.

HUITIEME EFFET
DE CETTE CONSTITUTION.
Excellence de l'Education.

On sait de quelle réputation les Universités d'Oxford, de Cambridge, & d'Edimbourg, jouissent dans le Siècle le plus éclairé, & le plus capable d'en bien juger ; on connaît quels Disciples sont sortis de ces Ecoles.

Ce qui donne la vie a ces Universités, ce qui anime toute la jeunesse, c'est le sentiment intime que pour être quelque chose dans l'Etat, il est nécessaire d'être instruit. Alors l'instruction est facile ; toutes les oreilles sont ouvertes aux paroles de l'Instituteur, l'emulation est extrême & les évenemens publics, les debats du Parlement, tout ce qu'on voit, tout ce qu'on entend, tourne au profit de l'éducation, & concourt à développer les talens.

Cette émulation s'étend dans toutes les classes, & donne une sorte d'éducation aux hommes les plus grossiers, auxquels nulle autre espèce d'éducation ne peut être donnée. J'ai vu en Angleterre les Ouvriers des Manufactures se piquer d'être les plus habiles de l'Europe ; & ceux dont l'occupation purement machinale ne demandait aucune espèce d'industrie, se piquer au moins d'être les plus diligens du monde.

Quand on voit un Portugais, un Espagnol, un Allemand, un homme de quelqu'autre contrée, on peut croire que les prejugés de son pays, les obstacles qu'il a rencontrés, l'ont empêché de développer les talens que la Nature avait mis en lui, que les fruits en ont été étouffes dans leur germe. Il n'en est pas de même dans les Isles Britanniques ; on peut assurer que tout Anglais est tout ce qu'il peut être ; les prejugés n'ont point intimide son esprit, l'orgueil des rangs ne lui a pas donné de morgue, ou ne lui a pas fait sentir sa nullité : il a certainement mis en jeu toutes ses facultés : il a tous les talens qu'il peut avoir. C'est aujourd'hui le ſeul pays où chaque homme ſoit dans ſa pleine valeur, comme le Citoyen l'était a Rome, & peut-être dans Athènes; mais il n'y avait que les Citoyens; les Eſclaves étaient nuls. *Homère* dit, dans ſon Iliade, que quand *Jupiter* réduit un homme à l'eſclavage, il lui ôte la moitié de ſon intelligence; & cette opinion était commune a Rome: l'homme le plus groſſier en Angleterre a développé toute la ſienne.

NEUVIEME EFFET DE CETTE CONSTITUTION.

Progrès des Sciences & de la Littérature.

Cette excellente éducation, ce reſſort univerſel qui diſpoſe la jeuneſſe aux grandes choſes, a beaucoup étendu, dans cette Iſle, les bornes de l'intelligence.

Tandis que ſes Flottes remportaient des victoires dans toutes les parties du monde & feſaient la conquête de l'Océan, où les ſeuls Français oſaient leur oppoſer une réſiſtance qui ſe renouvellait ſans ceſſe; tandis que ſes Navigateurs allaient affronter les glaces de l'un & de l'autre pole, découvrir des terres, des Isles & des mers inconnues, ses Savans & ses Littérateurs le disputaient à ceux de l'Italie & de la France, & ils en triomphaient dans quelque genre.

Newton revelait aux humains le secret de la création, & nous fesait connaître par quelles loix tous les astres étaient contenus & tournaient autour du soleil qui leur donne la chaleur & la vie.

Loke sondait les profondeurs de l'esprit humain & en marquait les bornes.

Clarke s'illustrait aussi en pénétrant dans les abîmes de la Métaphysique.

Cudworth s'y engageait peut-être plus avant, & prétendait enseigner tous les détours de cet obscur labyrinthe.

Bradley découvrait l'aberration des étoiles fixes.

Le Comte de *Shaftesbury* se distinguait par des opinions singulières; le Lord *Bolingbroke*, par la hardiesse des siennes.

Milton, fatigué des guerres civiles, & las d'avoir combattu vainement contre les Rois, chantait dans sa retraite la chûte du premier homme; les Anges se révoltant vainement contre Dieu.

Pope, dans ſes vers, ſupérieur à *Lucrèce*, combattait l'orgueil de l'homme, pour lui faire avouer que *tout eſt bien*, & il traduiſait avec ſuccès *Homère* en vers anglais; entrepriſe qui a toujours échoué dans toutes les autres langues.

Addiſſon voulait perfectionner le Théâtre tragique & adoucir ſa rudeſſe; mais dans cette grande entrepriſe, il ne fut qu'un ſage, & il laiſſa le Théatre de Londres, trop inférieur à celui de la France.

Congrève formait le Théâtre comique, & ſe diſtinguait par la force de ſes caractéres; mais dans ce grand art de peindre l'homme, il eſt reſté loin de *Molière*, cé génie étonnant, à qui ſeul on ne conteſte pas d'avoir ſurpaſſé les anciens, & dont aucun moderne n'a pu approcher.

Le Docteur *Swift* ſe plaçait entre *Lucien* & *Rabelais*. *Gay* ſuivait *la Fontaine*, & ne l'égalait pas.

Hume écrivait une excellente hiſtoire de ſon pays, tandis qu'aucun Français n'en a ſu faire aucune du ſien, aucune qui ſoit ni bonne, ni paſſable.

Gibbon nous peignait dignement l'empire de Rome, & eſt le ſeul qui en ait donné une juſte idée.

Robertſon, dans ſa préface de l'hiſtoire de *Charles-Quint*, peignait à grands traits tous les Peuples de l'Europe; il n'effaça point l'*Eſſai ſur les mœurs* de M. de *Voltaire*, & il eut la ſageſſe de rendre juſtice au profond ſavoir & à l'éminent génie de cet homme unique, auquel il avoua qu'il devait ſes principales idees.

C'eſt en Angleterre qu'*Herschel*, né dans la Germanie, a découvert une nouvelle planete, a laquelle les Français ont donné avec juſtice le nom de celui qui l'a découverte: c'eſt lui qui a imaginé & conſtruit cet étonnant teleſcope qui rapproche ſi puiſſamment les aſtres de la terre, qu'il y rend ſenſible des objets qu'on n'aurait jamais cru pouvoir y diſcerner.

C'eſt *Prieſtley* qui, par ſes découvertes ſur les différens fluides aeriformes, a donne lieu à cette invention plus etrange encore, par laquelle des Français ont oſé les premiers s'élever en l'air à des hauteurs incroyables, faire de vaſtes trajets au-deſſus des nuages, & traverſer dans une machine aërostatique le détroit qui sépare l'Angleterre de la France.

DIXIEME EFFET DE CETTE CONSTITUTION.

Elle est créatrice d'un grand & nouveau Peuple.

Enfin, cette constitution, qui porte si fortement aux grandes choses, & qui développe si vivement l'intelligence de l'homme, a dejà donné à l'Angleterre un siècle de gloire & de prospérité.

Les simples germes de cette constitution, dès les temps barbares, avaient écarté de son peuple une foule de vexations qu'on se permettait ailleurs.

Cette constitution la fait jouir dans les Nations étrangères, d'une considération qui ne tient point à ses forces, à son territoire, bien moins vaste que les grands Etats de l'Europe, à sa population, bien plus faible que celle de ces Etats.

On considère la vaste étendue de l'empire de Russie; on admire la beauté du ciel, la variété des sites, les chefs-d'œuvres des arts, les restes de l'antiquité en Italie.

On s'étonne des forces, des richesses, des ressources inépuisables de la France, de la fécondité de son sol; en Angleterre ce n'est rien de tout cela : c'est la Nation, ce sont les hommes que l'on considère & que l'on y va voir; c'est la beauté des loix; la sagesse de la constitution qu'on y vient admirer.

Les Anglais ont fait la conquête de l'Océan, comme les Romains avaient fait celle du Continent; mais cette conquête, toujours fugitive, est toujours incertaine; elle demande une vigilance perpétuelle, elle est sans repos : l'Espagne, la Hollande la lui ont disputée; mais sans la France, qui place sur toutes les mers ses pavillons à côté des siens, qui oserait aujourd'hui lui en contester l'Empire?

Des cinq grandes Nations maritimes qui ont embrassé le globe entier, par ces grandes navigations, que les anciens ne pouvaient entreprendre, aucune n'a manqué d'envahir des territoires dans les quatre parties du Monde; d'y transplanter des Colonies, & de fonder au moins

de

des comptoirs dans les Etats qu'elles n'ont pu ſubjuguer.

Ces Colonies ont été plus ou moins floriſſantes, mais aucune n'a donné naiſſance à un grand peuple, comme les Colonies Anglaiſes de l'Amérique Septentrionale; aucune n'a eu des villes telles que Boſton & Philadelphie; aucune n'a produit des hommes tels que *Franklin*, *Washington*, *Penn*, & pluſieurs autres.

Ces Colonies fondées par les Anglais, n'ont point été formées uniquement d'Anglais, mais d'émigrans qu'ils ont tirés de toute l'Europe; ils recueillaient, pour ainſi dire, les malheureux, les opprimés de toutes les Nations, ils les conduiſaient dans leur Iſle, ils leur y feſaient reſpirer l'air reſtaurant de la liberté, & leur donnaient un ſyle inviolable dans le nord de l'Amérique, ſous l'abri de leurs pavillons.

Il y a des villes compoſées, toutes entières, d'Allemands, & où l'on ne parle que leur langue; il y en a d'autres où l'on ne parle que Français. Les peuples n'y ſont pas encore mêlangés.

Tous ces infortunés raſſemblés de vingt

nations différentes, réfléchissant sur les causes de leurs malheurs, n'ont plus voulu être asservis aux préjugés de l'Europe.

Ils avaient vu des tyrans, ils n'ont plus voulu de Rois; ils avaient éprouvé en Germanie l'orgueil & l'oppression des nobles, & ils ont défendu toute espèce de noblesse; ils avaient gémi dans plusieurs républiques, sous l'aristocratie des Magistrats, ils ont établi les jugemens par Jurés; ils avaient souffert en France, en Angleterre, en Allemagne les persécutions des sectes dominantes: ils ont permis la liberté de conscience, ils ont senti que l'homme libre devait laisser la liberté aux autres pour conserver la sienne.

Ils ont établi avec la liberté de conscience, la liberté civile & politique, la liberté de la presse, la liberté du commerce, la liberté des professions & de l'industrie; ils ont affecté de montrer à l'univers, qu'une grande Nation pouvait se passer de toutes ces corporations politiques qu'on croit si nécessaires dans notre Europe.

Ces Colonies ayant treize assemblées, ont formé treize Etats différens & un

Congrès, au lieu d'un Parlement. Elles n'auront jamais, dans leurs résolutions, la vigueur & la célérité du Gouvernement Anglais; elles auront plus de peine à se défendre de toute espèce d'aristocratie, sans avoir plus de liberté intérieure que l'Angleterre : elles ont bien senti que leurs divisions ne leur permettaient ni de s'unir sous un Roi, ni de donner du crédit à une assemblée générale.

Cette creation d'un grand peuple, qui occupe un territoire plus grand que la moitié de l'Europe, qui a vingt villes florissantes dans des endroits où l'on ne trouvait pas une cabane il y a cent ans, qui, en moins d'un siècle, a défriché ce vaste sol, élevé ces cités, creusé ces ports, cultivé tous les arts, établi un commerce immense, fondé des académies, fait de grandes découvertes, mis un frein au tonnerre, repoussé les Sauvages, & forcé sa métropole à le reconnaître pour une Nation libre & indépendante; cette création, dis-je, n'est pas un des moindres prodiges qui ait été produit par le génie des Anglais.

ONZIEME EFFET DE CETTE CONSTITUTION.

Les Loix y suivent leur ordre naturel.

Encore une chose unique, & plus extraordinaire que tout ce que nous avons dit.

Je vais la rapporter dans les termes de M. de *Lolme*, qui l'a très-bien développée.

Const d'Angleterre, t. II, ch. 18.

« Dans toutes les Monarchies, en un » mot, *l'autorité du Gouvernement est* » *supposée illimitée*, tant qu'il n'y a point » de bornes visibles (de loix) qui la » gênent; au-delà & en-deça de ces » bornes gît toute la liberté des sujets.

» En Angleterre c'est tout l'opposé, ce » n'est pas l'autorité du Gouvernement, » *c'est la liberté du sujet qu'on suppose il-* » *limitée*. Toutes les actions de l'individu » passent pour légitimes, jusqu'à ce qu'on » cite la loi qui leur donne une autre dé- » nomination; l'*onus probandi* passe ici » du sujet au prince; le sujet n'est pas » obligé en tout temps de justifier sa » conduite. Quand le Souverain, quand

» le Magistrat trouve à propos d'user » d'autorité, il faut qu'il exhibe la loi » sur laquelle il se fonde dans ses dé- » marches, & qui l'autorise à publier ses » défenses contre les sujets ».

Ainsi, les loix qui, par-tout, ont été faites pour soumettre le peuple aux Magistrats, & le plus grand nombre au petit, ont été faites en Angleterre pour maintenir la liberté du grand nombre, & restreindre l'autorité du petit, qui fait exécuter les loix ; mais qui ne peut qu'exécuter les loix, sans y ajouter la moindre de ses volontés.

Voilà pourquoi tout ce qui n'est pas défendu à la lettre, se trouve permis en Angleterre ; & c'est aussi pourquoi les loix y sont établies selon leur ordre naturel.

C'est un fruit du génie expansif de leur législation, & ce génie n'appartient qu'à la seule Angleterre.

CONCLUSION.

Les trois Nations dont nous venons d'examiner les assemblées générales, sont ſans contredit, celles qui ont le plus brillé ſur la terre par l'étendue de leur puiſſance, par la ſplendeur de leurs villes, par la beauté de leurs arts, par l'immenſité de leurs connaiſſances, par la force de leur population, enfin par leur félicité; car ſi les hommes y ont éprouvé les malheurs auxquels la nature humaine eſt par-tout aſſujettie, ils y ont eu des dedommagemens, dont ailleurs on n'a pas même l'idee.

Celle qui a le moins fait pour obtenir tous ces biens, & celle qui en a peut-être le mieux joui, eſt la Nation Françaiſe, dont la gloire & la félicité ont commencé à la fin de la guerre de la fronde, comme celle de l'Angleterre n'a commencé qu'à la grande révolution, qui a banni *Jacques II*, & placé *Guillaume III* ſur le trône.

Mais, comme la Nation en corps n'a rien fait pour acquérir & pour fixer tant de proſpérité, cette proſpérité y pourrait être plus précaire qu'ailleurs; nous l'avons obtenue par l'activité & la bonté du caractère que la Nature a imprimé à chaque individu; caractère qui, dès qu'il a été débarrassé des chaînes de la féodalité, des langes de la superstition, de l'horreur des guerres civiles, a marché de lui-même vers la prospérité publique. La Nation qu'il animait, secondée par un sol fécond, par une position avantageuse entre deux mers, n'a eu besoin que d'un peu de travail pour être riche, & pour parer à la plupart des inconvéniens auxquels l'expose sans cesse son défaut de constitution.

Les Romains avaient pris, au contraire, beaucoup de soins pour devenir une grande Nation ; nés sous un ciel heureux, où la Nature inspire peu de besoins, où elle donne des mœurs voluptueuses, où elle incline à la paresse, ils corrigèrent tous les vices de leur climat par leurs institutions, ils furent laborieux, ils eurent long-temps de l'âpreté dans leurs mœurs, ils donnèrent beaucoup au trésor public, ils s'appliquèrent à placer leur constitution dans un ordre naturel.

Le fardeau des impositions y était porté par ceux qui jouissaient des avantages de la société; le pauvre en était entièrement affranchi.

La défense de l'Etat y était confiée à ceux qui avaient le plus d'intérêt à le défendre; tout soldat était propriétaire; la désertion, la misère & tous les vices qu'elle amène, étaient inconnus à ces soldats citoyens.

Les loix y étaient faites, ou du moins acceptées par le peuple, qui en portait le faix.

Les chefs étaient élus par ceux qu'ils devaient gouverner, ou commander.

Nul ne pouvait prétendre à devenir l'un des chefs de l'Etat sans avoir servi dix ans dans l'Infanterie, ou seize ans dans la Cavalerie, sans avoir montré publiquement son intelligence dans le barreau, sans être connu avantageusement du Public; enfin, sans avoir obtenu les suffrages du Peuple.

Toute magistrature, toute charge, tout emploi n'était qu'un état d'épreuve qui conduisait à un plus grand, si l'on se montrait digne d'y parvenir.

Les Prêteurs & leurs Tribunaux changeaient tous les ans ; les Juges étaient choisis par les deux parties adverses.

Le Militaire était soumis a la puissance civile.

Les Censeurs tenaient un régistre de toutes les forces de l'Etat, soit des forces publiques, soit des forces particulières.

Tant que l'Etat ne fut pas trop grand, pour que le peuple perdît de vue les frontières & la conduite des armées, on ne put parvenir aux grandes dignités sans captiver les suffrages par des vertus & des talens ; & quand l'Etat fut trop vaste, pour que le peuple s'inquiétât des vertus de ceux auxquels il confiait les provinces, il exigea au moins qu'ils eussent de grands talens.

Toute la Nation était en activité, les familles patriciennes & les premières familles des Plébeyens, pour mériter & pour obtenir les dignités de la République; le reste du peuple, pour peser le mérite des concurrens, & pour leur distribuer les places.

Les Anglais, dans un climat humide & froid, où les besoins de l'homme renaifſent perpétuellement, où la nature n'accorde rien qu'au travail, où les jouiſſances rares & difficiles donnent de l'âpreté aux mœurs, ont eu encore beaucoup plus de ſoins à prendre pour devenir une grande Nation, ils ont corrigé la froideur de leur ſol par l'activité de leur conduite.

Ils recueillaient peu ; ils n'ont point voulu d'un Gouvernement dévorateur, qui abſorbât le fruit de leurs travaux.

C'eſt de cette idée qu'ils ſont partis. C'eſt à cette idée qu'ils ſe ſont attachés · c'eſt le fil qui les a dirigés dans l'inextricable labyrinthe où les conducteurs des peuples ont égaré toutes les autres Nations.

Leur propriété aſſurée, ils ont facilement défendu leur liberté ; car les Gouvernemens ont plus beſoin d'envahir la propriété, que la liberté des individus.

Ils ont circonſcrit leur corps politique ; mais mieux que les Romains, ils ont attaché à la Conſtitution tous les habitans de leurs territoires, même ceux qui ne ſont point partie du corps politique, lorſque dans toutes les autres Républiques, les natifs, les ſimples habitans, toujours humiliés, sont toujours jaloux, & souvent ennemis des citoyens.

Ils ont composé leur assemblée générale, non des habitans d'une seule Ville, comme à Rome, mais des députés de toute la Nation; ils ne les ont pas divisés en plusieurs ordres, comme en France; ils n'ont absolument qu'un seul ordre, dans lequel il y a environ deux cents cinquante personnes, ou trois cents, tout au plus, qui, sous les noms d'Evêques & de Pairs, ont quelques priviléges, dont le plus considérable est celui du *Veto*; mais qu'est-ce que trois cents personnes exposées sans cesse aux regards de tout un peuple? N'ont-elles pas un besoin essentiel d'une extrême sagesse, & n'ont-elles pas montré dans tous les temps, une extrême circonspection?

Cette assemblée établit elle-même les impôts, ce que ne fesaient point les Comices de Rome; elle fait aussi des loix, ce que n'ont point fait les Etats-Généraux, & ce que fesaient les Comices. Elle connaît toutes les forces & toutes les ressources de l'Etat, comme les Censeurs les connaissaient à Rome.

Elle a disposé plus d'une fois du trône, & ne l'a jamais renversé; car *Cromwell* n'est devenu protecteur, qu'en détruisant jusqu'à l'ombre même du Parlement. Elle ne nomme à aucun emploi, mais elle forme les hommes, & les rend capables des grands emplois; elle rend impossible les mauvais choix, ou du moins elle ne permet pas qu'un Ministre mal choisi scandalise long-temps la Nation. Le Roi est obligé de consulter la renommée plus que la brigue, au sujet de toutes les places qu'il veut donner.

Elle est, comme les Comices, la seule assemblée de la Nation, ce qui a donné au Royaume de l'unité, de l'ensemble, de la force, & une volonté générale.

Elle a détruit toutes les hautes Cours de Judicature, qui lui paraissaient transgresser sans cesse les loix, & qu'elle regardait comme les ennemis nés de la liberté publique & individuelle; elle n'a pas souffert que les autres s'écartassent du texte de la loi; ce qui donne à tout homme né en Angleterre une liberté inconnue dans les démocraties même; liberté que tout Anglais appelle *son droit de naiſ-*

sance, & qui établit en principe, *que tout ce qui n'est pas défendu par une loi positive, est permis à chacun, & que nul n'a droit de l'empêcher.*

La Constitution de la République Romaine, & celle de la Monarchie Anglaise ne se ressemblent point; mais toutes deux présentent les mêmes avantages acquis par des moyens différens.

En Angleterre, comme dans l'ancienne Rome, les hommes d'Etat sont formés sous les yeux du public; les impôts ne pesent point sur le peuple; les loix sont faites par l'Assemblée nationale, le *Veto* est tout puissant, la liberté publique & particulière est respectée.

Les Consuls, les Prêteurs, quand ils sortaient de charges, venaient s'asseoir dans le Sénat, & ils y portaient les lumières que l'expérience leur avait données; en Angleterre, les Ministres, en perdant leurs places, passent dans le parti de l'opposition; mais ils apportent leurs connaissances au Parlement, & ils servent encore l'Etat, soit en s'opposant à des projets mal conçus, soit en donnant les conseils que leur suggère leur habileté

& leur connaiſſance des affaires, dans la plupart des autres Royaumes, un Miniſtre diſgracié, un homme qui a perdu ſa place, eſt mort pour l'Etat; ſes conſeils, ſes lumières, ſa longue expérience ſont abſolument perdus.

Les Députés opinent dans le Parlement d'Angleterre, avec autant de liberté que le citoyen donnait ſa voix dans les Comices de Rome.

Les drapeaux des Romains, les Pavillons des Anglais ont été redoutés juſqu'aux extrémités du Monde; leur capitale a raſſemblé tous les biens que la nature diſpenſe entre tous les peuples. Rome, Londres & Paris, ſont, je crois, les trois ſeules villes de l'univers qui aient joui de cet avantage; encore la ville de Rome ne connaiſſait pas les productions du nouveau Monde.

Tant de gloire, tant de richeſſes, ne doivent point éblouir: Rome a péri malgré ſa conſtitution, ſi noble & ſi fière; celle des Anglais paraît plus ſolidement établie: premierement, parce que des Amiraux ne rentrent point ſur le ſol de la patrie avec leurs flottes, comme des généraux avec leurs armées. Secondement, parce qu'elle est fondée, non sur la sagesse, mais sur les deux passions les plus vives du cœur humain, l'avarice & l'indépendance.

Se taxer & faire ce qu'il veut, quand une loi positive ne s'y oppose point, *est le droit de naissance de tout Anglais.* J'avoue que je ne conçois pas comment une Nation pourrait perdre de tels principes, quand même elle serait conquise, à moins qu'elle ne fût exterminée ; je croirais plutôt que de révolutions en révolutions, tous les Peuples de la terre adopteraient à la fin *ce droit de naissance.*

Ce qui est évident, ce qui aura frappé sans doute la plupart de mes lecteurs, c'est la prodigieuse différence qu'il y a de la constitution de la France à celle de l'Angleterre ; elle est telle, qu'il n'y a pas une seule Monarchie en Europe qui en diffère autant.

Ses Pays d'Etats, ses Parlemens, ses coutumes diverses, ses Pays de droit écrit & de droits coutumiers, sont absolument l'opposé d'un Pays, où il n'y a qu'une seule assemblée, qu'une loi uniforme, que les mêmes usages; & ce qui prouve que, malgré notre admiration pour l'Angleterre, nous nous en éloignons, au lieu de nous en rapprocher; c'est que nous venons d'adopter avec joie l'établissement des Assemblées Provinciales, établissement qui nous empêchera d'avoir jamais rien de commun avec la constitution Anglaise, c'est que nous venons de réclamer, avec chaleur, la conservation des Parlemens, quoiqu'ils soient, après les Assemblées Provinciales, ce qu'il y a de plus opposé à la constitution de ce peuple qui a détruit les hautes Cours de judicature, pour affermir le pouvoir de la Couronne, & la liberté du peuple.

Il y a plus, l'usage qui s'introduit insensiblement dans les Parlemens de Provinces de n'y admettre que des Nobles, celui qui s'introduit dans l'Eglise de ne donner les Evêchés & les grandes Abbayes qu'à des Nobles; l'arrêt du Conseil qui ne veut dans les grades Militaires que des Nobles; le réglement qui ne permet de présenter à la Cour que des Nobles d'une ancienne date, sont autant de pas

par

par lesquels nous nous éloignons de cette Nation fière & sage, chez qui toutes les portes sont ouvertes au mérite.

Ainsi, tandis que dans nos conversations, où l'on décide de tout sans rien savoir, on dit que nous devenons Anglais, & qu'on en juge par l'habit ridicule qu'ont pris nos jeunes gens, autrefois si élégamment vêtus, & par la dangereuse voiture du Wisky, que les Anglais font bien d'employer dans leurs routes sablo-neuses, mais qui ne convient que là : Il est trop vrai que, bien loin de les imiter, nous nous éloignons chaque jour dans nos institutions, des institutions simples & sages de ce peuple penseur & fortuné.

Il est presque impossible qu'au milieu de tant de vanité, de préjugés, d'erreurs; que parmi tous ces grands corps anciens & nouveaux qui isolent chacune de nos Provinces, les Etats Généraux aquièrent autant de crédit que le Parlement d'Angleterre, qui est absolument tout seul, sans contrepoids & sans contradicteur : il faudrait, pour qu'ils obtinssent un tel crédit, que les Rois, les Princes, les Ministres, les Assemblées des pays d'Etats, les Assemblées Provinciales, tous les Parlemens & tous les Conseils Souverains, se conduisissent toujours avec la plus parfaite sagesse, sans que jamais les passions, les préventions, l'esprit de corps, les intérêts particuliers, eussent la moindre influence sur aucun d'eux.

Historien, j'ai dit ce qui s'est fait; j'ai offert le tableau des trois Nations qui ont joué le plus grand rôle sur la scène du Monde; j'ai marqué la véritable position de chacune; c'est à l'homme d'Etat à juger ce qu'il peut faire avec les instrumens que les circonstances lui présentent.

Je crois les Etats Genéraux d'autant plus nécessaires, qu'eux seuls peuvent mettre un peu d'ensemble dans un Etat composé de tant d'assemblées diverses, qui, sans eux, pourraient dégénérer en petites olygarchies, dont le pouvoir d'un Monarque, n'est pas toujours le maître, comme les événemens, qui se sont écoulés depuis 1770, ne l'ont que trop prouvé.

Si une sagesse suprême peut présider aux Etats Généraux, prévenir les divisions des trois Ordres, empêcher qu'il ne s'élève entre eux & le Monarque des dissensions qui déterminent à ne les plus convoquer, ils seront l'intermédiaire le plus naturel entre le Roi & les Assemblées provinciales.

Alors, les Etats Généraux, fortifiés par l'autorité du Roi, & le pouvoire du Roi, si on ose le dire, devenu plus saint, par la sanction donnée à ses volontés, dans une telle assemblée, les loix prendront un caractère sacré qu'elles n'ont jamais eu en France.

Les diverses assemblées, au lieu de disputer d'une puissance qui s'atachera toute entière au Roi, & aux Etats Généraux, n'auront plus que la noble émulation de faire regner la justice dans leur ressort, ou de veiller avec plus de soin à l'administration particulière de leur Province.

Ce ne sera ni le Gouvernement des Romains, quoique Rome eût des assemblées provinciales où l'on réglait les affaires de chaque province, assemblées qui n'avaient aucun rapport à celles des Comices, ni à l'administration de la République. Ce sera moins encore le gouvernement des Anglais ; ce sera un Gouvernement plus paternel ; les loix pourront à l'inſtar de celles de ces deux Nations, être rédigées par ceux qui y ſeront immédiatement ſoumis, & elles ſeront ſages ; les ſubſides pourront être impoſés ſur tous, & par conſéquent par ceux qui devront les payer, & ils ſeront légers ; les jugemens pourront ceſſer d'être arbitraires, & les hommes deſtinés aux grandes places, pourront n'être choiſis qu'après avoir été éprouvés dans ces grandes aſſemblées, & déſignés au Roi par la renommée.

Si, dans cette première convocation, les Etats Généraux abſorbent une partie de la dette nationale; s'ils prennent des arrangemens pour abſorber le reſte par des aſſemblées ſucceſſives ; ſi une raiſon ſaine les arme contre leurs propres préjugés (1), étouffe toute diſcuſſion, ſubſtitue l'eſprit public à l'eſprit de corps ; il eſt certain qu'à la longue, ils rectifieront les idées, ils reformeront les loix,

(1) Les Anglais, qui ſavent combien l'oreille eſt délicate, & combien les mots élèvent ou appaiſent les paſſions, ont donné le nom de *Gentleman* à tout ce qui n'eſt pas populace, par là ils ont tout remis dans l'ordre, & les hommes n'ont plus diſpute que de mérite.

ils assureront le bonheur public, ils feront fleurir nos campagnes plus que celles des Anglais, qui sont bien moins fécondes; nos Villes deviendront ce qu'étaient celles de la Grèce, des Cités florissantes & vivifiées par une noble émulation. La Capitale, qui n'a de rivale que celle de Londres, & qui la surpasse déja à tant d'égards, étonnera, comme l'ancienne Rome, l'imagination par sa grandeur & par sa magnificence; on y jouira de tous les biens de l'Univers; on y trouvera les prodiges du génie, elle deviendra le rendez-vous de l'Europe; la France entière sera un jardin superbe décoré des chefs-d'œuvre de tous les arts, habité par un peuple de frères qui cultiveront avec delices les douceurs de la société, & qui, prompts à se servir mutuellement sous de sages loix, mériteront leur bonheur par des vertus patriotiques.

Lorsqu'on voit ce qu'est la France aujourd'hui, il est facile de juger à quel excès de gloire & de prospérité, elle peut monter sous un régime plus favorable.

Mais si les Etats Généraux ne doivent s'assembler qu'une fois, au lieu de ces biens que le temps seul peut mûrir, on n'aura que les inconvéniens attachés à ces grandes assemblées, des espérances avortées, une effervescence inutile, semblable à ces rayons qui, lancés sur le sable, n'y apportent qu'une chaleur stérile, & ne produisent aucune végétation.

FIN.

TABLE
DES CHAPITRES
ET
DES SOMMAIRES MARGINAUX.
TROISIEME VOLUME.

LIVRE PREMIER.

LIVRE II.

Le

LIVRE III.

Fin de la Table des Matières.

ERRATA

DU TOME SECOND.

Pages.	lignes.	
15,	17,	*de Thou*, (1) —— *de Thou.*
131,	18,	à celles, *lisez*, jusqu'à celles.
181,	19,	ajoutez après *utile*, tous les objets qui flattent ses regards, sont, &c.
267.	12,	quantite numéraire, *lisez*, quantité du numéraire.

ERRATA

DU TOME TROISIEME.

Pages.	lignes.	
5,	9,	qui l'en entoure, *lisez*, qui l'entoure.
30,	18,	Laugue, *lisez*, langue.
83,	8,	fort, *lisez*, il fort.
84,	17,	le condamne lui-même, *ôtez*, lui-même.
146,	17,	deles, *lisez*, fidèles.
159,	8,	*Cartlisle*, lisez, *Carslisle.*
193,	*derniere*,	invita de, *lisez*, invita à.
208,	7,	trouverait trop coupables, *lisez*, ne trouverait pas trop coupables.
ibid.	8,	libéré, *lisez*, liberté.

ibid. 9, ſes, *liſez*, ces.

ibid. 18, de pairs, *liſez*, des pairs.

228, 12, l'interrompi, *liſez*, le rompit.

244, 9, elles, *liſez*, elle,

276, 1, l'eſclave, *liſez*, l'eſclavage.

294, 5, ſe rendre, *liſez*, ſe vendre.

295, 5, la perte, *liſez*, la porte.

303, *dernière*, la fait jouir, *liſez*, le fait jouir.

304, 23, ces grandes navigations, *liſez*, ces navigations hardies.

323, 5, pouvoire, *liſez*, pouvoir.

325, 19, ſervir, *liſez*, ſecourir.

www.ingramcontent.com/pod-product-compliance
Lightning Source LLC
LaVergne TN
LVHW020950300926
849160LV00007B/104